O CONTROLE DA GESTÃO PÚBLICA

HELIO SAUL MILESKI

Sebastião Helvécio Ramos de Castro
Benjamin Zymler
Juarez Freitas
Prefácios

O CONTROLE DA GESTÃO PÚBLICA

3ª edição revisada, atualizada e aumentada

- Atividade Financeira do Estado
- Planejamento e Orçamento: Sistemas e Desafios
- Lei de Responsabilidade Fiscal: Regulamentação e Aspectos Polêmicos
- Controle Interno: Atribuições e Desafios Práticos
- Tribunal de Contas: Natureza, Funções e Perspectivas

Belo Horizonte

Fórum
CONHECIMENTO JURÍDICO

2018

© 2003 1ª edição Editora Revista dos Tribunais
© 2011 2ª edição Editora Fórum Ltda.
2018 3ª edição Editora Fórum Ltda.

É proibida a reprodução total ou parcial desta obra, por qualquer meio eletrônico, inclusive por processos xerográficos, sem autorização expressa do Editor.

Conselho Editorial

Adilson Abreu Dallari
Alécia Paolucci Nogueira Bicalho
Alexandre Coutinho Pagliarini
André Ramos Tavares
Carlos Ayres Britto
Carlos Mário da Silva Velloso
Cármen Lúcia Antunes Rocha
Cesar Augusto Guimarães Pereira
Clovis Beznos
Cristiana Fortini
Dinorá Adelaide Musetti Grotti
Diogo de Figueiredo Moreira Neto
Egon Bockmann Moreira
Emerson Gabardo
Fabrício Motta
Fernando Rossi
Flávio Henrique Unes Pereira

Floriano de Azevedo Marques Neto
Gustavo Justino de Oliveira
Inês Virgínia Prado Soares
Jorge Ulisses Jacoby Fernandes
Juarez Freitas
Luciano Ferraz
Lúcio Delfino
Marcia Carla Pereira Ribeiro
Márcio Cammarosano
Marcos Ehrhardt Jr.
Maria Sylvia Zanella Di Pietro
Ney José de Freitas
Oswaldo Othon de Pontes Saraiva Filho
Paulo Modesto
Romeu Felipe Bacellar Filho
Sérgio Guerra
Walber de Moura Agra

Luís Cláudio Rodrigues Ferreira
Presidente e Editor

Coordenação editorial: Leonardo Eustáquio Siqueira Araújo

Av. Afonso Pena, 2770 – 15º andar – Savassi – CEP 30130-012
Belo Horizonte – Minas Gerais – Tel.: (31) 2121.4900 / 2121.4949
www.editoraforum.com.br – editoraforum@editoraforum.com.br

M643c   Mileski, Helio Saul

O controle da gestão pública / Helio Saul Mileski; prefácios de Benjamim Zymler, Juarez Freitas e Sebastião Helvécio. 3. ed. rev. atual. e aum. Belo Horizonte: Fórum, 2018.

477 p.
ISBN 978-85-450-0406-6

1. Direito público. 2. Direito constitucional. 3. Direito administrativo. I. Zymler, Benjamin. II. Freitas, Juarez. III. Título.

CDD: 341
CDU: 342

Informação bibliográfica deste livro, conforme a NBR 6023:2002 da Associação Brasileira de Normas Técnicas (ABNT):

MILESKI, Helio Saul. *O controle da gestão pública*. 3. ed. rev. atual. e aum. Belo Horizonte: Fórum, 2018. 477 p. ISBN 978-85-450-0406-6.

Novamente a Nelci, princípio, meio e fim de tudo.
Ao Helio Junior, Aline e Cíntia, filhos amorosos.
Aos netos, meus adoráveis "sapos cancioneiros":
Luana, Lucas, Gabriel, Maria Luisa e Carolina.

Agradecimentos

Agradeço ao Tribunal de Contas do Rio Grande do Sul, instituição de irrepreensível comportamento público em defesa dos interesses da sociedade, onde obtive experiência e realizei estudos sobre o sistema de controle, e pude privar da convivência de Conselheiros, Auditores, Procuradores e Servidores que são exemplos de dedicação, capacidade profissional e desprendimento público no exercício de suas funções, fatores que lhes motivaram a conquista do respeito da sociedade rio-grandense.

SUMÁRIO

LISTA DE ABREVIATURAS E SIGLAS 17

PREFÁCIO DA 3ª EDIÇÃO
Sebastião Helvécio Ramos de Castro 19

PREFÁCIO DA 2ª EDIÇÃO
Benjamin Zymler 21

PREFÁCIO DA 1ª EDIÇÃO
Juarez Freitas 23

NOTA DO AUTOR DA 3ª EDIÇÃO 27

NOTA DO AUTOR DA 2ª EDIÇÃO 29

NOTA DO AUTOR DA 1ª EDIÇÃO 31

CAPÍTULO 1
O ESTADO 33
1.1   O Estado 33
1.2   Elementos constitutivos: povo, território e governo 34
1.2.1   Povo 34
1.2.2   Território 35
1.2.3   Governo 36
1.3   Objetivos do Estado 37
1.4   O Estado atual 39
1.5   O Estado brasileiro: forma, funções, Governo e organização
       administrativa 45
1.5.1   Forma 45
1.5.2   Funções 46
1.5.3   Governo 48
1.5.4   Organização administrativa 49
1.6   Princípios constitucionais dirigidos à Administração Pública 51
1.6.1   Legalidade 54
1.6.2   Impessoalidade 55
1.6.3   Moralidade 55
1.6.4   Publicidade 56
1.6.5   Eficiência 57

CAPÍTULO 2
ATIVIDADE FINANCEIRA DO ESTADO 59
2.1 Recursos financeiros necessários à manutenção do Estado: atividade financeira do Estado 59
2.1.1 Orçamento público 61
2.1.1.1 Princípios orçamentários 64
2.1.1.1.1 Princípio da exclusividade 66
2.1.1.1.2 Princípio da programação 66
2.1.1.1.3 Princípio do equilíbrio orçamentário 67
2.1.1.1.4 Princípio da anualidade ou periodicidade 69
2.1.1.1.5 Princípio da unidade 69
2.1.1.1.6 Princípio da universalidade 70
2.1.1.1.7 Princípio da legalidade 71
2.1.1.1.8 Princípio da transparência 71
2.1.2 Planejamento 71
2.1.2.1 Plano Plurianual 74
2.1.2.2 Lei de Diretrizes Orçamentárias 75
2.1.2.3 Orçamento anual 79

CAPÍTULO 3
RESPONSABILIDADE FISCAL 83
3.1 Responsabilidade fiscal 83
3.1.1 Planejamento 87
3.1.1.1 Receita 88
3.1.1.1.1 Renúncia de receita 90
3.1.1.2 Despesa 92
3.1.1.2.1 Geração da despesa 93
3.1.1.2.2 Despesa obrigatória de caráter continuado 96
3.1.1.2.3 Despesa com pessoal 98
3.1.1.2.4 Despesas com seguridade social 116
3.1.1.3 Limites de endividamento 117
3.1.1.3.1 Restos a pagar 120
3.1.2 Transparência 123
3.1.2.1 A transparência fiscal 130
3.1.2.2 Princípios dirigidos à transparência fiscal 133
3.1.2.2.1 Princípio da definição clara de funções e responsabilidades 134
3.1.2.2.2 Princípio do acesso público à informação estatal 135
3.1.2.2.3 Princípio do acesso aos procedimentos de elaboração, execução e prestação de contas do orçamento 137
3.1.2.2.4 Princípio das garantias de integridade das informações fiscais 138
3.1.2.3 A transparência na Lei de Responsabilidade Fiscal 138
3.1.2.4 A Lei Complementar nº 131, de 27.05.2009 e as modificações produzidas pela Lei Complementar nº 156, de 28.12.2016 141
3.1.3 Controle 144
3.1.4 Sanção 146

3.1.4.1	Administrativa	147
3.1.4.2	Criminal	149
3.1.5	O Ordenador de Despesa e o responsável pela Gestão Fiscal	151
3.1.5.1	O Ordenador de Despesa	152
3.1.5.2	Ordenador de Despesa originário e Ordenador de Despesa derivado	155
3.1.5.3	A figura do responsável na Constituição de 1988	156
3.1.5.4	O responsável pela Gestão Fiscal	158
3.1.5.5	Distinção entre Ordenador de Despesa, Autoridade Responsável e Gestor Fiscal	161
3.1.5.6	Consequências jurídicas da responsabilidade fiscal	164

CAPÍTULO 4
ATIVIDADES DE CONTROLE DO ESTADO ... 169

4.1	O controle da Administração Pública	169
4.2	Aspectos de compreensão do controle	171
4.2.1	Quanto ao tipo	173
4.2.1.1	Controle interno	173
4.2.1.2	Controle externo	174
4.2.2	Quanto ao órgão executor	175
4.2.2.1	Administrativo	175
4.2.2.2	Legislativo	176
4.2.2.3	Judiciário	176
4.2.3	Quanto ao momento	177
4.2.3.1	Controle prévio	178
4.2.3.2	Controle concomitante	178
4.2.3.3	Controle posterior	178
4.2.4	Quanto à finalidade	179
4.2.4.1	Controle de legalidade	179
4.2.4.2	Controle de mérito	180
4.3	Conceito e abrangência do controle	181
4.4	Espécies de controle	182
4.4.1	Controle administrativo	182
4.4.2	Controle legislativo	183
4.4.3	Controle judicial	184
4.4.4	Controle social	185
4.4.5	Fiscalização contábil, financeira, orçamentária, operacional e patrimonial	189
4.4.5.1	Controle interno	190
4.4.5.1.1	Instituição legal e constitucional. Conceito. Finalidades e objetivos	190
4.4.5.1.2	O Controle interno da União	195
4.4.5.1.3	O Controle interno dos Estados e do Distrito Federal	206
4.4.5.1.4	Controle interno dos Municípios	209
4.4.5.2	Controle externo	212
4.5	A evolução do controle público	212

CAPÍTULO 5
O TRIBUNAL DE CONTAS 217

5.1	Sistemas de controle das contas públicas: Tribunais de Contas e Controladorias 217
5.1.1	O controle da Antiguidade à modernidade 217
5.1.2	O sistema de Controladoria 220
5.1.3	O sistema de Tribunais de Contas 221
5.2	Os principais modelos de Tribunais de Contas 222
5.2.1	França 223
5.2.2	Bélgica 224
5.2.3	Itália 225
5.2.4	Portugal 226
5.2.5	Espanha 228
5.2.6	A União Europeia 229
5.3	O Tribunal de Contas no Brasil 234
5.3.1	O Tribunal de Contas da União 234
5.3.2	O Tribunal de Contas nos Estados e Distrito Federal ...240
5.3.3	Os Tribunais de Contas e Conselhos de Contas dos Municípios 243
5.4	O Tribunal de Contas na estrutura organizacional do Estado ...245
5.5	Natureza jurídica das funções do Tribunal de Contas ...250
5.6	O Tribunal de Contas e o Regime Democrático de Direito ...257
5.7	Composição e organização do Tribunal de Contas ...259
5.7.1	Composição 259
5.7.2	Organização 263
5.7.3	Ministros e Conselheiros 266
5.7.4	Auditores 268
5.7.5	Ministério Público 272
5.7.6	Órgãos técnicos e auxiliares 274

Capítulo 6
O SISTEMA DE FISCALIZAÇÃO DAS CONTAS PÚBLICAS 277

6.1	A fiscalização da execução orçamentária 277
6.1.1	Fiscalização e controle 278
6.1.2	A obrigação constitucional de prestar contas 280
6.1.3	Proteção à regularidade fiscal 281
6.1.4	Definição de fiscalização contábil, financeira e orçamentária ...283
6.1.4.1	Fiscalização contábil 284
6.1.4.2	Fiscalização financeira 285
6.1.4.3	Fiscalização orçamentária 286
6.1.4.4	Fiscalização operacional 287
6.1.4.5	Fiscalização patrimonial 287
6.1.5	Objeto e alcance da fiscalização 288

6.2	Princípios constitucionais dirigidos ao sistema de fiscalização contábil, financeira e orçamentária	291
6.2.1	Controle da legalidade	291
6.2.2	Controle da legitimidade	293
6.2.3	Controle da economicidade	295

CAPÍTULO 7
DAS COMPETÊNCIAS E DA JURISDIÇÃO DO TRIBUNAL DE CONTAS 297

7.1	Competências e jurisdição	297
7.1.1	Competências	297
7.1.2	Jurisdição	300
7.2	Independência das instâncias judiciais e administrativas e a cumulação das cominações legais	302

CAPÍTULO 8
COMPETÊNCIAS CONSTITUCIONAIS E LEGAIS ESPECÍFICAS DO TRIBUNAL DE CONTAS 307

8.1	Competências em gênero e espécie	307
8.2	Emissão de parecer prévio	308
8.2.1	Sobre as contas do Presidente da República e dos Governadores dos Estados	309
8.2.2	Sobre as contas dos Prefeitos Municipais	316
8.2.3	Sobre as contas de Gestão Fiscal	322
8.3	Julgamento das Contas dos demais responsáveis por dinheiros, bens e valores públicos	328
8.3.1	Natureza jurídica do julgamento	330
8.3.2	Definição de responsáveis	332
8.3.3	Delegação de poderes dos responsáveis	334
8.3.4	Objeto e alcance do julgamento	335
8.3.5	Repercussões jurídicas do julgamento	337
8.4	Apreciação de legalidade para fins de registro	339
8.4.1	Dos atos de admissão de pessoal	341
8.4.2	Dos atos de aposentadorias, reformas e pensões	344
8.4.3	Atos de admissão, inativação e pensão são atos administrativos simples ou complexos?	346
8.4.4	Natureza jurídica da apreciação de legalidade	350
8.4.5	Os interessados nos processos de apreciação de legalidade (partes)	351
8.4.6	Repercussões jurídicas da apreciação de legalidade	354
8.5	Realização de auditorias e inspeções	360

CAPÍTULO 9
COMPETÊNCIAS COMPLEMENTARES 365

9.1	Outras atribuições e deveres destinados ao Tribunal de Contas	365

9.1.1	Representação	365
9.1.2	Ouvidoria	366
9.1.3	Informação	367
9.1.4	Fiscalização de recursos repassados pela União a entes federados	368
9.1.5	Função consultiva	370
9.1.6	Função pedagógica	371
9.1.7	Realização de Audiências Públicas	374
9.1.8	Participação de *amicus curiae*	375
9.1.9	Modulação dos efeitos da decisão	376
9.1.10	Medidas liminares acautelatórias	379

CAPÍTULO 10
DAS SANÇÕES ... 381

10.1	Sanções aplicáveis pelo Tribunal de Contas	381
10.1.1	Aplicação de multa	381
10.1.2	Glosa de despesa e fixação de débito	384
10.1.3	Fixação de prazo para adoção de providências e sustação de ato impugnado	385
10.1.4	Sustação de contrato	385
10.1.5	Providências de natureza criminal	387
10.1.6	Suspensão de direitos políticos	388

CAPÍTULO 11
DO PROCESSO DE FISCALIZAÇÃO ... 391

11.1	A instrumentalidade do processo	391
11.2	Processo. Processo Administrativo. Processo de Fiscalização	392
11.2.1	Teoria do processo	392
11.2.2	Processo e procedimento	393
11.2.3	Conceituação de processo administrativo	395
11.2.4	Processo administrativo e processo de fiscalização	396
11.2.5	A importância da codificação do processo de fiscalização	398
11.2.6	As garantias processuais das partes	402
11.2.7	Garantias ao devido processo legal	403
11.3	Relação processual de fiscalização	403
11.3.1	Sujeitos do processo administrativo	404
11.3.2	Relação processual administrativa	404
11.3.3	Processo de fiscalização: sujeitos e relação processual	405
11.4	Princípios constitucionais e legais aplicáveis ao processo de fiscalização	405
11.4.1	Princípio da legalidade	405
11.4.2	Princípio da moralidade	406
11.4.3	Princípio da isonomia	406
11.4.4	Princípio da publicidade	407
11.4.5	Princípio da eficiência	407
11.4.6	Princípio do contraditório e da ampla defesa	407
11.4.7	Princípio da oficialidade	408

11.4.8	Princípio da livre investigação das provas: verdade formal e verdade material	408
11.4.9	Princípio da motivação das decisões	409
11.4.10	Princípio do duplo grau de jurisdição	410

CAPÍTULO 12
ESPÉCIES DE PROCESSOS DE FISCALIZAÇÃO 411

12.1	Classificação do processo de fiscalização	411
12.1.1	Processo de julgamento de contas	411
12.1.2	Processo de apreciação de legalidade	412
12.1.3	Processo de apuração de atos de responsabilidade do gestor público	413
12.1.4	Processo de informação técnico-jurídica	413
12.2	Tipos de processo de fiscalização	413
12.2.1	Processo de prestação de contas	414
12.2.2	Processo de Contas de Gestão	415
12.2.3	Prestação de Contas e Tomada de Contas	417
12.2.4	Processo de apreciação de legalidade de ato de admissão, inativação e pensão	418
12.2.5	Processo de auditoria e inspeções	420
12.2.6	Processo de denúncia	421
12.2.7	Processo de consulta	421

CAPÍTULO 13
DA INSTRUÇÃO, JULGAMENTO E RECURSOS 423

13.1	Instrução processual	423
13.2	Julgamento: decisões	424
13.3	Recursos	425
13.3.1	Agravo	425
13.3.2	Embargos de Declaração	426
13.3.3	Recurso de reconsideração e pedido de reexame	426
13.4	Revisão	428
13.5	Execução das decisões do Tribunal de Contas	429

REFERÊNCIAS 431

ANEXOS
Ementário de Jurisprudência Judicial e Administrativa
Relativa a Fiscalização Contábil, Financeira e Orçamentária

ANEXO A – SUPREMO TRIBUNAL FEDERAL (STF) 443

ANEXO B – TRIBUNAL DE CONTAS DA UNIÃO (TCU) 453

ANEXO C – TRIBUNAL DE CONTAS DO ESTADO DO RIO GRANDE DO SUL (TCE/RS) 461

LISTA DE ABREVIATURAS E SIGLAS

§	–	Parágrafo
a.C.	–	antes de Cristo
art.	–	Artigo
ATRICON	–	Associação dos Membros dos Tribunais de Contas do Brasil
CE	–	Comunidade Europeia
CECA	–	Comunidade Europeia do Carvão e do Aço
CEE	–	Comunidade Econômica Europeia
CF	–	Constituição Federal
COREDES	–	Conselhos Regionais de Desenvolvimento do Rio Grande do Sul
CPC	–	Código de Processo Civil
CPP	–	Código de Processo Penal
DJ	–	Diário da Justiça
DOE	–	Diário Oficial do Estado
Dec.	–	Decreto
Dec. Fed.	–	Decreto Federal
Dec.-Lei	–	Decreto-Lei
FMI	–	Fundo Monetário Internacional
GFS	–	Government Finance Statistcs
INTOSAI	–	International Organization of Supreme Audit Institutions
IVA	–	Imposto sobre Veículos Automóveis (da Comunidade Europeia)
LOPTC	–	Lei de Organização e Processo do Tribunal de Contas
LOTCE	–	Lei Orgânica do Tribunal de Contas do Estado
LRF	–	Lei de Responsabilidade Fiscal
ONU	–	Organização das Nações Unidas
PIB	–	Produto Interno Bruto
PNB	–	Produto Nacional Bruto (da Comunidade Europeia)
RS	–	Rio Grande do Sul
SCN	–	Sistema de Contas Nacionais (da ONU)
SEC	–	Sistema Europeu de Contas
SFC	–	Secretaria Federal de Controle
Siape	–	Sistema Integrado de Administração de Recursos Humanos
Sisac	–	Sistema de Apreciação e Registro dos Atos de Admissão e Concessões
STJ	–	Superior Tribunal de Justiça
TCE/RS	–	Tribunal de Contas do Estado do Rio Grande do Sul
TCU	–	Tribunal de Contas da União
TRT	–	Tribunal Regional do Trabalho
TST GP	–	Tribunal Superior do Trabalho Gabinete da Presidência
UE	–	União Europeia

PREFÁCIO DA 3ª EDIÇÃO

Helio Saul Mileski integra o estreito rol de pensadores brasileiros contemporâneos que se incluem na categoria de publicistas. A 3ª edição revisada, atualizada e aumentada da sua obra *O Controle da Gestão Pública* mostra como é possível um texto acadêmico estar centrado no principal desafio da administração pública do Brasil que é o descontrole da gestão e desobediência aos princípios da Governança.

O autor, forjado na academia rio-grandense e na prática do Controle Externo com destacada atuação como Conselheiro do Tribunal de Contas do Estado do Rio Grande do Sul, buscou a excelência na Universidade de Salamanca, que no próximo ano celebrará quinhentos anos de existência, o que lhe permite uma visão privilegiada.

Os treze capítulos da Obra demonstram este conhecimento: o conceito de Estado, sua atividade financeira, responsabilidade fiscal, atividades de Controle e o Tribunal de Contas, o sistema de fiscalização de contas públicas em ambiente federativo, respectivas competências, sanções, processo fiscalizatório e suas espécies, terminando com a instrução, julgamento e recursos. É, portanto, texto único, a ser consultado pelos operadores do controle, gestores públicos e acadêmicos.

Finalizo saudando o autor e sua obra com a reflexão aristotélica, expressa na Ética nicomaqueia, com as duas versões de equidade: a corretiva da lei ("quando deficiente em razão da sua natural universalidade") e a atualizada pelo homem equitativo ("tomar menos do que lhe caberia, embora tenha a lei ao seu lado").

Boa leitura e, com certeza, excelente proveito.

Sebastião Helvécio Ramos de Castro
Conselheiro do TCE/MG. Presidente do IRB-Instituto Rui Barbosa.

PREFÁCIO DA 2ª EDIÇÃO

É sempre um prazer escrever um prefácio para uma obra que nos fala tão proximamente. É este o caso, em que o autor Helio Saul Mileski, Conselheiro do Tribunal de Contas do Estado do Rio Grande do Sul, convida-nos a estudar a Administração Pública sob a ótica da gestão fiscal e do controle.

O presente livro, obra cuidadosamente produzida como fruto da experiência profissional e do estudo do autor, demonstra a importância da Lei de Responsabilidade Fiscal para a Contabilidade Pública e da transparência na gestão da atividade estatal. Como é sabido, o controle da gestão fiscal pública por meio da Lei de Responsabilidade Fiscal possibilita ao administrado uma ampla transparência das atividades do Estado. Não à toa, o Decreto-Lei nº 200/67 cita o controle como um dos cinco princípios fundamentais da Administração Pública, assim como a Lei nº 4.320/64 também elenca o controle como elemento indispensável à conclusão do ciclo orçamentário.

O primeiro capítulo do presente trabalho aborda a formação do Estado, sua forma, funções, governo e princípios constitucionais dirigidos à Administração Pública.

Já a segunda parte é dedicada ao planejamento e orçamento público, com menção aos principais aspectos relacionados ao sistema orçamentário.

Em seguida, inicia-se um profícuo estudo da Lei de Responsabilidade Fiscal, momento em que o autor trata dos importantes conceitos, princípios e instrumentos de controle de gastos trazidos pela norma com vistas a garantir a responsabilidade na gestão fiscal. Digno de nota é a forma didática com que o autor discorre sobre a Lei de Responsabilidade Fiscal, que apresenta texto longo e complexo. Isso reforça o cuidado do autor com a assimilação dos leitores e permite a compreensão da matéria com a inteireza e a profundidade que o seu conteúdo requer.

O quarto capítulo cuida do controle da Administração Pública e apresenta um estudo abrangente sobre o sistema de fiscalização e a função de controle, em especial o externo, alcançando praticamente todos os aspectos relevantes sobre o tema.

Por fim, o autor analisa a natureza, as funções, as competências exercidas pelo Tribunal de Contas, cuja atuação possui importância incontestável para o fortalecimento da legitimidade, economicidade e eficiência da ação pública.

O trabalho se destaca também por conjugar lições doutrinárias à legislação e à jurisprudência, método que privilegia a abrangência de conteúdo e a apreensão da matéria.

É com alegria, portanto, que prefacio um trabalho que, ao mesmo tempo profundo e com perfil didático, caracteriza-se como obra de referência para todos aqueles que atuam ou encontram-se envolvidos de alguma forma com a atividade de controle e fiscalização dos atos públicos, bem como para aqueles que buscam conhecer as diversas facetas do controle da Administração Pública. Mais ainda porque constitui novo e relevante acréscimo ao substancial trabalho acadêmico do Conselheiro Helio Saul Mileski, administrativista de escol e de destaque no cenário jurídico nacional.

Benjamin Zymler
Ministro Presidente do Tribunal de Contas da União.

PREFÁCIO DA 1ª EDIÇÃO

O livro que tenho a honra de apresentar desponta como um dos mais relevantes trabalhos sobre o controle da Administração Pública brasileira. A abordagem rica, direta e minudente foi efetuada por quem alia larga vivência e expressiva capacidade de reflexão acerca dos instigantes temas que aborda. Com efeito, o Conselheiro Helio Saul Mileski figura entre os mais brilhantes controladores externos brasileiros, um autêntico paradigma de seriedade e de talentoso devotamento à causa pública. A sua imensa dedicação a assuntos complexos, tais como, por exemplo, o da responsabilidade fiscal, tem rendido, não apenas festejadas palestras pelo país e no exterior, mas também páginas de grande valor e votos de prudente firmeza. Devo, de passagem, oferecer o testemunho de quem tem convivido com os seus pares e com agentes públicos em geral: o autor tornou-se uma referência. Mas não é só. Os seus conselhos, suas judiciosas e inteligentes ponderações, como perceberá o leitor, servem a todos, do mais simples controlador ao mais preparado e academicamente exigente. São observações sábias e, como tais, destituídas de arrogância e de ornamentos inúteis.

Frisado isto, pretendo, até como justa homenagem, trazer ilustrativamente à tona alguns aspectos do livro em tela, com o intuito tão só de enaltecer a sua esmerada qualidade teórico-prática. Menciono, de início, seu exame dos princípios constitucionais que regem as relações publicistas, bem como o especial realce aos princípios do equilíbrio e da transparência. Sublinha, a propósito, o novo papel estratégico do planejamento, vaticinando, com acerto, o choque de mentalidade que ocorrerá se levadas a sério as benfazejas exigências do anexo de metas fiscais.

Ato contínuo, adentra no estudo da responsabilidade fiscal nas suas vigas mestras, vale dizer, planejamento, transparência, controle e sanção. E o faz com agudeza crítica. Ressalta o requisito incontornável da previsão e efetiva arrecadação dos tributos, assim como as presentes restrições à renúncia de receita, visando a coibir a mantença da fratricida guerra fiscal. Ao cuidar das despesas, a par de sulcar as exigências oportunas dos artigos 16 e 17 da LRF, dedica páginas elucidativas à atual disciplina das despesas com pessoal, apontando as impropriedades do art. 18. Oferece, na sequência, corajosa exegese do parágrafo único do art. 21, sempre ensejador de acesas polêmicas. Na sua límpida abordagem, avulta o didático tratamento conferido ao tema dos restos a pagar. Outro ponto marcante reside no louvor à transparência, seja como garantia de acesso aos procedimentos de execução e de prestação de contas, seja como garantia de integridade das informações fiscais. Ao versar sobre sanção, a obra segue com elevado padrão expositivo. Tece, ainda, judiciosas considerações sobre as figuras do ordenador de despesa, da autoridade responsável e do gestor fiscal, estabelecendo distinções precisas quanto aos modos e finalidades de controle, temática que retoma ao estudar as competências dos Tribunais de Contas. Arrola finalisticamente as modalidades de controle, sem olvidar o de natureza social. Já ao tratar do controle externo, a exposição alcança momentos pinaculares. Neste passo, examinados os modelos de Tribunais de Contas, veicula acurada exposição atinente à natureza jurídica de suas decisões, optando por entendê-las não meramente administrativas, sem, está claro, tomá-las por judiciais.

Adiante, suas páginas sobre o que denomina sistema da fiscalização das contas públicas igualmente são de extraordinário proveito, designadamente ao discorrer sobre a obrigação de prestar contas, a proteção à regularidade fiscal e ao fixar conceitualmente as espécies de fiscalização (contábil, orçamentária e financeira, operacional e patrimonial), ressaltando as muitas conexões e o caráter imperativo de uma atuação sistemática. Digna de nota, outrossim, sua abordagem sobre legitimidade e economicidade, princípios de extrema importância na contemporânea realidade nacional. Em capítulos específicos, o autor enfoca as competências exclusivas e indelegáveis, assim como as complementares, dos Tribunais de Contas, sem olvidar o enfoque das sanções aplicáveis pelas aludidas Cortes, sendo um dos mais completos estudos a respeito. Culmina por enfrentar o desafiador conjunto de princípios constitucionais e legais incidentes no âmbito processual da fiscalização, tratando de tomadas de contas, denúncias e consultas, a par de expor, com sua invariável nitidez, as exigências relativas à instrução, ao julgamento e aos recursos.

Bem por isso, por todo o sumariamente exposto, apraz-me antecipar que o presente livro do Conselheiro Helio Saul Mileski representa muitíssimo mais do que uma tentativa de ofertar algo útil à comunidade, como modestamente diz o autor, no pórtico da obra. Trata-se, sem o menor favor, de uma notável contribuição para aqueles que almejam compreender melhor o sistema fiscalizatório e, a partir daí, contribuir para o controle das contas públicas mais fiel ao legítimo interesse público. O autor é, comprovadamente, uma autoridade na matéria e serve, pois, de lúcido guia nessa jornada.

Juarez Freitas
Professor Titular e Coordenador do Mestrado e do Doutorado em Direito da PUCRS. Professor de Direito Administrativo da UFRGS e da AJURIS. Presidente do Instituto de Direito Administrativo do Rio Grande do Sul. Membro da Comissão de Estudos Constitucionais do Conselho Federal da OAB. Professor de Cursos de Pós-graduação no país e no exterior. Advogado e parecerista.

NOTA DO AUTOR DA 3ª EDIÇÃO

Para a 3ª edição de *O controle da Gestão Pública* buscamos atualizar o seu texto às normas editadas até setembro de 2017, realizando acréscimos e supressões consoantes à legislação, à jurisprudência e à doutrina. As mudanças legislativas de maior relevância dizem respeito à edição da Lei Complementar nº 156/2016, que trata do Plano de Auxílio aos Estados e ao Distrito Federal e medidas de estímulo ao reequilíbrio fiscal, com alteração da Lei de Responsabilidade Fiscal.

No pertinente às competências dos Tribunais de Contas e às espécies dos processos de fiscalização, procede-se uma atualização à atual nomenclatura dos processos de contas e são acrescentadas competências complementares que passaram a ser exercidas pelas Cortes de Contas. Quanto à jurisprudência judicial, menciona-se recente decisão do STF, ainda sem acórdão lavrado e, por consequência, sem trânsito em julgado, mas que, em face da sua importância no tocante ao julgamento das contas dos Prefeitos Municipais, merece ser referida.

No mais, mantém-se nessa 3ª edição uma linha técnico-jurídica que busca acompanhar a evolução e as transformações do direito, no sentido de obter um texto atualizado, mantendo os seus objetivos práticos e didáticos, mas sem se afastar do fundamento teórico indispensável, direcionado para a realidade, numa espécie de fusão entre teoria, realidade e vivência.

NOTA DO AUTOR DA 2ª EDIÇÃO

Estou verdadeiramente recompensado e honrado com a receptividade alcançada, tanto no campo profissional quanto acadêmico, por este trabalho que denominei de *O controle da gestão pública*. A aceitação pública do projeto didático da obra causa conforto para se dar continuidade a sua edição, procedendo a uma revisão de todo o seu conteúdo científico, com atualização conceitual, normativa e jurisprudencial, bem como na realização de importantes acréscimos doutrinários, no sentido de ilustrar ou melhor esclarecer os pontos técnico-teóricos, mas sem perder a linha de objetividade e clareza na abordagem dos temas enfrentados. Conforme coloquei em Nota da 1ª edição, o livro "Tem objetivos práticos e didáticos. Sem afastar-se do fundamento teórico indispensável, buscando manter-se dentro de padrões científicos aceitáveis, está direcionado para a realidade, numa espécie de mescla entre teoria, realidade e vivência. Por isto, os fundamentos teóricos estão colocados lado a lado com a prática, buscando uma relação harmônica entre doutrina, legislação e jurisprudência, no sentido de tentar encontrar a melhor solução para os problemas que afloram da fiscalização realizada sobre a Administração Pública".

Nesse contexto, deve ser salientado que, no final do século passado e início deste novo milênio, o Estado e a Administração Pública sofreram avanços notáveis, com alteração em sua estruturação e em seu modo de agir para o atendimento do interesse público. O Estado tornou-se plural, transparente e participativo. Em decorrência desse novo tipo de Estado, a Administração Pública sofreu profundas reformas, buscando o estabelecimento do chamado bom governo, com inovação de procedimentos e adequação de antigos princípios à nova forma de compreender o Estado e a Administração Pública. Via de consequência, o sistema de controle da Administração Pública também tem de se renovar e estabelecer mecanismos de agilização e atuação que atendam aos objetivos do novo tipo de Estado.

É com esta nova visão de Estado e Administração Pública que se realizou a revisão e atualização da obra, acrescentando-se vários comentários novos como, por exemplo: o Estado atual; a transparência da Administração Pública pós-moderna; os aspectos inovadores da transparência fiscal; e a necessidade de uma lei nacional que regule o processo de fiscalização, com vista a harmonizar os procedimentos de fiscalização dos Tribunais de Contas.

Espero que esta nova edição também seja prestigiada pelos interessados no tema de abordagem, resultando, na prática, de alguma utilidade para os profissionais que atuam no âmbito da Administração Pública, bem como para os estudantes que buscam conhecimento sobre esta questão de extrema relevância que é o Controle da Gestão Pública.

NOTA DO AUTOR DA 1ª EDIÇÃO

Quando ingressei no Tribunal de Contas, no longínquo mês de junho de 1970, portanto, há mais de 30 anos, deparei-me com uma situação interessante. Aprovado em concurso público para um modesto cargo do Tribunal de Contas do Estado do Rio Grande do Sul — Auxiliar de Controle Externo — o entusiasmo da juventude impulsionava-me, idealisticamente, para o trabalho de uma atividade de extrema relevância para a sociedade e o sistema democrático, mesmo considerando que este, na época, estivesse um tanto amordaçado.

De imediato, embora a singeleza das atribuições do cargo, constatei que o Tribunal de Contas era um ilustre desconhecido da sociedade e, até por isto, praticamente inexistiam livros, trabalhos ou literatura técnica que viessem em auxílio daqueles que procuravam estudar e conhecer a instituição para melhor desenvolver as suas atividades, tanto no âmbito do Tribunal de Contas quanto no dos órgãos fiscalizados. Ainda mais que, na época, o novo sistema de fiscalização instituído pela Constituição de 1967, o sistema de auditorias, encontrava-se em fase de implantação.

Assim, passei a desenvolver estudos e análises próprias para aprender e melhor conhecer a instituição, no sentido de desenvolver as minhas atividades funcionais com mais preparo, qualificação e responsabilidade profissional. Esta é uma etapa que perdura até hoje. Ascendi na carreira, assumindo cargos mediante concurso — Revisor de Controle Externo, Inspetor de Controle Externo e Auditor Substituto de Conselheiro — e, nessa condição, exerci praticamente todas as funções de natureza técnica e de Chefia do Tribunal, até que, para minha honra, por força das novas disposições constitucionais de 1988, em 1991, integrei lista tríplice elaborada pelo Plenário, que me levou à nomeação para o cargo de Conselheiro. Como Conselheiro assumi a direção da Revista do Tribunal de Contas e exerci os cargos de Vice-Presidente e Presidente do Tribunal de Contas do Rio Grande do Sul. Nesse extenso período de atividade fiscalizadora foram-se acumulando e aperfeiçoando os estudos e análises de natureza jurídica e técnica.

Este livro é, portanto, o resultado dessa experiência de trabalho e estudo. Tem objetivos práticos e didáticos. Sem afastar-se do fundamento teórico indispensável, buscando manter-se dentro de padrões científicos aceitáveis, está direcionado para a realidade, numa espécie de mescla entre teoria, realidade e vivência. Por isto, os fundamentos teóricos estão colocados lado a lado com a prática, buscando uma relação harmônica entre doutrina, legislação e jurisprudência, no sentido de tentar encontrar a melhor solução para os problemas que afloram da fiscalização realizada sobre a Administração Pública.

Com esse objetivo, este compêndio inicia pela formação do Estado, detém-se na sua atividade financeira e dedica um capítulo ao planejamento e orçamento público, envolvendo as principais questões do sistema orçamentário, incluindo os seus princípios. Em continuidade, é destinado um capítulo ao estudo da Lei de Responsabilidade Fiscal, não só pela sua atual importância, mas também por ser um dos mais modernos elementos de controle da atividade financeira do Estado. Posteriormente, o livro cuida dos diversos meios de controle da Administração Pública, cuja generalidade teórica é importante para a sustentação do estudo direcionado ao controle interno e externo, como componentes do sistema de fiscalização contábil, financeira e orçamentária. O controle interno, pela carência de literatura a seu respeito, recebe um cuidado especial, com um estudo abrangente sobre as suas atribuições e os desafios para a sua implantação. Finalizando, o livro aborda o seu tema principal, o controle externo e, em mais da metade do seu volume, é produzida uma análise ampla e detalhada de todos os aspectos do sistema de fiscalização, incluindo teoria e prática do processo de fiscalização, com um amplo e abrangente estudo sobre a natureza, funções e perspectivas do Tribunal de Contas.

Portanto, se o tempo é largo, tornando os cabelos grisalhos e fazendo aparecer os sulcos da vida, mantém-se o entusiasmo do início, com rejuvenescimento das ideias, mas com manutenção do sentido de prestar bons serviços em favor da sociedade. Assim, tomara que esse estudo, decorrente da experiência, resulte em alguma utilidade para aqueles que se interessam pelo tema ou têm o dever de atuar em nome da Administração, buscando o atendimento do interesse público. Pelo menos, é uma tentativa.

CAPÍTULO 1

O ESTADO

1.1 O Estado

O homem, como ser social, desde o seu nascimento e durante todo o período de sua existência, de forma simultânea ou sucessiva, está sempre integrado a um tipo de sociedade, seja ela formada por indivíduos ligados em razão do parentesco, em face de interesses materiais ou por objetivos espirituais.

Justamente por isto, Darcy Azambuja afirma que "a primeira em importância, à sociedade natural por excelência, é a família, que o alimenta, protege e educa. As sociedades de natureza religiosa, ou Igrejas, a escola, a Universidade, são outras tantas instituições em que ele ingressa; depois de adulto, passa ainda a fazer parte de outras organizações, algumas criadas por ele mesmo, com fins econômicos, profissionais ou simplesmente morais: empresas comerciais, institutos científicos, sindicatos, clubes, etc. O conjunto desses grupos sociais forma a sociedade propriamente dita. Mas, ainda tomado neste sentido geral, a extensão e a compreensão do termo sociedade variam, podendo abranger os grupos sociais de uma cidade, de um país ou de todos os países, e, neste caso, é a sociedade humana, a humanidade. Além dessas, há uma sociedade, mais vasta que a família, menos extensa do que diversas Igrejas e a humanidade, mas tendo sobre as outras uma proeminência que decorre da obrigatoriedade dos laços com que envolve o indivíduo; é a sociedade política, o Estado".[1]

---

[1] AZAMBUJA, Darcy. *Teoria geral do Estado*. 4. ed. Rio de Janeiro: Globo, 1963. p. 3.

Portanto, sem o aprofundamento de uma análise sobre as origens e as causas do aparecimento do Estado, pode-se dizer que os homens vivem necessariamente em sociedade e aspiram realizar o bem geral, isto é, o bem público, fato que os leva a constituírem as instituições formadoras da sociedade e esta a se organizar em Estado.

Tendo em conta estes aspectos genéricos, sob o ponto de vista juspolítico, alcança-se a seguinte identificação, segundo a perfeita percepção político-jurídica de Darcy Azambuja: "Estado é a organização político-jurídica de uma sociedade para realizar o bem público, com governo próprio e território determinado".[2]

Com esta noção preliminar, obtêm-se os elementos constitutivos do Estado: Povo, Território e Governo.

1.2 Elementos constitutivos: povo, território e governo

Para ser possível a existência do Estado, imprescindível a união desses três elementos: povo, território e governo. É necessário que haja uma população, dentro de um determinado território, com um governo independente dos demais Estados. Faltando um desses elementos não existe Estado; havendo a concorrência dos três, nasce o Estado.

1.2.1 Povo

Na linguagem vulgar, o termo *povo* tem sido utilizado, indiferentemente, para designar *população* ou *nação*. Este é um equívoco que, no aspecto jurídico, causa deformações de entendimento, tornando-se, por isso, necessário estabelecer-se um posicionamento adequado sobre esses conceitos, no sentido de ser fixada a noção jurídica do termo *povo*.

Conforme Marcelo Caetano,[3] *população* é mera expressão numérica, demográfica ou econômica, que abrange o conjunto das pessoas que vivam no território de um Estado ou mesmo que se achem nele temporariamente, sem que isso signifique a existência de vínculo jurídico entre a pessoa e o Estado. Assim, essa expressão não possui sentido jurídico, não podendo ser usada como sinônimo de *povo*.

Nação, por sua vez, é um grupo de indivíduos que se sentem unidos pela origem comum, pelos interesses comuns e, principalmente,

---

[2] AZAMBUJA. *Teoria geral do Estado*, p. 8.

[3] CAETANO, Marcelo. *Manual de ciência política e Direito Constitucional*. Lisboa: Coimbra Editora, 1963. p. 103.

por ideais e aspirações comuns. *Nação* é uma entidade moral que não se apoia na existência de vínculos jurídicos e não se confunde, portanto, com o Estado. *Povo* é entidade jurídica. *Nação* é entidade moral,[4] de conteúdo histórico-cultural, que não autoriza a utilização de sua expressão com o sentido de *povo.* Consoante menção de Dalmo de Abreu Dallari,[5] a noção jurídica de povo é uma conquista bastante recente, que foi alcançada no momento em que se verificou a necessidade de ser disciplinada, juridicamente, a presença e a atuação dessa entidade mítica e nebulosa e, paradoxalmente, tão concreta e influente.

Partindo da doutrina elaborada por Jellinek, fazendo referência que o Estado é sujeito do poder público, e o povo, como o seu elemento componente, participa dessa condição, Dallari ainda assevera que "no Estado moderno todo o indivíduo submetido a ele é, por isso mesmo, reconhecido como pessoa. E aqueles que, estando submetidos ao Estado, participam ao mesmo tempo de sua constituição, exercem funções como sujeitos, sendo, pois, titulares de direitos públicos subjetivos. Segundo o próprio Jellinek, a raiz dessa teoria, que leva ao reconhecimento da existência de direitos públicos subjetivos, encontra-se em Rousseau, quando este diz que os associados, que compõem a sociedade e o Estado, recebem coletivamente o nome de povo, cabendo-lhes a designação particular de cidadãos quando participam da autoridade soberana e sujeitos quando submetidos às leis do Estado".[6]

Assim, pode-se compreender *povo* como o conjunto de cidadãos de um mesmo Estado, que mantém com este um vínculo jurídico de caráter permanente, participando da formação da vontade do Estado e do exercício do seu poder.

1.2.2 Território

O segundo elemento essencial à existência do Estado é o território. O território é a sua base física. É a parcela do planeta por ele ocupada e que lhe delimita a jurisdição. Na opinião de Darcy Azambuja, o território é o país propriamente dito, e não é sinônimo de Estado, do qual constitui apenas um elemento.[7]

---

[4]   AZAMBUJA, op. cit., p. 24.

[5]   DALLARI, Dalmo de Abreu. *Elementos de teoria geral do Estado.* 21. ed. atual. São Paulo: Saraiva, 2000. p. 96-97.

[6]   DALLARI, 2000, p. 99.

[7]   AZAMBUJA, op. cit., p. 43.

Sendo assim, o território de um Estado possui limites. No tocante à parte terrestre, os Estados limítrofes estabelecem a delimitação. Contudo, embora o subsolo não chegue a ocasionar problemas, posto que a sua utilização por parte de um Estado, via de regra, não causa ameaça a soberania de outro, há dois aspectos que podem produzir conflitos: o espaço aéreo e o mar.

O espaço aéreo, diante do avanço tecnológico aeroespacial, com a criação de aviões que voam a grandes altitudes, juntamente com a utilização de satélites artificiais e naves espaciais, tornou-se um problema de difícil solução, embora vários critérios tenham sido propostos no sentido de regular o assunto, inclusive o da fixação de um limite de altura, além do qual os Estados deixariam de ter soberania.

Tendo em vista que estas questões provocam riscos para a paz e a segurança mundial, como bem refere Dallari, a ONU vem promovendo entendimentos sobre a matéria. No ano de 1963 ela aprovou uma Declaração de Princípios Jurídicos Aplicáveis às Atividades dos Estados na Exploração e Uso do Espaço Exterior. E no ano de 1966 foi mais adiante, aprovando um Tratado do Espaço Exterior, pelo qual, entre outras coisas, se nega a qualquer Estado a possibilidade de se apossar, no todo ou em parte, do espaço ultraterrestre, inclusive da lua ou de qualquer outro satélite ou planeta.[8]

No que tange a extensão do território sobre o mar, trata-se de uma prática muito antiga, com reconhecimento de ser uma medida justa e necessária. No entanto, em virtude da crescente utilização econômica do espaço marítimo — solo e subsolo — avolumaram-se os problemas para ser definido o limite da extensão territorial sobre o mar. Inexistindo organização internacional que possa definir esse limite, a situação tem sido resolvida através de Tratados ou Atos unilaterais dos Estados, consagrados pelos costumes, como é o caso das duzentas milhas de mar territorial.

1.2.3 Governo

O Governo é o poder ou a autoridade do Estado. Portanto, como salienta Darcy Azambuja, as diversas formas de governo, o modo pelo qual o poder se organiza e se exerce, permite agrupar os Estados em seu modo de ser substancial, determinando a situação jurídica e social dos indivíduos em relação à autoridade.[9]

---

[8]   DALLARI, 2000, p. 93.

[9]   AZAMBUJA, op. cit., p. 228.

Na definição de José Afonso da Silva, Governo é "o conjunto de órgãos mediante os quais a vontade do Estado é formulada, expressada e realizada, ou o conjunto de órgãos supremos a quem incumbe o exercício das funções do poder político".[10]

Dessa forma, o poder do Estado é poder político exercido por meio do governo, fato que demonstra ser o poder um elemento, uma característica intrínseca do Estado. Por isso, bem menciona Dallari que sendo o Estado uma sociedade, não pode o mesmo existir sem um poder, o qual, na sociedade estatal, adquire certas peculiaridades qualificadoras, entre as quais a mais importante é a soberania.[11]

Nesse aspecto, segundo Carlos Ari Sundfeld, a peculiaridade do poder do Estado (poder político) é, de um lado, o basear-se no uso da força física e, de outro, o reservar-se, com exclusividade, ao uso dela. "Decorrem disso duas consequências muito importantes. A primeira: o poder do Estado se impõe aos demais poderes existentes em seu interior, razão pela qual lhes é superior. Os poderes do patrão, do pai, do sindicato, da diretoria do clube, são subordinados ao poder do Estado. A segunda: o Estado não reconhece poder externo superior ao seu. O Estado brasileiro não admite que o alemão exerça qualquer poder sobre as pessoas residentes no Brasil. A isso denominamos soberania".[12]

Em conclusão, modernamente, pode-se afirmar que o poder político do Estado, exercido por meio do governo, cria e faz cumprir as normas regedoras das relações entre as pessoas dentro do Estado, podendo exigir certos atos, coordenar e impor decisões com vistas à realização de seus objetivos. Assim, chamam-se de governantes aquelas pessoas que governam o Estado e de governados as pessoas que estão adstritas ao poder de governo no âmbito estatal.

1.3 Objetivos do Estado

Após definir-se Estado e examinar-se os seus elementos constitutivos, de imediato surge a indagação: para que existe o Estado? Quais os seus objetivos e finalidades?

É de vital importância prática conhecerem-se os objetivos e finalidades estatais, justamente para obter-se, de forma concreta, a ideia integral de esse ser chamado Estado.

---

[10] SILVA, José Afonso da. *Curso de Direito Constitucional Positivo*. 15. ed. São Paulo: Malheiros, 1998. p. 112.

[11] DALLARI, 2000, p. 110.

[12] SUDFELD, Carlos Ari. *Fundamentos de Direito Público*. São Paulo: Malheiros, 1998. p. 23.

Embora não se objetive o exame detalhado dos fins do Estado, visto que tal procedimento é mais afeto à Teoria Geral do Estado, necessária a sua abordagem, mesmo que genérica, porque o seu entendimento possibilita uma real compreensão da ação do Estado, no que concerne ao alcance de seus objetivos.

Doutrinariamente, há três correntes de entendimento sobre as finalidades do Estado. Para alguns, o Estado é um fim em si mesmo, sendo o catalisador de todas as aspirações das pessoas; para outros, em sentido absolutamente contrário, o Estado é um meio, é uma estrutura utilizada para realização do bem-estar e a prosperidade das pessoas e da sociedade; outros ainda, como Kelsen, entendem as finalidades estatais como uma questão política e restrita ao campo técnico-jurídico.

Embora as louváveis justificativas elaboradas em defesa de cada tese, entendemos que o Estado não é um fim, mas sim um meio para o atendimento das necessidades do cidadão, no sentido de dar-lhe condições de viver em paz, ter prosperidade e aprimoramento. Em suma, de proporcionar ao cidadão bem-estar e felicidade.

O Estado tem fins, não é um fim. "O Estado é um dos meios pelos quais o homem realiza o seu aperfeiçoamento físico, moral e intelectual, e isso é que justifica a existência do Estado".[13]

Nesse aspecto, Darcy Azambuja refere ainda que a quase totalidade dos doutrinadores confunde os conceitos de fim e de competência do Estado. O fim do Estado é o objetivo que ele visa atingir quando exerce o poder. Este objetivo é invariável e é o bem público. A competência do Estado, por sua vez, é variável, conforme a época e o lugar. Assim, o Estado pode chamar a si certos serviços ou permitir que os particulares os executem, mas, tanto ampliando quanto restringindo a própria competência, o Estado visa realizar o bem público.[14]

No âmbito do Estado Brasileiro, a Constituição de 1988, pela primeira vez na história constitucional do país, estabeleceu como *objetivos fundamentais da República Federativa do Brasil*: construir uma sociedade livre, justa e solidária; garantir o desenvolvimento nacional; erradicar a pobreza e a marginalização e reduzir as desigualdades sociais e regionais; e promover o bem de todos, sem preconceitos de origem, raça, sexo, cor, idade e quaisquer outras formas de discriminação (art. 3º, I a IV).

---

[13] AZAMBUJA, op. cit., p. 138.

[14] Idem, p. 139.

1.4 O Estado atual

O Estado, criado, inicialmente, para estabelecimento da política como um âmbito diferenciado do parentesco familiar, da relação econômica, da crença religiosa e outras formas de interação social, com estabelecimento da capacidade de mandar e determinar obediência, reivindicando para si a exclusividade da coação, produzindo todas as normas de cumprimento obrigatório e com capacidade de resolver os conflitos num território claramente fixado, passou, no decorrer do tempo, em razão das novas realidades do mundo e das necessidades políticas, econômicas e sociais das pessoas, a viver um processo de evolução ebulitivo e grandioso,[15] culminando com a formatação do atual Estado Democrático de Direito ou Estado Social e Democrático de Direito.

Assim, o Estado atual consolidou-se em um Estado Social e Democrático de Direito; como decorrência do seu processo evolutivo, tomou o formato *plural, transparente* e *participativo*.

Plural – o sentido pluralista do atual Estado Democrático de direito é a opção por uma sociedade pluralista que respeita a pessoa humana e sua liberdade, embora os seus aspectos conflituosos, de interesses contraditórios e antagônicos. Por isto, tendo em conta a necessidade de composição desta complexidade de fatores divergentes, como bem anota José Afonso da silva, com assento em Georges Burdeau, "o problema do pluralismo está precisamente em construir o equilíbrio entre as tensões múltiplas e por vezes contraditórias, em conciliar a sociabilidade e o particularismo, em administrar os antagonismos e evitar divisões irredutíveis. Aí se insere o papel do Poder Político: 'satisfazer pela edição de medidas adequadas o pluralismo social, contendo seu efeito dissolvente pela unidade de fundamento da ordem jurídica'".[16]

Transparente – a transparência é, por sua vez, fator decorrente da democracia pluralista e princípio indispensável ao exercício da democracia participativa, impondo o dever do Poder Público de dar conhecimento completo e absoluto de todos os atos que pratica. É o aclaramento da atividade pública, em todos os sentidos e atividades, convertendo-se no oposto ao sigilo da Administração. A ação estatal deve ser transparente, sem manchas e deve estar exposta à luz do conhecimento público.[17]

---

[15] SILVA. *Curso de Direito Constitucional Positivo*. 15. ed. p. 112-120.

[16] SILVA. *Curso de Direito Constitucional Positivo*. 15. ed. p. 126.

[17] DROMI, Roberto. *Modernización del control público*. Madrid: Hispania Libros, 2005. p. 117.

Participativa – em face da crise da *democracia representativa* houve *a* necessidade de serem buscados novos caminhos, no sentido de produzir-se uma realidade mais concreta de democracia, mas sem inviabilizar os mecanismos de representatividade conhecidos. Não foram ainda encontradas as soluções definitivas para tais problemas, mas os caminhos estão direcionados para a implantação da *democracia participativa*, ou, como preferem alguns, da *democracia semidireta*.[18]

Assim, invariavelmente, por esse processo de evolução experimentado, a realidade política do Estado Liberal mostrou-se completamente diferente do Estado antigo, da mesma forma que o Estado Democrático de Direito ou Estado Social e Democrático de Direito é totalmente diferente da que vigorava no Estado liberal e mesmo no Estado Social *stricto sensu*. No Estado liberal havia o distanciamento e a oposição entre o Estado e a sociedade, enquanto o autoritarismo exacerbado do Estado social violava a liberdade e os direitos individuais.[19] No Estado Social e Democrático de Direito houve o estabelecimento de um Estado plural, transparente e participativo, evoluindo para um processo de crescente aproximação e coordenação democrática dos dois polos, no sentido de serem juntadas as forças do Estado e da sociedade para, mediante esforços comuns, serem superadas as desigualdades sociais, econômicas e políticas, para o estabelecimento de um regime de democracia participativa que realize a justiça social, com garantias formais e materiais do princípio da igualdade, consoante a garantia de realização dos direitos fundamentais da cidadania.[20]

No entanto, no final do século XX, como ocorre em todo processo evolutivo, estabeleceu-se um novo conflito, um desconcerto muito grande sobre a atuação do Estado Democrático de Direito, sob o argumento de que o Estado estava em crise, pois não teria conseguido funcionar a partir de um sistema liberal clássico, nem teria alcançado soluções para os problemas sociais daquele momento histórico da humanidade.

Outros, consoante os fatores da pós-modernidade, referiram a existência do Estado das crises — o Estado estaria em permanente crise em razões dos problemas econômicos globalizados, a liberalização dos mercados e o processo de globalização. As modernas tecnologias haviam dado lugar a novas e complexas formas de inter-relação entre o setor público e o econômico, favorecendo o desenvolvimento da

---

[18] SILVA. *Curso de Direito Constitucional Positivo*. 15. ed. p. 125.

[19] BONAVIDES, Paulo. *Do Estado liberal ao Estado social*. 5. ed. rev. e ampl. Belo Horizonte: Del Rey, 1993. p. 198-200.

[20] SILVA. *Curso de Direito Constitucional Positivo*. 15. ed. p. 120.

CAPÍTULO 1
O ESTADO | 41

corrupção e da malversação do dinheiro público, propiciando novas formas de delito como o tráfico de influências, a lavagem de dinheiro, formando vínculo com outras formas de delinquência como: os delitos fiscais; o tráfico de armas; o tráfico de pessoas; a delinquência econômica organizada e o tráfico de entorpecentes, ao que são somadas as questões de natureza política influenciadoras do sentimento de segurança dos cidadãos, o terrorismo político[21] — fatores que passaram a influenciar decisivamente a atuação do Estado.

Realmente, esses são aspectos decorrentes das mutações sociais, políticas, jurídicas e culturais que criam uma nova situação para a sociedade pós-moderna ou pós-hipermoderna, influenciando drasticamente a atuação do Estado, no tocante à aplicação das políticas públicas. Nesse sentido, Alfaro refere: "Os fenômenos da globalização e da descentralização administrativa unidos ao desenvolvimento tecnológico e aos ágeis fluxos de informação estão criando uma sociedade global, diferente, moderna e dinâmica que já começa a exigir do setor público, uma apreciável intensidade para um esforço de modernização".[22]

Nesse contexto, e tendo em vista as várias formas assumidas pelo Estado para dar conta de suas novas obrigações decorrentes da evolução do mundo, Odete Medauar realiza uma precisa avaliação sobre os termos encontrados na recente literatura do direito público, na tentativa de haver apenas uma designação para retratar a feição do Estado contemporâneo: a) Estado regulador e Estado controlador – retiram serviços públicos de vários setores, transferindo-os à atividade privada, mas fixando regras, fiscalizando o seu cumprimento e aplicando sanções; b) Estado subsidiário – está assentado na controvérsia da chamada subsidiariedade horizontal, em face do neoliberalismo e do relevo atribuído ao mercado, com uma linha de pensamento que defende a primazia da sociedade e o caráter residual da atuação do Estado; c) Estado propulsivo e Estado animador – e o escultor, animador e promotor da sociedade, agindo pela adoção de políticas públicas e dos programas de ação para orientação da sociedade; d) Estado reflexivo e Estado catalisador – busca a negociação, o consenso, a autorregulação dirigida, a regulação, efetuando uma associação com os sistemas dirigidos; e) Estado incitador – busca influir ao invés de impor, com utilização da persuasão, da informação, da difusão de conhecimentos, dos acordos e das recomendações, mas sem abrir mão das sanções;

---

[21] CONTRERAS ALFARO, Luis H. *Corrupción y principio de oportunidad penal.* Salamanca: Ratio Legis, 2005. p. 7.

[22] JIMÉNEZ RIUS, Pilar. *El control de los fondos públicos.* Navarra: Thomson Civitas, 2007. p. 38.

f) Estado mediador e Estado negociador – utilizam a coordenação, inclusive a negociação, atuando em todos os aspectos da regulação econômica, social e jurídica; g) Estado cooperativo – é o que trabalha mediante sistema de colaboração, socorrendo-se das parcerias público-privadas para a execução das tarefas públicas; h) Estado-rede – a sua organização deixa de ser hierarquizada e uniforme, passando a ter uma estrutura de rede e geometricamente variável de acordo com o tipo de atuação.[23]

De qualquer modo, como se vê das denominações acima referidas, o Estado contemporâneo é individualmente cada uma delas e também a forma conjunta de todas elas, não possibilitando um entendimento único como definição do Estado atual.

Essa situação do Estado contemporâneo demonstra o nível de grandiosidade e complexidade que envolve o atual Estado Social e Democrático de Direito. O processo político que foi desenvolvido demonstra a existência de uma dupla face do Estado, uma relativa ao aspecto interno e outra às influências externas. Na visão de Vallès "A cara interna do Estado tem revelado uma determinada forma de organizar a prática política — seus atores, seus processos, suas interações — com objetivos de assegurar a subsistência e a integração da própria comunidade. Por sua parte, a cara externa faz do Estado uma peça de um sistema político global: neste espaço exterior, cada comunidade organizada no Estado pretende defender sua identidade e sua integridade contra agressões ou intromissões exteriores de caráter econômico, militar, cultural, etc.".[24]

Em sua vertente interna, como ainda explica Vallès,[25] o Estado parece haver-se feito demasiado grande e demasiado complexo, com as demandas sociais limitando a sua capacidade de resolução dos problemas; a centralização do poder político estatal que, em determinado momento, foi uma vantagem eficaz, agora se transforma em desvantagem; de outra parte, nos últimos 50 anos, o Estado cresceu tanto em complexidade — mais instituições, mais serviços, mais agências, etc. — que se tornou difícil coordenar todos esses novos componentes; e, finalmente, em razão disso tudo, o cidadão exige mais participação direta nas decisões político-governamentais, com implantação da

---

[23] MEDAUAR, Odete. *O Direito Administrativo em evolução*. 2. ed. São Paulo: Revista dos Tribunais, 2003. p. 98-99.

[24] VALLÈS, Josep M. *Ciencia política*: una introducción. 4. ed. Barcelona: Ariel, 2004. p. 132.

[25] Idem, p. 132-133.

CAPÍTULO 1
O ESTADO | 43

democracia participativa, criando uma diferenciação institucional no exercício do poder.

Por sua vez, em sua vertente externa, pelas mudanças ocorridas, o Estado parece agora menor, a concentração do poder estatal no âmbito do seu território já não é tão importante e decisiva, a tecnologia do transporte e da comunicação reduziu drasticamente as distâncias, intensificando todo o tipo de intercâmbio,[26] valendo unicamente as estratégias financeiras, militares ou culturais de alcance global. O reconhecimento formal como Estado não é suficiente para intervir nesse cenário globalizado, tendo em vista fatores que escapam a sua interferência, pois, como assevera Vallès, "o Estado se converte em mais um dos atores políticos planetários e perde protagonismo".[27] Agora, como ainda adverte o renomado professor espanhol, há uma nova constelação de atores políticos em escala global, entre os quais podem ser citados:

– as organizações interestatais a que os Estados — de bom grado ou a força — delegam competências: a União Europeia, a ONU, ao Fundo Monetário Internacional, a Organização Mundial do Comércio, a OTAN, etc.;

– as grandes empresas transnacionais, cuja crescente concentração lhes permite trata, face a face, com governos estatais e organismos: na área das finanças, da energia, das comunicações, da produção farmacêutica, etc.;

– as organizações chamadas não governamentais, que desenvolvem sua atuação além das fronteiras estatais em variedade de aspectos e conflitos: Anistia Internacional, Greenpeace, Médicos sem Fronteiras, etc.;

– as chamadas "redes invisíveis" que mesclam negócio e crime organizado em escala mundial: tráfico de armas, narcotráfico, paraísos fiscais, etc.;

– determinados atores privados que assumem papéis que até pouco tempo era reservado a autoridades públicas: escritórios jurídicos que arbitram em conflitos legais entre particulares ou entre estados e particulares, sociedades ou agências que valorizam a solvência financeira dos próprios estados e de outras instituições públicas, etc.[28]

---

[26] VALLÈS, op. cit., p. 133. Nesse sentido, o autor ressalta: "Como resultado de esta evolución acelerada, las desigualdades entre grupos y personas y los conflictos generados por estas desigualdades se pantean hoy abiertamente a escala planetaria".

[27] VALLÈS. *Ciencia política*: una introducción, p. 134.

[28] VALLÈS, op. cit., p. 134. Como exemplo dessas novas condições de relação de poder no plano internacional, o autor cita um *ranking* de empresas e Estados, demonstração do fator de importância dessas empresas: "En un ranking de 1994 que incluye estados ordenados — según la magnitud de su PNB — y empresas — según el volumen de sus ingresos anuales —, doce impresas privadas se sitúan entre los primeros cincuenta

Dessa forma, torna-se incontestável que o Estado do final do século XX passou a ter um ingrediente de influência chamado *globalização*, vindo a gerar efeitos provocadores de contrariedade no mundo inteiro, na medida em que produziu, de acordo com a literatura de direito público, consequências nem sempre aceitas por todos, como: a globalização reduziu o espaço e a importância do político; a globalização força o mercado na substituição da democracia; a posição do Estado integra-se com os mercados; e o Estado do bem-estar fica engessado pela estrutura da máquina econômica.[29]

Analisando a coesão interna entre Estado de Direito e democracia, Habermas trata da relação entre autonomia privada e pública, possibilitando um claro entendimento sobre a política de mercado: "O paradigma jurídico liberal conta com uma sociedade econômica que se institucionaliza por meio do direito privado — especialmente por via de direitos à propriedade e liberdades de contratação — e que se coloca à mercê da ação espontânea de mecanismos de mercado. Essa 'sociedade de direito privado' é feita sob medida em relação à autonomia dos sujeitos de direito, que, no papel de integrantes do mercado, procuram realizar de forma mais ou menos racional os próprios projetos de vida".[30]

A par da globalização, a partir dos anos 80, incentivado por instituições financeiras americanas, surgiu o *neoliberalismo*, como um modo de designar ideias em favor da economia de mercado, com o objetivo de disciplinar a situação macroeconômica, a economia de mercado e a abertura comercial internacional. Inicialmente foi adotado pelos governos dos Estados Unidos e Inglaterra, expandindo-se para a Europa e países em desenvolvimento, com estímulo de organizações internacionais — FMI, BIRD e Banco Mundial.[31]

Outro fator de influência no Estado atual é o relativo à *privatização*, fator que tem acarretado calorosos debates sobre a chamada crise do Estado. A privatização pode ser compreendida em sentido amplo como um fator de redução no tamanho do Estado e sua ingerência em

---

puestos, superando en potencial económico a más de cien estados <<independientes>>. En esta dimensión, por ejemplo, una empresa como General Motors aventaja a estados como Dinamarca, Indonesai, Turquia, Noruega, Irán, Finlandia, Portugal, Grecia o Israel. La creciente fusión de grandes empresas en los últimos años há incrementado más todavia la ventaja comparativa de las grandes corporaciones — en el sector financiero, de la energía o de las comunicaciones — sobre la mayoría de los estados".

[29] MEDAUAR. *O Direito Administrativo em evolução*, p. 96.

[30] HABERMAS, Jürgen. *A inclusão do outro*: estudos de teoria política. Tradução George Sperber, Paulo Astor Soethe, Milton Camargo Mota. 3. ed. São Paulo: Loyola, 2007. p. 302.

[31] MEDAUAR. *O Direito Administrativo em evolução*, p. 97.

diversos aspectos da sociedade, como: venda de estatais; quebra de monopólios públicos; forte utilização das concessões e permissões de serviço público; aumento das parcerias público-privadas; abrandamento das formas de intervenção na economia; estímulo à autorregulação; e maior incentivo à atuação particular na órbita social (terceiro setor).[32] Por esses fatores todos, não resta dúvida de que o Estado do fim do século XX e início do século XXI, na expressão de Cassese, em sua obra *La crisi dello Stato*, encontra-se em transformação, buscando o estabelecimento de novos paradigmas, com recomposição e redimensionamento na sua forma de atuação.[33] Por estes motivos, pode-se afirmar que o Estado contemporâneo está em transformação e, por isto, resultará no surgimento de um Estado modificado.

1.5 O Estado brasileiro: forma, funções, Governo e organização administrativa

1.5.1 Forma

A maneira como se dá o exercício do poder político no âmbito do território estatal origina o conceito sobre a forma do Estado: Estado simples ou Estado composto.

Existindo unidade de poder sobre o território, pessoas e bens, tem-se a forma de Estado unitário, é o caso da França, Chile e outros. Ocorrendo o contrário, com o poder sendo repartido, dividido, no espaço territorial (divisão espacial de poderes), proporcionando a geração de uma multiplicidade de organizações governamentais, distribuídas regionalmente, deparamo-nos diante de uma forma de Estado composto, denominado de Estado Federal ou Federação de Estados.[34]

O Brasil adotou a forma de Estado federal, constituído pela união indissolúvel dos Estados-membros, que possuem autonomia política, administrativa e financeira, juntamente com os Municípios e o Distrito Federal, a cujos entes estatais também foram conferidas, embora em menor grau do concedido aos Estados-membros, o mesmo tipo de autonomia, mas resguardando o exercício da soberania tão somente à União Federal.

Do Estado Federado Brasileiro ressaltam duas peculiaridades: a primeira diz respeito ao fato do Distrito Federal, como uma espécie

---

[32] Idem, p. 97.

[33] CASSESE apud MEDAUAR, op. cit., p. 97.

[34] SILVA, 2005, p. 98-99.

de Estado-membro anômalo, integrar a federação; a segunda envolve uma inovação constitucional pela concessão de autonomia política aos municípios.

1.5.2 Funções

Conforme já salientado em tópico anterior, o Estado, para o alcance de seus fins, exercita o poder por meio da competência, efetuando serviços e atividades que variam no tempo e no espaço, no sentido de promover a realização do bem público.

Nesse aspecto, nos primórdios da organização estatal, o poder do Estado concentrava-se em uma pessoa, fosse ela física ou coletiva, com toda a atividade sendo exercida por esse organismo soberano e supremo. Porém, mesmo nas sociedades primitivas, essa concentração de poder não perdurou por longo tempo. O aumento de território e população levou ao surgimento de grupos sociais mais complexos, motivando a necessidade de ser procedida a delegação de competência de algumas atribuições a pessoas de confiança do chefe supremo.

No Estado moderno as atividades estatais foram tomadas por uma extrema complexidade, com a ação do Estado, em face dessa nova realidade, passando a ocorrer de forma estruturada. Embora a natureza complexa dessa nova estrutura funcional, de um modo geral, podem ser identificadas três espécies básicas de funções: *função legislativa, função executiva* e *função judiciária.*

Legislativa é a função de legislar, de elaborar leis, de estabelecer normas de caráter geral e obrigatório para os que se encontram em determinadas situações. A função executiva é pertinente às atividades governamentais e administrativas, visando objetivos concretos e particulares, procedendo na execução das leis editadas. A função judiciária objetiva a aplicação do direito aos casos concretos, dirimindo os conflitos entre os cidadãos ou entre os cidadãos e o Estado.

Assim, o poder do Estado, consoante as funções que executa, na clássica tripartição realizada por Montesquieu, foi dividido em três poderes, com destinação de cada função a um poder. Contudo, inexiste uniformidade doutrinária sobre a teoria da separação dos poderes ou da divisão dos poderes. Para Darcy Azambuja[35] e Dalmo de Abreu Dallari,[36] Montesquieu, demonstrando haver a necessidade da separação dos poderes, julgava também necessário que eles fossem harmônicos; que

---

[35] AZAMBUJA, op. cit., p. 201.

[36] DALLARI, 2000, p. 102.

se limitassem reciprocamente, mas não fossem absolutamente separados e não se paralisassem uns aos outros. Que é normal e necessário à existência de muitos órgãos exercendo o poder soberano do Estado, sem que a unidade do poder se quebre por tal circunstância.

De outro lado, José Afonso da Silva,[37] quando se reporta ao tema, ao afirmar que não se pode confundir distinção de funções do poder com divisão ou separação dos poderes, traça sua definição referindo que "a divisão dos poderes consiste em confiar cada uma das funções governamentais (legislativa, executiva e jurisdicional) a órgãos diferentes, que tomam os nomes das respectivas funções, menos o Judiciário".

Já Hely Lopes Meirelles, em terceiro sentido, menciona que o que há não é separação dos poderes com divisão absoluta de funções, mas, sim, distribuição das três funções estatais precípuas entre órgãos independentes, mas harmônicos e coordenados em seu funcionamento.[38]

De qualquer modo, independente dos preciosismos interpretativos, é pacífico o entendimento de que o poder do Estado é uno e indivisível, o qual se desdobra em várias funções, sendo três as principais — legislativa, executiva e judiciária —, que possuem destinação a organismos diferentes, com os mesmos tomando os nomes das respectivas funções.

Como a teoria de Montesquieu, de uma maneira geral, tem influenciado as constituições dos Estados modernos, o mesmo tem ocorrido com as constituições do Estado brasileiro. É o caso da Constituição de 1988 ao estabelecer que "são Poderes da União, independentes e harmônicos entre si, o Legislativo, o Executivo e o Judiciário".

Portanto, na esteira da teoria da divisão ou separação dos poderes, que propugna o controle do poder pelo poder, o poder do Estado brasileiro também está tripartido em Legislativo, Executivo e Judiciário, com os mesmos tendo de atuar de forma independente e harmônica, no exercício da sua especialidade funcional.

Independente porque cada um deve desempenhar a sua atividade com exclusividade funcional; com a investidura dos cargos em um órgão ocorrendo sem dependência da confiança ou da vontade de outro; e possuindo autonomia para elaborar e executar o seu orçamento, juntamente com a autonomia administrativa.

Harmonia significa respeito às prerrogativas funcionais de cada um, qual seja, a atuação dos Poderes está direcionada obrigatoriamente

---

[37] SILVA, 1998, p. 112.

[38] MEIRELLES, Hely Lopes. *Direito Administrativo brasileiro*. 26. ed. Atualizada por Eurico de Andrade Azevedo, Délcio Balestero Aleixo e José Emmanuel Burle Filho. São Paulo: Malheiros, 2001. p. 56.

para a consecução dos fins do Estado e cada Poder realiza funcionalmente a sua parte, sem preocupação sobre o que farão os demais. Contudo, salienta-se que esta independência harmônica não é absoluta, na medida em que admite algumas interferências, com aceitação de um sistema de freios e contrapesos (controle do poder pelo poder).

Assim, a função legislativa é desempenhada principalmente pelo Poder Legislativo, mas o Poder Executivo coopera na função ao propor projetos de lei, limitando-o quando nega a sua sanção ou procede a veto aos projetos de lei aprovados. O mesmo ocorre com o Judiciário quando este declara a inconstitucionalidade de uma lei. Igualmente, o Poder Legislativo colabora ou limita o Poder Executivo, quando examina atos que dependem da sua aprovação e são do interesse do Poder Executivo.

1.5.3 Governo

Conforme já salientado em tópico anterior, o poder político do Estado, exercido por meio do Governo, cria e faz cumprir o conjunto de regras jurídicas que normatiza as relações das pessoas dentro do Estado, podendo exigir certos atos com vistas à realização de seus objetivos.

Assim, Governo é a expressão política de comando, de iniciativa, de fixação de objetivos do Estado e de manutenção da ordem jurídica vigente.[39] Portanto, Governo se identifica com os Poderes do Estado — Legislativo, Executivo e Judiciário — e, ao mesmo tempo, se põe nas funções originárias desses Poderes, como manifestação da soberania estatal. Por isso, diz-se que tem autonomia política para conduzir os negócios públicos.

Contemporaneamente, os regimes políticos ou as formas de governo se consolidaram em duas: a monarquia e a república; e os sistemas de governo em três: o parlamentarismo, o presidencialismo e o diretorialismo.

O Estado brasileiro, constitucionalmente, está organizado como um Estado Democrático de Direito, em que o democrático qualifica o Estado, irradiando os valores da democracia sobre todos os elementos constitutivos do Estado e também sobre a ordem jurídica,[40] adotando como forma de Governo a República (art. 1º, CF 1988) e como sistema de Governo o Presidencialismo (art. 76 e seguintes, CF 1988).

A forma republicana de governo está revestida de princípio constitucional, embora já não se constitua mais em *clausula petrea*

---

[39] MEIRELLES, 2001, p. 59.

[40] SILVA, 1998, p. 123.

propriamente dita, visto ser possível a sua modificação via emenda constitucional, mas com preservação do princípio contra os Estados-membros, mediante intervenção federal naquele que deixar de atendê-lo.

Nesse aspecto, como bem refere Paulo Napoleão Nogueira da Silva, a expressão *res publica* vem de épocas antigas. Traduz o princípio segundo o qual o governo deve ser exercido tendo em vista o interesse dos governados (coisa pública), e não o do governante; sendo o próprio governo em si mesmo um interesse público.[41]

Por sua vez, o sistema de governo presidencialista foi uma criação americana do século XVIII, tendo resultado da aplicação das ideias democráticas, concentradas na liberdade e na igualdade dos indivíduos e na soberania popular, conjugadas com o espírito pragmático dos criadores do Estado norte-americano.[42]

Na República brasileira, conforme o propugnado pelo sistema presidencialista, o Presidente da República acumula as atribuições de Chefe de Estado e Chefe de Governo (art. 76, da CF 1988), é eleito pelo povo (art. 77), por um prazo determinado — mandato de 4 anos (art. 82) —, com poder de veto (art. 66, §1º).

Em conclusão, resumidamente, o Estado brasileiro está constituído sob a forma de federação — União, Estados-membros, Distrito Federal e Municípios —, organizado como Estado Democrático de Direito, que adota como forma de governo a República e como sistema de governo o Presidencialismo.

1.5.4 Organização administrativa

Verificada a estrutura orgânica do Estado brasileiro, com sua divisão política territorial, divisão funcional em três Poderes, juntamente com sua forma e sistema de governo, deve-se proceder à análise sobre como se organiza administrativamente o país, no sentido de ser obtida uma perfeita compreensão de como o Estado, por meio de suas entidades e órgãos, que agem através de agentes públicos, desempenha as suas funções, na realização de seus fins.

Nesse aspecto, Maria Sylvia Zanella Di Pietro ressalva que a função administrativa é, predominantemente, exercida pelos órgãos do Poder Executivo; mas, como o regime constitucional não adota o

---

[41] SILVA, Paulo Napoleão Nogueira da. *Curso de Direito Constitucional*. 2. ed. rev. e atual. São Paulo: Revista dos Tribunais, 1999. p. 151.

[42] DALLARI, 2000, p. 239.

princípio da separação absoluta de atribuições e sim o da especialização de funções, os demais Poderes do Estado também exercem, além de suas atribuições predominantes — legislativa e jurisdicional — algumas funções tipicamente administrativas.[43]

Assim, pode-se dizer que o Governo atua administrativamente buscando satisfazer os objetivos do Estado, por isso, normalmente, as expressões Governo e Administração andam juntas e, não raro, são confundidas, embora tenham conceitos e significados totalmente diferenciados.[44]

De qualquer modo, de uma forma geral, o Estado pode desenvolver diretamente as atividades administrativas que lhe são próprias, por si mesmo, como pode fazê-lo através de outras entidades, criadas adredemente para o desempenho das funções administrativas que lhes são destinadas constitucionalmente. Estas entidades podem ter personalidade jurídica de direito público ou de direito privado.

Por isso, diz-se que a atividade administrativa é realizada de forma centralizada ou descentralizada. Na centralização o Estado atua diretamente por meio de seus órgãos, isto é, das unidades que são simples repartições interiores de sua pessoa, sem dela se distinguirem. Na descentralização ocorre o contrário, o Estado atua indiretamente através de outras pessoas, que são seres juridicamente distintos dele, embora ainda sejam criaturas suas e, por isto mesmo, se constituam em parcelas da totalidade do aparelho administrativo estatal.[45]

Dentro desse contexto, as atividades administrativas do Estado são desenvolvidas por meio de entidades — públicas ou privadas — que possuem órgãos de execução de suas atividades, que funcionam por intermédio de seus agentes políticos ou administrativos.

Na organização política e administrativa brasileira estas entidades se classificam em *estatais, autárquicas* e *paraestatais. Estatais* são

---

[43] DI PIETRO, Maria Sylvia Zanella. *Direito Administrativo*. 10. ed. São Paulo: Atlas, 1999. p. 55. Na p. 56, em sentido subjetivo, Administração Pública é definida como "o conjunto de órgãos e de pessoas jurídicas aos quais a lei atribui o exercício da função administrativa do Estado".

[44] MEIRELLES, 2001, p. 60, traça um diferencial importante entre Governo e Administração ao referir que "comparativamente, podemos dizer que governo é atividade política e discricionária; administração é atividade neutra, normalmente vinculada à lei ou à norma técnica. Governo é conduta independente; administração é conduta hierarquizada. O Governo comanda com responsabilidade constitucional e política, mas sem responsabilidade profissional pela execução; a Administração executa sem responsabilidade constitucional ou política, mas com responsabilidade técnica e legal pela execução. A Administração é o instrumental de que dispõe o Estado para pôr em prática as opções políticas do Governo".

[45] BANDEIRA DE MELLO, Celso Antônio. *Curso de Direito Administrativo*. 4. ed. São Paulo: Malheiros, 1993. p. 70.

pessoas jurídicas de direito público, que integram a estrutura constitucional do Estado (União, Estados-membros, Municípios e Distrito Federal); *Autárquicas* são pessoas de direito público, de natureza meramente administrativa, criadas por lei, para a realização de atividades, obras ou serviços descentralizados da entidade estatal que as criou; *Paraestatais* são pessoas jurídicas de direito privado, cuja criação é autorizada por lei, para a realização de obras, serviços ou atividades de interesse coletivo.[46]

A estrutura legal que dispõe sobre a organização administrativa brasileira consta do Decreto-Lei nº 200, de 25.02.1967, com as alterações produzidas posteriormente (Decreto-Lei nº 900, de 29.09.1969; Decreto-Lei nº 2.299, de 21.11.1986; e Lei nº 7.596, de 10. 04.1987) e a Lei nº 9.649, de 27.05.1998, que, embora algumas deficiências técnico-jurídicas como a de tratar por Administração direta tão somente os órgãos da Presidência da República e dos Ministérios, define a composição da Administração federal, compreendendo: a) Administração direta como a composta pelos organismos que estruturam a Presidência da República e os Ministérios; b) Administração indireta como a que comporta as seguintes entidades de personalidade jurídica própria: autarquias, empresas públicas, sociedades de economia mista e fundações públicas.

Mesmo tratando-se de uma organização administrativa dirigida somente para a União, cuja legislação federal não é aplicável aos demais entes federados — Estados-membros, Distrito Federal e Municípios — é inegável que a sobredita legislação federal traz conceitos e princípios que acabam, por simetria, sendo incorporados ao direito local, independente das ressalvas realizadas pela doutrina.

1.6 Princípios constitucionais dirigidos à Administração Pública

Princípios constitucionais são padrões de conduta que devem ser seguidos pela Administração Pública, constituindo-se em arcabouço dos fundamentos de validade da ação administrativa.

A concepção de princípio, conforme manifesta Luís-Diez Picazo, deriva de linguagem da geometria, "onde designa as verdades primeiras",[47] por isto são *princípios*, qual seja, *porque estão ao princípio*.

---

[46] MEIRELLES, 2001, p. 61.

[47] DIEZ-PICAZO apud BONAVIDES, Paulo. *Curso de Direito Constitucional*. 16. ed. atual. São Paulo: Malheiros, 2005. p. 255.

Dessa forma, tendo em conta que os princípios são verdades objetivas, dotadas de vigência, validez e obrigatoriedade, conforme F. Clemente pondera, em uma época em que os princípios ainda estavam embutidos em uma concepção civilista — por volta de 1916 — os princípios gozam de vida própria e valor substantivo pelo mero fato de serem princípios, encerrando uma verdade jurídica universal.[48] Assim, na percepção daquele jurista espanhol, "Princípio de direito é o pensamento diretivo que domina e serve de base à formação das disposições singulares de Direito de uma instituição jurídica, de um Código ou de todo um Direito Positivo".[49]

A partir de então, surgiram diversos conceitos e manifestações doutrinárias envolvendo a normatividade dos princípios, favorecendo a elaboração de muitas variantes de entendimento, como foi o caso da Corte Constitucional Italiana que, em 1956, considerou "como princípios do ordenamento jurídico aquelas orientações e aquelas diretivas de caráter geral e fundamental".[50]

Visando sistematizar esses entendimentos, Ricardo Guastini realizou uma investigação doutrinária, recolhendo da jurisprudência e de vários juristas seis distintos conceitos de princípios, todos vinculados a disposições normativas, tendo em conta os objetivos a serem alcançados em cada norma.[51]

---

[48] CLEMENTE F. de. El método en la aplicación del derecho civil. *Revista de Derecho Privado*, ano 6, n. 37, p. 290, out. 1916.

[49] CLEMENTE, op. cit., p. 293.

[50] Giur: Costit., I, 1956, 593, apud BOBBIO, Norberto. Principi generali di diritto. In: *Novíssimo Digesto Italiano*, v. 13, p. 889. apud BONAVIDES. *Curso de Direito Constitucional*, p. 257. O conceito integral está assim expresso: "Faz-se mister assinalar que se devem considerar como princípios do ordenamento jurídico aquelas orientações e aquelas diretivas de caráter geral e fundamental que se possam deduzir da conexão sistemática, da coordenação e da íntima racionalidade das normas, que concorrem para formar assim, num dado momento histórico, o tecido do ordenamento jurídico".

[51] GUASTINI apud BONAVIDES. *Curso de Direito Constitucional*, p. 257. Os seis conceitos referidos pelo autor são: "Em primeiro lugar, o vocábulo 'princípio', diz textualmente aquele jurista, se refere a normas (ou a disposições legislativas que exprimem normas) providas de um alto grau de generalidade. Em segundo lugar, prossegue Guastini, os juristas usam o vocábulo 'princípio' para referir-se a normas (ou a disposições que exprimem normas) providas de um alto grau de indeterminação e que por isso requerem concretização por via interpretativa, sem a qual não seriam suscetíveis de aplicação a casos concretos. Em terceiro lugar, afirma ainda o mesmo autor, os juristas empregam a palavra 'princípio' para referir-se a normas (ou disposições normativas) de caráter 'programático'. Em quarto lugar, continua aquele pensador, o uso que os juristas às vezes fazem do termo 'princípio' é para referir-se a normas (ou a dispositivos que exprimem normas) cuja posição na hierarquia das fontes de Direito é muito elevada. Em quinto lugar — novamente Gustini — 'os juristas usam o vocábulo princípio para designar normas (ou disposições normativas) que desempenham uma função 'importante' e

Esse caminho teórico-evolutivo dos princípios gerais termina por convertê-los em princípios constitucionais. Esta conversão dos princípios gerais em dispositivos constitucionais, como grande passo transformador, consolida-se na chave de todo o sistema normativo.[52] Em conformação a essa linha de entendimento, conforme José Afonso da Silva "os princípios são ordenações que se irradiam e imantam os sistemas de normas, são (como observam Gomes Canotilho e Vital Moreira) 'núcleos de condensações' nos quais confluem valores e bens constitucionais. Mas, como disseram os mesmos autores, os princípios, que começam por ser à base de normas jurídicas, podem estar positivamente incorporados, transformando-se em normas-princípio e constituindo preceitos básicos da organização constitucional".[53]

Nesse contexto, avaliando a importância dos princípios constitucionais para a Administração Pública, Juarez Freitas coloca com precisão que "os princípios nucleares de estatura constitucional, norteadores de administração no Brasil, encontram-se, afortunadamente, no mais das vezes, agasalhados de modo expresso e até reiterado no texto da Constituição, não obstante valiosíssimos de tais princípios somente serem conhecidos por inferência ou por desenvolvimento interpretativo. Ainda quando implícitos, funcionam como diretrizes superiores do sistema, fazendo as vezes de seus máximos e autênticos paradigmas teleológicos para a aplicação de todas as normas, aqui tomadas em identificação semântica com as regras".[54]

Assim, de um modo geral, em razão do Estado Democrático de Direito vigente no território brasileiro, pode-se dizer que a Administração Pública, para a prática de toda a sua ação administrativa, está adstrita ao cumprimento e obediência de todos os princípios insertos na Constituição, dentre os quais se sobressai o princípio da

---

'fundamental' no sistema jurídico ou político unitariamente considerado, ou num ou noutro subsistema do sistema jurídico conjunto (o Direito Civil, o Direito do Trabalho, o Direito das Obrigações)'. Em sexto lugar, finalmente, elucida Guastini, os juristas se valem da expressão 'princípio' para designar normas (ou disposições que exprimem normas) dirigidas aos órgãos de aplicação, cuja específica função é fazer a escolha dos dispositivos ou das normas aplicáveis nos diversos casos".

[52] BONAVIDES. *Curso de Direito Constitucional*, p. 259. O autor, nesse aspecto, comenta: "A inserção constitucional dos princípios ultrapassa, de último, a fase hermenêutica das chamadas normas programáticas. Eles operam nos textos constitucionais da segunda metade deste século uma revolução de juridicidade sem precedentes nos anais do constitucionalismo. De princípios gerais se transformaram, já, em princípios constitucionais".

[53] SILVA, 1998, p. 96.

[54] FREITAS, Juarez. *O controle dos atos administrativos e os princípios fundamentais*. 2. ed. atual. e ampl. São Paulo: Malheiros, 1999. p. 47-48.

supremacia do interesse público sobre o interesse privado, na medida em que reflete um princípio geral de direito, que deriva, inclusive, da finalidade precípua do Estado de realizar o bem público.

Nesse contexto de avaliação da importância dos princípios para o Direito Administrativo, impõe-se também salientar que a finalidade dos princípios de direito, por serem portadores de valores relevantes para a vida em sociedade, deve servir de orientação tanto para os criadores das normas abstratas e gerais, como para os criadores de normas decisionais, expressadas em termos concretos.

Por isto, os princípios são indicadores de objetivos a serem alcançados, servindo de orientação prática para a elaboração de normas, no sentido de não serem reguladas proposições inexequíveis e para que a exequibilidade das decisões se faça de modo mais eficiente.[55]

Contudo, embora esta obrigatoriedade de cumprimento dos princípios constitucionais, o art. 37, *caput*, da Constituição, de forma expressa, dirigiu à Administração Pública somente cinco princípios: legalidade, impessoalidade, moralidade, publicidade e eficiência.

1.6.1 Legalidade

O princípio da legalidade é o elemento que configura o Estado de Direito. Por essa razão, a Administração Pública restringe a sua ação aos limites das determinações legais, não podendo fazer mais nem menos do fixado em lei. Conforme a lapidar expressão de Hely Lopes Meirelles, enquanto ao particular é lícito fazer tudo que a lei não proíbe, na Administração Pública só é permitido fazer o que a lei autoriza.[56]

Portanto, o princípio da legalidade objetiva afastar o autoritarismo do governante, submetendo a sua vontade à vontade da lei. A lei é a principal forma de indicação do interesse público. Como o interesse do governante não pode se sobrepor ao interesse público, evidentemente que também não pode se desvirtuar do determinado em lei.

Assim, tendo a Administração Pública a obrigatoriedade de pautar a sua ação conforme a lei, significa que não pode praticar ato com desvio da finalidade legal. O desvio de finalidade é resultado do inaceitável exercício do abuso de poder. Este aspecto está jungido ao

---

[55] MOREIRA NETO, Diogo de Figueiredo. *Quatro paradigmas do Direito Administrativo pósmoderno*: legitimidade, finalidade, eficiência, resultado. Belo Horizonte: Fórum, 2008. p. 93.

[56] MEIRELLES, 2001, p. 88.

principio da finalidade administrativa que, por sua vez, atrela-se ao princípio da legalidade.[57]

1.6.2 Impessoalidade

O princípio da impessoalidade resulta, na realidade, do princípio da igualdade. Sendo todos iguais perante a lei, sem distinção de qualquer espécie, não pode a Administração Pública proceder de maneira a favorecer ou prejudicar pessoas.

Por este princípio há vedação constitucional de qualquer discriminação ilícita e atentatória à dignidade da pessoa humana, devendo a Administração Pública dispensar um objetivo tratamento isonômico a todos os administrados, sem discriminá-los com privilégios espúrios ou perseguições maléficas, uma vez que iguais perante o sistema.[58]

1.6.3 Moralidade

No tocante ao princípio da moralidade, de imediato, deve ser ressaltado que a moralidade administrativa não se confunde com a moralidade comum. Dessa forma, quando se fala em princípio da moralidade, não se está falando somente no aspecto ético, mas sobretudo no aspecto jurídico, no qual se considera toda uma gama de normas e princípios dirigidos à Administração Pública.

Em profundo estudo realizado sobre o princípio da moralidade,[59] Manoel de Oliveira Franco Sobrinho menciona que a questão prática deve ser equacionada de forma lógica, tendo-se em conta as seguintes projeções jurídicas: numa primeira análise, da *motivação*, se pode verificar a maneira lícita do proceder administrativo, sentido a incorreta aplicação do preceito legal. Numa Segunda análise, da *finalidade*, se pode constatar a intenção sub-reptícia que conduz a equívocos pela falta de *certeza* quanto ao ato *in tempore* formalmente motivado. "A licitude não aceita que a lei ou a norma sejam aliciadas inadequadamente, sirvam para clandestinizar a vontade administrativa, para esconder intenções lesivas do interesse público e mesmo da ordem jurídica".

---

[57] No que tange ao princípio da finalidade administrativa, José Afonso da Silva refere que este não foi desconsiderado pelo legislador constituinte, que o teve como manifestação do princípio da legalidade, sem que mereça censura por isso (op. cit., p. 645).

[58] FREITAS, 1999, p. 64.

[59] FRANCO SOBRINHO, Manoel de Oliveira. *O princípio constitucional da moralidade administrativa*. Curitiba: Genesis, 1993. p. 24.

Por isto, ao analisar o princípio da moralidade, adverte bem o professor Marcio Cammarosano que direito, moral, costume e justiça são conceitos que não se confundem, e por impreterível, também não se pode tomar moral e ética como sinônimos, embora não se possa "deixar de reconhecer a essência ética, em sentido amplo, da norma jurídica, já que também diz respeito ao comportamento humano".[60]

Portanto, não se pode negar que há uma ética própria a ser cumprida pela Administração, porque o antiético ou o aético resulta, quase sempre, em procedimento reprovável, por isto, a Administração deve pautar os seus atos pela sinceridade e honestidade, sendo-lhe interdito qualquer comportamento astucioso, eivado de malícia, produzido de maneira a confundir, dificultar ou minimizar o exercício de direitos por parte dos cidadãos.[61]

1.6.4 Publicidade

Publicidade é dever administrativo, no sentido de tornar público os atos realizados pela Administração. A publicidade materializa-se por meio de uma comunicação oficial à sociedade dos atos, leis, contratos e procedimentos, não só para produzir transparência administrativa, mas, sobretudo, para dar conhecimento público dos mesmos e marcar o início dos seus efeitos externos.

Assim, no que concerne ao princípio da publicidade, significa dizer que a Administração deve agir sem nada ocultar, no sentido de suscitar a participação fiscalizadora da cidadania, fixando a certeza de que nada há, com raras exceções constitucionais, que não deve vir a público,[62] funcionando como requisito para a geração de efeitos jurídicos plenos.

No entanto, a publicidade não é elemento formativo do ato; é requisito de eficácia e moralidade. Por isso mesmo, os atos irregulares

---

[60] CAMMAROSANO, Márcio. *O princípio constitucional da moralidade e o exercício da função administrativa*. Belo Horizonte: Fórum, 2006. p. 64. O conceituado autor ainda refere: "A chamada leitura ideológica dos textos jurídicos deve estar comprometida, portanto, com os valores albergados no direito positivo, e por essa razão, e não com este ou aquele ideal de justiça, consubstanciado nas convicções pessoais de quem quer que seja, ou numa suposta justiça absoluta, universal. À idéia de justiça não pode estar referido o princípio da moralidade".

[61] BANDEIRA DE MELLO, 1993, p. 59-60.

[62] FREITAS, 1999, p. 70.

não se convalidam com a publicação, nem os regulares a dispensam para sua exequibilidade, quando a lei ou o regulamento a exige.[63] Nesse contexto, como princípio constitucional dirigido à Administração Pública, a publicidade alcança todo o âmbito da atividade do Estado, seja no pertinente a divulgação oficial de seus atos — administrativos, judiciais ou legislativos —, seja na comunicação que divulga os procedimentos internos, inclusive os relativos a seus agentes.

1.6.5 Eficiência

Eficiência é tudo que se espera em qualquer campo da atividade humana. O professor, mais que possuir conhecimento sobre a matéria, deve saber transmiti-la de forma atraente, clara e objetiva, de maneira a seduzir o aluno para o aprendizado. Do mesmo modo, esta eficiência é a que se espera do advogado, do médico, do engenheiro, do eletricista, do pedreiro, enfim de todo o profissional contratado ou designado para uma tarefa. Sendo este — a espera da eficiência — um sentimento de exigência para qualquer campo de atividade, com muito mais razão ele se sobrepõe quando se trata da Administração Pública. Como é por meio da Administração Pública que o Estado materializa a sua atividade para a consecução de seus objetivos, sempre direcionado ao atendimento do bem público, o mínimo que se espera é uma ação eficiente.

Como a ação do Estado se opera por meio de seus agentes, o princípio da eficiência, na definição de Hely Lopes Meirelles, é dever "que se impõe a todo agente público de realizar suas atribuições com presteza, perfeição e rendimento funcional. É o mais moderno princípio da função administrativa, que já não se contenta em ser desempenhada apenas com legalidade, exigindo resultados positivos para o serviço público e satisfatório atendimento das necessidades da comunidade e de seus membros".[64]

Contudo, não pode a Administração Pública, a pretexto de buscar o atendimento do princípio da eficiência, deixar de atender aos demais princípios constitucionais, especialmente o da supremacia do interesse público e o da legalidade. Eficiência no exercício da atividade pública significa produzir ações adequadas para a satisfação do interesse público, com escorreita legalidade, no sentido de ser dado cumprimento às exigências e princípios da estrutura jurídico-constitucional, sem produzir qualquer lesão ao Estado Democrático de Direito.

---

[63] MEIRELLES, 2001, p. 88.

[64] MEIRELLES, 2001, p. 90.

CAPÍTULO 2

ATIVIDADE FINANCEIRA DO ESTADO

2.1 Recursos financeiros necessários à manutenção do Estado: atividade financeira do Estado

De acordo com o até aqui verificado, o Estado é uma organização político-jurídica com a finalidade de realizar o bem público, com governo próprio, dentro de um território determinado. Foi visto também que o Estado, para o alcance de seus fins, exercita o poder por meio da competência, efetuando serviços e atividades, que variam no tempo e no espaço, no sentido de promover a realização do bem público. Que a realização do bem público é efetuada por meio dos órgãos componentes da estrutura administrativa do Estado, aos quais são destinados serviços de interesse público, cuja ação deve ocorrer de acordo com as normas e princípios constitucionais.

Toda esta atividade desenvolvida para o atendimento do bem público necessita de uma grande soma de recursos financeiros. Assim, para suporte das despesas realizadas com a manutenção dos serviços e órgãos que lhe são próprios, o Estado necessita promover a busca de meios materiais — recursos financeiros — que envolvem uma atividade de natureza patrimonial, denominando-se *atividade financeira do Estado*.

A atividade financeira exercida pelo Estado, conforme bem demonstra Regis Fernandes de Oliveira, possui dois momentos: o da fixação dos fins e a busca dos meios para satisfação desses fins.

O ordenamento normativo traça os fins; o direito financeiro orienta a busca dos meios para obtenção de condições dos fins serem satisfeitos.[65]

O Estado, no exercício da sua atividade financeira, para satisfação de suas necessidades materiais, socorre-se do patrimônio dos governados, na medida em que as suas atividades produtivas, de valores econômicos, são totalmente insuficientes para o atendimento das necessidades públicas. É a aquisição de dinheiro que constitui, precipuamente, a atividade financeira do Estado, que é, em síntese, um ente que arrecada e paga. É o maior criador e consumidor de riquezas.[66]

Modernamente, no sentido de evitar o abuso de poder, que leva ao confisco dos bens privados, a atividade financeira do Estado passou a ser exercida somente com autorização fundada em princípios e normas fixadas na Constituição. Esta atividade estatal foi definida por Aliomar Baleeiro como a que consiste em obter, gerir e despender o dinheiro indispensável às necessidades cuja satisfação foi assumida pelas pessoas jurídicas de direito público.[67] A este conceito José Matias Pereira acrescentou a expressão *criar*,[68] com o que a definição de atividade financeira do Estado ficou "em obter, criar, gerir e despender o dinheiro indispensável às necessidades cuja satisfação está sob a sua responsabilidade ou transferidas a outras pessoas jurídicas de direito público".

Desse modo, considerando que a atividade financeira do Estado constitui-se em obtenção e criação de receita, com o seu dispêndio ocorrendo por meio da despesa pública, a forma de gerência desses recursos se dá via orçamento público, por ser este o instrumento disciplinador das finanças públicas.

---

[65] OLIVEIRA, Regis Fernandes de. *Curso de Direito Financeiro*. São Paulo: Revista dos Tribunais, 2007. Complementando a sua orientação, o autor expressa: "A atividade financeira é precedida pela definição das necessidades públicas. Conhecendo-as, passam a existir três momentos distintos: a) o da obtenção de recursos; b) o de sua gestão (intermediado pelo orçamento: aplicação, exploração dos bens do Estado, etc.) e c) o do gasto, com o qual se cumpre a previsão orçamentária e se satisfazem as necessidades previstas".

[66] DEODATO, Alberto. *Manual de ciência das finanças*. 8. ed. São Paulo: Saraiva, 1963. p. 1.

[67] BALEEIRO, Aliomar. *Uma introdução à ciência das finanças*. Rio de Janeiro: Forense, 1955. v. 1.

[68] PEREIRA, José Matias. *Finanças públicas*: a política orçamentária no Brasil. São Paulo: Atlas, 1999. p. 35. Após conceituar a atividade financeira do Estado, o autor menciona que a mesma se desenvolve em quatro áreas afins: receita pública (obter); despesa pública (despender); orçamento público (gerir); e crédito público (criar).

2.1.1 Orçamento público

Como o Estado desempenha uma intensa atividade financeira — arrecadando, despendendo e administrando recursos financeiros — no sentido de realizar os seus objetivos de interesse público, há necessidade de utilização de um meio que discipline essa ação estatal, por um determinado espaço de tempo. Este meio chama-se orçamento público.

De acordo com a posição uniforme da doutrina, o primeiro orçamento que se conhece foi o imposto ao Príncipe João (João Sem-Terra), na Inglaterra, no ano de 1215. Contudo, conforme James Giacomoni, assentado em estudo de Jesse Burkhead, o orçamento público surgiu, como instrumento formalmente acabado, na Inglaterra, por volta de 1822.[69] Giacomoni refere ainda que o orçamento passou a constituir-se numa fórmula eficaz de controle, pois colocava frente a frente as despesas e as receitas, posto que, na época, os impostos tinham autorização anual, permitindo uma verificação crítica mais rigorosa das despesas a serem custeadas com a receita proveniente desses impostos. Que o controle contábil e financeiro acabava sendo um corolário do controle político.[70]

Nesse contexto, o orçamento público revelava-se como um instrumento autorizador para ser efetuada a arrecadação e limitador para a realização da despesa. Estes elementos constituem o orçamento público como um documento de previsão e levam à clássica definição de René Stourm, citada por Alberto Deodato: "o orçamento do Estado é um ato contendo a aprovação prévia das receitas e das despesas públicas".[71]

Portanto, o orçamento tradicional tinha como função principal a de possibilitar ao organismo de representação (Parlamento) um controle político sobre o órgão de execução (Executivo), com o seu aspecto técnico possuindo somente conteúdo financeiro, sem ter preocupação com o campo econômico.

Muito embora, modernamente, ainda subsistam as características tradicionais do orçamento público — aprovação prévia de receita e despesa e controle político — a evolução do Estado e o crescimento populacional propiciaram o aumento das necessidades sociais, levando a uma ampliação das atividades do Estado, cujas funções foram aprimoradas e alteradas quanto a natureza e a qualidade, demonstrando aos administradores que o orçamento tradicional já não atendia às necessidades do novo Estado, fazendo-se, por isso, necessário o implemento

---

[69] GIACOMONI, James. *Orçamento público*. 9. ed. rev. e atual. São Paulo: Atlas, 2000.

[70] Idem, p. 66-67.

[71] DEODATO, op. cit., p. 342.

de uma nova forma estrutural para este instrumento disciplinador das finanças públicas.

Assim, no decorrer do tempo, o orçamento público deixou de ser apenas um instrumento de controle parlamentar sobre a receita e a despesa governamental, para tornar-se um elemento que expressa, em termos financeiros, um planejamento que envolve programas de governo, com projetos e atividades a serem desenvolvidos, dentro de um período de tempo determinado, convertendo-o num mecanismo essencial à Administração Pública, inclusive quanto a um melhor aproveitamento administrativo dos recursos financeiros, tendo em conta a relação custo/benefício.

O orçamento público se converteu em um instrumento da política econômica e social dos governos e, por isso, passando a constituir-se em um elemento essencial à composição do planejamento governamental. Em tal circunstância, no Estado moderno, o orçamento público assumiu a posição de um dos principais, senão o principal instrumento de exercício do poder. Diria mais, trata-se do principal instrumento de exercício do poder intervencionista, na medida em que, pelo orçamento público, efetivou-se uma intervenção na vida política, econômica e social do Estado, com influência na vida de cada cidadão. É por meio do orçamento público que o Estado pode proceder a uma redistribuição da renda, aumentando ou reduzindo a carga tributária. É pelo orçamento público que o Estado diz se vai colocar uma lâmpada no último poste, da última rua, da última vila da periferia ou se vai construir um palácio ou uma usina elétrica. Portanto, é inconteste o poder de influência intervencionista deste instrumento estatal chamado orçamento público.

Com tantas peculiaridades novas, evidentemente que o conceito de orçamento público evoluiu na mesma proporção, ensejando a elaboração de infinitas definições por parte da doutrina. De uma maneira geral, todos concordam que se trata de um instrumento de planejamento e controle da Administração Pública, por isso, é de se referir aqui o conceito legal brasileiro de orçamento público, contido no art. 2º da Lei nº 4.320, de 17 de março de 1964, que estatui normas gerais de Direito Financeiro para elaboração e controle dos orçamentos e balanços da União, dos Estados, do Distrito Federal e dos Municípios: "a Lei de Orçamento conterá a discriminação da receita e despesa de forma a evidenciar a política econômico-financeira e o programa de trabalho do governo, obedecidos aos princípios de unidade, universalidade e anualidade" (aqui deve ser salientado que a Lei nº 4.320/64, embora se trate de lei ordinária e seja anterior à Constituição de 1988, em razão de possuir conteúdo complementar e por se tratar de uma Lei Nacional, foi considerada recepcionada pelo novo texto constitucional que, nos termos do seu §9º do art. 165, diz caber a Lei Complementar o estabelecimento das normas relativas a Direito Financeiro. Portanto, trata-se de legislação que está em plena vigência e aplicabilidade.).

Como se vê da definição legal, esta apresenta um conceito de orçamento programa, com o mesmo devendo representar o programa de trabalho do governo e indicar os meios necessários à sua execução. Esta conceituação possui adequação perfeita à moderna concepção de orçamento público, nos termos da definição apresentada por Allan Dom Manvel, citado por José Teixeira Machado Jr.: "O orçamento é um plano que expressa em termos de dinheiro, para um período de tempo definido, o programa de operações do governo e os meios de financiamento desse programa".[72]

De um modo geral, na esteira dos ensinamentos de Aliomar Baleeiro,[73] o estudo do orçamento público deve ser realizado sob quatro aspectos: *o jurídico, o político, o econômico* e *o técnico*.

Aspecto jurídico – é a natureza do ato orçamentário à luz do direito e, especialmente, das instituições constitucionais do país, incluindo as consequências daí decorrentes para os direitos e obrigações dos agentes públicos e dos governados.

No sentido formal, o orçamento tem recebido várias designações como: "lei de meios", "leis ânuas" e "lei orçamentária".

Ainda no seu aspecto formal, o orçamento segue a estrutura das demais leis. Apresenta redação comum às leis, recebe o número de ordem na coleção das leis, resulta de projeto iniciado no Poder Executivo, com obediência ao processo legislativo determinado, inclusive com sujeição a sanção e/ou veto.

No sentido material ou substancial, a doutrina tem se posicionado pelo entendimento de que o orçamento não é um ato-regra, mas sim um ato-condição.

Ato-regra contém normas de direto de caráter geral e impessoal, de cumprimento obrigatório, que não é o caso da lei orçamentária.

Ato-condição não cria direitos e obrigações novos, são condições que dependem do apoio em leis específicas, como ocorre com a lei orçamentária.

Aspecto político – é a forma pela qual o orçamento é utilizado, revelando-se com transparência em proveito de grupos sociais e regiões ou para solução de problemas e necessidades públicas, pondo em funcionamento toda a aparelhagem pública.

---

[72] MACHADO JUNIOR, José Teixeira. *Teoria e prática de orçamento municipal*. Rio de Janeiro: Fundação Getulio Vargas, 1962. p. 5.

[73] BALEEIRO. *Uma introdução à ciência das finanças*, v. 1.

Todo o Governo no poder tem necessariamente um plano de ação e procura realizar o programa do partido que o sustenta.

Aspecto Econômico – é por esse aspecto que se apreciam os efeitos recíprocos da política fiscal e da conjuntura econômica, assim como as possibilidades do governo utilizá-los com o intuito de modificar as tendências da conjuntura ou estrutura.

Como exemplo das aplicações do orçamento como alavanca de comando da economia dinâmica:

a) Política de investimentos
b) Política de redistribuição da renda nacional
c) Política contra a depressão
d) Política anti-inflacionária

Aspecto técnico – este aspecto envolve o estabelecimento das regras práticas para a realização dos fins jurídicos, políticos e econômicos, assim como para uma classificação clara, metódica e racional das receitas e despesas, envolvendo, inclusive, apresentação gráfica e contábil do documento orçamentário.

2.1.1.1 Princípios orçamentários

Reforça-se que o orçamento público continua a exercer uma função de controle sobre a atividade financeira do Estado, no sentido de evitar o abuso de poder e restringir o arbítrio dos governantes. Portanto, mesmo com toda a sua evolução funcional-estrutural, na qualidade de instrumento de controle político, o orçamento público está, no seu processo de elaboração, compulsoriamente, adstrito ao cumprimento de princípios orçamentários, expressos ou implícitos nas normas legais e constitucionais.

Pois, como complemento aos fundamentos do Estado Democrático de Direito, existe também uma série de ordenações jurídico-funcionais que devem reger a atuação da Administração Pública. Estas ordenações são os princípios dirigidos à Administração Pública.[74] Princípios constitucionais são padrões de conduta que devem ser seguidos pela Administração Pública, constituindo arcabouço dos fundamentos de validade da ação administrativa. Por tais razões, os princípios são normas portadoras dos valores e dos fins genéricos do Direito, em sua forma mais pura, motivo porque sua violação repercutirá de

---

[74] SILVA, 1998, p. 96; FREITAS, Juarez. *O controle dos atos administrativos e os princípios fundamentais*. 3. ed. rev. e ampl. São Paulo: Malheiros, 2004. p. 23.

modo muito mais amplo e de forma mais grave do que a transgressão de normas preceituais.[75]

Assim, por decorrência da própria evolução do Estado que resultou no Estado contemporâneo, o Estado Democrático de direito — plural, transparente e participativo — também houve uma evolução da dogmática dos princípios de direito, a qual tornou-se fator relevante para o desenvolvimento do Direito Administrativo e do Direito Financeiro e Orçamentário.

Nesse contexto de avaliação da importância dos princípios para o Direito Administrativo e para o Direito Financeiro e Orçamentário, impõe-se também salientar que a finalidade dos princípios de direito, por serem portadores de valores relevantes para a vida em sociedade, deve servir de orientação tanto para os criadores das normas abstratas e gerais como para os criadores de normas decisionais, expressadas em termos concretos.

Por isto, os princípios são indicadores de objetivos a serem alcançados, servindo de orientação prática para a elaboração de normas, no sentido de não serem reguladas proposições inexequíveis e para que a exequibilidade das decisões se faça de modo mais eficiente.[76]

Os princípios orçamentários foram elaborados pelas finanças clássicas, com dupla finalidade: a) reforçar a utilização do orçamento como instrumento de controle parlamentar e democrático sobre a atividade financeira do Executivo; b) orientar a elaboração, aprovação e execução do orçamento.[77] Contudo, ao longo do tempo, no âmbito dos doutrinadores, no sentido de ser obtida uma classificação, os princípios orçamentários não têm alcançado unanimidade.

Por isto, neste tópico, serão analisados somente os princípios orçamentários de maior representatividade entre os autores, especialmente os com referência na legislação brasileira, com opção pela linha indicada no método classificatório realizado por José Afonso da Silva.[78]

Dessa forma, serão examinados somente os seguintes princípios orçamentários: princípio da exclusividade, princípio da programação,

---

[75] MOREIRA NETO, Diogo de Figueiredo. *Mutações do Direito Público*. Rio de Janeiro: Renovar, 2006. p. 267.

[76] MOREIRA NETO, Diogo de Figueiredo. *Quatro paradigmas do Direito Administrativo pós-moderno*: legitimidade, finalidade, eficiência, resultado. Belo Horizonte: Fórum, 2008. p. 93.

[77] SILVA, José Afonso da. *Orçamento programa no Brasil*. São Paulo: Revista dos Tribunais, 1973. p. 104.

[78] Idem, no capítulo III, Título I, p. 104-157, o autor procede a um aprofundado estudo sobre o conteúdo e princípios do orçamento-programa, apresentando uma proposta de classificação, sem a preocupação de agrupá-los em classes, mas partindo de sua relação com o conteúdo do orçamento para os aspectos formais.

principio do equilíbrio orçamentário, princípio da anualidade ou periodicidade, princípio da unidade, princípio da universalidade, princípio da legalidade e princípio da transparência.

Deixa-se de proceder ao exame de outros princípios como os da sinceridade, da clareza e inteligibilidade, da publicidade, da flexibilidade, da especificação e da não afetação da receita, em virtude de não possuírem o mesmo grau de importância que os acima mencionados, na visão geral dos doutrinadores, e por não ser este o objetivo aqui traçado. Contudo, inclui-se um princípio novo, derivado da Lei de Responsabilidade Fiscal e que ainda não foi devidamente avaliado pela doutrina, o princípio da transparência.

2.1.1.1.1 Princípio da exclusividade

O princípio deve ser entendido como uma forma de afastar a inclusão na lei orçamentária de regramentos relativos a outras questões jurídicas, além das de conteúdo financeiro. O princípio deriva de norma constitucional, estando consubstanciado no §8º do art. 165 da vigente Constituição Federal: "A lei orçamentária anual não conterá dispositivo estranho à previsão da receita e à fixação da despesa, não se incluindo na proibição a autorização para abertura de créditos suplementares e contratação de operações de crédito, ainda que por antecipação de receita, nos termos da lei".

A constitucionalização do princípio surgiu em decorrência de os orçamentos, em tempos pretéritos, estarem recheados de regramentos distintos da sua natureza financeira, produzindo uma verdadeira descaracterização da lei orçamentária. O princípio dá à lei orçamentária um reconhecimento de natureza exclusiva para o aspecto financeiro, sem impedimento, por óbvio, para os regramentos de conteúdo programático, por ser esta uma das funções do orçamento — planejamento e programa de governo.

2.1.1.1.2 Princípio da programação

Conforme José Afonso da Silva, o princípio da programação orçamentária integra-se num sistema de programação mais amplo como elemento da estrutura de planejamento. Que, por sua vez, o conceito de programação possui dois elementos básicos, intimamente relacionados: os objetivos e os meios (ações e recursos), que dão lugar a outros níveis de programação. "Objetivo é cada bem ou serviço que as entidades públicas se propõem a colocar à disposição da comunidade no cumprimento de suas finalidades para satisfazer as necessidades coletivas.

Meios são os serviços que a entidade presta a si mesma para servir de apoio à produção de bens ou serviços em favor da coletividade".[79] Nesse contexto, como complemento, o autor propõe duas categorias de programação dentro do orçamento-programa: *programas de funcionamento* destinados à organização dos meios para a consecução dos objetivos da entidade; *programas de investimentos* ou de formação de capital ou ainda de desenvolvimento econômico, visando à consecução de objetivos concretos.

Este é um princípio novo, resultante das modernas funções de planejamento e gerência, consolidados no orçamento-programa, que tem por premissa o estabelecimento da programação de trabalho do governo.

2.1.1.1.3 Princípio do equilíbrio orçamentário

Este é um princípio oriundo do período das finanças clássicas e, dentre esses princípios, o que mais atenção tem merecido. A concepção clássica condenava toda ideia de orçamento desequilibrado e, por isso, tomavam-se todas as medidas necessárias para mantê-lo em equilíbrio anual, sem levar em conta seus efeitos sobre a economia em geral.[80] Esse verdadeiro postulado das finanças clássicas passou a ser contestado pela escola keinesiana que pregou em sentido contrário. Havendo desestabilização no sistema econômico (estagnação e desemprego) deve o governo gerar condições para a retomada do crescimento. Isto pode significar o endividamento público, tendo em conta a busca de recursos financeiros no setor privado para aplicação no restabelecimento do emprego e na dinamização da economia.[81]

---

[79] SILVA, 1979, p. 113.

[80] Idem, p. 124. O autor realiza esta afirmação com assento na manifestação de Felipe Herrera Lane; Cf. GIACOMONI, op. cit., p. 84, a visão clássica do princípio do equilíbrio fundava-se no fato de que "mal maior que os gastos públicos e impostos era o déficit nas contas do governo, cuja cobertura se dava pelo endividamento público: o Estado tomava empréstimo de particulares e, em muitos casos, fazia aplicações improdutivas. David Ricardo referiu-se à dívida como '...um dos mais terríveis flagelos que jamais foi inventado para afligir uma nação...' expressão que indica o grau de antipatia dedicada ao déficit público".

[81] GIACOMONI, op. cit., p. 84-85. O autor refere ainda que as concepções keinesianas foram amplamente empregadas quando boa parte dos países buscava sair da Grande Depressão dos anos 30. O sucesso obtido por essa teoria resultou na universalização do intervencionismo estatal dos anos de pós-guerra e nas décadas de 50 e 60, principalmente nos países de economia atrasada, que buscavam, rapidamente, alcançar altos índices de desenvolvimento econômico.

No âmbito brasileiro, as últimas constituições têm tratado do equilíbrio orçamentário, ora restringindo o endividamento ora possibilitando o aumento do déficit público, expressa ou implicitamente. A Constituição de 1967, pelo disposto no seu art. 66, fixou a exigência do equilíbrio orçamentário, determinando que "o montante da despesa autorizada em cada exercício financeiro não poderá ser superior ao total das receitas estimadas para o mesmo período" e que, nos termos do seu §3º, havendo, no curso do exercício financeiro, execução orçamentária com possibilidade de déficit superior a dez por cento do total da receita estimada, o Executivo deveria propor ao Legislativo as medidas necessárias para o restabelecimento do equilíbrio orçamentário.

Pela Emenda Constitucional nº 1/1969, embora tivessem sido retirados todos os regramentos destinados ao equilíbrio orçamentário, não houve, propriamente dito, uma liberação para o endividamento, posto a existência de normas de contenção do déficit, como a do art. 69 que autorizava a colocação e resgate de títulos do Tesouro Nacional para a amortização de empréstimos internos, fora do âmbito do orçamento fiscal, juntamente com a do art. 60, I e II, que estipulava para a lei orçamentária a impossibilidade de tratar de outras questões que não fossem receita e despesa, prevendo exceções, em que houve autorização para aplicação do saldo, caso houvesse, sem fazer referência a déficit.

Em 1988, com entrada a entrada em vigor do novo texto constitucional, pela redação do seu art. 167, III, se constata que o legislador constituinte procurou resguardar as operações de capital (investimentos), dirigindo vedação para as operações de crédito que excedam o montante das despesas de capital. Esta vinculação do endividamento ao investimento fica mais evidente ao se verificar a norma do art. 37 do Ato das Disposições Transitórias, que, no caso de existir déficit excedente a despesas de capital, configurando despesas de manutenção — operacionais — determina a redução do excesso no prazo de cinco anos, à base de, pelo menos, um quinto por ano.

No entanto, a questão do equilíbrio orçamentário, recentemente, obteve uma rígida e inovadora regulamentação por meio de norma complementar à Constituição, com a edição da Lei Complementar nº 101, de 4 de maio de 2000, a chamada Lei de Responsabilidade Fiscal, em cujo §1º do art. 1º foi traçada a seguinte filosofia normativa para o alcance do equilíbrio das contas públicas: "A responsabilidade na gestão fiscal pressupõe a ação planejada e transparente, em que se previnem riscos e corrigem desvios capazes de afetar o equilíbrio das contas públicas, mediante o cumprimento de metas de resultados entre receitas e despesas e a obediência a limites e condições no que tange a renúncia de receita, geração de despesas com pessoal, da seguridade social e outras, dívidas consolidada e mobiliária, operações de crédito, inclusive por antecipação de receita, concessão de garantia e inscrição em Restos a Pagar".

2.1.1.1.4 Princípio da anualidade ou periodicidade

O princípio da anualidade ou periodicidade significa a necessidade de ser estabelecido um período de tempo orçamentário, no qual devam ser arrecadadas e aplicadas as receitas e despesas públicas, geralmente envolvendo o tempo de um ano. Segundo José Afonso da Silva, na esteira dos pronunciamentos de Alejandro Ramires Cardona e Sebastião de Sant'Ana e Silva, o período anual é o mais conveniente do ponto de vista político e financeiro. Primeiro porque permite a aprovação e o controle político em períodos curtos. Segundo porque um período mais longo daria demasiada discrição ao governo na elaboração e execução do orçamento, enquanto o espaço de tempo menor de um ano seria insuficiente para reconhecer, contabilizar, arrecadar os tributos e comprometer, ordenar e pagar as despesas.[82]

A Constituição brasileira — art. 166, III — determina que a vigência do orçamento fica limitada ao período de um ano (orçamento anual), do mesmo modo que o art. 7º, "c", do Decreto-Lei nº 200/1967 fixa o tempo do orçamento-programa como anual. Por sua vez, a Lei nº 4.320/64 estabelece que, no âmbito público, o exercício financeiro coincidirá com o ano civil, significando dizer que o orçamento brasileiro terá vigência de 1º de janeiro a 31 de dezembro de cada ano.

2.1.1.1.5 Princípio da unidade

O princípio da unidade orçamentária consiste em vedar a elaboração de mais de um orçamento no âmbito de cada ente público federado — União, Estados, Distrito Federal e Municípios — impondo que todas as contas orçamentárias (receitas e despesas) constem de um só documento e de um único caixa, na medida em que este procedimento facilita o controle político da atividade financeira do Estado, como propugnava o período clássico das finanças.

Porém, com a evolução da estrutura funcional dos orçamentos públicos, frente à necessidade de haver planejamento para o estabelecimento de um programa de governo, envolvendo um universo diferenciado de funções públicas, inclusive com atividades exercidas por

---

[82] SILVA. *Orçamento programa no Brasil*, p. 133.

entidades dotadas de autonomia administrativa e financeira — autarquias, empresas públicas, sociedades de economia mista e fundações — passou-se a reconhecer a validade de um orçamento multidocumental. Nesse contexto, restou sepultado o ideal clássico de unidade orçamentária, com a doutrina reconceituando o princípio de forma a abranger as novas situações, fazendo surgir o princípio da totalidade, que possibilitou a coexistência de múltiplos orçamentos, com os mesmos, no entanto, sofrendo consolidação de forma a permitir ao governo uma visão geral do conjunto das finanças públicas.[83]

Portanto, na atualidade, já há o consenso de que a unidade orçamentária realiza-se pela unidade de política orçamentária, pela unidade de objetivos a serem atingidos, pela unidade operativa decorrente da uniformidade das estruturas orçamentárias, tendo em vista que o princípio, na concepção do orçamento-programa, não se preocupa com a unidade documental; ao contrário, desdenhando-a, postula que tais documentos orçamentários se subordinem a uma unidade de orientação política, numa hierarquização unitária dos objetivos a serem atingidos e na uniformidade de estrutura do sistema integrado.[84]

2.1.1.1.6 Princípio da universalidade

Por este princípio deve ser entendida a obrigação de constar do orçamento todas as receitas e todas as despesas do Poder Público, pelos seus totais, sem dedução de qualquer natureza. O princípio é oriundo do período clássico das finanças, mas está totalmente incorporado ao direito financeiro brasileiro, conforme se constata do art. 165, §5º, da Constituição, que respalda a universalidade ao reunir os orçamentos e proceder a uma interligação dos mesmos com o Plano Plurianual, o qual retrata e integra o planejamento global de governo.

Na Lei nº 4.320/64 o art. 2º disciplina, expressamente, a obrigatoriedade de atendimento ao princípio da universalidade, determinando que "a Lei de Orçamento conterá a discriminação da receita e despesa, de forma a evidenciar a política econômico-financeira e o programa de trabalho do governo, obedecidos os princípios da unidade, universalidade e anualidade". Em complemento, os seus artigos 3º e 4º, fixam a obrigação da lei de orçamento conter todas as receitas e todas as despesas que devam ser arrecadadas e efetivadas pelo governo.

---

[83] SILVA. *Orçamento programa no Brasil*, p. 71.

[84] SILVA. *Orçamento programa no Brasil*, p. 144-145.

2.1.1.1.7 Princípio da legalidade

O princípio da legalidade é decorrente do Estado de Direito e está, por norma constitucional expressa (art. 37), vinculado a toda atividade exercida pela Administração Pública, envolvendo toda e qualquer ação do Estado na consecução dos seus objetivos, entre os quais se inclui, por evidente, a atividade financeira do Estado. Assim, quanto ao aspecto orçamentário, o fundamento do princípio não transmuda. Todo e qualquer procedimento orçamentário deve estar escudado em previsão legal autorizadora, visto inexistir licitude para a prática de ato que não possua sustentação em lei. O princípio está reafirmado pela norma do art. 165 da Constituição que determina a necessidade de lei para o estabelecimento do plano plurianual, das diretrizes orçamentárias e dos orçamentos anuais.

2.1.1.1.8 Princípio da transparência

Este é um princípio novo, de cumprimento compulsório, incorporado ao direito financeiro brasileiro por intermédio da Lei de Responsabilidade Fiscal — Lei Complementar nº 101/2000 — que fixou no seu art. 48 a obrigatoriedade de ser dada ampla divulgação, inclusive em meios eletrônicos de acesso público: aos planos, orçamentos e leis de diretrizes orçamentárias; às prestações de contas e ao respectivo parecer prévio; ao Relatório Resumido da Execução Orçamentária e ao Relatório de Gestão Fiscal; e às versões simplificadas desses documentos, com incentivo à participação popular e à realização de audiências públicas, durante os processos de elaboração e de discussão dos planos, lei de diretrizes orçamentárias e orçamentos.

O princípio da transparência visa garantir a participação popular em todo o processo orçamentário, no sentido de fazer com que a atuação do administrador público resulte, efetivamente, na satisfação e no atendimento dos reais interesses coletivos, mediante a possibilidade do cidadão poder influir no processo de decisão das diversas etapas do sistema orçamentário, proporcionando-lhe meios para propor, acompanhar, avaliar e controlar a ação dos administradores e gestores públicos.

2.1.2 Planejamento

Em qualquer campo da atividade humana, especialmente os que envolvam a produção de bens e serviços, sejam propiciando a geração de riquezas sejam para o atendimento do interesse coletivo, é imprescindível a utilização do planejamento, no sentido de que possa haver uma utilização adequada e pertinente dos recursos materiais, humanos e financeiros e possibilite uma ação racional, com mais eficácia e eficiência, para o atingimento dos objetivos propostos. Quando estas questões envolvem o Poder Público e a sociedade, tendo em conta a precariedade de recursos para o atendimento do elevado grau das necessidades coletivas, com muito mais razão deve o Estado se utilizar do planejamento, a fim de poder investir e prestar melhores serviços, com uma aplicação mais inteligente dos seus parcos recursos. Dessa forma, como diz José Afonso da Silva, "Planejamento é um processo técnico instrumentado para transformar a realidade existente no sentido de objetivos previamente estabelecidos".[85]

O Estado brasileiro tem função expressa de planejamento, com este sendo determinante para o setor público e indicativo para o setor privado, atuando como agente normativo e regulador da atividade econômica (art. 174, *caput*, CF). Sendo assim, a função do planejamento torna-se essencial, como proposta técnica consistente para execução de políticas, contribuindo para uma organização dos serviços públicos em termos quantitativos e qualitativos, cuidando de sua instrumentação econômico-financeira, avaliando os processos de redução ou elevação das desigualdades sociais, intermediando e zelando pelo compromisso de equidade de oportunidades, entre outros.[86]

No sistema de planejamento nacional, tendo em conta a organização federativa adotada pelo Estado brasileiro, com esferas de governo autônomas — política, administrativa e financeira — União, Estados, Distrito Federal e Municípios, surge a característica do seu aspecto intergovernamental. No entanto, esta característica, pela circunstância autonômica das entidades federadas, proporciona dificuldades para conciliação de um sistema harmônico e integrado de planejamento, embora a Constituição busque esse desiderato ao prever que "a lei estabelecerá as diretrizes e bases do planejamento do desenvolvimento nacional equilibrado, o qual incorporará e compatibilizará os planos nacionais e regionais de desenvolvimento" (art. 174, §1º).

A concepção de um sistema de planejamento no Brasil é oriunda de 1948, com a elaboração do denominado Plano Salte que, durante o governo Eurico Gaspar Dutra, deu priorização para os setores da saúde, alimentação, transporte e energia.[87] Nos anos seguintes foram elaborados vários planos de desenvolvimento, quando a Constituição

---

[85] SILVA, *Curso de Direito Constitucional Positivo*. 24. ed. p. 809.

[86] PEREIRA, op. cit., p. 120.

[87] Idem, p. 121.

de 1967 e o Decreto-Lei nº 200/67 implantaram a reforma administrativa e um sistema de planejamento, inclusive com a criação do Ministério do Planejamento e Coordenação-Geral, introduzindo no direito financeiro nacional o *Orçamento Plurianual de Investimentos*. Com a Constituição Federal de 1988 houve um incremento de valorização para o planejamento com a criação do Plano Plurianual e a Lei de Diretrizes Orçamentárias.

Assim, a experiência brasileira em matéria de planejamento é relativamente sólida, pelo menos no que diz respeito ao âmbito federal e em alguns Estados da federação. Contudo, o mesmo não se pode dizer da Administração municipal. A precariedade municipal em matéria de planejamento é muito grande. À exceção de uns poucos municípios (algumas capitais), nos demais o planejamento é praticamente inexistente. O fato de a Administração municipal não atuar com base em um planejamento ocasiona dificuldades de toda a natureza, obstaculizando a tomada de decisões no tocante à adoção de programas adequados à satisfação de suas necessidades, com seus parcos recursos sendo utilizados em projetos que nem sempre atendem aos interesses da coletividade local.

Nesse aspecto, a Lei Complementar nº 101/2000 (Lei de Responsabilidade Fiscal) tem um capítulo (II) especialmente dedicado ao planejamento, com regramentos dirigidos ao Plano Plurianual, às diretrizes orçamentárias, ao orçamento anual, à execução orçamentária e ao cumprimento de metas (arts. 4º ao 10), estipulando um sistema de controle rígido, com aplicação de sanções administrativas e penais pelo seu descumprimento, que pode, pelo efeito das sanções previstas, implementar o salutar e necessário hábito do planejamento no âmbito municipal, tornando-o uma prática permanente.

Em conclusão, em face da evolução da função orçamentária do Estado, em que o planejamento tornou-se elemento técnico imprescindível para o desenvolvimento econômico e social, planejar significa aplicar um processo contínuo que fundamenta, antecede e acompanha a elaboração orçamentária.[88] É uma função gerencial de aspecto estratégico que compõe um conjunto de mecanismos, entre os quais está o sistema orçamentário, envolvendo a elaboração de um Plano Plurianual com fixação de metas e objetivos, de acordo com o qual serão traçadas as diretrizes orçamentárias que orientarão a elaboração do orçamento anual.

---

[88] PEREIRA, op. cit., p. 119.

2.1.2.1 Plano Plurianual

O Plano Plurianual é um instrumento técnico de planejamento essencial à política orçamentária do Estado, vez que orienta a elaboração dos demais planos e programas de governo, no qual se incluem as diretrizes orçamentárias e o orçamento anual, com período de validade de 4 anos.

Conforme determinação constitucional (art. 165, §1º), o Plano Plurianual tem por finalidade estabelecer as diretrizes, objetivos e metas da Administração Pública para as despesas de capital e outras delas decorrentes e para as relativas aos programas de duração continuada. De acordo com a Lei nº 4.320/64, na classificação da despesa, Despesas de Capital compreendem investimentos, inversões financeiras e transferências de capital. Como o texto constitucional (art. 167, §1º) não autoriza a realização de investimentos, cuja execução ultrapasse um exercício financeiro, sem prévia inclusão no Plano Plurianual, significa dizer que todo o investimento público, para ter início, tem de estar incluído no Plano Plurianual. Em complemento a essa norma, o legislador constitucional colocou a salutar exigência de também integrar o Plano Plurianual as despesas decorrentes das despesas de capital previstas. É sabido que, de qualquer investimento realizado, dele resultam despesas de manutenção e de pessoal permanentes, sendo, por isso, importante que tais despesas também integrem o Plano Plurianual.

A inclusão dos programas de duração continuada no Plano Plurianual é matéria controvertida. Considerando-se como programas de duração continuada as ações governamentais que visem à operação, manutenção e conservação dos serviços, significaria admitir que toda a atividade governamental teria de ser incluída no Plano Plurianual. Contudo, no âmbito Federal, é dada uma interpretação mais restritiva, com esse tipo de programa sendo considerado apenas como ações de natureza finalística, ou seja, prestação de serviços à comunidade.[89]

De qualquer forma, pode-se dizer que o Plano Plurianual, por revelar um planejamento governamental, que tem por finalidade a promoção do desenvolvimento econômico e social, com o atendimento do interesse público, idealisticamente, deveria retratar os objetivos constantes do plano de governo que integraram a plataforma eleitoral do governante, tendo em vista que este foi eleito para colocar o plano de governo apresentado eleitoralmente em execução no seu período de mandato.

---

[89] GIACOMONI, op. cit., p. 204.

No entanto, as normas definitivas para a elaboração e a organização do Plano Plurianual, nos termos do art. 165, §9º, I, da Constituição Federal, que deveriam estar estabelecidas em lei complementar, não estão. A lei complementar de direito financeiro que tratou de matéria orçamentária pertinente, foi a Lei de Responsabilidade Fiscal, mas sem oferecer qualquer regulamentação para o Plano Plurianual.

Assim, por falta de uma regulamentação específica, encontram-se em vigência as regras do Ato das Disposições Constitucionais Transitórias — art. 35, §2º, I — que, embora se refiram somente a mandato presidencial, por simetria constitucional, devem ter a sua aplicabilidade estendida aos demais entes federados: Estados e Municípios.

Pela sobredita norma constitucional transitória, o prazo de vigência da lei do Plano Plurianual é de 4 anos. Inicia no segundo exercício financeiro (segundo ano de mandato) e se estende até o final do primeiro exercício financeiro do mandato presidencial subsequente. Portanto, o prazo de duração da lei do Plano Plurianual é igual ao do mandato presidencial e, de resto, igual aos demais mandatos da federação — Governadores e Prefeitos — embora com eles não seja coincidente.

O projeto do Plano Plurianual é de iniciativa do Chefe do Poder Executivo e deve ser encaminhado ao Poder Legislativo até quatro meses antes do encerramento do primeiro exercício financeiro do mandato (31 de agosto), devendo ser devolvido para sanção até o encerramento da sessão legislativa (15 de dezembro). Por isto, conforme já salientado, o Plano Plurianual começa a viger no início do 2º ano de mandato do Chefe do Poder Executivo e, por ter duração de 4 anos, perdura até o final do 1º ano do mandato subsequente.

2.1.2.2 Lei de Diretrizes Orçamentárias

A lei de diretrizes orçamentárias, por meio da Constituição de 1988, é a grande inovação introduzida no sistema orçamentário brasileiro, revelando-se como um instrumento complementar importante para o planejamento governamental. O objetivo da lei de diretrizes orçamentárias, como o próprio nome indica, é o de estabelecer um conjunto de princípios e normas de procedimento, fixando prioridades na conformidade do plano plurianual para orientar a elaboração do orçamento anual.

Assim, as diretrizes orçamentárias, como fator de planejamento, possibilitam uma participação mais efetiva do Poder Legislativo no sistema orçamentário, ampliando a sua atuação de autorizador e controlador, na medida em que lhe dá uma maior integração no processo orçamentário, dando-lhe condições de estabelecer princípios e normas que orientem a elaboração do orçamento anual a ser proposto pelo Poder Executivo.

Conforme o Texto Constitucional (art. 165, §2º), a lei de diretrizes orçamentárias deve compreender cinco aspectos básicos: fixar metas e prioridades da Administração Pública — incluindo as despesas de capital para o exercício financeiro subsequente —, orientar a elaboração da lei orçamentária anual — dispor sobre as alterações na legislação tributária — e estabelecer a política de aplicação das agências financeiras oficiais de fomento.

Como os Poderes Legislativo e Judiciário, juntamente com o Ministério Público, possuem autonomia orgânico-administrativa e financeira, a Constituição dirigiu à lei de diretrizes orçamentárias o disciplinamento dos limites para a elaboração de suas propostas orçamentárias (art. 99, §1º, e art. 127, §3º). O mesmo ocorre no que tange à política de pessoal, tendo em conta que compete à lei de diretrizes orçamentárias estabelecer parâmetros para a concessão de qualquer vantagem ou aumento de remuneração; criação de cargos ou alteração de estrutura de carreiras, bem como para a admissão de pessoal, a qualquer título, pelos órgãos da Administração direta e indireta, ressalvadas as empresas públicas e sociedades de economia mista (arts. 51, IV, e 52, XIII).

A Lei de Responsabilidade Fiscal, em regramento específico (art. 4º), ampliou a gama de funções da lei de diretrizes orçamentárias, ao determinar-lhe que, além do atendimento das determinações constitucionais, dispunha sobre:

–equilíbrio entre receita e despesa;

–critérios e forma de limitação de empenho, a ser efetivada, nas hipóteses previstas na alínea "b" do inciso II deste artigo no art. 9º e no inciso II do §1º do art. 13;

–normas relativas ao controle de custos e à avaliação dos resultados dos programas financiados com recursos dos orçamentos;

–demais condições e exigências para transferência de recursos a entidades públicas e privadas.

Portanto, em face da nova regulamentação complementar, a lei de diretrizes orçamentárias adquire uma relevância ainda maior no planejamento governamental, por assumir um papel de vital importância para o estabelecimento do equilíbrio entre receita e despesa, dispondo sobre critérios e forma de limitação de empenho — redução da despesa quando a arrecadação da receita não se efetivar de acordo com o previsto, no sentido de evitar o desvirtuamento das metas fiscais determinadas (não produzir endividamento além do limite ou reduzir o endividamento) — devendo, para tanto, estabelecer normas para o controle de custos e a avaliação dos resultados dos programas financiados com recursos orçamentários.

Outra inovação importante produzida pela Lei de Responsabilidade Fiscal diz respeito ao Anexo de Metas Fiscais que deve integrar a lei de diretrizes orçamentárias. Este Anexo tem de estabelecer metas anuais, em valores correntes e constantes, relativas a receitas, despesas, resultados nominal e primário e montante da dívida pública, para o exercício a que se referirem e para os dois seguintes (art. 4º, §1º). O mesmo Anexo deve conter ainda (§2º):

–avaliação das metas relativas ao ano anterior;
–demonstrativo das metas anuais, instruído com memória e metodologia de cálculo que justifiquem os resultados pretendidos, comparando-as com as fixadas nos três exercícios anteriores, e evidenciando a consistência delas com as premissas e os objetivos da política nacional;
–evolução do patrimônio líquido, também nos três últimos exercícios, destacando a origem e a aplicação dos recursos obtidos com a alienação de ativos;
–avaliação da situação financeira e atuarial dos regimes geral de previdência social e próprio dos servidores públicos e do Fundo de Amparo ao Trabalhador, juntamente com os demais fundos públicos e programas estatais de natureza atuarial;
–demonstrativo da estimativa e compensação da renúncia de receita e da margem de expansão das despesas obrigatórias de caráter continuado.

Referentemente ao inciso II do §2º do art. 4º da LRF, que exige a elaboração de demonstrativo das metas anuais, instruído com memória e metodologia de cálculo que indiquem os resultados pretendidos, bem como ao §4º do art. 4º, que exige na mensagem que encaminhar o projeto da União apresentação, em anexo específico, os objetivos da política monetária, creditícia e cambial, o Supremo Tribunal Federal, em ambos os casos, no julgamento da ADI nº 2.238 MC/DF, Relator Min. Ilmar Galvão, em 11.10.2000, por unanimidade, negou a concessão de medida liminar de suspensão de eficácia dos citados dispositivos legais, por não vislumbrar vício de inconstitucionalidade. De igual forma, o Supremo Tribunal Federal, no julgamento da ADI, indeferiu o pedido de suspensão cautelar do art. 7º, *caput*, e do seu §1º. No que compete aos parágrafos 2º e 3º do art. 7º da Lei de Responsabilidade Fiscal, o STF, também por unanimidade, não conheceu da ação.

Nesse contexto, superadas as questiúnculas judiciais, como se vê da exigência para elaboração de um Anexo de Metas Fiscais, nas condições legalmente estipuladas, pela falta de planejamento em muitos

Estados brasileiros e na quase totalidade dos municípios, o fato produzirá um verdadeiro choque cultural no âmbito da Administração Pública nacional. A obrigatoriedade para a realização de um planejamento, sob pena de severas sanções, envolvendo não apenas um exercício, mas no mínimo três, com demonstração das metas anuais, instruído com metodologia de cálculo que justifique os resultados pretendidos, a fim de serem evitados procedimentos mascaradores de um planejamento inexistente, encaminha, invariavelmente, as administrações para o investimento na qualificação funcional de seus servidores, no sentido de ser alcançado o grau de sofisticação técnica exigida para o cumprimento da regulamentação legal. Esta circunstância, por si só, já seria suficiente para justificar a edição da Lei de Responsabilidade Fiscal. Servidores melhor preparados para o exercício das suas funções significa melhor prestação de serviços à sociedade. Melhor serviço é o que o cidadão espera e deseja do Estado.

Sendo assim, uma lei de diretrizes orçamentárias aprovada previamente, contendo definições sobre prioridades e metas, investimentos, metas fiscais, mudanças na legislação sobre tributos e políticas de fomento a cargo de bancos oficiais, com demonstrações da metodologia de cálculo utilizada para essas definições, possibilitará uma compreensão partilhada entre Executivo e Legislativo sobre os vários aspectos da economia e da administração do setor público, facilitando sobremaneira a elaboração da proposta orçamentária anual.[90]

A exemplo do Plano Plurianual, os prazos de encaminhamento e devolução para sanção da lei de diretrizes orçamentárias deveriam estar fixados em lei complementar. Como a Lei de Responsabilidade Fiscal deixou de proceder regulação nesse sentido e não há legislação complementar regulando a matéria, é o Ato das Disposições Constitucionais Transitórias (art. 35, §2º, II) que regulamenta o procedimento a ser adotado. O projeto de lei de diretrizes orçamentárias deve ser encaminhado até oito meses e meio antes do encerramento do exercício financeiro (15 de abril) e devolvido para sanção até o encerramento do primeiro período da sessão legislativa (30 de junho).

Em obediência ao princípio da simetria constitucional, tendo em conta que a matéria está regulada em norma constitucional transitória e é dirigida à União, o mesmo prazo deverá ser aplicado pelas demais unidades federadas.

---

[90] GIACOMONI, op. cit., p. 207.

2.1.2.3 Orçamento anual

Conforme já vimos nos tópicos anteriores, planejamento é um processo contínuo, cuja estrutura compreende o Plano Plurianual, a Lei de Diretrizes Orçamentárias e o Orçamento Anual, cabendo a cada um deles uma função predeterminada e interligada, no sentido de ser alcançada a satisfação das necessidades públicas.

O Plano Plurianual constitui as políticas e metas de governo; a Lei de Diretrizes Orçamentárias estabelece um conjunto de princípios e normas de procedimento, definindo prioridades na conformidade do Plano Plurianual para orientar a elaboração do Orçamento Anual; o Orçamento Anual é instrumento de execução do planejamento governamental. É o elemento técnico que estabelece os meios para a realização dos fins estipulados nos planos de governo — previsão de recursos financeiros e sua utilização para o alcance das metas e objetivos planejados.

Nos termos do regramento constitucional (art. 165, §5º, I a III), o Orçamento Anual é constituído por três orçamentos: o orçamento fiscal, o orçamento de investimentos em empresas e o orçamento da seguridade social. Conforme o §9º do mesmo artigo, cabe à lei complementar dispor sobre o exercício financeiro, a vigência, os prazos, a elaboração e a organização da lei orçamentária anual. Como ainda não houve edição de lei complementar específica, nesse sentido há a Lei Federal nº 4.320, de 17 de março de 1964, que, conforme já referido, se entende estar recepcionada pela Constituição como lei formalmente ordinária e materialmente de caráter nacional, onde são estatuídas normas gerais de direito financeiro para elaboração e controle dos orçamentos e balanços da União, dos Estados, dos Municípios e do Distrito Federal.

Assim, de acordo com as disposições da Lei nº 4.320/64, a elaboração e a organização da lei orçamentária anual deverão obedecer à forma de orçamento-programa, em que sejam designados os recursos financeiros necessários à execução dos programas, subprogramas e projetos de execução da ação governamental, classificados por categorias econômicas, por função e por unidades orçamentárias.[91]

A par dessa regulamentação, aplicam-se as normas voltadas para a responsabilidade na gestão fiscal — arts. 5º ao 10 da Lei complementar nº 101/2000 — que contém regras para a elaboração e a execução orçamentárias e visam adequar o processo orçamentário à sua finalidade, especialmente no que se refere à busca do equilíbrio entre receita e despesa, tendo em conta o cumprimento das metas de resultado primário

---

[91] SILVA. *Orçamento programa no Brasil*, p. 41.

e nominal estabelecidas no Anexo de Metas Fiscais que integra a lei de diretrizes orçamentárias, vedando que seja consignado na lei orçamentária crédito com finalidade imprecisa ou com dotação ilimitada. O poder de iniciativa do projeto de lei orçamentária anual é do Poder Executivo (art. 165, CF), via de consequência também a ele pertence a competência para a elaboração da proposta orçamentária. O projeto de lei orçamentária deve ser encaminhado até quatro meses antes do encerramento do exercício financeiro (31 de agosto) e devolvido para sanção até o encerramento da sessão legislativa (15 de dezembro), nos termos do art. 35, §2º, III, do ADCT. Mesmo sendo este prazo destinado somente à União, em virtude de se tratar de matéria legislativa de sua exclusiva competência, enquanto não for editada lei complementar sobre o assunto, por simetria constitucional, também deve ser adotada no âmbito das demais unidades federadas.

No aspecto relativo ao prazo para apresentação do projeto, sua tramitação no Legislativo e devolução para sanção do Executivo, ressalta-se uma circunstância de alta relevância no exercício dessa função orçamentária estatal, envolvendo a possibilidade de rejeição do projeto de lei orçamentária anual.

Embora o art. 57, §2º, da Constituição não permita que a sessão legislativa seja interrompida sem a aprovação do projeto de lei de diretrizes orçamentárias, quando se trata do projeto de lei orçamentária anual diferentemente dispõe o Texto Constitucional, na medida em que o seu art. 166, §8º, admite rejeição, ao regrar: "os recursos que, em decorrência de veto, emenda ou rejeição do projeto de lei orçamentária anual, ficarem sem despesas correspondentes poderão ser utilizados, conforme o caso, mediante créditos especiais ou suplementares, com prévia e específica autorização legislativa".

Portanto, ao contrário do que autorizava a Constituição de 1967, com a redação dada pela Emenda Constitucional nº 1/1969 — em caso de rejeição do projeto de lei orçamentária por parte do Legislativo, deveria ser aplicada a lei orçamentária que vigeu no ano anterior — a Constituição de 1988 inadmite, de forma expressa, por rejeição do projeto de lei orçamentária (a não apreciação do projeto no prazo determinado é uma espécie de rejeição, por omissão), qualquer possibilidade de ser executado o orçamento do ano anterior. Por isto, a consequência por haver rejeição do projeto de lei orçamentária anual é muito séria. O Poder Público fica sem orçamento para executar, com o que passa a administrar e a realizar a prestação de serviços públicos através de créditos adicionais, no caso, mediante crédito especial, com prévia e específica autorização legislativa.

Assim, como bem refere José Afonso da Silva, essa possibilidade restitui ao Poder Legislativo uma de suas prerrogativas mais importantes, que é a de apreciar, discutir, votar, aprovar ou rejeitar qualquer tipo de projeto de lei. Contudo, diante da absoluta inconveniência pública da rejeição da proposta orçamentária anual, esta só deve ser praticada em situação extrema de proposta distorcida, incongruente e impossível de ser consertada via emendas, dadas as limitações para estas.[92]

Saliente-se ainda que, no pertinente ao orçamento anual, o art. 9º da LRF fixou norma de, ao final de cada bimestre, ser verificado se a receita comporta o cumprimento das metas de resultado primário e nominal estabelecidas no Anexo de metas fiscais, não essa conformação, os Poderes e o Ministério Público, nos trinta dias subsequentes, promoverão, por ato próprio, limitação de empenho e movimentação financeira. Em complemento a essa determinação o §3º do mesmo art. 9º regrou: "No caso de os Poderes Legislativo e Judiciário e o Ministério Público não promoverem a limitação no prazo estabelecido no *caput*, é o Poder Executivo autorizado a limitar os valores financeiros segundo os critérios fixados pela Lei de Diretrizes Orçamentárias". Este regramento foi declarado inconstitucional pelo Supremo Tribunal Federal,[93] na medida em que promove uma interferência do Executivo nos Poderes Legislativo e Judiciário, assim como no Ministério Público, rompendo com a autonomia administrativa e financeira daqueles organismos, de forma totalmente inconstitucional.

---

[92] SILVA. *Curso de Direito Constitucional Positivo*. 24. ed. p. 747.

[93] ADI nº 2238 MC/DF – Relator Min. Ilmar Galvão, sessão de 22.02.2001.

CAPÍTULO 3

RESPONSABILIDADE FISCAL

3.1 Responsabilidade fiscal

Conforme anteriormente salientado, o Estado desempenha uma intensa atividade financeira — arrecadando, despendendo e administrando recursos financeiros — tendo por objetivo o atendimento das suas finalidades de interesse público, o que ocorre por meio da função orçamentária, com utilização de um instrumento disciplinador dessa ação estatal chamado orçamento público (a função orçamentária é constituída pelo planejamento que está integrado pelo Plano Plurianual, Lei de Diretrizes Orçamentárias e Orçamento Anual).

Todavia, o desenvolvimento de toda essa atividade financeira não se dá diretamente pelo Estado, mas sim por meio de seus organismos — órgãos e entidades públicas — que são dirigidos e administrados por agentes públicos — políticos ou administrativos (Chefes de Poder, Ministros, Secretários, etc., e servidores em geral) — que devem atuar de acordo com os princípios e normas constitucionais destinados à Administração Pública, incluindo-se os relativos à função orçamentária do Estado, cabendo-lhes, assim, responsabilidade política, administrativa e fiscal.

Responsabilidade Política – do ponto de vista jurídico-constitucional a responsabilidade política aparece como contrapartida necessária do princípio representativo, pois, sistema representativo e de responsabilidade política, por suas naturezas, estão profundamente vinculados.

Nos Estados Democráticos de Direito, a legitimidade democrática do sistema se baseia no caráter representativo dos Poderes diretores do Estado — Legislativo e Executivo. Essa legitimidade vem necessariamente acompanhada da obrigação dos Agentes Políticos terem de responder por suas ações perante o eleitorado. No presidencialismo, como no caso brasileiro, diretamente, mediante eleições livres e periódicas. Há, também, a responsabilidade política do Governo perante o Parlamento, a qual só é possível de ser apurada mediante processo de *impeachment* (cassação).

Responsabilidade Administrativa – a responsabilidade administrativa possui um entendimento amplo, abrangendo todo ato praticado no âmbito da Administração Pública, desde a condução administrativa à realização de atos jurídicos de toda a natureza, assim como a utilização, arrecadação, guarda, gerenciamento, ou administração de dinheiros, bens e valores públicos, envolvendo o dever de prestar contas perante os organismos de controle criados para tal fim. Em decorrência dessa responsabilidade administrativa, tanto os Agentes Políticos como os Agentes Administrativos sujeitam-se ao Poder sancionador do Estado, em virtude de eventuais violações das normas reguladoras das ações administrativas praticadas pelos agentes públicos.

Responsabilidade Fiscal – a responsabilidade fiscal do Gestor Público, embora tenha tido inspiração em atos estrangeiros, na realidade trouxe um disciplinamento de caráter inovador e abrangente, posto que regulamentou não só diretrizes, metas e limites para a gestão fiscal, mas também normas sobre transparência e controle, fixando, inclusive, sanções por infrações às normas da Lei de Responsabilidade Fiscal.

Portanto, responsabilidade fiscal é inerente à função do Administrador Público. No entanto, nunca houve uma preocupação específica com este tipo de responsabilidade. Ela encontrava-se diluída no contexto das demais responsabilidades do Administrador Público. Mundialmente, é recentíssimo o interesse específico com este tipo de responsabilidade no âmbito das finanças públicas, com poucos exemplos para serem indicados, antes do Brasil regulamentar a matéria, mais precisamente três, conforme foi condensado pela Consultoria de Orçamento e Fiscalização Financeira da Câmara dos Deputados:

1. O primeiro é oriundo do Mercado Comum Europeu — Tratado de *Maastricht* e alguns protocolos — que fixaram padrões e mecanismos de ajustes fiscais, limites de déficit (3% do PIB) e dívida (60% do PIB), juntamente com punições aos Estados membros.
2. O segundo é dos Estados Unidos. Em 1990 o Congresso americano edita ato — *Buget Enforcement Act* — fixando metas fiscais plurianuais e limites de gastos orçamentários por função. Despesas obrigatórias e discricionárias são limitadas por mecanismos distintos: as obrigatórias

só podem ser criadas quando ajustadas aos limites; as discricionárias, nos termos dos seus limites, estão sujeitas a sequestro automático.

3. Em 1994, na Nova Zelândia, é editado o *Fiscal Responsibility Act* que dá ênfase ao controle social, à transparência das estratégias e às metas fiscais, estipulando a obrigatoriedade de emissão de declarações de responsabilidade da Fazenda e do Tesouro.[94]

Em 1995, considerando a crise brasileira da década anterior, que resultou no agravamento da crise fiscal e, por consequência, da inflação, foi elaborado no Brasil o *Plano Diretor da Reforma do Aparelho do Estado*, o qual, para superação da crise, entre várias propostas, considerou como inadiável o ajustamento fiscal, juntamente com reformas econômicas orientadas para o mercado, no sentido do Estado resgatar a sua autonomia financeira e a sua capacidade de implementar políticas públicas.[95] Por essas razões, foi implementado um *Programa de Estabilidade Fiscal (PEF)*,[96] para consolidar o processo de redefinição do modelo econômico brasileiro, com mudança do regime fiscal do país, que resultou na elaboração de um projeto de lei complementar para o estabelecimento de um regime de gestão fiscal responsável.

Em 1996, também o Fundo Monetário Internacional (FMI) passou a demonstrar preocupação com a responsabilidade fiscal do gestor público ao adotar a declaração sobre Parceria para o Crescimento Sustentável da Economia Mundial (*Partnership for Sustainable Global Growth*) ratificada na reunião realizada na Região Administrativa Especial de Hong Kong em setembro de 1997, por entender que a transparência fiscal representaria uma importante contribuição à causa da boa governança, pois promoveria um debate público mais bem informado sobre a concepção e os resultados da política fiscal, ampliaria o controle sobre os governos no tocante à execução dessa política e, assim, aumentaria a credibilidade e a compreensão das políticas e opções macroeconômicas por parte do público.[97]

Assim, a proposta brasileira sobre a responsabilidade fiscal do gestor público, embora tenha tido inspiração nos atos estrangeiros referidos, na realidade trouxe um disciplinamento de caráter inovador e

---

[94] GREGGIANIN, Eugênio. *Consultoria de orçamento e fiscalização financeira*. Brasília: Câmara dos Deputados, 2000.

[95] BRASIL. *Plano diretor da reforma do aparelho do Estado*. Brasília: Presidência da Republica, 1995. p. 15-16.

[96] <http://www.fazenda.gov.br/português/ ajuste/ajuste.html>.

[97] O Código de Boas Práticas para a Transparência Fiscal – Declaração de Princípios, está disponível no *site* oficial do FMI – <http://www.imf.org>; com divulgação no *site* Banco Federativo.

abrangente, posto que regulamentou não só diretrizes, metas e limites para a gestão fiscal, como também fixou uma gama de procedimentos para o administrador público, alcançando os três poderes do Estado, com normas sobre transparência e controle da gestão fiscal, estabelecendo, inclusive, sanções por infrações às disposições normadoras (projeto de Lei Complementar nº 18, encaminhado pelo Presidente da República em 13 de abril 1999).

Após amplo debate no Congresso Nacional, foi aprovado um substitutivo ao projeto, apresentado pelo relator, que se consolidou na Lei Complementar nº 101, de 04 de maio de 2000, estabelecendo normas de finanças públicas voltadas para a responsabilidade na gestão fiscal e dando outras providências.

Esta legislação complementar à Constituição é um verdadeiro código de procedimentos fiscal-administrativos, tendo como premissa o estabelecimento de princípios norteadores para uma gestão fiscal responsável, em que são fixados limites para o endividamento público e para a expansão de despesas continuadas, com a instituição de mecanismos prévios e necessários para assegurar o cumprimento de metas fiscais, no sentido de ser alcançado o equilíbrio orçamentário entre receita e despesa.[98]

Portanto, a sobredita lei complementar realiza uma regulamentação inovadora sobre a conduta gerencial nas finanças públicas, com um texto de alta complexidade técnico-jurídica, que introduz novos conceitos e procedimentos fiscais, com produção de indubitáveis modificações na rotina administrativo-financeira do Estado.

Justamente, por isto, tornou-se uma das legislações mais discutidas e debatidas dos últimos tempos, ensejando, inclusive, várias arguições de inconstitucionalidade junto ao Supremo Tribunal Federal, envolvendo integralmente a lei ou alguns de seus dispositivos específicos. As primeiras decisões dadas pelo STF sobre as ADINs intentadas foram de extrema importância para a aplicabilidade da Lei Complementar nº 101/2000, posto que houve a rejeição de sua inconstitucionalidade formal, indeferição de medida cautelar para suspensão dos efeitos do seu art. 20 e a concessão de medida cautelar para suspender a aplicação do §3º do seu art. 9º.[99]

Com a decisão que rejeitou a arguição de inconstitucionalidade da Lei de Responsabilidade Fiscal, em sua totalidade, tendo em conta

---

[98] No meu Novas regras para a gestão e a transparência fiscal: lei de responsabilidade fiscal. *Interesse Público*, São Paulo, v. 2, n. 7, p. 44, jul./set. 2000.

[99] ADIN nº 2.238-5 – medida liminar, STF, Rel. Min. Ilmar Galvão, decisões de 28.09.2000 e 11.10.2000, *Diário da Justiça* nº 204-E, Seção 1, de 23.10.2000.

a formalidade do processo legislativo, juntamente com as outras duas decisões tomadas, foi possibilitada a sua exequibilidade imediata, permitindo que fosse efetuado o controle da despesa total com pessoal na forma e distribuição de limites determinados pelos seus artigos 20 a 23, mas sem autorizar o Poder Executivo a limitar valores financeiros aos Poderes Legislativo e Judiciário e ao Ministério Público, segundo os critérios fixados pela lei de diretrizes orçamentárias,[100] durante o período de execução do orçamento anual.

Nesse aspecto de execução da lei, buscando-se a devida compreensão de seu texto, pode-se dizer que a estrutura normativa da Lei Complementar nº 101/2000, basicamente, está assentada em quatro pilares de sustentação: *planejamento, transparência, controle* e *sanção*. Como a lei é um verdadeiro código de conduta fiscal, é evidente que todo o seu regramento possui relevância, envolvendo aspectos inovadores para a receita pública, fixação de limites para o endividamento e para as despesas de pessoal, incluindo regras limitadoras à ação do administrador em determinados períodos — como, por exemplo, não poder realizar despesas, em final de mandato, que não possam ser pagas dentro do próprio período de mandato — mas que dependem, fundamentalmente, dos quatro pilares de sustentação referidos.

3.1.1 Planejamento

Com o fato da credibilidade do Poder Público estar problematizada, gerando entraves para a realização de um planejamento com projetos consistentes, na medida em que a sociedade passou a exigir, em prazos curtíssimos, resultados efetivos da ação pública que, em decorrência, propicia insatisfação social pela concretização de projetos inúteis ou ineficientes para o atendimento das necessidades do cidadão, com um evidente desperdício de tempo e de dinheiro público, o legislador nacional, ao estabelecer o planejamento como pressuposto indispensável para a responsabilidade fiscal, visando prevenir e corrigir desvios

---

[100] No meu Novas regras para a gestão e a transparência fiscal: lei de responsabilidade fiscal, op. cit., p. 49-50, defendi a inconstitucionalidade do §3º do art. 9º da Lei Complementar nº 101/2000, porque o dispositivo violentava a norma do art. 99 e seus arts. 1º e 2º da Constituição, retirando a autonomia financeira assegurada ao Judiciário, além de romper com a independência e a harmonia entre os poderes, face o afastamento da autonomia administrativo-financeira destinada ao Legislativo e ao Judiciário. O STF, em decisão de 22.02.2001, proferida na ADIN nº 2238 – Rel. Min. Ilmar Galvão, pelos mesmos motivos aqui referidos, concedeu medida cautelar suspendendo a eficácia do §3º do art. 9º da Lei de Responsabilidade Fiscal.

capazes de afetar as contas públicas, busca recuperar a capacidade de planejamento do Estado, no sentido de resgatar a confiabilidade do Poder público e, mediante um pacto de solidariedade com a sociedade, tornar possível o alcance de um desenvolvimento sustentável.[101] Este é um objetivo de aspecto estratégico, envolvendo uma função gerencial — planejamento — na qual está inserido o sistema orçamentário, com a exigência de elaboração de um Plano Plurianual, conforme o qual serão traçadas diretrizes orçamentárias que orientarão a estruturação do orçamento anual (planejamento e sistema orçamentário estão analisados nos tópicos 6.1.2 a 6.1.5).

Assim, o planejamento exigível pela Lei Complementar nº 101/2000 direciona a ação governamental para uma adequada utilização dos recursos financeiros, na medida em que possibilita o estabelecimento de políticas, ações e meios para o atendimento das necessidades do cidadão, de conformidade a um sistema de elaboração orçamentária que busca assegurar a realização do planejado e do orçado, criando um elo entre o planejamento, o orçamento, a programação financeira e o fluxo de caixa, com fixação de normas para ser procedido o acompanhamento e a avaliação da execução orçamentária, com mecanismos de ajustes para a correção de desvios constatados na execução do orçamento em relação ao planejamento.

3.1.1.1 Receita

Considerando-se que a responsabilidade fiscal regulada na Lei Complementar nº 101/2000 tem uma filosofia normativa voltada para o equilíbrio entre receita e despesa, tendo em conta um planejamento que previna riscos e corrija desvios capazes de afetar este equilíbrio, é lógico que um dos fatores primordiais dessa responsabilidade fiscal esteja assentado na arrecadação da receita. Até porque para cada despesa pressupõem-se a existência de uma receita.

---

[101] FELDMANN, Fábio; BERNARDO, Maristela. Desenvolvimento sustentável no Brasil: as pedras no caminho do possível. *Planejamento e Políticas Públicas*, Brasília, n. 11, p. 143, jun./dez. 1994, referem que "a expressão desenvolvimento sustentável tem servido para significar rumos e interesses diversos, além de se prestar a descrever experiências de proporções sensivelmente diferentes. A procura da chancela do 'moderno' ajuda a explicar sua aplicação utilitarista, mas não lhe retira a potencialidade de traduzir a procura de mudança, no rumo de um estilo de desenvolvimento com eqüidade social e novos critérios no uso do patrimônio natural comum. Para chegar a esta dimensão de desenvolvimento sustentável, é preciso aprofundar a discussão sobre a presente lógica do poder, cerne da insustentabilidade".

Nesse sentido, como já muito bem referiu Aliomar Baleeiro, "para auferir o dinheiro necessário à despesa pública, os governos, pelo tempo afora, socorrem-se de uns poucos meios universais: a) realizam extorsões sobre outros povos ou deles recebem doações voluntárias; b) recolhem as rendas produzidas pelos bens e empresas do Estado; c) exigem coativamente tributos ou penalidades; d) tomam ou forçam empréstimos; e) fabricam dinheiro metálico ou de papel".[102]

Contudo, modernamente, estão praticamente extintas as formas de arrecadação via guerra de conquistas ou por doações voluntárias. As rendas produzidas pelos bens e empresas do Estado são absolutamente insuficientes para dar suporte às suas necessidades. Assim, o Estado passou a utilizar como meio de obtenção de recursos financeiros a cobrança de tributos da população; a realização de operação de crédito; e a fabricação de dinheiro metálico ou de papel.

Como as operações de créditos e a fabricação de dinheiro sem lastro de riqueza, geraram um elevado grau de endividamento do Estado, inviabilizando as suas atividades, com comprometimento de futuras gerações, houve a necessidade de serem fixados limites para o endividamento, com a arrecadação de recursos financeiros sendo direcionada para a riqueza da população, qual seja: mediante o estabelecimento de tributos.

Justamente por isto, de maneira inovadora, a Lei Complementar nº 101/2000 constituiu como requisito essencial da responsabilidade na gestão fiscal a *instituição, previsão* e *efetiva arrecadação* de todos os tributos da competência constitucional da entidade federativa (art. 11).

Sabe-se perfeitamente que, principalmente na órbita municipal, se não era hábito deixar de instituir os tributos necessários à manutenção da atividade estatal, a sua previsão, por falta de planejamento, era precária e a sua arrecadação de acordo com a vontade política do governante. Era muito mais interessante, "politicamente", deixar de arrecadar os tributos instituídos e realizar empréstimos para cumprir os compromissos da entidade federada, porque assim era evitada a contrariedade dos eleitores e a conta ficava para o próximo governante pagar.

Portanto, a nova exigência legal visa inibir este comportamento prejudicial ao Estado e estimular o zelo na cobrança dos tributos de competência privativa, na medida em que a instituição, previsão e efetiva arrecadação de todos os tributos passaram a ser procedimentos de cumprimento obrigatório, constituindo-se em requisito essencial da

---

[102] BALEEIRO, Aliomar. *Uma introdução à ciência das finanças*. 14. ed. rev. e atual. por Flávio Bauer Novelli. Rio de Janeiro: Forense, 1992. p. 115.

responsabilidade na gestão fiscal, cujo descumprimento gera penalização administrativa e criminal.

Houve Ação Direta de Inconstitucionalidade do parágrafo único do art. 11 que veda a realização de transferências voluntárias para o ente que não observe o disposto no *caput* daquele artigo, no que se refere ao imposto. No entanto, o Supremo Tribunal Federal, julgando a ADI nº 2238, tendo como Rel. o Ministro Ilmar Galvão, em sessão de 09.05.2002, negou medida liminar de suspensão cautelar, por não ser reconhecida a alegada eiva de inconstitucionalidade.

Como medida complementar, os artigos 12 e 13 da Lei de Responsabilidade Fiscal fixam critérios técnicos para a previsão da receita, cujos procedimentos deverão estar acompanhados de demonstrativo da sua evolução nos últimos três anos, da projeção para os dois seguintes, e da metodologia de cálculo e premissas utilizadas, no sentido de obstar a subestimação ou superestimação da receita, que são circunstâncias nocivas para o planejamento, podendo levar ao endividamento.

Nesse contexto, está a impositiva e inovadora norma do §2º do art. 12, por vedar, peremptoriamente, que a previsão da receita de operações de crédito seja superior às despesas de capital, possuindo um indubitável intuito de não permitir que o dinheiro de empréstimos seja empregado em despesas de manutenção da máquina estatal, mas tão somente em investimentos. Embora essa característica de atendimento ao interesse público, o Supremo Tribunal Federal concedeu medida acauteladora para suspender a eficácia do §2º do art. 12 da LRF, por entender que há aparente afronta ao art. 167, III, da Constituição Federal.[103]

3.1.1.1.1 Renúncia de receita

Outro aspecto inovador e de relevância é o pertinente à renúncia de receita. Conforme o regramento contido no art. 14 da Lei Complementar, a concessão ou ampliação de incentivo ou benefício de natureza tributária da qual decorra renúncia de receita, ficaram restritas ao cumprimento obrigatório das seguintes condições:

–qualquer benefício de natureza tributária que resulte em renúncia de receita deve estar acompanhado de estimativa do impacto orçamentário-financeiro no exercício em que deva iniciar sua vigência e nos dois seguintes, atender ao disposto na lei de

---

[103] ADI nº 2238 MC/DF – STF – Min. Rel. Ilmar Galvão, sessão de 09.05.2002.

diretrizes orçamentárias e a pelos menos uma das condições seguintes (*caput*):

a) demonstração de que a renúncia foi considerada na estimativa de receita da lei orçamentária, na forma do art. 12, e de que não afetará as metas de resultados fiscais previstas no anexo próprio da lei de diretrizes orçamentárias (I);

b) caso haja impacto financeiro que afete as metas de resultados fiscais, a concessão, a ampliação de incentivo ou o benefício que resulte em renúncia de receita somente poderá ser aplicado mediante medidas de compensação, por meio do aumento de receita proveniente da elevação de alíquotas, ampliação da base de cálculo, majoração ou criação de tributo ou contribuição (II). Este dispositivo legal (art. 14, II, LRF) foi contestado judicialmente via ação direta de inconstitucionalidade, com o Supremo Tribunal Federal, em recente decisão, afastando a alegada inconstitucionalidade por ofensa ao art. 167, III, da Constituição Federal indeferindo o pedido de medida liminar;[104]

c) quando a concessão, a ampliação do incentivo ou o benefício que produz renúncia de receita exigir medida de compensação, o benefício só entrará em vigor depois de implementadas as medidas compensatórias (§2º).

A lei, no sentido de dirimir qualquer discussão sobre o que seja *renúncia de receita*, conceitua a expressão como: "anistia, remissão, subsídio, crédito presumido, concessão de isenção em caráter não geral, alteração de alíquota ou modificação de base de cálculo que implique redução discriminada de tributos ou contribuições, e outros benefícios que correspondam a tratamento diferenciado" (§1º).

A definição legal, juntamente com as condições fixadas para a renúncia de receita, não proíbe a concessão, a ampliação ou o benefício de natureza tributária, mas sim estabelece critérios limitadores para o procedimento, a fim de não serem afetadas as metas fiscais com a perda de receita e evitar que haja desequilíbrio com a despesa, na medida em que este desequilíbrio gera endividamento.

Outro fator importante dessa regulamentação, cuja natureza é de moralidade pública, é o impedimento que causa para a autoridade administrativa conceder privilégios com o dinheiro público, especialmente aos maus pagadores de tributos, em detrimento de toda a população. Pois, não raro, de tempos em tempos, algumas autoridades

---

[104] ADIN (MC) nº 2.238 – DF – STF – Tribunal Pleno, Rel. Min. Ilmar Galvão, Sessão de 12.02.2003. Disponível em: <http://www.stf.gov.br/noticias/informativos/anteriores/informativo.asp>.

públicas concediam isenções ou anistias, parciais ou totais, de dívidas tributárias, em absoluto desestímulo ao cidadão cumpridor de suas obrigações tributárias. Agora há restrição legal para inibir a prática desse procedimento lesivo e contrário ao interesse e à moralidade pública. No entanto, como expressamente dispõe a lei, essas restrições não alcançam as concessões de isenção em caráter geral, a exemplo dos descontos concedidos, genericamente, para todos aqueles que anteciparem o pagamento tributário. Esta medida, além de ser em caráter geral e atender ao interesse público, estimula a arrecadação e antecipa a entrada de recursos financeiros para a realização das atividades públicas.

A delimitação ao benefício de caráter não geral, na forma regulada pela lei complementar, também possibilita um freio à guerra fiscal que vinha sendo desenvolvida entre os Estados e entre os Municípios. A lei não veda a concessão de incentivo fiscal a empresas que queiram investir no sistema produtivo dos Estados ou dos Municípios, mas, existindo impacto nas metas fiscais estabelecidas, exige compensação mediante aumento ou criação de tributo, o que significa dizer que é a população, através de seus representantes — Poder Legislativo — que irá decidir se quer suportar ou não os encargos do incentivo a ser concedido, via discussão e aprovação do projeto de lei encaminhado para tal fim.

3.1.1.2 Despesa

O outro fator de relevância no planejamento exigido pela Lei de Responsabilidade Fiscal é a despesa pública, uma vez que esta só pode ser realizada conforme a receita arrecadada pelo Poder Público, tendo em conta o pressuposto legal do equilíbrio fiscal. Contudo, antes de ser examinada a inovadora regulamentação efetuada para a despesa na Lei Complementar nº 101/2000, é necessário serem firmados alguns princípios básicos que norteiam o tema.

Nesse aspecto, é importante ter-se uma perfeita compreensão do que seja despesa pública. De uma forma geral, pode-se dizer que despesa pública é o gasto de dinheiro realizado por autoridade competente, no atendimento de uma necessidade pública que, nos termos da classificação efetuada pela Lei nº 4.320, de 17.03.1964, e em obediência às normas de elaboração do orçamento programa, deve estar demonstrada em nível de funções, subfunções e programas, que são as atividades desenvolvidas pelo Estado na persecução de seus objetivos.

Segundo Aliomar Baleeiro, em sua clássica conceituação, despesa pública é "a aplicação de certa quantia, em dinheiro, por parte da autoridade ou agente público competente, dentro duma autorização legislativa, para execução de fim a cargo do governo", e que demonstre ter atendido o princípio da máxima vantagem social.[105]

A despesa pública assim compreendida, para ser realizada, deve obediência às normas constitucionais e legais, com atendimento da regulamentação dirigida à sua programação e à sua execução. Nenhuma despesa pode ser realizada sem previsão orçamentária (art. 167, II, CF). São vedados a transposição, o remanejamento ou a transferência de recursos de uma categoria de programação para outra ou de um órgão para outro, sem prévia autorização legislativa (art. 167, VI, CF). A realização da despesa deve, compulsoriamente, dar atendimento aos estágios determinados pela Lei nº 4.320/64: a) é vedada a realização de despesa sem prévio empenho (art. 60); b) o segundo estágio é o da liquidação, que consiste na verificação do direito adquirido pelo credor, tendo por base os títulos e documentos comprobatórios do respectivo crédito (art. 63); c) ordem de pagamento é o estágio seguinte, consistindo no despacho exarado por autoridade competente, determinando que a despesa seja paga (art. 64); d) e, por fim, o pagamento da despesa que só pode ser efetuado quando ordenado após regular liquidação (art. 62).

Agora, a par de toda a regulamentação de natureza constitucional e legal, a Lei Complementar nº 101/2000 dedicou um capítulo à despesa pública (IV), com um regramento absolutamente inovador, envolvendo a geração de despesas, as despesas obrigatórias de caráter continuado, as despesas de pessoal e as despesas com a seguridade social.

3.1.1.2.1 Geração da despesa

A Lei de Responsabilidade Fiscal considera não autorizadas, irregulares e lesivas ao Patrimônio Público a geração de despesa ou assunção de obrigação que não atendam o disposto nos arts. 16 e 17, que são as normas orientadoras para o estabelecimento de despesas, incluindo as de caráter continuado (art. 15).

Renovando a lembrança de que o pressuposto básico da responsabilidade fiscal está assentado no equilíbrio entre receita e despesa, pode-se dizer que esta regulamentação legal busca impedir que sejam

---

[105] BALEEIRO, op. cit., p. 69-70. O autor ainda expressa que a despesa pública deve ser visualizada no aspecto político e no aspecto técnico. "À luz do primeiro, o político, delibera-se o que deve ser objeto da despesa pública, isto é, que necessidades humanas de caráter coletivo devem ser satisfeitas pelo processo do serviço público. Assentada deliberação nesse ponto preliminar, cumpre investigar o aspecto técnico: como obter o máximo de eficiência e de conveniência social com o mínimo de sacrifício pecuniário correspondente. Ou como desse sacrifício se poderá esperar o maior rendimento de proveitos para a comunidade politicamente organizada".

realizadas despesas que não tenham participado do planejamento governamental e, via de consequência, cause distorção nas metas fiscais fixadas, gerando endividamento e desequilíbrio fiscal. Por isto, de forma incisiva, o dispositivo legal, em consideração rígida, inadmite a geração de despesas em contrariedade a normatização da lei, declarando-as como não autorizadas, irregulares e lesivas ao patrimônio público, com uma evidente intenção de penalizar o administrador que assim proceder (o ato — realizar despesa não autorizada, irregular e lesiva ao patrimônio público — é comportamento revestido de ilícito penal previsto na Lei nº 8.429/1992, art. 10, e no art. 359-D, acrescido ao Código Penal pela Lei nº 10.028/2000). Saliente-se que o Supremo Tribunal Federal, quando do exame do art. 15 da LRF, negou concessão de medida cautelar de suspensão da eficácia do dispositivo legal, por entender que o mesmo não desbordava do texto Constitucional.[106]

Portanto, a despesa que não observar o procedimento ditado pelos instrumentos de planejamento e ação governamental (arts. 16 e 17), será considerada não autorizada. Não estando autorizada, a despesa não pode ser realizada. Sendo realizada, ainda assim, evidentemente que se trata de uma despesa irregular, face o desatendimento dos pressupostos de legalidade. Todavia, nem sempre as despesas não autorizadas e irregulares provocam lesão ao patrimônio público. Na maioria das vezes, revelam-se tão somente como falhas de formalidade administrativa ou legal. Entretanto, na circunstância do art. 15, inadmite-se discussão sobre a existência ou não de lesividade, na medida em que o dispositivo legal, de maneira expressa, considera como lesiva ao patrimônio público a despesa executada em desatendimento às normas ali referidas. A questão relativa à presunção legal de lesividade ao patrimônio público tem sido acatada no âmbito doutrinário, possibilitando a consideração do ato praticado em tais circunstâncias como nulo de pleno direito, conforme a abalizada afirmação de Hely Lopes Meirelles.[107]

Este reconhecimento legal de lesão ao patrimônio público tem a sua razão de ser no fato da despesa executada sem observância de uma

---

[106] ADIN (MC) nº 2.238 – DF – STF – Tribunal Pleno, Rel. Min. Ilmar Galvão, sessão de 09.05.2002.

[107] MEIRELLES, Hely Lopes. *Mandado de segurança*. São Paulo: Malheiros, 1995. p. 90. O autor define que "lesivo é todo ato ou omissão administrativa que desfalca o Erário ou prejudica a Administração, assim como o que ofende bens ou valores artísticos, cívicos, culturais, ambientais ou históricos da comunidade. Essa lesão tanto pode ser efetiva quanto legalmente presumida, visto que a lei regulamentar estabelece casos de presunção de legitimidade (art. 4º, Lei 4.717/1965), para os quais basta a prova da prática do ato naquelas circunstâncias para considerar-se lesivo e nulo de pleno direito".

análise prévia e de elaboração de estimativa que considere o impacto no planejamento governamental vir a provocar prejuízos na concretização das metas físicas estipuladas, produzindo reflexos distorcivos no planejamento e causando danos ao interesse público. Assim, esse tipo de despesa irregular, além de propiciar o aumento do endividamento público, com oneração de futuros orçamentos, também é fator de inviabilização dos serviços e investimentos que se encontravam programados e, por isto, prejudicial ao interesse coletivo.

Diante dessas graves consequências jurídicas impostas pelo art. 15, deve o Administrador Público estar atento ao conteúdo regrador das normas previstas nos arts. 16 e 17, no sentido de bem cumpri-las e evitar os efeitos jurídicos penalizadores que decorrem do seu descumprimento.

O art. 16 destina regramento para que haja observância aos instrumentos de planejamento da ação governamental, especificamente no que concerne às metas de despesas fixadas, submetendo a criação, expansão ou aperfeiçoamento da ação estatal que acarrete aumento de despesa ao cumprimento das exigências contidas nos seus incisos I e II.

Dessa forma, todo o procedimento que crie, expanda ou aperfeiçoe a ação governamental deverá se submeter a uma análise prévia, contendo estimativa do impacto orçamentário-financeiro no planejamento em curso, envolvendo não só o exercício em questão, mas também os dois subsequentes (inciso I do art. 16). Esta estimativa, face expressa exigência da lei, deverá estar acompanhada das premissas e da metodologia de cálculo utilizadas na avaliação da despesa (§2º do art. 16).

Complementando essas exigências, o inciso II do art. 16 estabelece como necessidade imprescindível, envolvendo a responsabilidade do gestor e ordenador de despesas, seja expedida declaração de que o aumento da ação governamental possui adequação orçamentária e financeira com a lei orçamentária anual e compatibilidade com o plano plurianual e com a lei de diretrizes orçamentárias.

As exigências sobreditas, na forma do §4º do art. 16, são condições prévias para:

I – empenho e licitação de serviços, fornecimento de bens ou execução de obras;

II – desapropriação de imóveis a que se refere o §3º do art. 182 da Constituição.

Por essa regulamentação contida no art. 16, percebe-se que o seu direcionamento é, exclusivamente, para as novas ações públicas que acarretem aumento da despesa já orçada, no sentido de manter o equilíbrio fiscal e o planejamento que se encontra em execução, sem atingir os procedimentos de elaboração orçamentária. Tanto assim é que, para as estimativas previstas no dispositivo legal, o seu §1º considera:

a) adequada com a lei orçamentária anual, a despesa objeto de dotação específica e suficiente, ou que esteja abrangida por crédito genérico, de forma que somadas todas as despesas da mesma espécie, realizadas e a realizar, previstas no programa de trabalho, não sejam ultrapassados os limites estabelecidos para o exercício;

b) compatível com o plano plurianual e a lei de diretrizes orçamentárias, a despesa que se conforme com as diretrizes, objetivos, prioridades e metas previstos nesses instrumentos e não infrinja qualquer de suas disposições.

3.1.1.2.2 Despesa obrigatória de caráter continuado

Junto ao regramento destinado à geração de despesa (art. 16), há a necessidade de se terem presentes as normas regulamentadoras das despesas obrigatórias de caráter continuado, constantes no art. 17, que, além de definirem este tipo de despesa, à similitude do regrado no art. 16, estabelecem condições imprescindíveis, de cumprimento compulsório, para a sua criação ou aumento.

Assim, despesa obrigatória de caráter continuado, consoante a definição efetuada no *caput* do art. 17, é a despesa corrente derivada de lei, medida provisória ou ato normativo, com execução que se prolongue por um período superior a dois exercícios.

Como se denota da conceituação legal, a despesa é obrigatória porque, uma vez criada, a autoridade administrativa não pode se escusar de cumpri-la, tendo em vista que decorre de lei, medida provisória ou ato administrativo normativo que estabelece uma obrigação legal para o Poder Publico — considerando que o orçamento é uma lei autorizativa, não impositiva e não instituidora de direitos subjetivos, não está a mesma inclusa no conceito de legalidade previsto.

Exercício, no caso, deve ser entendido como aquele definido legalmente: "o exercício financeiro coincidirá com o ano civil" (art. 34 da Lei nº 4.320/64); não sendo juridicamente permissível proceder-se interpretação em contrariedade a sobretida norma legal, porque a mesma é parte integrante de estrutura jurídica do direito financeiro brasileiro.[108]

---

[108] *O Manual de procedimentos para a aplicação da lei de responsabilidade fiscal do Tribunal de Contas do Estado do Rio Grande do Sul*, BNDES, p. 56-57, nov. 2000, dá o mesmo entendimento a exercício financeiro, com o seguinte comentário: "Dessa forma, não há como, na particular redação do art. 17 (e no art. 70 também), interpretar 'exercício' descontextualizado da

Dessa forma, quando o art. 17 se reporta a um período superior a dois exercícios, está se referindo a dois exercícios completos, que se iniciam em 1º de janeiro e se encerram em 31 de dezembro de cada ano civil. De igual forma, ao regramento destinado à geração de despesa, para os atos que criem ou aumentem despesa obrigatória de caráter continuado (§1º do art. 17) é exigido que sejam instruídos com a estimativa prevista no inciso I do art. 16 (estarem acompanhados de estimativa do impacto orçamentário-financeiro no exercício que devam entrar em vigor e nos dois subsequentes), com demonstração da origem dos recursos para o seu custeio.

No sentido de evitar a criação ou o aumento de despesa obrigatória por prazo determinado, com a possibilidade de infinitas prorrogações que afastam as exigências procedimentais contidas na lei, o §7º do art. 17 considera "aumento de despesa a prorrogação daquela criada por prazo determinado".

Outro fator importante na lei é que, para a criação ou aumento da despesa obrigatória de caráter continuado prevista no §1º, o ato terá de estar acompanhado de comprovação de que não afeta as metas de resultados fiscais previstas no anexo que acompanha a lei de diretrizes orçamentárias (§1º do art. 4º), com os seus efeitos financeiros, nos períodos seguintes, devendo ser compensados pelo aumento permanente de receita ou pela redução permanente da despesa (§2º do art. 17).

Com vista ao esclarecimento do que seja aumento permanente de receita, com a finalidade de impossibilitar a utilização do crescimento vegetativo da receita, que é incerto e não definitivo, o §3º do art. 17 considera aumento permanente de receita o proveniente da elevação de alíquotas, ampliação da base de cálculo, majoração ou criação de tributo ou contribuição.

A comprovação referida no §2º, que deve ser apresentada pelo proponente da criação ou aumento da despesa obrigatória de caráter continuado, também deve conter as premissas e a metodologia de cálculo utilizadas, sem prejuízo da necessária compatibilidade com as normas do plano plurianual e da lei de diretrizes orçamentárias (§4º do art. 17), não podendo a despesa ser executada antes da implementação das medidas referidas no §2º (§5º do art. 17). Esta última previsão da lei, visando à manutenção do equilíbrio fiscal, busca primeiramente garantir o aumento da receita que dê suporte a despesa criada ou aumentada, para somente depois autorizar a sua execução.

---

legislação vigente, das demais interpretações dadas a exercício nos demais artigos da própria lei e do conceito consagrado no *Direito Financeiro* brasileiro, até mesmo porque, se a lei quisesse criar outro conceito para exercício, deveria fazê-lo expressamente".

Como um dos principais objetivos da Lei de Responsabilidade Fiscal é a redução do grau de endividamento, no qual se inclui o pagamento da dívida, o disposto no §6º do art. 17 é consentâneo com esta filosofia legal, na medida em que retira das exigências postas à criação ou ao aumento das despesas obrigatórias de caráter continuado as despesas destinadas ao serviço da dívida. Nesse mesmo patamar de importância é colocado o reajustamento de remuneração de pessoal de que trata o inciso X do art. 37 da Constituição.

Houve tentativa de eliminação do art. 17 do texto da LRF, entretanto, o STF negou concessão de medida cautelar de suspensão do art. 17 e parágrafos, assim como a expressão "atendidas ainda as exigências contidas no art. 17", contida no art. 24, por não vislumbrar vício de inconstitucionalidade nos referidos textos legais.[109]

3.1.1.2.3 Despesa com pessoal

Avaliando-se o histórico evolutivo do comprometimento orçamentário com as despesas realizadas com o servidor público, verifica-se que é recente a preocupação do Estado brasileiro para com os gastos de seu pessoal. Iniciou-se em 1967 a limitação constitucional para esse tipo de despesa, a qual, inicialmente, direcionou-se somente para o pessoal ativo. O objetivo constitucional era evitar o inchamento desproporcional da máquina administrativa, produzindo redução do empreguismo público, com o bloqueamento das concessões remuneratórias privilegiadas outorgadas a este mesmo corpo funcional, no sentido de restarem recursos financeiros em maior proporção da receita para serem aplicados em investimentos públicos.

Pelo que se conhece da atual realidade das estruturas funcionais federais, estaduais e municipais, o regramento constitucional não surtiu o menor efeito em seu período de vigência, no qual se inclui o da Emenda Constitucional nº 1/1969, em face do alto grau de comprometimento da receita com esse tipo de despesa, que ocorreu, de uma maneira geral, em uns mais em outros menos, em todas as entidades federadas.

A par do crescimento das despesas com pessoal ativo, o qual decorre, fundamentalmente, do aumento dos quadros funcionais dos Poderes Públicos, houve também, por consequência, o crescimento das despesas com pessoal inativo, pois se elevando o número de

---

[109] ADIN (MC) nº 2.238 – DF – STF – Tribunal Pleno, Rel. Min. Ilmar Galvão, sessão de 09.05.2002.

servidores ativos, aumenta igualmente o número de servidores com direito à aposentadoria, proporcionando o crescimento das despesas com pessoal inativo.

Daí porque, na Constituição de 1988, o legislador constituinte, demonstrando preocupação com o grau de comprometimento orçamentário das despesas com pessoal, ao prever o princípio limitador, resolveu estender este limite também às despesas realizadas com o pessoal inativo.

Contudo, a medida constitucional não foi suficiente para minorar os efeitos desse tipo de gasto sobre as finanças públicas. Conforme diagnóstico formulado pelo Governo Federal sobre a evolução do resultado fiscal na década de noventa, esta deve ser entendida a partir de uma clara percepção de dois processos fundamentais: "a ruptura representada pela drástica redução da taxa de inflação a partir de 1994 e a crescente deterioração da situação da previdência pública e privada".[110]

Considerando que a taxa de inflação sempre representou um mecanismo sub-reptício de tributação e que o governo se utilizava do chamado imposto inflacionário para financiar o seu déficit orçamentário, situação esta que vinha mascarando a real situação das contas públicas ao longo do tempo, com a estabilidade monetária e a queda da inflação instalou-se no país uma crise fiscal sem precedentes, na medida em que as obrigações assumidas eram de caráter permanente e que ficaram sem a correspondente receita para dar suporte à despesa. Em grande parte dos Estados e dos Municípios só as despesas com pessoal chegavam a comprometer entre 80% e 90% das receitas oriundas de impostos.

Buscando a superação deste fato sombrio das finanças públicas, de inequívoca insolvência fiscal, foi instituído um programa de estabilidade fiscal composto de iniciativas de natureza estrutural e institucional, levando a adoção das reformas administrativa e previdenciária, juntamente com a edição da Lei de Responsabilidade Fiscal, cujo propósito é o de adequar os gastos à receita, contendo, para tanto, vários limitadores, entre os quais os limites de despesas com pessoal.

Como os limites são fixados para os gastos totais efetuados com pessoal, para que não haja dúvida sobre a composição destes gastos, o art. 18 da Lei Complementar nº 101/2000 realiza a seguinte definição sobre o que deve ser entendido como despesa total com pessoal: "o somatório dos gastos do ente da Federação com os ativos, os inativos e os pensionistas, relativos a mandatos eletivos, cargos, funções ou

---

[110] *Programa de Estabilidade Fiscal.* Disponível em: <*http*://www.fazenda.gov.br/português/ ajuste.html>.

empregos, civis, militares e de membros de Poder, com quaisquer espécies remuneratórias, tais como vencimentos e vantagens, fixas e variáveis, subsídios, proventos da aposentadoria, reformas e pensões, inclusive adicionais, gratificações, horas extras e vantagens pessoais de qualquer natureza, bem como os encargos sociais e contribuições recolhidas pelo ente às entidades de previdência". A despesa total com pessoal assim definida será apurada somando-se a realizada no mês em referência com as dos onze imediatamente anteriores, adotando-se o regime de competência (§2º).

Da conceituação legal efetuada, de imediato, constata-se a existência de uma inconstitucionalidade, a qual resulta da inclusão dos gastos com pensionistas no limite destinado às despesas com pessoal.

A previsão constitucional que possibilita o estabelecimento de um limite para as despesas com pessoal é a contida no art. 169, da Constituição Federal, que dispõe: "a despesa com pessoal ativo e inativo da União, dos Estados, do Distrito Federal e dos Municípios não poderá exceder os limites estabelecidos em lei complementar".

Nesses termos redacionais, a norma do art. 169 revela-se como de eficácia contida, por depender de legislação complementar para produzir efeitos, uma vez que necessita de uma norma integradora para atingir o seu objetivo. É a lei complementar que procederá a esta integração, dizendo qual é o limite, o que se inclui nesse limite e sobre que tipo de receita será feito o cálculo desse mesmo limite.[111]

Contudo, embora esse poder regulamentar concedido à lei complementar, não pode a mesma exceder a delimitação constitucional, no pertinente à autorização concedida. A norma constitucional determina que só a despesa com pessoal ativo e inativo será objeto de limitação. Portanto, não pode a lei complementar limitar outros tipos de despesas — a exemplo das despesas com pensionistas — como o efetuado pelo art. 18 da Lei de Responsabilidade Fiscal, porque o procedimento vai além do permitido e regulado pela Constituição.

De outra parte, despesas com pensionista não se enquadram aos conceitos de despesas de pessoal ativo ou inativo, por isto, não podem ser consideradas como tal, com o fim de integrar os limites a eles destinados. Pessoal ativo diz respeito às pessoas que mantém com o Estado uma relação jurídica de trabalho, estatutária ou empregatícia, compondo os quadros de servidores públicos. Pessoal inativo é o

---

[111] MILESKI, Hélio Saul. Limite constitucional para despesa com pessoal ativo e inativo: uma visão conforme a nova realidade jurídica. In: FIGUEIREDO, Carlos Maurício; NÓBREGA, Marcos (Org.). *Administração Pública*: direitos administrativo, financeiro e Gestão Pública: prática, inovações e polêmicas. São Paulo: Revista dos Tribunais, 2002.

servidor público que, por sua relação de trabalho com o Estado, obtém o benefício da aposentadoria, em virtude de preencher os requisitos exigidos constitucionalmente. Pensionista é a pessoa — geralmente familiar — dependente do servidor público que, em razão do falecimento deste, aufere o benefício da pensão, cujo direito decorre da contribuição previdenciária realizada pelo servidor falecido.[112]

Dessa forma, sendo os institutos absolutamente distintos em sua natureza jurídica, com objetivos totalmente diferenciados, diante da restrita determinação constitucional, não se pode incluir os gastos efetuados com o pagamento de pensões no cômputo destinado à verificação do atendimento ao limite fixado para as despesas com pessoal ativo e inativo, por desbordar da norma constitucional.

A Contratos de terceirização de mão de obra

Outro regramento controvertido da lei de responsabilidade fiscal, no mínimo de duvidosa constitucionalidade, é o constante do §1º do art. 18 que estabelece: "os valores dos contratos de terceirização de mão-de-obra que se referem à substituição de servidores e empregados públicos serão contabilizados como 'Outras Despesas de Pessoal'".

O primeiro aspecto que deflui do texto legal diz respeito sobre qual a intenção do regramento ao determinar a contabilização dos valores dos contratos de terceirização de mão de obra como Outras Despesas de Pessoal. A princípio parece tão somente tratar-se de uma regulamentação técnico-contábil, no que tange ao registro de um determinado tipo de despesa, com a finalidade de lhe dar maior transparência, por isto, o registro em uma *conta* especial chamada *Outras Despesas de Pessoal*.

Contudo, em face de participar de uma *Seção* da lei destinada ao regramento das despesas com pessoal, o dispositivo pode estar procedendo a uma regulamentação que inclua os chamados *contratos de terceirização de mão de obra* dentro da despesa total com pessoal, embora os valores desses contratos não participem, expressamente, da definição efetuada no *caput* do art. 18.

Sendo assim entendida a norma do sobredito §1º, pode-se dizer que o ali disposto desborda do regramento contido no art. 169 da Constituição, tendo em vista que o dispositivo legal estaria dando maior abrangência à definição do que deve ser compreendido como despesa total com pessoal, no sentido de submeter os valores dos contratos de terceirização de mão de obra ao limite de gastos fixados na mesma lei

---

[112] MILESKI, Helio Saul. Novas regras para a gestão e a transparência fiscal: lei de responsabilidade fiscal. *Interesse Público*, São Paulo, v. 2, n. 7, p. 44-55, jul./set. 2000.

complementar, circunstância que demonstra a existência de impropriedade técnica e jurídica, com violação do texto constitucional.

Muito se tem discutido sobre as chamadas terceirizações de serviços por parte do Poder Público, tendo em conta os seus reflexos de natureza financeira e jurídica. Nesse aspecto, em princípio, pode-se afirmar que inexiste terceirização de mão de obra propriamente dita. Na realidade, são os serviços de responsabilidade pública, restritos às atividades auxiliares e complementares, que são terceirizados. A terceirização não alcança os serviços próprios do Estado, cuja prestação ocorre diretamente através de órgão público, sem possibilidade de delegação a particulares.

Maria Sylvia, em análise das diversas formas de execução dos serviços públicos, ao mencionar que a terceirização, bastante utilizada no âmbito da iniciativa privada, é um dos institutos adotados pela Administração Pública moderna para, em parceria com o setor privado, proceder na realização de suas atividades, também afirma: "o que é possível, como forma de terceirização válida, é o contrato que tenha por objeto a prestação de serviço, à semelhança do que ocorre com a empreitada, em que o contratante quer o resultado, por exemplo o serviço de limpeza, de transportes, de vigilância, de contabilidade e outros que não constituam a atividade-fim da empresa tomadora de serviço".[113]

Na mesma linha de manifestação, o Decreto Federal nº 2.271, de 07.07.1997, que dispõe sobre a contratação de serviços pela Administração Pública Federal direta, indireta e fundacional, em cujo art. 1º é permitida a execução indireta somente para as "atividades materiais acessórias, instrumentais ou complementares aos assuntos que constituem área de competência legal do órgão ou entidade", explicitando no §1º do mesmo artigo que "as atividades de conservação, limpeza, segurança, vigilância, transportes, informática, copeiragem, recepção, telecomunicações e manutenção de prédios, equipamentos e instalações serão, de preferência, objeto de execução indireta".

No mesmo sentido, Roberto Pessoa, Juiz do TRT da 5ª Região, citando Arion Sayão Romita, define que "terceirização consiste na contratação de empresas prestadoras de serviços, e atualmente emprega-se este vocábulo para designar a prática adotada por muitas empresas de contratar serviços de terceiros para as suas atividades-meio".[114]

---

[113] DI PIETRO, Maria Sylvia Zanella. *Parcerias na Administração Pública*: concessão, permissão, franquia, terceirização e outras formas. 3. ed. São Paulo: Atlas, 1999. p. 162, 165.

[114] PESSOA, Roberto. A terceirização no campo econômico e no jurídico. *Ciências Jurídicas*, v. 59, ano 8, p. 303, set./out. 1994.

CAPÍTULO 3
RESPONSABILIDADE FISCAL | 103

Nesse contexto, pode-se definir terceirização como a execução indireta de serviços públicos, restrita às atividades auxiliares e complementares, mediante a contratação de empresas prestadoras de serviços, por meio de procedimento licitatório, cujos servidores não mantêm qualquer vínculo jurídico ou funcional com o Poder Público.[115] Daí surge a primeira impropriedade técnica do §1º do art. 18 da Lei de Responsabilidade Fiscal: determinar a contabilização dos valores dos contratos de terceirização como *Outras Despesas com Pessoal*, quando o correto seria a contabilização na rubrica *Serviços de Terceiros e Encargos*, uma vez que não se trata de despesa com pessoal ativo, mas, sim, despesa decorrente de contrato celebrado com empresa prestadora de serviço, para a execução indireta de serviço público.

A segunda impropriedade está na determinação de serem contabilizados *os valores dos contratos de terceirização de mão de obra*, cuja redação contém uma abrangência que, invariavelmente, leva a uma distorção do próprio objetivo legal. Como a determinação é de contabilizar *os valores do contrato*, significa dizer que inexiste possibilidade de serem efetuadas quaisquer espécies de deduções. Tendo em conta que os contratos de prestação de serviços terceirizados abrangem uma variada gama de atividades e despesas, há contratos que não dizem respeito a serviços tão somente com utilização de pessoal, mas também com utilização de equipamentos, materiais e insumos. Caso típico é o dos contratos celebrados para o recolhimento de lixo, cujos valores envolvem equipamentos (caminhões), combustível, materiais e pessoal. A contabilização total dos valores desse tipo de contrato desvirtuaria o objetivo da lei, que é limitar gastos com pessoal ativo e inativo, sem alcançar outras formas de despesas.

Portanto, inexiste elemento técnico-contábil ou jurídico que justifique a consideração dos contratos de prestação de serviços terceirizados como integrantes do conceito de pessoal ativo, fato que torna inconstitucional o §1º do art. 18, frente ao disposto no art. 169 da Constituição. Igual postura de entendimento já foi manifestada em decisão do Tribunal de Contas do Estado do Rio Grande do Sul.[116]

Contudo, consoante os argumentos acima assentados, embora entenda como equivocada a decisão do STF, deve ser referido que o

---

[115] MILESKI. Novas regras para a gestão e a transparência fiscal: lei de responsabilidade fiscal. *Interesse Público*, p. 52.

[116] O Tribunal de Contas do Estado do Rio Grande do Sul, em processo de consulta — Proc. nº 6770-02.00/00-3 — por decisão do Tribunal Pleno, sessão de 13.12.2000, entendeu como inconstitucional o cômputo dos valores dos contratos de terceirização de mão de obra como despesas de pessoal.

Supremo Tribunal Federal, quando do exame da matéria, indeferiu concessão de medida liminar para suspensão de eficácia do §1º do art. 18 da LRF.[117]

B Limites de despesas com pessoal
Definido o que deve ser considerado como despesa de pessoal, passa-se ao exame do regramento contido no art. 19, em que é fixado limite global para o comprometimento da receita com esse tipo de gasto, com a determinação de que a despesa total com pessoal, em cada período de apuração e em cada ente da Federação, não poderá exceder:
I – União: 50% (cinquenta por cento);
II – Estados: 60% (sessenta por cento);
III – Municípios 60% (sessenta por cento).
Para verificação do atendimento dos limites assim determinados, conforme o previsto no §1º do art. 19, não serão incluídas no cômputo as despesas:
a) de indenização por demissão de servidores e empregados; relativas a incentivos à demissão voluntária; ou derivadas da convocação extraordinária do Congresso Nacional, em caso de urgência ou interesse público relevante — art. 57, §6º, II, da Constituição. As despesas com demissão de servidores, voluntárias ou não, são consentâneas com o objetivo legal de redução dos gastos com pessoal, por isto, não computáveis para o cálculo dos limites fixados. O mesmo ocorre com as despesas derivadas da convocação extraordinária do Congresso Nacional, porque as mesmas envolvem questões de urgência ou de interesse público relevante, que não podem se sujeitar a essa espécie de limite;
b) quando decorrentes de decisão judicial e da competência de período anterior ao da apuração do limite fixado — mês de referência e os onze meses imediatamente anteriores. Como a determinação contida no §2º do art. 18 prevê o regime de competência da despesa, qual seja: a despesa pertence ao período de ocorrência e não o do pagamento; para a apuração da despesa total com pessoal, efetivamente não pode ser incluída a despesa que pertença a período anterior ao da apuração do limite. Observado este aspecto, as demais despesas com pessoal decorrentes de decisão judicial serão incluídas no limite do respectivo Poder ou órgão (§2º do art. 19);

---

[117] ADIN (MC) nº 2.238 – DF – STF – Tribunal Pleno, Rel. Min. Ilmar Galvão, sessão de 09.05.2002.

c) com pessoal, do Distrito Federal e dos Estados do Amapá e Roraima, custeadas com recursos transferidos pela União. Nessa circunstância, as despesas com pessoal não são suportadas por recursos próprios daquelas entidades federadas e dizem respeito à obrigação constitucional (art. 21, XIII e XIV) da União para organizar e manter o Poder Judiciário, o Ministério Público, a Defensoria Pública, a polícia civil, a polícia militar e o corpo de bombeiros militar, cujos servidores, por força do art. 31 da Emenda Constitucional nº 19/1998, passaram a constituir um quadro em extinção da Administração federal, mas que continuam, na condição de cedidos, a prestarem serviços para aqueles entes federados. Por essa razão, essas despesas não estão inclusas no cálculo do limite determinado;

d) com inativos, ainda que por intermédio de fundo específico, custeadas por provenientes da arrecadação de impostos, da compensação financeira entre os regimes de previdência e das demais receitas diretamente arrecadadas pelo fundo vinculado a tal finalidade. Estas despesas realmente não devem participar do cálculo do limite das despesas com pessoal porque não se trata de despesa afeta e de responsabilidade dos cofres públicos. Trata-se de despesa relativa a sistema próprio de previdência, de caráter contributivo, sem causar repercussão no comprometimento orçamentário da receita pública.

Como a responsabilidade na gestão fiscal envolve obrigação das unidades federadas — União, Estados, Distrito Federal e Municípios — cuja determinação específica de responsabilidade é direcionada para os dirigentes dos Poderes Executivo, Legislativo e Judiciário, dos Ministérios Públicos e dos Tribunais de Contas, a Lei de Responsabilidade Fiscal, procurando manter a estrutura do nível de responsabilidade assim atribuída, por meio do seu art. 20, realiza uma repartição dos limites globais fixados no art. 19, determinando percentuais no mesmo nível de Poder ou órgão na esfera federal, estadual e municipal, os quais não poderão exceder:

I – na esfera federal:

a) 2,5% para o Poder Legislativo, incluído o Tribunal de Contas da União;

b) 6% para o Poder Judiciário;

c) 40,9% para o Poder Executivo;

d) 0,6% para o Ministério Público da União.

II – na esfera estadual:

a) 3% para o Poder Legislativo, incluído o Tribunal de Contas do Estado;
b) 6% para o Poder Judiciário;
c) 49% para o Poder Executivo;
d) 2% para o Ministério Público Estadual.

III – na esfera municipal:

a) 6% para o Poder Legislativo, incluído o Tribunal de Contas do Município, quando houver;
b) 54% para o Poder Executivo.

Esta repartição dos limites globais realizada pelo art. 20 é um dos pontos de maior controvérsia da Lei de Responsabilidade Fiscal. Se não há reparos à fixação dos limites globais efetuada no art. 19, uma vez que está consentânea com os princípios constitucionais e dentro dos limites legislativos da União, uma vez que reflete uma norma de caráter geral, o mesmo não se pode dizer da repartição dos limites globais realizada pelo art. 20.

A distribuição dos limites na forma efetuada estimula a polêmica em torno de um assunto relevante, cujos questionamentos são, sobretudo, de constitucionalidade, na medida em que a norma contém especificação no âmbito da minúcia, sem a generalidade exigida pela Constituição, promovendo, por isso, violação ao princípio federativo da autonomia de administração das unidades federadas.[118]

Esta polêmica em torno do tema foi objeto de arguição de inconstitucionalidade junto ao Supremo Tribunal Federal, com este, no julgamento da medida liminar, rejeitando "a argüição de inconstitucionalidade da lei, em sua totalidade, ao argumento de que o projeto deveria ter voltado à Câmara dos Deputados em razão de o Senado ter alterado certos dispositivos da lei", assim como "indeferiu a medida cautelar de suspensão dos efeitos do art. 20 da Lei Complementar nº 101, de 04 de maio de 2000".[119]

Portanto, com esse contexto de natureza judicial, ao rejeitar as arguições de inconstitucionalidade formal da lei e negar medida cautelar de suspensão dos efeitos do art. 20, o Supremo Tribunal Federal dá exequibilidade à Lei Complementar nº 101/2000, permitindo que seja efetuado o controle da despesa total com pessoal na forma determinada

---

[118] São vários os autores que se posicionam pela inconstitucionalidade da distribuição dos limites realizada pelo art. 20, entre esses estão: OLIVEIRA, Regis Fernandes de. *Responsabilidade fiscal*. São Paulo: Revista dos Tribunais, 2001. p. 46; FIGUEIREDO, Carlos Maurício Cabral et al. *Comentários à lei de responsabilidade fiscal*. 2. ed. atual. Recife: Nossa Livraria, 2001. p. 138.

[119] ADIN nº 2.238-5 – medida liminar, STF, Rel. Min. Ilmar Galvão, *Diário da Justiça* nº 204-E, seção 1, de 23 de outubro de 2000.

pelos seus artigos 21 a 23, tendo em conta os limites globais fixados no art. 19 e a distribuição desses limites realizada no art. 20. Para a aplicação da distribuição dos limites, deve ser levada em consideração a norma do §1º do art. 20, por especificar que, nos Poderes Legislativo e Judiciário de cada esfera, os limites serão repartidos entre seus órgãos de forma proporcional à média das despesas com pessoal, em percentual da receita corrente líquida, verificadas nos três exercícios financeiros imediatamente anteriores ao da publicação da lei complementar.

Assim, para se verificar o limite que cabe ao Legislativo e ao Tribunal de Contas; ou entre os Tribunais que compõem o Judiciário no âmbito de cada esfera — federal e estadual —, deve ser obtida a média das despesas mediante a realização da soma dos gastos com pessoal executados nos exercícios de 1997 a 1999 e quanto este valor representa em percentual da receita corrente líquida calculada no mesmo período. O percentual assim apurado é a média dos gastos no período e, por consequência, é também à proporção que pertence a cada um no limite fixado pelo art. 20. É esta a proporção do limite de cada Poder ou Tribunal.

C Controle da despesa total com pessoal

Visando conter a prática de atos que produzam aumento da despesa com pessoal e coloquem em risco os limites de gastos estipulados nos artigos 19 e 20, a Lei de Responsabilidade Fiscal estabeleceu regras específicas para o exercício do controle sobre este tipo de despesa, colocando o seguinte ordenamento no art. 21:

> Art. 21 – É nulo de pleno direito o ato que provoque aumento da despesa com pessoal e não atenda:
> I – as exigências dos arts. 16 e 17 desta Lei Complementar, e o disposto no inciso XIII do art. 37 e no §1º do art. 169 da Constituição;
> II – o limite legal de comprometimento aplicado às despesas com pessoal inativo;
> Parágrafo único – também é nulo de pleno direito o ato de que resulte aumento da despesa com pessoal expedido nos cento e oitenta dias anteriores ao final do mandato do titular do respectivo Poder ou órgão referido no art. 20.

Como se vê, o texto do *caput* do artigo estabelece a nulidade do ato que provoque aumento da despesa com pessoal, em sentido genérico, alcançando todo e qualquer ato que produza aumento desse tipo de despesa, independentemente da sua natureza. No entanto, esta nulidade somente se concretiza mediante a conjugação do mandamento contido no *caput* com os aspectos mencionados em seus incisos.

Assim, para que o ato seja considerado nulo é necessário que, além de provocar aumento da despesa com pessoal, também desatenda as exigências dos arts. 16 e 17 da Lei Complementar nº 101/2000 — normas relativas à geração da despesa e às despesas obrigatórias de caráter continuado —; o disposto no inciso XIII do art. 37 e no §1º do art. 169 da Constituição – vedação à vinculação e à equiparação remuneratória dos servidores e a concessão de vantagens ou o aumento de remuneração, criação de cargos, empregos e funções, bem como a admissão ou contratação de pessoal só pode ser efetuada se houver prévia dotação orçamentária e autorização específica na lei de diretrizes orçamentárias —; ou ao limite legal de comprometimento aplicado às despesas com pessoal inativo.

Essa determinação de nulidade deve ser compreendida como via de consequência da consideração jurídica dada pelo art. 15 às despesas que não atendam ao disposto nos artigos 16 e 17: "serão consideradas não autorizadas, irregulares e lesivas ao patrimônio público a geração de despesa ou assunção de obrigação que não atendam ao disposto nos arts. 16 e 17" (ver os tópicos relativos à geração da despesa e à despesa obrigatória de caráter continuado).

Considerando nulidade como o reconhecimento de invalidade do ato administrativo, por sua desconformidade com a ordem jurídica,[120] no qual se inclui o princípio da legalidade, pode-se afirmar que o ato que for expedido em contrariedade às exigências do art. 21, por conter vício insanável, é invalido, não podendo surtir efeitos.

Outra circunstância relevante no controle da despesa total com pessoal é a constante do inciso II do art. 21, ao ser estabelecida a nulidade do ato que não atenda "o limite legal de comprometimento aplicado às despesas com pessoal inativo". Quando do exame da constitucionalidade desse dispositivo legal, o Supremo Tribunal Federal, a unanimidade, conferiu interpretação conforme a Constituição Federal ao inciso II do art. 21, para que se entenda como limite legal o previsto em lei complementar.[121]

D Aumento da despesa com pessoal realizado nos 180 dias anteriores ao final do mandato

A norma do parágrafo único do art. 21 também considera nulo de pleno direito o ato de que resulte aumento da despesa com pessoal expedido nos 180 dias anteriores ao final do mandato do titular do

---

[120] ZANCANER, Weida. *Da convalidação e da invalidação dos atos administrativos*. São Paulo: Revista dos Tribunais, 1990. p. 62-63.

[121] ADIN nº 2.238-5 – medida liminar, STF, Rel. Min. Ilmar Galvão, sessão de 12.02.2003.

respectivo Poder ou órgão referido no art. 20. A regra tem cunho de moralidade pública e visa coibir a prática de atos de favorecimento aos quadros de pessoal, mediante concessões em final de mandato, no sentido de evitar o comprometimento dos orçamentos futuros e uma possível inviabilização das novas gestões.

Todavia, não se pode ter uma visão simplista e linear de que todo o ato que implique em aumento da despesa com pessoal, realizado nos últimos seis meses de mandato, esteja eivado de vício que leva a sua nulidade. A questão é mais complexa do que parece e tem sido motivo de controvérsia no que pertine ao entendimento sobre o alcance da norma, diante da circunstância que envolve os mandatos diferenciados dos gestores públicos e os vários tipos de despesa com pessoal, que são necessários e imprescindíveis à atividade pública.

Os gestores públicos não possuem situação igualitária de mandato. Chefes de Poder Executivo e Parlamentares têm mandato político, com funções de Estado, adquirido via processo eleitoral, mas que se distinguem no pertinente à atividade administrativa e à gestão fiscal. Os Chefes de Poder Executivo têm mandato político de 4 anos, em cujo período também exercem a gestão administrativa e fiscal. Os Parlamentares possuem mandato de 4 anos, com exceção dos Senadores que é de 8 anos, para o exercício da atividade legislativa, com a função executiva de gestão administrativa e fiscal sendo exercida por somente um Parlamentar, eleito como Presidente do Legislativo, para um período que é fixado em Regimento Interno de cada Casa Legislativa (normalmente o período é de 1 ou 2 anos de mandato presidencial).

Os integrantes do Poder Judiciário, do Ministério Público e do Tribunal de Contas não são detentores de mandato auferido mediante processo eleitoral, mas sim detentores de cargos públicos com preenchimento na forma constitucional determinada, cujas chefias são exercidas por um de seus membros, para a atividade executiva de gestão administrativa e fiscal, mediante a eleição de seus pares, na conformidade do respectivo regime jurídico e para o período fixado legalmente (no Rio Grande do Sul, para as três Chefias aqui tratadas, a respectiva legislação estabelece o período de dois anos).

Em razão desses diferenciais existentes nos mandatos dos gestores públicos, têm ocorrido manifestações pela inconstitucionalidade do parágrafo único do art. 21, com relação aos dirigentes do Poder Judiciário, do Ministério Público e do Tribunal de Contas.[122]

---

[122] Cf. Carlos Roberto Lima Paganella, Heriberto Rios Maciel e Têmis Limberg, Promotores de Justiça no Rio Grande do Sul, (*Considerações jurídicas sobre a Lei de Responsabilidade Fiscal e algumas questões atinentes ao Ministério Público*) a norma legal deve ser considerada

Não me parece estar o texto legal direcionado à regulamentação dos direitos políticos, especialmente sobre a normalidade e a legitimidade das eleições. O regramento é muito mais amplo, sem orientação para essa única circunstância. A norma tem cunho de moralidade pública, direcionada a todos os administradores públicos, independente de sujeitarem-se ou não a processo eleitoral. O regramento diz respeito a procedimento relativo à gestão fiscal, com o fito de evitar o crescimento das despesas com pessoal, o consequente comprometimento dos orçamentos futuros e a inviabilização das novas gestões, na medida em que o comprometimento orçamentário reduz as opções de planejamento para os planos das futuras administrações.

Assim, tratando-se de norma moralizadora, estabelecedora de limites à ação administrativa, que tem reflexos na gestão fiscal, alcançando a ação estatal de forma una, pois único é o orçamento, não vislumbro justificativa plausível, nem inconstitucionalidade, para excepcionar da norma do parágrafo único os dirigentes do Poder Judiciário, do Ministério Público e do Tribunal de Contas, quando estes, de forma expressa, estão inclusos no regramento.

Outro aspecto relevante do dispositivo legal é o relativo à compreensão sobre o seu real alcance. Pela generalidade aparente da norma, em princípio, estaria vedada a expedição de todo e qualquer ato de aumento de despesa, na medida em que a nulidade é dirigida ao "ato de que resulte aumento da despesa com pessoal expedido nos cento e oitenta dias anteriores ao final do mandato", sem efetuar delimitação ou admitir exceções ao regramento.

Todavia, fosse esse o único entendimento a fluir da norma, não poderia a autoridade administrativa, nos últimos 180 dias de seu mandato, por exemplo, praticar atos de continuidade administrativa, como o de efetuar pagamento de diárias a servidor em deslocamento a serviço ou ajuda de custo a servidor transferido, porque desses atos

---

como típica do processo eleitoral que "adentra no campo da regulamentação dos direitos políticos, especialmente sobre a moralidade e legitimidade das eleições contra o abuso de exercício da função, em atenção ao art. 14, §9º, da CF. Por isto, não podendo estar direcionada para 'instituições informadas por cargos ou carreiras constitucionais fora do âmbito do Poder Executivo e para os quais o processo de escolha e sucessão dos titulares do respectivo mandato é infenso ao sistema de inelegibilidades e a representatividade típicos do processo eleitoral via sufrágio universal'";

Cf. CORREIA, Arícia Fernandes; FLAMMARION, Eliana Pulcinelli; VALLE, Vanice Regina Lírio do. *Despesa de pessoal*: a chave da gestão fiscal responsável: teoria e prática. Rio de Janeiro: Forense, 2001. p. 211-214. "Já a regra de proibição, sem qualquer exceção e independentemente de qualquer aferição orçamentária ao aumento da despesa de pessoal materializada no art. 21, parágrafo único, da mesma Lei de Responsabilidade Fiscal, pela mera proximidade do término do mandato eletivo, transborda os limites do trato da matéria fiscal, adentrando na disciplina, a rigor, de tema eleitoral".

resultariam aumento da despesa com pessoal e resultaria, também, na inviabilização da atividade estatal, quanto à execução dos serviços que deve prestar à coletividade. O Judiciário e o Ministério Público estariam impedidos, no período vedado, de promoverem a transferência de Juízes e Promotores para comarcas vagas, com indiscutíveis prejuízos à prestação jurisdicional.

Portanto, a vedação não atinge as ações realizadas para o alcance das metas previstas no planejamento governamental — plano plurianual, lei de diretrizes orçamentárias e lei orçamentária anual — tendo em vista que a ênfase legal se dá, sobretudo, no planejamento da ação governamental, procurando garantir que os gastos públicos obedeçam tanto a uma orientação qualitativa quanto quantitativa, previamente estabelecidos.

Assim, se os gastos previstos com diárias e ajuda de custo estão de acordo com as metas fixadas no planejamento governamental, dirigido por uma ação prevista para o exercício, inexiste impedimento para a sua realização porque estão atendidos os princípios orientadores e diretivos da lei: planejamento e continuidade administrativa, consoante os recursos existentes, com busca do equilíbrio entre receita e despesa.

Dessa forma, a questão da nulidade prevista no parágrafo único do art. 21 tem de ser visualizada consoante as normas e princípios constitucionais, especialmente o da proporcionalidade, com o ato praticado pelo administrador devendo ser entendido na correlação que deve existir entre a consequência prevista, a finalidade buscada pela norma e os meios utilizados pelo agente,[123] com observância obrigatória da proteção ao direito adquirido, ao ato jurídico perfeito e a coisa julgada (art. 5º, XXXVI, CF), em favor da segurança que deve pautar as relações jurídicas.[124]

Portanto, considerando-se que uma lei é feita para vigorar e produzir seus efeitos para o futuro, o mero cumprimento de normas legais com anterior entrada em vigência, mas com repercussão no período vedado, está excetuado da proibição legal. Por exemplo: existindo

---

[123] MOREIRA, Egon Bockmann. *Processo administrativo*: princípios constitucionais e a Lei 9.784/99. São Paulo: Malheiros, 2000. p. 70, valendo-se da classificação efetuada por Canotilho, conclui: "Assim, o princípio da proporcionalidade determina que a aplicação da lei seja congruente com os exatos fins por ela visados, em face da situação concreta. É descabido imaginar que a Constituição autorizaria condutas que submetessem o administrado para além do necessário, ou inapropriadas à perseguição do interesse público primário, ou ainda, detentoras de carga coativa desmedida".

[124] SILVA. *Curso de Direito Constitucional Positivo*. 24. ed. p. 433, conforme o autor, "uma importante condição da segurança jurídica está na relativa certeza de que os indivíduos têm que as relações realizadas sob o império de uma norma devem perdurar ainda que tal norma seja substituída".

legislação fixando política salarial de forma regular, cuja providência revisional venha ocorrer dentro do período vedado, inexiste impeditivo para a adoção da providência; havendo lei regulando a concessão de determinada vantagem (triênios, quinquênios, etc.), que deve ocorrer no período de proibição, a vedação também não alcança este benefício anteriormente regulado, podendo haver a concessão.[125]

Do mesmo modo devem ser entendidas as decisões judiciais finais que, determinando pagamentos a servidores, produzam aumento da despesa com pessoal nos 180 dias anteriores ao final do mandato. Evidentemente que a chamada coisa julgada — decisões judiciais com trânsito em julgado — possui proteção constitucional, não podendo deixar de ser cumprida, independentemente do tempo em que ocorrer. Assim, as decisões judiciais finais também estão excetuadas do período vedado, devendo sempre ser cumpridas.

Para as admissões de pessoal, aplica-se a mesma lógica de entendimento. Provimento de cargos em comissão, pré-existentes ao final do mandato, em princípio, não resulta em aumento da despesa com pessoal, posto que envolve tão somente a troca do detentor do cargo e, por isso, não estando vedada a sua prática ao final do mandato da autoridade pública. Tratando-se de cargos de provimento efetivo ou emprego público, cuja criação tenha se dado em data anterior ao período vedado, o entendimento a ser aplicado à circunstância é o até aqui delineado, qual seja: de não incidência da norma do parágrafo único do art. 21.[126]

---

[125] O Tribunal de Contas do Rio Grande do Sul, consoante decisão proferida no processo nº 6760-02.00/00-1, aprovou estudo que resultou na elaboração do Manual de Responsabilidade Fiscal, admitindo procedimentos de continuidade administrativa ao final do mandato, com fulcro no direito adquirido e no ato jurídico perfeito, por entender que, pelos indicativos legais, "pretendeu o legislador foi evitar, fundamentalmente, que os Chefes do Executivo, ao final de seus mandatos, encaminhassem projetos de lei ao Poder Legislativo respectivo, objetivando a concessão de acréscimos remuneratórios aos servidores, os quais seriam pagos por seus sucessores".

[126] O Tribunal de Contas do Rio Grande do Sul, respondendo a Pedido de Orientação Técnica constante dos Proc. nºs 5010-02.00/01-6 e 4971-02.00/01-6, acolhendo o Parecer nº 51/2001, da Aud. Subst. Cons. Rosane Heineck Schmitt, decidiu que admissões que atendam ao interesse público não estão sujeitas a vedação legal, sob o argumento de que é "essencial para a prática, pelo gestor público, de atos que impliquem em aumento das despesas com pessoal, no período previsto no parágrafo único do art. 21 da LRF, que tais atos consistem em mera concretização de anterior comando legal, além de necessários ao cumprimento, pelo administrador, de seu dever de não paralisar a administração pública. Isto significa que, a partir da LRF, é fundamental a devida e ampla motivação do ato administrativo, pelo titular do Poder ou órgão responsável por sua edição, deixando clara a legitimidade e moralidade da despesa. Esta motivação, que já era um dever para os atos administrativos em geral, à luz da LRF assume contornos de essencialidade para definir a

Cargo ou emprego público, pré-existente ao período vedado, tem a sua criação para complementar a estrutura administrativa necessária à realização dos serviços que o Poder Público deve prestar à coletividade, por isto, embora resulte em aumento da despesa com pessoal, constitui-se em ato jurídico perfeito que não afronta o princípio da moralidade pública e, por estar adstrito à satisfação dos interesses públicos, exclui-se da vedação prevista.[127]

Resumidamente, pode-se afirmar que o dispositivo do parágrafo único do art. 21, quanto à nulidade que estabelece, alcança somente os atos que resultem em aumento da despesa com pessoal, expedidos nos 180 dias anteriores ao final do mandato, que estejam em contrariedade ao princípio da moralidade pública. São atos que dizem respeito à criação de cargos, empregos e vantagens para os quadros de pessoal, bem como à concessão de reajustes ou vencimentos aos seus integrantes. Por isto, como consequência lógica, a nulidade prevista deixa de incidir sobre os atos de continuidade administrativa que, guardando adequação à lei orçamentária anual, seja objeto de dotação específica e suficiente, ou que estejam abrangidos por crédito genérico, de forma que, somadas todas as despesas da mesma espécie, realizadas e a realizar, previstas no programa de trabalho, não sejam ultrapassados os limites estabelecidos para o exercício, com compatibilidade ao plano plurianual e à lei de diretrizes orçamentárias, conforme prevê o art. 16 da Lei de Responsabilidade Fiscal.

E Verificação dos limites legais ao final de cada quadrimestre
Da estrutura regradora atinente ao controle da despesa total com pessoal, constam procedimentos destinados à verificação dos aspectos relativos ao cumprimento dos limites fixados nos arts. 19 e 20, juntamente com a indicação das medidas que devam ser aplicadas ao caso; o estabelecimento de uma espécie de sublimite, comumente chamado de limite prudencial; bem como os procedimentos que, obrigatoriamente,

---

incidência, ou não, da proibição contida na lei e da conseqüente sanção específica por seu descumprimento".

[127] SCHMITT, Rosane Heineck. Despesas com pessoal nos 180 dias anteriores ao final do mandato e a Lei de Responsabilidade Fiscal. *Interesse Público*, Porto Alegre, v. 4, n. especial, 2002. A autora refere que "o disposto no parágrafo único do art. 21 da LRF não tem o condão de impedir o administrador público de praticar atos que garantam o exercício de situações jurídicas já consolidadas, como ocorre com aqueles autorizados por leis editadas anteriormente ao período de vedação previsto nos dispositivos em exame, caso da concessão de promoções e outras vantagens, tais como as de natureza temporal – *ex facto temporis*".

devem ser adotados para a recondução dos gastos ao limite legal determinado, quando este for ultrapassado. A verificação do cumprimento dos limites estabelecidos nos arts. 19 e 20 deverá ser realizada ao final de cada quadrimestre (art. 22, *caput*), cuja função é atribuída aos encarregados da fiscalização da gestão fiscal — o Poder Legislativo, com o auxílio do Tribunal de Contas, e o sistema de controle interno (art. 59) — sendo destinado ao Tribunal de Contas a atribuição de proceder alerta aos Poderes ou órgãos referidos no art. 20, quando o montante da despesa com pessoal ultrapassar 90% dos respectivos limites (art. 59, §1º, II, LRF).

Evidentemente que, se os Poderes e órgãos relacionados no art. 20 devem ser alertados, desse alerta deve ocorrer um efeito prático. Não se trata, tão somente, de um mero aviso, sem maiores consequências. O alerta objetiva fazer com que as autoridades gestoras adotem providências para a contenção dessas despesas ou medidas para as reduções indicadas, sob pena de responsabilização.[128]

Nesse aspecto, o parágrafo único do art. 22, no caso de a despesa total com pessoal exceder a 95% do limite, estabelece uma série de providências vedatórias, as quais estão contidas nos seus incisos I a V, a fim de evitar que seja ultrapassado o limite fixado no art. 20. É o chamado limite prudencial. Como fator de prudência, a fim de que a despesa total com pessoal não chegue ao limite estipulado, a lei fixa um sublimite — 95% do limite — para serem adotadas providências de contenção dos gastos com pessoal.

A primeira providência diz respeito à impossibilidade de concessão de vantagem, aumento, reajuste ou adequação de remuneração a qualquer título, salvo os derivados de sentença judicial ou determinação legal ou contratual, ressalvada a revisão prevista no inciso X do art. 37 da Constituição.

Portanto, nessa circunstância, a vedação prevista no inciso I do parágrafo único do art. 22 está em perfeita consonância à regra constitucional (art. 5º, XXXVI), uma vez que normatiza sobre a proibição de procedimentos remuneratórios, mas, pela ressalva efetuada, com proteção ao direito adquirido, ao ato jurídico perfeito e a coisa julgada, refletindo uma necessária e indispensável salvaguarda ao direito subjetivo, inclusive quanto à revisão geral anual assegurada pelo texto constitucional (art. 37, X).

---

[128] MILESKI, Helio Saul. Algumas questões jurídicas controvertidas da Lei Complementar n. 101, de 05.05.2000: controle da despesa total com pessoal, fiscalização e julgamento da prestação de contas da gestão fiscal. *Interesse Público*, São Paulo, v. 3, n. 9, p. 13-33, jan./ mar. 2001.

Ainda com o fito de conter as despesas dentro do limite fixado, também são vedadas a criação de cargo, emprego ou função, inadmitida a alteração de estrutura de carreira que implique em aumento de despesa e a contratação de hora extra, salvo no caso de convocação do Congresso Nacional, conforme o disposto no art. 57, §6º, II, da Constituição, e as situações previstas na lei de diretrizes orçamentárias (II, III e V).

Com o mesmo sentido de manter as despesas com pessoal dentro do limite prudencial, é determinada no inciso IV do mesmo artigo 22, a vedação para provimento de cargo público, admissão ou contratação de pessoal a qualquer título, com ressalva para a reposição decorrente de aposentadoria ou falecimento de servidores das áreas da educação, saúde e segurança.

O legislador agiu com sabedoria ao admitir esta ressalva legal, na medida em que a mesma resulta na possibilidade de ser praticado ato de admissão em favor da continuidade administrativa em áreas prioritárias para o interesse público, como a da educação, a da saúde e a da segurança.

Complementando a estrutura regradora estabelecida para o controle da despesa total com pessoal, o dispositivo do art. 23 prevê que, para o caso da despesa com pessoal ultrapassar os limites definidos no art. 20, sem prejuízo das medidas previstas no art. 22, o percentual excedente terá de ser eliminado nos dois quadrimestres seguintes. Sendo pelo menos um terço no primeiro quadrimestre, adotando-se, entre outras, as providências previstas nos parágrafos 3º e 4º do art. 169 da Constituição (redução em pelo menos 20% das despesas com cargos em comissão e funções de confiança e exoneração dos servidores não estáveis. Insuficientes estas medidas, para assegurar a redução de gastos, o servidor estável poderá perder o cargo).

Para esta redução determinada, o administrador poderá optar entre a extinção de cargos e funções, a redução dos valores a eles atribuídos ou, ainda, a redução temporária da jornada de trabalho com adequação dos vencimentos a nova carga horária (art. 23, §§1º e 2º).

Todavia, nesse aspecto, em decisão liminar de 20.06.2001, o STF deferiu medida cautelar requerida em ação direta de inconstitucionalidade e suspendeu a eficácia no §1º do art. 23, da expressão "quanto pela redução dos valores a eles atribuídos" e, integralmente, a eficácia do §2º do mesmo artigo.[129]

---

[129] STF. ADIn (Med. Liminar) nº 2238-5. Rel. Min. Ilmar Galvão. TP, Sessão de 20.06.2001.

Dessa forma, até que seja decidido o mérito da referida ADIn, no caso de ultrapassagem dos limites de gastos com pessoal fixados no art. 20, não poderá haver redução dos valores dos cargos e funções públicas, nem redução temporária da jornada de trabalho com adequação dos vencimentos à nova carga horária. Caso não seja alcançada a redução propugnada no prazo determinado, de imediato, a Administração ficará sujeita a penalidades, não podendo: receber transferências voluntárias; obter garantia, direta ou indireta, de outra unidade federada; ou contratar operações de crédito, ressalvadas as destinadas ao refinanciamento da dívida mobiliária e as que visem à redução das despesas com pessoal (§3º, I, II e III). Estas restrições punitivas serão imediatamente aplicadas se a despesa com pessoal exceder o limite no primeiro quadrimestre do último ano do mandato dos titulares de Poder ou órgão, referidos no art. 20 (§4º).

3.1.1.2.4 Despesas com seguridade social

O artigo 24 da Lei de Responsabilidade Fiscal busca enquadrar as despesas realizadas com a seguridade social dentro da sua estrutura de controle, envolvendo as despesas relativas ao serviço de saúde, de previdência e assistência social, incluídos os servidores públicos e militares, ativos, inativos e pensionistas (§2º). Nos termos do regulado no referido dispositivo legal, nenhum benefício ou serviço relativo à seguridade social poderá ser criado, majorado ou estendido sem a indicação da fonte de custeio total, conforme o previsto no §5º do art. 195 da Constituição, devendo, ainda, serem atendidas as exigências contidas no art. 17 da lei.

Tendo em vista que a matéria está regulada constitucionalmente, poderia parecer que o regramento do art. 24 é desnecessário. Contudo, embora também proceda à reafirmação de norma constitucional, este dispositivo da lei quer, na realidade, submeter as despesas com seguridade social às exigências efetuadas para a criação ou aumento de despesa obrigatória de caráter continuado.

Assim, considerando a importância e a repercussão desse tipo de despesa no orçamento público — mesmo com as reformas previdenciárias realizadas pelas Emendas Constitucionais nºs 20/1998, 41/2003 e 47/2005, que alteraram o sistema previdenciário do servidor público de caráter assistencial para um sistema contributivo, com exigência de equilíbrio financeiro e atuarial entre a contribuição e o benefício, ainda restou um ônus histórico para os cofres públicos, que é o decorrente das aposentadorias concedidas até a data da reforma[130] — a Lei de Responsabilidade Fiscal submeteu os gastos com seguridade social às exigências do seu art. 17, a fim de os mesmos não afetarem as metas de resultados fiscais previstas no anexo que acompanha a lei de diretrizes orçamentárias, com os seus efeitos financeiros, nos exercícios seguintes, devendo ser compensados (ver tópico destinado às despesas obrigatórias de caráter continuado).

A dispensa de compensação financeira é permitida (§1º do art. 24), desde que o aumento da despesa seja decorrente de: a) concessão de benefício a quem satisfaça as condições de habilitação prevista na legislação pertinente; b) expansão quantitativa do atendimento e dos serviços prestados; e reajustamento de valor do benefício ou serviço, a fim de preservar o seu valor real.

3.1.1.3 Limites de endividamento

De um modo geral, consoante uma antiga concepção, os empréstimos públicos são a forma técnica de partilhar as despesas da atualidade com as gerações futuras. Por isto, os financistas que comungam dessa teoria consideram o crédito público como o processo de repartição de encargos governamentais no tempo, enquanto a tributação, no sentido inverso, divide esses mesmos encargos apenas entre as pessoas da geração presente.[131]

Nesse contexto, objetivamente, entende-se dívida pública como o volume de compromissos financeiros que advém do conjunto de empréstimos — operações de crédito — das mais variadas naturezas, realizados pelo Poder Público junto a terceiros — normalmente instituições financeiras, nacionais, estrangeiras ou internacionais — no sentido de obter os recursos financeiros necessários à realização de suas finalidades públicas.

Como a questão do endividamento público, pela sua grandiosidade, passou a ser motivo de preocupação do Estado brasileiro, principalmente em razão da sua influência na crise fiscal dos anos 90, tornou-se também um dos pontos de fundamento básico da Lei de Responsabilidade Fiscal. Conforme manifestação do governo realizada no encaminhamento do Projeto de Lei Complementar, o Projeto integra

---

[130] MILESKI, Helio Saul. Limite constitucional para a despesa com pessoal ativo e inativo: uma visão conforme a nova realidade jurídica. In: FIGUEIREDO, Carlos Maurício; NÓBREGA Marcos (Org.). *Administração Pública*: Direito Administrativo, financeiro e gestão pública: prática, inovações e polêmicas. São Paulo: Revista dos Tribunais, 2002.

[131] BALEEIRO. *Uma introdução à ciência das finanças*, p. 447.

o conjunto de medidas do Programa de Estabilidade Fiscal (PEF), tendo "como objetivo a drástica e veloz redução do déficit público e a estabilização do montante da dívida pública em relação ao Produto Interno Bruto da economia".[132]

Para o atendimento desse objetivo, a Lei Complementar nº 101/2000 tem um capítulo dedicado à dívida pública das diversas unidades da federação, disciplinando as operações de crédito por elas contraídas (Capítulo VII, arts. 29 ao 42). O regramento é dirigido à conceituação e caracterização da dívida pública, conforme a sua origem e natureza — dívida pública consolidada ou fundada, dívida pública mobiliária, operação de crédito, concessão de garantia e reconhecimento ou confissão de dívida — bem como as exigências para seus registros e controle, procedendo à regulamentação sobre as obrigações, vedações e competências do Banco Central. Nesse aspecto, ao examinar o dispositivo do §2º do art. 29 da LRF, que determina a inclusão na dívida pública consolidada da União à relativa à emissão de títulos de responsabilidade do Banco Central, o Supremo Tribunal Federal negou medida liminar de suspensão de eficácia do dispositivo, por entender irrelevante a tese de inconstitucionalidade.[133]

Como a operação de crédito por antecipação de receita orçamentária é um dos instrumentos mais utilizados pelo Poder Público, especialmente o municipal, envolvendo as dívidas de curto prazo, o artigo 35 realiza uma regulamentação deste tipo de operação de crédito, o qual destina-se a atender insuficiência de caixa durante o exercício financeiro, para estabelecer que o mesmo somente será efetuado após o décimo dia do início do exercício e a sua liquidação, com juros e outros encargos incidentes, até o dia dez de dezembro de cada ano, com proibição para a sua realização quando existir operação de crédito anterior da mesma natureza não integralmente resgatada, bem como no último ano de mandato da autoridade administrativa — Presidente, Governador ou Prefeito Municipal.

A concessão de garantia por parte do Poder Público é outra circunstância merecedora de regulamentação na Lei de Responsabilidade fiscal, com a mesma ficando condicionada ao oferecimento de contragarantia nunca inferior ao montante garantido (art. 40). Esta é uma medida de proteção às finanças e ao patrimônio público, os quais não

---

[132] Justificativa apresentada no item 2, p. 50, da EM Interministerial nº 106/MOG/MF/MPAS, de 13.04.99, que acompanhou a Mensagem nº 485, de 13.04.1999, do Presidente da República, de encaminhamento do Projeto de Lei Complementar que resultou na edição da Lei Complementar nº 101/2000.

[133] ADI (Med. Liminar) nº 2238-5. STF. Rel. Min. Ilmar Galvão. TP, Sessão de 12.02.2003.

podem ficar à mercê de descuidos administrativos que resultem em seu prejuízo.

No que se refere ao art. 30, inciso I, que determina o prazo de noventa dias para o Presidente da República submeter ao Senado Federal proposta de limites globais para o montante da dívida consolidada da União, Estados e Municípios, o Supremo Tribunal Federal também negou concessão de medida cautelar para suspensão de eficácia do dispositivo legal, por julgar prejudicado o pedido pela fluência do prazo.[134]

Dessa forma, no pertinente ao estabelecimento de limites para a dívida pública e para as operações de crédito, que resultem em endividamento da União, dos Estados e dos Municípios houve a edição da Resolução do Senado Federal nº 40/2001, com o texto consolidado publicado em 10.04.2002, juntamente com a Resolução do Senado Federal nº 43/2001, com texto consolidado em face das alterações produzidas pelas Resoluções nºs 03/2002, 19/2003, 32/2006, 40/2006, 06/2007 e 49/2007, dispondo sobre as operações de crédito interno e externo dos Estados, do Distrito Federal e dos Municípios, inclusive concessão de garantias, seus limites e condições de autorização.

Por sua vez, a Resolução nº 40/2001, a par de definir o que seja dívida pública consolidada, dívida pública mobiliária, dívida pública líquida e receita corrente líquida, determina que dívida consolidada líquida dos Estados, do Distrito Federal e dos Municípios, em um período de 15 anos, a contar do encerramento do ano de publicação da Resolução (a partir de 1º de janeiro de 2002), não poderá exceder aos seguintes limites: a) no caso dos Estados e do Distrito Federal: 2 (duas) vezes a receita corrente líquida apurada; b) no caso dos Municípios: 1,2 (um inteiro e dois décimos) vezes a receita corrente líquida apurada.

Sendo constatado, ao final do ano da publicação da Resolução nº 40/2001 (31 de dezembro de 2001), que a dívida líquida está acima dos limites ali fixados, o ente federado deverá promover o seu ajuste, mediante a redução do excesso, no mínimo, à proporção de 1/15 a cada exercício financeiro. Para acompanhamento da trajetória desse ajuste, a relação entre o montante da dívida consolidada líquida e a receita corrente líquida será apurada e registrada no Relatório de Gestão Fiscal quadrimestral, enquanto o limite apurado anualmente após a aplicação da redução de 1/15 será registrado no Relatório de Gestão Fiscal do último quadrimestre, conforme o previsto no art. 54 da Lei de Responsabilidade Fiscal.

---

[134] ADI (Med. Liminar) nº 2238-5. STF. Rel. Min. Ilmar Galvão. TP, Sessão de 09.05.2002.

Complementando esse regramento, a Resolução nº 43/2001 reafirma as definições resolutivas produzidas pela Resolução nº 40/2001 e efetua uma extensa e detalhada regulamentação em seus 52 artigos, dispondo sobre as vedações, limites e condições para a realização de operações de crédito, tendo em conta o pleito, a contratação e o controle dessas operações de crédito, a fim de serem mantidos os limites determinados pelo art. 3º da Resolução nº 40/2001.

Caso seja constatado, após o decurso do prazo de 15 anos (art. 3º, *caput*, Res. nº 40/2001), que há inobservância dos limites estabelecidos (art. 3º, I e II), as unidades federadas com excedente na relação entre o montante da dívida consolidada líquida e a receita corrente líquida, ficarão sujeitas às disposições do art. 31 da Lei de Responsabilidade Fiscal que determina: recondução ao limite estipulado até o término dos três quadrimestres subsequentes, com o excedente sendo reduzido em pelo menos 25% no primeiro quadrimestre. Enquanto perdurar o excesso, a unidade federada estará proibida de realizar operação de crédito interna ou externa, inclusive por antecipação de receita, ressalvado o refinanciamento do principal atualizado da dívida mobiliária; para obtenção de resultado primário necessário a recondução da dívida ao limite, deverá promover, entre outras medidas, a limitação de empenho prevista no art. 9º, ficando impedida de receber transferências voluntárias da União ou do Estado.

3.1.1.3.1 Restos a pagar

Conforme a definição contida na Lei nº 4.320/64, considera-se Restos a Pagar as despesas empenhadas, mas não pagas até o dia 31 de dezembro, distinguindo-se as processadas das não processadas (art. 36). Assim, considerando que o empenho da despesa cria para o Estado uma obrigação de pagamento, a despesa que foi legalmente empenhada, mas não paga até o dia 31 de dezembro, envolve uma obrigação de natureza financeira a ser solvida pelo Poder Público no exercício seguinte, devendo, para tanto, existir a devida autorização orçamentária. Como são despesas que restaram do exercício anterior ao do pagamento, a autorização orçamentária ocorre por meio de uma rubrica chamada Restos a Pagar.

A distinção determinada pela lei — processadas e não processadas — deixa de envolver apenas uma providência de caráter registral, com natureza técnico-contábil, porque esta diferenciação decorre também de um fator jurídico importante para a solvência da obrigação financeira assumida pelo Estado. Despesas processadas são aquelas empenhadas e regularmente liquidadas, em face do contratado ter cumprido a prestação do serviço, a entrega do material ou a execução da obra, estando, por isto, em condições de receber o pagamento correspondente, que deixou de ser efetuado pela indisponibilidade financeira do Estado. Diferentemente, despesas não processadas são as empenhadas, mas que, em virtude do inadimplemento do objeto contratual por parte do credor, não foram liquidadas e, por isto, não estão aptas para o pagamento. Há necessidade do cumprimento do objeto contratual, nas condições contratuais estipuladas, para ser efetuada a liquidação e, após, o pagamento.

Portanto, nessa circunstância, as despesas lançadas na rubrica Restos a Pagar são fator de endividamento do Estado, porque resultam do déficit financeiro de um exercício para pagamento no seguinte, envolvendo dívidas de curto prazo que podem causar problemas de liquidez financeira. Como este é um mecanismo de endividamento relativamente simples, cuja aplicação independe de maiores exigências ou formalidades legais, passou a ser largamente utilizado pelos Administradores Públicos, especialmente os dos Municípios.

Assim, elaborando orçamentos com receitas superestimadas e irreais, muitos administradores distorceram a função financeira dos Restos a Pagar, na medida em que realizavam despesas sem a correspondente receita para o seu suporte, especialmente no último ano de mandato, gerando um montante elevado de despesas a serem pagas no exercício seguinte, produzindo uma perda de liquidez financeira imediata e uma consequente inviabilização da nova administração que está a se iniciar.

Visando coibir este procedimento nocivo ao Estado e ao interesse público — legar dívidas ao sucessor de modo indevido — a Lei de Responsabilidade Fiscal, pelo regramento efetuado no seu art. 42, põe um freio à continuidade desse tipo de endividamento, quando veda "ao titular de Poder ou órgão referido no art. 20, nos dois últimos quadrimestres do seu mandato, contrair obrigação de despesa que não possa ser cumprida integralmente dentro dele, ou que tenha parcelas a serem pagas no exercício seguinte sem que haja suficiente disponibilidade de caixa para este efeito". Na determinação da disponibilidade de caixa serão considerados os encargos e despesas compromissadas a pagar até o final do exercício (parágrafo único).

A determinação legal busca promover o ajuste fiscal, tendo em conta um gerenciamento fiscal responsável, mediante o estabelecimento de um controle rígido sobre a dívida flutuante — Restos a Pagar — nos últimos oito meses de mandato do titular do Poder ou órgão referido no art. 20.

Dessa forma, nos dois últimos quadrimestres do mandato da autoridade pública, não pode ser contraída obrigação de despesa sem que haja efetiva disponibilidade financeira para o seu pagamento, o que significa dizer que o Administrador Público terá de dar ênfase ao planejamento, no sentido de ter uma visão clara sobre o volume das despesas que deverão ocorrer até o final do ano, sem desconsiderar os compromissos anteriormente assumidos, assim como sobre a evolução da arrecadação da receita, a fim de possibilitar a elaboração de um plano de fluxo de caixa, com atendimento da programação financeira e do cronograma de desembolso mensal previsto no art. 8º, incluindo a limitação de empenho e movimentação financeira referida no art. 9º da Lei Complementar nº 101/2000.

Nesse aspecto, o termo *obrigação de despesa* tem sentido abrangente, alcançando não somente a despesa empenhada, mas também todo o compromisso assumido pela Administração Pública, embora este ainda não tenha sido empenhado. Para serem assumidas obrigações de despesa no período regrado — nos últimos oito meses de mandato — deve haver suficiente disponibilidade de caixa.

Na determinação das disponibilidades de caixa, deverão ser consideradas as despesas compromissadas a pagar até o final do exercício. Nada mais correto. As despesas compromissadas são aquelas que foram ou irão ultrapassar a fase da liquidação do empenho até o final do exercício; logo, do total da obrigação de despesa contraída nos dois últimos quadrimestres, que ultrapassem aquele exercício, para fins da apuração das disponibilidades de caixa, somente serão consideradas aquelas parcelas do compromisso assumido que forem liquidadas até o final do exercício, ficando as demais, em obediência ao princípio da anualidade orçamentária, como fonte de financiamento nos orçamentos dos próximos exercícios.[135]

Resumidamente, o termo *obrigação de despesa* referido no art. 42, quando realizada nos dois últimos quadrimestres do mandato, possui significado de despesa liquidada ou em execução, que deve ter o seu pagamento efetuado dentro ainda do exercício em andamento ou, no mínimo, que haja recursos financeiros disponíveis em caixa, neste mesmo exercício, para satisfação da obrigação assumida, mesmo que o pagamento venha ocorrer no exercício seguinte.

---

[135] *Manual de procedimentos para a aplicação da lei de responsabilidade fiscal do Tribunal de Contas do Estado do Rio Grande do Sul*, op. cit., p. 80-81.

3.1.2 Transparência

Em tempos de informática e Internet, o mundo agilizou-se. O que num dia é novidade e avanço, no outro já é feito antigo e ultrapassado. Não há tempo para consolidação de novos valores porque valores novos estão sendo implementados. Do mesmo modo altera-se o Estado e a sua forma de agir. Altera-se a forma de pensar do cidadão e as suas necessidades, embora se mantenham as necessidades básicas de sua sobrevivência: alimentação, água, habitação e vestimenta, acrescidas de outras que são afetas à sua dignidade, como educação, saúde, segurança, emprego, transporte, previdência, etc.

Por sinal, estas alterações nas relações pessoais e estatais em nível mundial também estão produzindo alterações no conceito de soberania do Estado. Soberania que se iniciou como um conceito político-jurídico que possibilitava ao Estado moderno, mediante sua lógica absolutista interna, impor-se à organização medieval de poder,[136] passou, na atualidade, a ser entendida como a condição político-jurídica do Estado para se dirigir, reger e governar inteiramente por si mesmo.[137] Assim, soberania é o poder de autodeterminação que não admite interferências externas em assuntos internos. É o poder de estabelecer mecanismos de proteção interna de efeitos externos, inclusive os de natureza econômica, na salvaguarda dos interesses da população. Contudo, em tempos de globalização e Internet, em que a velocidade da informação é de efeitos instantâneos, causando repercussões internas de natureza comportamental, técnica, social e econômica, não existe país no mundo que possua meios de evitar internamente os efeitos dessas circunstâncias externas. Nessa situação atual, logicamente se altera o conceito de soberania, passando o mesmo a ter um entendimento de autodeterminação relativa.

Nesse contexto de mudanças e de agilização das próprias mudanças, passou-se a redefinir o papel do Estado, procurando-se um formato de atuação que pudesse atender com maior eficiência a sobrecarga de demandas a ele dirigidas, sobretudo na área social. Junto a esse fator histórico, agrega-se um verdadeiro descontrole fiscal experimentado pela grande maioria dos países no mundo, que passaram a apresentar redução nas taxas de crescimento econômico, aumento do desemprego e elevados índices de inflação. Portanto, o Estado passou a ter

---

[136] BOBBIO, Norberto; MATTEUCCI, Nicola; PASQUINO, Gianfranco. *Dicionário de política*. Tradução de Carmem C. Varriale et al. 12. ed. Brasília: UnB, 1999. p. 1179.

[137] BULOS, Uadi Lammego. *Constituição Federal anotada*. 3. ed. rev. e atual. São Paulo: Saraiva, 2001. p. 47.

dificuldades para administrar as crescentes expectativas da população, consoante a sua função de promover o bem-estar do cidadão.

Assim, altera-se a relação do Estado com o cidadão, inclusive porque há mudanças na própria sociedade que passa a organizar-se de forma diferente, formando grupos corporativos — sindicatos, partidos políticos, associações culturais e de classe, igrejas, grandes empresas, etc. — que possuem interesses nem sempre coincidentes com os do Estado, que, conforme pondera Clémerson Merlin Clève, "muitas vezes disputam poder com este, e que não poucas vezes são mais poderosos que o próprio Estado". Por isto, aquele ilustre professor do Paraná, complementa: "Ora, no mundo de hoje, o homem necessita preocupar-se com o Estado. Também deve-se precaver contra os grupos, porque, em face deles, mais uma vez a liberdade corre perigo. É preciso limitar o Estado: mas é preciso verificar que nem ele, nem a sociedade, hoje, correspondem às coordenadas oferecidas pelos séculos XVIII e XIX. Por isso, igualmente, é necessária a atuação do Estado para quebrar o domínio dos grupos e corporações".[138]

Assim, mesmo com os vários fatores, especialmente o desenvolvimento tecnológico e a globalização da economia mundial, que estão produzindo alterações no mundo de hoje, o Estado se mantém como organismo essencial para o estabelecimento do bem-estar do cidadão e fator de regulação da economia, com poderes para fixar elementos de proteção do homem a despeito de grupos ou corporações. Contudo, para o próprio Estado impõe-se uma delimitação de sua ação, no sentido de evitar que a mesma extrapole o objetivo da função estatal e passe a executar ações em desatendimento dos interesses coletivos, inclusive no que tange à atividade financeira do Estado, propiciando um controle sobre o gerenciamento fiscal.

A Administração Pública dessa nova concepção de Estado Democrático de Direito, no período pós-moderno, tendo em vista que, pelo pluralismo democrático houve o surgimento de sociedades pluriclasses,[139] dentro de um contexto de aprimoramento técnico e informatizado, com agilização da informação pela Internet, possibilitando a formação de cidadãos muito mais esclarecidos e exigentes, que não se conformam mais tão somente em escolher os agentes políticos e governantes, mas também de buscar a ampliação do seu leque de participação, influindo e fiscalizando a aplicação de políticas públicas,

---

[138] CLÈVE, Clèmerson Merlin. *Atividade legislativa do Poder Executivo no Estado Contemporâneo e na Constituição de 1988*. São Paulo: Revista dos Tribunais, 1993. p. 41.

[139] MOREIRA NETO, Diogo de Figueiredo. *Mutações do Direito Público*. Rio de Janeiro: Renovar, 2006. p. 58.

o que, na prática, revela a existência de uma democracia plural e participativa, fator que se torna preponderante à Administração, com vista ao seu ajustamento a esse novo tipo de Estado e para o atendimento das exigências da democracia participativa.[140]

Como ressalta Miguel Sanches Morón,[141] as grandes mudanças ocorridas nos tempos contemporâneos, em razão do seu alto grau de complexidade e diversidade, obrigam o Estado a adotar soluções políticas diferenciadas para atender as questões específicas de cada subgrupo reivindicante que integra as sociedades pluralistas. Assim, são novos desafios que, como consequência também dos processos de globalização e transição à sociedade do conhecimento, se traduzem em necessidades, valores e demandas sociais novas, requerendo uma nova postura administrativa.[142]

Para o atendimento dos diversos interesses reivindicados na sociedade pluralista, o Estado executa uma função administrativa, com responsabilidades repartidas e desempenhadas pelas várias unidades de poder que compõem a sua estrutura. Por isso, o Estado possui uma função administrativa, com organização estruturada em unidades que a desempenham, e fazendo surgir, paralelamente, instituições destinadas à prevenção e à composição dos conflitos.[143]

Função pública, no Estado Democrático de Direito, no dizer de Celso Antônio Bandeira de Mello,[144] "é a atividade exercida no cumprimento do dever de alcançar o interesse público, mediante o uso dos poderes instrumentalmente necessários conferidos pela ordem jurídica". Estas funções públicas são desempenhadas pelos organismos que compõem a organização administrativa do Estado, qual seja, da

---

[140] MILESKI, Helio Saul, A transparência da Administração Pública pós-moderna e o novo regime de responsabilidade fiscal, *Interesse Público*, Belo Horizonte, ano 12, n. 62, jul./ago. 2010.

[141] SANCHES MORÓN, Miguel. *La participación del ciudadano en la administración pública.* Madrid: Centro de Estudios Constitucionales. 1980, Capítulo I, em que faz uma ampla abordagem sobre o tema.

[142] PRATS CATALÁ, Joan. De la burocracia al management, del management a la gobernanza: las transformaciones de las administraciones públicas de nuestro tiempo. In: SAINZ MORENO, Fernando. *Estudios para la reforma de la administración pública.* Madrid: Instituto Nacional de Administração Pública, 2005. p. 32.

[143] MOREIRA NETO, Diogo de Figueiredo. *Mutações do Direito Público.* Rio de Janeiro: Renovar, 2006. p. 60.

[144] BANDEIRA DE MELLO, Celso Antônio. *Curso de Direito Administrativo.* 19. ed. São Paulo: Malheiros, 2005. p. 25.

estruturação legal das entidades e órgãos que irão proceder no desempenho das funções públicas, por meio dos agentes públicos.[145] Contudo, essa atividade administrativa de realizar o interesse público deve se dar mediante publicidade de todos os atos praticados pelos agentes públicos. Como já mencionou Norberto Bobbio "democracia hoje é o governo do Poder Público em Público", portanto, devendo a ação administrativa ser absolutamente visível, sem qualquer véu camuflador do ato administrativo que deve ser totalmente transparente. A transparência é princípio de cumprimento obrigatório na democracia pluralista moderna.

A transparência da Administração Pública é princípio decorrente do atual Estado Social e Democrático de Direito, mostrando-se como um corolário da sociedade contemporânea e fixando-se como a norma central de nossa sociedade.[146]

Porém, transparência não envolve apenas uma mera tendência social, é bem mais que isto, tornou-se uma necessidade do Estado contemporâneo e, via de consequência, da Administração Pública contemporânea, não só pelo dever de a Administração ter de dar conhecimento de seus atos ao cidadão, mas também pelo fato de que o esclarecimento prestado pela Administração dá ao cidadão a possibilidade de participação nas ações governamentais, com poder de influência e exercício do controle social.[147]

A transparência dos atos do Poder Público é dever, não opção de proceder. É dever da Administração dar conhecimento pleno de todos os atos que pratica, sendo direito do cidadão ter conhecimento pleno de como procede a Administração. É o que ressalta Roberto Dromi: "o conhecimento pleno e diáfano dos conteúdos e das formas de gestão e de controle públicos é um valor administrativo fundamental do sistema jurídico democrático: tanto os procedimentos de ação e decisão administrativa como aqueles pelos quais estes são controlados devem

---

[145] MEIRELLES, Hely Lopes. *Direito Administrativo brasileiro*. 30. ed. Atualizada por Eurico de Andrade Azevedo, Délcio Balestero Aleixo e José Emmanuel Burle Filho. São Paulo: Malheiros, 2005. p. 63.

[146] AUBENAS, Florence; BENASAYAG, Miguel. *A fabricação da informação*. Tradução Luiz Roanet. São Paulo: Loyola, 2003. p. 11. Segundo os autores, "a transparência se impôs, hoje, como a norma central de nossa sociedade. A figura do bem passa pelo fato de poder ser mostrado".

[147] GARRIDO FALLA, Fernando; OLMEDA PALOMAR, Alberto; GONZALEZ LOSADA, Herminio. *Tratado de Derecho Administrativo*: parte general. 14. ed. Madrid: Tecnos, 2005. v. 1, p. 441. Os autores tecem o seguinte comentário: "Es lo cierto que una forma de control de la actuación administrativa es, precisamente, la transparencia, esto es, la capacidad de los interesados y de los ciudadanos en general de conocer el funcionamiento de la Administración en general y de los expedientes, en particular".

ser transparentes, sem manchas e estar expostos à luz do conhecimento público".[148]

E, efetivamente, assim se põe à questão. Sendo o Estado pósmoderno composto de uma democracia pluralista e participativa, significa a existência de muitos interesses a serem atendidos, com o cidadão querendo participar da escolha, implantação e fiscalização das políticas públicas. Para que possa haver essa participação é indispensável a publicidade de toda a ação administrativa, com total transparência, no sentido de que o cidadão possa influir diretamente nas decisões governamentais,[149] assim como possa proceder no controle social da administração.

É por isto que Miguel Sánches Morón,[150] quando trata das bases constitucionais do Direito Administrativo espanhol, ao explicitar o que seja transparência administrativa, coloca com precisão que "Administração em democracia significa Administração 'transparente'. Entretanto, a transparência administrativa é uma conquista recente e incompleta, pois, em outros tempos e em regimes não democráticos, o segredo e a reserva eram regras de comportamento da burocracia pública e instrumento de seu poder".

Justamente por essa exigência de transparência que decorre da moderna democracia pluralista e participativa é que a Constituição brasileira de 1988 procura assegurar meios para o conhecimento dos atos praticados pela Administração, como o regulado no art. 5º, incisos XXXIII – todos têm direito a receber dos órgãos públicos informações de seu interesse particular, ou de interesse coletivo ou geral; e XXXIV – a todos são assegurados, independentemente de pagamento de taxas, o direito de petição aos poderes públicos em defesa de direitos ou contra ilegalidade ou abuso de poder e a obtenção de certidões em repartições públicas, para defesa de direitos e esclarecimento de situações de interesse pessoal, para que possa haver a participação do cidadão em questões de interesse pessoal ou coletivo (exemplo: art. 14, III – iniciativa popular de projetos de lei; 14, II – referendo popular; art. 18, §§3º e 4º; assim como outras consagradas nos arts. 10, 11, 31, §3º, 37, §3º, 74, §2º, 194, VII, 206, VI, e 216, §1º, da CF).

De acordo com esse perfil, o princípio da transparência transformou-se em um instrumental no âmbito da Administração Pública,

---

[148] DROMI, Roberto. *Modernización del control público*. Madrid: Hispania Libros, 2005. p. 117.

[149] CÓRDOBA, Amador Elena. Fortalecimiento de la posición del ciudadano. In: CÓRDOBA, Amador Elena et al. *Estudios para la reforma de la administración pública*. Madrid: Instituto Nacional de Administração Pública, 2005. p. 140-144.

[150] MORÓN. *Derecho Administrativo*: parte general, p. 79.

que está consagrado nas legislações que regulam o regime jurídico das Administrações Públicas, como é o caso do art. 35 da Lei espanhola nº 30/1992, de 26 de novembro, reguladora do Regime Jurídico das Administrações Públicas e do Procedimento Administrativo.[151]

Durante os últimos anos, especialmente os do final do segundo e início do terceiro milênio, em virtude da moderna democracia pluralista, a expressão *governança* tem sido utilizada em vários e distintos contextos, sendo que "Buen Gobierno" e "Buena Gobernanza" têm sido empregados dentro do contexto que envolve as políticas de desenvolvimento, entre as quais são destacadas a necessidade de *transparência*, responsabilidade (obrigação de prestar contas) e eficácia para que haja condições indispensáveis ao êxito das políticas públicas.

Por esta razão, a *Comición de las Comunidades Européas*, com a finalidade de concretizar uma nova governança europeia, destacando a atualidade e a exemplaridade do projeto democrático que a União Europeia está ligada desde as suas origens, em 11 de outubro de 2000, na cidade Bruxelas, elaborou o *Libro Blanco sobre la Gobernanza de la Unión Européa*, o qual, dentre vários princípios para "aprofundar a democracia na União Europeia", consta a seguinte definição de governança: "Governança designa o conjunto de normas, processos e comportamentos que afetam a qualidade do exercício dos poderes a nível europeu, em particular, a responsabilidade, a legibilidade, a transparência, a coerência, a eficiência e a eficácia".

O Tratado de Lisboa, celebrado em 13 de dezembro de 2007, reafirma e reforça a aplicação do princípio da transparência ao estabelecer uma classificação mais precisa das competências, no sentido de dar uma maior clarificação da relação entre os Estados-Membros e a União Europeia, buscando tornar a *Europa mais democrática e transparente*, criando mais oportunidades para que os cidadãos façam ouvir sua voz e estabelecendo uma definição mais clara de quem faz o que aos níveis europeu e nacional.

Então, considerando-se que o Estado pós-moderno é possuidor de uma concepção democrática pluralista que deve ser exercida de maneira

---

[151] FALLA; OLMEDA; GONZÁLEZ. *Tratado de Derecho Administrativo*, p. 441-442. "En este sentido es necessário indicar que algunos de los derechos contemplados en el artículo 35 de la ley 30/1992, de 26 de Noviembre, de Régimen jurídico de las Administraciones Públicas y del Procedimiento Administrativo Común, aplicables a la totalidad de los ciudadanos y no sólo a los interesados concretos en los expedientes administrativos, ý que están pendientes concreción y plamación real puedem contribuir a establecer unas pautas de comportamiento y funcionamiento de la Administración Pública abierta a los ciudadanos y en los que los interesse y derechos de éstos se antepongan a los de la propria Administración".

transparente e participativa, significa dizer que a Administração, por meio dos órgãos que compõem a sua estrutura organizacional, que são dirigidos e administrados por agentes públicos, os quais também devem atuar sempre de acordo com os princípios e normas constitucionais que lhe são destinados, incluindo-se os relativos à função orçamentária do Estado, dando ênfase à transparência e à participação popular, também possuem responsabilidade gerencial, administrativa e fiscal.[152]

Dentro dessa nova concepção do Estado pós-industrial, a responsabilidade fiscal da Administração surgiu como o mais novo tipo de responsabilidade no âmbito das finanças públicas, tendo como premissa o estabelecimento de princípios norteadores para uma gestão fiscal responsável, envolvendo o planejamento, a elaboração e a execução orçamentária e a prestação de contas, tendo também como fatores primordiais a transparência e a participação popular.[153]

Portanto, a transparência aflorou no Estado pós-moderno como fator essencial da democracia pluralista e participativa, com aplicação obrigatória no âmbito de toda a Administração Pública, tornando-se, ainda, princípio orçamentário e de gerenciamento fiscal, fixando-se como exigência inafastável para a prestação de contas dos agentes públicos nas democracias avançadas.

No Estado moderno, logicamente desde que estruturado em bases democráticas e de direito, um dos principais fatores de controle do gerenciamento fiscal é o da transparência fiscal. A transparência fiscal motiva as autoridades públicas para um comportamento de maior responsabilidade para os atos de governo, resultando em adoção de políticas fiscais mais confiáveis, reduzindo a possibilidade de ocorrência de crise ou da gravidade das crises.

Dessa forma, a transparência fiscal, este procedimento de recentíssima incorporação ao direito financeiro, é o mais novo e importante elemento de governabilidade do Estado, passando a constituir-se também em princípio orçamentário, na medida em que o processo orçamentário é fator essencial para a gestão fiscal.

---

[152] MILESKI. *O controle da gestão pública*, p. 62.

[153] O princípio da transparência dos atos de gestão fiscal assumiu tal relevância no concerto das nações que o Fundo Monetário Internacional (FMI) editou um Manual sobre Transparência Fiscal. Disponível em: <http://www.planejamento.gov.br>.

3.1.2.1 A transparência fiscal

A transparência, como princípio norteador da ação governamental, tem inspiração no conceito de *accountability*, procedimento utilizado especialmente nos países anglo-saxônicos — Nova Zelândia (a lei de responsabilidade fiscal da Nova Zelândia, editada em 1994, é um marco legislativo mundial pelo estabelecimento de normas jurídicas para a regulamentação da transparência da política fiscal e a sua prestação de contas, tornando o governo formalmente responsável perante a população, em face do desempenho das finanças públicas), Austrália (adotou a Carta de Honestidade Orçamentária, à similitude da legislação neozelandense, dando ênfase ao papel do *Australian Bureau of Statistics* na definição de padrões para a divulgação de informações fiscais por todos os níveis de governo) e Reino Unido (implantou um Código de Estabilidade Fiscal muito assemelhado à Carta de Honestidade Fiscal da Austrália) — que não possui uma definição precisa, podendo, numa interpretação livre e genérica, ser entendida como responsabilidade no trato dos bens e dinheiros públicos, transparência e prestação de contas.

Nesse sentido, como bem menciona Marcos Nóbrega, "o estudo dos aspectos que levam à 'accountability' traduzem um novo paradigma que a Administração Pública está submetida. Trata-se de uma visão moderna de serviço público baseada no resgate da cidadania e na construção, entre outras coisas, de espaços democráticos de decisão. Essa nova esfera também se potencializa em um combate à corrupção e o fortalecimento dos instrumentos de controle".[154]

Guillermo O'Donnell, quando examina o funcionamento de *accountability* horizontal, menciona que: "A accountability horizontal é, portanto, um pequeno subconjunto das múltiplas interações que as agências estatais empreendem entre si. A importância da AH consiste não só das ações que geram senão também das que previnem ou dissuadem".[155]

Nesse sentido, deve-se levar em consideração duas experiências internacionais para o estabelecimento de novos padrões fiscais: a dos Estados Unidos e a da Nova Zelândia. De um modo geral, estas experiências estrangeiras adotaram padrões enfocados em duas matrizes: *regras* e *transparência*, que foram modelos inspiradores de novas legislações em todo o mundo.

---

[154] NÓBREGA, Marcos. *Lei de responsabilidade fiscal e leis orçamentárias*. São Paulo: Juarez de Oliveira, 2002. p. 36.

[155] O'DONNELL, Guillermo. Accountability horizontal: la institucionalización legal de la desconfianza política. *Revista Española de Ciencia Política*, Madrid, n. 11, oct. 2004.

CAPÍTULO 3
RESPONSABILIDADE FISCAL | 131

Os Estados Unidos possuem uma história orçamentária antiga, remonta ao ano de 1789 e vem até nossos dias com um esforço contínuo de aperfeiçoamento.[156] A partir de 1980, com a eleição de Ronald Reagan, foram adotadas políticas mais severas de contenção do déficit público. É desse período a edição das duas principais legislações: o *Gramm-Rudman-Hollengs Act* (GRH) de 1985 e o *Budget Enforcement Act* (BEA) de 1990.[157] O *Gramm-Rudman-Hollengs Act* (GRH) foi o documento de combate ao déficit, na medida em que determinava uma redução permanente e gradual do déficit anos após anos, com mecanismos de cortes automáticos e uniformes, com o objetivo de alcançar as metas predeterminadas. Segundo Humberto Petrei, por falta de mecanismos mais ágeis não previstos no ato editado, deixou de haver cumprimento integral dos seus objetivos de disciplina fiscal.[158]

De outra parte, o *Budget Enforcement Act* (BEA), para resolver o problema da falta de agilidade do GRH, estabeleceu mecanismos mais ágeis para o controle dos déficits, com fixação de metas a serem cumpridas num período de vários anos, buscando disciplinar a gestão fiscal americana. Os dois mecanismos básicos do BEA são: o *sequestration* e o *pay you go*. "Tais mecanismos foram traduzidos para a lei brasileira respectivamente como a 'limitação de empenho e compensação'. A limitação de empenho, ou melhor, o 'sequestration' norte-americano, representa a fixação no âmbito orçamentário de limites para as despesas chamadas discricionárias".[159] Por sua vez, *pay you go* é o chamado mecanismo de compensação, que tem por princípio básico a neutralidade do ponto de vista orçamentário, devendo ser acionado quando algum ato puder afetar o equilíbrio fiscal e antes de vir a se efetivar.[160]

A outra grande influência internacional foi a experiência da Nova Zelândia, que está alicerçada em dois pilares de sustentação: regras e transparência. Desde 1984 que a Nova Zelândia vem passando por um processo de reformas econômicas e da Administração, situação que, em decorrência, proporcionou uma primeira fase de ajuste do Estado, com implantação da lei de responsabilidade fiscal, denominada de *Fiscal Responsability Act*, estabelecendo como metas principais:[161]

---

[156] PETREI, Humberto. *Presupuesto y Control*: pautas de reforma para a América Latina. Washington: Banco Interamericano de Desarrollo, 1998. p. 25.

[157] Esses documentos podem ser consultados no seguinte endereço eletrônico: <http://www.federativo.bndes.gov.br>.

[158] PETREI. *Presupuesto y control*, p. 31.

[159] NÓBREGA. Lei *de responsabilidade fiscal e leis orçamentárias*, p. 51.

[160] *Idem*, p. 55.

[161] NÓBREGA. *Lei de responsabilidade fiscal e leis orçamentárias*, p. 59.

1. Estabelecimento de relações de custo/benefício para o gasto público e melhorar a qualidade dos bens e serviços prestados pelo Estado;
2. Aumentar a transparência do setor público, dotando a sociedade e os gestores de instrumentos mais ágeis de acesso a informações;
3. Impor limites e restrições aos gastos públicos com o objetivo de incentivar uma administração fiscal responsável.

Nessa circunstância, embora as severas críticas que são realizadas ao modelo da Nova Zelândia, em razão dos problemas sociais que decorrem do ajuste fiscal, não se pode negar que as reformas produzidas pela Nova Zelândia proporcionaram a adoção da transparência como fator relevante na administração da coisa pública, fator que, invariavelmente, veio a fortalecer o sistema democrático, ampliando a valorização da cidadania.

Assim, a transparência fiscal se revela como um mecanismo democrático que busca o fortalecimento da cidadania, servindo de pressuposto ao controle social e forma de valorar e tornar mais eficiente o sistema de controle das contas públicas, na medida em que enfatiza a obrigatoriedade de informação ao cidadão sobre a estrutura e funções de governo, os fins da política fiscal adotada, qual a orientação para elaboração e execução dos planos de governo, a situação das contas públicas e as respectivas prestações de contas.

A transparência fiscal é exigência de pura essência democrática. Toda a ação de governo tem de ser dirigida para o atendimento de finalidade pública, representando um padrão confiável de atuação governamental, em que haja demonstração pública regular de todos os atos praticados na condução do gerenciamento fiscal, para ser auferida a confiança e o respeito da população. Sendo obrigados a realizarem demonstração regular de seus atos, os administradores sabem estarem sob controle e, por isto, tornam-se mais responsáveis e cuidadosos na condução dos atos de gestão fiscal e dos planos de governo.

O princípio da transparência dos atos de gestão fiscal assumiu tal relevância no conserto das nações, que o Fundo Monetário Internacional resolveu elaborar um Manual sobre transparência fiscal, com disponibilização franqueada eletronicamente,[162] contendo princípios específicos e normas referentes às boas práticas de gestão fiscal, com estas representando um padrão de transparência fiscal que é considerado, pelo FMI, apropriado para garantir ao público e aos mercados de capital a

---

[162] <http://www.planejamento.gov.br>.

existência de um quadro suficientemente completo da estrutura e das finanças do governo para permitir a avaliação fidedigna da solidez da posição fiscal dos países. Este Manual reflete o conteúdo do Código de Boas Práticas para a Transparência Fiscal, o qual tem estrutura organizacional fundada em quatro princípios gerais:

- o primeiro princípio geral — Definição Clara de Funções e Responsabilidades — refere-se à especificação da estrutura e das funções do governo e o resto da economia;
- o segundo princípio geral — Acesso Público à Informação — enfatiza a necessidade de que se divulguem informações fiscais abrangentes a intervalos bem definidos;
- o terceiro princípio geral — Abertura na Preparação, Execução e Prestação de Contas do Orçamento — cobre o tipo de informação divulgada a respeito do processo orçamentário;
- o quarto princípio geral — Garantias de Integridade — trata da qualidade das informações fiscais e da necessidade de submetê-las a um escrutínio independente.

3.1.2.2 Princípios dirigidos à transparência fiscal

Como a transparência tem por fundamento a necessidade do governo promover informações aos cidadãos sobre a estrutura e funções governamentais, no sentido de prestar esclarecimentos sobre as atividades que está desenvolvendo, dando conta da sua política fiscal, bem como de todos os seus atos, envolvendo os de preparação, execução e prestação de contas, cujo procedimento possibilite um acompanhamento por parte da população, a fim de que esta tenha de forma clara, regular e confiável, cientificação de toda a ação governamental, há a necessidade de serem aplicados alguns princípios que, efetivamente, possam assegurar a transparência de todos os atos de gestão fiscal do governo.

Não basta tão somente serem divulgados números relativos à arrecadação da receita e à execução da despesa, porque se a população não tiver um conhecimento sobre as funções do governo e a quem pertencem as responsabilidades, incluindo-se as questões de natureza orçamentária, esta divulgação resultará inócua porque não haverá compreensão do que estes números representam.

Transparência não significa divulgar por divulgar, dar acesso à informação por dar. O sentido da transparência é promover a participação popular nos atos de governo, democratizando a gestão fiscal, a fim de que o cidadão, tendo conhecimento da ação governamental, possa contribuir para o seu aprimoramento e exercer um controle sobre os atos de governo, agindo em colaboração ao sistema oficial de controle da atividade financeira do Estado.

Dessa forma, é da transparência que "o controle da sociedade emerge, pois, como um imperativo de estatura constitucional, partícipe do esforço mais ou menos universalizado de democratizar o poder, tornando-o visível e, por assim dizer, mais confiável e limitado em suas tentações de arbítrio ou de conformista omissão".[163]

Portanto, para que isso possa ocorrer, impõe-se a adoção de alguns princípios genéricos, no sentido de ser assegurada à transparência fiscal uma abrangência, clareza e confiança que deem possibilidade de pleno conhecimento e acompanhamento dos atos governamentais. Como no Brasil não há, propriamente, uma regulamentação de princípios dirigidos à transparência, valemo-nos dos princípios adotados em nível internacional, adequando o seu sentido à realidade nacional, porém sem desvinculá-lo daquele adotado nas nações desenvolvidas, para ser obtida a compreensão do real significado de transparência, dando-se a ela a adequada aplicabilidade, com verificação de como está ocorrendo a sua adoção no direito financeiro pátrio (Lei de Responsabilidade Fiscal) e como se procede ao seu controle.

Estes princípios gerais podem ser definidos como: a) princípio da definição clara de funções e responsabilidades; b) princípio do acesso público à informação estatal; c) princípio do acesso aos procedimentos de elaboração, execução e prestação de contas; d) princípio das garantias de integridade das informações fiscais.

3.1.2.2.1 Princípio da definição clara de funções e responsabilidades

Definirem-se claramente as funções e responsabilidades do governo, dando-se de forma nítida o seu conhecimento público, é primordial e básico para o estabelecimento da transparência fiscal. É da essência da transparência o conhecimento da estrutura governamental para o exercício das funções do Estado, pois só mediante o conhecimento sobre quem detém a competência para o exercício de determinada função é que se torna possível a atribuição de responsabilidade pela criação e implementação dos planos de governo e, consequentemente, da política fiscal.

---

[163] FREITAS, Juarez. O controle social do orçamento público. *Interesse Público*, v. 3, n. 11, p. 15 jul./set. 2001.

A imprescindível especificação da estrutura e funções do governo, com consideração de ser um requisito básico da transparência fiscal tiveram definição no Sistema de Contas Nacionais, 1993 (SCN) da Organização das Nações Unidas (ONU) e na versão atual do manual do FMI sobre estatísticas de finanças públicas (Manual GFS).[164] Na definição desse sistema devem ser englobadas todas as instituições cuja principal atividade seja a execução de funções governamentais. Portanto, incluindo-se todas as unidades governamentais nacionais e infranacionais, inclusive os fundos extraorçamentários, bem como todas as instituições sem fins lucrativos que prestem, principalmente, serviços não relacionados ao mercado e que sejam controladas e financiadas pelas unidades governamentais. Para atingir a clareza na definição da estrutura do governo é sugerida a publicação de um quadro institucional que apresente a estrutura do governo e do resto do setor público, a exemplo do utilizado pelo Sistema Europeu de Contas (SEC), 1995, nas estatísticas econômicas dos países da União Europeia.[165]

Efetivamente é de extrema importância para a transparência que haja um indubitável conhecimento sobre a estrutura e as funções do governo, pois, assim, será possível saber-se como, por meio de quem e para quem o governo está agindo, no sentido de haver identificação, em gênero e grau, dos responsáveis pela ação governamental. Para tanto, deve ser publicado um organograma institucional apresentando de maneira clara a estrutura do governo e as demais entidades do setor público, com o indicativo das funções que executam.

3.1.2.2.2 Princípio do acesso público à informação estatal

Tratando-se de transparência, obviamente que uma das características mais importantes e marcantes é a relativa a disponibilização das informações governamentais ao público em geral. De nada adianta o Poder Público elaborar documentos informativos sobre toda a sua atuação, produzindo relatórios sobre a política fiscal e sua execução, se não efetuar a sua disponibilidade pública. Portanto, comprometer-se com o fornecimento de informações abrangentes sobre toda a atividade fiscal e com sua publicidade é princípio de transparência que deve ser plenamente observado pelos governantes.

---

[164] <http://www.imf.org/external/pubs/ft/gfs/manual/index.htm>.

[165] O Sistema Europeu de Contas está harmonizado com o Sistema de Contas Nacionais da ONU. Disponível em: <http://www.europa.eu.int/comm/eurostat/>.

Dessa forma, o público deve ser plenamente informado sobre todas as atividades fiscais passadas, presentes e futuras do governo. O fornecimento de tais informações deve ser disponibilizado por meio eletrônico, publicadas e dada a sua publicidade por outros meios. As formas de publicação e publicidade não são optativas, mas sim conjuntivas. Não deve ser escolhido apenas um meio para ser procedida a publicação e a publicidade, esta deve ser abrangente, com utilização de todas as formas de publicidade, no sentido de que haja uma plena divulgação dos atos governamentais.

Para haver informação adequada da atividade financeira e fiscal, a documentação orçamentária, as contas definitivas e outros relatórios fiscais dirigidos ao cidadão devem abranger todas as atividades orçamentárias e extraorçamentárias do governo, especialmente quanto a: cobertura do orçamento anual; resultados e previsões; passivos eventuais, renúncias fiscais e atividades parafiscais; dívida e ativos financeiros; posição consolidada do governo-geral — União, Estados e Municípios.

Estas informações devem ser prestadas por meio de Relatórios Orçamentários periódicos, que podem ser mensais, bimestrais ou trimestrais, contendo os resultados orçamentários das contas do governo, incluindo a situação da dívida. Esses relatórios demonstram o comportamento relativo à arrecadação da receita e à realização da despesa, quanto ao equilíbrio orçamentário, atingimento das metas fiscais e cumprimento de limites eventualmente fixados, inclusive os destinados à dívida.

Do mesmo modo, deve ser dada divulgação ao orçamento anual e aos seus documentos comprobatórios, ao relatório anual das contas de dotações orçamentárias, relatórios financeiros, balanços anuais e da prestação de contas anual.

A divulgação desses documentos comprobatórios da execução orçamentária possibilita que seja efetuada uma avaliação do desempenho recente em comparação ao orçamento, no sentido de ser verificada a existência de riscos significativos de previsão, de política ou macroeconômicos, para um cotejamento sobre o realismo do orçamento apresentado.

Dessa forma, o princípio do acesso público às informações fiscais é intrínseco à transparência, não podendo deixar de ser adotado, porque sem acesso público às informações do governo não há transparência dos atos governamentais.

3.1.2.2.3 Princípio do acesso aos procedimentos de elaboração, execução e prestação de contas do orçamento

O orçamento anual é invariavelmente, quase sem exceção, o principal instrumento de execução da política fiscal. Por isso, todas as etapas do processo orçamentário, juntamente com as informações contidas no próprio orçamento e na documentação que o acompanha são de vital importância para a transparência fiscal.

Assim, o plano de governo, a preparação do orçamento, em que se inclui o estabelecimento das prioridades e a proposta de lei orçamentária deve, imediatamente, ter disponibilização à população, mediante o fornecimento de informações sobre todo o processo orçamentário, incluindo a forma de participação popular.

Pois, nos tempos modernos, o orçamento público transformou-se no principal instrumento de exercício do poder, podendo-se dizer, inclusive, que se trata do principal instrumento de um poder intervencionista, na medida em que o orçamento público efetua uma verdadeira intervenção na vida de cada cidadão, possibilitando ou não a prestação de um serviço ou a realização ou não de um investimento — é através do orçamento que o Poder Público diz se vai colocar uma lâmpada no último poste da última rua da última vila da periferia ou se vai construir uma usina hidroelétrica; ou se vai calçar uma rua; ou se vai prestar serviços de saúde, segurança e educação — fato que o revela como um instrumento poderosíssimo nas mãos dos governantes, por isto mesmo, devendo estar, necessariamente, sob um controle rígido, não só do Parlamento e dos Tribunais de Contas, mas também de todos os cidadãos.

Saliente-se ainda que a eficácia do orçamento depende de sua regulamentação em lei específica e na legislação complementar, devendo, nesse aspecto, ser dada ampla divulgação da normatização legal reguladora dos orçamentos, no sentido de dar conhecimento à população dos vínculos de legalidade a que estão sujeitos os governantes na condução da gestão fiscal.

Sendo assim, é de vital importância a transparência de todos os atos que constituem o processo orçamentário, com divulgação de informações desde a situação pré-orçamentária, face ao plano de governo e às prioridades que devem ser estabelecidas, bem como sobre o conteúdo geral dos orçamentos (previsões econômicas, renúncia fiscal, passivos e ativos financeiros, ativos não financeiros, obrigações previdenciárias, passivos eventuais, etc.), da execução orçamentária, do relatório anual e da sua prestação de contas, no sentido de que o cidadão possa exercer o controle social sobre os atos de preparação orçamentária, com acompanhamento da execução orçamentária e proceda à avaliação dos resultados alcançados pela gestão fiscal do governante.

3.1.2.2.4 Princípio das garantias de integridade das informações fiscais

Outro princípio, que deve nortear os atos de gestão fiscal para que haja transparência, é o relativo à garantia de integridade das informações fiscais.

Deve haver garantias específicas quanto à qualidade das informações fiscais, com indicação de que os dados dos relatórios fiscais são internamente coerentes e se foram conciliados com informações relevantes advindas de outras fontes. As contas definitivas devem ser inteiramente conciliadas com as dotações orçamentárias e todas elas devem ser conciliadas com os relatórios fiscais elaborados. A variação no saldo da dívida (ativos financeiros) deve ser conciliada com o saldo orçamentário apresentado. Deve haver um documento de referência contendo uma análise da diferença entre as previsões orçamentárias dos principais agregados macroeconômicos e fiscais e os resultados dos últimos anos. Deve haver uma rigorosa conciliação dos dados fiscais e monetários, e caso os processos de conciliação se mostrem frágeis, isto deve ser levado a público.

Portanto, para que haja transparência, há necessidade de que as informações efetuadas pelos governantes possuam uma representação de integridade, de cuja qualidade informativa resulte confiabilidade de certeza e correção dos dados divulgados, com indicativo, inclusive, do regime contábil adotado.

3.1.2.3 A transparência na Lei de Responsabilidade Fiscal

A transparência, como um dos pressupostos legais fixados para a responsabilidade na gestão fiscal, é uma das principais inovações realizadas pela Lei Complementar nº 101/2000, com produção de importantes consequências na atividade financeira do Estado, que visa estimular a participação e o controle popular sobre os atos do Administrador Público, especialmente os que envolvem a estruturação do sistema orçamentário.

Nesse contexto, a lei complementar considera como instrumentos de transparência da gestão fiscal, aos quais deve ser dada ampla divulgação, inclusive em meios eletrônicos de acesso público: os planos,

CAPÍTULO 3
RESPONSABILIDADE FISCAL | 139

orçamentos e leis de diretrizes orçamentárias; as prestações de contas e o respectivo parecer prévio; o Relatório Resumido da Execução Orçamentária e o Relatório de Gestão Fiscal; e as versões simplificadas desses documentos. No sentido de ser assegurada a transparência deve haver também o incentivo à participação popular e a realização de audiências públicas, durante os processos de elaboração e de discussão dos planos, lei de diretrizes orçamentárias e orçamentos.

Portanto, depreende-se dessa exigência legal que o seu regramento fixa mais que um mero propósito de atuação administrativa, na verdade estipula um novo princípio de cumprimento obrigatório para o gestor público, que deriva dos princípios basilares que fundamentam a estrutura normativa da responsabilidade que deve haver na gestão fiscal dos Administradores Públicos.

No que tange ao atendimento do princípio da definição clara das funções e responsabilidades, além de haver uma divisão de responsabilidades entre os diferentes níveis de governo na Constituição Federal (por exemplo: no art. 18 é referido que a organização político-administrativa compreende a União, os Estados e os Municípios e que todos são autônomos; nos artigos 153 a 156 são explicitadas as competências tributárias de cada nível de governo; e nos artigos 157 a 159 são fixados os mecanismos de repartição de receitas tributárias entre as entidades federadas), também são estabelecidas, nos parágrafos 2° e 3° do art. 1° e no art. 2° da Lei Complementar n° 101/2000, quais são as entidades federadas que estão obrigadas ao seu cumprimento — União, Estados, Distrito Federal e Municípios — quem está abrangido por esta referência legal (o Poder Executivo, o Poder Legislativo, o Poder Judiciário, o Ministério Público e o Tribunal de Contas, com as respectivas administrações diretas, fundos, autarquias, fundações e empresas estatais dependentes), apresentando definições legais de ente da Federação, empresa controlada, empresa estatal dependente e receita corrente líquida.

Por sua vez, o princípio geral que assegura o acesso público à informação estatal está regulamentado nos arts. 48 e 49 da Lei de Responsabilidade Fiscal, que determina a ampla divulgação, inclusive em meios eletrônicos de acesso público, para: os planos, os orçamentos e leis de diretrizes orçamentárias; as prestações de contas e o respectivo parecer prévio; o Relatório Resumido da Execução Orçamentária e o Relatório de Gestão Fiscal; e as versões simplificadas desses documentos. Deve ainda ser incentivada a participação popular e a realização de audiências públicas, durante os processos de elaboração e de discussão dos planos, lei de diretrizes orçamentárias e orçamentos, com as contas apresentadas pelo Chefe do Poder Executivo devendo ficar disponíveis, durante todo o exercício, no respectivo Poder Legislativo e no órgão técnico responsável pela sua elaboração, para consulta e apreciação pelos cidadãos e instituições da sociedade.

O princípio de acesso aos procedimentos de elaboração, execução e prestação de contas também está assegurado nos artigos 48 e 49 da Lei de Responsabilidade Fiscal, bem como pela determinação de publicação do Relatório Resumido da Execução Orçamentária, a cada bimestre, sobre a arrecadação da receita e a realização da despesa, valores referentes ao refinanciamento da dívida mobiliária, receitas de operações de crédito e despesas com amortizações da dívida (arts. 52 e 53 da LRF); pela publicação do Relatório de Gestão Fiscal, quadrimestral, contendo comparativos dos limites relativos à despesa total com pessoal, dívidas consolidada e mobiliária, concessão de garantias, operações de crédito, com indicação das medidas corretivas adotadas ou a adotar, se ultrapassado qualquer dos limites, com demonstrativo, no último quadrimestre, do montante da disponibilidade de caixa em 31 de dezembro e inscrições em Restos a Pagar (arts. 54 e 55 da LRF); e pela prestação de contas dos gestores fiscais que deverá evidenciar o desempenho da arrecadação em relação à previsão, destacando as providências adotadas no âmbito da fiscalização das receitas e combate à sonegação, as ações de recuperação de créditos nas instâncias administrativa e judicial, bem como as demais medidas para incremento das receitas tributárias e de contribuições (arts. 56 a 58 da LRF).

As garantias de integridade das informações fiscais é princípio que está regulado nos artigos 50 e 51 da Lei de Responsabilidade Fiscal, em que são determinados os procedimentos de escrituração e consolidação das contas públicas que, além de obediência às demais normas de contabilidade pública, devem observar:

I – a disponibilidade de caixa constará de registro próprio, de modo que os recursos vinculados a órgão, fundo ou despesa obrigatória fiquem identificados e escriturados de forma individualizada;

II – a despesa e a assunção de compromisso serão registradas segundo o regime de competência, apurando-se, em caráter complementar, o resultado dos fluxos financeiros pelo regime de caixa;

III – as demonstrações contábeis compreenderão, isolada e conjuntamente, as transações e operações de cada órgão, fundo ou entidade da Administração direta, autárquica e fundacional, inclusive empresa estatal dependente;

IV – as receitas e despesas previdenciárias serão apresentadas em demonstrativos financeiros e orçamentários específicos;

V – as operações de crédito, as inscrições em Restos a Pagar e as demais formas de financiamento ou assunção de compromissos junto a terceiros deverão ser escrituradas de modo a evidenciar o montante e a variação da dívida pública no período, detalhando, pelo menos, a natureza e o tipo de credor;

VI – a demonstração das variações patrimoniais dará destaque à origem e ao destino dos recursos provenientes da alienação de ativos.

Complementando a garantia de integridade das informações fiscais, é determinado ao Poder Executivo da União promover, até o dia 30 de junho, a consolidação nacional e por esfera de governo, das contas dos entes da Federação relativas ao exercício anterior, e a sua divulgação, inclusive por meio eletrônico de acesso público.

Desse modo, consoante a normatização efetuada pela Lei de Responsabilidade Fiscal, existem medidas legais que asseguram a aplicabilidade do princípio da transparência fiscal no âmbito do Estado brasileiro, visando garantir que a atuação do Administrador Público se suceda na concretização da vontade geral, com satisfação e atendimento dos verdadeiros interesses coletivos, sem a ocorrência de procedimento personalista e autoritário. A instituição deste princípio possibilita ao cidadão condições efetivas de participação no processo orçamentário, proporcionando-lhe meios para propor, acompanhar, avaliar e controlar a ação dos administradores e gestores públicos.

3.1.2.4 A Lei Complementar nº 131, de 27.05.2009 e as modificações produzidas pela Lei Complementar nº 156, de 28.12.2016

Em maio de 2009 foi editada a Lei Complementar nº 131, que amplia as normas de transparência destinadas à responsabilidade na gestão fiscal, determinando a disponibilização, em tempo real, de informações pormenorizadas sobre a execução orçamentária e financeira da União, dos Estados, do Distrito Federal e dos municípios.

O parágrafo único do artigo 48 da Lei de Responsabilidade Fiscal, que já possuía uma boa exigência de transparência, com regra compatível à nova visão de democracia participativa, determinava o incentivo à participação popular e realização de audiências públicas, durante os processos de elaboração e discussão dos planos, lei de diretrizes orçamentárias e orçamentos, agora, com a alteração produzida pela Lei

Complementar nº 131/09 (art. 1º), é mantido o incentivo à participação popular, mas acrescentando duas novas exigências:

I – incentivo à participação popular e realização de audiências públicas, durante os processos de elaboração e discussão dos planos, lei de diretrizes orçamentárias e orçamentos;

II – liberação ao pleno conhecimento e acompanhamento da sociedade, em tempo real, de informações pormenorizadas sobre a execução orçamentária e financeira, em meios eletrônicos de acesso público;

III – adoção de sistema integrado de administração financeira e controle, que atenda a padrão mínimo de qualidade estabelecido pelo Poder Executivo da União e ao disposto no art. 48-A. (NR)

Como se vê do texto da nova norma editada, é aumentado o grau de exigência para com a transparência, na medida em que passa a ser obrigatória a liberação ao pleno conhecimento e acompanhamento da sociedade, em tempo real, de informações pormenorizadas sobre a execução orçamentária e financeira, em meios eletrônicos de acesso público.[166]

Visando fortalecer este novo regramento e sua aplicabilidade, a Lei Complementar nº 131/09 também acrescenta na Lei de Responsabilidade Fiscal o art. 48-A, com a determinação para que, consoante o inciso II do parágrafo único do art. 48, os entes da Federação disponibilizem a qualquer pessoa física ou jurídica o acesso a informações:

I – quanto à despesa: todos os atos praticados pelas unidades gestoras no decorrer da execução da despesa, no momento de sua realização, com a disponibilização mínima dos dados referentes ao número do correspondente processo, ao bem fornecido ou ao serviço prestado, à pessoa física ou jurídica beneficiária do pagamento e, quando for o caso, ao procedimento licitatório realizado;

II – quanto à receita: o lançamento e o recebimento de toda a receita das unidades gestoras, inclusive referente a recursos extraordinários.

Nesse aspecto, ressalte-se, ainda, a importância da exigência (art. 48-A, parágrafo único, III) dirigida para as Administrações Públicas quanto à obrigatoriedade de adoção de um sistema integrado de administração financeira e controle, que atenda a padrão mínimo de qualidade. Considerando que, de um modo geral, no âmbito dos Estados e Municípios, é precário ou inexistente o controle interno da

---

[166] MILESKI. *A transparência da Administração Pública pós-moderna e o novo regime de responsabilidade fiscal*, p. 15-51.

Administração, nos moldes preconizados pelo art. 70 da Constituição Federal, o legislador, em boa hora, vem reforçar a determinação para que seja criado um sistema de administração financeira e controle, no sentido de que haja um acompanhamento regular dos atos que devem ser praticados pelo Administrador, no exercício da gestão fiscal.

A Lei Complementar nº 131/09 acrescenta também os artigos 73-A, 73-B e 73-C à Lei de Responsabilidade Fiscal. O 73-A apenas é repetitivo da norma do art. 74, §2º, da Constituição Federal, quanto à competência de qualquer cidadão, partido político, associação ou sindicato ser parte legítima para denunciar ao respectivo Tribunal de Contas e ao órgão competente do Ministério Público o descumprimento das determinações legais. O art. 73-C, por sua vez, estabelece como penalidade a suspensão de repasses voluntários, quando houver descumprimento das normas.

O Art. 73-B estabelece um período de transição legal, no sentido das Administrações terem um tempo razoável para se estruturarem nos moldes das novas exigências legais. Ficam estabelecidos os seguintes prazos para o cumprimento das determinações dispostas nos incisos II e III do parágrafo único do art. 48 e do art. 48-A:

I – 1 (um) ano para a União, os Estados, o Distrito Federal e os Municípios com mais de 100.000 (cem mil) habitantes;

II – 2 (dois) anos para os Municípios que tenham entre 50.000 (cinquenta mil) e 100.000 (cem mil) habitantes;

III – 4 (quatro) anos para os Municípios que tenham até 50.000 (cinquenta mil) habitantes.

Parágrafo único. Os prazos estabelecidos neste artigo serão contados a partir da data de publicação da lei complementar que introduziu os dispositivos referidos no *caput* deste artigo.

Sendo assim, a partir de maio de 2010, a União, os Estados, o Distrito Federal e os Municípios com mais de 100.000 habitantes deveriam estar adequados aos novos níveis de transparência fixados pela Lei Complementar nº 131/09. Os demais serão: uma parte em 2011 (Municípios entre 50.000 e 100.000 habitantes) e outra parte em 2013 (Municípios até 50.000 habitantes), que corresponde à maioria dos municípios.

Posteriormente, em 28 de dezembro de 2016, com a edição da Lei Complementar nº 156/2016, foram realizadas novas modificações que aprimoraram o objetivo da transparência na gestão fiscal: transforma o parágrafo único do art. 48 da LRF em §1º e produz o acréscimo dos parágrafos 2º, 3º, 4º, 5º e 6º, na seguinte forma:

§1º A transparência será assegurada também mediante:

....

....

II - liberação ao pleno conhecimento e acompanhamento da sociedade, em tempo real, de informações pormenorizadas sobre a execução orçamentária e financeira, em meios eletrônicos de acesso público; e

....

....

§2º A União, os Estados, o Distrito Federal e os Municípios disponibilizarão suas informações e dados contábeis, orçamentários e fiscais conforme periodicidade, formato e sistema estabelecidos pelo órgão central de contabilidade da União, os quais deverão ser divulgados em meio eletrônico de amplo acesso público.

§3º Os Estados, o Distrito Federal e os Municípios encaminharão ao Ministério da Fazenda, nos termos e na periodicidade a serem definidos em instrução específica deste órgão, as informações necessárias para a constituição do registro eletrônico centralizado e atualizado das dívidas públicas interna e externa, de que trata o §4º do art. 32.

§4º A inobservância do disposto nos §§2º e 3º ensejará as penalidades previstas no §2º do art. 51.

§5º Nos casos de envio conforme disposto no §2º, para todos os efeitos, a União, os Estados, o Distrito Federal e os Municípios cumprem o dever de ampla divulgação a que se refere o caput.

§6º Todos os Poderes e órgãos referidos no art. 20, incluídos autarquias, fundações públicas, empresas estatais dependentes e fundos, do ente da Federação devem utilizar sistemas únicos de execução orçamentária e financeira, mantidos e gerenciados pelo Poder Executivo, resguardada a autonomia.

3.1.3 Controle

Com o sentido de acompanhar e verificar a regularidade dos procedimentos de Gestão Fiscal, tendo em conta um planejamento elaborado com o atendimento do princípio da transparência, é necessário a existência de um sistema de controle que verifique e exija o cumprimento das normas, limites e obrigações contidas na Lei Complementar nº 101/2000, a fim de que os atos de gestão fiscal sejam realizados com responsabilidade e atendimento ao interesse público.

Este controle está previsto na Lei de Responsabilidade Fiscal e, seguindo a forma de controle estruturada constitucionalmente, destina a sua fiscalização para os órgãos do sistema de controle externo que está a cargo do Poder Legislativo, mediante execução pelo Tribunal de Contas e para os órgãos de controle interno de cada Poder e do Ministério Público (art. 59). O STF não concedeu medida liminar de suspensão de eficácia do art. 59, uma vez que se trata de controle

CAPÍTULO 3
RESPONSABILIDADE FISCAL | 145

previsto constitucionalmente, nem de seu §1º, na medida em que o ato ali regulado representa mera advertência.[167]

Como a atribuição principal do sistema de controle é a fiscalização quanto ao cumprimento das normas da lei complementar, especialmente no que se refere ao atingimento das metas fixadas na lei de diretrizes orçamentárias; aos limites e condições para a realização de operações de crédito e inscrição em Restos a Pagar; às medidas adotadas para o retorno da despesa total com pessoal ao respectivo limite; às providências tomadas para recondução dos montantes das dívidas consolidada e mobiliária aos respectivos limites; à destinação de recursos obtidos com a alienação de ativos, tendo em vista as restrições constitucionais e as da Lei Complementar nº 101/2000; e ao cumprimento do limite de gastos totais dos legislativos municipais, quando houver; com os Tribunais de Contas devendo proceder alerta aos Poderes ou órgãos referidos no artigo 20 da Lei de Responsabilidade Fiscal quando constatarem a ocorrência de situação que exceda aos limites legais determinados, bem como de fatos que comprometam os custos ou os resultados dos programas ou indícios de irregularidades na gestão orçamentária, pode-se dizer que esta forma de regulamentar a ação fiscalizadora caracteriza o controle como de acompanhamento.

O controle assim realizado permite prevenir riscos e corrigir desvios capazes de afetar o equilíbrio das contas públicas, na medida em que o acompanhamento da gestão fiscal das Administrações Públicas deve ser realizado bimestral, quadrimestral ou semestralmente através de relatórios e demonstrativos parciais, na forma legal regulada. Ao final de cada exercício haverá a consolidação desses relatórios parciais, resultando na prestação de contas anual da gestão fiscal.

Dessa forma, nesses relatórios não são apuradas responsabilidades quanto à arrecadação da receita e a execução da despesa, mas sim, são efetuadas comparações com os dados ali registrados e os limites estabelecidos na Lei Complementar nº 101/2000, que culmina com a emissão de *parecer conclusivo* sobre a gestão fiscal, o qual deve manifestar se há atendimento ou não das regras fixadas na Lei de Responsabilidade Fiscal.

Por isto, na Lei Complementar nº 101/2000, o exercício da fiscalização pelos Tribunais de Contas e emissão do Parecer Prévio não enseja uma decisão propriamente dita, posto que se trata de uma lei de acompanhamento em que o órgão de controle acompanha a execução do planejamento — sistema orçamentário — tendo em conta o

---

[167] ADI (Med. Liminar) nº 2238-5. STF. Rel. Min. Ilmar Galvão. TP, Sessão de 12.02.2003.

atingimento das metas fixadas pela Administração Pública e diz da sua conformidade ou não com as determinações legais.

Justamente por esses aspectos, o art. 56 da Lei Complementar nº 101/2000 refere que as contas prestadas pelos Chefes do Poder Executivo incluirão, além das suas próprias, as dos Presidentes dos Órgãos dos Poderes Legislativo e Judiciário e do Chefe do Ministério Público, referidos no art. 20, as quais receberão parecer prévio, separadamente, do respectivo Tribunal de Contas. De outro lado, conforme a regra contida no §2º do art. 57 da LRF, no sentido de serem evitadas delongas na análise das contas e na emissão do respectivo parecer prévio, os Tribunais de Contas não entrarão em recesso enquanto existirem contas de Poder, ou órgão referido no art. 20, pendentes de parecer prévio.[168]

Nesse contexto normativo, embora existam regras claras e detalhadas para o estabelecimento de uma responsabilidade com transparência nos atos de gestão fiscal, se não houver penalização exemplar para o descumprimento da lei, provavelmente esta se tornará ineficaz, letra morta, porque sua aplicabilidade, dependendo exclusivamente da boa vontade do governante, restará inexoravelmente prejudicada e abandonada. Por isso, a estrutura normativa que regula a responsabilidade fiscal dos governantes estipula várias penalidades, de natureza administrativa e criminal, para os violadores das regras da Lei Complementar nº 101/2000.

3.1.4 Sanção

Inexistisse sanção para o descumprimento das normas que regulam a gestão fiscal na Lei Complementar nº 101/2000, seria inócua a atuação do sistema de controle regulamentado na lei, na medida em que esta ação resultaria sem eficácia, por falta de uma penalidade que lhe desse sustentação nas determinações de ajustes e correções dos desvios apurados.

O direito é norma coativa que tem na sanção a consequência jurídica da não prestação de um dever legal, que se revela como uma

---

[168] No julgamento da ADI (Med. Liminar) nº 2238-5 – STF – Rel. Min. Ilmar Galvão, Tribunal Pleno, Sessão de 28.04.2004, indeferiu medida cautelar relativamente ao art. 56, *caput*, e, por maioria, deferiu a cautelar quanto ao art. 57, 2º, da LRF. Posteriormente, em novo julgamento realizado em Sessão 08.08.2007, houve retificação da decisão proclamada anteriormente para constar que, quanto ao art. 56, *caput*, da Lei Complementar nº 101/2000, o STF, à unanimidade, deferiu a cautelar.

garantia jurídica, como um incentivo à vontade individual para que esta paute a sua conduta de acordo com o dever jurídico estipulado.[169] Com esta premissa, a Lei de Responsabilidade Fiscal dispôs em seu art. 73 que as infrações aos seus dispositivos serão punidas segundo o Decreto-Lei nº 2.848, de 07 de dezembro de 1940 (Código Penal); a Lei nº 1.079, de 10 de abril de 1950; Decreto-Lei nº 201, de 27 de fevereiro de 1967; e a Lei nº 8.429, de 2 de junho de 1992; e as demais normas da legislação pertinente. Assim, consoante as regras da Lei Complementar nº 101/2000 e as legislações por ela enunciadas, pode-se dizer que as penalidades fixadas são de duas naturezas: administrativa e criminal.

3.1.4.1 Administrativa

As sanções administrativas constituem penalidades de dois tipos: a) suspensão de transferências voluntárias e b) multa por infração às leis de finanças públicas.

a) *Suspensão de transferências voluntárias* – os Estados e Municípios, no descumprimento dos dispositivos da Lei de Responsabilidade Fiscal, especificamente quanto ao cometimento de excesso no limite fixado para as despesas de pessoal e ao descumprimento dos prazos fixados para a consolidação, nacional e por esfera de governo, das contas das entidades federadas, têm como penalidade administrativa a suspensão de transferências voluntárias, excetuando-se aquelas relativas a ações de educação, saúde e assistência social.

Para esse tipo de sanção administrativa, a lei complementar define transferência voluntária como a "entrega de recursos correntes ou de capital a outro ente da federação, a título de cooperação, auxílio ou assistência financeira, que não decorra de determinação constitucional, legal ou os destinados ao Sistema Único de Saúde" (art. 25).

Esta penalidade administrativa é bastante severa porque atinge a toda comunidade da entidade federada, uma vez que a suspensão das transferências voluntárias significa a sustação de investimentos de importância para a sociedade local. Todavia, este é um instrumento punitivo importante porque obriga o cidadão a realizar o controle

---

[169] MACHADO NETO, Antônio Luis. *Compêndio de introdução à ciência do Direito*. 2. ed. São Paulo: Saraiva, 1973. p. 190-191. O autor partindo da definição realizada por Eduardo Garcia Maynez — sanção é "a conseqüência jurídica que o não cumprimento de um dever produz em relação ao obrigado" — refere que há duas maneiras de conceituar a sanção. "Na formulação kelseniana da norma primária, a sanção aparece como conduta do funcionário que a impõe. Para a teoria egológica, no conceito de sanção representamos a própria vida do obrigado, algo que lhe deve ocorrer como conseqüência de sua liberdade se ter orientado para a não-prestação".

social previsto na lei, no sentido de forçar, mediante pressão popular, o Administrador a cumprir com as determinações legais e, assim, evitar a suspensão das transferências voluntárias.

b) *Multa por infração às leis de finanças públicas* – esta penalidade foi instituída pela denominada Lei de Sanções Fiscais — Lei nº 10.028, de 10 de outubro de 2000 — que alterou o Código Penal, a Lei nº 1.079, de 10 de abril de 1950, e o Decreto-Lei nº 201, de 27 de fevereiro de 1967, estabelecendo no seu art. 5º que constitui infração administrativa contra as leis de finanças públicas:

I – deixar de divulgar ou de enviar ao Poder Legislativo e ao Tribunal de Contas o relatório de gestão fiscal, nos prazos e condições estabelecidos em lei;

II – propor lei de diretrizes orçamentárias anual que não contenha as metas fiscais na forma da lei;

III – deixar de expedir ato determinando limitação de empenho e movimentação financeira, nos casos e condições estabelecidos em lei;

IV – deixar de ordenar ou de promover, na forma e nos prazos da lei, a execução de medida para a redução do montante da despesa total com pessoal que houver excedido a repartição por Poder do limite máximo.

Para a prática de qualquer desses atos que são considerados infração às leis de finanças públicas, como punição, é prevista uma multa de trinta por cento dos vencimentos anuais do agente que lhe der causa, com o pagamento da multa sendo de sua responsabilidade pessoal (§1º do art. 5º).

Esta multa de valor elevado é uma penalização severa para o Administrador que deixa de cumprir com as determinações legais relacionadas, indicando que a sua previsão objetiva evitar procedimentos que obstaculizem a atuação do sistema de controle ou, por qualquer circunstância, deixe o gestor de realizar o estabelecido para o alcance das metas fiscais; deixe de adotar medidas corretivas dos desvios que afetem as contas públicas ou, em caso de excesso, deixe de proceder atos de recondução ao limite legal estipulado para as despesas com pessoal.

A competência para processar e julgar esta infração administrativa, com a consequente aplicação da multa, é do Tribunal de Contas que realiza a fiscalização contábil, financeira e orçamentária da pessoa jurídica de direito público envolvida. Portanto, cabe ao Tribunal de Contas respectivo, consoante a previsão constitucional contida no art. 73, dispor sobre a forma processual e de julgamento, com observância das normas gerais de processo e das garantias processuais das partes, no sentido de dar eficácia à norma do §2º do art. 5º da Lei nº 10.028/2000.

3.1.4.2 Criminal

De conformidade com as modificações produzidas pela Lei nº 10.028/2000, os procedimentos que eram habitualmente considerados como mera infração administrativa passaram a ser considerados crime. Nesse aspecto, para uma melhor compreensão das razões que fixam o comportamento delituoso e ofensivo à Administração Pública, é necessário ter presente que o Estado como pessoa jurídica de direito público, no exercício das suas funções, visando a concretização dos seus objetivos de interesse público, tem as suas atividades desenvolvidas por meio de pessoas físicas, que são partes do organismo estatal e, por isto, devem ser mantidas em regular funcionamento e sob controle.

Foi com essa perspectiva — o desenvolvimento regular das atividades do Estado — que o Código Penal dedicou todo um Título (Título XI – Dos Crimes contra a Administração Pública) especificamente na regulação dos atos praticados por servidor público, que são considerados ilícitos e ofensivos à Administração Pública. De acordo com Manzini, em citação de Magalhães Noronha, o "objeto jurídico da tutela penal, em relação aos delitos, cujo exame empreendemos, é o interesse público concernente ao normal funcionamento e prestígio da Administração Pública, em sentido amplo, tendo em vista a probidade, desinteresse, capacidade, competência, disciplina, fidelidade, segurança, liberdade, decoro funcional e respeito devido à vontade do Estado, em relação a determinados atos e relações da própria Administração Pública".[170]

Assim, tendo-se em conta que o fator diferencial entre o ilícito penal e o ilícito administrativo está no grau de valoração da sanção, pode-se dizer que os atos de gestão financeira alcançaram tal nível de importância para o Estado e para a sociedade, que houve a necessidade de codificar o comportamento gerencial das finanças estatais, sendo isto realizado pela Lei Complementar nº 101/2000, com valoração punitiva de acordo com a sua importância, inclusive no campo criminal, na forma do disposto pela Lei nº 10.028/2000.

Diante dessas circunstâncias peculiares de valoração dos atos de gestão fiscal, constata-se que o novo ordenamento legal — Lei nº 10.028/2000 — não tolera os comportamentos contrários à lei e, mesmo aqueles que eram considerados como mera falha ou infração administrativa, são tipificados penalmente, passando a ter qualificação de crimes puníveis com pena privativa de liberdade.

Com esse intuito regrador, a Lei nº 10.028/2000 altera a redação do Código Penal e, por intermédio do seu art. 2º, acrescenta ao Título

---

[170] NORONHA, Edgard Magalhães. *Direito Penal*. 8. ed. São Paulo: Saraiva, 1976. v. 4, p. 219.

XI – *Dos Crimes contra a Administração Pública* o Capítulo IV – *Dos Crimes contra as Finanças Públicas*, contendo oito novos tipos penais nos artigos introduzidos sob os nºs 359-A a 359-H, cujas modalidades de delitos incorporam normas de natureza financeira. Como se trata de matéria adstrita ao Direito Penal e a sua análise é mais apropriada aos especialistas da área, relaciona-se, de forma agrupada, sem maiores considerações, os novos comportamentos incidentes em crime e as respectivas penas:

a) ordenar, autorizar ou realizar operação de crédito, interno ou externo, sem prévia autorização legislativa ou com inobservância de limite, condição ou montante estabelecido em lei ou Resolução do Senado, ou quando o montante da dívida consolidada ultrapassa o limite máximo autorizado por lei: Pena – reclusão de 1 a 2 anos;

b) assumir obrigação no último ano do mandato ou legislatura — nos dois últimos quadrimestres — sem disponibilidade de caixa para o pagamento da despesa ou ordenar despesa não autorizada por lei: Pena – reclusão de 1 a 4 anos;

c) realizar prestação de garantia graciosa: Pena – detenção de 3 meses a 1 ano;

d) deixar de proceder ao cancelamento de restos a pagar inscrito em valor superior ao permitido em lei: Pena – detenção de 6 meses a 2 anos;

e) realizar aumento da despesa total com pessoal no último ano do mandato ou legislatura – últimos 180 dias: Pena – reclusão 1 a 4 anos;

f) realizar oferta pública ou colocação de títulos no mercado sem que tenham sido criados por lei ou sem registro em sistema centralizado de liquidação e custódia: Pena – reclusão de 1 a 4 anos.

Nessa linha de normatização, o art. 3º da Lei nº 10.028/2000 produz alteração na Lei nº 1.079, de 10.04.1950, que dispõe sobre os crimes de responsabilidade do Presidente da República e demais autoridades federais e estaduais, com normatização sobre o processo de julgamento, para acrescentar ao seu art. 10, Capítulo VI, que trata dos Crimes contra a Lei Orçamentária, mais oito novos delitos considerados como crimes de responsabilidade, procedendo também a ampliação do rol de autoridades sujeitas ao cometimento dos delitos especificados, por destinar a aplicação da lei ao Presidente do Supremo Tribunal Federal, aos Presidentes dos Tribunais Superiores, dos Tribunais de Contas, dos Tribunais Regionais Federais, do Trabalho e Eleitorais, dos Tribunais de Justiça e de Alçada dos Estados e do Distrito Federal, aos Juízes

Diretores de Foro, Procurador-Geral da República, Procuradores-Gerais do Trabalho, Eleitoral e Militar, aos Procuradores-Gerais dos Estados e do Distrito Federal e aos membros do Ministério Público da União, das Procuradorias dos Estados e do Distrito Federal, quando no exercício de função de chefia de unidade regional.

Em complemento, o art. 1º do Decreto-Lei nº 201, de 27 de fevereiro de 1967, que regulamenta os crimes de responsabilidade dos Prefeitos e Vereadores, é modificado pelo art. 4º da Lei nº 10.028/2000, no sentido de serem acrescidos os mesmos oito tipos penais criados para o Presidente da República, cujos delitos também são de natureza financeira e que passam a integrar a relação de atos considerados como crimes de responsabilidade no âmbito municipal.

3.1.5 O Ordenador de Despesa e o responsável pela Gestão Fiscal

Como a Lei Complementar nº 101/2000 realiza uma regulamentação inovadora sobre a conduta gerencial nas finanças públicas, introduzindo novos conceitos e procedimentos fiscais que, via de consequência, produzem modificações na rotina administrativo-financeira do Estado, para cumprimento obrigatório dos Administradores Públicos, é necessária uma perfeita identificação do responsável pela gestão fiscal, porque dessa gerência resultam sérias e contundentes consequências legais, inclusive de natureza penal.

Entretanto, a identificação do responsável pela gestão fiscal tem sido confundida com a figura do Ordenador de Despesa, necessitando, por isso, que seja estabelecida uma perfeita compreensão entre esses dois tipos de responsabilidade administrativa, a fim de ser aclarada a repercussão jurídica decorrente de cada um deles.

Conforme coloquei em recente trabalho realizado sobre o tema,[171] cujas ideias cabe aqui reproduzir, uma das questões mais polêmicas que envolve o sistema de Fiscalização Contábil, Financeira e Orçamentária, é a relativa à figura do chamado Ordenador de Despesa. No âmbito dos Tribunais de Contas, desde o regramento efetuado no Decreto-Lei nº 200/1967, muito tem sido debatido sobre quem é Ordenador de Despesa e quais as suas responsabilidades, diante do sistema de fiscalização implantado pela Constituição de 1967.

---

[171] MILESKI, Helio Saul. O ordenador de despesa e a lei de responsabilidade fiscal: conceituação e repercussões legais. *Interesse Público*, Porto Alegre, v. 4, n. 15, p. 67-82, jul./set. 2002.

152 HELIO SAUL MILESKI
O CONTROLE DA GESTÃO PÚBLICA

Com a Constituição de 1988, houve uma modificação de nomenclatura no que tange ao nome — com o Ordenador de Despesa passando a ter denominação de Administradores e demais Responsáveis — atingindo, inclusive, aspectos de natureza conceitual, que levou a um redimensionamento da discussão sobre essa figura central da responsabilidade de comando administrativo.

Antes que a matéria ficasse serenada, houve a edição da Lei Complementar nº 101/2000 — a chamada Lei de Responsabilidade Fiscal — fazendo surgir a figura do Gestor Fiscal, com responsabilidades específicas que também decorrem da atividade gerencial exercida pelo Administrador Público, mas que nem sempre se confunde com a pessoa do Responsável ou Ordenador de Despesa.

3.1.5.1 O Ordenador de Despesa

A figura do Ordenador de Despesa surgiu com a implantação do sistema de fiscalização financeira e orçamentária realizada pela Constituição de 1967, com as definições introduzidas pela Reforma Administrativa, nos termos do regramento efetuado pelo Decreto-Lei nº 200, de 25 de fevereiro de 1967.

Rompendo com o sistema de controle prévio adotado pela Constituição de 1946, cuja concepção de controle estava regulada pelo antigo Código de Contabilidade da União (Decreto Legislativo nº 4.536, de 28 de janeiro de 1922), a Constituição de 1967, com as alterações efetuadas pela Emenda Constitucional nº 1, de 17.10.1969, na esteira das novas normas gerais de direito financeiro estatuídas para a elaboração e controle dos orçamentos e balanços da União, dos Estados, dos Municípios e do Distrito Federal, editadas pela Lei Federal nº 4.320, de 17.03.1964, implantou o sistema de Fiscalização Financeira e Orçamentária, assentado na dualidade de controle — controle externo e interno — cuja sistemática de atuação passou a independer do tempo (prévio, concomitante ou *a posteriori*), com execução via procedimento de auditoria e julgamento das contas dos Administradores Públicos.

Consoante essa nova sistemática constitucional, o julgamento das contas dos Administradores passou a ser realizado em duas órbitas:

a) os Chefes de Poder Executivo — o Presidente da República, os Governadores de Estados e os Prefeitos Municipais — possuem o que se pode chamar de foro privilegiado, uma vez que as suas contas anuais não são julgadas pelo Tribunal de Contas, mas sim apreciadas por ele, mediante parecer prévio, com o julgamento cabendo ao Poder Legislativo respectivo. Portanto, as contas prestadas anualmente pelos Chefes

de Poder Executivo sofrem apreciação técnico-jurídica do Tribunal de Contas e avaliação política com julgamento do Poder Legislativo;
b) quanto ao julgamento sobre a regularidade das contas dos administradores e demais responsáveis (art. 70, §4º, CF/1967), este fica adstrito à competência de julgamento do Tribunal de Contas, em jurisdição própria e privativa, que será baseado em levantamentos contábeis, certificados de auditorias e pronunciamento das autoridades administrativas, sem prejuízo das inspeções realizadas pelo próprio Tribunal.

Como consequência desse sistema de apreciação e julgamento de contas, tornou-se necessária à criação de um instrumento legal que viabilizasse a sua concretização. Este instrumento legal é o processo, que deve ser organizado por um conjunto de atos, no sentido de possibilitar a verificação de regularidade administrativa, quanto à boa ou má gerência dos recursos financeiros e administração dos bens públicos.

Nesse aspecto, a Lei Federal nº 4.320/64, no seu art. 84, previu o processo chamado *Tomada de Contas*, ao dispor que "ressalvada a competência do Tribunal de Contas, a tomada de contas dos agentes responsáveis por bens ou dinheiros públicos será realizada ou superintendida pelos serviços de contabilidade", mas sem proceder regulamentação dos procedimentos processuais necessários à sua aplicação.

Foi o Decreto-Lei nº 200/1967 que estruturou legalmente o processo de tomada de contas, determinando os documentos que o integram, o prazo de instauração e quem se submete ao procedimento processual — "todo ordenador de despesa ficará sujeito a tomada de contas realizada pelo órgão de contabilidade e verificada pelo órgão de auditoria interna, antes de ser encaminhada ao Tribunal de Contas" (art. 81).

A par de estruturar os procedimentos do processo de tomada de contas (arts. 81 a 93), o Decreto-Lei nº 200/67 também conceituou quem detém a condição de ordenador de despesa, posicionando-se este como o interessado no processo de julgamento das contas a ser realizado pelo Tribunal de Contas, nos termos do disposto no seu art. 80:

> Art. 80 – Os órgãos de contabilidade inscreverão como responsável todo o ordenador de despesa, o qual só poderá ser exonerado de sua responsabilidade após julgadas regulares suas contas pelo Tribunal de Contas.
> §1º – Ordenador de Despesa é toda e qualquer autoridade de cujos atos resultarem emissão de empenho, autorização de pagamento, suprimento ou dispêndio de recursos da União ou pela qual esta responda.

§2º – O ordenador de despesa, salvo conivência, não é responsável por prejuízos causados à Fazenda Nacional decorrentes de atos praticados por agente subordinado que exorbitar das ordens recebidas.

§3º – As despesas feitas por meio de suprimentos, desde que não impugnadas pelo ordenador, serão escrituradas e incluídas na sua tomada de contas, na forma prescrita; quando impugnadas, deverá o ordenador determinar imediatas providências administrativas para a apuração das responsabilidades e imposição das penalidades cabíveis, sem prejuízo do julgamento da regularidade pelo Tribunal de Contas.

Conforme a conceituação legal supratranscrita — §1º — ordenador de despesa é necessariamente uma autoridade administrativa, de cujos atos resultem emissão de empenho, autorização de pagamento, suprimento ou dispêndio de recursos financeiros. Assim, a função de ordenador de despesa está intimamente ligada à atividade administrativa de execução orçamentária da despesa, envolvendo responsabilidade gerencial de recursos públicos.

Nessa circunstância, para identificação do ordenador de despesa é importante que este só possa assim ser considerado quando investido de autoridade administrativa, via de consequência, não podendo ser reconhecido na pessoa do agente subordinado. Por isso, o simples assinador do empenho, o servidor que realiza a liquidação da despesa ou o seu pagamento, em princípio, não pode ser identificado como o ordenador de despesa. Ordenador de despesa é a autoridade administrativa, o responsável mor, com poderes e competência para determinar ou não a realização da despesa, de cujo ato gerencial surge a obrigação de justificar o bom e o regular uso dos dinheiros públicos.

Dessa forma Ordenador de Despesa é o agente público com autoridade administrativa para gerir os dinheiros e bens públicos, de cujos atos resulta o dever de prestar contas, submetendo-se, por isso, ao processo de tomada de contas, para fins de julgamento perante o Tribunal de Contas.

Como os Chefes de Poder Executivo — Presidente da República, Governadores e Prefeitos Municipais — por possuírem foro privilegiado, não estão sujeitos a julgamento perante o Tribunal de Contas, consequentemente, não podem ser considerados Ordenadores de Despesa, nem serem submetidos ao processo de tomada de contas. Trata-se de agentes políticos que detêm funções governamentais, com poderes de conduzir os negócios públicos, consoante um plano de governo. Por serem autoridades públicas supremas,[172] não estão hierarquizadas e

---

[172] MEIRELLES, 2001, p. 72.

sua atuação ocorre nos limites constitucionais e legais, razão porque as suas prestações de contas são apreciadas, mediante parecer prévio, pelo Tribunal de Contas e julgadas pelo Poder Legislativo correspondente. O Prefeito Municipal, conforme o acima referido, na qualidade de condutor do governo local, não fica submetido ao processo de tomada de contas, mas como exerce uma dupla função — política e administrativa — conforme já decidiu o Tribunal de Contas do Estado do Rio Grande do Sul, os atos de execução orçamentária que realiza ou determina, quando contrários à lei ou praticados com desvio de finalidade, causando prejuízos ao erário municipal, podem ser motivo de responsabilização promovida pelo Tribunal de Contas.[173]

3.1.5.2 Ordenador de Despesa originário e Ordenador de Despesa derivado

Partindo da conceituação legal de Ordenador de Despesa, consoante os aspectos referidos no item anterior, no qual se inclui a especial circunstância do agente subordinado que exorbita das ordens recebidas, pode-se dizer que existem duas categorias de Ordenador de Despesa: o originário e o derivado.

Ordenador de Despesa originário ou principal é a autoridade administrativa que possui poderes e competência, com origem na lei e regulamentos, para ordenar as despesas orçamentárias alocadas para o Poder, órgão ou entidade que dirige. Como se trata da autoridade principal, cujas competências e atribuições se originam da lei, o seu poder ordenatório é originário, cujo exercício cabe tão somente a ele.

Ostentam a condição de Ordenadores de Despesa originários os Presidentes dos Poderes Legislativo e Judiciário; os Ministros e Secretários de Estado, assim como os dirigentes de autarquias, fundações, sociedades de economia mista e empresas públicas, por possuírem competências e atribuições fixadas em lei, regulamentos ou estatutos societários, para administrarem estas organizações estatais, aplicando os recursos financeiros postos a sua disposição.

Ordenador de Despesa derivado ou secundário é aquele com competências e atribuições derivadas do Ordenador originário, por isso, podendo ser chamado também de secundário. Ordenador de Despesa

---

[173] Conforme Parecer Coletivo nº 7/86, da Auditoria, aprovado pelo Tribunal Pleno em sessão de 08.10.1986, no Processo nº 3428-02.00/86-9, também citado no Parecer Coletivo nº 3/91, da Auditoria, aprovado pelo Tribunal Pleno em sessão de 23.10.1991, no processo nº 8402-02.00/90-1.

derivado assume esta circunstância mediante o exercício de função delegada ou por ter exorbitado das ordens recebidas. De acordo com o parágrafo 1º do art. 80, do Decreto-Lei nº 200/67, o agente subordinado que deixar de prestar contas, praticar desfalque, desvio de bens ou outra irregularidade causadora de prejuízo para a Fazenda Pública, exorbitando das ordens recebidas, é responsável direto pelo ato praticado, motivando a instauração de processo de tomada de contas especial, no qual figurará como Ordenador de Despesa secundário, com isenção de responsabilidade do Ordenador de Despesa principal.

Delegação de Poderes é a forma legal e regular de se proceder na identificação da figura do Ordenador de Despesa derivado. Conforme o disposto nos arts. 11 e 12 do Decreto-Lei nº 200/67, a delegação de competência deve ser utilizada como instrumento de descentralização administrativa, com o objetivo de assegurar maior rapidez e objetividade às decisões, situando-as na proximidade dos fatos, pessoas, problemas a resolver, com o ato de delegação indicando com precisão a autoridade delegante, a autoridade delegada e as atribuições do objeto da delegação.

Seguindo a linha desse contexto normativo, há muito o Tribunal de Contas do Rio Grande do Sul já firmou posição pelo reconhecimento da validade jurídica da delegação de competência administrativa, especialmente no tocante à ordenação de despesas, inclusive quanto às modificações que ocasiona no campo das responsabilidades atinentes aos administradores públicos,[174] tendo em vista a orientação advinda do Supremo Tribunal Federal, posta em decisão sumulada, de que é da autoridade delegada a responsabilidade pelo ato praticado.[175]

3.1.5.3 A figura do responsável na Constituição de 1988

O sistema de fiscalização que, pela Constituição de 1967 e Emenda Constitucional nº 1/1969, era restrito à órbita financeira e

---

[174] No Parecer MP-Gab/TC nº 205/91, do Procurador-Geral Celestino Goulart, aprovado pelo Tribunal Pleno em sessão de 23.10.1991, no Processo nº 8402-02.00/90-1, é realizada uma extensa análise sobre a delegação de competência, com o Tribunal de Contas do RS acolhendo as suas diversas conclusões, onde consta a do item "k": "a existência de ato regular de delegação de competência e sem reserva de poderes isenta o ordenador de despesa original do procedimento disciplinado pelo art. 81, parágrafo único do RITCE, Resolução nº 314/86, o que não ocorrerá se, inobstante a plena validade do ato referido, comprovadamente estiver a autoridade delegante ciente das irregularidades praticadas pelo agente delegado".

[175] Súmula nº 510 do STF.

orçamentária, com a Constituição de 1988 foi ampliado para uma fiscalização contábil, financeira, orçamentária, operacional e patrimonial, alcançando as entidades da Administração direta e indireta, com exame quanto à legalidade, legitimidade e economicidade, mas mantendo o sistema assentado na dualidade de controle — externo e interno — com o controle externo continuando a cargo do Poder Legislativo, mas permanecendo o Tribunal de Contas como o órgão executor do controle externo, cujas competências foram fixadas e explicitadas no art. 71, incisos I a XI, e parágrafos 1º a 4º.

Dentre as competências constitucionais destinadas ao Tribunal de Contas, permanecem as relativas à apreciação, mediante parecer prévio, das contas dos Chefes de Poder Executivo (Presidente da República, Governadores e Prefeitos Municipais) — inciso I do art. 71 — e ao julgamento "das contas dos administradores e demais responsáveis por dinheiros, bens e valores públicos da Administração direta e indireta, incluídas as fundações e sociedades instituídas e mantidas pelo Poder Público Federal, e as contas daqueles que derem causa a perda, extravio ou outra irregularidade de que resulte prejuízo ao erário" — inciso II do art. 71 — que conjugadas à inovadora norma do disposto no parágrafo único do art. 70 — "prestará contas qualquer pessoa física ou jurídica, pública ou privada, que utilize, arrecade, guarde, gerencie ou administre dinheiros, bens e valores públicos ou pelos quais a União responda, ou que, em nome desta, assuma obrigações de natureza pecuniária" — demonstram ter ocorrido uma evolução constitucional no tocante ao estabelecimento de quem deve prestar contas e a quem compete o julgamento das mesmas.

Dessa forma, como se vê dos novos regramentos constitucionais, os Chefes de Poder Executivo permanecem com a mesma sistemática de controle implantada pela Constituição de 1967. São agentes políticos que detêm funções governamentais, sujeitando-se ao processo de prestação de contas, no qual o Tribunal de Contas atua procedendo à apreciação, mediante parecer prévio, e o julgamento das contas situando-se na órbita de competência do Poder Legislativo.

No que respeita ao julgamento das contas dos administradores e demais responsáveis por bens e valores públicos, também permanece a sistemática de controle advinda da Constituição de 1967. Continuam vigendo os dispositivos regulamentares do Decreto-Lei nº 200/67, no que tange à estruturação do processo de tomada de contas, mas adaptando-se a sua leitura às normas da Constituição de 1988. O processo de tomada de contas não abrange mais tão somente os aspectos financeiros e orçamentários. Agora o seu universo de avaliação deve alcançar, necessariamente, todos os atos e fatos de natureza contábil, financeira, orçamentária, operacional e patrimonial, sob a ótica da legalidade, legitimidade e economicidade.

Assim, pela nova regra constitucional, amplia-se também o universo de responsabilidades do Administrador Público que se sujeita ao julgamento do Tribunal de Contas. Não é mais somente aquele administrador que ordena despesas, de cujos atos resultem emissão de empenho, autorização de pagamento, suprimento ou dispêndio público que fica sujeito ao processo de tomada de contas. Agora, toda a autoridade ou responsável que utilize, arrecade, guarde, gerencie ou administre dinheiros, bens e valores públicos, submete-se ao processo de tomada de contas. Portanto, o exame das contas dos agentes públicos não abrange mais somente os atos de realização de despesa, quanto à regularidade de aplicação dos recursos públicos, mas todos os atos de gerenciamento público, envolvendo a arrecadação da receita, a realização da despesa e a administração dos bens e valores públicos.

Nesse sentido, conforme a abrangência determinada em 1988, independentemente da condição ostentada — Ordenador de Despesa, Administrador ou Responsável — no âmbito da sua atribuição legal, exercer atividades de arrecadação da receita, realização da despesa ou administração de dinheiros, bens e valores públicos, estará sujeito ao processo de tomada de contas – na atualidade denominado *contas de gestão* – e julgamento perante o Tribunal de Contas.

3.1.5.4 O responsável pela Gestão Fiscal

Como a Lei Complementar nº 101/2000 realiza uma regulamentação inovadora sobre a conduta gerencial nas finanças públicas, introduzindo novos conceitos e procedimentos fiscais que, via de consequência, produzem modificações na rotina administrativo-financeira do Estado, para cumprimento obrigatório dos Administradores Públicos, é necessária uma perfeita identificação do responsável pela gestão fiscal, porque dessa gerência resultam sérias e contundentes consequências legais, inclusive de natureza penal, mas que não se confunde com a figura do Ordenador de Despesa ou Responsável por dinheiros, bens e valores públicos.

De um modo geral, na organização do serviço público, o exercício das funções e atividades estatais incumbe aos agentes públicos[176] —

---

[176] BANDEIRA DE MELLO. *Curso de Direito Administrativo*, 1993. p. 121. Conforme o autor "esta expressão — agentes públicos — é a mais ampla que se pode conceber para designar genérica e indistintamente os sujeitos que servem ao Poder Público como instrumentos expressivos de sua vontade ou ação, ainda quando o façam ocasional ou episodicamente".

políticos ou administrativos — que, delimitados pela norma legal, representam a própria vontade do Estado, produzindo a materialização desse querer na busca e atendimento do interesse público. Em decorrência desse exercício da função pública, torna-se imperiosa a exigência para o administrador agir com responsabilidade e lealdade, devendo sempre prestar contas de seus atos,[177] até porque, na atualidade, esta é uma obrigação de natureza constitucional, inscrita nos seguintes termos: "Prestará contas qualquer pessoa física ou entidade pública que utilize, arrecade, guarde, gerencie ou administre dinheiros, bens e valores públicos ou pelo quais a União responda, ou que, em nome desta, assuma obrigações de natureza pecuniária" (art. 70, parágrafo único, CF). Embora a norma se reporte tão somente à União, na realidade, ela encerra um princípio dirigido a toda Administração Pública, alcançando os administradores das três esferas de governo — União, Estados e Municípios — em virtude do art. 75 da Constituição submetê-los ao sistema de fiscalização ali regulado.

Esta obrigação de prestar contas está posta de maneira genérica, sem exclusão de qualquer agente público, por isto há que se perquirir como e onde está determinada a responsabilidade de cada agente público para o exercício da função estatal, no sentido de ser delimitada esta responsabilidade. De conseguinte, sem possibilidade de equívocos, pode-se afirmar que a responsabilidade dos agentes públicos, consoante a natureza dos atos praticados, decorre das competências que estão repartidas e limitadas nas leis e regulamentos editados no âmbito de cada esfera de governo.[178] Em suma, é a lei que estabelece a responsabilidade do agente público no exercício da atividade estatal.

---

[177] DALLARI, Dalmo de Abreu. *Constituição e constituinte*. São Paulo: Saraiva, 1982. p. 30, pronuncia: "todos os que agirem, em qualquer área ou nível, como integrantes de algum órgão público ou exercendo uma função pública devem ser juridicamente responsáveis por seus atos e omissões. Para efetivação dessa responsabilidade é preciso admitir que o agente do Poder Público ou o exercente de função pública possam ser chamados a dar explicações, por qualquer pessoa do povo, por um grupo social definido ou por um órgão público previsto na Constituição como agente fiscalizador".

[178] O Tribunal de Contas do Estado do Rio Grande do Sul já definiu o tema no âmbito da sua competência dizendo que "a condição de ordenador de despesa ou responsável (Presidentes dos Poderes Legislativo e Judiciário, de Câmaras Municipais, Secretários de Estado e de Municípios, dirigentes de autarquias, sociedades de economia mista, empresas públicas, fundações e demais agentes Administrativos) resulta de lei ou regulamento, devendo os setores competentes do Tribunal de Contas examinar se aos mesmos correspondem as atribuições contidas nos comandos normativos da legislação aplicável aos órgãos, entidades e unidades administrativas que titulam ou em que atuam" (Proc. nº 8402-02.00/90-1 – Consulta Técnica – Tribunal Pleno, sessão de 23.10.1991, acolhe o Parecer Coletivo nº 03/91, da Auditoria).

A Lei Complementar nº 101/2000, no regramento relativo à apuração de responsabilidades, visando o acompanhamento da gestão fiscal para averiguação do cumprimento dos limites, metas e procedimentos, determinou para os gestores fiscais a obrigatoriedade de elaboração de relatórios quadrimestrais durante a execução orçamentária e de prestação de contas ao final do exercício financeiro.

Estes relatórios quadrimestrais deverão ser emitidos pelos titulares dos Poderes e órgãos referidos no art. 20, sendo assinados pelo Chefe do Poder Executivo; pelo Presidente e demais membros da Mesa Diretora ou órgão decisório equivalente do Poder Legislativo; pelo Presidente de Tribunal e demais membros de Conselho de Administração ou órgão decisório equivalente do Poder Judiciário; pelo Chefe do Ministério Público; e pelo Presidente do Tribunal de Contas. O relatório também será assinado pelas autoridades responsáveis pela administração financeira e pelo controle interno, bem como por outras definidas por ato próprio de cada Poder ou órgão referido no art. 20 (art. 54 e seu parágrafo único).

A par dessa obrigação de emitir relatório quadrimestral, os Chefes de Poder Executivo, os Presidentes dos órgãos dos Poderes Legislativo e Judiciário, os Chefes de Ministérios Públicos e os Presidentes dos Tribunais de Contas, também possuem a de prestar contas de sua gestão fiscal, na forma determinada pelos arts. 56 a 58.

Nesses termos, consoante as responsabilidades específicas determinadas para os titulares de Poder, do Ministério Público e do Tribunal de Contas, constata-se que a responsabilidade pela gestão fiscal ficou concentrada na pessoa do dirigente máximo daqueles Poderes e órgãos, sem possibilitar a delegação de poderes a subordinados, nem a consequente transferência de responsabilidade. Com esta providência legal é evitada a pulverização da responsabilidade que, lamentavelmente, não raro, tem se transformado em fator de irresponsabilidade. Quando a responsabilidade gestora é muito fracionada, a responsabilização fica diluída, proporcionando a isenção de responsabilidade.

Portanto, tratando-se de atos vitais para obtenção do ajuste fiscal propugnado pela Lei Complementar nº 101/2000, os dirigentes máximos dos Poderes e órgãos não poderiam ficar somente com o controle político-institucional, exercendo apenas uma responsabilidade *in vigilando*. Esta é uma responsabilidade que teria de ser assumida integralmente e, por isto, ficou concentrada na pessoa do dirigente máximo dos Poderes, do Ministério Público e do Tribunal de Contas. Esta medida legal propicia resolução de duas ordens: especifica um gestor com poder suficiente para determinar e exigir o cumprimento da regulamentação legal e, no caso de omissão ou descumprimento das normas fiscais, deixa claro a quem deverá ser procedida a sua responsabilização.

Dessa forma, o responsável pela gestão fiscal — o gestor fiscal — está submetido a uma fiscalização com o fim de ser verificado o cumprimento das normas contidas na Lei de Responsabilidade Fiscal (Lei Complementar nº 101/2000), especialmente no que pertine ao atingimento das metas estabelecidas na lei de diretrizes orçamentárias; atendimento dos limites fixados para os gastos totais com pessoal; adoção de medidas para o retorno da despesa total com pessoal ao respectivo limite, assim como para recondução dos montantes das dívidas consolidada e mobiliária aos respectivos limites; verificação dos limites e condições para a realização de operações de crédito e inscrição em restos a pagar; e cumprimento do limite de gastos totais dos legislativos municipais (art. 59 da LRF).

Em decorrência desse tipo de fiscalização, o responsável pela gestão fiscal fica obrigado a prestar contas do gerenciamento fiscal efetuado, com a Lei de Responsabilidade Fiscal estipulando como instrumento próprio para esse ato (art. 56) o processo que denomina de prestação de contas, devendo o mesmo evidenciar o desempenho da arrecadação em relação à previsão, destacando as providências adotadas no âmbito da fiscalização das receitas e combate à sonegação, as ações de recuperação de créditos nas instâncias administrativa e judicial, bem como as demais medidas para incremento das receitas tributárias (art. 58), que, somados aos elementos obtidos pelo sistema de fiscalização, serão apreciados, mediante parecer prévio conclusivo sobre o cumprimento ou não da Lei de Responsabilidade Fiscal, pelo Tribunal de Contas, no prazo de sessenta dias a contar do recebimento, se outro não estiver estabelecido nas constituições estaduais ou nas leis orgânicas municipais (arts. 56 e 57). No caso de municípios que não sejam capitais e que tenham menos de duzentos mil habitantes o prazo será de cento e oitenta dias (§1º do art. 57).

3.1.5.5 Distinção entre Ordenador de Despesa, Autoridade Responsável e Gestor Fiscal

Conforme o grau e o aspecto de suas responsabilidades gestoras, de acordo com a análise até aqui desenvolvida, foram definidas as figuras do Ordenador de Despesa, da Autoridade Responsável e do Gestor Fiscal, que possibilitam, de acordo com as peculiaridades jurídicas de cada um, o estabelecimento das diferenciações existentes entre essas funções exercidas por agentes públicos, no sentido de melhor compreender as repercussões jurídicas que derivam de cada uma.

Ordenador de Despesa é a autoridade administrativa com competência e atribuição para ordenar a execução de despesas orçamentárias, envolvendo a emissão de empenho, autorização de pagamento, suprimento ou dispêndio de recursos públicos, com a obrigação de prestar contas desses atos, mediante processo de tomada de contas, com julgamento perante o Tribunal de Contas.

Autoridade ou responsável por dinheiros, bens e valores públicos, envolve responsabilidade mais ampla que a ordenação de despesas, na medida em que abrange não só a realização de despesas, mas também a arrecadação da receita e todos os demais atos ou funções que possam ser caracterizados como fatores de utilização, arrecadação, guarda, gerência ou administração de dinheiro, bens e valores públicos, submetendo-se também à obrigação constitucional de prestar contas, por meio do processo de tomada de contas, cuja competência de julgamento pertence ao Tribunal de Contas.

Assim, se pode dizer que autoridade ou responsável por dinheiros, bens e valores públicos é gênero do qual Ordenador de Despesa é espécie.

Contudo, a designação Ordenador de Despesa tornou-se hábito administrativo, sendo utilizada como sinônimo de Autoridade Responsável, tendo em vista que ambas atividades estão sujeitas ao mesmo tipo de processo — tomada de contas — envolvendo o mesmo exercício financeiro, com julgamento perante o mesmo órgão controlador — Tribunal de Contas — e quase sempre, excepcionalmente não, com ambas as funções sendo exercidas pela mesma autoridade administrativa. Por isso, em face de uma função subsumir-se na outra, no exame das suas responsabilidades, via processo de tomada de contas – na atualidade processo de contas de gestão – o *nomem juris* não tem sido motivo de controvérsias.

Já o Gestor Fiscal possui diferenças contundentes em relação ao ordenador de despesa e à autoridade responsável, senão vejamos:
- os agentes públicos responsáveis por dinheiros, bens e valores públicos, designados por disposição legal ou regulamentar ou por delegação de poderes, submetem-se a uma fiscalização contábil, financeira, orçamentária, operacional e patrimonial, com vista ao exame de legalidade, legitimidade e economicidade dos atos que impliquem em utilizar, arrecadar, guardar, gerenciar ou administrar dinheiros, tendo em conta a regular e boa aplicação dos recursos públicos ou a adequada utilização e administração dos bens e valores públicos, cuja avaliação culmina com o julgamento das suas contas, via processo de contas de gestão, perante o Tribunal de Contas;

– enquanto o responsável pela gestão fiscal se fixa na pessoa do dirigente máximo dos Poderes Executivo, Legislativo e Judiciário, do Ministério Público e do Tribunal de Contas, sem admitir delegação de poderes, submetendo-se a uma fiscalização quanto ao cumprimento das normas da Lei de Responsabilidade Fiscal (Lei Complementar nº 101/2000), no sentido de ser assegurada uma gestão fiscal responsável, mediante uma ação planejada e transparente, que possibilite a prevenção de riscos e a correção dos desvios capazes de afetar o equilíbrio das contas públicas, com o cumprimento de metas de resultados entre receitas e despesas e a obediência a limites e condições no que tange a renúncia de receitas, geração de despesas com pessoal, da seguridade social e outras dívidas, consolidada e mobiliária, operações de crédito, inclusive por antecipação de receita, concessão de garantia e inscrição em Restos a Pagar, em cujo acompanhamento legal dos procedimentos realizados é objetivada a verificação do atingimento das metas estabelecidas na Lei de Diretrizes Orçamentárias, o cumprimento dos limites e condições estabelecidos para a despesa total com pessoal, gastos totais com os legislativos municipais, bem como para a realização de operações de crédito e inscrições em Restos a Pagar, sujeitando-se a processo de prestação de contas de gestão fiscal, com apreciação, mediante parecer prévio conclusivo, do Tribunal de Contas.

Portanto, enquanto na fiscalização contábil, financeira e orçamentária é apurada a existência de possíveis irregularidades na arrecadação da receita e na aplicação da despesa, na fiscalização da gestão fiscal se altera o enfoque realizado, na medida em que este busca averiguar o cumprimento de regras para uma gestão fiscal de equilíbrio das contas públicas, com obediência aos limites e condições fixados para o endividamento público, gastos totais com pessoal e Restos a Pagar, com realização, quando for o caso, de alertas para o gestor fiscal reconduzir a sua ação no cumprimento da Lei de Responsabilidade Fiscal.

Nessa circunstância diferencial dos objetivos do controle efetuado, constata-se também que se modifica o agente público que concentra a figura do responsável, o tipo de processo que examina as suas contas e, invariavelmente, a produção de consequências jurídicas distintas que decorrem de uma e outra situação.

3.1.5.6 Consequências jurídicas da responsabilidade fiscal

Conforme os elementos jurídicos diferenciais aqui apontados para o Ordenador de Despesa ou Autoridade Responsável e o Gestor Fiscal, de pronto, pode-se afirmar que o Ordenador de Despesa ou Autoridade Responsável não sofre qualquer consequência jurídica decorrente da Lei Complementar nº 101/2000, por não ser o responsável pela gestão fiscal. A sua responsabilidade é no âmbito contábil, financeiro, orçamentário, operacional e patrimonial, por utilizar, arrecadar, guardar, gerenciar ou administrar dinheiros, bens e valores públicos, que, mediante julgamento em processo de tomada de contas, em caso de ilegalidade de despesa ou irregularidade das contas, o Tribunal de Contas aplica-lhe as sanções previstas em lei, estabelecendo, entre outras cominações, glosa de despesas e multa proporcional ao dano causado ao erário.

Assim, as consequências jurídicas que advém da gestão fiscal não recaem sobre o Ordenador de Despesa, mas sim sobre o Gestor Fiscal que, nos termos da Lei Complementar nº 101/2000, tem responsabilidade concentrada nos dirigentes máximos dos Poderes, Ministério Público e Tribunal de Contas — Chefes do Poder Executivo, Legislativo e Judiciário, Procurador-Geral da República ou de Justiça e Presidente do Tribunal de Contas — com avaliação de acompanhamento da gestão fiscal por meio de relatórios bimestrais (art. 52) e quadrimestrais (art. 54), efetuado pelo órgão de controle externo — Tribunal de Contas — que realizará alertas aos gestores fiscais, quando constatar a ultrapassagem de limite de gastos com pessoal e de endividamento, inexistência do demonstrativo exigido no inciso II do §2º do art. 4º ou haver a necessidade de limitação de empenho e movimentação financeira prevista no art. 9º.

Ao final do exercício financeiro, por meio do processo de prestação de contas a que se submetem os gestores fiscais (art. 56), será avaliada a gestão fiscal correspondente, mediante emissão de parecer prévio conclusivo do Tribunal de Contas (art. 57), relativo ao atendimento dos alertas realizados no curso do exercício financeiro e quanto ao cumprimento de todas as demais normas contidas na Lei de Responsabilidade Fiscal, tendo em conta os objetivos de fiscalização postos no seu art. 59.

Verificado o desatendimento aos alertas efetuados; bem como o desatendimento aos limites e condições estipulados para os gastos totais com pessoal e para o endividamento público; o lançamento de despesas em Restos a Pagar, de forma contrária à lei; ou qualquer outra violação à Lei de Responsabilidade Fiscal, o Tribunal de Contas emitirá parecer prévio conclusivo pelo desatendimento à Lei Complementar nº 101/2000, mas sem aplicar qualquer penalidade ou sanção.

Tratando-se a Lei Complementar nº 101/2000 de uma lei de acompanhamento da gestão fiscal, no sentido de prevenir riscos e corrigir desvios capazes de afetar o equilíbrio das contas públicas, o controle tem por função evitar acontecimentos que produzam riscos e desvios dessa natureza, tendo em vista o seu caráter protetivo ao equilíbrio fiscal.

Por essa razão, o acompanhamento não possui efeito punitivo, mas sim, preventivo, motivo porque o controle não sanciona, mas sim produz alerta exigindo ações corretivas para os desvios constatados, nos prazos determinados. Assim, para o exercício de um controle de acompanhamento, o cumprimento dos prazos de entrega dos Relatórios e Prestações de Contas torna-se de vital importância, bem como o cumprimento das medidas corretivas determinadas, sob pena de ficar inviabilizada a prevenção propugnada pela lei. Pode-se entender que esta foi a situação que serviu de orientação para o estabelecimento de uma severa multa para o Gestor Fiscal que descumprir tais prazos (art. 5º da Lei nº 10.028, de 19.10.2000. Multa de 30% dos vencimentos anuais do agente que lhe der causa).

Dessa forma, tratando-se de um controle de acompanhamento, e tendo em conta a natureza jurídica do parecer prévio, pode-se dizer que o parecer prévio conclusivo sobre as contas de gestão fiscal emitido pelo Tribunal de Contas não encerra uma decisão propriamente dita, tendo em vista o seu caráter meramente constatativo de cumprimento das normas legais, sem aplicar qualquer espécie de sanção. Por isso, nem mesmo a aplicação da multa prevista na Lei nº 10.028/2000 deve ser analisada no parecer prévio conclusivo, na medida em que, envolvendo penalidade que constitui infração administrativa contra as leis de finanças públicas, deve ser processada e julgada pelo Tribunal de Contas em procedimento próprio, em que seja assegurado ao agente público o mais amplo direito de defesa.[179]

Contudo, embora haja tão somente a sobredita penalidade administrativa na órbita de competência do Tribunal de Contas, as demais violações às normas da Lei de Responsabilidade Fiscal não restam isentas de sanção. Muito pelo contrário, o Gestor Fiscal que deixar de

---

[179] O Tribunal de Contas do RS, por meio da Resolução nº 587/2001, publicada no *DOE* de 28.12.2001, estabeleceu e regulamentou a forma de processamento e julgamento da infração administrativa prevista no art. 5º da Lei Federal nº 10.028/2000, determinando no seu art. 4º, §1º, que: "quando o Parecer sobre as contas de Gestão Fiscal, aprovado pelo Tribunal Pleno ou pela Câmara, indicar a ocorrência da infração nos termos do *caput* deste artigo, será remetida sua cópia, e das demais peças que se entender cabíveis, à Direção de Controle e Fiscalização, para fins de autuação do processo de infração administrativa".

dar cumprimento aos regramentos da Lei Complementar nº 101/2000, nos termos do seu art. 73, se sujeita a penalidades muito mais severas que as de natureza administrativa, por envolverem sanções criminais: "As infrações dos dispositivos desta Lei Complementar serão punidas segundo o Decreto-Lei nº 2.848, de 7 de dezembro de 1940 (Código Penal); a Lei nº 1.079, de 10 de abril de 1950; o Decreto-Lei nº 201, de 27 de fevereiro de 1967; a Lei nº 8.429, de 2 de junho de 1992; e demais normas da legislação pertinente". Estes dispositivos legais devem ser aplicados com as alterações realizadas pela Lei Federal nº 10.028/2000, que acresceu ao Código Penal o "Capítulo IV – Dos Crimes contra as Finanças Públicas"; procedeu a acréscimos à Lei nº 1.079/50 e ao Decreto-Lei nº 201/1967, no sentido de adequá-los com regulamentação e sanções aos chamados crimes de responsabilidade fiscal.

Diante dessas circunstâncias peculiares de valoração jurídica dos atos de gestão fiscal, verifica-se que o novo ordenamento legal introduzido pela Lei Federal nº 10.028/2000, consoante os novos tipos penais que agregam a legislação penal (inscrever despesas não empenhadas em Restos a Pagar; assumir obrigação no último ano de mandato ou legislatura, sem contrapartida suficiente de disponibilidade de caixa; aumentar a despesa total com pessoal no último ano do mandato ou legislatura; etc.), não admite os comportamentos contrários à Lei de Responsabilidade Fiscal e, mesmo aqueles que eram considerados como mera falha ou infração administrativa, passam a ser tipificados penalmente, tendo qualificação de crimes puníveis com pena privativa de liberdade.

Como em matéria criminal, a denúncia ou a proposta da ação principal está inserida na competência do Ministério Público, com julgamento pelo Poder Judiciário, quando o Tribunal de Contas, no exercício do controle externo, emitir parecer prévio conclusivo sobre a prestação de contas do Gestor Fiscal e verificar o descumprimento das normas da Lei de Responsabilidade Fiscal, deverá encaminhar ao Ministério Público os elementos e os documentos da sua constatação.[180]

Portanto, conclusivamente, em decorrência de descumprimento das normas da Lei de Responsabilidade Fiscal, pode-se afirmar que o responsável pela gestão fiscal — o Gestor Fiscal e não o Ordenador de

---

[180] Esta é a postura decisória que vem sendo adotada no âmbito do Tribunal de Contas do Estado do RS, conforme consta dos pareceres emitidos nos processos de prestações de contas de gestão fiscal: "pela remessa de cópia à Procuradoria-Geral de Justiça, tendo em vista que os autos revelam infringência a dispositivos da Lei de Responsabilidade Fiscal para, na órbita de sua competência, avaliar as circunstâncias quanto à interposição da ação penal cabível" (Decisão proferida pela 2ª Câmara nos Processos nºs 5073-02.00/01-5 e 6138-02.00.01-7).

Despesa — se sujeita a penalidades de duas naturezas: administrativa e penal (quando o Gestor Fiscal e o Ordenador de Despesa envolverem a pessoa da mesma autoridade administrativa, o parecer prévio sobre a gestão fiscal pode ser encaminhado para integrar o exame das contas anuais, relativas à fiscalização contábil, financeira e orçamentária).

Administrativa é a aplicação de multa no valor de 30% dos vencimentos anuais, que é processada e julgada pelo Tribunal de Contas, consoante as infrações arroladas no art. 5º da Lei Federal nº 10.028/2000: I – deixar de divulgar ou de enviar ao Poder Legislativo e ao Tribunal de Contas o relatório de gestão fiscal, nos prazos e condições estabelecidos em lei; II – propor lei de diretrizes orçamentárias anual que não contenha as metas fiscais na forma da lei; III – deixar de expedir ato determinando limitação de empenho e movimentação financeira, nos casos e condições estabelecidos em lei; IV – deixar de ordenar ou promover, na forma e nos prazos da lei, a execução de medida para a recondução do montante da despesa total com pessoal que houver excedido a repartição por Poder do limite máximo.

Penais são as sanções aplicadas de acordo com o Código Penal; a Lei Federal nº 1.079/50; o Decreto-Lei nº 201/67 — com as alterações efetuadas pela Lei Federal nº 10.028/2000 — a Lei de Improbidade Administrativa, Lei Federal nº 8.429/1992; juntamente com as demais normas da legislação pertinente, quando houver descumprimento da Lei de Responsabilidade Fiscal, cujos comportamentos sejam enquadráveis nos tipos penais estipulados naquela legislação, conforme a expressa determinação contida no art. 73 da Lei Complementar nº 101/2000. Esses comportamentos considerados como delituosos, embora se submetam ao controle de acompanhamento efetuado pelo Tribunal de Contas, sujeitam-se a ação penal ou ação de improbidade administrativa proposta pelo Ministério Público, com julgamento pelo Poder Judiciário.

A Lei de Responsabilidade Fiscal ainda estipula mais uma penalidade administrativa: a suspensão de transferências voluntárias. No entanto, entendemos que esta não seja uma penalidade aplicável propriamente ao Gestor Fiscal, mas sim às entidades federadas — Estados e Municípios — por descumprimento dos prazos determinados para o encaminhamento dos relatórios bimestrais, quadrimestrais e da prestação de contas da gestão fiscal; por cometimento de excesso no limite fixado para as despesas de pessoal; por descumprimento dos prazos fixados para a consolidação, nacional e por esfera de governo, das contas das entidades federadas; na medida em que a transferência voluntária possui a seguinte definição do artigo 25 da LRF: "Para efeito desta Lei Complementar, entende-se por transferência voluntária a entrega de recursos e de capital a outro ente da Federação, a título de cooperação, auxílio ou assistência financeira, que não decorra de determinação constitucional, legal ou os destinados ao Sistema Único de Saúde".

Dessa forma, a penalidade administrativa de suspensão de transferências voluntárias não atinge a pessoa da autoridade governante, mas sim a entidade federada que deixa de receber os recursos repassados a esse título, com prejuízo a toda comunidade estadual ou municipal, porque resulta em sustação dos investimentos e serviços que estavam sendo realizados com tais recursos financeiros.

Por isso, este instrumento punitivo, de natureza administrativa, embora não se reflita diretamente sobre a pessoa do Gestor Fiscal, é de extrema relevância pelos efeitos que produz, servindo, inclusive, de estímulo ao exercício do controle social previsto na própria Lei Complementar, fazendo com que o cidadão realize este controle social, no sentido de exigir do administrador o cumprimento das determinações legais e, assim, seja evitada a suspensão das transferências voluntárias.

CAPÍTULO 4

ATIVIDADES DE CONTROLE DO ESTADO

4.1 O controle da Administração Pública

Conforme está colocado no capítulo 1, o Estado se constitui de território, povo e governo, desenvolvendo funções para o atendimento do bem público, consoante uma intensa atividade financeira exercitada através de seus organismos — órgãos públicos — os quais são geridos por agentes públicos que devem pautar a sua ação mediante princípios constitucionais dirigidos à Administração Pública.

Portanto, a ação estatal envolve a administração do patrimônio e a utilização dos dinheiros públicos, que são atos de poder político praticados pelo governo, cujo exercício está afeto às autoridades governamentais. A autoridade estatal, como expressão dinâmica da ordem pública, é suprema e o seu poder tem como fim o bem-estar da sociedade.

Contudo, este exercício do poder, não raro, induz a abusos, impondo-se, por esse motivo, a criação e a utilização de controles para o uso do poder. No dizer de Montesquieu, "a liberdade política somente existe nos governos moderados. Mas nem sempre ela existe nos governos moderados. Só existe quando não se abusa do poder, mas é uma experiência eterna que todo o homem que detém o poder é levado a dele abusar: e vai até aonde encontra limites. Quem o diria?

A própria virtude precisa de limites. Para que não se abuse do poder é necessário que pela disposição das coisas o poder limite o poder" (*L'Esprit des lois*, livro XI, cap. VI).[181]

A função de controle do poder foi estruturada no Estado moderno, quando se consolidou como uma das principais características do Estado de Direito. No Estado de Direito a Administração está vinculada ao cumprimento da lei e ao atendimento do interesse público — atendimento ao princípio da legalidade e à supremacia do interesse público — por isso, para eficácia dessa exigência, torna-se imperativo o estabelecimento de condições que verifiquem, constatem e imponham o cumprimento da lei para o atendimento do interesse público, com a finalidade de ser evitado o abuso de poder. A isto se chama controle da Administração Pública.

Em um contexto maior das ciências sociais, o controle é um fenômeno elementar para a análise dos processos de organização e regulação social. Segundo Bruno Speck, fundado em preposição de Carlos Estevam Martins, os vários aspectos do controle no sistema sociopolítico abrangem quatro dimensões: a) o controle que a sociedade exerce sobre si mesma — costumes, normas e hábitos afirmados por mecanismos de sanção social — revelando o controle mais como uma categoria analítica do que um instrumento do comportamento social; b) o controle que a sociedade exerce sobre o sistema político. A sociedade executa esse controle via mecanismos institucionais e extrainstitucionais, sobre os centros decisórios do sistema político; c) o controle que o Estado exerce sobre a sociedade. Esse controle deriva do poder que o Estado tem para, mediante o uso legítimo da força, obrigar os cidadãos a cumprirem a lei; e d) o controle que o sistema político exerce sobre si mesmo. As democracias modernas dispõem de vários mecanismos de controle mútuo, baseados na constituição de instâncias relativamente autônomas, com poderes de revisão sobre a atuação de outras instituições.[182] É o Estado controlando o Estado.

Aspecto interessante a ser salientado é o relativo à origem do termo *controle*. Embora hoje a palavra já esteja perfeitamente integrada à linguagem jurídica nacional, sendo de uso corrente no Direito Público, houve tempo em que a sua utilização foi alvo de severas críticas. Em virtude da sua origem francesa — deriva da expressão *contrôle* — argumentavam os puristas de linguagem que no português havia termo

---

[181] AZAMBUJA, op. cit., p. 200.

[182] SPECK, Bruno Wilhelm. *Inovação e rotina no Tribunal de Contas da União*: o papel da instituição superior de controle financeiro no sistema político administrativo do Brasil. São Paulo: Fundação Konrad Adenauer, 2000. p. 12-15. Série Pesquisas.

adequado — fiscalização — para indicar o seu sentido técnico, não sendo necessária a utilização de galicismos.

Contudo, dirimindo o problema e influenciando a postura doutrinária, Hely Lopes Meirelles posiciona com magistral precisão a temática, mencionando: "a palavra *controle* é de origem francesa (*contrôle*) e por isso sempre encontrou resistências entre os cultores do vernáculo. Mas, por ser intraduzível e insubstituível no seu significado vulgar ou técnico, incorporou-se definitivamente no nosso idioma, já constando de modernos dicionários da língua portuguesa nas suas várias acepções, e, no direito pátrio, o vocábulo controle foi introduzido e consagrado por Seabra Fagundes desde a publicação de sua insuperável monografia, O controle dos atos administrativos pelo Poder Judiciário (1941)".[183]

Em conclusão, na esteira do posicionamento sobredito, que dispensa justificativas complementares, optamos aqui pela utilização do termo controle, por entendermos que o seu sentido técnico é o que melhor expressa o meio de ser efetuada a verificação de regularidade dos atos praticados pela Administração Pública.

Assim, o controle da Administração Pública é próprio dos Estados de Direito e, sobretudo, democráticos, no sentido de ser procedida verificação, quanto ao atendimento dos princípios e normas constitucionais, em toda forma de atuação administrativa, a qual deve estar sempre voltada para a satisfação do interesse público, que reflete fator de proteção não só para os administrados como também à própria Administração Pública.

4.2 Aspectos de compreensão do controle

Considerando-se que o controle é elemento essencial ao Estado de Direito, sendo sua finalidade assegurar que a Administração atue de acordo com os princípios que lhe são impostos pelo ordenamento jurídico,[184] pode-se afirmar que o controle constitui poder-dever dos órgãos a que a lei atribui essa função, precisamente pela sua finalidade

---

[183] MEIRELLES, 2001, p. 624, nota l.

[184] FREITAS, 1999, p. 19, refere que a própria noção de controle, excessivamente limitada a juízos de mera conformação às regras, haverá de experimentar dignificação e realce em termos de efetividade, máxime na tarefa de outorgar concretização aos princípios superiores estatuídos na Constituição. "Em outras palavras, o critério decisivo para estimar uma adequada atuação controladora reside, justamente, no zelo pela íntegra dos princípios regentes da Administração Pública, sobretudo quando se mostrar justificável a preponderância episódica de um, sem exclusão ou supressão recíproca dos demais".

corretiva; ele não pode ser renunciado nem retardado, sob pena de responsabilidade de quem se omitiu.[185]

Modernamente, houve uma valorização dos sistemas de controle, especialmente no âmbito público, com uma ampliação das formas de exercício do controle. Trata-se de uma atividade que envolve todas as funções do Estado, estando direcionada para o estabelecimento e a manutenção da regularidade e da legalidade administrativa, que procede a uma avaliação no sentido de evitar erros e distorções na ação estatal, buscando indicar procedimentos de reorientação para as falhas detectadas ou agindo na responsabilização dos agentes causadores dessas impropriedades legais que ocasionam prejuízos à coletividade.

Nesse aspecto relativo aos objetivos da atividade controladora, na esteira das indicações efetuadas por Fayol, Luciano Ferraz bem consolida os elementos constituidores da ação do controle:

a) a atividade de controle tem como parâmetro os programas, as ordens (normas) e os princípios;

b) o controle é o elemento da administração que concilia todos os elementos precedentes — planejamento, organização, comando e coordenação;

c) objetiva detectar erros e falhas, evitando outras futuras ocorrências;

d) dependendo da complexidade da atividade controladora, é necessário valer-se de controladores e inspetores especializados;

e) o controle deve ser realizado em tempo hábil e, detectadas as falhas, os responsáveis devem sofrer as consequências;

f) os responsáveis pelo controle devem possuir conhecimentos técnicos e isenção, no momento de realizar a sua atividade.[186]

Segundo Gualazzi, a função controle constitui, consoante Gianini, uma função complementar. O controle envolve uma função paralela à da administração ativa. Assim como a função consultiva consiste em autotutela apriorística complementar à administração ativa, nos aspectos de legitimidade e legalidade, a função controle significa supervisão

---

[185] DI PIETRO, op. cit., p. 488.

[186] FERRAZ, Luciano de Araújo. *Controle da Administração Pública*: elementos para compreensão dos Tribunais de Contas. Belo Horizonte: Mandamentos, 1999. p. 75, citando Fayol, referentemente ao fato de que o controle não pode nem deve substituir a Administração, o autor menciona que é necessário "evitar as ingerências do controle na direção e execução dos serviços. Essa usurpação constitui a dualidade de direção, em seu aspecto mais lamentável: de um lado, o controle irresponsável, munido, entretanto, do poder de obstrução, às vezes em limites amplos; de outro, o serviço executivo que não dispõe senão de fracos meios de defesa contra um controle hostil".

complementar à da administração ativa, nos aspectos de legalidade e mérito.[187]

Assim, sendo o controle uma atividade complementar, que tem a finalidade de avaliar a atuação administrativa, consoante um conjunto de normas e princípios, visando estabelecer ou manter a regularidade e a legalidade da Administração, não pode ele, independentemente do tipo e natureza do controle ou órgão que o executa, fazer as vezes do administrador, substituindo a Administração na sua função ativa de realizar as tarefas de sua finalidade. Controle não administra. A sua função é de fiscalizar, avaliar, detectar erros e falhas e responsabilizar a Administração, mas jamais tomar o seu lugar. Controle que substitui a Administração pratica abuso de poder, com desvio de finalidade na sua atuação.

Em gênero, são muitos os critérios existentes para serem classificadas as modalidades de controle. No entanto, independente da forma, existem alguns elementos que constam sempre como referência no meio doutrinário. O controle pode ser interno ou externo. Quanto ao órgão que o executa, pode ser administrativo, legislativo ou judiciário, e se efetua de forma prévia, concomitante ou *a posteriori*, envolvendo aspectos de legalidade ou de mérito.

4.2.1 Quanto ao tipo

O controle pode ser interno ou externo, dependendo se a sua execução é efetuada por órgão integrante ou não da própria estrutura em que se inclui o órgão controlado. Todavia, a abordagem aqui efetuada não abrangerá os sistemas de controles interno e externo previstos para a fiscalização contábil, financeira, orçamentária, operacional e patrimonial, uma vez que serão analisados em tópico específico.

4.2.1.1 Controle interno

O controle é interno quando a própria Administração procede ao controle sobre os seus atos, decorrendo do poder hierárquico que a organiza. É a forma que a Administração possui para verificar a regularidade e a legalidade de seus próprios atos, no sentido de se ater aos princípios da legalidade e da supremacia do interesse público, em que

---

[187] GUALAZZI, Eduardo Lobo Botelho. *Regime jurídico dos Tribunais de Contas*. São Paulo: Revista dos Tribunais, 1992. p. 27.

se inclui, inclusive, avaliação envolvendo a conveniência administrativa do ato praticado.

Quando alguém assume a condição de agente público — político ou administrativo — no momento do ato em que toma posse no seu cargo público, para poder exercer atividades em nome do Estado, também lhe é transferida parcela do Poder Público. Juntamente com essa parcela de poder, o agente público assume também direitos e obrigações. Uma das principais obrigações do agente público é o dever de controle. O Servidor, além de exercer bem as suas funções — agir com eficiência, zelo e dedicação — tem o dever de proceder controle sobre os serviços em que atua, bem como sobre os materiais, bens e equipamentos postos a sua disposição para o exercício das atividades públicas. Sobre este servidor há o controle da chefia imediata, a qual tem o controle do Supervisor e este do Diretor. Este é o controle que decorre do poder hierárquico. Outro exemplo que bem caracteriza o controle interno são os órgãos denominados de *Corregedorias*, comumente utilizados no âmbito dos Ministérios Públicos e dos Tribunais Judiciais e de Contas, no sentido de acompanhar e avaliar a correção dos atos praticados pelos seus membros.

É justamente pelo exercício do controle interno — o controle por si própria — que o Supremo Tribunal Federal reconheceu à Administração Pública o poder de anular os seus próprios atos, quando ilegais, e revogá-los por questão de conveniência administrativa.[188]

4.2.1.2 Controle externo

O controle é externo quando o órgão controlador não integra a estrutura do órgão controlado. É o controle de um Poder sobre o outro; ou da Administração direta sobre a indireta. Segundo Hely Lopes Meirelles, "controle externo é o que se realiza por órgão estranho à Administração responsável pelo ato controlado, como, p. ex., a apreciação das contas do Executivo e do Judiciário pelo Legislativo; a auditoria do Tribunal de Contas sobre a efetivação de determinada despesa do Executivo; a anulação de um ato do Executivo por decisão do Judiciário; a sustação de ato normativo do Executivo pelo Legislativo".[189]

Assim, controle externo seria o contrasteamento *externa corporis*, realizado por Poder ou órgão diverso do controlado, envolvendo o exame

---

[188] STF, Súmulas nºs 346 e 473.

[189] MEIRELLES. *Direito Administrativo brasileiro*. 26. ed. p. 626.

de legitimidade e legalidade e/ou supervisão político-administrativa,[190] verificando se houve regularidade nos atos praticados para o alcance dos objetivos de interesse coletivo.

4.2.2 Quanto ao órgão executor

A execução do controle, seja ele interno ou externo, ocorre no âmbito administrativo das entidades estatais; mediante ação do Legislativo ou por decisão judicial.

4.2.2.1 Administrativo

Controle administrativo é o poder de fiscalização e correção que a Administração Pública — em sentido amplo — exerce sobre a sua própria atuação, quanto aos aspectos de legalidade e mérito, por iniciativa própria ou por provocação,[191] visando manter a sua atuação de acordo com a exigência constitucional, no que pertine ao atendimento dos princípios da legalidade, impessoalidade, moralidade, publicidade e eficiência, com vista ao atendimento do seu primordial objetivo que é o de satisfazer as necessidades coletivas.

O controle administrativo deriva do poder-dever de autotutela que a Administração tem sobre os seus próprios atos e agentes, dando-lhe condições para anular, revogar ou alterar esses atos, bem como para punir os seus agentes com as penalidades estatutárias previstas.[192] Conforme orientação judicial, a Administração somente anula ato ilegal (STF, Súmula nº 346), enquanto no ato legal considerado inconveniente, inoportuno ou ineficiente procede a sua revogação ou a sua alteração (STF, Súmula nº 473).

Este poder de autotutela dos próprios atos pode se materializar por meio do controle *ex officio*, que é o dever de ação da autoridade pública para anular, quando toma conhecimento de ato ilegal — ato seu ou de seu subordinado; ou para revogar e alterar, quando o conhecimento é relativo a ato inconveniente, inoportuno ou ineficiente; como pode ocorrer mediante provocação do interessado em processo de recurso administrativo, fator que decorre do direito de petição e envolve uma infinidade de modos recursais administrativos, que se encontram disciplinados em legislação esparsa, nas três órbitas federadas.

---

[190] GUALAZZI, op. cit., p. 34.

[191] DI PIETRO. *Direito Administrativo*. 10. ed. p. 490.

[192] MEIRELLES. *Direito Administrativo brasileiro*. 26. ed. p. 629-630.

4.2.2.2 Legislativo

O controle exercido pelo Poder Legislativo é essencialmente de natureza política, mas também ocorre no aspecto financeiro. De acordo com a clássica tripartição dos poderes realizada por Montesquieu e adotada pelo Estado Brasileiro, a cada poder foi destinada uma função — Executiva, Legislativa e Judiciária — os quais devem conviver em harmonia, limitando-se reciprocamente, mas sem ser absolutamente separados e sem paralisar uns aos outros, no sentido de que a unidade do poder do Estado não se rompa por tal circunstância.

Portanto, no regime constitucional da separação dos poderes há o controle do poder pelo poder, mas com o dever de ser salvaguardada e respeitada a independência de cada um, tendo-se em conta a harmonia que deve existir na atuação funcional dos Poderes do Estado.

De acordo com o exercício dessas funções, guardando a independência e a harmonia entre os Poderes, é que o Legislativo procede ao seu controle sobre a Administração Pública, com o mesmo sendo exercido nos termos do delimitado pela Constituição Federal, uma vez que o mesmo resulta em interferência de um Poder nas atribuições de outro.

São exemplos do controle político e financeiro exercido pelo Poder Legislativo: proceder à sustação de atos e contratos do Executivo; realizar convocação de Ministros e requerimentos de informações, queixas e representações dos administrados e convocação de qualquer autoridade ou pessoa para depor; instalar Comissões Parlamentares de Inquérito para apurar irregularidades; proceder ao julgamento das contas do Chefe do Poder Executivo; suspender ou destituir (*impeachment*) o Presidente ou os Ministros; exercer o controle externo da Administração Pública direta e indireta, com o auxílio do Tribunal de Contas.

4.2.2.3 Judiciário

Quando pela natureza da sua função — atividade jurisdicional — o Poder Judiciário é instado a resolver as situações contenciosas entre a Administração Pública e o indivíduo, ocorre o controle judiciário ou judicial das atividades administrativas,[193] envolvendo a órbita dos três poderes do Estado — Executivo, Legislativo e Judiciário.

---

[193] FAGUNDES, Miguel Seabra. *O controle dos atos administrativos pelo Poder Judiciário*. 5. ed. Rio de Janeiro: Forense, 1979. p. 664, conceitua controle judiciário ou judicial como aquele "exercido privativamente pelos órgãos do Poder Judiciário sobre os atos administrativos do Executivo, do Legislativo e do próprio Judiciário quando realiza atividade administrativa". MEDAUAR, Odete. *Controle da Administração Pública*. São Paulo: Revista dos Tribunais, 1993. p. 159, adverte que a expressão controle jurisdicional da Administração "reveste-se

Nesse contexto, o controle judiciário, juntamente com o princípio da legalidade, constitui um dos principais fundamentos de sustentação do Estado Democrático de Direito,[194] uma vez que seria inútil submeter os atos da Administração às exigências da lei, caso não fosse possível controlá-los por meio de um órgão constituído em Poder do Estado, com garantias de imparcialidade para o exercício dessa função controladora.

O controle Judiciário possui fundamento constitucional e está determinado no art. 5º, XXXV, da Constituição Federal, que proíbe, peremptoriamente, a lei de excluir da apreciação do Poder Judiciário qualquer lesão ou ameaça a direito. Assim, independente de quem seja o autor da lesão ou da ameaça a direito, incluindo o próprio Poder Público, o prejudicado pode e deve utilizar-se das vias judiciais para proteger esse direito.

Dessa forma, como bem posiciona Bandeira de Mello, "o Poder Judiciário, a instâncias da parte interessada, controla, 'in concreto', a legitimidade dos comportamentos da Administração Pública, anulando suas condutas ilegítimas, compelindo-a àquelas que seriam obrigatórias e condenando-a a indenizar os lesados, quando for o caso".[195]

São vários os meios judiciais destinados ao controle judiciário, postos na Constituição e em legislação específica, com a finalidade de proceder correção da ação administrativa violadora de direitos. Entre esses meios, podem ser citados os seguintes: *habeas corpus* (art. 5º, LXVIII, CF e Código de Processo Penal, arts. 647 e segs.); mandado de segurança individual e coletivo (art. 5º, incisos LXIX e LXX, CF e Leis nº 1.533 de 31.12.1951 e 4.348, de 26.06.1964); mandado de injunção (art. 5º, LXXI, CF); e *habeas data* (art. 5º, LXXII, CF e Lei nº 9.507, de 12.11.1997).

4.2.3 Quanto ao momento

O controle da Administração Pública visa, precipuamente, que o procedimento administrativo, na realização das atividades do Estado, ocorra de forma regular e adequada, buscando evitar a prática de atos ilegais ou com desvio de finalidade, com acompanhamento da atividade administrativa, procedendo a avaliação desses atos após a sua

---

de conotação mais ampla que a expressão 'controle jurisdicional do ato administrativo', pois abrange a apreciação jurisdicional não somente dos atos administrativos, mas também dos contratos, das atividades ou operações materiais e mesmo da omissão ou inércia da Administração".

[194] DI PIETRO, op. cit., p. 502.

[195] BANDEIRA DE MELLO, Celso Antônio. *Curso de Direito Administrativo*. 4. ed. São Paulo: Malheiros, 1993. p. 116.

prática. Assim, o controle pode ser exercido em diversos momentos da atividade administrativa, podendo, por isso, ser prévio, concomitante ou *a posteriori*.

4.2.3.1 Controle prévio

O controle é prévio quando antecede a realização do ato administrativo, no sentido de evitar procedimento contrário à lei e ao interesse público, com o intuito de manter a ação administrativa dentro de princípios adequados à boa prestação de serviços públicos.

São vários os exemplos de controle prévio previstos na Constituição e na legislação esparsa. É o caso da exigência de haver empenho prévio para a realização da despesa (art. 60, Lei nº 4.320/64); do Presidente necessitar de autorização do Congresso Nacional para ausentar-se do país, por período superior a 15 dias (art. 49, III, CF); dos Estados e Municípios necessitarem de autorização do Senado Federal para realizarem operação de crédito — empréstimo — no exterior (art. 52, V, CF); da prévia licitação para a celebração de contrato de obra, fornecimento de material ou prestação de serviço (Lei nº 8.666/93).

4.2.3.2 Controle concomitante

O controle concomitante é exercido no momento em que se realiza a atividade administrativa, acompanhando a regularidade da ação desenvolvida pela Administração Pública, com o objetivo de evitar distorções e proceder a correções imediatas, para manter a atuação pública dentro de uma continuidade de procedimentos regulares.

São exemplos de controle concomitante o acompanhamento das diversas etapas do procedimento licitatório, no sentido de preservar a formalidade exigida, a publicidade dos atos, a igualdade entre os licitantes e o sigilo na apresentação das propostas (Lei nº 8.666/93); o acompanhamento da execução contratual quanto ao exato cumprimento das suas disposições; a realização de auditorias e inspeções no acompanhamento da execução orçamentária por parte do Tribunal de Contas (art. 71, IV, CF); e o acompanhamento efetuado pela Corregedoria do Judiciário sobre os diversos atos praticados no exercício da jurisdição.

4.2.3.3 Controle posterior

O chamado controle *a posteriori* ocorre após a realização do ato praticado em decorrência da ação administrativa desenvolvida, com a finalidade de proceder a uma avaliação sobre a sua correção e legalidade, com o objetivo de promover a sua aprovação ou homologação e, no caso de encontrar erros, falhas e vícios, adotar medidas que levem a sua correção ou desfazimento.

Como exemplos de controle posterior, dentre os vários existentes, podem ser citados: o exame da legalidade dos atos de admissão de pessoal e de aposentadorias realizados pelo Poder Público (art. 71, III, CF); o julgamento das contas dos responsáveis por bens e valores públicos (art. 71, II, CF); o controle judicial exercido sobre o ato praticado por autoridade pública (art. 109, VIII, CF); o controle da autoridade administrativa efetuado sobre os atos praticados por seus subordinados; e o ato de recebimento de obra concluída.

4.2.4 Quanto à finalidade

No que pertine a finalidade, o controle é exercido com o objetivo de manter o ato da Administração Pública dentro dos parâmetros de legalidade e, no tocante ao seu mérito, verificar a eficiência e eficácia, com avaliação sobre a conveniência e a oportunidade do ato praticado. Por isto, quanto à finalidade, o controle será de legalidade e de mérito.

4.2.4.1 Controle de legalidade

O controle de legalidade decorre da obrigatoriedade de cumprimento do princípio constitucional da legalidade dirigido à Administração Pública, sendo este específico do Estado de Direito e, no dizer de Celso Antônio, é o princípio basilar do regime jurídico-administrativo, "é justamente aquele que o qualifica e que lhe dá identidade própria".[196]

Dessa forma, estando a Administração Pública obrigada a agir de acordo com a lei, torna-se imperioso que haja uma verificação sobre os seus atos, no sentido de ser apurado se estão ou não sendo praticados com desvio da finalidade legal estipulada.

Portanto, o objetivo do controle de legalidade é constatar a conformidade dos atos e procedimentos administrativos à lei, sendo esta compreendida em sentido genérico, abrangendo todo o sistema normativo, com inclusão dos decretos, regulamentos, portarias e instruções normativas, inclusive procedendo a exame no que diz respeito à adequação desses instrumentos legais aos de hierarquia superior.

---

[196] BANDEIRA DE MELLO, *Curso de Direito Administrativo*. 4. ed. p. 47.

HELIO SAUL MILESKI
O CONTROLE DA GESTÃO PÚBLICA

O controle de legalidade pode ser exercido tanto pelo Executivo quanto pelo Legislativo e Judiciário, apenas alterando-se o modo e a abrangência do controle.

4.2.4.2 Controle de mérito

O controle de mérito, diferentemente do controle de legalidade, busca verificar o resultado da ação administrativa na consecução dos fins do Estado, avaliando a eficiência, a eficácia e a economicidade dos atos praticados, tendo em conta a conveniência e a oportunidade dos mesmos.

Em análise do controle de mérito, Gualazzi refere ser "oportuno e conveniente realçar-se que o juízo de mérito não se atém a critérios lógicos, rígidos e preordenados, como ocorre com o juízo de legitimidade; com efeito, no juízo de mérito verifica-se ocorrer, amiúde, o elastério da denominada discricionariedade técnica, que consiste na amplíssima liberdade de opção do controlador de mérito, no escolher os padrões técnico-científicos de análise, atendo-se somente à observância dos princípios de comportamento, gerais e co-naturais ao ordenamento jurídico, de 'boa administração', 'justiça substancial' e 'moralidade administrativa'".[197]

Dessa forma, o controle de mérito tem por finalidade constatar a eficiência da Administração Pública, verificando se foram atingidas as metas programadas para o atendimento das necessidades públicas; se esta ação administrativa além de eficiente foi também eficaz, qual seja: produziu resultado compatível, satisfatório e de resolução das necessidades coletivas; se estes atos da Administração, mais do que eficientes e eficazes, também foram realizados com economicidade, que é a busca da solução econômica mais adequada à circunstância — o princípio da economicidade objetiva o máximo de realização com o mínimo de dispêndio.[198]

De outro lado, como adverte Hely Lopes Meirelles, no tocante à conveniência ou oportunidade, o controle de mérito é valoração

---

[197] GUALAZZI, op. cit., p. 53. O autor realiza o seu comentário com base nos fundamentos apresentados por FERRARI, Giuseppe. *Gli organi ausiliari*. Milano: Giuffre, 1956. p. 252.

[198] FREITAS, 1999, p. 86. O autor ressalta a importância do princípio da economicidade e, de acordo com a conceituação que formula, afirma que se trata "de princípio vinculado ao da proporcionalidade, com a vantagem de ter sido estampado expressamente na Constituição Federal, no *caput* do citado art. 70. Sem dúvida, o princípio da economicidade merece tratamento autônomo e prudente, para que seja mais energicamente contemplado, não apenas em sede de controle externo ou interno, porém, por igual, no âmbito do controle a ser efetuado pelo Poder Judiciário e, ainda, pelo denominado controle social".

efetuada interna e unicamente pela Administração, para a prática, abstenção, modificação ou revogação do ato de sua competência.[199] Enquanto no aspecto da eficiência, eficácia e economicidade o controle é exercido com fundamentos técnico-científicos, no campo da conveniência e oportunidade é feita uma avaliação de natureza político-administrativa, com suporte na discricionariedade.[200]

4.3 Conceito e abrangência do controle

Conforme o já salientado nos tópicos anteriores, o controle da Administração Pública é corolário do Estado Democrático de Direito, tendo por objetivo verificar se a atividade administrativa ocorre de conformidade com o ordenamento jurídico nacional, a fim de evitar que a ação administrativa discrepe dos princípios constitucionais da legalidade, impessoalidade, moralidade, publicidade e eficiência. Assim, o controle obsta o abuso de poder por parte da autoridade administrativa, fazendo com que esta paute a sua atuação em defesa do interesse coletivo, mediante uma fiscalização orientadora, corretiva e até punitiva.

Consoante a finalidade e a abrangência do controle, podem-se traçar as linhas básicas de sua definição. No plano doutrinário, conforme os critérios adotados para a análise do tema, são diversas as propostas efetuadas pelos administrativistas, porém, no contexto do estudo aqui desenvolvido, por serem mais apropriados, utilizo-me dos ensinamentos de Maria Sylvia Zanella Di Pietro que, após mencionar o controle como um poder-dever dos órgãos a que a lei atribui essa função, define "controle da Administração Pública como o poder de fiscalização e correção que sobre ela exercem os órgãos dos Poderes Judiciário, Legislativo e Executivo, com o objetivo de garantir a conformidade de sua atuação com os princípios que lhe são impostos pelo ordenamento jurídico".[201]

Dessa forma, a ação do controle abrange todo e qualquer ato da atividade administrativa, envolvendo os três Poderes do Estado — Executivo, Legislativo e Judiciário — no âmbito da Administração direta e indireta, com o controle sendo exercitado por todos e sobre

---

[199] MEIRELLES, 2001, p. 628.

[200] *Idem*, p. 628.

[201] DI PIETRO, op. cit., p. 488.

todos, com a finalidade de ser assegurada a submissão administrativa aos ditames da ordem jurídica.[202]

4.4 Espécies de controle

Tendo em conta os poderes de fiscalização e correção que o controle tem sobre os órgãos do Poder Público, conforme o seu grau de precedência e amplitude, o mesmo é exercido por meio de várias espécies. Assim, conforme o controle é exercido — sobre os próprios atos; do legislativo sobre os atos do Executivo; do Judiciário sobre os atos dos demais Poderes; da população sobre os atos do Poder Público em geral; sobre os atos de execução orçamentária — ele pode ser caracterizado como controle administrativo, controle legislativo, controle judicial, controle social ou de fiscalização contábil, financeira, orçamentária, operacional e patrimonial.

4.4.1 Controle administrativo

Controle administrativo é o poder de autotutela da Administração Pública que permite a revisão de seus próprios atos, autorizando a desconstituição — anulação — de atos ilegais ou a revogação de atos inconvenientes ou inoportunos, revelando-se como um ato de controle interno.

Controle administrativo, na visão de Hely Lopes Meirelles, é todo aquele que o Executivo e os órgãos de administração dos demais poderes exercem sobre suas próprias atividades, visando a mantê--las dentro da lei, segundo as necessidades do serviço e as exigências técnicas e econômicas de sua realização, pelo que é um controle de legalidade e de mérito.[203]

Nesse contexto, o controle administrativo opera-se por diversos meios, podendo ser exercido *ex officio* — quando a autoridade administrativa verifica a existência de ilegalidade no seu ato — ou mediante provocação efetuada pelos administrados, via interposição de recursos administrativos que provoquem a revisão do ato praticado, os quais possuem a denominação de *representação administrativa; reclamação*

---

[202] MEIRELLES, 2001, p. 625. No aspecto da abrangência, o autor refere que, "como faculdade onímoda, o controle é exercitável em todos e por todos os Poderes do Estado, estendendo-se a toda a Administração e abrangendo todas as suas atividades e agentes".

[203] MEIRELLES, 2001, p. 629.

administrativa; pedido de reconsideração; recursos hierárquicos próprios e impróprios; e revisão.

4.4.2 Controle legislativo

O controle legislativo sobre a Administração Pública é o controle efetuado pelos órgãos legislativos — Congresso Nacional, Assembleias Legislativas e Câmaras de Vereadores — nos aspectos políticos e técnicos, devendo limitar-se às circunstâncias constitucionalmente previstas, na medida em que este controle resulta na interferência de um Poder em outro.

Considerando que o regime constitucional da separação dos poderes está assentado na harmonia e na independência, sem que haja subordinação de um Poder a outro, o controle legislativo é uma exceção a essa exigência de mútua cooperação institucional, na medida em que permite ao Legislativo interferir na atividade dos outros dois Poderes. Por isto, o controle legislativo deve ocorrer tão somente no limite da permissão constitucional, no sentido de ser preservado, no máximo possível, o princípio do equilíbrio harmônico e independente entre os Poderes. Caso o controle exceda ao limite permitido, este será inconstitucional, inadmitindo-se o seu exercício.

A autorização constitucional básica para o exercício do controle legislativo está expressa no art. 49, X, que estabelece para o Congresso Nacional a competência de "fiscalizar e controlar, diretamente, ou por qualquer de suas Casas, os atos do Poder Executivo, incluídos os da Administração indireta".

Também são exemplos de controle legislativo as seguintes previsões constitucionais: a atribuição de controle político quando estabelece competência exclusiva para o Congresso Nacional proceder à aprovação de tratados e convenções internacionais (art. 49, I); proceder autorização ao Presidente da República para declarar a guerra e fazer a paz (art. 49, II); proceder autorização para o Presidente da República ausentar-se do país (art. 49, III); proceder aprovação ou suspensão de intervenção federal ou de estado de sítio (art. 49, IV); bem como das contidas nos incisos XII, XIV, XVI e XVII do art. 49, juntamente com as dirigidas ao Senado Federal que estão fixadas no art. 52, incisos III, IV, V e XI, todos dispositivos da Constituição Federal.

Juntamente a essas atribuições de controle há ainda outras como a de convocar Ministros de Estado (art. 50); realizar apuração de irregularidades por intermédio de Comissões Parlamentares de Inquérito (art. 58, §3º); processar e julgar o Presidente e o Vice-Presidente da República, os Ministros de Estado, os Ministros do Supremo Tribunal Federal, o

Procurador-Geral da República e o Advogado-Geral da União (art. 52, I e II); efetuar o julgamento das contas do Presidente da República (art. 49, IX); exercer o controle externo da Administração com o auxílio do Tribunal de Contas (art. 71); autorizar operações externas de caráter financeiro (art. 52, V); fixar limites globais e condições para as operações de crédito externo e interno, incluindo concessão de garantias (art. 52, VI, VII e VIII); e a competência para sustar atos normativos do Poder Executivo que exorbitem da autorização legislativa concedida (art. 49, I).

4.4.3 Controle judicial

O controle judicial é aquele que se efetua por meio do Poder Judiciário sobre os atos dos demais Poderes e órgãos da Administração Pública. É essencialmente um controle de legalidade e o seu exercício ocorre sempre *a posteriori*.

Conforme o determinado pelo art. 37 da Constituição, é dever da Administração Pública manter obediência aos princípios da legalidade, impessoalidade, moralidade, publicidade e eficiência, constituindo-se em arcabouço dos fundamentos de validade da ação administrativa. Assim, a lei — compreendendo-se esta no seu sentido genérico, alcançando toda a forma de regramento, seja ele constitucional, legal ou regulamentar — é a principal forma de indicação do interesse público e, por isso, o controle de legalidade se revela como um elemento imprescindível para a manutenção do Estado Democrático de Direito, na medida em que o princípio da legalidade é o pressuposto básico de sua existência.

Para o controle de legalidade, diferentemente do que ocorre em muitos países, como é o caso da França, que possuem jurisdição administrativa e judicial, o Brasil adotou o sistema de jurisdição única, atribuindo ao Poder Judiciário o exercício da função jurisdicional, que é o poder de dizer o direito na apreciação de lesão ou ameaça de lesão a direito individual ou coletivo. Esta unicidade jurisdicional tem fundamento no art. 5º, XXXV, da Constituição Federal que dispõe: "a lei não excluirá da apreciação do Poder Judiciário lesão ou ameaça a direito".

Nesse aspecto, a Constituição destina várias ações específicas de controle judicial sobre a Administração Pública, às quais a doutrina tem denominado remédios constitucionais. "São assim chamadas porque têm a natureza de garantias dos direitos fundamentais; estão inseridas no título II da Constituição, concernente aos 'direitos e garantias fundamentais': o seu objetivo é provocar a intervenção de autoridades, em geral a judiciária, para corrigir os atos da Administração lesivos de direitos individuais ou coletivo".[204]

Os remédios constitucionais previstos, dentre outros, são: o *habeas corpus*, o *habeas data*, o mandado de segurança individual e coletivo, o mandado de injunção, a ação popular, a ação civil pública, a ação direta de inconstitucionalidade por ação ou omissão e a ação declaratória de constitucionalidade.

4.4.4 Controle social

O controle social é questão que sempre esteve presente nos clássicos da filosofia política que abordaram os temas do Estado, do poder, do fundamento do direito de mandar, tendo em conta os interesses individuais e coletivos.

Na clássica definição de Franco Garelli, efetuada em obra de Norberto Bobbio, "por controle social se entende o conjunto de meios de intervenção, quer positivos quer negativos, acionados por cada sociedade ou grupo social a fim de induzir os próprios membros a se conformarem às normas que a caracterizam, de impedir e desestimular os comportamentos contrários às mencionadas normas, de restabelecer condições de conformação, também em relação ao sistema normativo".[205]

Nesse contexto, o conceito de controle social fica entendido como limitação do agir individual na sociedade. Contudo, cada sociedade ou grupo social, no curso da sua história, adota os mecanismos de controle social que melhor atendam e garantam o consenso de convivência harmônica.

Assim, tendo em conta os interesses de cada sociedade ou grupo social, envolvendo, conforme o caso, situações de natureza política, social, jurídica ou econômica, o objetivo do controle social será destinado e exercido de acordo com um ou outro aspecto.

Numa situação como a atual, na qual a carência de recursos financeiros normalmente deriva para uma crise fiscal, deixando o Estado sem condições de sustentar a economia e de garantir o seu desenvolvimento, o controle social assume conotações diferenciadas, com este controle sendo confiado à própria população que o exercerá sobre a Administração Pública.

---

[204] DI PIETRO, *Direito Administrativo*. 10. ed. p. 509.

[205] BOBBIO, Norberto; MATTEUCCI, Nicola; PASQUINO, Gianfranco. *Dicionário de política*. Tradução de Carmem C. Varriale et al. 12. ed. Brasília: Editora UnB, 1999. v. 1, p. 283.

A mais moderna exigência de controle sobre os atos da Administração Pública é a transparência, especialmente a transparência fiscal, por ser esta um fator relevante para o estabelecimento de uma boa governança, na medida em que possibilita um conhecimento público dos elementos idealizadores da política fiscal e de seus resultados, proporcionando uma participação popular que amplia o controle sobre os governos no pertinente a elaboração e a execução dessa política fiscal.

A transparência e a participação popular na gestão fiscal têm formação idealizada e inspirada no *accountability*, devendo servir para um controle de resultados e de adequação dos meios utilizados para o cumprimento da política fiscal, sem descurar do controle sobre o uso inadequado da discricionariedade.

No Brasil, foi a Lei de Responsabilidade Fiscal (Lei Complementar nº 101/2000, art. 48) o meio de introduzir o mecanismo da transparência da gestão fiscal, fixando a obrigatoriedade de ser dada ampla divulgação de todos os procedimentos concernentes ao sistema orçamentário, inclusive dos Relatórios de Gestão Fiscal, exigindo o incentivo à participação popular e a realização de audiências públicas, durante os processos de elaboração e de discussão dos planos, lei de diretrizes orçamentárias e orçamentos.

Portanto, conforme já foi referido no tópico relativo à transparência, na realidade, a Lei de Responsabilidade Fiscal institui um novo princípio orçamentário, de cumprimento obrigatório por parte dos gestores públicos, que é o princípio da transparência. Este princípio constitui não só elemento de orientação, mas também de fiscalização quanto ao cumprimento dos objetivos orçamentários. É uma forma de controle político que está destinado ao controle social, na medida em que assegura ao cidadão a possibilidade de participar da elaboração dos planos de governo, procedendo à avaliação sobre a legalidade e a eficiência dos atos de execução orçamentária.

A transparência tem por objetivo permitir o aperfeiçoamento do controle social. Assim, é preciso, também, assegurar os meios para que o cidadão o exercite.[206] As Administrações Federais, Estaduais e Municipais possuem o dever de regulamentar a forma de como se dará a transparência e como será assegurada a participação popular.

Este é o contexto do novo Estado moderno, de onde não discrepa o Estado brasileiro, por estar estruturado num Estado Democrático de Direito, idealizado em modelo que desenvolve o chamado princípio da participação popular, circunstância esta que levou o Diploma Maior a

---

[206] FIGUEIREDO, Carlos Maurício Cabral et al. *Comentários à lei de responsabilidade fiscal*. 2. ed. atual. Recife: Nossa Livraria, 2001. p. 243.

ser denominado de *Constituição Cidadã*. Dinorá Adelaide M. Grotti bem dimensiona essa nova postura estatal, quando refere que "o momento consenso-negociação entre Poder Público e particulares, mesmo informal, ganha relevo no processo de identificação e definição de interesses públicos e privados, tutelados pela Administração. O estabelecimento dos primeiros deixa de ser monopólio do Estado, para prolongar-se num espaço do público não estatal, acarretando com isso uma proliferação dos chamados entes intermediários. Há um refluxo da imperatividade e uma ascensão da consensualidade; há uma redução da imposição unilateral e autoritária de decisões para valorizar a participação dos administrados quanto à formação da conduta administrativa".[207]

Dessa forma, como coloca Grotti, o princípio da participação popular na gestão e no controle da Administração Pública é inerente à ideia de Estado Democrático de Direito, adotada no preâmbulo da Constituição brasileira, com reafirmação no seu art. 1º, e várias determinações expressas dirigidas à Administração Pública (exemplificativamente: art. 5º, XIV e XXXIII – direito à informação administrativa; art. 5º, XXXIV – direito de petição e de certidão em repartições públicas; art. 29, X – cooperação das associações representativas no planejamento municipal; art. 225 – defesa do meio ambiente; Lei nº 8.987/95 – participação dos usuários na execução de serviços públicos por concessionárias e permissionárias; Lei nº 9.074/1995, art. 33 – determina que o regulamento de cada modalidade de serviço público estabeleça a forma de participação dos usuários na fiscalização; Lei nº 9.784/1999, prevê, em caráter facultativo, a consulta pública e audiência pública como instrumentos prévios à tomada de decisões administrativas relevantes; Lei nº 10.177/2001 – como garantia da gestão democrática da cidade, fixa instrumentos de participação popular, inclusive prevendo a possibilidade de iniciativa popular de projeto de lei e de planos, programas e projetos de desenvolvimento urbano; etc.).

Contudo, como bem ressalta o professor Juarez Freitas, em sua análise ao controle social previsto na Lei de Responsabilidade Fiscal, "o controle social do orçamento público deve, no prisma adotado, assumir condição eminentemente suprapartidária, mostrando-se avesso a qualquer manipulação, Não deve, pois, ser exercido com a mácula de interferências espúrias de natureza grupuscular. Ademais, o controle social, isto é, o controle que a sociedade, ela mesma, exerce sobre a discussão, a elaboração e a implementação do orçamento, precisa, antes

---

[207] GROTTI, Dinorá Adelaide Mussetti. A participação popular e a consensualidade na Administração Pública. *Revista de Direito Constitucional e Internacional*, São Paulo, v. 10, n. 39, p. 132-144, abr./jun. 2002.

de qualquer coisa, servir como robustecimento dos demais controles energizando-os. Não deve ser excludente, nem pretender ocupar lugar superior ou olímpico, porquanto o controle social carece também de mediação e precisa ser institucionalizado e constantemente legitimado. Deve ser universal sem se arvorar em infalível, pois não traduz a vontade geral de modo perfeito, sendo, de certo modo, também parcial. Por razões dialéticas, o interesse público estará, invariavelmente, em que o controle social seja legitimamente controlado, lembrando que o melhor controle é o capaz de incluir todos os outros. Para tanto, deve ser crítico e autocrítico, especialmente no tocante à disciplina dos procedimentos operacionais da participação popular na elaboração e discussão das prioridades públicas".[208]

Assim, nesse aspecto, pode-se dizer que são várias as normas e formas de regulamentar a participação popular na Administração Pública, o que ressalta a legitimidade de utilização desses instrumentos legais para o exercício do poder, firmando a ligação entre Estado e cidadão como um dos corolários do Estado Democrático de Direito.

No Brasil, o Estado do Rio Grande do Sul tem sido pioneiro na aplicação dos princípios da transparência e da participação popular, no sistema orçamentário. Sua adoção começou, no mínimo há duas décadas, na esfera municipal. Hoje, grande parte dos municípios gaúchos já desenvolve um processo orçamentário com a participação da população. No âmbito do Estado há uma simbiose entre duas formas de participação popular: o Orçamento Participativo e os COREDES (Conselhos Regionais de Desenvolvimento do Rio Grande do Sul), criados pela Lei Estadual nº 10.283, de 17.10.1994. Embora o Orçamento Participativo decorra de uma postura governamental e os COREDES de uma regulamentação legal, as fronteiras conceituais e ideológicas têm sido atenuadas, impondo ao planejamento governamental uma nova concepção, na qual o pressuposto fundamental é a efetiva participação dos cidadãos, mediante uma ação estruturada de forma sistêmica e descentralizada. Assim, mesmo que futuros governos não venham a constituir como programa governamental o chamado "orçamento participativo", a Lei Estadual nº 10.283/1994, continuará regulando a participação popular no planejamento de governo, com os COREDES exercendo uma atuação de estímulo à participação popular, conforme o propugnado pela Lei de Responsabilidade Fiscal.

Em conclusão, na atualidade, o controle social também está direcionado para os aspectos de política fiscal, sendo a transparência e

---

[208] FREITAS. O controle social do orçamento público. *Interesse Público*, p. 27.

a participação popular elementos fundamentais para o seu exercício, uma vez que envolve princípio legal que proporciona ao cidadão em geral, condições efetivas de participação e fiscalização no processo orçamentário, dando-lhe condições para propor, acompanhar, avaliar e controlar a ação dos Gestores Públicos.

4.4.5 Fiscalização contábil, financeira, orçamentária, operacional e patrimonial

A fiscalização contábil, financeira, orçamentária, operacional e patrimonial é o tipo de controle exercido pelo Poder Público, por meio de organismos especialmente criados para tal fim — controle interno e controle externo —, sobre os administradores dos três Poderes do Estado, alcançando todos os órgãos da Administração direta e indireta, sejam autarquias, empresas públicas, sociedades de economia mista ou fundações.

Esta forma de controle visa proteger a regularidade dos procedimentos que devem ser praticados pelos administradores na gerência dos recursos públicos, envolvendo todos os atos de arrecadação — receita — e todos os atos de dispêndio — despesa — no acompanhamento da execução orçamentária, tendo em conta o fiel cumprimento dos programas, projetos e atividades previstos no orçamento, de acordo com os princípios da legalidade, legitimidade e economicidade.

Portanto, como se trata de um controle baseado em sistema de auditoria, buscando não só o acompanhamento da execução orçamentária, mas também o julgamento das contas dos responsáveis por esta execução orçamentária, independe do momento para o seu exercício. Assim, este tipo de controle tanto pode ser prévio, como concomitante ou *a posteriori*.

Nos termos do art. 70 da Constituição Federal, a fiscalização contábil, financeira, orçamentária, operacional e patrimonial, com obediência aos princípios da legalidade, legitimidade e economicidade, será exercida pelo Congresso Nacional, mediante controle externo, e pelo sistema de controle interno de cada Poder. Assim, o sistema de fiscalização está assentado na dualidade de controle — o controle externo a cargo do Poder Legislativo, exercido com o auxílio do Tribunal de Contas e o sistema de controle interno de cada Poder (Executivo, Legislativo e Judiciário). A partir do capítulo 5 é realizada uma análise aprofundada sobre o sistema de fiscalização aqui abordado.

4.4.5.1 Controle interno

Este tipo de controle envolve função inerente a toda atividade administrativa. Conforme foi referido no capítulo 3, item 3.1.3, o controle é interno quando a própria Administração procede a controle sobre os seus atos, decorrendo do poder hierárquico que a organiza. É o chamado autocontrole da Administração Pública.

Todavia, no que pertine à fiscalização contábil, financeira e orçamentária, este tipo de controle — o interno — assume uma especificidade mais definida, com um direcionamento aos atos de gerência dos bens e valores públicos, buscando uma atuação administrativa mais eficiente e com regularidade legal.

4.4.5.1.1 Instituição legal e constitucional. Conceito. Finalidades e objetivos

Embora se possa dizer que, genericamente, o controle interno já viesse sendo exercido ao longo do tempo no âmbito da Administração Pública brasileira, abrangendo, de certo modo, o próprio controle da execução orçamentária, a instituição de forma específica para o gerenciamento da atividade financeira e orçamentária somente veio a ocorrer em 1964, com a edição da Lei Federal nº 4.320, de 17 de março de 1964, por meio dos seus arts. 76 a 80, no qual o exercício do controle interno da execução orçamentária foi destinado ao Poder Executivo, com a finalidade de verificar:

I – a legalidade dos atos de que resultem a arrecadação da receita ou a realização da despesa, o nascimento ou a extinção de direitos e obrigações;
II – a fidelidade funcional dos agentes da administração, responsáveis por bens e valores públicos;
III – o cumprimento do programa de trabalho, expresso em termos monetários e em termos de realização de obras e prestação de serviços.

Embora este extraordinário avanço técnico-regulamentar produzido pela Lei nº 4.320/64, com o estabelecimento de normas gerais de Direito Financeiro para a elaboração e controle dos orçamentos públicos, foi somente na Constituição de 1967 que o controle da execução orçamentária no setor público, mercê da ampliação administrativa desse tipo de controle, cuja ação passou a atingir todo o universo da atividade administrativa e financeira do Estado, mediante o desenvolvimento de amplas auditorias financeiras e orçamentárias, passou a merecer um tratamento específico, adquirindo *status* constitucional.

CAPÍTULO 4
ATIVIDADES DE CONTROLE DO ESTADO | 191

No capítulo destinado ao Poder Legislativo (Capítulo VI – Do Poder Legislativo) foi introduzida uma seção nova (Seção VII – Da Fiscalização Financeira e Orçamentária) dedicada, exclusivamente, à *Fiscalização Financeira e Orçamentária* que, para o controle abrangente então buscado, estruturou o sistema de controle da execução orçamentária na dualidade de controle — interno e externo — com o Poder Executivo tendo de manter sistema de controle interno, com a finalidade de criar condições indispensáveis para assegurar eficácia ao controle externo e regularidade à realização da receita e da despesa; acompanhar a execução de programas de trabalho e a do orçamento; e avaliar os resultados alcançados pelos administradores e verificar a execução dos contratos (art. 71, CF 1967).

Esta nova técnica de controle sobre a execução orçamentária, afastando-se da fiscalização formal, passa a dar ênfase aos procedimentos de auditoria, no sentido de efetuar não só o controle de legalidade dos atos do administrador, mas também o acompanhamento dos programas de trabalho e do orçamento, a fim de serem avaliados os resultados da ação administrativa, revelando-se como um verdadeiro controle de eficiência e de produtividade.[209]

Conforme bem referiu Pontes de Miranda em seus Comentários à Constituição de 1967, ao se reportar a quem compete a manutenção do sistema de controle interno, que "é função típica do Poder Executivo o controle interno. Isso não quer dizer que o Poder Legislativo e o Poder Judiciário não o tenham quanto àqueles órgãos administrativos que lhe correspondem".[210]

Efetivamente assim se coloca a questão. Tratando-se de um sistema de controle, significa dizer que o controle será exercido em todos os níveis e em todos os órgãos, compreendendo, particularmente, o controle efetuado pelos órgãos próprios de cada sistema, por sinal tudo conforme o determinado pelo art. 13 do Dec.-Lei nº 200/67, que procedeu a Reforma Administrativa no âmbito federal no ano de 1967. A própria Reforma Administrativa, dentro desse contexto normativo, também estabeleceu que "serão organizadas sob a forma de sistema as atividades de pessoal, orçamento, estatística, administração financeira, contabilidade e auditoria, e serviços gerais, além de outras atividades

---

[209] Cf. TÁCITO, Caio. O controle da administração e a nova constituição do Brasil. *Revista de Direito Administrativo*, n. 90, p. 23-29, out./dez. 1967 é assinalado que os objetivos do controle interno na Constituição de 1967, "Se não morrerem no papel, ou na intenção, tais objetivos introduzirão, na dinâmica da Administração pública brasileira, um real controle de eficiência e de produtividade, de que secularmente carece".

[210] MIRANDA, Pontes de. *Comentários à Constituição de 1967*: com a Emenda n. 1, de 1969. 2. ed. rev. São Paulo: Revista dos Tribunais, 1970. p. 241. arts. 32-117, t. III.

auxiliares comuns a todos os órgãos da administração que, a critério do Poder Executivo, necessitam de coordenação central" (art. 30 do Dec.-Lei nº 200/67), procedendo, assim, a uma regulamentação necessária para a estruturação do sistema de controle interno.

Este inovador sistema de controle interno da atividade administrativa e orçamentária implantado pela Constituição de 1967, fixado inicialmente como atribuição constitucional do Poder Executivo, na Constituição de 1988, consolidou-se como uma concepção sistêmica, porém evoluindo quanto a sua competência de execução, na medida em que esta passou a ser atribuição dos três Poderes do Estado, na forma do regrado pelo art. 74:

> Art. 74 – Os Poderes legislativo, Executivo e Judiciário manterão, de forma integrada, sistema de controle interno com a finalidade de:
>
> I – avaliar o cumprimento das metas previstas no plano plurianual, a execução dos programas de governo e dos orçamentos da União;
>
> II – comprovar a legalidade e avaliar os resultados, quanto à eficácia e eficiência, da gestão orçamentária, financeira e patrimonial nos órgãos e entidades da administração federal, bem como da aplicação de recursos públicos por entidades de direito privado;
>
> III – exercer o controle das operações de crédito, avais e garantias, bem como dos diretos e haveres da União;
>
> IV – apoiar o controle externo no exercício de sua missão institucional.

Portanto, ao destinar para os Poderes Legislativo, Executivo e Judiciário a atribuição de manterem, de forma integrada, sistema de controle interno, o legislador constitucional aprimorou a forma de ser exercida esta espécie de controle. Reafirmou a exigência de ser instituído um controle em grau de sistema e confiou o seu exercício a cada um dos Poderes do Estado. Por tratar-se de sistema, até porque esta é uma determinação constitucional, o controle interno tem de ser executado de forma integrada, com interação sistêmica, para que não seja prejudicada a própria estrutura de execução do sistema de controle interno. Tratando-se de sistema, a parte depende do todo e o todo depende da parte, pois cada unidade sistêmica deve atuar com regularidade para não causar prejuízos à outra ou, via de consequência, ao todo.[211]

---

[211] MARTINS, Osmar Scarparo. Sistema de controle interno. *Revista do Tribunal de Contas do Estado do Rio Grande do Sul*, Porto Alegre, v. 7, n. 11, p. 41-44, dez. 1989. Na análise do sistema de controle interno, o autor também realiza o seguinte comentário: "Por analogia não bastaria um bom Sistema Contábil, no âmbito da administração pública. Seria indispensável que este estivesse integrado ao Sistema de Controle Interno com o qual deveria manter perfeita interação. Igualmente, todos os demais sistemas deveriam interagir com o Sistema de Controle Interno que, por sua vez, precisaria alcançar todo o

Assim, o sistema de controle interno deve agir de forma interativa entre os sistemas mantidos pelos três Poderes, juntamente com os sistemas que integram todas as atividades administrativas do Poder Público, no sentido de bem cumprir com as funções que lhe são destinadas constitucionalmente.

A partir desses elementos técnicos-juridicos esboçados, pode-se tentar estabelecer uma conceituação de controle interno, objetivando uma compreensão mais exata dos fins a que se destina.

Portanto, no sentido específico da fiscalização contábil, financeira e orçamentária, pode-se dizer que *Controle Interno* é aquele efetuado pelos órgãos administrativos, no âmbito da própria administração, sob o comando de um órgão central e, por isso, organizado de forma sistêmica, no sentido de atuar de maneira integrada em todos os Poderes do Estado, buscando comprovar a legalidade dos atos praticados pelos administradores e avaliar os resultados da ação governamental, verificando o seu grau de eficiência e eficácia, com prestação do devido apoio ao controle externo no exercício das suas atividades constitucionais.

Quanto às finalidades e objetivos do controle interno, esses são determinados constitucionalmente, envolvendo quatro funções básicas, cujas atribuições devem ser exercidas conforme as determinações técnicas exigíveis para cada situação — a ação do controle necessita de métodos e procedimentos técnicos que garantam a sua eficácia — juntamente com as constantes das regulamentações legais editadas para tal fim. Estas funções são:

I – o dever do controle interno proceder ao acompanhamento da execução orçamentária, com o objetivo de avaliar o cumprimento das metas previstas no plano plurianual, a execução dos programas de governo e dos orçamentos da União. Esta é uma atividade de extrema relevância para o atendimento do interesse público, na medida em que visa o cumprimento do planejamento governamental, quanto à política estabelecida para a fixação de prioridades com programas que satisfaçam as necessidades do cidadão. Além de proporcionar ao governante dados sobre a realização do planejamento efetuado, possibilitando, de imediato, adoção de medidas corretivas para os eventuais desvios constatados, é elemento informativo imprescindível para

---

ciclo da ação governamental. Todo o ciclo quer dizer todos os fatos, todas as rotinas, todos os procedimentos, todas as receitas, todas as despesas, enfim todos os passos necessários à gestão da coisa pública".

o estabelecimento de futuras políticas públicas, quando houver a elaboração de novos Planos de Governo;

II – proceder à comprovação da legalidade e a avaliação dos resultados, quanto à eficiência e eficácia, da gestão orçamentária, financeira e patrimonial nos órgãos e entidades da Administração Pública, bem como da aplicação dos recursos públicos recebidos por entidades de direito privado. A comprovação de legalidade é fator preponderante do Estado de direito, que objetiva evitar o abuso de poder e cingir os atos do administrador às finalidades legais, que são, por assim dizer, a demonstração do interesse público, no sentido de proteger os dinheiros e o patrimônio público. A avaliação de resultados busca verificar as realizações efetuadas para o atendimento das necessidades do cidadão, consoante o planejamento efetuado e explicitado no sistema orçamentário, no sentido de verificar o grau de eficiência administrativa, a fim de ser alcançada uma melhor produtividade. Comprovar a regularidade da aplicação dos recursos públicos recebidos por entidades de direito privado é procedimento de controle destinado à proteção do bom e regular emprego dos repasses financeiros realizados pelo Poder Público, tendo em conta o interesse público da finalidade a que se destina, com o sentido de evitar o desvio de finalidade.

III – exercer o controle das operações de crédito, avais e garantias, bem como dos direitos e haveres do Poder Público. Esta é outra atribuição de relevância para o controle interno, na medida em que visa proteger a regularidade da existência e do lançamento da dívida pública, tendo em conta os limites para a sua realização e os pagamentos efetuados para o seu abatimento que, juntamente com o controle dos avais e garantias, resultam no controle do processo de endividamento, com redução dos riscos fiscais. Este controle é dirigido igualmente à proteção dos direitos e haveres do Poder Público, de qualquer natureza, no sentido de ser evitado o acontecimento de eventuais prejuízos.

IV – a quarta função destinada ao controle interno é a de prestar apoio ao controle externo no exercício de sua missão institucional. Estando o sistema de fiscalização contábil, financeira e orçamentária assentado na dualidade de controle — interno e externo — cujas formas de controle têm de atuar de maneira integrada, no sentido de serem eficientes e produzirem eficácia na consecução dos objetivos controladores; sendo do controle interno a atribuição de acompanhar o dia a dia da ação administrativa e por decorrência do exercício dessas suas funções, assumir o armazenamento de informações completas e atualizadas sobre todo o funcionamento administrativo; à evidência, estes dois fatores conjugados tornam-se a razão que justifica a determinação constitucional para a obrigatoriedade do controle interno dar apoio ao controle externo. Como parte desta obrigatoriedade de integração entre os controles interno e externo, está a norma do §1º do art. 74, da Constituição, estipulando que "os responsáveis pelo controle interno, ao tomarem conhecimento de qualquer irregularidade ou ilegalidade, dela darão ciência ao Tribunal de Contas da União, sob pena de responsabilidade solidária".

A disposição constitucional, ao fixar a sobredita responsabilidade solidária para o responsável pelo controle interno, a par de estabelecer o nível da responsabilidade exercida pelo dirigente do sistema de controle interno, visa também ampliar o seu grau de independência, quando do exercício das suas funções constitucionais. Sendo o controle interno organismo intestino da própria Administração, submete-se a subordinação hierárquica administrativa, com os seus responsáveis sendo subordinados da autoridade governamental. Por isso, mais que uma norma regulamentadora do apoio que o controle interno deve dar ao controle externo, é uma regra protetora do regular exercício das atividades de controle em relação ao poder de mando, associando a execução das funções de controle tão somente à regularidade legal, técnica e administrativa, sem qualquer interferência, pois, se ao contrário, o responsável pelo controle interno deixar-se envolver por interferências indevidas e não noticiar o conhecimento de irregularidade ou ilegalidade, ele será responsabilizado de forma solidária pelo acontecimento.

4.4.5.1.2 O Controle interno da União

Conforme o especificado no tópico anterior, os Poderes Legislativo, Executivo e Judiciário da União devem manter, de forma integrada, sistema de controle interno para o exercício das funções que lhes são destinadas constitucionalmente.

Para atendimento dessas exigências que derivam do texto constitucional, o sistema de controle interno do Poder Executivo Federal teve a seguinte regulamentação: foi adotada a Medida Provisória nº 480, de 27 de abril de 1994, que viabilizou uma ampla remodelação do sistema, produzindo uma reestruturação funcional mediante a criação da então Secretaria Federal de Controle, com adoção do Ministério da Fazenda como órgão central do sistema. Esta Medida Provisória, com modificações, foi reeditada 88 vezes, culminando com a Medida Provisória nº 2.112-88, de 26 de janeiro de 2000, que foi aprovada pelo Congresso Nacional e convertida na Lei nº 10.180, de 6 de fevereiro de 2001, organizando e disciplinando, sob a forma de sistemas, as atividades de planejamento e de orçamento federal, de administração financeira federal, de contabilidade federal e de controle interno do Poder Executivo Federal, com previsão de funcionamento interativo entre esses sistemas.

A estrutura funcional do sistema de controle interno ficou assentada em três organismos fundamentais: o órgão central, os órgãos setoriais e a Comissão de Coordenação de Controle Interno.

Como órgão central do sistema foi criada a Secretaria Federal de Controle Interno, com atuação sobre todos os órgãos do Poder Executivo Federal, excetuando-se o Ministério das Relações Exteriores, o Ministério da Defesa, a Advocacia-Geral da União e a Casa Civil da Presidência da República, que se submetem ao controle interno de órgãos setoriais e esses organismos setoriais ficam sujeitos à orientação normativa e à supervisão técnica do órgão central do sistema, qual seja, a Secretaria Federal de Controle Interno. Por sua vez, a Comissão de Coordenação de Controle Interno foi instituída como um órgão colegiado (a Comissão é composta pelo Chefe da Controladoria-Geral da União, que a presidirá, pelo Subcorregedor-Geral, pelos Corregedores, pelo Secretário Federal de Controle Interno, pelos Secretários dos órgãos setoriais de Controle Interno do Poder Executivo e por um Assessor Especial de Controle Interno, de livre escolha do Chefe da Controladoria-Geral da União — art. 9º, Dec. Fed. nº 3.591, de 06.09.2000, com a redação dada pelo Dec. nº 4.238/2002), no sentido de coordenar todo o Sistema de Controle Interno do Poder Executivo Federal, com o objetivo de promover a integração e a homogeneização dos entendimentos dos respectivos órgãos e unidades de Controle Interno.

Posteriormente foi expedido o Decreto nº 4.304, de 16 de julho de 2002, produzindo alterações no Decreto nº 3.591/2000, para considerar a Controladoria-Geral da União como Órgão Central, incumbido da orientação normativa e da supervisão técnica dos órgãos que compõem o sistema, destinando à Secretária Federal de Controle Interno o desempenho das funções operacionais de competência do Órgão Central do Sistema de Controle Interno, com as competências fixadas no art. 11.

Complementando a estruturação de funcionamento do sistema de controle interno, a Instrução Normativa SFC nº 01, de 15 de maio de 2002, da Secretaria Federal de Controle Interno, definiu rotinas e estabeleceu o fluxo processual para o fornecimento de informações, ao Tribunal de Contas da União, sobre irregularidades ou ilegalidades constatadas quando da realização das ações de controle, no âmbito do Poder Executivo Federal.

Posteriormente, por meio da Medida Provisória nº 103, de 1º de janeiro de 2003, convertida na Lei nº 10.683, de 28 de maio de 2003, houve alteração da denominação do órgão para Controladoria-Geral da União, assim como atribuiu ao seu titular a denominação de Ministro de Estado do Controle e da Transparência.

Mais recentemente, o Decreto nº 5.683, de 24 de janeiro de 2006, alterou a estrutura da CGU, conferindo maior organicidade e eficácia ao trabalho realizado pela instituição e criando a Secretaria de Prevenção da Corrupção e Informações Estratégicas (SPCI), responsável por desenvolver mecanismos de prevenção à corrupção. Assim, a CGU passou a ter a competência não só de detectar casos de corrupção, mas de antecipar-se a eles, desenvolvendo meios para prevenir a sua ocorrência, constituindo-se dos seguintes organismos: Secretaria Federal de Controle Interno (SFC); Ouvidoria-Geral da União (OGU); Corregedoria-Geral da União (CGU); e Secretaria de Prevenção da Corrupção e Informações Estratégicas (SPCI).[212]

Contudo, como se pode observar, a legislação da CGU é constantemente atualizada, com estabelecimento de novas orientações para o cumprimento de sua missão institucional de controle interno da Administração Pública Federal. Assim, em continuidade a essa prática atualizadora, foi editada a Lei nº 13.341, de 29 de setembro de 2016, que extinguiu a Controladoria Geral da União e criou o Ministério da Transparência, Fiscalização e Controladoria-Geral da União. A par dessa mudança legal, visando normatizar o funcionamento desse novo organismo de controle elevado a categoria de Ministério, foi editado o Decreto nº 8.910, de 22 de novembro de 2016, que regulamenta a nova Estrutura Regimental e o Quadro Demonstrativo dos Cargos em Comissão e das funções de confiança do Ministério da Transparência, Fiscalização e Controladoria-Geral da União – CGU, com vistas a atualizar o exercício de sua competência institucional em defesa do patrimônio público, do controle interno, da auditoria pública, da correição, da prevenção e combate à corrupção, das atividades de ouvidoria e do incremento da transparência da gestão no âmbito da administração pública federal.

---

[212] <http://www.cgu.gov.br/CGU/historico/index.asp>.

HELIO SAUL MILESKI
O CONTROLE DA GESTÃO PÚBLICA

Portanto, conforme a estrutura legal dirigida à sistematização e à organização do controle interno do Poder Executivo Federal há adequação ao princípio sistêmico exigido constitucionalmente, com a sua atuação buscando satisfazer os quesitos de controle fixados nessa regulamentação. Contudo, inexiste norma regulando o procedimento de integração com os sistemas de controle interno dos Poderes Judiciário e Legislativo, na forma do comando constitucional.

No âmbito do Poder Legislativo Federal, a estrutura do sistema de controle interno adotada não consta com uma central que proceda a orientação normativa e a supervisão técnica dos organismos setoriais integrantes desse sistema, com vista a assegurar a integração preconizada constitucionalmente.

A Câmara dos Deputados pela Resolução nº 69, de 21 de junho de 1994, criou a Secretaria de Controle Interno, subordinada diretamente à Mesa, tendo como atribuições exercer o acompanhamento e a fiscalização contábil, financeira, orçamentária, operacional e patrimonial; a verificação e avaliação dos resultados obtidos pelos administradores públicos, no âmbito da Câmara dos Deputados, observados os princípios definidos no art. 37 da Constituição Federal, podendo, para tanto, exercer funções de auditoria para verificar a regularidade dos procedimentos especificados nos incisos I a XVI do art. 3º da mesma Resolução. Pela Resolução nº 23/1997, de 6 de novembro de 1997, na esteira do realizado pelo Senado Federal, foi instituída uma estrutura funcional para a Secretaria de Controle Interno da Câmara dos Deputados, com a criação de três Coordenações e um Serviço: Coordenação de Auditoria Contábil e Operacional; Coordenação de Auditoria de Licitações, Contratos e Patrimônio; Coordenação de Auditoria de Pessoal; e Serviço de Administração.

Após, visando o estabelecimento de um controle mais efetivo sobre os benefícios concedidos aos Parlamentares, foi editado o Ato da Mesa nº 70/2001, criando a Coordenação de Auditoria de Assuntos Parlamentares.

Posteriormente, em 2012, foi elaborado pela Câmara dos Deputados o seu Manual de Controle Interno, no qual está definido que o controle interno é um procedimento organizado, de caráter permanente, voltado para a preservação do patrimônio e a avaliação do resultado da gestão.

O Senado Federal, à similitude da Câmara dos Deputados, editou a Resolução nº 09/1997, de 29 de janeiro de 1997, criando, na sua subseção VI, a Secretaria de Controle Interno, tendo em sua composição um Gabinete, um Serviço de Auditoria de Gestão e um Serviço de Auditoria de Programas, com a finalidade de planejar, dirigir e executar as atividades de inspeção e auditoria contábil, financeira, orçamentária, operacional, patrimonial e de pessoal; propor normas e procedimentos para a adequação das especificações dos materiais e serviços e para o aprimoramento dos controles sobre os atos que impliquem despesa ou obrigações; verificar a compatibilidade entre as variações patrimoniais e os rendimentos auferidos por Senadores e servidores ocupantes de cargo ou emprego comissionados ou função de confiança; criar condições indispensáveis para assegurar eficácia ao controle externo, exercido pelo Tribunal de Contas da União; promover a integração de ações com os demais órgãos integrantes dos Sistemas de Controle Interno dos Poderes da União; e executar tarefas correlatas.

Com a expedição do Ato nº 25 — Comissão Diretora, de 22.12.2004, sem promover alterações nas competências estabelecidas pela Resolução nº 09/1997, houve uma reestruturação na Secretaria de Controle Interno, a qual passou a constituir-se de: Diretoria, Diretoria-Adjunta, Gabinete, Assessoria Técnica, Serviço de Administração, Serviço de Apoio Técnico, Subsecretaria de Auditoria de Recursos Humanos, Subsecretaria de Auditoria Contábil e Subsecretaria de Auditoria de Gestão.

Portanto, embora tenham sido criados organismos de controle interno na Câmara e no Senado, as suas formas de organização deixam de atender integralmente o propugnado pelo dispositivo constitucional, na medida em que contêm normas genéricas e abrangentes, quase uma repetição das normas constitucionais, sem regulamentar a necessária estrutura organizacional para o exercício de um sistema de controle.

Caberia, a exemplo do Poder Executivo Federal, ser instituído um sistema de Controle Interno para o Congresso Nacional, como instituição maior do Poder Legislativo Federal. A central do controle situar-se-ia junto à Presidência do Congresso Nacional, possuindo área de atuação em todos os órgãos do Poder Legislativo Federal — Câmara e Senado — os quais funcionariam como órgãos setoriais e poderiam, ainda, subdividir-se em unidades setoriais, para compor verdadeiramente uma estrutura sistêmica de controle interno, com atuação coordenada, integrada e supervisionada pela sua Central, que poderia, quem sabe, de acordo com a nomenclatura que vem sendo utilizada pelos órgãos de controle, denominar-se Secretaria de Controle Interno do Congresso Nacional.

Diferentemente não ocorre no âmbito do Poder Judiciário Federal, cuja organização do sistema de controle interno possui a mesma forma adotada pelo Poder Legislativo Federal.

O Ato Regulamentar nº 32, de 07 de março de 2001, publicado no *DJ* de 12.03.2001, altera a estrutura orgânica do Supremo Tribunal

Federal e institui, como órgão da sua Presidência, a Secretaria de Controle Interno, composta de Gabinete de Secretário, Coordenadoria de Acompanhamento, Avaliação e Orientação e Coordenadoria de Auditoria. Conforme o art. 3º do mesmo Ato Regulamentar, cabe ao Presidente do Tribunal, sem prazo fixado, baixar os atos dispondo sobre a competência das unidades da estrutura orgânica, bem como sobre as atribuições de seus dirigentes. Até julho de 2002, nenhum ato ainda havia sido expedido para a estrutura de funcionamento do controle interno. Assim, é possível que a Secretaria de Controle Interno não estivesse em funcionamento nesse período ou, no caso de ter funcionado, a sua atuação ocorreu sem regulamentação, de forma absolutamente precária.

Contudo, em 30.10.2003, editado o Regulamento da Secretaria do Supremo Tribunal Federal, no âmbito da Secretaria de Controle interno, foram criadas: a Coordenaria de Acompanhamento, Avaliação e Orientação (CAOR) e a Coordenadoria de Auditoria (CAUD) e, pelo disposto no seu art. 60, restaram fixadas as atribuições do seu organismo controlador: unidade especializada de controle e auditoria, subordinada ao Presidente, tem por finalidade acompanhar a gestão de pessoal, orçamentária, financeira e patrimonial no Tribunal, bem como a execução dos programas de trabalho; orientar a atuação dos gestores; verificar a utilização regular e racional dos recursos e bens públicos e avaliar os resultados obtidos pela Administração.

Pelo Ato Regulamentar nº 04, de 19.12.2006, as atribuições foram compatibilizadas com texto constitucional, incluindo a avaliação dos resultados obtidos pela Administração quanto aos princípios da economicidade, eficiência e eficácia. Ainda foi realizada uma nova alteração da estrutura organizacional da Secretaria de Controle Interno, constituindo-se na seguinte forma: a Coordenaria de Acompanhamento da Gestão (CAGE), com a Seção de Análise de Licitações e Contratos, a Seção de Acompanhamento da Execução e Contábil Analítica e a Seção de Análise de Atos de Gestão de Pessoal; enquanto a Coordenadoria de Auditoria e Fiscalização (CAUF), com a Seção de Contas e Fiscalização e a Seção de Auditoria Operacional e de Gestão.

Recentemente, em nova atualização às atribuições de controle interno do STF, foi expedida pela Presidência do Supremo Tribunal Federal a Resolução nº 542, de 13 de janeiro de 2015, fixando atribuição para avaliação de controles internos administrativos: processo realizado pela SCI para avaliar os controles internos administrativos quanto à sua capacidade de evitar ou reduzir o impacto ou a probabilidade da ocorrência de eventos de risco na execução de processos e atividades da unidade avaliada, que possam impedir ou dificultar o alcance dos objetivos estabelecidos, detalhando as atividades que devem ser desenvolvidas para avaliar o cumprimento das metas previstas no plano plurianual e a execução dos programas e dos orçamentos relativos ao STF; comprovar a legalidade e avaliar os resultados, quanto à eficácia e à eficiência, da gestão orçamentária, financeira e patrimonial do STF; e apoiar o controle externo no exercício de sua missão institucional.

Quanto aos demais Tribunais Superiores, esses possuem estrutura própria de controle interno, com atuação autônoma, sem submeterem-se à coordenação de uma Central de Controle do Poder Judiciário Federal e sem integração com os demais sistemas de controle interno da União, atuando, não raro, com regulamentações insuficientes.

O Superior Tribunal de Justiça, pela Resolução nº 01, de 25 de março de 1998, criou a Secretaria de Controle Interno, composta de Gabinete, Divisão de Análise de Despesas com Aquisição de Bens e Serviços, Divisão de Análise de Despesas com Pessoal, Divisão de Contabilização e Controle e Divisão de Auditoria, e, posteriormente, expediu o Ato nº 185, de 12 de maio de 1998, dispondo sobre o Regulamento dos Serviços Administrativos da Secretaria de Controle Interno, em que esta Secretaria é definida como um órgão especializado de administração financeira, de contabilidade e de auditoria, subordinado à Presidência do Tribunal, com a finalidade de: controlar a gestão orçamentária, financeira e patrimonial do Tribunal; acompanhar a execução do orçamento e dos programas de trabalho do Tribunal; verificar a utilização regular e racional dos recursos e bens públicos e avaliar os resultados alcançados pelos administradores; criar condições indispensáveis para assegurar eficácia ao controle externo; orientar os administradores, mediante fornecimento de subsídios e informações, visando ao aperfeiçoamento das atividades de planejamento, orçamento e programação financeira; e coordenar e executar o programa de auditoria interna, a fim de assessorar a administração superior do Tribunal na prática de atos de gestão administrativa. Trata-se de um Regulamento bem elaborado, com funções e atividades de controle bem definidas, que possibilitam a realização dos objetivos controladores, tendo em conta o acompanhamento e a avaliação dos atos de gestão administrativa, contábil, orçamentária, financeira e patrimonial do Superior Tribunal de Justiça. Contudo, a Secretaria de Controle Interno do STJ não atua de forma integrada com as Secretarias de Controle Interno dos demais Tribunais Superiores, nem possui integração com os sistemas de controle interno dos demais Poderes da União, conforme a sistematização preconizada constitucionalmente.

Por meio do Ato Presidencial nº 167, de 27.08.2003, processou-se uma nova reestruturação organizacional, com criação de um Gabinete;

quatro Divisões e dez Seções. Com a expedição do Ato nº 215, de 30.02.2005, houve um redimensionamento das atribuições da Secretaria de Controle Interno, inclusive para estabelecer compatibilidade com a Lei de Responsabilidade Fiscal (Lei Complementar nº 101/2000), assim como para ser procedida uma nova alteração estrutural na sua organização, com a extinção das Divisões, criação de Subsecretarias e estas com várias Seções.

Na atualidade, em face da expedição da Portaria Presidente nº 101, de 02.04.2009, as atribuições da Secretaria de Controle Interno tiveram um maior detalhamento — houve o estabelecimento de XVI tipos de atribuições — com a sua estrutura passando a ter a seguinte formatação: 1. Gabinete. 2. Coordenadoria de Orientação e Acompanhamento da Gestão Administrativa (COAD). 2.1. Seção de Análise de Licitação (SALIC). 2.2. Seção de Análise de Despesas Contratuais (SADEC). 2.3. Seção de Análise de Dispensas, Inexigibilidades e Despesas Diversas (SADID). 3. Coordenadoria de Orientação e Acompanhamento da Gestão de Pessoal (COAP). 3.1. Seção de Análise de Despesas com Pessoal e Benefícios (SADEP). 3.2. Seção de Análise de Provimento, Vacância e Concessões (SANAP). 4. Coordenadoria de Auditoria (CAUD). 4.1. Seção de Auditoria Operacional (SEAOP). 4.2. Seção de Auditoria de Gestão (SEAUG). 4.3. Seção de Auditoria de Sistemas e Análise de Custos (SEASC). 4.4. Seção de Contabilidade Analítica (SECAN).

Posteriormente, por intermédio da Instrução Normativa STJ/GP nº 11, de 4 de dezembro de 2014, foi instituído o *Manual de Organização do Superior Tribunal de Justiça*, atribuindo competências específicas para cada unidade da Secretaria de Controle Interno, a fim de disponibilizar subsídios efetivos para realização da fiscalização contábil, financeira, orçamentária, operacional e patrimonial do STJ, quanto à legalidade, legitimidade, economicidade, eficácia e eficiência, nos termos do art. 74 da Constituição Federal.

Em face da competência conferida à SCI pelo inciso IV do item 4.1 do referido *Manual*, cabe ao Gabinete da Secretaria de Controle Interno acompanhar e harmonizar, em conjunto com as Coordenadorias integrantes da SCI, a interpretação da legislação, dos atos normativos e jurisprudência do TCU visando a unificação de entendimento entre as unidades do Tribunal. Para tanto, mediante Ordem de Serviço, o titular da Secretaria de Controle Interno instituirá equipe de trabalho com tal finalidade.

Na órbita do Tribunal Superior Eleitoral foi editada a Resolução nº 20.323, de 19 de agosto de 1998, dispondo sobre o Regulamento Interno da Secretaria do Tribunal Superior Eleitoral, em cuja Seção

VIII foi criada a Secretaria de Controle Interno, composta de Gabinete, Assessoria de Controle Interno e Coordenadoria de Auditoria, com competência para planejar, coordenar e supervisionar as atividades de controle interno do Tribunal e, ainda, no âmbito da Justiça Eleitoral, propor diretrizes, normas, critérios e programas a serem adotados na execução dessas atividades. Não foram baixadas normas regulamentando os critérios e os programas de atuação do controle interno. A portaria nº 275, de 12 de dezembro de 1997, embora seja anterior à criação da Secretaria de Controle Interno, continua em vigência e trata tão somente de estabelecer normas de organização e apresentação de Tomadas e Prestações de Contas ao Tribunal de Contas da União. Portanto, não possuindo regulamento de atuação, nem normas de procedimento para a integração com os demais sistemas de controle interno do Poder Judiciário e dos Poderes Executivo e Legislativo da União.

Com a edição da Resolução TSE nº 21.423, de 1º.07.2003, houve uma reformulação da estrutura da Secretaria de Controle Interno, com estabelecimento das seguintes atribuições: planejar, coordenar e supervisionar as atividades de controle interno do Tribunal e, ainda, no âmbito da Justiça Eleitoral, propor diretrizes, normas, critérios e programas a serem adotados na execução dessas atividades. Por meio da Resolução nº 22.201, de 16.05.2006, houve nova alteração da estrutura organizacional do TSE, passando o órgão de controle a ser denominado Secretaria de Controle Interno e Auditoria, contendo: I. Gabinete; II. Assessoria de Planejamento e Gestão; III. Coordenadoria de Acompanhamento e Orientação da Gestão: a) Seção de Acompanhamento de Gestão; b) Seção de Acompanhamento da Execução de Contratos e Convênios; c) Seção de Análise de Admissões, Aposentadorias e Pensões; IV. Coordenadoria de Auditoria: a) Seção de Auditoria; b) Seção de Controle e Análise de Custos; V. Coordenadoria de Exame de Contas Eleitorais e Partidárias: a) Seção de Análise de Contas Eleitorais e Partidárias; b) Seção de Fiscalização.

No ano de 2008, houve a elaboração do Manual de Auditoria do Tribunal Superior Eleitoral, com finalidade de delinear a estrutura, definir conceitos e estabelecer diretrizes gerais, assim como normas e procedimentos para a realização dos trabalhos de auditoria na Justiça Eleitoral, com ênfase nos aspectos relacionados a planejamento, exame, avaliação, conclusão e oferecimento de medidas saneadoras.

Por fim, em 22.05.2009, foi expedida a Portaria nº 349/09, para a criação do Comitê Técnico de Controle Interno, cuja composição conta com representantes das áreas de Controle Interno dos Tribunais Regionais Eleitorais.

O Tribunal Superior do Trabalho, pelo Ato TST GP nº 015/1995, de 27 de janeiro de 1995, com as alterações produzidas pelo Ato TST GP nº 443/1996, 26 de junho de 1996, mandou observar, transitória e experimentalmente, a regulamentação efetuada para a nova estrutura administrativa da Secretaria do Tribunal, constante de projeto do *Regulamento Interno da Secretaria do Tribunal Superior do Trabalho*. No entanto, trata-se tão somente da regulamentação da nova estrutura administrativa, tendo em conta as atribuições e constituição das unidades administrativas do Tribunal, sem conter qualquer norma para a criação e estruturação de um sistema de controle interno. As normas de controle contidas na regulamentação dos diversos setores do Tribunal participam do chamado controle institucional, como dever compulsório de toda função pública que é exercida por servidor, integrando, em gênero, o controle que é exercido na órbita pública. É uma das partes do sistema de controle, mas não toda a estrutura do sistema de controle interno previsto constitucionalmente. Ademais, além da precariedade regulamentar para a estruturação e atuação do controle interno no âmbito do Tribunal Superior do Trabalho, falta a devida integração com os demais sistemas de controle interno da União.

A partir da expedição do Ato do Presidente nº 223/GDGCA.GP, de 27.04.2000, foi estabelecida a estrutura das unidades subordinadas à Diretoria-Geral de Coordenação Administrativa, com a Secretaria de Auditoria passando a denominar-se Secretaria de Controle interno. Posteriormente, mediante a Resolução Administrativa do Tribunal Pleno nº 1.040, de 05.04.2005, houve a subordinação da Secretaria de Controle Interno à Presidência do Tribunal. Com a Resolução Administrativa nº 1.173, de 05.10.2006, que referendou o Ato nº 273/ATO.TST.SECOI.GP, a Secretaria de Controle Interno trocou a denominação para Secretaria de Controle da Justiça do Trabalho, integrada pelo Serviço de Controle de Conformidade, pelo Serviço de Auditoria e Inspeção e pelo Serviço de Controle e Monitoramento da Gestão, com as atribuições de planejar, coordenar, orientar, supervisionar e decidir quanto às atividades de Controle Interno do Tribunal e auxiliar o Conselho Superior da Justiça do Trabalho em suas atribuições constitucionais.

Em 24.05.2007, por meio da Resolução Administrativa do Tribunal Pleno nº 1.232/2007, novamente alterou-se a denominação dos Serviços e Subsecretarias para Coordenadorias, as quais passaram a ser constituídas de seções. A seguir, mediante a edição da Resolução Administrativa nº 1.306, de 28.08.2008, que aprovou o Regulamento Geral da Secretaria do Tribunal Superior do Trabalho, a Secretaria de Controle da Justiça do Trabalho teve suas atribuições confirmadas e ampliadas.

Realizando nova atualização aos procedimentos regulados, foi expedido o Ato nº 297/TST.GP, de 29 de maio de 2014, aprovando o *Manual de Auditoria da Secretaria de Controle Interno do Tribunal Superior do Trabalho* e regulamentando os processos de trabalho a serem observados no âmbito da Secretaria do Tribunal, dispondo sobre a organização e funcionamento de unidades de controle interno que, por meio da Resolução nº 86, de 08.09.2009, foram consideradas como elementos que visam à eficiência operacional dos Tribunais.

Dessa forma, o Poder Judiciário também deixa de adotar uma estrutura sistêmica para o controle interno, por isso não possui uma Central para coordenar a ação controladora, inclusive quanto à integração dos seus diversos organismos, o que pode lhe ocasionar embaraços no exercício do controle sobre os atos de natureza administrativa, contábil, financeira e orçamentária, refletindo no suporte que deve dar à atuação do controle externo, cujo órgão executor é o Tribunal de Contas da União.

Poderia o Judiciário valer-se da experiência do Poder Executivo Federal, que por largo tempo foi o responsável pelo controle interno da União e possui um sistema bem estruturado, para implantar na órbita judiciária uma sistematização assemelhada, no sentido de atender ao sistema de controle preconizado para a fiscalização contábil, financeira e orçamentária. A adoção do sistema não visa tão somente reprimir e desestimular procedimentos perniciosos à boa administração, mas também uma ação integrada entre os diversos organismos de controle, com troca de informações atualizadas e confiáveis, para que o sistema de controle funcione como retroalimentador do processo de programação e possibilite decisões mais adequadas no que tange ao estabelecimento de prioridades e escolha do que deve ser realizado para melhor atender ao interesse público.

Saliente-se que o Conselho Nacional de Justiça, como organismo possuidor de competência constitucional para o exercício do controle da atuação administrativa e financeira do Poder Judiciário, também poderia estabelecer, em razão de sua importância, a obrigatoriedade de uma ação integrada do Controle Interno, na medida em que, consoante o regulado na Resolução nº 86, 08.09.2009, já determinou que os Tribunais integrantes do Poder Judiciário e sujeitos ao controle do Conselho Nacional de Justiça *criarão unidades ou núcleos de controle interno, de acordo com o disposto no art. 74 da Constituição Federal.*

Por sua vez, o Tribunal de Contas da União realizou levantamento no sentido de avaliar a estrutura de governança de órgãos e unidades de controle interno do Poder Judiciário, do Poder Legislativo, do Ministério Público, do Ministério da Defesa e do Ministério das

Relações Exteriores, com o objetivo de: a) levantar informações a respeito da atuação dos órgãos de controle interno mencionados, com vistas a avaliar a compatibilidade com as normas de auditoria interna e boas práticas de governança nacionais e internacionais; e b) obter conhecimentos para desenvolvimento de metodologia para avaliação de estrutura de governança, especificamente com relação às unidades de controle interno no serviço público. A decisão Plenária contém várias recomendações para o aperfeiçoamento dos mecanismos de controle interno, mas não efetua qualquer referência sobre a necessidade de existir uma integração de atuação entre os diversos organismos de controle interno.[213]

Assim, embora deva ser reconhecida a iniciativa para o estabelecimento de um sistema de controle interno, deveriam os Poderes Judiciário e Legislativo proceder a uma estruturação mais adequada dos seus sistemas de controle interno, no sentido de atuarem de forma integrada ao sistema de controle interno do Poder Executivo Federal e, assim, ser possibilitado, uniformemente, o exercício das atribuições constitucionais destinadas ao controle interno.

4.4.5.1.3 O Controle interno dos Estados e do Distrito Federal

Na Constituição Federal não consta regra específica dirigida aos Estados e ao Distrito Federal, para adoção do sistema de controle interno ali previsto.

Contudo, é indubitável que o princípio da fiscalização sobre o Poder Público, no que pertine aos aspectos contábeis, financeiros, orçamentários, operacionais e patrimoniais, tem aplicação a todas as entidades da Federação, porque o dever de prestar contas contido no parágrafo único do art. 70, da Constituição Federal, também encerra um princípio constitucional aplicável a todos os gestores públicos, sejam eles federais, estaduais ou municipais.

Como os Estados possuem o poder de organizarem-se e regerem-se pelas Constituições e Leis que adotarem (art. 25, CF), mas com obrigatoriedade de observância aos princípios constitucionais, ficam os mesmos submetidos ao sistema de controle dos gastos públicos normatizado pela Constituição, na seção que trata da Fiscalização Contábil, Financeira e Orçamentária. Ademais, não fora suficiente a observância

---

[213] Acórdão nº 1074/2009 – Sessão Plenária de 20.05.2009 – Proc. nº 025.818/2008-4 – Relatório de Levantamento – Tribunal de Contas da União.

CAPÍTULO 4
ATIVIDADES DE CONTROLE DO ESTADO | 207

desses princípios dirigidos à fiscalização dos administradores públicos e haver também, por simetria constitucional, o seu dever de aplicação, ainda consta do art. 75 da Constituição, norma expressa determinando a aplicabilidade do regramento efetuado para o sistema de fiscalização, no que couber, à organização, composição e fiscalização dos Tribunais de Contas dos Estados e do Distrito Federal, bem como dos Tribunais e Conselhos de Contas dos Municípios.

Dessa forma, estando os Estados e o Distrito Federal submetidos à Fiscalização Contábil, Financeira e Orçamentária, a qual tem estrutura fundada na dualidade de controle — o controle interno e o controle externo — devem os mesmos manter idêntica estrutura de controle, com atuação de acordo com as competências e as atribuições previstas na Constituição Federal.

No entanto, embora exista regramento para adoção desse sistema de Fiscalização em todas as Constituições estaduais, denota-se a falta de um controle interno, estruturado em forma de sistema, para o acompanhamento da execução orçamentária, comprovação da legalidade e avaliação dos resultados obtidos pela Administração, em grande parte dos Estados brasileiros, inclusive no Distrito Federal. Ou inexiste, legalmente, a organização de uma estrutura sistêmica de controle interno em qualquer órbita da administração estadual como, por exemplo, ocorre no Estado de Tocantins; ou o controle está estruturado somente no Poder Executivo estadual, sem alcançar os Poderes Legislativo e Judiciário, a exemplo do que acontece na maioria dos Estados e no Distrito Federal.

No Rio Grande do Sul há uma situação única e, por isso, diferenciada dos demais Estados e da União. O modelo federal, expresso no art. 74 da Constituição, estabelece um controle interno que deve ser estruturado de forma sistêmica, no âmbito de cada Poder — Executivo, Legislativo e Judiciário — com a sua atuação ocorrendo de maneira integrada. No entanto, a norma constitucional deixa de remeter essa forma de regular o controle interno para as demais entidades federadas, aplicando-se, por conseguinte, aos Estados membros, o princípio constitucional da fiscalização sobre os atos do gestor público, cabendo a estes procederem na adoção das normas federais, adequando-as à sua organização local. Esta circunstância levou o constituinte estadual rio-grandense, ao adaptar a norma da Constituição Federal ao Estado, a fixar na Constituição do estado do Rio Grande do Sul (art. 76) que "o sistema de controle interno previsto no art. 74 da Constituição Federal terá, no Estado, organização una e integrada, compondo órgão de contabilidade e auditoria-geral do Estado, com delegações junto às unidades administrativas dos três Poderes, tendo sua competência e quadro de pessoal definidos em lei".

Dessa forma, no âmbito do Estado Rio Grande do Sul, o controle interno ficou estruturado de forma una, a cargo da Contadoria e Auditoria-Geral do Estado, órgão do Poder Executivo estadual, com atribuições e atuação sobre os três Poderes do Estado: Executivo, Legislativo e Judiciário.

Não tem havido contestação a esse critério constitucional adotado no Rio Grande do Sul, na medida em que o controle interno está estruturado sistemicamente, com a Contadoria e Auditoria-Geral do Estado mantendo delegações nos três Poderes do Estado, chamadas de contadorias seccionais, e a execução das suas atividades controladoras sendo efetuadas de maneira satisfatória, promovendo a comprovação de legalidade e a avaliação dos resultados da ação realizada pelos gestores públicos, mas sem agredir a autonomia e a independência dos Poderes, uma vez que esse controle atua somente nos aspectos contábeis, financeiros, orçamentários, operacionais e patrimoniais, sem causar interferência nas funções constitucionais destinadas a cada Poder.

Portanto, na órbita dos Estados, de uma maneira geral, o controle interno necessita de uma urgente regulamentação para uma melhor estruturação e funcionamento, no sentido de serem evitadas distorções administrativas e, inclusive, criação de obstáculos à própria atuação do controle externo.

O que está contido na Seção que trata da fiscalização contábil, financeira e orçamentária, obviamente, deixa de envolver simples especulação legislativa em nível constitucional, na medida em que estabelece uma estrutura de controle a ser executado sobre a Administração Pública e, nesse aspecto, a noção de controle e sua importância constitui um dos capítulos mais influentes da moderna teoria administrativa. Sabe-se que não é simples a adoção prática do que a Constituição quer: o controle se exercendo em todos os níveis e em todos os órgãos da Administração Pública.[214]

Porém, independente de ser fácil ou não o exercício do controle na forma constitucional preconizada, é de vital importância para o Estado e o interesse público, não só a sua existência, mas fundamentalmente o seu funcionamento, no sentido de proceder à comprovação da legalidade dos atos praticados, verificando se tudo o que se realiza está de acordo com o planejamento e a programação efetuada, procedendo a

---

[214] FRANCO SOBRINHO, Manoel de Oliveira. *Comentários à reforma administrativa federal*: exegese do Decreto-Lei n. 200, de 25 de fevereiro de 1967, com as modificações introduzidas pela legislação posterior. 2. ed. atual. São Paulo: Saraiva, 1983. p. 92.

avaliação da eficiência administrativa, no sentido de serem apuradas as falhas, os erros e as omissões, com vista a sua correção, a fim de ser evitada a sua continuidade repetitiva e prejudicial à Administração Pública.

4.4.5.1.4 Controle interno dos Municípios

No âmbito municipal também é exigida a existência de um sistema de controle interno, tendo em vista que o sistema normativo da Fiscalização Contábil, Financeira e Orçamentária previsto nos arts. 70 a 75 da Constituição Federal possui extensão de aplicabilidade aos municípios, por força do regramento contido no art. 31 do Diploma Maior: "A Fiscalização do Município será exercida pelo Poder Legislativo Municipal, mediante controle externo, e pelos sistemas de controle interno do Poder Executivo Municipal, na forma da lei".

Dessa forma, o sistema de fiscalização municipal também está assentado na dualidade de controle — externo e interno — cuja execução deve se dar nos termos do regulado nos arts. 70 a 75, na conformidade do previsto no art. 31 da Constituição.

Nesse contexto normativo, os municípios devem manter sistemas de controle interno para o cumprimento das atribuições estipuladas no art. 74 da Constituição, com a peculiaridade desses sistemas ficarem a cargo do Poder Executivo Municipal, cujo exercício deverá ocorrer na forma da lei, sobre toda a Administração municipal, inclusive sobre o Poder Legislativo. Portanto, na órbita municipal, o controle interno deve ser instituído e organizado de forma una, mas com estrutura sistêmica, cujos organismos do sistema — pessoal, contabilidade, auditoria, etc. — atuem de maneira coordenada, sob a orientação de uma central do controle interno, que terá atribuição sobre os dois Poderes do Município.

O legislador constituinte foi sábio ao regular esta forma diferenciada de ser exercido o controle interno no âmbito municipal. Na federação brasileira existem mais de 5.000 municípios e, na sua grande maioria, de pequeno porte, sem estrutura administrativa e funcional, que permita a organização de sistemas no Executivo e no Legislativo. Grande parte das Câmaras Municipais, quando muito, possui dois ou três servidores para as atividades de apoio aos vereadores, isto sem falar na precariedade de qualificação profissional dos servidores para o exercício de tais funções.

É questão de racionalidade administrativa deixar a organização e a execução do controle interno para o Executivo Municipal. Contudo, a toda evidência, o exercício do controle não poderá, em hipótese nenhuma, interferir na autonomia e independência do Legislativo, sobretudo no que se refere às suas funções legislativas. O controle interno atuará, exclusivamente, nos termos da fiscalização contábil, financeira, orçamentária, operacional e patrimonial, no sentido de avaliar o cumprimento das metas previstas no plano plurianual, a execução dos programas de governo e dos orçamentos; comprovar a legalidade e avaliar os resultados, quanto à eficácia e eficiência, da gestão orçamentária, financeira e patrimonial; exercer o controle das operações de crédito; e dar apoio ao controle externo no exercício da sua missão institucional. Portanto, para os municípios não há que se falar em controle interno próprio para o Poder legislativo, por absoluta inviabilidade constitucional.

No entanto, apesar dessa exigência constitucional para a estruturação do sistema de controle interno nos municípios, qualquer pesquisa que se realize nesse sentido, insipiente ou aprofundada, indicará a quase inexistência de municípios com sistema de controle interno adotado. No Rio Grande do Sul, até o advento da Lei de Responsabilidade Fiscal, não eram muitos os municípios que possuíam sistema de controle organizado na forma constitucional exigida (em torno de 10% dos 497 municípios existentes). Em nível nacional, este percentual baixava de forma impressionante, ficando somente em torno de 2% os municípios brasileiros que possuíam controle interno estruturado em conformidade com a determinação constitucional.

Por esse fator de constatação, torna-se imprescindível que os órgãos responsáveis pelo controle externo — Tribunais de Contas — como tem agido o Tribunal de Contas do Rio Grande do Sul,[215] passem a exigir o cumprimento da determinação constitucional de ser realizada a organização do sistema de controle interno no âmbito municipal, não só porque é essencial o apoio que o controle interno deve prestar ao controle externo, mas, sobretudo, porque é do interesse público a existência de controle sobre os atos da Administração. Esta exigência do TCE/RS apresentou um excelente resultado, na medida em que, na atualidade, o total dos municípios rio-grandense estão com o seu sistema de controle interno instituídos. Logicamente que ainda têm estruturação deficiente, mas com o tempo, invariavelmente, está sendo

---

[215] Como exemplo das decisões que vêm sendo proferidas pelo Tribunal de Contas do Rio Grande do Sul, menciona-se a do Processo nº 5548-02.00/01-3. Rel. Cons. Helio Saul Mileski. 2ª Câmara. Sessão de 23.05.2002, publicada no DOE em 11.06.2002, em que consta: "Por advertir ao Sr. Prefeito Municipal para que de imediato, adote providências para a criação de um sistema de controle interno com a identificação do seu responsável, o que será verificado no exame do Relatório de Gestão Fiscal de 2002, podendo, a sua não identificação ser considerada negativamente quando da apreciação da respectiva prestação de contas".

formada uma cultura de controle, propiciando um aprimoramento da máquina administrativa. De qualquer modo, até que isso aconteça, como bem ensina Manoel de Oliveira Franco Sobrinho, "o pior controle é sempre melhor que nenhum controle".[216]

Mas qual a razão que motiva esta desconsideração para com a norma constitucional? Indubitavelmente falta de vontade política, em face de um equivocado entendimento dos administradores municipais, sobre a atuação do controle interno. Na visão dos administradores municipais, a instituição e a organização do sistema de controle interno é para controlar o Prefeito Municipal, por isto, não têm interesse de assim procederem, porque não pretendem se submeter ao controle de subordinados seus.

No entanto, esta é uma visão equivocada porque, na realidade, o controle interno é para fiscalizar o bom andamento da Administração municipal, o que significa fator de auxílio ao Prefeito Municipal. E este auxílio só é rejeitado por quem não deseja administrar de acordo com a lei, para proceder em contrariedade ao interesse público. Um controle interno organizado e eficiente fiscaliza cada ato praticado no âmbito da administração municipal, envolvendo desde os auxiliares do Prefeito — Secretários Municipais — até o funcionário responsável pela elaboração de uma simples Portaria, levantando os erros e omissões, inclusive quanto ao cumprimento do planejamento governamental, para determinar as devidas correções. Esta ação do controle interno resulta em aprimoramento administrativo, prestação de melhores serviços à comunidade, cumprimento regular dos orçamentos e dos planos de governo, evitando que o administrador seja responsabilizado por possíveis falhas ou descumprimento de lei. Assim, o controle interno é fator de garantia para uma boa administração.

Nesse contexto, além de ser uma exigência constitucional, a implantação de um sistema de controle interno nos municípios também é uma necessidade de interesse público e fator de vital importância para o sistema de fiscalização contábil, financeira e orçamentária, uma vez que a obrigatoriedade do seu apoio ao controle externo, produz indicativo para uma atuação sincrônica entre esses organismos, com a finalidade de propiciar um efetivo acompanhamento de avaliação sobre a regularidade dos procedimentos administrativos.

---

[216] FRANCO SOBRINHO, op. cit., p. 93.

4.4.5.2 Controle externo

O controle externo é o exercido por organismo estranho ao do controlado. No caso da Fiscalização Contábil, Financeira e Orçamentária, o controle é efetuado no aspecto da atividade financeira do Estado, tendo em conta a arrecadação da receita e a realização da despesa, avaliando a regularidade dos atos praticados pelos administradores quanto à legalidade, legitimidade e economicidade.

Conforme o sistema de fiscalização contábil, financeira e orçamentária adotado constitucionalmente, o controle externo está a cargo do Poder Legislativo (art. 70, CF), mas com a sua execução sendo destinada a um organismo que, embora participe do Legislativo, possui autonomia e independência de atuação sobre os três Poderes do Estado, procedendo à fiscalização com competências próprias, exclusivas e indelegáveis (art. 71, CF). Este organismo é o Tribunal de Contas.

É com essas peculiaridades constitucionais que o controle externo, mais especificamente o seu órgão executor — o Tribunal de Contas — será analisado nos capítulos seguintes.

4.5 A evolução do controle público

Durante mais de meio século que durou o mundo bipolar — capitalismo e socialismo — as definições do chamado Estado Nação dependeram da postura pela qual o intérprete se inclinava. Qualquer das posturas que fosse adotada, invariavelmente, ela seria complementada por uma série de embasamentos teóricos filosóficos, econômicos e políticos que davam sustentação a complexas estruturas ideológicas. No entanto, durante os últimos anos desse período histórico, a evolução do pensamento sobre todas as coisas, especialmente a mudança nos paradigmas da organização social, propiciou o estabelecimento de uma nova ordem para o entendimento das relações pessoais e da estrutura do Estado.

Sendo assim, entramos na era do conhecimento, cujo estágio mundial é de um estado de transformação decorrente de uma série de inovações sociais, institucionais, tecnológicas, organizacionais, econômicas e políticas, a partir das quais a informação e o conhecimento passaram a desempenhar um novo e estratégico papel, constituindo-se em elementos de ruptura, segundo alguns, ou de forte diferenciação, segundo outros.[217] Fatores que ocasionaram o que Leo Kissler chamou

---

[217] LASTRES, Helena Maria Martins; ALBAGLI, Sarita. Chaves para o terceiro milênio na era do conhecimento. In: LASTRES, Helena Maria Martins; ALBAGLI, Sarita (Org.). *Informação e globalização na era do conhecimento*. Rio de Janeiro: Campus, 1999. p. 8.

de revolução econômica (capitalismo social), revolução tecnológica (revolução digital) e processo de globalização (sistema mundial competitivo),[218] razão pela qual numerosos autores passaram a falar sobre o surgimento da pós-modernidade.[219]

Esse laborioso ganho da sociedade ocidental resultou na formatação do atual Estado Democrático de Direito, que se encontra sob constante aprimoramento conceitual, espreitado pela perda de seus contornos, como consequência da revitalização dos princípios que o nutriram durante dois séculos de constante evolução.

No final da década de 80 do século XX, consoante construções doutrinárias e uma nova realidade do Estado no mundo, houve uma reformatação do Estado Democrático de Direito para uma qualidade plural, transparente e participativa. Como fator decorrente foram detectadas várias tendências da Administração Pública: maior proximidade com a população em geral; predomínio da publicidade sobre o segredo; privatização de entidades e da relação de emprego; maior uso do direito privado; redução das atuações com poder de império; mais acentuada preocupação com o resultado; desregulamentação.

Segundo Claus Offe, o excesso de expectativas postas no Estado, com uma hipertrofia dos direitos sociais e democráticos assegurados pelo Estado Social, juntamente com a impossibilidade do Poder Público em atender tais demandas, houve determinação para o surgimento do que ele denominou crise fiscal, crise de legitimidade e crise de governabilidade, fatores que passaram a exigir o estabelecimento de novos padrões de Administração Pública.

Assim, a partir da década de 90 do século XX, iniciou-se um amplo movimento de reforma administrativa, com várias denominações: Reforma do Estado; Modernização do Estado; Modernização da Administração; e Renovação da Administração. Estes movimentos reformistas visaram, fundamentalmente, o estabelecimento de um novo tipo de Administração Pública, qual seja, uma Administração eficiente, proba e transparente, a chamada boa administração ou bom governo.

Do mesmo modo, no Brasil, em 1995, iniciou-se a implantação do Plano de Reforma do Aparelho do Estado, com o sentido de ser reduzido o tamanho do Estado, ser efetuado o pagamento da dívida pública, serem estabelecidos mecanismos para um desenvolvimento sustentável, ser restabelecido o equilíbrio entre receita e despesa, com produção da reforma do sistema fiscal, reforma administrativa, reforma

---

[218] KISSLER, Leo. *Ética e participação*: problemas éticos associados à gestão participativa nas empresas. Florianópolis: Editora UFSC, 2004. p. 19.

[219] DROMI. *Modernización del control público*, p. 15.

previdenciária e implantação de legislação com fixação de responsabilidade da gestão fiscal.

Com esse novo modelo de Administração, houve a necessidade de ser produzida também uma renovação da atividade fiscalizadora, com os organismos de controle devendo, no mínimo, acompanhar a evolução do Estado e da Administração Pública, mediante o estabelecimento de uma organização controladora com modernização de procedimentos, contendo uma compreensão adequada das novas situações a serem controladas, no sentido de ser produzida uma avaliação do controle de acordo com a nova realidade.

Para tanto, o controle deve ter os mesmos atributos dirigidos à Administração: ser um controle eficiente, probo e transparente. De outra parte, o controle não é mais uma questão que importe somente aos agentes públicos e a Administração Pública, o crescimento quantitativo e qualitativo das necessidades coletivas, resultado da complexidade da sociedade hipermoderna, do Estado Constitucional, em que são asseguradas garantias constitucionais ao cidadão, com o dever de materialização dessas garantias, requer, obviamente, a participação ativa dos cidadãos e das formas sociais organizadas (Controle Social, Conselhos Comunitários, etc.). Na atualidade, o conhecimento técnico e científico dos agentes de gestão e de execução administrativa; do organismo controlador que efetua a verificação e compreensão dos interesses comuns a serem satisfeitos, somente irão cumprir de forma efetiva a sua missão institucional, mediante a ampliação dos canais de participação pública, em que haja um comprometimento de responsabilidades entre administrados, administradores e controladores.

Dessa forma, com a evolução do Estado que, contemporaneamente, transformou-se no Estado Democrático de Direito, passou a ser exigida uma transparência dos atos governamentais, com estímulo à participação popular. Via de consequência, desse fator evolutivo do Estado, terminou originando-se uma expansão dos meios de controle sobre a Administração Pública, na medida em que a transparência e a participação popular possibilitaram a criação de um novo tipo de controle, o controle social. No controle social, o cidadão é o meio executor do controle, que pode verificar, acompanhar e fiscalizar a regularidade dos atos governamentais.

No Entanto, o controle social exercido pelo cidadão não se esgota em si mesmo, nem possui a função de substituir o controle institucional regulado constitucionalmente. O controle social é complementar ao controle institucional e depende deste último para ter eficácia. O controle social, para fazer valer as suas constatações contra irregularidades praticadas pelo Poder Público, deve buscar a própria Administração para correção das falhas encontradas, representar os integrantes do sistema de controle interno, denunciar os fatos ao Tribunal de Contas ou ao representante do Ministério Público.

Nesse contexto, fica perfeitamente demonstrado que o controle social não se sobrepõe nem exclui os demais controles, especialmente o institucional, porque necessita deste último para ter eficácia. O exercício do controle social é independente e universal, mas não produz resultados unicamente pela sua ação, ele depende do controle institucional para fazer valer as suas constatações. Assim, o controle social deve ser considerado um aliado do controle institucional, devendo ter uma atuação conjugada com o controle institucional. Este é um dos principais elementos de evolução do controle público.

CAPÍTULO 5

O TRIBUNAL DE CONTAS

5.1 Sistemas de controle das contas públicas: Tribunais de Contas e Controladorias

5.1.1 O controle da Antiguidade à modernidade

Em todos os tempos, desde os seus primórdios e incluindo as diversas etapas da sua evolução, o Estado sempre se preocupou em manter um controle sobre as rendas públicas, tendo em conta a sua correta aplicação por parte dos encarregados pelo seu gerenciamento e guarda, uma vez que os dinheiros públicos nunca foram imunes à malversação de seus administradores. Evidentemente que esse controle era efetuado por meios adequados às necessidades, organização e cultura de cada povo. Como refere Alfredo Lopes, "o instituto fiscalizador das finanças públicas tem apresentado, no transcurso dos tempos, várias formas de organização e funcionamento, segundo a ordenação política dominante e o progresso científico verificado na matéria. Ele evolucionou firmemente desde as épocas mais afastadas da história até os nossos dias, revelando decisiva tendência unificadora das normas estabelecidas para a sindicância efetiva dos atos dos agentes do poder executivo incumbido de gerir a riqueza pública".[220]

---

[220] LOPES, Alfredo Cecílio. *Ensaio sobre o Tribunal de Contas*. Dissertação (Dissertação para Concurso à Livre Docência de Direito Administrativo e Ciência da Administração) – Faculdade de Direito da Universidade de São Paulo, São Paulo, 1947. f. 10. O autor ainda comenta sobre o tema que: "Tais funções são desempenhadas em prol dos interesses dos governantes, quando o poder destes, por absoluto, se confunde com o do estado, ou em

Na Antiguidade oriental, em face da organização política monárquica absoluta dos Estados, com poderosa influência das castas sacerdotais, os problemas políticos e administrativos tinham soluções orientadas, basicamente, pelas tradições e dogmas, por isso a sua atividade financeira era rudimentar e a fiscalização das arrecadações tributárias sendo feitas por emissários especiais dos monarcas.

Todavia, a Índia e a China diferenciaram-se dos demais Estados orientais. A Antiguidade indiana — século XIII a.C. — por meio do *Código de Manu*, tinha regulamentado a percepção de tributos anuais em todos os domínios, por comissários da confiança do rei, com designação de inspetores encarregados de examinar a conduta dos funcionários arrecadadores. Na antiga China, consoante o pensamento político decorrente de Confúcio e Mêncio, a administração financeira e as demais atividades do Estado deveriam ser realizadas sempre em benefício do povo, por isso as rendas públicas não podiam ser consideradas bens privados dos reis, como também estavam submetidas a uma rigorosa fiscalização para não sofrerem depauperações.[221]

Na Antiguidade clássica, na Grécia antiga, Atenas determinava a obrigatoriedade dos magistrados prestarem contas de seus atos, ao final de seus mandatos, cujas contas eram examinadas por outros magistrados que, em caso de alcance, tomavam providências enérgicas para o ressarcimento do dano e punição do culpado. Na época da Realeza — 754 a.C. a 509 a.C. — Roma não possuía propriamente uma fiscalização sobre os ingressos e os gastos estatais. O controle sobre a condução dos dinheiros públicos dava-se em proveito dos interesses do rei, que não estava sujeito à prestação de contas dos atos de seu governo. Somente após a instauração da República — 509 a.C. — é que começou a modificar-se a estrutura administrativa de Roma, inclusive quanto à administração financeira, com o Senado passando a exercer funções fiscalizadoras sobre os magistrados que geriam dinheiros públicos.[222]

Na idade média, com a queda do império romano, implantou-se o regime feudal, cuja riqueza provinha da terra, por isso as terras precisavam ser fiscalizadas em favor de seus titulares, os senhores feudais. Para tal fim, eram utilizados cadastros das terras — na Inglaterra, o *Domesday Book*, mandado levantar, em 1806, por Guilherme, o Conquistador, e,

---

favor do tesouro público, quando o titular da soberania é o povo, e o poder estatal em seu nome se exerce".

[221] GETTELL, Raymond Garfield. *História das idéias políticas*. Tradução e nota final de Eduardo Salgueiro. Rio de Janeiro: Alba, 1941. p. 33-40. Coleção Ciências Sociais; LOPES, op. cit., p. 12-14; FERRAZ, op. cit., p. 111.

[222] LOPES, op. cit., p. 17-35.

na Dinamarca, o *Livro da Terra*, ordenado em 1231, por Valdemar II — cujos dados serviam para organizar a administração financeira dos governos. As receitas e despesas desses orçamentos rudimentares eram fiscalizadas, inicialmente, por comissões saídas das Cortes judiciárias. Posteriormente, os duques da Normandia, com a criação do *Echiquier* de contas, por volta do século XII, possivelmente geraram o embrião das atuais Cortes de Contas, influenciando, inclusive, segundo os tratadistas, a instituição da *Corte do Exchequer*, na Inglaterra, em 1297.[223]

Na idade moderna e contemporânea, mediante um enriquecimento material e cultural, os Estados passaram a ter um desenvolvimento crescente, alcançando uma intensa atividade financeira. Aumenta a carga tributária, com a criação de novos tributos. Mediante adoção de processos técnicos racionais, a organização financeira se aprimora, criando um contexto em que a fiscalização das contas públicas torna-se imprescindível para um regular funcionamento da atividade financeira, com vista à realização das funções do Estado.

Dessa forma, modernamente, firmou-se a importância da existência de um sistema de fiscalização sobre os atos governamentais realizados na atividade financeira do Estado, como forma de preservar a probidade no manuseio dos dinheiros públicos, com o sentido de que a sua aplicação seja sempre efetuada em proveito do povo, especialmente nos Estados de estrutura democrática.

Ao tratar do tema, Citadini bem sintetiza a importância do controle nos sistemas democráticos, ao mencionar: "No Estado Democrático, entendendo-se como tal a organização do país com poderes limitados, com dirigentes eleitos periodicamente, em eleições livres, por sufrágio universal e voto direto e secreto e garantindo as liberdades fundamentais da pessoa humana, torna-se imprescindível que os atos de índole financeira da Administração sejam controlados por um órgão externo à própria Administração e dotado de autonomia e de garantias, para o desempenho das funções. Facilmente podemos constatar, nos dias atuais, que não existe país democrático sem um órgão de controle com a missão de fiscalizar a boa gestão do dinheiro público".[224]

---

[223] LOPES, op. cit., p. 36; FERREIRA, Luiz Pinto. *Curso de Direito Constitucional*. 3. ed. ampl. e atual. São Paulo: Saraiva, 1974. v. 1, p. 299, sobre o tema também refere que "na Idade Média se constituiram Câmaras de Contas, que participavam do Conselho do Rei. Este, cioso da sua fortuna, não deixava em vão que alguém se apropriasse indevidamente daquilo que devia ser de direito integrante do seu patrimônio, sobretudo numa época em que se confundia o Estado com a pessoa do Rei".

[224] CITADINI, Antonio Roque. *O controle externo da Administração Pública*. São Paulo: Max Limonad, 1995. p. 12.

Assim, o estabelecimento de um controle sobre as contas públicas, de acordo com o grau de desenvolvimento técnico e cultural dos Estados, pode ser feito de vários modos, consoante o estágio de solidez de suas instituições democráticas. Por isto, a forma de exercer-se o controle sobre a gestão dos bens e dinheiros públicos varia conforme o sistema político e governamental, tendo em conta as peculiaridades sociais e culturais de cada povo.

Justamente, por este aspecto, a doutrina não é pacífica na classificação das formas de controle. Alguns classificam os tipos de controle como órgãos fiscalizadores em legislativos, judiciários e administrativos. Outros conforme a anterioridade ou posterioridade do controle das contas. Há ainda a classificação preferida por Alberto Deodato: "a) dos países onde é designado um funcionário, com autoridade bastante e não sujeito ao executivo; b) os que possuem os Tribunais ou Cortes de Contas".[225]

Esta é a classificação que, em nosso entendimento, melhor retrata os organismos de controle no Estado moderno. Assim, partindo da sua estrutura, o controle das receitas e despesas públicas pode ser realizado de forma unipessoal (Controladorias), ou de maneira colegiada (Tribunais de Contas). Os dois sistemas são de origem europeia e terminaram por influenciar a instituição do controle em suas antigas colônias, com o Tribunal de Contas predominando geralmente nos países latinos, de influência francesa e portuguesa (França, Itália, Espanha, Bélgica, Áustria, Grécia, Portugal, Brasil, etc.); enquanto as Controladorias têm predominância, basicamente, onde a tradição é inglesa (Inglaterra, Irlanda, Austrália, Nova Zelândia, Estados Unidos, Israel, México, Venezuela, Chile, etc.).[226]

5.1.2 O sistema de Controladoria

Consoante as peculiaridades da administração financeira da Inglaterra, na idade média, decorrentes de um sistema democrático exemplar, surgiu a fiscalização da atividade financeira do governo, exercida pelo *Comptroller General of the Receipt and Issue of His Majesty's Exchequer* — Fiscal-Geral da receita e da despesa do tesouro de sua majestade — a quem era destinada a fiscalização constitucional das rendas e gastos efetuados pelo tesouro. Segundo Alfredo Lopes, nesse sistema de fiscalização, "o contrasteamento constitucional distingue-se

---

[225] DEODATO, op. cit., p. 396.
[226] CITADINI, op. cit., p. 13.

do administrativo, confiado a um 'Paymaster-General', pagador-geral, incumbido de organizar a sua escrituração pelo método das partidas dobradas, tanto em relação às contas gerais como às auxiliares ou elementares. A fiscalização judiciária está entregue ao 'Auditor General', o qual, pelo 'Exchequer and Audit Acto of 1866', que consolidou e modernizou as velhas leis e costumes da atividade financeira, se é um órgão distinto do 'Comptroller', é exercido pela mesma pessoa. Suas funções são as de fiscalizar o bom emprego dos dinheiros públicos e apurar as responsabilidades dos funcionários que agirem em detrimento dos interesses do tesouro".[227] Este é o sistema de controladoria, em que a fiscalização da Administração Pública está a cargo de um responsável, com poderes suficientes para auxiliar o Parlamento no controle das contas públicas.

Em face da influência cultural exercida pela Inglaterra sobre os Estados Unidos, sobretudo no período colonial, o sistema de controle adotado pelo Estado americano foi o de controladoria. Nos Estados Unidos, o controle pertence ao Congresso, exercido por uma comissão fiscalizadora chamada *General Accounting (GAO)*, que dispõe de poderes para se opor à ação administrativa, mediante apreciação do mérito e da legalidade da despesa a ser efetuada, cuja direção é exercida pelo *Comptroller-General*, o Controlador-Geral, nomeado pelo Presidente americano, mediante aprovação do Senado.[228]

5.1.3 O sistema de Tribunais de Contas

Outros países entenderam de criar um órgão colegiado específico para o controle das contas públicas. Na idade média, a França possuía uma monarquia com filosofia política diferenciada da Inglaterra. A contabilidade pública era feita em razão e benefício do rei,[229] mas, mesmo assim, desde o reinado de Luiz IX, adotava um requinte técnico de escrituração das contas reais, o método das partidas dobradas. Como Luís IX dedicava especial cuidado às finanças reais, em 1.256 estabeleceu normas rígidas para a gestão financeira de seu reino, o que é considerado pelos historiadores a criação de uma verdadeira Corte de Contas.[230] Posteriormente, Felipe IV, o Belo, em 1309, no âmbito do Conselho do Rei, instituiu a *Chambre des Comptes*, para quem os servidores do

---

[227] LOPES, op. cit., p. 55; FERRAZ, op. cit., p. 112.

[228] DEODATO, op. cit., p. 398; GUALAZZI, op. cit., p. 131.

[229] FERREIRA, op. cit., p. 299.

[230] LOPES, op. cit., p. 38.

fisco deveriam prestar contas. A partir de então, a Câmara de Contas experimentou uma extraordinária evolução, até que, Napoleão, em 16 de setembro de 1807, criou a *Cour des Comptes* (Corte de Contas) com organização assemelhada a das Câmaras de Contas, composta de sete membros, escolhidos pelo Senado em lista nacional, cuja estrutura básica permanece até hoje.[231] Este é o sistema de Tribunais de Contas adotado em muitos países, inclusive no Brasil.

Mencione-se ainda que, nos Estados alemães, por suas condições de progresso, houve a possibilidade de as finanças públicas serem organizadas tecnicamente, com utilização da contabilidade e de um sistema de fiscalização. Por isso, na Prússia, em 1714, por ato de Frederico Guilherme I, foi instituída a Câmara Suprema de Contas. Contudo, somente em 1876 é que a Câmara de Contas prussiana foi transformada em Corte de Contas do Império Alemão, com posição de independência equiparada à da mais alta Corte de Justiça.[232]

5.2 Os principais modelos de Tribunais de Contas

A partir da sua criação em 1807, na França, os Tribunais de Contas tiveram uma notável evolução, com implantação na Holanda em 1820, na Bélgica em 1831, na Itália em 1862, estendendo-se, após, pelo mundo inteiro.

Por estarem entre os primeiros países a instituírem Tribunais de Contas como o órgão estatal destinado a fiscalizar a atividade financeira da Administração, os três tipos fundamentais e clássicos de Tribunais de Contas citados pelos doutrinadores[233] são: o francês, o belga e o italiano.

A esses tipos de Tribunais de Contas acrescentamos mais três: Portugal, em razão de suas ligações históricas com o Brasil; Espanha, em face de suas ligações históricas com os demais países da América do Sul; e a Comunidade Econômica Europeia, por ser uma instituição jurídica inovadora, composta de Estados-membros soberanos, cujos objetivos comunitários dependem de um gerenciamento financeiro próprio, o qual fica sujeito a controle, mediante fiscalização de um Tribunal de Contas criado especificamente para tal fim.

---

[231] DEODATO, op. cit., p. 397; LOPES, op. cit., p. 60.

[232] LOPES, op. cit., p. 81.

[233] CRETELLA JUNIOR, José. *Tratado de Direito Administrativo*. Rio de Janeiro: Forense, 2002. v. 6, p. 105-106; GUALAZZI, op. cit., p. 59; DEODATO, op. cit., p. 396-398.

5.2.1 França

Conforme Baptista Ramos, citando Fonrouge, no que tange a formas e sistemas de controle, o Tribunal de Contas se caracteriza como um "sistema jurisdicional ou tipo francês. O sistema francês está estruturado com base numa Corte de Contas (ou Câmara de Contas), tribunal independente de grande prestígio, com funções de caráter jurisdicional, mas isto não significa inexistência de um controle interno dos órgãos administrativos e de outro, final, realizado pelo parlamento".[234]

Como já vimos no tópico anterior, a Corte de Contas francesa foi instituída por Napoleão I, se assemelhando, em organização, ao Conselho de Estado. A Corte de Contas é dividida em Câmaras, na atualidade há sete Câmaras, compondo-se de Primeiro Presidente, de Presidentes de Câmaras, de Conselheiros-mestres, de Conselheiros Referendários e de Auditores, todos com prerrogativas de magistrados. O Tribunal de Contas Francês (*Cour des Comptes*) conta com um Ministério Público especializado, para atuação específica na fiscalização de contas, sendo assistido por advogados-gerais.[235]

A fiscalização exercida pela Corte de Contas francesa é *a posteriori*, com atribuições administrativas e jurisdicionais. As administrativas ocorrem sobre os ordenadores. As jurisdicionais sobre os contadores, que são os pagadores. Por esse fator de fiscalização resulta um princípio de contabilidade pública: a autoridade que ordena a execução da despesa, não pode ser a mesma que efetua o pagamento. Segundo Duverger, em citação de Baptista Ramos, "podem-se classificar os controles de diversas maneiras: 1º) quanto à natureza das pessoas controladas, distingue-se o controle sobre os administradores do controle dos tesoureiros; 2º) quanto à natureza dos fatos controlados, distingue-se o controle das receitas, do controle das despesas; 3º) quanto ao momento do controle, distingue-se o controle 'a priori', do controle durante a execução e do controle 'a posteriori'; 4º) quanto à natureza dos organismos controladores, distingue-se o controle administrativo (exercido pelos administradores), do controle jurisdicional (exercido por um Tribunal) do controle político (exercido pelo Parlamento)".[236]

---

[234] RAMOS, Batista J. *Tribunal de Contas*: princípio da legalidade e legalidade da despesa. Rio de Janeiro: Forense, 1980. p. 194.

[235] GUALAZZI, op. cit., p. 63-65; LOPES, op. cit., p. 174.

[236] RAMOS, op. cit., p. 196. Também tratam do assunto: LOPES, op. cit., p. 175; GUALAZZI, op. cit., p. 66-67.

5.2.2 Bélgica

O Tribunal de Contas Belga, em decorrência do ambiente histórico — a Bélgica esteve ligada à França até 1815 e sobre o domínio da Holanda até a sua independência, em 1830 — sofreu a influência desses países para a sua instituição. Contudo, o modelo belga de Tribunal de Contas veio proceder a importantes inovações no sistema de fiscalização jurisdicional, na medida em que a sua Lei Orgânica de 21 de junho de 1820, "regulamentando a Câmara de Contas do Países Baixos, estabelecera que nenhum pagamento do Estado poderia ser feito, se a despesa não fosse previamente verificada e liquidada pela Câmara de Contas, reservada ao poder real, entretanto, a faculdade ilimitada de autorizar pagamentos provisórios, ou adiantamentos".[237]

Assim, o controle das contas públicas passou a ser realizado mediante um novo sistema de fiscalização — o controle prévio. Para compatibilizar o registro prévio da despesa pela Corte de Contas, com a independência que esta deve ter do Poder Executivo, Alfredo Lopes refere que houve a necessidade de ser efetuada uma nova forma para a sua composição: "um presidente, seis conselheiros e um secretário, eleitos por voto secreto e maioria absoluta de sufrágio pela Câmara dos representantes, que os pode livremente demitir. Caracteriza-se, pois, como verdadeira comissão parlamentar, preposta do poder legislativo para exercer funções fiscalizadoras da administração financeira. Por esse motivo, não existe, em sua organização, o ministério público, representado por um procurador nomeado pelo poder executivo, o que, em face da natureza da Corte de Contas, seria uma aberração. Cabe ao conselheiro mais moço o exercício das funções correspondentes às do órgão do ministério público existentes em outros sistemas jurisdicionais de fiscalização financeira".[238]

A característica do sistema de fiscalização adotado pelo Tribunal de Contas belga é de que o controle prévio executado se utiliza do método admonitório, qual seja, não há recusa absoluta do registro da despesa, o veto possui natureza suspensiva, revelando-se como uma advertência ao administrador. No caso de recusa ao registro da despesa — seja por a verba estar esgotada, seja por a despesa não se enquadrar na verba — há previsão para as razões da recusa serem examinadas pelo Conselho de Ministros, podendo este mandar efetuar o pagamento sob

---

[237] LOPES, op. cit., p. 180.

[238] LOPES, op. cit., p. 180.

sua responsabilidade, circunstância em que a Corte de Contas coloca o seu visto sob reserva.[239]

5.2.3 Itália

Por sua vez, de igual modo ao da Corte de Contas Belga, o Tribunal de Contas da Itália possui nítida influência francesa. Tendo sido instituído logo após a unificação do Reino Italiano, 14 de agosto de 1862, primitivamente estava divido em três Seções, uma de fiscalização e duas jurisdicionais. Compunha-se de um Presidente, três Presidentes de Seção, vinte e dois Conselheiros, um Procurador-Geral, três Vice-Procuradores-Gerais, vinte e três Primeiros Referendários e três Referendários.[240] Na atualidade, esta composição, envolvendo os magistrados da Corte italiana, constitui-se de um Presidente, 20 Presidentes de Seções, 502 Conselheiros, um Procurador-Geral, vários Vice-Procuradores-Gerais, Primeiros Referendários e Referendários, além de um número indeterminado de magistrados especiais, que exercem funções nas Comissões de Controle sobre os atos das regiões com estatuto ordinário e das regiões com estatuto autônomo.[241]

Como modelo italiano para o Tribunal de Contas, o sistema de fiscalização adotado para a *Corte dei Conti* envolve três espécies de funções: de controle, jurisdicionais e administrativas, sendo as administrativas de caráter consultivo e de administração ativa. Conforme Gualazzi, a doutrina italiana reconhece normalmente quatro espécies de controle: a) controle constitucional; b) controle parlamentar; c) controle judicial comum; d) controle judicial administrativo.[242]

Nos termos da Constituição italiana, a Corte de Contas possui jurisdição nas matérias de contabilidade pública e em outras especificadas por lei, dentre as quais se inclui o controle sobre as pensões, com o conceito de contabilidade pública sendo estendido para todas as relações, "inclusive aquelas de responsabilidade por danos na relação interna de emprego ou de simples serviço, conexas à gestão financeira e patrimonial desenvolvida pela Administração do Estado ou de qualquer outro ente público, com exceção dos entes públicos econômicos".[243]

---

[239] GUALAZZI, op. cit., p. 123-124; DEODATO, op. cit., p. 399; LOPES, op. cit., p. 182-183.

[240] LOPES, op. cit., p. 186.

[241] GUALAZZI, op. cit., p. 78.

[242] GUALAZZI, op. cit., p. 82-84; DEODATO, op. cit., p. 397, também trata do tema.

[243] GUALAZZI, op. cit., p. 102.

Dessa Forma, o Tribunal de Contas italiano exerce funções de controle sobre os atos do Poder Executivo, assim como pratica atos jurisdicionais em matéria contábil e de pensões, com atribuições consultivas e administrativas internas, procedendo a um controle de caráter preventivo e sucessivo. O preventivo verifica a regularidade dos atos praticados no decorrer da execução orçamentária, enquanto o sucessivo, ou *a posteriori*, é efetuado sobre as contas do exercício financeiro encerrado.

5.2.4 Portugal

No período da idade média, Portugal não conheceu procedimentos de administração fazendária que se equiparassem aos utilizados por outros povos contemporâneos, como a França, a Itália ou a Bélgica. As finanças públicas portuguesas não possuíam organização técnica aprimorada e a fiscalização dos dinheiros públicos, sem órgãos aparelhados e com subordinação a normas científicas, era efetuada de maneira rudimentar, mediante uma atuação empírica e individualizada de agentes públicos designados para o exercício de tal tarefa. Embora houvesse punições severas para quem cometesse malversação dos recursos públicos, a fiscalização dava-se apenas em proveito das prerrogativas fiscais da coroa e não em benefício do interesse público, mesmo que muitas declarações da Corte tivessem um cunho democrático.[244]

Modernamente, no que tange à administração financeira do Estado e sua fiscalização, a evolução portuguesa foi lenta. Somente em 25 de junho de 1881, mediante um plano geral de reforma do sistema de contabilidade pública, é que houve a criação do Tribunal de Contas, com as funções de fiscalizar a gestão financeira dos administradores da metrópole e suas colônias.

Na atualidade, o Tribunal de Contas português adquiriu *status* constitucional, com uma qualificada regulamentação para o exercício do controle da Administração Pública. Conforme a Constituição Portuguesa de 1976, o Tribunal de Contas foi incluído no elenco dos Tribunais portugueses, estando qualificado como órgão de soberania, sendo-lhe destinados princípios gerais constitucionalmente estabelecidos para os Tribunais Judiciais, entre os quais se destacam: a) o princípio da independência e da exclusiva sujeição à lei (art. 203º); b) o direito à coadjuvação das outras entidades (art. 202º); c) os princípios da fundamentação, da obrigatoriedade e da prevalência das decisões

---

[244] LOPES, op. cit., p. 49.

(art. 205º); d) e o princípio da publicidade. Assim, nos termos do art. 214º da Constituição portuguesa, o Tribunal de Contas é definido como "o órgão supremo de fiscalização da legalidade das despesas públicas e de julgamento das contas que a lei mandar submeter-lhe".

O Tribunal de Contas tem sede em Lisboa, possuindo cinco Seções Especializadas, sendo três na Sede e duas Seções Regionais de competência genérica: uma na Região Autônoma dos Açores e outra na Região Autônoma da Madeira.

Na Sede, o Tribunal de Contas é composto por um Presidente e 16 Juízes. Em cada Seção Regional, por um Juiz. Conforme a alínea "m)" do art. 133º da Constituição Portuguesa, a nomeação e a exoneração do Presidente é da competência do Presidente da República, para um mandato de 4 anos, renovável. Os Juízes são recrutados por concurso público e nomeados pelo Presidente do Tribunal de Contas.

As competências das Seções especializadas da Sede são as seguintes:

– 1ª Seção exerce as competências de fiscalização prévia, podendo em certos casos, exercer a fiscalização concomitante de atos e contratos;

– 2ª Seção exerce a fiscalização sucessiva e a fiscalização concomitante da atividade financeira;

– 3ª Seção exerce a função jurisdicional, procedendo ao julgamento dos processos de efetivação de responsabilidades financeiras e de multa, a requerimento do Ministério Público.

Para as Seções Regionais dos Açores e da Madeira, as competências estão delimitadas no art. 104º da Lei nº 98/1997, Lei de Organização e Processo do Tribunal de Contas (LOPTC) correspondendo-lhes, em geral, as mesmas competências destinadas às Seções especializadas da Sede.

A Lei de Organização e Processo do Tribunal de Contas (LOPTC) estabelece também uma regulamentação no sentido de assegurar o exercício de um controle externo que efetivamente corresponda a uma adequada fiscalização dos dinheiros e valores públicos, conforme os princípios da legalidade, regularidade e boa gestão. Para tanto, consagra um sistema de fiscalização prévia, concomitante e sucessiva (*a posteriori*), possibilitando a realização de auditorias de qualquer natureza, a fim de ser possibilitada a apreciação da gestão dos administradores, segundo os critérios da economicidade, eficiência e eficácia.

5.2.5 Espanha

O Tribunal de Contas da Espanha tem as suas origens na Idade Média — *Contadores Mayores en la Corte Castellana*, em 1388; *Casa de Cuentas* de Valladolid, criada pela Corte de Toledo em 1436; *La Contaduria Mayor de Cuentas*, criada por Juan II em 1442[245] — mas foi sob o regime da Constituição de 1845, quando se realizaram importantes reformas na administração financeira do Estado, que houve a aprovação da Lei Orgânica do Tribunal de Contas — 1851 — com o estabelecimento de uma estrutura institucional de controle, consagrando um sistema de fiscalização financeira da Administração Pública.

A partir de então, em todos os regimes constitucionais que vigoraram na Espanha, com edição de normas em 1845, 1851, 1870, 1924, 1931, 1953 e 1961, o Tribunal de Contas, independente do regime político vigente, foi mantido como órgão de fiscalização financeira, cujos poderes de atuação davam-se na forma do regime político que comandava o país.

Na atualidade, conforme o art. 136 da Constituição de 1978, o Tribunal de Contas espanhol assumiu um papel importante no sistema político de monarquia parlamentar adotado pela Espanha, na medida em que lhe é destinada a função de órgão supremo de fiscalização das contas e da gestão econômica do Estado, assim como de todo o setor público — "El Tribunal de Cuentas es el supremo órgano fiscalizador de las cuentas y de la gestión económica del Estado, así como del sector público" — no sentido de proceder ao exame e à comprovação das contas gerais do Estado.

O Tribunal de Contas exerce as suas funções por delegação das Cortes Gerais — *Las Cortes Generales* — formadas pelo Congresso de Deputados e o Senado, com obrigação de remeter às mesmas um informe anual, comunicando as infrações ou responsabilidades apuradas e em que setor da administração ocorreram os fatos. Embora este elo com o Legislativo, o Tribunal de Contas possui independência de atuação, na medida em que tem jurisdição própria e os seus membros gozam da mesma independência, inamovibilidade e incompatibilidades a que estão submetidos os membros do Poder Judiciário.

Portanto, na Espanha vigora a dualidade jurisdicional — o contencioso judicial (civil e penal) e o contencioso administrativo — com o Tribunal de Contas constituindo uma jurisdição administrativa

---

[245] Informações contidas no *site* do Tribunal de Contas Espanhol. Disponível em: <http://www.tcu.es/Antecedentes.htm>.

especial.[246] Assim, o Tribunal de Contas possui uma competência exclusiva sobre toda a atuação governamental, exercendo as suas funções com plena independência, que lhe possibilita a elaboração do seu próprio orçamento, para ser encaminhado à aprovação das Cortes Gerais. Os conflitos de competência que podem ser suscitados em decorrência de suas atribuições são resolvidos pelo Tribunal Constitucional.

Dessa forma, a atuação fiscalizadora do Tribunal de Contas espanhol ocorre sobre toda a atividade econômico-financeira da Administração Pública, envolvendo dois tipos de funções: fiscalizadora e jurisdicional. Fiscalizadora é a função que se caracteriza por ser externa, consecutiva e permanente, com verificação se os procedimentos da atividade econômico-financeira estão conformes aos princípios da legalidade, eficiência e economicidade, em relação à execução dos programas de ingressos e gastos públicos. Jurisdicional é a função que se caracteriza por ser necessária, improrrogável, exclusiva e plena, no sentido de proceder ao julgamento dos administradores responsáveis por bens e dinheiros públicos, envolvendo a chamada *responsabilidad contable*, que é exercida sobre as contas que devem ser prestadas por todos aqueles que arrecadam, intervêm, administram, custodiam, manejam ou utilizam bens ou dinheiros públicos.

O Tribunal de Contas espanhol é constituído por doze (12) Conselheiros de Contas, os quais são designados pela Cortes Gerais, sendo seis pelo Congresso dos Deputados e seis pelo Senado, para um período de nove anos. Dentre os Conselheiros é eleito um Presidente, nomeado pelo Rei, para um período de três anos. Junto ao Tribunal de Contas atua um órgão com funções de Ministério Público — *La Fiscalia del Tribunal de Cuentas* — chefiado pelo Fiscal Geral do Estado (*el Fiscal General del Estado*).

5.2.6 A União Europeia

A União Europeia, que iniciou como Comunidade Econômica Europeia, na expressão de Gualazzi, é "a mais criativa e fascinante instituição jurídica do Século XX",[247] criada para assegurar, mediante uma ação comum, o progresso econômico e social dos países membros, com eliminação das barreiras que dividiam a Europa, tendo como

---

[246] GUALAZZI, op. cit., p. 128, refere que "A justiça administrativa espanhola — o contencioso administrativo — apresenta, além da jurisdição administrativa geral (Salas do Contencioso das Audiências Territorias), também as jurisdições administrativas especiais, entre as quais o Tribunal de Contas e as Comissões de Contas".

[247] GUALAZZI, op. cit., p. 138.

missão, "através da criação de um mercado comum e de uma união econômica e monetária e da aplicação das políticas ou ações comuns a que se referem os artigos 3º e 4º, promover, em toda a Comunidade, o desenvolvimento harmonioso, equilibrado e sustentável das atividades econômicas, um elevado nível de emprego e de proteção social, a igualdade entre os homens e mulheres, um crescimento sustentável e não inflacionista, um alto grau de competitividade e de convergência dos comportamentos das economias, um elevado nível de proteção e de melhoria da qualidade do ambiente, o aumento do nível e da qualidade de vida, a coesão econômica e social e a solidariedade entre os Estados-membros" (art. 2º do Tratado que institui a Comunidade Europeia).

A União Europeia foi estabelecida pelo Tratado de Roma, em 25 de março de 1957, com a participação dos seguintes países: Bélgica, Alemanha, França, Itália, Luxemburgo e Países Baixos. Atualmente, com o acréscimo de novos países membros, a Comunidade Europeia está composta de 27 Estados-membros: Bélgica, Alemanha, França, Itália, Luxemburgo, Países Baixos, Dinamarca, Grécia, Espanha, Áustria, Portugal, Finlândia, Suécia, Grã-Bretanha e Irlanda. Em 1º de Maio de 2004, ingressaram: República Checa, Chipre, Eslováquia, Eslovênia, Estônia, Hungria, Letônia, Lituânia, Malta e Polônia; e a 1º de Janeiro de 2007, Bulgária e Romênia. Consoante a Parte V, artigos 189º a 248º, do Tratado que institui a Comunidade Europeia, esta se compõe de cinco instituições: o Parlamento Europeu, o Conselho da União, a Comissão, o Tribunal de Justiça e o Tribunal de Contas.[248] No dia 13 de Dezembro de 2007 os 27 Estados-Membros da UE assinaram o Tratado de Lisboa, que modifica os Tratados anteriores. O seu objetivo é aumentar a democracia, a eficácia e a transparência da UE e, deste modo, torná-la capaz de enfrentar desafios globais tais como as alterações climáticas, a segurança e o desenvolvimento sustentável.

Em face da Comunidade Europeia ter alcançado um extraordinário desenvolvimento comunitário, levando ao estabelecimento de um orçamento próprio para a União Europeia, mediante a criação de um conjunto de recursos também próprios (direitos aduaneiros, IVA, PNB, etc.), envolvendo montantes financeiros elevados — o orçamento comunitário para 2017 é de 134,49 milhões de euros — com responsabilidade de gestão autônoma, houve a necessidade de ser criado um órgão de controle externo específico para a fiscalização das receitas e despesas

---

[248] Maiores informações sobre a Comunidade Europeia e suas instituições podem ser obtidas no seu *site*, mediante acesso ao seguinte endereço eletrônico: <http://www.europa.eu/institutions/inst/auditors/index_pthtm>; GUALAZZI, op. cit., p. 136-152, também trata do tema sob enfoque.

comunitárias, uma vez que o sistema de controle até então adotado (uma Comissão de Controle para o orçamento geral e um Revisor de Contas para o orçamento da Comunidade Europeia do Carvão e do Aço – CECA), demonstrava ser insuficiente.

Nesse sentido foi criado *um instrumento europeu de luta contra a criminalidade e a fraude transfronteiras*. As instituições comunitárias e os Estados-Membros atribuem grande importância à proteção dos interesses financeiros e econômicos das Comunidades, bem como à luta contra a criminalidade organizada transnacional, a fraude ou qualquer outra atividade ilegal lesiva do orçamento comunitário. De fato, os atos que atentam contra as políticas comunitárias cometidas por criminosos e autores de fraudes lesam não só o orçamento da União, mas também a sua credibilidade. A responsabilidade da Comissão nesta matéria está intimamente relacionada com a sua missão de execução do orçamento (artigo 274º do Tratado CE), o que é confirmado pelo artigo 280º do Tratado CE. Assim, para reforçar os seus meios de prevenção da fraude, a Comissão, pela Decisão nº 1999/352/CE, CECA, de 28 de Abril de 1999, instituiu no seu âmbito o *Organismo Europeu de Luta Antifraude (OLAF)*. A Comissão atribuiu a este organismo a responsabilidade de efetuar inquéritos administrativos antifraude, conferindo-lhe um estatuto especial de independência. O Organismo iniciou funções em 1º de junho de 1999, data da entrada em vigor do Regulamento (CE) nº 1073/1999 do Parlamento Europeu e do Conselho e do Regulamento (Euratom) nº 1074/1999 do Conselho, de 25 de maio de 1999, relativos aos inquéritos efetuados pelo OLAF. Este organismo é o sucessor da *Task Force* "Coordenação da Luta Antifraude" (UCLAF) do Secretariado-Geral da Comissão, criada em 1988. Apesar do seu estatuto de independência no exercício da função de inquérito, o OLAF continua a fazer parte da Comissão Europeia, sob a autoridade de Algirdas Semeta — Fiscalidade e união aduaneira, auditoria e luta contra a fraude.

Ainda buscando incrementar o sistema de controle, pelo Tratado de Bruxelas, em 22 de julho de 1975, foi instituído o Tribunal de Contas Europeu, como o órgão de controle externo da comunidade, mas iniciando as suas atividades somente em outubro de 1977. Em 1º de novembro de 1993, pelo Tratado de Maastricht, o Tribunal de Contas Europeu foi elevado à categoria de instituição da Comunidade Europeia e, pelo Tratado de Amsterdã, em 1º de maio de 1999, teve o seu papel de controlador confirmado e reforçado pela destinação de poderes para organizar autonomamente as suas próprias verificações e de as alargar formalmente ao âmbito da boa gestão financeira.

Estruturalmente, o Tribunal de Contas Europeu está organizado e funciona como órgão colegiado, com sede em Luxemburgo. Assim, a Corte de Contas é um organismo da União Europeia, na atualidade composta por um Colégio de 27 Membros, provenientes dos 27 Estados-membros (n° 1 do art. 147 do Tratado da CE e posteriores modificações), nomeados por um período de seis anos (renovável) pelo Conselho da União Europeia, cuja deliberação deve ocorrer por unanimidade, após consulta efetuada ao Parlamento Europeu (n° 3 do art. 147 do Tratado da CE). Os membros designam entre si o Presidente, por um período renovável de três anos.

A escolha dos Membros do Tribunal de Contas Europeu, na forma determinada pelo Tratado da União Europeia, deve obedecer a alguns princípios imprescindíveis: a escolha somente pode ocorrer entre personalidades que pertençam ou tenham pertencido, nos respectivos países, a instituições de fiscalização externa ou que possuam uma qualificação especial para o exercício da função, devendo oferecer garantias objetivas de independência. No exercício das suas funções, não poderão solicitar ou aceitar instruções de nenhum governo ou qualquer entidade, abstendo-se de praticar qualquer ato incompatível com a natureza de suas atribuições e exercê-las com dedicação exclusiva (n°s 2, 4 e 5 do art. 247°, do Tratado da CE).

No exercício das suas competências e atribuições, o Tribunal de Contas assiste o Parlamento Europeu e o Conselho no exercício da respectiva função de controle da execução do orçamento (n° 4 do art. 248 do Tratado da CE), no sentido de examinar a totalidade das receitas e despesas da Comunidade, procedendo igualmente exame nas contas da totalidade das receitas e despesas de qualquer organismo criado pela Comunidade, a não ser que o respectivo ato constitutivo exclua tal exame (n° 1 do art. 248° do Tratado da CE).

As funções precípuas do controle externo exercido pelo Tribunal de Contas Europeu se consolidam em examinar as contas das receitas e despesas comunitárias, inclusive quanto à legalidade e à regularidade das mesmas, garantindo a boa gestão financeira, assinalando, em especial, qualquer irregularidade (n° 2 do art. 248°).

Portanto, O Tribunal de Contas Europeu tem por objetivo verificar se os fundos da UE, provenientes dos contribuintes, são cobrados de forma adequada e utilizados de acordo com a lei, de forma econômica e para o fim a que se destinam. A sua missão consiste em assegurar que os contribuintes retirem o maior benefício possível do seu dinheiro e tem o direito de realizar auditorias junto de qualquer pessoa ou organização que se ocupe da gestão dos fundos da UE.

O exame das contas visa garantir que todos os créditos da União Europeia, assim como as dívidas por esta contraídas, sejam objeto de uma oportuna verificação, registro e contabilização, cobrança ou pagamento, para que o conjunto das operações efetuadas seja atestado por documentos comprobatórios e que as informações disponíveis permitam às autoridades responsáveis pela gestão e pelo controle o regular desempenho das suas funções.

Por sua vez, o exame de legalidade e regularidade dá-se sobre os próprios atos de verificação e de pagamento das receitas e, paralelamente, de autorização e pagamento das despesas, em relação às disposições legislativas em que se baseiam (regulamentos de setor, convenções, mandatos, acordos e contratos). O controle de legalidade implica ainda, e esse é um ponto fundamental da missão do Tribunal de Contas Europeu, o exame da gestão na sua totalidade. Assim, o exame de legalidade não objetiva unicamente proceder à avaliação sobre a conformidade das receitas ou das despesas com as disposições legislativas em que se baseiam, mas também para verificar a sua legalidade em relação ao Tratado e às chamadas fontes de direito derivado (o orçamento e a sua nomenclatura, o Regulamento Financeiro e as normas internas de gestão).[249] Em recente manifestação, o Tribunal de contas Europeu efetuou uma auditoria operacional com avaliações de impacto sobre o processo de definição das políticas por parte da Comissão.[250]

No que se refere à verificação da boa gestão financeira, o exame tende, tradicionalmente, a verificar em que medida e a que custo os objetivos da gestão foram alcançados. Nesse aspecto, o Tribunal de Contas Europeu já teve oportunidade de esclarecer, por exemplo, que a disponibilidade de dotações numa rubrica orçamentária não pode, em caso algum, constituir em si mesma uma justificação suficiente para utilizar essas dotações sem ter devidamente em conta os princípios de uma boa gestão financeira.[251]

Os resultados da análise relativa à qualidade e confiabilidade dos sistemas de gestão e de controle interno, apresentados pormenorizadamente nos relatórios do Tribunal de Contas Europeu, são comunicados

---

[249] Informações constantes do *site* do Tribunal de Contas Europeu. Disponível em: <http://www.eca.eu.int/PO/BROCHURE/broch1.htm>.

[250] A Comissão congratulou-se hoje com a publicação de um relatório pelo Tribunal de Contas Europeu sobre o sistema de avaliação de impacto da Comissão. O relatório confirma que o sistema proporciona um real valor acrescentado para os decisores da UE e contribui de forma eficaz para aumentar a qualidade das propostas, para além de representar a melhor prática internacional devido à sua transparência e abordagem integrada. A auditoria demonstra que a Comissão dispõe das estruturas adequadas para a realização dos objetivos preconizados pelo programa de trabalho relativo à regulamentação inteligente. Disponível em: <http://ec.europa.eu/commission_2010-2014/president/nws/documents/2010/09/20100928_documents_1_pt.htm>.

[251] Manifestação contida no Relatório Anual relativo ao exercício de 1990. ponto 0.8. divulgado no JO C 324, de 13.12.1991. p. 6.

às chamadas *autoridades orçamentais* — Conselho da União Europeia e Parlamento Europeu — para que estas adotem medidas de natureza legislativa ou no que se refere à identificação dos setores em que a gestão possa ser melhorada.

Portanto, no que tange às responsabilidades das autoridades orçamentárias, elas decorrem, em especial, do procedimento anual de quitação relativa à gestão do exercício findo, ocasião em que as observações do Tribunal de Contas Europeu, contidas no seu relatório anual e nos relatórios especiais, passam a constituírem a base da decisão e, especialmente, da resolução sobre a quitação, adotadas pelo Parlamento Europeu. Assim, as instituições europeias devem dar seguimento às observações contidas na resolução do Parlamento Europeu, no sentido de adotarem medidas para a melhoria qualitativa dos sistemas de gestão e adoção de ações para a salvaguarda das finanças da União Europeia.

Dessa forma, o Tribunal de Contas Europeu não se constitui em um órgão de jurisdição e, por consequência, as suas conclusões e orientações não têm o poder de um julgamento, no sentido jurisdicional.

Contudo, embora o Tribunal de Contas Europeu não possua um poder de sanção no exercício do controle externo da União Europeia, as suas observações normalmente são aceitas pelas autoridades responsáveis pela gestão financeira que, face às considerações do órgão de controle efetuadas por auditoria, providenciam voluntariamente na adoção de medidas corretivas, inclusive quanto à recomposição de montantes indevidamente pagos, antes mesmo de uma tomada de posição do Parlamento Europeu.

5.3 O Tribunal de Contas no Brasil

5.3.1 O Tribunal de Contas da União

Na fase Imperial do Estado brasileiro, à similitude do exemplo que vinha de Portugal, não se procedia, propriamente, uma fiscalização da atividade financeira do Estado.[252] A necessidade de existência de um

---

[252] ANDRIOLO, José Leonardo. 4º lugar: Rui Barbosa e a defesa da probidade e do controle na gestão pública. In: BRASIL. Tribunal de Contas da União. *Rui Barbosa*: uma visão do controle do dinheiro público. Brasília: Tribunal de Contas da União, 2000. (Prêmio Rui Barbosa 1999, p. 195. Monografias vencedoras). Conforme o autor "A oficialização do Vice-Reino do Brasil, em 1720, foi uma das medidas tomadas para exercer maior fiscalização sobre as finanças da Colônia, haja vista que o controle exercido por Portugal era bastante precário. Com a chegada da família real ao Rio de Janeiro, no dia 7 de março de 1808, o Brasil passava de simples colônia à condição de sede do governo português, sendo organizados os serviços de governo e administração, sendo criado, também, o Erário Régio, responsável pela guarda dos tesouros reais. Na mesma época, foi instituído

CAPÍTULO 5
O TRIBUNAL DE CONTAS | 235

Tribunal de Contas que fiscalizasse o regular emprego dos dinheiros públicos era uma cogitação idealística de alguns publicistas e políticos esclarecidos da época. A primeira tentativa de instituir um Tribunal de Contas no Brasil, à semelhança do modelo francês, ocorreu por iniciativa dos Senadores Visconde de Barbacena e José Inácio Borges, em 26 de junho de 1826, com apresentação de projeto à Câmara Alta, cuja proposta foi intensamente combatida e, por decorrência, rejeitada.[253]

Posteriormente, em 1845, o Ministro da Fazenda Manoel Alves Branco, que já fora Contador-Geral do Império, com sua experiência administrativa e como interessado técnico, apresentou projeto de instituição de um Tribunal de Contas com características de um Tribunal administrativo, com competência para julgar "as contas de todos os responsáveis por contas, seja qual for o Ministério a que pertençam", todavia, sem lograr êxito em sua iniciativa, porquanto o projeto foi rejeitado pelo Parlamento.

Outros ilustres juristas e homens públicos do período imperial também defendiam a necessidade de criação de um Tribunal de contas, com o fim de ser procedida uma fiscalização sobre as contas públicas, no sentido de ser assegurada a regular aplicação e emprego dos dinheiros públicos. Essa foi a exigência de Pimenta Bueno em 1857. Em 2 de agosto de 1861, em discurso na Câmara dos Deputados, foi José de Alencar o defensor da instituição da Corte de Contas. Gaspar Silveira Martins, em 1878, na condição de Ministro da Fazenda, em seu relatório ao Poder Legislativo, discorreu sobre a importância de ser criado um Tribunal de Contas. De igual forma procedeu ao novo Ministro da Fazenda, o Visconde de Ouro Preto, em seu relatório de 1879, quando defendeu a criação da Corte de Contas para serem contidos os abusos nas ordenações de despesas. Por sua vez, o último Ministro da Fazenda no Império, João Alfredo, em seu relatório ao Parlamento, em 1889, igualmente disse da necessidade urgente de ser criado um Tribunal de Contas, a fim de ser garantida a boa administração dos dinheiros públicos.[254]

Portanto, no período imperial, mesmo que o propósito de criação do Tribunal de Contas, em diversos momentos, tivesse a intenção revitalizada, com pronunciamentos fundamentados e materializados

---

o Conselho da Fazenda, a quem coube o controle dos gastos públicos, embora operasse de maneira ineficaz, devido a desorganização financeira do país e aos saques da nobreza luzitana ao Erário".

[253] MIRANDA, Pontes de. *Comentários à Constituição de 1946*. 2. ed. rev. e aum. São Paulo: Max Limonad, 1953. p. 335. arts. 15 a 97, v. 2; SILVA, 2005, p. 753.

[254] LOPES, op. cit., p. 214-217; PONTES DE MIRANDA, op. cit., p. 334-335; SILVA, 2005, p. 753; CITADINI, op. cit., p. 16, nota 7.

em projetos, lamentavelmente não vingou a ideia de ser instituído um órgão para fiscalizar a atividade financeira do Estado, pelo que o Brasil Império restou sem o seu Tribunal de Contas.

Com desenvolvimento da ideia republicana, em que os princípios se fundamentavam na oposição à monarquia e na afirmação da soberania popular, buscando estabelecer uma forma democrática de governo, em que fosse aumentada a participação popular e limitado o poder dos governantes, deu-se a proclamação da República, cuja origem da palavra já demonstra qual a mudança que procede na forma de governar — *res publica*, coisa pública — criando a possibilidade de ser incrementado o instrumental jurídico necessário para o controle do exercício do poder, inclusive no pertinente à atividade financeira do Estado, com a instituição de um organismo — Tribunal de Contas — para a execução de uma fiscalização que pudesse assegurar uma correta utilização dos dinheiros públicos.

Com a proclamação da República, a partir de 1889 foi introduzida no país essa nova mentalidade de governar, permitindo a condução de Rui Barbosa ao Ministério da Fazenda, circunstância que o levou a dedicar especial atenção à criação do Tribunal de Contas e, por sua iniciativa, ser elaborado o Decreto nº 966-A, de 07 de novembro de 1890, assinado pelo Marechal Deodoro da Fonseca, instituindo o Tribunal de Contas com a atribuição de examinar, rever e julgar todas as operações concernentes à receita e à despesa.

Quanto ao modelo de Tribunal de Contas adotado em sua instituição, como bem refere Alfredo Cecílio Lopes, "Rui admitiu a função jurisdicional no novel Tribunal de Contas. Em outro passo da exposição de motivos se focalizaram os sistemas de fiscalização, passando-se revista ao francês e ao italiano, para se manifestar preferência em relação ao último, temperado pelo sistema belga".[255]

Rui Barbosa, com o seu genial brilho, ainda na exposição de motivos ao Decreto, define o Tribunal de Contas como um "corpo de magistratura intermediária à sua administração e a sua legislatura que, colocado em posição autônoma, com atribuições de revisão e julgamento, cercado de garantias contra quaisquer ameaças, possa exercer as suas funções vitais no organismo constitucional, sem o risco de converter-se em instituição de ornato aparatoso e inútil".

Contudo, o Decreto instituidor do Tribunal de Contas nunca chegou a ser executado, muito menos regulamentado, mas foi fundamental para fortalecer e consolidar a ideia de ser necessária à existência

---

[255] LOPES, op. cit., p. 219.

de uma instituição com poder de controlar todos os atos suscetíveis de criação de despesa ou de interesse das finanças da República que estava sendo implantada.

Foi a Constituição de 1891 que veio, efetivamente, institucionalizar a Corte de Contas no país, ao estatuir no seu art. 89: "É instituído um Tribunal de Contas para liquidar as contas da receita e despesa e verificar a sua legalidade, antes de serem prestadas ao Congresso. Os membros deste Tribunal serão nomeados pelo Presidente da República, com aprovação do Senado, e somente perderão os seus lugares por sentença".

Ponto primordial à execução do texto constitucional deu-se com o regulamento baixado através do Decreto nº 1.166, de 17 de dezembro de 1892, permitindo que o Tribunal viesse a funcionar. Esta regulamentação estabeleceu normas de procedimento que ultrapassaram o permissivo constitucional fixado para o exercício da fiscalização dos atos financeiros do governo, na medida em que também estabeleceu uma competência privativa ao Tribunal de Contas, ao dar-lhe competência para julgar as contas dos responsáveis por dinheiros e valores pertencentes à República. Embora tenha sido motivo de grande controvérsia na época, prevaleceu o dispositivo da norma regulamentar, inclusive sendo elevada a condição de regra orgânica, consoante a sua adoção no Decreto-Legislativo nº 392 de 8 de outubro de 1896 (Lei Orgânica do Tribunal de Contas). Posteriormente, foram efetuadas sucessivas reformas em sua organização, levando ao aperfeiçoamento da instituição (1911, 1918 e 1922).

A partir de então, o Tribunal de Contas passou a demonstrar a sua importância na estrutura do Estado, firmando-se como instituição necessária ao controle da sua atividade financeira. Alcançando reconhecimento pela atividade exercida, a Corte de Contas continuou a participar das outras Constituições elaboradas, que lhe reservaram cada vez mais espaço, autonomia e independência de atuação.

Assim ocorreu na Constituição de 1934, que constitucionalizou a competência jurisdicional de julgamento, ao declarar nos seus arts. 99 e 100:

> Art. 99. É mantido o Tribunal de Contas que, diretamente ou por delegações organizadas de acordo com a lei, acompanhará a execução orçamentária e julgará as contas dos responsáveis por dinheiros ou bens públicos.
>
> Art. 100. Os Ministros do Tribunal de Contas serão nomeados pelo Presidente da República, com aprovação do Senado Federal, e terão as mesmas garantias dos Ministros da Corte Suprema.

parágrafo único. O Tribunal de Contas terá, quanto à organização do seu Regimento Interno e da sua Secretaria, as mesmas atribuições dos Tribunais Judiciários.

Pela Carta outorgada em 1937, embora o seu caráter autoritário, o Tribunal de Contas foi mantido com as mesmas finalidades, sendo-lhe acrescentada a competência para julgar contratos, na forma do disposto no seu art. 114: "Para acompanhar, diretamente ou por delegações organizadas de acordo com a lei, a execução orçamentária, julgar das contas dos responsáveis por dinheiro ou bens públicos e da legalidade dos contratos celebrados pela União, é instituído um Tribunal de Contas; cujos membros serão nomeados pelo Presidente da República, com a aprovação do Conselho Federal. Aos Ministros do Tribunal de Contas são asseguradas as mesmas garantias que aos Ministros do Supremo Tribunal Federal".

Restabelecido o regime democrático no país, foi instalada a Assembleia Constituinte em 1º de fevereiro de 1946, no sentido de elaborar um novo Diploma Legal, resultando na promulgação da nova Constituição, em 16 de setembro de 1946, com a mesma contendo uma linha inovadora, direcionada para o campo liberal e democrático, que propiciou o estabelecimento da norma contida no art. 77, relativa à fixação de competências ao Tribunal de Contas:

> Art. 77. Compete ao Tribunal de Contas:
> I – acompanhar e fiscalizar diretamente, ou por delegações criadas em lei, a execução do orçamento;
> II – julgar as contas dos responsáveis por dinheiro e outros bens públicos, e as dos administradores das entidades autárquicas;
> III – julgar da legalidade dos contratos e das aposentadorias, reformas e pensões.

O período de vigência da Constituição de 1946 deu ao Tribunal de Contas um grande prestígio, pois, junto às relevantes competências estabelecidas, foram-lhe ainda concedidas atribuições de proceder registro prévio ou posterior, na forma regulada em lei, a todos os atos de Administração Pública de que resultasse obrigação de pagamento, sendo a recusa do registro por falta de saldo no crédito ou por imputação a crédito impróprio considerada de caráter proibitivo à sua realização (parágrafos 1º a 4º do art. 77).

Implantado no país novamente um regime autoritário, foi editada a Constituição de 1967 que, com as alterações posteriores, inclusive a Emenda Constitucional nº 1/1969, produtora de uma verdadeira reforma constitucional, em face de ter sido elaborada em período de exceção,

CAPÍTULO 5
O TRIBUNAL DE CONTAS | 239

realizou uma sensível diminuição nas prerrogativas do Tribunal de Contas.

Foi criada uma Seção específica para tratar da fiscalização financeira e orçamentária, assentando o sistema de fiscalização na dualidade de controle, com o controle externo ficando a cargo do Congresso Nacional e o controle interno do Poder Executivo (art. 71), colocando o Tribunal de Contas, consoante o disposto no §1º do art. 71, como o órgão executor do controle externo: "O controle externo do Congresso Nacional será exercido com o auxílio do Tribunal de Contas e compreenderá a apreciação das contas do Presidente da República, o desempenho das funções de auditoria financeira e orçamentária, e o julgamento das contas dos administradores e demais responsáveis por bens e valores públicos".

Embora a Constituição de 1967 tenha produzido um extraordinário avanço de aspecto técnico na execução do controle — abandono do controle prévio e criação de um sistema de fiscalização assentado na dualidade de controle, controle externo e controle interno, com desempenho das funções de auditoria financeira e orçamentária — também retirou, em muito, a independência de atuação do Tribunal de Contas, dando, inclusive, poderes ao Presidente da República para ordenar a execução de ato sustado pelo Tribunal.

Restabelecido novamente o sistema democrático no país, houve a promulgação da Constituição de 1988 que, nos seus arts. 70 a 75, mantém o sistema de fiscalização assentado na dualidade de controle, mas amplia o seu universo de abrangência para contábil, financeira, orçamentária, operacional e patrimonial, com alcance a todos os órgãos da Administração direta e indireta, e coloca o Tribunal de Contas como um órgão autônomo e independente, fixando-lhe competências que o elevam a um estágio de atuação em muito superior ao que era previsto no Diploma Maior de 1946.

Por sua evolução histórica, pode-se afirmar que o Tribunal de Contas foi instituído no Brasil com a forma conjugada dos modelos italiano e belga, posto que, inicialmente, as suas funções básicas limitavam-se ao controle prévio da execução da despesa, com suas decisões tendo efeito suspensivo, mas com poderes de julgamento de contas, num exame a posterior. Esta forma consolidou-se na Constituição de 1946, com aprimoramentos, perdurando até a Constituição de 1967, ocasião em que o modelo ficou mais afeito ao italiano, na medida em que o sistema de controle por auditoria independe do momento de sua realização, podendo ser prévio, concomitante ou a posterior.

Com a Constituição de 1988, ampliadas as competências de fiscalização e restabelecida de maneira insofismável a sua autonomia e independência de atuação, alguns afirmam que o Tribunal de Contas brasileiro passou a adotar um modelo mesclado entre o italiano e o francês, posição a que nos filiamos, enquanto outros dizem que a forma é mais aproximada ao da Corte de Contas francesa.

5.3.2 O Tribunal de Contas nos Estados e Distrito Federal

Na Constituição de 1891, quando houve a institucionalização do Tribunal de Contas no Brasil, embora não constasse qualquer norma expressamente dirigida aos Estados, no tocante à possibilidade de também poderem criar a sua Corte de Contas, o regramento do art. 5º, como norma genérica, estabelecendo a incumbência para "cada Estado prover, as expensas próprias, as necessidades de seu governo e administração", concedia permissão constitucional para os Estados decidirem a respeito do assunto.

No entanto, durante o período de vigência da Constituição de 1891, à exceção de Bahia, Piauí e São Paulo, os demais Estados preferiram deixar a fiscalização financeira a cargo do Poder Legislativo, como foi o caso do Estado do Rio Grande do Sul que, na sua Constituição de 1892, atribuiu à Câmara dos Deputados Estaduais a competência de examinar o emprego dos dinheiros públicos e aprovar, no todo ou em parte, as contas anualmente apresentadas pelo Poder Executivo.

Nesse aspecto, é de ser salientado que o primeiro estado brasileiro a instituir o seu Tribunal de Contas foi o Piauí, por meio do art. 112 da Constituição estadual de 27 de maio de 1891, com organização disciplinada pela Lei nº 210, de 1º de julho de 1899, entrando em funcionamento pelo Decreto nº 139, de 08 de julho de 1899.

A Bahia, embora pela sua Constituição de 1891 tenha criado um Tribunal de Conflitos e Administrativo, não possuía a estruturação de uma Corte de Contas, mas sim de um órgão administrativo misto, com atribuições fiscalizadoras no âmbito administrativo e financeiro, com poderes para dirimir conflitos de atribuição entre os três Poderes. Somente após uma reforma da Constituição de 1891, ocorrida em 24 de maio de 1915, foi editada a Lei nº 1.120, de 21 de agosto de 1915, criando o Tribunal de Contas da Bahia, em substituição ao Tribunal de Conflitos e Administrativo.

A Constituição de São Paulo de 1891, no seu primeiro período de vigência não providenciou a criação do Tribunal de Contas. Isto somente veio a ocorrer após uma revisão constitucional procedida em 1921, com o novo regramento elaborado para o art. 71, vindo a constituir o Tribunal de Contas do Estado de São Paulo. No entanto, a organização e a estruturação do Tribunal somente aconteceu em 1923, por meio da

Lei nº 1.961, de 29 de dezembro de 1923, e entrou em funcionamento em 1924, com a regulamentação efetuada pelo Decreto nº 3.708-A, de 6 de maio de 1924.

Com o advento da Constituição de 1934, após quarenta anos de experiência republicana na fiscalização da administração financeira, houve a consolidação do ideário de controle via Tribunal de Contas, mas sem remetê-lo à órbita estadual, tanto que o seu art. 7º, ao estabelecer competência privativa para elaborar a Constituição e as leis porque se devam reger, desde que respeitados os princípios ali relacionados, dentre os quais está o de "prestação de contas da administração", os Estados continuaram livres para decidir sobre a instituição do seu Tribunal de Contas.

Contudo, embora o Tribunal de Contas já tivesse provado a sua validade institucional, como órgão público essencial para o procedimento de fiscalização da execução orçamentária, seja por incompreensão da sua importância e utilidade, seja por influências políticas contrárias ao processo de fiscalização, não foram todos os Estados que nesse período resolveram regulamentar a atuação da sua Corte de Contas: Rio Grande do Sul (Constituição de 29.06.1935, art. 94); Minas Gerais (Constituição de 30.07.1935, arts. 79 a 81); Bahia (Constituição de 20.08.1935, arts. 50 a 52); Santa Catarina (Constituição de 25.08.1935, art. 78); Ceará (Constituição de 24.09.1935, arts. 69 a 71); Distrito Federal — na época era a cidade do Rio de Janeiro — (Lei Orgânica nº 1.961, de 18.01.1936, arts. 28 a 31); e o Estado do Rio de Janeiro (Constituição de 22.01.1936, arts. 85 a 93).

O Rio Grande do Sul, nesse período, que se pode chamar de segunda fase dos Tribunais de Contas estaduais, embora todos os Tribunais tenham sido criados no mesmo ano de 1935 ou logo no início do ano seguinte, esteve no bloco ponteiro para a implantação da sua Corte de Contas. Historicamente, o Tribunal de Contas do Rio Grande do Sul foi instituído pelo Decreto nº 5.975, de 26 de junho de 1935, do então General Flores da Cunha. Logo após foi promulgada a Constituição do Estado, 29.06.1935, que determinava que o Tribunal de Contas seria constituído por cinco Juízes, nomeados pelo Governador e aprovação da Assembleia Legislativa, com gozo das mesmas garantias dos Desembargadores do Tribunal de Justiça, confirmando as atribuições conferidas à Corte de Contas pelo Decreto nº 5.975, para acompanhar a execução orçamentária do Estado e municípios, bem como proceder no julgamento das contas dos responsáveis por dinheiros e bens públicos. Também houve submissão ao registro prévio do Tribunal de toda e qualquer iniciativa da administração do Estado ou dos municípios que importasse despesas não previstas em seus respectivos orçamentos.

Em 7 de julho de 1939, pelo Decreto nº 7.858, em face da implantação do Estado Novo, o Tribunal de Contas do Rio Grande do Sul foi extinto, como o foram os Tribunais existentes em outros Estados, permanecendo nessa situação até a redemocratização do país, em 1945, quando o então Interventor Federal, General Ernesto Dorneles, passou a articular a reativação do Tribunal de Contas, pela necessidade urgente de controlar a Administração. Pelo Decreto-Lei nº 947, de 24 de outubro de 1945, houve a reinstituição da Corte de Contas Rio-grandense.

Com a redemocratização do país e a promulgação da Constituição Federal de 1946, mesmo com uma mudança total na política nacional, ficou assegurada a existência do Tribunal de Contas na federação brasileira, iniciando, assim, no âmbito estadual, a terceira fase da sua história. Nessa terceira etapa, todos os Estados brasileiros implantaram o seu Tribunal de Contas. A denominação "Juízes" foi substituída por "Ministros" e, em 1970, por "Conselheiros".

A Constituição atual, de 1988, manteve os Tribunais de Contas estaduais, limitando a sete o número máximo de seus membros — Conselheiros — (art. 75 e parágrafo único). Assim, na atualidade, é compulsória a instituição dos Tribunais de Contas nos Estados e, pelo princípio da simetria constitucional, face ao modelo de fiscalização estipulado nacionalmente, aplica-se aos Tribunais de Contas estaduais todo o sistema de fiscalização destinado ao Tribunal de Contas da União, inclusive quanto às normas de organização e competências.

A instituição dos Tribunais de Contas nos Estados, por data de criação é a seguinte: Piauí (Constituição Estadual de 27.05.1891); Bahia (Lei nº 1.120, de 21.08.1915); São Paulo (Constituição de 1891 – reforma de 1921, art. 71); Rio Grande do Sul (Constituição de 29.06.1935, art. 94); Minas Gerais (Constituição de 30.07.1935, arts. 79 a 81); Santa Catarina (Constituição de 25.08.1935, art. 78 – funcionamento só em 1955, pela Lei nº 1.366, de 04.11.1955); Ceará (Decreto nº 124 de 20.09.1935 e Constituição de 24.09.1935, arts. 69 a 71); Estado do Rio de Janeiro (Constituição de 22.01.1936, arts. 85 a 93); Maranhão (Decreto-Lei nº 134, de 30.12.1946); Paraná (Decreto-Lei nº 627, de 02.06.1947); Pará (art. 34 da Constituição Estadual de 08.07.1947); Goiás (Constituição Estadual de 1947 e Decreto nº 130, de 24.09.1954); Alagoas (Lei Estadual nº 1.365, de 29.11.1947); Amazonas (Lei Estadual nº 747, de 14.10.1950); Mato Grosso (Lei Constitucional nº 2, de 31.10.1953); Espírito Santo (Lei nº 1.287, de 24.09.1954); Rio Grande do Norte (Lei nº 2.152, de 20.11.1957); Distrito Federal – Brasília (Lei Federal nº 3.751, de 13.04.1960); Pernambuco (Lei nº 6.078, de 12.12.1967); Sergipe (Emenda Constitucional nº 2, de 30.12.1969); Paraíba (Lei nº 3.627, de 31.08.1970); Mato Grosso do Sul (Lei Complementar nº 1, de 1979); Rondônia (Decreto nº 47, de

31.01.1983); Acre (Emenda Constitucional nº 17, de 18.09.1987); Roraima (Constituição de 1988); Tocantins (Lei nº 001, de 23.01.1989); Amapá (Decreto nº 0031, de 06.02.1991).

Os Tribunais de Contas dos Estados, na forma do previsto no art. 75 da Constituição Federal, para a sua organização, composição (sete conselheiros) e fiscalização, deverão seguir a modelagem destinada para o Tribunal de Contas da União.

5.3.3 Os Tribunais de Contas e Conselhos de Contas dos Municípios

A primeira regra constitucional dirigida aos municípios, no pertinente a fiscalização dos Tribunais de Contas, é a do art. 22 da Constituição de 1946: "A administração financeira, especialmente a execução do orçamento, será fiscalizada na União pelo Congresso Nacional, com o auxílio do Tribunal de Contas, e nos Estados e Municípios pela forma que for estabelecida nas Constituições estaduais".

Consoante este permissivo constitucional, a forma de fiscalização adotada no âmbito municipal foi, basicamente, a seguinte: a) a fiscalização dos municípios foi destinada ao Tribunal de Contas do Estado; b) autorização na Constituição do Estado para o município instituir o seu Tribunal de Contas e os que assim não procediam ficavam sob a fiscalização da Corte de Contas do Estado; c) criação de um organismo estadual — Conselho de Contas ou Tribunal de Contas — unicamente para a fiscalização dos municípios. Assim, não raro, nesse período, na esfera do Estado, poderia existir mais de dois Tribunais ou Conselhos de Contas: um para o Estado, outro para os municípios e outro para o município que o instituísse.

Com o advento da Constituição de 1967, pelo art. 191, poderia continuar "em funcionamento apenas o Tribunal de Contas do Município de São Paulo, salvo deliberação em contrário da respectiva Câmara, sendo declarados extintos todos os outros Tribunais de Contas municipais". Assim, nesse período da história brasileira, sob um regime político de exceção, o texto constitucional editado visava, claramente, reduzir o tamanho do Estado, extinguindo órgãos cuja atividade poderia ser exercida por um organismo estadual. Na ocasião, foram extintos vários Tribunais de Contas que se encontravam funcionando, especialmente, em capitais de Estados, como foi o caso de Porto Alegre.

Posteriormente, com a reforma produzida pela Emenda Constitucional nº 1/69, art. 16, §§1º ao 3º, a fiscalização financeira e orçamentária dos municípios passou a ser exercida mediante controle externo da Câmara Municipal e controle interno do Executivo

Municipal, mas somente os municípios com população superior a dois milhões de habitantes e renda tributária acima de quinhentos milhões de cruzeiros novos é que poderiam instituir o seu Tribunal de Contas (§3º). Complementando este regramento, a norma do §1º determinou que o controle externo da Câmara Municipal fosse exercido com o auxílio do Tribunal de Contas do Estado ou órgão estadual a que fosse atribuída essa incumbência.

Nessa circunstância constitucional, os municípios que não possuíam condições para instituir o seu Tribunal de Contas, o que, na realidade, envolvia a totalidade dos municípios brasileiros, a exceção de São Paulo e Rio de Janeiro, teriam de se valer do Tribunal de Contas do Estado ou *órgão estadual a que fosse atribuída essa incumbência*. Com essa autorização constitucional começaram a ser criados alguns Tribunais de Contas dos Municípios e Conselhos de Contas Municipais, que eram órgãos estaduais destinados a procederem à fiscalização dos municípios.

Promulgada a Constituição de 1988, o §1º do art. 31 estipulou que o controle externo da Câmara Municipal passasse a ser exercido com o auxílio dos Tribunais de Contas dos Estados ou do Município ou dos Conselhos ou Tribunais de Contas dos municípios, onde houvesse, mas proibindo, no §4º do art. 31, a criação de Tribunais, Conselhos ou órgãos de Contas Municipais. Todavia, por decisão do Supremo Tribunal Federal,[256] esta proibição alcança tão somente a possibilidade dos municípios instituírem o seu próprio Tribunal de Contas, não impedindo a criação de órgão estadual para o exercício dessa atividade.

Dessa forma, como a norma constitucional manteve o Tribunal de Contas do município já existente — na época somente as capitais de São Paulo e Rio de Janeiro —; autorizou que a fiscalização municipal pudesse ser exercida pelo Tribunal de Contas do Estado ou por Tribunal ou Conselho de Contas estadual criado para tal fim, conclui-se que, por opção legislativa local, como foi o caso do Rio de Janeiro à época, pode o Estado contar com três órgãos de controle externo, ao mesmo tempo: o Tribunal de Contas do Estado, para a fiscalização da administração estadual; o Tribunal ou Conselho de Contas estadual, para exercer a fiscalização de todos os municípios do Estado; e o Tribunal de Contas

---

[256] RDA 185:127-138. O STF, em julgamento da ADIN nº 154, proposta pelo Procurador-Geral da República contra os §§1º e 2º do art. 358, 359 e 360, da Constituição do Estado do Rio de Janeiro, de 05.10.1989, por Acórdão do Tribunal Pleno de 18.04.1990, Rel. Ministro Otávio Gallotti, decidiu: "A vedação contida no §4º do art. 31 da Constituição Federal só impede a criação de órgão, Tribunal ou Conselho de Contas, pelos municípios, inseridos na estrutura destes. Não proíbe a instituição de órgão, Tribunal ou Conselho, pelos Estados, com jurisdição sobre as contas municipais. Constitucionalidade dos parágrafos do art. 358 da Carta Fluminense de 1989".

do Município, podendo, ainda, ser procedida a fiscalização de forma alternativa entre esses três organismos.

Na atualidade, somente quatro Estados brasileiros possuem Tribunal de Contas para a fiscalização de todos os municípios: Bahia (Constituição Estadual 1989); Ceará (Lei nº 2.343, de 24.06.1954); Goiás (Lei nº 8.338, de 18.11.1977); e Pará (Emenda Constitucional nº 13, de 16.10.1980). Somente dois municípios possuem Tribunais de Contas próprios: São Paulo (Lei Estadual nº 7.213, de 20.11.1968) e Rio de Janeiro (Lei Estadual nº 183, de 23.10.1980). Nas demais entidades federadas, os municípios são fiscalizados pelos Tribunais de Contas dos Estados.

Conforme a determinação posta no art. 75 da Constituição Federal, para a organização, composição e fiscalização, o Tribunal de Contas do Município ou os Tribunais e Conselhos de Contas estaduais de fiscalização dos municípios, deverão guardar obediência ao modelo federal previsto para o Tribunal de Contas da União, com sua composição sendo integrada por sete Conselheiros.

5.4 O Tribunal de Contas na estrutura organizacional do Estado

Esta questão, relativa ao lugar que o Tribunal de Contas ocupa ou deve ocupar na estrutura organizacional do Estado, tem sido motivo de controvérsia desde que se tratou da sua implantação no país, em 1891, quando Matos de Vasconcelos observou que "ainda hoje, apesar de legislação própria, se claudica, no assunto. Pessoas há, de notória cultura, que confundem o Tribunal com o Tesouro, visto acharem-se instalados no mesmo prédio".[257]

Desde então, tendo em vista que a Corte de Contas possui funções relacionadas ao Executivo, ao Legislativo e ao Judiciário, porém exercitando com plena autonomia as competências constitucionais que lhes são dirigidas, várias são as teses elaboradas sobre a

---

[257] LOPES, op. cit., p. 222. Citação efetuada quando comenta a edição do Regulamento nº 1166, de 17 de dezembro de 1892.

questão, posicionando o Tribunal de Contas ora no Judiciário,[258] ora no Legislativo[259] e ora como um quarto Poder.[260]

Contudo, como bem menciona Odete Medauar, dificilmente alguém defenderia sua inclusão no Poder Executivo,[261] até porque, em função dos fatores que levaram à criação do Tribunal de Contas no Brasil, o primeiro regramento a ele destinado (Decreto nº 966-A, de 7.9.1890), investia o Tribunal com a missão de fiscalizar a atividade financeira do Estado, auxiliando o Congresso na função de tomar as contas do Poder Executivo. Mesmo que, na atualidade, a função fiscalizadora ocorra no âmbito de toda a Administração Pública, envolvendo os três Poderes do Estado, inclusive a Administração indireta, é o Poder Executivo que administra a maior parte, a grande fatia do bolo orçamentário (União em torno de 77%, Estados em média de 90% e Municípios em média de 94%). É também o Executivo o condutor do processo de planejamento governamental e quem possui o poder de iniciativa do orçamento Público, por tudo isso, ainda é o principal fator de controle da Administração Pública. Colocar o Tribunal de contas como órgão do Poder Executivo é subordinar o fiscal ao fiscalizado, desnaturando o objetivo do controle.

Não se pode também dizer que o Tribunal de Contas integra a estrutura do Poder Judiciário, uma vez que, constitucionalmente, deixa de ser mencionado como órgão desse Poder. Portanto, mesmo com o regramento constitucional do art. 73, dirigindo-lhe competências do Judiciário, como as reguladas no art. 96, quanto ao poder de eleger

---

[258] CITADINI, op. cit., p. 24. Nota 16. Reporta-se à manifestação do Cons. José Luiz de Anhaia Mello (*Digesto econômico*, n. 214, 1970), "...me encanta a idéia de um Tribunal de Contas inserido na órbita do Poder Judiciário, como uma Justiça Especial, a par da eleitoral, da trabalhista, da agrária, como uma Justiça de Contas...".

[259] MIRANDA, op. cit., p 249, embora reconhecendo autonomia de atuação ao Tribunal de Contas, refere que "o texto constitucional de 1967 pôs no Poder Legislativo o Tribunal de Contas"; CITADINI, op. cit., p. 31, menciona que prevalece "a localização do órgão junto ao Parlamento sem, no entanto, subordinar-se, na gestão administrativa ou no exercício de sua competência ao legislativo" (FAGUNDES, Miguel Seabra. *O controle dos atos administrativos pelo Poder Judiciário*. 5. ed. Rio de Janeiro: Forense, 1979. p. 137). "O Tribunal de Contas não aparece na Constituição como órgão componente do Poder Judiciário. Dele se trata no capítulo referente ao Poder Legislativo, do qual constitui, sob certo ângulo, órgão auxiliar" (FERRAZ, op. cit., p. 141), mesmo reconhecendo ao Tribunal de Contas atuação com autonomia e independência diz que, "Estruturalmente (do ponto de vista orgânico) integra o Poder Legislativo..." (MALUF, op. cit., p. 243), "Embora formalmente autônomo, o Tribunal de Contas está mais legitimamente filiado ao Poder Legislativo".

[260] COSTA, Sylo da Silva. O quarto poder. *Revista do Tribunal de Contas do Estado de Minas Gerais*, Belo Horizonte, v. 25, n. 4, p. 45-64, out./dez. 1997.

[261] MEDAUAR, Odete. Controle da Administração Pública pelo Tribunal de Contas. *Revista Informação Legislativa*, ano 27, n. 108, p. 101-127, out./dez. 1990.

seus órgãos diretivos e elaborar seu regimento interno, organizar os seus serviços, prover os seus cargos, propor a criação e a extinção de cargos e a remuneração de seus membros e serviços auxiliares, não se pode entender como um fator de incorporação do Tribunal de Contas ao Judiciário, porque este fato, ao contrário de proceder a uma integração, na realidade, produz indicativo da sua autonomia e independência, inclusive do Poder Judiciário, sem incorporá-lo à jurisdição una daquele Poder.

A teoria de que o Tribunal de Contas constitui um 4º Poder, retrata mais uma vontade de que assim se proceda, do que uma possibilidade constitucional de assim se entender. Embora seja muito interessante e seduza-me a ideia de ser criado um 4º Poder, intitulado de Poder Fiscalizador, constituído de dois organismos, o Ministério Público e o Tribunal de Contas, um como fiscal da lei e defensor da ordem jurídica, do regime democrático e dos interesses sociais e individuais indisponíveis e outro como fiscal da atividade financeira do Estado, cuja ação ocorre em nome do interesse coletivo, inexiste espaço constitucional e muito menos convencimento nacional, em nível técnico, jurídico e político, para ser concretizado. Por sinal, como bem coloca Ricardo Lobo Torres, a tese de que o Tribunal de Contas constitui um 4º Poder já foi defendida por juristas alemães, sem que obtivessem sucesso, como de resto tem ocorrido entre nós.[262] Assim, tendo em conta que os Poderes do Estado estão perfeitamente definidos na Constituição, podendo ser compreendidos como os exercentes das funções essenciais do Estado — executiva, legislativa e judiciária — descabe, por óbvio, nessa estrutura estatal, dizer-se que o Tribunal de Contas constitui um poder em separado.

Dessa forma, conforme o propugnado pela maioria dos doutrinadores nacionais, o Tribunal de Contas consta da estrutura do Poder Legislativo, mas sem manter subordinação com este. Embora a expressão "com o auxílio do Tribunal de Contas", contida no art. 71 da Constituição, muitas vezes seja motivo para equivocadas interpretações, o seu conteúdo não possibilita qualquer ideia de subordinação. Entre órgão autônomo que presta auxílio, como é o caso do Tribunal de Contas, e órgão auxiliar, subordinado hierarquicamente ao Poder, vai uma distância muito grande.

Nesse sentido, desanuviando a posição do Tribunal de Contas perante o Poder Legislativo, Medauar explicita com indiscutível clareza: "Muito comum é a menção do Tribunal de Contas como órgão auxiliar

---

[262] TORRES, 2000, p. 355.

do Poder Legislativo, o que acarreta ideia de subordinação. Confundem-se, desse modo, a função com a natureza do órgão. A Constituição Federal, em artigo algum, utiliza a expressão 'órgão auxiliar'; dispõe que o controle externo do Congresso Nacional será exercido com o auxílio do Tribunal de Contas; a sua função, portanto, é de exercer o controle financeiro e orçamentário da Administração em auxílio ao poder responsável, em última instância, por essa fiscalização", para, logo após, concluir: "Se a sua função é atuar em auxílio ao legislativo, a sua natureza, em razão das próprias normas da Constituição, é a de órgão independente, desvinculado da estrutura de qualquer dos três Poderes. A nosso ver, por conseguinte, o Tribunal de Contas configura instituição estatal independente".[263]

Por sua vez, Ricardo Lobo Torres também entende que o Tribunal de Contas não possui qualquer vínculo de obediência e subordinação ao Poder Legislativo, manifestando que: "O Tribunal de Contas, a nosso ver, é órgão auxiliar dos Poderes Legislativo, Executivo e Judiciário, bem como da comunidade e de seus órgãos de participação política: auxilia o legislativo no controle externo, fornecendo-lhe informações, pareceres e relatórios; auxilia a Administração e o Judiciário na autotutela da legalidade e no controle interno, orientando a sua ação e controlando os responsáveis por bens e valores públicos".[264]

Portanto, a toda evidência, até porque explicitamente a Constituição o coloca no Capítulo I – Do Poder Legislativo, Seção IX – Da Fiscalização Contábil, Financeira e Orçamentária, como órgão executor do controle externo a cargo do Congresso Nacional, também entendemos que o Tribunal de Contas participa do Poder Legislativo. Todavia, somente no aspecto de organicidade, na medida em que não mantém qualquer grau de subordinação ao Poder Legislativo. Não sendo Poder, na forma da organização estatal utilizada, o Tribunal teria de participar de um dos Poderes do Estado. Escolhido foi o Poder Legislativo, na medida em que é ele o detentor do controle externo, mas sem estabelecer qualquer espécie de submissão hierárquica, possibilitadora de violência à autonomia e à independência do Tribunal de Contas perante o Legislativo. Tanto assim é que, no art. 71 da Constituição, são estabelecidas competências exclusivas e indelegáveis para o Tribunal de Contas, com exercício sobre os três Poderes do Estado, em que, evidentemente, inclui-se o Legislativo, com estabelecimento de uma composição, a cujos membros são destinadas as mesmas garantias

---

[263] MEDAUAR. Controle da Administração Pública pelo Tribunal de Contas. *Revista Informação Legislativa*, p. 124.

[264] TORRES, 2000, p. 358.

e prerrogativas da magistratura, que lhe assegura uma atuação com absoluta independência.

Assim, embora organicamente participe do Poder Legislativo, pela sua autonomia e independência fixada constitucionalmente, tendo em conta competências específicas que são exercidas sobre os três Poderes do Estado, pode-se dizer que o Tribunal de Contas sem ser Poder ficou com o poder de fiscalizar o Poder, agindo em nome do Estado e em favor da sociedade, no sentido de preservar a regularidade da aplicação dos dinheiros públicos, com atendimento do interesse público.

Contudo, embora esta indiscutível autonomia e independência de atuação do Tribunal de Contas, há um fator inovador sobre este organismo fiscalizador, que tem gerado muita discussão e debate: é a proposta de criação do Conselho Nacional dos Tribunais de Contas.

Tramita no Congresso Nacional o texto substitutivo da PEC nº 28, de 2007, proferido no parecer do deputado Júlio Delgado, em 2009, propondo que o Conselho Nacional dos Tribunais de Contas tenha nove membros; edição de uma lei orgânica nacional que estabeleça o padrão mínimo de organização e funcionamento dos 34 Tribunais de Contas do Brasil, que fixará os critérios nacionais para indicação de ministros e conselheiros, realização de concurso dos membros do Ministério Público de Contas, Ministro-Substituto e servidores ocupantes de cargo efetivo, à semelhança da magistratura e do Ministério Público. O parecer também prevê normas gerais da União para fixar o rito processual nos Tribunais.

Já a PEC nº 30, de 2007, que tramita no Senado Federal, propõe a criação de um Conselho Nacional muito mais robusto, com 17 (dezessete) membros, formado por Ministros, Conselheiros, servidores indicados por entidades de classe, cidadãos indicados pela Câmara e Senado e profissionais indicados por 5 (cinco) Conselhos de Fiscalização Profissional, como os Conselhos Federais da Ordem dos Advogados, de Contabilidade, de Administração, de Economia e de Engenharia (OAB, CFC, CFA, CFE e CONFEA).

Recentemente, em 2017, foi apresentada uma nova proposta de Emenda à Constituição Federal — PEC nº 22/2017 — a partir de sugestão da Associação dos Membros dos Tribunais de Contas do Brasil (Atricon) — visando alcançar aprimoramento para os Tribunais de Contas. Consta na proposta previsão de criação do Conselho Nacional dos Tribunais de Contas (CNTC) e o estabelecimento de novos critérios para a composição dos colegiados desses órgãos e de uma Lei Nacional Processual de Contas.

A PEC nº 22/2017 prevê a criação do Conselho Nacional dos Tribunais de Contas (CNTC), com as seguintes atribuições básicas: a) processar e responsabilizar os membros dos Tribunais de Contas (ministros, conselheiros e seus substitutos) por irregularidades e desvios éticos; b) fiscalizar os atos de gestão administrativa e financeira dos Tribunais; c) estabelecer metas nacionais de desempenho; e d) dar transparência máxima, por meio de um Portal na Internet, aos atos de gestão e da fiscalização exercida pelos Tribunais. Apresenta, ainda, a previsão de uma câmara com a função de uniformizar a jurisprudência sobre temas de repercussão nacional, a exemplo daqueles presentes na Lei de Responsabilidade Fiscal (LRF).

O CNTC deverá funcionar no Tribunal de Contas da União (TCU), seus integrantes não deverão ser remunerados, os eventuais deslocamentos e assessoramentos deverão ser custeados obrigatoriamente pelas entidades nele representadas e as sessões devem acontecer, preferencialmente, em ambiente virtual. A composição proposta é de: dois ministros do TCU, quatro conselheiros de Tribunais de Contas de Estados e Município(s), um auditor (ministro ou conselheiro substituto), um procurador do Ministério Público de Contas (MPC), um representante da OAB e dois cidadãos, um indicado pela Câmara e outro, pelo Senado Federal. A Câmara de Uniformização de Jurisprudência será composta, observada a proporcionalidade federativa, apenas pelos integrantes do CNTC que sejam membros de Tribunais de Contas, oficiando, perante ela, o Procurador-Geral do MPC junto ao TCU.

Sobre este tema tenho me posicionado favorável à criação de um Conselho Nacional dos Tribunais de Contas, na medida em que, tal qual ocorreu no âmbito do Judiciário, inicialmente poderá haver controvérsias sobre a atuação do Conselho, mas, invariavelmente, com o passar do tempo, o mesmo irá tornar-se um fator de aprimoramento institucional, promovedor de ajustes e de harmonização dos procedimentos de fiscalização, tornando o Tribunal de Contas um organismo de absoluta transparência. O problema está em estabelecer uma formação organizacional adequada, com competências perfeitamente delimitadas, no sentido de ser alcançado um salutar efeito regulador da missão controladora.

5.5 Natureza jurídica das funções do Tribunal de Contas

As funções do Tribunal de Contas são essencialmente de fiscalização sobre a atividade financeira do Estado. No entanto, para uma melhor compreensão sobre o que representam essas funções na atividade estatal, há que se perquirir qual a natureza dessas funções, identificando qual a sua essência.[265] São administrativas, legislativas ou jurisdicionais? O Tribunal de Contas, mesmo participando do Poder Legislativo, não possui atividade legislativa formal — embora colabore na feitura das leis de seu interesse, mediante o poder de iniciativa de leis como a de criação de seus cargos, por exemplo — contudo, não realiza elaboração legislativa propriamente dita, como a de fixar normas para reger as relações sociais ou para reger as relações entre indivíduos e Estado, por ser esta uma função da exclusiva alçada do Poder Legislativo. Assim, não se pode dizer que as funções do Tribunal de Contas sejam de natureza legislativa.

Contudo, quando se trata de definir se as funções são administrativas ou jurisdicionais, as discussões tornam-se acirradas e a controvérsia passa a dividir a opinião de juristas de nomeada. Este é um problema que surgiu à época da criação do Tribunal de Contas no Brasil, sem haver, no decorrer do tempo e da formulação dos argumentos, um entendimento pacífico a respeito do tema.

Segundo Alfredo Cecílio Lopes, quando da edição do Regulamento nº 1.166, de 17 de dezembro de 1891, que regulamentou a atividade do Tribunal de Contas, pelo disposto nos seus artigos 27, 28 e 31, criava-se uma anomalia constitucional, na medida em que instituía uma jurisdição privativa para o Tribunal de Contas. "Verificava-se, assim, a ressurreição do contencioso administrativo, com a violação declarada da letra e do espírito do dispositivo constitucional instituidor do Tribunal de Contas entre nós".[266] No entanto, em face de, posteriormente, a Lei Orgânica do Tribunal de Contas, constituída pelo Decreto-Legislativo nº 392, de 8 de outubro de 1896, manter a atribuição judicante do Tribunal de Contas, inclusive vindo a consagrar-se nos futuros textos constitucionais, Lopes alterou o seu entendimento para manifestar: "E como por toda parte do mundo se multiplicam as justiças especializadas, o contencioso administrativo vai ganhando terreno. Por isso chamamos essa derrogação da jurisdição una um fato consumado na ordem jurídica moderna".[267]

Pontes de Miranda disse que a Constituição de 1934, e os acréscimos produzidos pela de 1937, deu ao Tribunal de Contas "caráter de corpo de julgamento", acentuando "o elemento judiciário que ele já tinha, inclusive pelo modo de composição e garantias de seus membros",

---

[265] ASCENÇÃO, José de Oliveira. Natureza jurídica. NATUREZA JURÍDICA. In: *Enciclopédia Saraiva de Direito*. São Paulo: Saraiva, 1980. v. 54, p. 94, estabelece que "natureza jurídica é a essência de um ser".

[266] LOPES, op. cit., p. 222.

[267] LOPES, op. cit., p. 225.

com produção do seguinte comentário: "Hoje, e desde 1934, a função de julgar as contas está, claríssima, no texto constitucional. Não havemos de interpretar que o Tribunal de Contas julgue, e outro juiz as re-julgue depois. Tratar-se-ia de absurdo 'bis in idem'. Ou o Tribunal de Contas julga ou não julga. O art. 114 da Constituição de 1937 também dizia, insofismavelmente: 'julgar das contas dos responsáveis por dinheiros ou bens públicos'. A de 1946 estendeu a competência às contas dos administradores das entidades autárquicas e atribuiu-lhe o julgamento da legalidade dos contratos e das aposentadorias, reformas e pensões. Tal jurisdição exclui a intromissão de qualquer juiz na apreciação da situação em que se acham, 'ex hypothesi', os responsáveis para com a Fazenda Pública".[268]

Em análise à Constituição de 1967, Pontes de Miranda assevera que o novo Texto retira quase toda função judiciária do Tribunal de Contas e refere: "A função judicialiforme do Tribunal de Contas diminuiu, porém não profundamente. Ainda assim, ele julga da regularidade das contas dos administradores e demais responsáveis, bem como das autarquias".[269]

Em defesa da função jurisdicional do Tribunal de Contas, pelo menos no que respeita ao julgamento das contas dos responsáveis por bens e valores públicos, também se alinham outros doutrinadores[270] — Themístocles Brandão Cavalcanti, Seabra Fagundes, Carlos Casimiro Costa e, mais modernamente, Frederico Pardini e Jorge Ulisses Jacoby

---

[268] MIRANDA. *Comentários à Constituição de 1946*, v. 2, p. 336-340.

[269] MIRANDA. *Comentários à Constituição de 1967, com a Emenda n. 1, de 1969.* p. 254. (arts. 32-117, t. III).

[270] CAVALCANTI, Themistocles Brandão. O Tribunal de Contas: órgão constitucional, funções próprias e funções delegadas. *Revista de Direito Administrativo*, n. 109, p. 8, jul./set. 1972, refere que, para as questões contábeis, na decisão do Tribunal de Contas, "aparece uma limitação ao controle judicial"; FAGUNDES, op. cit., p. 138, comenta que, quando a Constituição atribui ao Tribunal de Contas a competência de julgamento das contas, "implica em investí-lo no parcial exercício da função judicante. Não bem pelo emprego da palavra julgamento, mas sim pelo sentido definitivo da manifestação da Corte, pois se a regularidade das contas pudesse dar lugar a nova apreciação (pelo Poder Judiciário), o seu pronunciamento resultaria em mero e inutil formalismo"; COSTA, Carlos Casemiro. Funções jurisdicionais e administrativas dos Tribunais de Contas. *Revista de Direito Administrativo*, n. 53, p. 29-56, jul./set. 1958; PARDINI, Frederico. *Tribunal de Contas*: órgão de destaque constitucional. 1997. 279 f. Tese (Doutorado em Direito) – Faculdade de Direito, Universidade Federal de Minas Gerais, Belo Horizonte, 1997; FERNANDES, Jorge Ulisses Jacoby. *Tomada de contas especial*: processo e procedimento nos Tribunais de Contas e na Administração Pública. Brasília: Brasília Jurídica, 1996. p. 30, expressa que, "Assim, sem laivo de dúvida, algumas funções das Cortes de Contas se inserem como judicantes, inibindo o reexame pelo Judiciário quanto ao mérito".

CAPÍTULO 5
O TRIBUNAL DE CONTAS | 253

Fernandes — sob o fundamento de que, por expressa disposição constitucional, há força judicante nas decisões do Tribunal de Contas.

No entanto, embora os sólidos argumentos apresentados por essa corrente doutrinária, a maioria dos doutrinadores têm manifestado o posicionamento no sentido das funções do Tribunal de Contas serem de natureza administrativa, sob o argumento de que no Brasil vigora o sistema de jurisdição una, pertencendo ao Poder Judiciário o monopólio da tutela jurisdicional, cuja competência constitucional está expressa no art. 5º, inciso XXV, da Constituição Federal.[271]

Efetivamente, não se pode dizer que as funções do Tribunal de Contas sejam de natureza jurisdicional, com o mesmo caráter judicial de definitividade, expressando coisa julgada, na medida em que as suas decisões são passíveis de revisão pelo Poder Judiciário. Portanto, mesmo quando a Corte de Contas procede no julgamento das contas dos responsáveis por bens e valores públicos, exercendo uma competência

---

[271] TORRES, 2000, p. 359, assevera que o Tribunal de Contas, "do ponto de vista formal, não detém qualquer parcela da função jurisdicional, tendo em vista que as suas decisões não produzem a coisa julgada e podem ser revistas pelo Judiciário, ainda quando versem sobre matéria contábil"; GUALAZZI, op. cit., p. 187, define o Tribunal de Contas "como o órgão administrativo parajudicial, funcionalmente autônomo, cuja função consiste em exercer, de ofício, o controle externo, fático e jurídico, sobre a execução financeiro-orçamentária, em face dos três Poderes do Estado, sem a definitividade jurisdicional"; CRETELLA JÚNIOR, José. Natureza das decisões dos Tribunais de Contas. *Revista de Informação Legislativa*, Brasília, ano 24, n. 94, p. 183, abr./jun. 1987, refere que a "Corte de Contas não julga, não tem funções judicantes, não é órgão integrante do Poder Judiciário, pois todas as suas funções, sem exceção, são de natureza administrativa"; FERRAZ, op. cit., p. 174, posiciona que "a competência prevista no art. 71, II, da CF/88, relativamente ao Tribunal de Contas, reveste-se, assim como as demais, de natureza meramente administrativa. Não faz coisa julgada material e sua exatidão poderá ser questionada em face do Poder Judiciário, diante da unidade de jurisdição, consubstanciada no art. 5º, XXV, da Constituição da República de 1988"; BUZAID, Alfredo. O Tribunal de Contas no Brasil. *Revista da Faculdade de Direito da Universidade de São Paulo*, n. 62, fasc. 2, p. 37-62, 1967, menciona que o Tribunal de Contas, "quando julga as contas dos responsáveis por dinheiros e outros bens públicos e a dos administradores dos entes autárquicos, é corporação administrativa autônoma"; MEIRELLES, 2001, p. 719, fixa que "O Tribunal de Contas da União tem uma posição singular na Administração Brasileira, pois está instituído constitucionalmente como órgão auxiliar do Poder Legislativo (art. 71), mas desempenha atribuições jurisdicionais administrativas, relacionadas com a fiscalização da execução orçamentária, com a aplicação dos dinheiros públicos, com a legalidade dos contratos, aposentadorias e pensões"; MEDAUAR, 1993, p. 142, adere à tese de que o Tribunal de Contas possui funções administrativas, afirmando que "qualquer decisão do Tribunal de Contas, mesmo no tocante à apreciação de contas de administradores, pode ser submetida ao reexame do Poder Judiciário se o interessado considerar que seu direito sofreu lesão; ausente se encontra, nas decisões do Tribunal de Contas, o caráter de definitividade ou imutabilidade dos efeitos, inerente aos atos jurisdicionais"; SILVA, 2005, p. 759, expressa o seguinte posicionamento: "Estamos assim também de acordo que o Tribunal de Contas é um órgão técnico, não jurisdicional. Julgar contas ou da legalidade de atos, para registro, é manifestamente atribuição de caráter técnico".

constitucional própria, exclusiva e indelegável, ainda assim, não há como se negar a natureza administrativa de suas funções.

Contudo, face às peculiaridades das funções do Tribunal de Contas, nas quais estão inseridas as de julgamento de contas, envolvendo, inclusive, as autoridades máximas dos Três Poderes do Estado, não se pode dizer que estas funções possuem um caráter meramente ou puramente administrativo. Como preleciona Maria Sylvia Zanella Di Pietro, "pode-se afirmar que a decisão do Tribunal de Contas, se não se iguala à decisão jurisdicional, porque está também sujeita ao controle pelo Poder Judiciário, também não se identifica com a função puramente administrativa. Ela se coloca em meio caminho entre uma e outra. Ela tem fundamento constitucional e se sobrepõe à decisão das autoridades administrativas, qualquer que seja o nível em que se insiram na hierarquia da Administração Pública, mesmo no nível máximo da Chefia do Poder Executivo".[272]

Nesse aspecto, para uma melhor compreensão do tema, é necessário um posicionamento claro sobre o que deve ser entendido por jurisdição, mantido o rigor técnico exigível. A jurisdição decorre do poder político detido pelo Estado, cujo poder se materializa na possibilidade do uso da força física, como condição necessária para obtenção dos efeitos desejados que defluem do ordenamento jurídico em vigência.[273] Portanto, jurisdição, em gênero, é o poder do Estado para editar leis, fazer cumprir as normas e administrar a justiça.

Desse modo, a jurisdição integra o poder do Estado, sendo exercida por meio dos diversos órgãos que o compõe, no sentido de aplicar a norma para a produção de seus efeitos, na realização das funções do Estado. Assim, compreendendo-se jurisdição como a atividade de dizer o direito, é lícito afirmar-se que os três Poderes (Executivo, Legislativo e Judiciário), com os demais órgãos do Estado, exercem jurisdição quando interpretam e aplicam a lei.

Contudo, como no Brasil não há a figura do contencioso administrativo, o contencioso judicial detém o monopólio de aplicar o direito com efeitos definitivos, fazendo a coisa julgada. Por isto, diz-se que no território brasileiro vige o chamado sistema de jurisdição una. Todavia, não se deve confundir atividade jurisdicional com atividade

---

[272] DI PIETRO, Maria Sylvia Zanella. Coisa julgada: aplicabilidade às decisões do Tribunal de Contas da União. *Revista do Tribunal de Contas da União*, Brasília, v. 27, n. 70, p. 23, out./dez. 1996.

[273] SUNDFELD, op. cit., p. 23. Definido o poder do Estado, o autor cita Norberto Bobbio para referir que o poder político se identifica com o exercício da força e que, por isto, "a peculiaridade do poder do Estado (poder político) é, de um lado, o basear-se no uso da força física e, de outro, o reservar-se, com exclusividade, o uso dela".

judicial, como bem ensina Hely Lopes Meireles: "Todos os Poderes e órgãos exercem 'jurisdição', mas somente o Poder Judiciário tem o monopólio da jurisdição 'judicial', isto é, de dizer o direito com força de coisa julgada".[274]

Embora esta concepção de Hely Lopes Meirelles — colocando jurisdição como gênero, do qual a *jurisdição judicial* é espécie — discrepe da posição uniforme adotada pelos processualistas e, via de consequência, venha tendo contestações,[275] entendemos, modestamente, que é merecedora de inteiro acatamento. Jurisdição é poder do Estado. Processo é tão somente o meio pelo qual se busca solucionar um conflito ou estabelecer um direito, fazendo com que o Estado exercite o seu poder de jurisdição. Processo é instrumento da jurisdição. Como instrumento, ele pode ser utilizado tanto na órbita administrativa — processo administrativo — como na órbita judicial — processo judicial (CPC, CPP, etc.) — para ser obtida a proteção jurisdicional do Estado. Portanto, sendo a jurisdição um poder inerente do Estado, ele o exercita ou pode exercitá-lo tanto na função administrativa como na judicial, dizendo dos efeitos em cada circunstância, sem que ocorra qualquer violência aos princípios técnico-científicos. Tanto que a Constituição, de forma expressa, estabelece que o Tribunal de Contas da União tem *jurisdição* em todo o território nacional (art. 73 da CF).

É a Constituição que determina qual a tarefa e a respectiva forma de atuação dos titulares de funções estatais, sendo dever do intérprete manter-se na estrutura de funções a ele atribuídas, sem poder alterar esta distribuição de funções, sob pena de produzir alteração no próprio dispositivo constitucional. É o que os germânicos chamam de princípio de interpretação constitucional que envolve o critério da exatidão funcional. Nesse sentido, o eminente jurista Konrad Hesse, professor da Universidade de Freiburg in Breisgau, ensina: "Um princípio da interpretação constitucional é o critério da 'exatidão funcional'. Se a constituição ordena a respectiva tarefa e a colaboração dos titulares de funções estatais em uma determinada forma, então o órgão interpretador tem

---

[274] MEIRELLES, 2001, p. 719, nota 21.

[275] GUALAZZI, op. cit., p. 201-202. O autor adota o seguinte posicionamento: "Neste assunto, parece-nos, s.m.j., que assiste razão aos processualistas; com efeito, a atividade administrativa pública realiza jusintegração administrativa, por meio da incessante recombinação de fatos e atos jurígenos em consonância com o Direito Objetivo, para a consecução de ofício do interesse público, legalmente qualificado, função pública substancial e funcionalmente diversa e distinta daquela de dizer o direito aplicável a conflitos concretos subjetivos e interesses, em lides qualificadas por pretensões resistidas — a verdadeira 'jurisdição', em sentido técnico-científico. Em suma, a Administração Pública juridicamente integra fatos e atos com relevância administrativa, para a consecução do interesse público".

de manter-se no quadro das funções a ele atribuídas; ele não deve, pela maneira e pelo resultado de sua interpretação, remover a distribuição das funções. Em especial, isso vale para a relação entre legislador e Tribunal Constitucional: como ao Tribunal Constitucional cabe, diante do legislador, somente uma função controladora, é negada a ele uma interpretação que iria conduzir a uma limitação da liberdade conformadora do legislador mais além dos limites traçados pela Constituição ou a uma configuração por meio do tribunal mesmo".[276]

Nesse contexto, sendo o Tribunal de Contas um órgão integrante da estrutura do Estado, com função de fiscalização sobre a atividade financeira do Estado e, nessa circunstância, procedendo ao julgamento das contas daqueles que as devem prestar, não se pode negar que o mesmo exerce uma jurisdição administrativa, na medida em que possui o poder de dizer o direito, consoante às regras do ordenamento jurídico vigente, no sentido de fazer com que a Administração tenha uma atuação financeira dirigida ao interesse público, com atendimento dos princípios constitucionais da legalidade, legitimidade e economicidade, a fim de ser assegurado o bom e o regular emprego dos dinheiros públicos. Esta é a função que a Constituição destinou ao Tribunal de Contas, determinando como atribuição o exercício de uma jurisdição administrativa, a qual não deve ser negada ou alterada.

Dessa forma, por envolver exercício do poder do Estado, a jurisdição administrativa praticada pelo Tribunal de Contas, consoante os seus objetivos de interesse público, exige que as suas decisões sejam cumpridas pelos administradores jurisdicionados, sob pena de negação do próprio sistema de controle. Provavelmente esta é a razão da expressão judicialiforme utilizada por Pontes de Miranda. A função fiscalizadora, embora não seja de natureza jurisdicional judicial e esteja sujeita à revisão judicial, possui uma forma judicial, em face da obrigatoriedade do seu cumprimento. Como a função fiscalizadora do Tribunal de Contas deriva de competências constitucionais específicas, a revisão de suas decisões só pode ocorrer por ilegalidade manifesta ou erro formal, com estabelecimento de sua nulidade, mas sem possibilitar o rejulgamento das contas pelo Judiciário, por ser esta uma competência constitucional exclusiva destinada ao Tribunal de Contas (art. 71, II, CF).

Portanto, não sendo de natureza judicial as funções do Tribunal de Contas, também não podem ser consideradas meramente administrativas. São de caráter administrativo, mas com a qualificação do

---

[276] HESSE, Konrad. *Elementos de Direito Constitucional da República Federal da Alemanha.* Tradução da 20. ed. alemã de Luíz Afonso Heck. Porto Alegre: Sergio Antonio Fabris, 1998. p. 67. Título original: *Grundzüge des Verfassungsrechts der Bundesrepublik Deutschland.*

poder jurisdicional administrativo, que derivam de competência constitucional expressamente estabelecida, com a delimitação do poder de conhecer e julgar as contas prestadas pelos administradores públicos.

5.6 O Tribunal de Contas e o Regime Democrático de Direito

Conforme já salientamos na parte relativa à evolução dos sistemas de controle, desde a mais remota Antiguidade foram instituídas funções de controle das finanças públicas, no sentido de resguardá-las de possíveis desvios.

Dessa forma, a fiscalização instituída sobre as contas públicas, de conformidade ao grau de desenvolvimento técnico e cultural dos Estados, passou a ser realizada de vários modos, consoante o estágio de solidez de suas instituições democráticas. Por isto, a forma de exercer-se o controle sobre a gestão dos bens e dinheiros públicos varia conforme o sistema político e governamental, tendo em conta as peculiaridades sociais e culturais de cada povo.

Inicialmente, na Antiguidade e na Idade Média, o controle das contas públicas era desempenhado para atender ao interesse dos governantes, uma vez que o poder destes, por absoluto, se confundia com os do Estado.

Com a evolução do Estado e a implantação de regimes democráticos, o poder estatal passou a ser exercido em nome e em favor do povo, fazendo com que a fiscalização das contas públicas passasse a se constituir em prerrogativa da soberania popular, tornando-se imprescindível à manutenção do próprio regime democrático.

Modernamente, acentuou-se ainda mais a importância dos órgãos fiscalizadores das contas públicas — Controladorias e Tribunais de Contas — para os Estados de regime democrático. Visando manter a atuação governamental direcionada tão somente para a prática de atos que atendam aos interesses da coletividade, justamente para não permitir que os governantes usem as finanças públicas em proveito próprio ou de terceiro, as constituições dos Estados passaram a ser pródigas em traçar regramentos com poderes de fiscalização cada vez mais autônomos e independentes, a fim de que os órgãos de controle atuem sempre em favor do cidadão e da sociedade.

Como essas características democráticas transformou-se em essência dos órgãos de controle, adotando-se uma expressão figurativa, pode-se dizer que o Tribunal de Contas é o olho do povo, na medida em que verifica se há o regular e legal emprego dos dinheiros públicos e se a sua aplicação está direcionada ao interesse coletivo. Este órgão de controle, como integrante da estrutura política do Estado, embora não seja Poder, atua em nome do povo, constituindo-se, por isto, em peça imprescindível do regime democrático.

Conforme Antônio Roque Citadini, Estado que não possui fiscalização "é Estado antidemocrático, que esconde de seus cidadãos os atos de gestão do dinheiro público", pois só o Estado autoritário obsta a ação do controle, "não querendo ser incomodado por verificações e auditorias".[277]

De igual modo posiciona-se Ricardo Lobo Torres, referindo que coube à doutrina germânica chamar a atenção para esta nova relação entre o Tribunal de Contas e os direitos fundamentais: "Ernst Rudolf Huber atribui inicialmente ao controle de contas ('Rechnungsprüfung') a característica de 'garantia institucional da Constituição' ('institutionelle Verfassungsgarantie'), por se basear em três princípios jurídicos: a) legalidade que o vincula exclusivamente à lei; b) independência que o separa do executivo; e c) ausência de lacuna, que proíbe os espaços livres de controle". Logo a seguir, complementando a referência efetuada, o ilustre jurista menciona: "Posteriormente os juristas alemães transferiram para o próprio Tribunal de Contas o atributo de garantia institucional, ao observarem o crescimento de sua importância na função de defesa dos direitos fundamentais e no contexto dos poderes do Estado, devido principalmente à independência de seus membros e à inexistência de vínculo de subordinação ao legislativo ou ao Executivo".[278]

Assim, sem sombra de dúvida, o Tribunal de Contas transformou-se em um dos principais elementos de defesa dos direitos de liberdade garantidos pela Constituição, na medida em que vela pela legalidade, legitimidade e economicidade dos atos de gestão financeira, cujo fato revela o exercício de função em defesa da própria Constituição.

A legitimidade do Estado Democrático depende de um efetivo controle sobre a atividade financeira.[279] Sendo o Tribunal de Contas o órgão capacitado e destinado para o exercício dessa função, o resultado de sua ação de controle é a garantia das liberdades individuais e de seus princípios jurídicos, em face da inteira segurança constitucional para assim agir.

---

[277] CITADINI, op. cit., p. 114.

[278] TORRES, 2000, p. 372-373.

[279] TORRES, Ricardo Lobo. A legitimidade democrática e o Tribunal de Contas. *Revista de Direito Administrativo*, Rio de Janeiro, n. 194, p. 31-45, out./dez. 1993.

Conclusivamente, o Tribunal de Contas é organismo de essência democrática, que atua sob fundamentos democráticos e em defesa da democracia. Pelo seu vínculo à lei, produzindo ação em defesa do cidadão, é órgão inerente ao Estado Democrático de Direito.

5.7 Composição e organização do Tribunal de Contas

No que tange à autonomia do Tribunal de Contas, fator preponderante à execução das eminentes tarefas que lhe são destinadas constitucionalmente, esta deflui das normas dispostas no art. 73 e parágrafos da Constituição Federal, em que consta a forma de constituição do órgão, jurisdição, competência de organização, prerrogativas e garantias a seus membros.

A Constituição estabelece garantias para que os membros do Tribunal de Contas possam manter sua independência e exercer a função fiscalizadora com dignidade e imparcialidade. Conforme os ensinamentos de Sahid Maluf,[280] ministrados para o Poder Judiciário, mas aplicáveis ao Tribunal de Contas, essas garantias constitucionais são de duas ordens: a) institucionais ou orgânicas; e b) subjetivas ou funcionais.

São garantias institucionais ou orgânicas aquelas que dizem respeito: a) à organização do Tribunal e seus serviços auxiliares, elaboração do Regimento Interno, provimento dos cargos, concessão de licença e férias aos seus membros e servidores, criação e extinção de cargos e a fixação dos respectivos vencimentos, inclusive de seus Membros e Auditores; b) formação da composição do Tribunal somente mediante critérios estabelecidos na própria Constituição.

São garantias subjetivas ou funcionais aquelas que visam assegurar a independência dos membros do Tribunal em relação aos Poderes do Estado, que se fixam em: vitaliciedade, inamovibilidade e irredutibilidade de vencimentos.

5.7.1 Composição

A composição do Tribunal de Contas é uma garantia constitucional de natureza orgânica, cuja formação só pode ocorrer consoante os critérios fixados constitucionalmente, como um dos fatores de autonomia e independência institucional, por isto, não se sujeitando a juízos de conveniência e oportunidade de qualquer dos Poderes do

---

[280] MALUF, op. cit., p. 306-307.

Estado. A forma constitucional determinada deve ser seguida à risca e não pode, independentemente da justificativa — confiança, competência, importância, etc. — ser modificada, uma vez que envolve norma constitucional e é representativa da autonomia e independência do órgão controlador.

As relevantes funções do Tribunal de Contas, não se autoexecutam, nem são exercidas, propriamente, por esse órgão abstrato, de criação do pensamento jurídico, com essência puramente democrática. As funções são executadas por pessoas que integram o Tribunal de Contas e atuam em seu nome. Possuindo o Tribunal de Contas competência para exercer a fiscalização da atividade financeira estatal, alcançando os atos de gestão financeira dos três Poderes do Estado, com poderes de impugnar atos, determinar devolução de valores e recomposição de prejuízos, aplicar multas e proceder a julgamentos em prestações de contas, em cuja decisão de irregularidade resulta a suspensão dos direitos políticos do administrador — fica inelegível por um período de cinco anos — significa que a Corte de Contas está investida de forte poder estatal. Por consequência, quem passa a integrar o Tribunal de Contas também fica investido de tais poderes.

É sabido que quem exerce poder, no caso o poder de fiscalização, normalmente contraria interesses. Quando o exercício do poder se dá sobre autoridades que também possuem poderes do Estado, a atuação da fiscalização termina aflorando uma extrema sensibilidade nas relações do poder e, não raro, resulta em atritos, favorecendo posturas apaixonadas em contrariedade à fiscalização realizada. Ninguém gosta de ser penalizado, muito menos autoridade pública.

Por este motivo, de tempos em tempos, surgem manifestações e até propostas de Emendas constitucionais, ou no sentido de extinguir a instituição ou com o fim de alterar a forma de composição dos Tribunais de Contas. Ora é sugerida a indicação de seus membros pelos Órgãos de Classe das formações profissionais utilizadas no Tribunal de Contas; ora é sugerido que a escolha recaia somente entre técnicos do próprio Tribunal; ora que o ingresso ocorra mediante concurso público; ora que a indicação seja livre, mas para período de mandato curto, e assim por diante.

Na atual composição constitucional (art. 73, §2º, CF), houve um aprimoramento inconteste na forma de indicação dos componentes do Tribunal de Contas, de onde se verifica uma saudável evolução, face o sistema que vigorava anteriormente na Constituição de 1967 (nessa época, os membros dos Tribunais de Contas eram indicados tão somente pelo Chefe do Poder Executivo e, após aprovação do Legislativo, também por ele eram nomeados). Portanto, se a atual forma deixa de ser perfeita, não se pode dizer que a mesma é imprópria ou desarrazoada, até mesmo porque obedece a linha de indicação e nomeação utilizada para os Ministros do Supremo Tribunal Federal (art. 101 da CF).

O Tribunal de Contas da União é atualmente integrado por nove (9) Ministros, cuja escolha se dará: a) um terço pelo Presidente da República, com aprovação do Senado Federal, sendo dois alternadamente dentre auditores e membros do Ministério Público junto ao Tribunal, indicados em lista tríplice pelo Tribunal, segundo os critérios de antiguidade e merecimento; b) dois terços pelo Congresso Nacional.

Como se vê, a escolha dos membros do Tribunal de Contas evoluiu para um aspecto de natureza democrática, com participação do Executivo e do Legislativo, cabendo ao Parlamento, de forma justa, o maior número de indicações, por ser este, na qualidade de representante de todos os segmentos sociais, o detentor do controle externo. Contudo, há também um indubitável realce do caráter técnico, uma vez que a escolha deve ocorrer entre auditores e membros do Ministério Público, profissionais qualificados, com ingresso mediante concurso público; ou entre pessoas que sejam detentoras de formação profissional adequada e possuam experiência comprovada no exercício dessas atividades, conforme os seguintes requisitos exigíveis (§1º do art. 73 da CF):

I – mais de trinta e cinco e menos de sessenta e cinco anos de idade;

II – idoneidade moral e reputação ilibada;

III – notórios conhecimentos jurídicos, contábeis, econômicos e financeiros ou de Administração Pública;

IV – mais de dez anos de exercício de função ou de efetiva atividade profissional que exija os conhecimentos mencionados no inciso anterior.

Consoante o art. 75 da Constituição Federal, os Tribunais de Contas Estaduais e Municipais compõem-se de sete membros, são denominados de Conselheiros, e devem preencher os mesmos requisitos exigíveis para os Ministros do Tribunal de Contas da União.

Desse modo, não se pode negar que os critérios estabelecidos para o provimento dos cargos de membros do Tribunal de Contas sejam harmônicos com os princípios democráticos, contendo exigências de feição técnica, no sentido de compatibilizar o conhecimento e a experiência profissional com as atribuições que deverão ser exercidas pelo que vier a ser nomeado.

No entanto, como ainda permanecem críticas ao sistema de indicação, talvez fosse o caso de promoverem-se algumas alterações nos seus critérios, cujo aprimoramento possa ser motivo para redução da margem de possibilidades de indicação não consentânea com os objetivos técnicos do controle, como por exemplo: além de notórios conhecimentos jurídicos, contábeis, econômicos, financeiros ou de Administração Pública, exigir também formação em curso superior nas mesmas áreas de conhecimento; e aumentar a participação do corpo técnico da Corte em sua composição.

Outro fator de discussão, no pertinente à composição dos Tribunais de Contas, diz respeito ao período de transição do modelo constitucional anterior para o da Constituição de 1988. Conforme a orientação advinda da Suprema Corte, na circunstância, deve ser adotado o princípio da efetividade e transição, qual seja: "na solução dos problemas de transição de um para outro modelo constitucional, deve prevalecer, sempre que possível, a interpretação que viabilize a implementação mais rápida do novo ordenamento".[281]

Este tipo de resolução do problema é importante porque repercute em outras situações que decorrem da implantação do novo modelo constitucional: a) implantado o novo modelo de composição heterogênea no Tribunal, esta composição tem de ser mantida quando do surgimento de novas vagas. A vaga do Ministro ou Conselheiro oriundo de Auditores somente poderá ser preenchida por Auditor. O mesmo ocorrendo no caso de a vaga ser do Legislativo, do Executivo ou do Ministério Público, pois, caso contrário, haveria uma desconstituição da composição determinada constitucionalmente; b) como em muitos Tribunais de Contas estaduais e municipais ainda não se completou a transição, nas primeiras vagas ocorridas a partir da vigência do novo modelo constitucional, a serem providas pelo Chefe do Poder Executivo, a preferência tem de caber às categorias dos Auditores e membros do Ministério Publico.[282] Essa questão da obrigatoriedade de haver a designação de Auditores e membros do Ministério Público especial para a composição do Tribunal de Contas é matéria já sumulada pelo STF (Súmula nº 653 do STF, de 24.09.2003).

A destinação de vagas — um terço para o Executivo e dois terços para o Legislativo — no âmbito federal não teve maiores problemas, uma vez que o Tribunal de Contas da União compõe-se de nove Ministros (ficam três vagas para o Executivo e seis para o Legislativo).

---

[281] STF. ADI nº 2.596/PA. Tribunal Pleno. Rel. Min. Sepúlveda Pertence.

[282] ADI nº 4.416 – Pará – STF – Rel. Min. Ricardo Lewandoski, Sessão Plenária de 06.10.2010. O STF, consoante precedentes da Corte, ao analisar norma da Constituição do Pará, que permitia ao Governador a livre nomeação de Conselheiro, quando não houvesse Auditor ou membro do Ministério Público especial aptos a indicação, declarou a sua inconstitucionalidade afirmando: "O modelo federal de organização, composição e fiscalização dos Tribunais de Contas, é de observância compulsória por parte dos Estados nos termos do *caput* do art. 75 da Carta da República".

No entanto, no que tange ao âmbito estadual e municipal, surgiram vários problemas interpretativos, tendo em vista que os Tribunais de Contas estaduais e municipais devem ter composição de sete Conselheiros (art. 75, parágrafo único, CF). A questão só foi solvida judicialmente, com o Supremo Tribunal Federal manifestando que somente é possível conciliar o número de vagas com a divisão determinada mediante a destinação de três vagas para o Governador (uma dentre Auditores, uma dentre membros do Ministério Público e uma de livre escolha) e quatro para a Assembleia Legislativa,[283] no sentido de manter simetria com o modelo federal que reserva uma vaga de livre escolha do Poder Executivo.

5.7.2 Organização

O Tribunal de Contas, como órgão executor do controle externo, para realizar a fiscalização contábil, financeira, orçamentária, operacional e patrimonial da Administração Pública, com competência sobre os três Poderes do Estado, necessita, para o exercício de tão nobre missão, de garantias constitucionais de autonomia e independência, inclusive no que pertine a estruturação e o funcionamento de seus órgãos. Por isto, nos termos dos arts. 73 e 75, com aplicabilidade do art. 96, da Constituição, possui poderes para se organizar, ter quadro próprio de pessoal e jurisdição em sua órbita de competência territorial.

Portanto, a autonomia de organização administrativa é um dos fatores de garantia institucional do Tribunal de Contas, compreendendo a possibilidade de proceder, com independência, a estruturação e o funcionamento de seus órgãos. Justamente por isto, a Constituição lhe conferiu as mesmas garantias dadas aos Tribunais Judiciários, no que couber, o que significa a aplicabilidade do disposto no art. 96, com adaptação às peculiaridades institucionais do Tribunal de Contas, como se relaciona:

I – eleger seus órgãos diretivos e elaborar seus regimentos internos, com observância das normas de processo e garantias processuais das partes, dispondo sobre a competência

---

[283] STF. ADMIC nº 2409/SE. Tribunal Pleno. Rel. Min. Sydnei Sanches, publicado no *DJ* de 24.05.2003; ADI nº 219, ADI nº 419 (*RTJ* 160.772); ADIMC nº 1043 (*RTJ* 158/764); ADIMC nº 1054, ADI nº 1068, ADIMC nº 1068 (*RTJ* 155/99); ADIMC nº 1389 (*RTJ* 161/453); ADI nº 1566, ADIMC nº 2013 (*RTJ* 171/133); e ADIMC nº 2209 (*RTJ*-175/99); ADI nº 1.957 – Amapá – STF – Rel. Min. Gilmar Mendes, sessão de 1º.09.2010; ADI nº 4.416 – Pará –STF – Rel. Min. Ricardo Lewandoski, Sessão Plenária de 06.10.2010.

e funcionamento dos respectivos órgãos jurisdicionais e administrativos;

II – organizar as suas secretarias e serviços auxiliares e os dos juízos que lhe forem vinculados, velando pelo exercício da atividade correcional respectiva;

III – prover, na forma prevista na Constituição, os cargos de Auditor e de membros do Ministério Público especial;

IV – prover, por concurso público de provas, ou de provas e títulos, obedecido ao disposto no art. 169, parágrafo único, os cargos necessários à administração da fiscalização, exceto os de confiança assim definidos em lei;

V – conceder licença, férias e outros afastamentos aos seus membros, Auditores, membros do Ministério Público Especial e servidores que lhe forem imediatamente vinculados;

VI – propor a alteração do número de Auditores e membros do Ministério Público Especial;

VII – propor a remuneração dos seus membros, Auditores e membros do Ministério Público Especial;

VIII – propor a criação e a extinção de cargos e a remuneração dos seus serviços técnicos e auxiliares;

IX – propor a alteração da organização e da divisão jurisdicional e administrativa.

Esta autonomia e independência de organização, em que consta a competência de propor a criação de seus cargos técnicos e realizar o provimento de todos os cargos na forma constitucional, tem obtido reconhecimento judicial em decisões do Supremo Tribunal Federal, mediante a não admissão de interferência de outros Poderes na autonomia da Corte de Contas.[284]

A Lei Orgânica do Tribunal de Contas da União, Lei nº 8.443, de 16.07.1992, fixa a estrutura administrativa e jurisdicional de seus órgãos, estabelecendo a sua forma de funcionamento. O seu Regimento Interno, Resolução Administrativa nº 155, de 04.12.2010 – alterada pela Resolução-TCU nº 246, de 30.11.2011 – regulamenta tanto o processo de fiscalização, dispondo sobre os procedimentos de auditoria e prestação de contas, quanto os procedimentos da ação administrativa e

---

[284] STF, Representação nº 1.174-7/PE, Tribunal Pleno, Sessão de 28.11.1984, Rel. Min. Moreira Alves, publicado no DJ 17.05.1985, ementário n. 1.378; pela Representação nº 939-RJ, Tribunal Pleno, Ac. de 31.03.1977, Rel. Min. Moreira Alves, RTJ 88/13, ainda sob a égide da Constituição de 1967, já decidia que o Tribunal de Contas possuía o poder de iniciativa das leis para criação e extinção de seus cargos.

de julgamento das contas, dispondo sobre os órgãos criados para o atendimento dessas finalidades fiscalizadoras.

Nos termos desta legislação organizacional do Tribunal de Contas da União, a sua estrutura de funcionamento está assentada, basicamente, nos seguintes órgãos:

a) o Tribunal Pleno, composto pela totalidade dos Ministros, com competência que envolve as atribuições mais relevantes a cargo do Tribunal;

b) as Câmaras, como órgãos fracionários, deliberam sobre matéria que não é da competência privativa do Plenário;

c) as Comissões, compostas de Ministros e Auditores, que colaboram no desempenho das atribuições do Tribunal são permanentes ou temporárias. São permanentes as Comissões de Regimento e de jurisprudência.

d) o Presidente, eleito por um ano, permitida a recondução por igual período, tem a competência de dirigir o Tribunal, com poder de representação externa da Corte, para expedir atos de natureza administrativa, incluindo os relativos à posse, nomeação, admissão, direitos e vantagens dos Ministros, Auditores, membros do Ministério Público e servidores dos serviços auxiliares, bem como para movimentar, diretamente ou por delegação, as dotações e os créditos orçamentários próprios e praticar os atos de administração financeira, orçamentária e patrimonial necessários ao funcionamento do Tribunal;

e) o Vice-Presidente, também eleito para o período de um ano, renovável por igual período, possui as atribuições de substituir o Presidente em suas faltas e impedimentos, bem como para exercer as funções de Corregedoria;

f) os Ministros, em número de nove, observados os requisitos constitucionais, são nomeados pelo Presidente da República e empossados pelo Presidente do Tribunal, que possuem a função de julgadores e atuam no Tribunal Pleno e nas Câmaras;

g) os Auditores possuem as atribuições de substituição dos Ministros e, quando não estiverem convocados para substituírem Ministros, presidem a instrução dos processos que lhe forem distribuídos;

h) o Ministério Público Especial com atuação junto ao Tribunal de Contas da União, com atribuições de promover a defesa da ordem jurídica, manifestando-se, verbalmente ou por escrito, em todos os assuntos submetidos à decisão do Tribunal;

i) a Secretaria, possuindo a incumbência de prestar o apoio técnico e a execução dos serviços administrativos do Tribunal de Contas da União, com a possibilidade de manter unidades nos Estados federados.

Os Tribunais de Contas dos Estados e dos Municípios, de uma maneira geral, mantêm a mesma estrutura organizacional de funcionamento, com leves modificações de adequação às peculiaridades locais, na medida em que, por força do regramento contido no art. 75 da Constituição Federal, devem se ater à organização, composição e fiscalização fixadas para o Tribunal de Contas da União.

Por isto, exemplificativamente, o Tribunal de Contas do Estado do Rio Grande do Sul, à similitude do modelo federal, tem como integrantes de sua estrutura organizacional: o Tribunal Pleno; as Câmaras; as Câmaras Especiais; os Conselheiros; os Auditores Substitutos de Conselheiros; a Presidência; a Vice-Presidência; a Corregedoria-Geral; a Ouvidoria; a Escola Superior de Gestão e Controle Francisco Juruena; o Corpo Técnico e os Serviços Auxiliares (art. 4º da Resolução nº 1028/2015 – TCE/RS).

5.7.3 Ministros e Conselheiros

Os Ministros, conforme já foi referido no tópico relativo à composição, no âmbito federal, são os que compõem o Tribunal de Contas da União. Conselheiro é a denominação constitucional dirigida aos componentes dos Tribunais de Contas estaduais e municipais.

Como a função fiscalizadora destinada constitucionalmente ao Tribunal de Contas, depende da atuação de seus integrantes — Ministros ou Conselheiros — no sentido de, efetivamente, pôr em prática o seu objetivo estatal — o controle externo da Administração Pública — e tendo em vista se tratar de um organismo insculpido com autonomia e independência, impõe-se, para a realização de tão relevantes tarefas, o estabelecimento de garantias de independência de atuação para os seus membros.

Portanto, a par da garantia institucional da composição ter de obedecer rigorosamente à forma e aos critérios determinados constitucionalmente (nomeados dentre brasileiros com mais de 35 e menos de 65 anos de idade; idoneidade e reputação ilibada; notórios conhecimentos jurídicos, contábeis, econômicos e financeiros ou de Administração Pública; com mais de 10 anos de exercício de função ou de efetiva atividade profissional que exija os conhecimentos anteriores; com escolha de 1/3 pelo Presidente da República, sendo dois alternadamente dentre Auditores e membros do Ministério Público, indicados em lista tríplice pelo Tribunal, segundo os critérios de antiguidade e merecimento; e 2/3 pelo Congresso Nacional), a Constituição estabelece também garantias em favor dos Ministros e, em decorrência, dos Conselheiros, para que possam exercer com plena independência as suas funções, sem se sujeitarem a qualquer espécie de submissão a qualquer dos Poderes. Assim, consoante o parágrafo 3º do art. 73 da Constituição, aos membros do Tribunal de Contas são asseguradas as mesmas garantias da magistratura, mediante o seguinte regramento: "Os Ministros do Tribunal de Contas da União terão as mesmas garantias, prerrogativas, impedimentos, vencimentos e vantagens dos Ministros do Superior Tribunal de Justiça, aplicando-se-lhes, quanto à aposentadoria e pensão, as normas constantes do art. 40".

Dessa forma, ao destinar as mesmas garantias subjetivas ou funcionais da magistratura, incluindo-se direitos, vencimentos e vantagens, aos membros do Tribunal de Contas, quer a Constituição colocar o órgão de controle fora do alcance funcional dos Poderes do Estado, fazendo com que os Ministros e Conselheiros possam ter, no exercício das suas funções de controle, uma atuação com total independência, dignidade e segurança, sem a possibilidade de serem atingidos por ameaças ou represálias dos órgãos e Poderes fiscalizados.

Estas garantias podem ser agrupadas em duas categorias: a) garantias de independência; e b) garantias de imparcialidade.[285]

São garantias de independência a vitaliciedade, a inamovibilidade e a irredutibilidade de vencimentos. Vitaliciedade é relativa à permanência de forma definitiva no cargo. Esta é uma garantia de independência porque assegura ao titular a permanência no cargo, independentemente da vontade de terceiros, só podendo ser afastado por vontade própria, por aposentadoria compulsória ou sentença judicial, com trânsito em julgado. Inamovibilidade é a impossibilidade do titular do cargo ser removido do local do exercício das suas atribuições para outro lugar. Irredutibilidade de vencimentos é a impossibilidade dos Ministros e Conselheiros terem os seus rendimentos diminuídos, mesmo mediante lei de caráter geral.

Garantias de imparcialidade são vedações que visam resguardar a independência do fiscal — Ministro ou Conselheiro — proibindo que estes membros dos Tribunais de Contas possam exercer, ainda que em disponibilidade, outro cargo ou função, salvo uma de magistério; receber a qualquer título ou pretexto, custas ou participação em processo; dedicar-se a atividade político partidária (art. 95, parágrafo único, CF).

---

[285] SILVA, 2005, p. 590.

A Lei Orgânica do Tribunal de Contas da União, no mesmo sentido de assegurar a imparcialidade do Ministro, acresce outras vedações (art. 74, incisos I a VI, da Lei nº 8.443/1992), consubstanciadas na impossibilidade de: exercer cargo técnico ou de direção de sociedade civil, associação ou fundação, de qualquer natureza ou finalidade, salvo de associação de classe, sem remuneração; exercer comissão remunerada ou não, inclusive em órgãos de controle da Administração direta ou indireta, ou em concessionárias de serviço público; exercer profissão liberal, emprego particular, comércio, ou participar de sociedade comercial, exceto como acionista ou cotista sem ingerência; e celebrar contrato com pessoa jurídica de direito público, empresa pública, sociedade de economia mista, fundação, sociedade instituída e mantida pelo poder público ou empresa concessionária de serviço público, salvo quando o contrato obedecer a normas uniformes para todo e qualquer contratante.

Outra vedação importante regulada na Lei Orgânica do TCU, consta do seu art. 76, referindo que não podem ocupar, simultaneamente, cargos de Ministro, parentes consanguíneos ou afins, na linha reta ou colateral, até segundo grau, com a incompatibilidade resolvendo-se: antes da posse, contra o último nomeado ou contra o mais moço, se nomeados na mesma data; depois da posse, contra o que lhe deu causa; se a ambos imputável, contra o que tiver menos tempo de exercício no Tribunal.

Essas garantias e vedações dirigidas aos Ministros do Tribunal de Contas da União também são, com leves variações de peculiaridades locais, incorporadas pelos Conselheiros nas respectivas leis orgânicas dos Tribunais de Contas estaduais e municipais.

5.7.4 Auditores

Como os Ministros do Tribunal de Contas da União são apenas nove e tão somente sete os Conselheiros dos Tribunais de Contas estaduais e municipais, necessitam os mesmos de substitutos legais para as suas férias, faltas, impedimentos e vacância do cargo, no sentido de que não haja solução de continuidade nos trabalhos de fiscalização, em face da inexistência de pessoa habilitada para o exercício das atribuições fiscalizadoras do Tribunal de Contas.

Estes substitutos são os Auditores, profissionais altamente qualificados e preparados intelectual e pessoalmente para o exercício da atribuição de substituição de Ministro, que, nos termos da Lei Orgânica do TCU (art. 77 da Lei nº 8.443/1992), são em número de três, nomeados pelo Presidente da República, dentre os cidadãos que satisfaçam os requisitos exigidos para o cargo de Ministro do Tribunal de Contas da União, mediante concurso público de provas e títulos, observada a ordem de classificação.

Esta disposição legal de exigência de concurso público para o provimento do cargo de Auditor, desde a promulgação da Constituição de 1988, tem sido muito debatida. Como no período sob a égide da Constituição de 1946, seguindo a sistemática constitucional adotada para os Ministros, os Auditores eram nomeados livremente pelo Chefe do Poder Executivo, dentre os cidadãos que preenchessem os requisitos exigíveis, este hábito administrativo terminou incrustando-se, inclusive, no meio dos Tribunais de Contas, causando embaraços a um correto entendimento da norma constitucional de 1988.

O princípio normativo da Constituição, regulado genericamente, é o de que todos os cargos públicos são acessíveis a todos os brasileiros que preencham os requisitos estabelecidos em lei, com a sua investidura dependendo de aprovação prévia em concurso público (art. 37, I e II). Quando a Constituição quis excepcionar a regra geral, o fez expressamente, como no caso dos Ministros do TCU, mas sem incluir o Auditor. Nessa circunstância, a toda evidência, o cargo de Auditor, embora as relevantes funções de substituição ao Ministro, está, obrigatoriamente, para o provimento de suas vagas, sujeito à realização prévia de concurso público.[286]

Assim, adequada está a previsão contida na Lei Orgânica do TCU, não só quanto à exigência de concurso público para o cargo de Auditor, mas também no que pertine ao preenchimento das mesmas exigências fixadas para o cargo de Ministro, pois o mínimo que se pode exigir do substituto é de que ele possua as mesmas condições e qualificações do substituído. Como tais requisitos para o exercício do cargo, em que se inclui o de idade mínima, que é um fator de legalidade

---

[286] O STF, no regime da Constituição de 1967 e Emenda nº 1/69, Representação nº 1113-AL, Tribunal Pleno, Sessão de 03.08.1983, Rel. Min. Moreira Alves, publicado no *DJ* de 13.09.85, já declarava, com base em vários precedentes, que "a dispensa de concurso para a primeira investida em cargos públicos efetivos e permanentes, sem que tenham — como sucede com os cargos de Procurador da Fazenda junto ao Tribunal de Contas e de Auditor do mesmo Tribunal — natureza especial que a justifique, viola o art. 97, §1º, combinado com o art. 13, V, ambos da Constituição Federal"; sob a égide da Constituição de 1988, no julgamento da ADIn nº 373-9, Tribunal Pleno, seção de 25.03.94, Rel. Min. Ilmar Galvão, publicado no *DJ* de 06.05.94, restou expresso o entendimento: "como incensurável o entendimento de que o provimento dos cargos de auditor, em que pese a especificidade de suas atribuições, é disciplinado pela cláusula genérica relativa aos servidores públicos (art. 37, II, da Constituição Federal)".

essencial, há a necessidade de que a sua regulação se proceda por meio de lei,[287] conforme o procedido pelo TCU.

Como o Auditor integra a organização do Tribunal de Contas, por força do art. 75 da CF, também devem os Tribunais de Contas estaduais e municipais providenciarem, em suas legislações orgânicas, na regulamentação pertinente, inclusive no que tange a realização de concurso público. Contudo, referentemente ao número de Auditores que deve compor cada Tribunal, este fica sujeito ao critério decorrente das peculiaridades locais, porém não sendo lógico nem razoável que este número ultrapasse ao de Ministros ou Conselheiros.

Outro fator relevante dessa figura importante na organização do Tribunal de Contas é o das garantias asseguradas ao Auditor para o exercício de suas atribuições. Nesse sentido, o §4º do art. 73 da Constituição, fixa: "o auditor, quando em substituição a Ministro, terá as mesmas garantias e impedimentos do titular e, quando no exercício das demais atribuições da judicatura, as de juiz de Tribunal Regional Federal".

Tratando-se o Auditor de substituto de Ministro — de Conselheiro no âmbito estadual e municipal — evidentemente que tem de lhe ser asseguradas as mesmas garantias, impedimentos e vencimentos do titular, porque também necessita dessas garantias — no caso as mesmas garantias da magistratura — para que o exercício da função de substituição ocorra com autonomia e independência, não sujeitando o substituto a qualquer tipo de pressão ou ameaça.

A par de assegurar essas garantias para o Auditor, o texto Constitucional também procedeu a sua extensão às demais funções exercidas por aquele agente público, ao determinar: "e, quando no exercício das demais atribuições da judicatura, as de juiz de Tribunal Regional Federal".

Todavia, a expressão "demais atribuições de judicatura", no âmbito doutrinário, não tem sido merecedora de comentários mais acurados sobre o que seja.[288] Na realidade, o Auditor, em decorrência da

---

[287] STF, RE nº 182432-RS, Tribunal Pleno, seção de 05.03.2002, Rel. Min. Néri da Silveira, *DJ* de 05.04.2002.

[288] TORRES, 2000, p. 363, diz que "os auditores têm a função precípua e transitória de completar o quorum das sessões e a permanente de presidir a instrução dos processos e de elaborar o relatório com a proposta de decisão"; FIGUEIREDO, Lúcia Valle. *Anais do 15º Congresso dos Tribunais de Contas do Brasil.* São Paulo, 1989. v. 1, p. 163, refere que atribuições de judicatura são "todas aquelas atribuições preparatórias e não as decisórias no Plenário"; FERREIRA FILHO, Manoel Gonçalves. *Comentários à Constituição Brasileira de 1988.* São Paulo: Saraiva, 1992. v. 2, p. 138, menciona apenas que são "instrução de processos"; CRETELLA JUNIOR, José. *Comentários à Constituição de 1988.* 2. ed. Rio de Janeiro: Forense, 1992. v. 4. expressa que, na prática, o Auditor "nunca exerce atribuições de judicatura"; Oyama Ribeiro de Araújo, em Tese apresentada no 18º Congresso dos

atribuição de substituir Ministros e Conselheiros, função que, embora de natureza eventual, é praticada regularmente, não pode nem deve, após a substituição, ser conduzido a uma atividade subalterna, inexpressiva e vulnerável, que violente a garantia de atuação da substituição. Ele necessita, mesmo fora da substituição, de atividade que mantenha a dignidade e a independência do exercício dessa substituição. Esta, a nosso ver, a intenção constitucional. Manter o Auditor, mesmo quando não em substituição a Ministro ou Conselheiro, em atividade compatível com a do cargo substituído, inclusive com a mesma segurança e garantias, a fim de que este não fique vulnerável nas substituições que venha a efetuar.

Por isto, o Auditor é o segundo na estrutura organizacional e hierárquica do Tribunal de Contas, estando imediatamente abaixo do Ministro e do Conselheiro, sendo-lhe destinadas, a exemplo do Tribunal de Contas da União (art. 78, parágrafo único, Lei nº 8.443/92), quando não convocado para substituir Ministro, competências para presidir a instrução dos processos que lhe forem distribuídos, relatando-os com proposta de decisão a ser votada pelos integrantes do Plenário ou da Câmara para a qual estiver designado. Possui vitaliciedade, só perdendo o cargo por sentença judicial transitada em julgado (art. 79) e sujeitando-se às mesmas vedações e restrições fixadas para os Ministros (parágrafo único do art. 79).

À similitude, nos Tribunais dos demais entes da federação, são atribuídas aos Auditores as mesmas competências de substituição — substituir os Conselheiros nos casos de férias, faltas, impedimentos ou vacância —; para presidir a instrução dos processos que lhe forem distribuídos; para estar presente nas sessões de Plenário e Câmaras, participando dos debates ou prestando informações; e, de forma acrescida ou alternativa, em auxílio técnico ao Plenário e às Câmaras, para dar pareceres jurídicos em matéria controvertida, sendo-lhes asseguradas as mesmas garantias, prerrogativas, impedimentos da magistratura.

Tribunais de Contas do Brasil, publicada na *Revista do Tribunal de Contas do Estado de Minas Gerais*, Belo Horizonte, v. 15, n. 2, abr./jun. 1995, conclui que "os Auditores terão de praticar atos de natureza decisória, compreensivos das atribuições da judicatura própria dos Tribunais de Contas"; SOUZA, Osvaldo Rodrigues de. Provimento dos Auditores do Tribunal de Contas: atribuições. *Revista do Tribunal de Contas do Estado de Minas Gerais*, Belo Horizonte, v. 14, n. 1, p. 210, jan./mar. 1995, entende que atribuições de judicatura só "podem dizer respeito aos afazeres que precedem a decisões da Corte de Contas, relativamente aos processos por ele relatados, afazeres esses que, no limite que se impõe, coincidem com os de Ministros ou Conselheiros, no âmbito do Tribunal de Contas da União e dos congêneres que seguem o modelo federal".

5.7.5 Ministério Público

Tendo em conta que o sistema de fiscalização das contas públicas tem a sua estrutura em um organismo de controle chamado de Tribunal de Contas, constituído de forma a verificar a regularidade dos atos de gestão financeira praticados pela Administração Pública, com atribuições de julgamento das contas que devem ser prestadas por todos aqueles que possuem a responsabilidade de gerenciarem os dinheiros e bens públicos, na organização dessa Corte de Contas, com a finalidade de promover a defesa da lei e dos interesses da sociedade, atua o Ministério Público.

A existência de um Ministério Público junto aos Tribunais de Contas é uma tradição constante de todas as Cortes no mundo, desde os seus primórdios, inclusive no Brasil.

Quando foi procedida a instituição do Tribunal de Contas no Brasil, em 1891, a sua organização teve regulamentação, enquanto não editada a lei orgânica, por meio do Decreto nº 1.166, de 17 de dezembro de 1892, em cujo art. 19 era dito que um dos membros do Tribunal "representará o Ministério Público". Em posterior reorganização, evoluiu o regramento destinado ao Ministério Público, com o Decreto-Legislativo nº 392 (art. 81), normatizado pelo Regulamento anexo ao Decreto nº 2.409, de 23 de dezembro de 1896, definindo que "o representante do Ministério Público é o guarda da observância das leis fiscais e dos interesses da Fazenda perante o Tribunal de Contas". Nesse momento histórico, o Ministério Público era representado por um bacharel ou doutor em direito, nomeado pelo Presidente da República e demissível *ad nutum*, sendo, no entanto, independente da Administração e possuindo toda a liberdade de ação. Em todas as demais Constituições brasileiras — 1934, 1937, 1946 e 1967, com a Emenda Constitucional nº 1 de 1969 — o Ministério Público foi preservado como órgão especial de atuação junto ao Tribunal de Contas.

No entanto, foi na atual Constituição, a de 1988, que o Ministério Público atingiu o seu mais alto grau de evolução, propiciando, também, um intricado ponto de discussão. Como saiu da parte destinada ao Tribunal de Contas e passou a constar da seção que trata do Ministério Público de carreira — art. 130: "Aos membros do Ministério Público junto aos Tribunais de Contas aplicam-se às disposições desta seção pertinentes a direitos, vedações e forma de investidura" — os membros deste último passaram a defender a inconstitucionalidade das leis regulamentadoras do Ministério Público Especial junto aos Tribunais

CAPÍTULO 5
O TRIBUNAL DE CONTAS | 273

de Contas,[289] exigindo a imposição de exclusividade do exercício das funções de Ministério Público, inclusive junto aos Tribunais de Contas, aos integrantes da carreira.

O conflito foi dirimido pelo Judiciário, com o Supremo Tribunal Federal posicionando-se pela manutenção do fator histórico, qual seja, de que o Ministério Público junto aos Tribunais de Contas é de natureza especial, sem integrar a estrutura institucional do Ministério Público de carreira.[290]

No entanto, embora o Ministério Público junto ao Tribunal de Contas seja especial, aplicando-se-lhe princípios constitucionais próprios à atividade — unidade, indivisibilidade e independência funcional — a sua estrutura integra a intimidade do Tribunal de Contas, por isso, não possui autonomia administrativa e financeira, nem quanto à escolha, nomeação e destituição de seu titular, não tendo, por consequência, a iniciativa de sua lei de organização, conforme orientação mantida em sólida jurisprudência do Supremo Tribunal Federal.[291]

Desse modo, o Ministério Público especial junto ao Tribunal de Contas da União, composto de um Procurador-Geral, três Subprocuradores-Gerais e quatro procuradores (art. 80 da Lei nº 8.443/92), contará com o apoio administrativo e de pessoal da Corte, aplicando-se aos seus membros, subsidiariamente, no que couber e no pertinente a direitos, garantias, prerrogativas, vedações, regime disciplinar e forma de investidura no cargo inicial da carreira, as disposições da Lei Orgânica do Ministério Público da União (arts. 83 e 84 da Lei nº 8.443/92).

---

[289] GOMES, Maurício Augusto. Ministério Público e Tribunais de Contas na Constituição. *Revista de Informação Legislativa*, Brasília, v. 30, n. 117, p. 227-230, jan./mar. 1993.

[290] STF, ADIN nº 789-1/DF, Tribunal Pleno, Rel. Min. Celso de Mello. "O Ministério Público que atua perante o TCU qualifica-se como órgão de extração constitucional, eis que a sua existência jurídica resulta de expressa previsão normativa consoante da Carta Política (art. 73, §2º, I, art. 130), sendo indiferente, para efeito de sua configuração jurídico-institucional, a circunstância de não constar do rol taxativo inscrito no art. 128, I, da Constituição, que define a estrutura orgânica do Ministério Público da União".

[291] STF, ADIMC nº 2378/GO, Tribunal Pleno, sessão de 22.03.2001, *DJ* de 05.04.2002, Rel. Min. Maurício Corrêa, decidiu: "1. esta Corte já firmou orientação no sentido de que o Ministério Público que atua junto aos Tribunais de Contas não dispõe de fisionomia institucional própria (ADI 789, Celso de Mello, *DJ* de 19.12.94). 2. as expressões contidas no ato legislativo estadual que estendem ao Ministério Público junto ao Tribunal de Contas do Estado as prerrogativas do Ministério Público comum, sobretudo as relativas 'à autonomia administrativa e financeira, à escolha, nomeação e destituição de seu titular e à iniciativa de sua lei de organização' são inconstitucionais, visto que incompatíveis com a regra do art. 130 da Constituição Federal..."; ADI nº 789 (*RTJ* 176/540); ADMIC nº 1856; ADIMC nº 1858 e ADI nº 2068.

O Ministério Público junto ao Tribunal de Contas, mesmo sem autonomia administrativa e financeira, possui independência de ação na função de guarda da lei e fiscal da sua execução, com a finalidade de acompanhar a regularidade do exercício do controle externo praticado sobre a Administração Pública, tendo, para tanto, as seguintes competências e atribuições, na forma estabelecida pela Lei Orgânica do TCU (art. 81 da Lei nº 8.443/92):

I – promover a defesa da ordem jurídica, requerendo, perante o Tribunal de Contas da União as medidas de interesse da justiça, da Administração e do Erário;

II – comparecer às sessões do Tribunal e dizer de direito, verbalmente ou por escrito, em todos os assuntos sujeitos à decisão do Tribunal, sendo obrigatória sua audiência nos processos de tomada ou prestação de contas e nos concernentes aos atos de admissão de pessoal e de concessão de aposentadorias, reformas e pensões;

III – promover junto à Advocacia-Geral da União ou, conforme o caso, perante os dirigentes das entidades jurisdicionadas do Tribunal de Contas da União, as medidas previstas no inciso II do art. 28 (cobrança judicial da dívida) e art. 61 (medidas necessárias ao arresto de bens dos responsáveis julgados em débito) da Lei nº 8443/92, remetendo-lhes a documentação e instruções necessárias;

IV – interpor os recursos permitidos em lei.

Por simetria constitucional, em face da determinação contida no art. 75 da Constituição Federal, referentemente a composição e organização do Ministério Público junto ao Tribunal de Contas, no que couber, com atendimento das peculiaridades locais, as normas do âmbito federal, em suas linhas mestras, têm aplicação aos demais entes federativos — estados e municípios — devendo constituir-se em órgão especial, com a função de *custus legis*, tendo a finalidade de promover, completar a instrução processual e requerer no interesse da Administração, da Justiça e da Fazenda.

5.7.6 Órgãos técnicos e auxiliares

Para a realização dos serviços de fiscalização que estão a cargo do Tribunal de Contas há a necessidade de um grupo de servidores que constituam o Corpo Técnico e os Serviços Auxiliares, no sentido de serem executadas as tarefas de apoio técnico, mediante a realização de auditorias e inspeções, análises técnicas, procedimentos relativos à instrução processual e execução dos serviços administrativos da Corte.

Estes servidores compõem o Quadro de Pessoal Efetivo do Tribunal de Contas, com a investidura nos cargos dando-se somente após prévia aprovação em concurso público de provas ou de provas e títulos, mediante nomeação e posse realizadas pelo Presidente do Tribunal. De uma forma geral, os Quadros de Pessoal dos Tribunais de Contas são constituídos de técnicos altamente qualificados e preparados para o exercício da atividade do controle externo, distinguindo-se da média apresentada nos demais quadros de pessoal da Administração Pública. A formação dos Quadros de Pessoal é multidisciplinar — direito, contábeis, economia, administração, engenharia, arquitetura e processamento de dados — no sentido de haver profissionais habilitados ao exercício de função ou exame de qualquer dos aspectos relativos à fiscalização determinada constitucionalmente.

Os servidores do Tribunal de Contas, quando no desempenho das funções de auditoria, inspeções e diligências expressamente determinadas pelo Tribunal ou por sua Presidência, têm livre ingresso nos órgãos e entidades públicas jurisdicionadas; acesso a todos os documentos e informações necessários à realização de seu trabalho; e competência para requerer, nos termos regimentais, informações e documentos necessários para a instrução dos processos. No desempenho dessas suas tarefas, o servidor deverá manter um comportamento de independência, serenidade e imparcialidade. Todavia, jamais descurando de uma postura educada e respeitosa, especialmente com as autoridades fiscalizadas, independentemente do grau de Poder ou entidade federada.

Para o exercício das suas atribuições, o Corpo Técnico e os Serviços Auxiliares terão organização apropriada em unidades de trabalho, na forma estabelecida no Regimento Interno ou em Resolução expedida pelo Tribunal. Na criação das unidades, serão consideradas a conveniência dos serviços e a eficiência e rapidez da fiscalização.

Para o exercício das suas atribuições, o Corpo Técnico e os Serviços Auxiliares terão organização apropriada em unidades de trabalho, na forma estabelecida no Regimento Interno ou em Resolução expedida pelo Tribunal. Na criação das unidades, serão consideradas a conveniência dos serviços e a eficiência e rapidez da fiscalização.

CAPÍTULO 6

O SISTEMA DE FISCALIZAÇÃO DAS CONTAS PÚBLICAS

6.1 A fiscalização da execução orçamentária

Conforme vimos nos tópicos pertinentes à atividade financeira do Estado, deve a Administração Pública efetuar um planejamento a fim de prever e avaliar as circunstâncias necessárias à execução das políticas públicas, buscando uma melhor organização e prestação de serviços públicos, tendo cuidados quanto a sua instrumentação econômico-financeira, no sentido de servir de fundamento que antecede e acompanha a elaboração orçamentária.

Sendo o orçamento um instrumento de programação da ação governamental, um instrumento de execução dos planos governamentais, visando a realização dos projetos e atividades concernentes a obras e serviços, com a finalidade de alcançar a satisfação dos interesses e necessidades da comunidade, a utilização desse instrumento de exercício do poder estatal tem de estar sob controle e avaliação.

Como se trata de um instrumento autorizador para a Administração arrecadar a receita e realizar a despesa, envolvendo gerenciamento de bens e dinheiros públicos, pertence ao Legislativo o poder de conceder esta autorização, mediante aprovação da lei orçamentária, que será executada por toda a Administração Pública. Sendo do Legislativo o poder de autorização orçamentária, fixando os gastos para os fins específicos do orçamento e dentro dos limites estabelecidos para cada um desses fins, cabe também a este, com o auxílio do Tribunal de Contas, exercer a fiscalização da execução orçamentária.

Nesse aspecto, bem assinalou Aliomar Baleeiro, "de nada valeria a competência do Poder Legislativo para aceitar ou rejeitar o programa de governo, autorizar ou vedar receitas e despesas, se não tivesse meios e órgãos técnicos de fiscalização da execução orçamentária",[292] pois, como conclui aquele ilustre jurista, o poder de conceder implica no poder de verificar se o emprego das autorizações foi feito para os estritos fins a que se destinavam.

Portanto, pertencendo ao Legislativo o poder de controle da administração contábil, financeira e orçamentária, embora haja entendimentos em contrário,[293] está adequada a estrutura normativa da Constituição, quando esta coloca a fiscalização da execução orçamentária na parte destinada ao Poder Legislativo, proclamando no seu art. 70: "A fiscalização contábil, financeira, orçamentária, operacional e patrimonial da União e das entidades da Administração direta e indireta, quanto à legalidade, legitimidade, economicidade, aplicação das subvenções e renúncia de receitas, será exercida pelo Congresso Nacional, mediante controle externo, e pelo sistema de controle interno de cada Poder".

Dessa forma, o regramento constitucional opta por um sistema de fiscalização dirigido, especialmente, aos aspectos contábeis, financeiros, orçamentários, operacionais e patrimoniais, estruturado na dualidade de controle. O controle externo ficando a cargo do Congresso Nacional e o controle interno sendo executado no âmbito de cada Poder, alcançando todos os órgãos da Administração direta e indireta. Portanto, em sentido amplo, a fiscalização da atividade financeira do Estado é exercida pelo Poder Legislativo, na forma determinada constitucionalmente.

6.1.1 Fiscalização e controle

Os termos fiscalização e controle não possuem conceitos precisamente diferenciais. Em relação à Administração Pública têm sido utilizados como sinônimos, no sentido de expressarem vigilância permanente sobre os atos praticados por servidores e autoridades públicas. Assim, diante da amplitude e imprecisão conceitual dos termos, a doutrina não tem demonstrado grande preocupação em distingui-los[294]

---

[292] BALEEIRO, op. cit., p. 419.

[293] TORRES, 2000, p. 329. O autor entende que a Fiscalização Contábil, Financeira e Orçamentária "estaria melhor situada no capítulo 'Das Finanças Públicas' (Tít. VI, cap. II), para o qual foram transportados os dispositivos sobre o orçamento".

[294] GUALAZZI, op. cit., p. 21-57. O autor não distingue fiscalização de controle e prefere utilizar o termo controle para as análises que realiza, afirmando que a própria Constituição

Tendo em conta que fiscalização é a ação de fiscalizar e fiscalizar deriva de fiscal (autoridade do fisco), que advém da expressão latina *fiscus* (tesouro público), enquanto controle deriva do termo francês *contrôle* (*contre-rôle*) que significa exemplar do catálogo dos contribuintes no qual se verifica a operação do exator, constata-se que o sentido das palavras, em gênero, é o mesmo, qual seja: objetiva identificar uma vigilância que se procede sobre os atos que envolvem as finanças públicas.

Logicamente que, com o tempo, ambos os termos — fiscalização e controle — passaram a ser utilizados nos mais variados aspectos, mas sempre com o sentido de vigiar alguma coisa (serviço, obra, ação ou comportamento). Assim, dependendo do âmbito e do aspecto em que são utilizados os termos, se poderá identificar a espécie e o grau de vigilância.

No que tange à sindicância dos dinheiros públicos, a Constituição, no seu art. 70, determina que deve haver uma vigilância atenta, no sentido de orientar e corrigir erros encontrados no âmbito da administração financeira do Estado, mediante o estabelecimento de uma fiscalização contábil, financeira, orçamentária, operacional e patrimonial, que deve ser executada por meio do controle externo e do controle interno.

Portanto, quando se trata da sindicalização das contas públicas, a expressão *fiscalização* possui um sentido mais abrangente, indicando a estrutura de um sistema, do qual participa, de modo mais específico, o termo *controle*, sinalizando ser este uma parte do sistema. No caso, o sistema de fiscalização está assentado na dualidade de controle. O controle externo estando a cargo do Congresso Nacional e o controle interno sendo exercido no âmbito de cada Poder.

Desse modo, pode-se dizer que a vigilância exercida sobre o Poder Público, no relativo à atividade financeira do Estado, ocorre mediante um sistema de fiscalização que se opera mediante a execução do controle externo e do controle interno.

"utiliza o termo controle, na acepção precisa de 'fiscalização financeira e orçamentária'"; TORRES, 2000, p. 330, por sua vez entende que "A fiscalização financeira se faz por meio de controle, de modo que os dois conceitos se tornam amplamente coincidentes e imprecisos. A mesma coisa acontece no alemão (Kontrolle e Revision), no francês (Contrôle e Verification) e no inglês (Control e Supervision)"; MEIRELLES, 2001, o festejado administrativista refere que "fiscalizar é vigilar permanentemente os atos praticados pelo subordinados com o intuito de mantê-los dentro dos padrões legais regulamentares instituídos para cada atividade" (p. 114). "Controle, em tema de administração pública, é a faculdade de vigilância, orientação e correção que um Poder, órgão ou autoridade exerce sobre a conduta funcional de outro" (p. 624); FERRAZ, op. cit.; CITADINI, op. cit., também utilizam os termos fiscalização e controle sem distinção conceitual.

6.1.2 A obrigação constitucional de prestar contas

Com a evolução do Estado e a implantação do regime democrático, o poder estatal passou a ser exercido em nome e em favor do povo, por isso, a fiscalização sobre a atividade financeira do Estado passou a ser realizada de modo a manter a atuação governamental direcionada para a prática de ações que atendam ao interesse coletivo, sem descurar dos princípios da legalidade, legitimidade e economicidade.

Assim, quando a Constituição estabelece um sistema de fiscalização contábil, financeira, orçamentária e patrimonial, envolvendo todos os órgãos da Administração direta e indireta, significa dizer que haverá uma fiscalização sobre a ação governamental exercida pelos agentes públicos, no sentido de que estes, por estarem ungidos de poder estatal para o cumprimento das funções governamentais, não desviem a utilização desse poder que ostentam da única possibilidade de ser usado, o interesse público.

Como adverte Celso Antônio, "Tem-se função apenas quando alguém está assujeitado ao 'dever' de buscar, no 'interesse de outrem', o atendimento de certa finalidade. Para desincumbir-se de tal dever, o sujeito de função necessita manejar 'poderes', sem os quais não teria como atender à finalidade que deve perseguir para a satisfação do interesse alheio".[295]

Dessa forma, todo aquele que exerce função pública, com o poder de dar cumprimento ao planejamento governamental, executando políticas públicas com o fim de atender às necessidades coletivas, invariavelmente utilizando e administrando bens e dinheiros públicos, tem o dever de prestar contas de seus atos, face o gerenciamento efetuado.[296] Todavia, embora a logicidade do princípio jurídico de que todo aquele que age em nome de alguém tem o dever de prestar contas, a normatização constitucional deve ser clara, precisa e abrangente, para que seja evitada a expedição de normas de menor hierarquia que criem situações distorcidas ou equivocadas.

Assim, como os objetivos do sistema de fiscalização fixados constitucionalmente têm um sentido amplo e abrangente, buscando

---

[295] BANDEIRA DE MELLO, 1993, p. 45.

[296] MEIRELLES, 2006, p. 101. Conforme o ilustre professor, "o dever de prestar contas é decorrência natural da administração como encargo de gestão de bens e interesses alheios. Se o administrar corresponde ao desempenho de um mandato de zelo e conservação de bens e interesses de outrem, manifesto é que quem o exerce deverá contas ao proprietário. No caso do administrador público, esse dever ainda mais se alteia, porque a gestão se refere aos bens e interesses da coletividade e assume o caráter de um 'múnus público', isto é, de um encargo para com a comunidade".

alcançar todos os setores públicos responsáveis pelo manuseio do erário, efetuando um efetivo controle sobre os atos dos responsáveis pela arrecadação, aplicação e guarda de bens e dinheiros públicos, no parágrafo único do art. 70, a Constituição, imperativamente, determinou que: "Prestará contas qualquer pessoa física ou jurídica, pública ou privada, que utilize, arrecade, guarde, gerencie, ou administre dinheiros, bens e valores públicos ou pelos quais a União responda, ou que, em nome desta, assuma obrigações de natureza pecuniária".

Embora a regra constitucional se reporte tão somente à União, na verdade, ela encerra um princípio dirigido a toda a Administração Pública, alcançando todos os gerenciadores de bens e dinheiros públicos das três esferas de governo — União, Estados e Municípios — em virtude do art. 75 da Constituição submetê-las ao sistema de fiscalização ali regulado.

Como o dever jurídico de prestar contas foi elevado à categoria de norma constitucional, com a finalidade de tornar juridicamente responsável todo aquele que utilizar, arrecadar, guardar, gerenciar ou administrar dinheiros, bens e valores públicos, este estabelecimento de obrigatoriedade de prestação de contas constituiu-se em fator essencial do sistema de fiscalização, sem exclusão de qualquer pessoa ou agente público, com o objetivo de dar condições materiais para os órgãos de controle exercerem a sua atribuição constitucional de avaliação sobre a regularidade das contas públicas.

Portanto, por expressa disposição constitucional, em todos os atos de gerenciamento de recursos públicos, envolvendo a arrecadação da receita, a realização da despesa e a administração de bens e valores públicos, torna-se imperiosa a exigência para o administrador agir com competência, responsabilidade e lealdade, tendo a obrigação, inescusável, de prestar contas de seus atos.

6.1.3 Proteção à regularidade fiscal

Na fiscalização da execução orçamentária, modernamente, tem-se dado ênfase ao que se convencionou chamar de proteção à regularidade fiscal, no sentido de ser alcançado ou mantido um equilíbrio nas contas públicas, cujo fator possibilite um planejamento governamental que atenda às necessidades coletivas, mediante um processo orçamentário que transcorra dentro da mais absoluta transparência.

Nesse aspecto, conforme o salientado no capítulo destinado à Lei de Responsabilidade Fiscal, o Estado no desempenho de sua atividade financeira — arrecadando, despendendo e administrando recursos financeiros —, opera as suas ações por meio de seus organismos — órgãos e entidades públicas — que são dirigidos e administrados por agentes públicos — políticos ou administrativos (Chefes de Poder, Ministros, Secretários, etc., e servidores em geral) — que devem atuar de acordo com os princípios e normas constitucionais destinados à Administração Pública, incluindo-se os relativos à função orçamentária do Estado, cabendo-lhes, assim, a responsabilidade gerencial, administrativa e fiscal.

Portanto, responsabilidade fiscal é inerente à função do Administrador Público. No entanto, nunca houve uma preocupação específica com este tipo de responsabilidade. Ela encontrava-se diluída no contexto das demais responsabilidades do Administrador Público, e, somente agora, com a edição da Lei Complementar nº 101/2000, passou-se a ter interesse específico com este tipo de responsabilidade no âmbito das finanças públicas, repercutindo, via de consequência, também na atuação dos órgãos de controle que estão encarregados de procederem à fiscalização da administração financeira do Estado.

Dentro desse novo contexto legal, o regramento efetuado demonstra uma expressa preocupação com a regularidade fiscal, no sentido de que haja um acompanhamento e verificação sobre a regularidade dos procedimentos de Gestão Fiscal, tendo em conta um planejamento elaborado com o atendimento do princípio da transparência, tornando-se, por isso, necessária a existência de um sistema de controle que verifique e exija o cumprimento das normas, limites e obrigações contidas na Lei Complementar nº 101/2000, a fim de que os atos de gestão fiscal sejam realizados com responsabilidade e atendimento ao interesse público.

Como a lei é um verdadeiro código de conduta fiscal, é evidente que todo o seu regramento possui relevância, envolvendo aspectos inovadores para a receita pública, fixação de limites para o endividamento e para as despesas de pessoal, incluindo regras limitadoras à ação do administrador em determinados períodos — como, por exemplo, não poder realizar despesas, em final de mandato, que não possam ser pagas dentro do próprio período de mandato — mas que dependem, fundamentalmente, dos seus quatro pilares de sustentação (planejamento, transparência, controle e sanção), tornando-se imprescindível que haja um controle desta regularidade fiscal exigida. Este controle está previsto na própria Lei de Responsabilidade Fiscal que, em obediência à forma de controle estruturada constitucionalmente, destina a sua fiscalização para os órgãos do sistema de controle externo que está a cargo do Poder Legislativo, mediante execução pelo Tribunal de Contas e para os órgãos de controle interno de cada Poder e do Ministério Público (art. 59).

Como a atribuição principal do sistema de controle é a fiscalização quanto ao cumprimento das normas da lei complementar, especialmente no que se refere ao atingimento das metas e limites fixados na lei de diretrizes orçamentárias, pode-se dizer que esta ação fiscalizadora se caracteriza por um controle de acompanhamento. O controle assim realizado permite prevenir riscos e corrigir desvios capazes de afetar o equilíbrio das contas públicas, na medida em que o acompanhamento da gestão fiscal permite que seja identificada e procedida a imediata correção dos desvios constatados, sob pena de severas sanções aos responsáveis, inclusive de natureza criminal.

Em conclusão, na atualidade, diante das muitas variantes que estavam influenciando negativamente a atividade financeira do Estado — endividamento excessivo, elevado comprometimento orçamentário com alguns tipos de gastos que inviabilizavam o investimento em serviços públicos, falta de planejamento governamental e outros — houve a necessidade de ser estabelecido um regramento legal rígido, com a finalidade de fixar meios de proteção à regularidade fiscal. Dentre esses meios, o controle é um dos mais relevantes, por ser ele que acompanha e avalia os atos de gestão fiscal, determinando a adoção de medidas com o fim de prevenir riscos e corrigir os desvios capazes de afetar o equilíbrio das contas públicas.

6.1.4 Definição de fiscalização contábil, financeira e orçamentária

Fiscalização contábil, financeira e orçamentária é a denominação dada à "Seção IX, do Capítulo I – Do Poder Legislativo", que trata do sistema de fiscalização da atividade financeira do Estado. Este sistema está estruturado na dualidade de controle — o controle externo exercido pelo Poder Legislativo, com o auxílio do Tribunal de Contas e o controle interno de cada Poder — para proceder a uma fiscalização contábil, financeira, orçamentária, operacional e patrimonial sobre todos os Poderes e órgãos da Administração direta e indireta, envolvendo a aplicação das subvenções e renúncia de receitas (art. 70 da CF).

Dessa forma, fiscalização contábil, financeira e orçamentária é um sistema que visa acompanhar, avaliar e julgar a regularidade dos atos praticados pelos agentes públicos que têm a função de arrecadar a receita, executar a despesa e administrar os bens e valores públicos, submetendo tais atos a um controle nos seus aspectos contábeis, financeiros, orçamentários, operacionais e patrimoniais.

Contudo, esta fiscalização propugnada constitucionalmente não envolve uma avaliação eminentemente técnica-procedimental, na medida em que não possui o sentido de apenas verificar a correção do procedimento técnico, mas também, e, sobretudo, a repercussão jurídico-legal do ato fiscalizado, tanto que o dispositivo constitucional estabelecedor do sistema de fiscalização (art. 70), determina a obrigatoriedade de obediência aos princípios da legalidade, legitimidade e economicidade. Assim, um ato de despesa pode ter o seu registro contábil regular, mas por ser uma despesa ilegal ou ilegítima, deve ser impugnado mediante uma avaliação jurídico-legal, consoante o sistema normativo nacional.

Portanto, o sistema de fiscalização contábil, financeira e orçamentária não se delimita nem se constitui em simples técnica. O fundamental do sistema de fiscalização é de que este se define por uma atividade que utiliza e analisa a técnica, mas tem a sua atuação direcionada para uma atividade jurídica de avaliação, no sentido de verificar o bom e regular emprego dos dinheiros públicos, que pode repercutir em uma responsabilização, nos termos da lei.

O sistema de fiscalização busca o estabelecimento de uma ação de controle que envolva todas as atividades da organização estatal, desde o planejamento governamental até a efetiva realização dos seus objetivos, mediante procedimentos técnicos e de avaliação jurídica. O sistema de fiscalização contábil, financeira e orçamentária, por meio do procedimento de auditoria visa avaliar e medir a eficácia dos controles internos existentes, no sentido de detectar, prevenir e orientar sobre possíveis falhas, irregularidades ou ilegalidades, funcionando como elemento de fiscalização que permita à Administração promover, com economicidade, maior eficiência e qualidade aos serviços que realiza. Os resultados obtidos pelos procedimentos de auditoria servem de elementos informativos ao exame e julgamento das contas que serão prestadas ao final do exercício financeiro.

Desse modo, o sistema de fiscalização contábil, financeira e orçamentária, efetua o acompanhamento não só da execução orçamentária, mas de todas as atividades financeiras e administrativas da organização governamental, no sentido de viabilizar, por meio das conclusões decorrentes de uma ação continuada de controle, o julgamento das contas que devem ser prestadas pelos gestores públicos.

6.1.4.1 Fiscalização contábil

Considerando que todos os atos da atividade financeira do Estado devem ser registrados pela contabilidade, obedecendo rigorosamente a sua ordem cronológica, na forma determinada legalmente (na atualidade ainda vige a Lei nº 4.320, de 17.03.1964, estatuindo normas gerais de direito financeiro e controle dos orçamentos e balanços da União, dos Estados, dos Municípios e do Distrito Federal), pode-se dizer que a Administração Pública dispõe de sistemas de contas independentes para cada grupamento, denominados: sistema orçamentário; sistema financeiro; sistema patrimonial; e sistema de compensação. Estes sistemas de contas são registrados de forma analítica e sintética, envolvendo:

I – na escrituração analítica: um diário analítico da receita orçamentária; um diário analítico da despesa prevista, empenhada e realizada; um diário analítico do movimento extraorçamentário; um diário analítico do movimento bancário e diário de caixa;

II – na escrituração sintética: Diário Geral e Razão Geral, sendo que deste último são extraídos os balancetes de verificação e, ao fim do exercício, os balanços de cada sistema.

Portanto, é de suma importância a existência de uma contabilidade que espelhe com clareza e confiabilidade os atos da atividade financeira do Estado, mediante um sistema de registros que demonstre a sua real situação econômica e financeira, na forma estabelecida pela lei (Lei nº 4.320/64).

Assim, fiscalização contábil é a que se efetua por meio de controle realizado sobre os registros contábeis determinados legalmente, objetivando examinar e verificar a regularidade e a correção técnica da escrituração, a legitimidade dos atos e fatos que deram origem aos lançamentos e a formalização da documentação comprobatória, medindo e avaliando a segurança e a eficiência do sistema de controle interno, próprias do sistema contábil.

6.1.4.2 Fiscalização financeira

A fiscalização financeira objetiva verificar se as contas públicas representam a efetiva situação financeira da Administração, envolvendo um controle sobre a arrecadação da receita e a realização da despesa, tendo em conta a legalidade e a regularidade das suas operações.

Portanto, é por meio da fiscalização financeira que se pode constatar se foram adotados os meios adequados de se proceder à arrecadação da receita e se foram tomadas medidas apropriadas para registrar com exatidão e salvaguarda todos os ativos financeiros, tais como disponibilidades, investimentos e demais valores imobilizados. São verificados também todos os procedimentos de execução da despesa, especialmente se estas foram corretamente autorizadas ou ordenadas e devidamente empenhadas, liquidadas, pagas e registradas.

Desse modo, a fiscalização financeira permite uma avaliação de legalidade, legitimidade e economicidade, quanto ao aspecto das receitas e despesas estarem sendo arrecadadas e realizadas com observância dos limites financeiros e do período autorizado, com os direitos e obrigações sendo apurados e geridos de acordo com as normas legais aplicáveis, possibilitando uma apuração dos erros e fraudes praticados no manuseio dos dinheiros públicos, bem como se as contas traduzem de forma apropriada e fidedigna a situação financeira da Administração.

6.1.4.3 Fiscalização orçamentária

Conforme já foi referido no capítulo destinado ao orçamento público, modernamente, o sistema orçamentário passou por uma profunda modificação, produzindo repercussões inclusive no sistema de controle. Com o abandono do orçamento tradicional (tratava-se apenas de um plano financeiro, com previsão da receita e fixação da despesa), o Estado passou a adotar o orçamento-programa, como expressão de um planejamento governamental, no qual é fixado um conjunto de metas e objetivos a serem realizados, com identificação dos respectivos recursos financeiros.

A fiscalização orçamentária visa proceder a um acompanhamento de verificação da execução orçamentária, com exame sobre a execução dos programas, projetos e atividades determinados pela lei orçamentária, procedendo a uma verificação sobre a fiel observância das normas, procedimentos e dispositivos legais que envolvem todo o ciclo orçamentário, desde a elaboração do Plano de Governo, a Lei de Diretrizes Orçamentárias, o Orçamento anual, incluindo os métodos de controle dos créditos orçamentários ou adicionais até o registro dos fatos pela contabilidade.

Portanto, a fiscalização orçamentária possibilita que seja verificada a realização dos planos de governo, no sentido de evitar que os recursos financeiros sejam utilizados com desvio de finalidade, qual seja: não permitir que os recursos reservados para determinado projeto ou atividade sejam aplicados em outras despesas sem autorização na lei de orçamento.

Assim, pelo exercício da fiscalização orçamentária, o sistema de controle objetiva verificar a legalidade dos atos que resultem na arrecadação da receita ou na realização da despesa, conforme o disposto na lei de orçamento, no sentido de verificar o cumprimento do programa de trabalho expresso em termos monetários e em termos de realização de obras e prestação de serviços.

6.1.4.4 Fiscalização operacional

A fiscalização operacional visa avaliar o grau de cumprimento dos objetivos e metas previstos na lei orçamentária; determinar a eficiência (máximo de rendimento sem desperdício de gastos e tempo), a eficácia (realização das metas programadas) e a economicidade (operação ao menor custo possível) dos atos de gestão praticados; avaliar a eficácia do controle na administração dos recursos humanos, materiais e financeiros, identificando as áreas críticas na organização e funcionamento da Administração, com vistas a formular recomendações que possibilitem superar as observações mais significativas.

Assim, pela fiscalização operacional é possível ser alcançada uma avaliação sob o aspecto da produção, buscando uma melhora da relação custo-benefício, com direcionamento à identificação das causas que podem originar o baixo rendimento administrativo, no sentido de ser evitado que ocorram ou permaneçam deficiências, mediante a formulação de recomendações apropriadas e tendentes à obtenção de melhorias no futuro funcionamento operativo da Administração.

A fiscalização operacional representa um estágio evolutivo no sistema de controle da atividade financeira do Estado, na medida em que, além de visar à preservação das finanças e do patrimônio público, passa também a ter o sentido do aperfeiçoamento das instituições administrativas, tendo em conta sua melhor produtividade, uma vez que busca avaliar a eficiência, eficácia e economicidade dos atos dos administradores, procedendo a recomendações para tal fim.

6.1.4.5 Fiscalização patrimonial

A fiscalização patrimonial objetiva manter a preservação dos bens patrimoniais do Estado — bens móveis e imóveis — tanto no aspecto de sua guarda ou responsabilidade pelo uso, como pela sua movimentação, conservação e segurança.

No patrimônio público há o conjunto de bens imóveis, chamados de bens públicos, que se constituem de: a) bens de uso comum do povo, também conhecidos como bens de domínio público (mares, rios, estradas, ruas e praças); b) os bens dominiais que constituem objeto de direito pessoal ou real das entidades estatais; c) e os bens de uso especial que são os prédios ou terrenos utilizados no serviço ou estabelecimento federal, estadual ou municipal. No caso dos bens imóveis, a fiscalização patrimonial verifica se há procedimento de registro e controle contendo todas as características e localização dos bens e se estão sendo adotadas medidas quanto à conservação, reparos e restauração dos imóveis, podendo detectar se estão sendo transferidos ou alienados bens imóveis sem o cumprimento das exigências legais cabíveis.

No conjunto dos bens móveis, o patrimônio público é de duas naturezas: bens de consumo e bens permanentes. Pela fiscalização patrimonial pode ser verificado se é procedido inventário para o levantamento individualizado e completo dos bens móveis, para um controle sobre os saldos de estoque nos almoxarifados e depósitos, bem como dos equipamentos e materiais permanentes em uso nos órgãos da Administração.

Portanto, a fiscalização patrimonial possibilita um controle sobre a regularidade dos registros e utilização dos bens públicos, com a finalidade de identificar os responsáveis pelo seu uso e guarda, no sentido de evitar que estes sejam utilizados de forma indevida ou descurados na sua proteção e conservação.

6.1.5 Objeto e alcance da fiscalização

De acordo com o regido no art. 70 da Constituição, o sistema de fiscalização ali normado tem por objeto o estabelecimento de uma ação de controle que envolva todas as atividades da organização estatal, desde o planejamento governamental até a efetiva realização dos seus objetivos, mediante procedimentos técnicos e de avaliação jurídica, direcionado para uma fiscalização contábil, financeira, orçamentária, operacional e patrimonial, inclusive no que tange a aplicação das subvenções e renúncia de receitas, por meio de procedimentos de auditoria que visam não só avaliar e medir a eficácia dos controles internos existentes, mas também detectar, prevenir e orientar sobre possíveis falhas, irregularidades ou ilegalidades, funcionando como elemento que permita à Administração promover, com economicidade, maior eficiência e qualidade aos serviços que realiza. Os resultados obtidos pelo sistema de fiscalização são componentes instrutivos indispensáveis ao julgamento das contas que devem ser prestadas pelos administradores públicos.

Dessa forma, tendo em conta o estabelecimento de um sistema de fiscalização amplíssimo, envolvendo todo e qualquer ato pertinente à atividade financeira do Estado, por meio do qual é buscado o conhecimento sobre o comportamento gestor dos administradores públicos — procedimento de auditoria — no sentido de ser emitido um juízo de valor sobre o comportamento encontrado — julgamento das contas prestadas — o objetivo fiscalizador é de manter uma sindicância permanente sobre a utilização e administração dos bens e dinheiros públicos, a fim de evitar a sua malversação e possibilitar o estabelecimento de um clima de confiança que crie uma estabilidade comportamental na gerência e administração das finanças estatais, com a finalidade dos bens e recursos financeiros serem convenientemente utilizados pelos administradores públicos para o atendimento das necessidades coletivas.

Tratando-se de um sistema de fiscalização abrangente, evidentemente que ele deve alcançar todas as entidades da Administração direta e indireta, bem como qualquer pessoa física ou jurídica, pública ou privada, que proceda a ações envolvendo a utilização, arrecadação, guarda, gerência ou administração de dinheiros, bens e valores públicos, conforme está expressamente determinado no art. 70 e seu parágrafo único, da Constituição.

Esta providência constitucional de referir o alcance do sistema de fiscalização — quem é jurisdicionado e está submetido à fiscalização contábil, financeira e orçamentária — mais do que pertinente é necessária, no sentido de evitar os acontecimentos que ocorreram por ocasião da edição da Constituição de 1967, quando se operou a alteração do sistema de fiscalização, passando do controle prévio para o sistema de auditorias. Nessa ocasião, o texto constitucional deixou de fazer referência à Administração indireta e a entes privados, motivando o entendimento de que as sociedades de economia mista e empresas públicas não estavam submetidas ao controle externo exercido pelo Tribunal de Contas. Houve a necessidade de implantação de medidas legislativas para sanar o problema, quando foram editadas as Leis Federais nºs 6.223/1975 e 6.525/1978, para colocar aquelas entidades sob o crivo do novo sistema de fiscalização que estava sendo implantado no país.

A classificação de Administração direta e indireta foi efetuada pelo Decreto-Lei nº 200/67 (art. 4º, I e II; e art. 5º, I, II e III) que realizou a Reforma Administrativa no Brasil, sendo ratificada pela Lei nº 8.490/1992 (arts. 15 e 29), nos seguintes termos: Administração direta é a que se constitui dos serviços integrados na estrutura administrativa da Presidência da República e dos Ministérios; e Administração indireta é a que compreende as seguintes categorias de entidades, dotadas de personalidade jurídica própria: autarquias (personalidade jurídica pública), sociedades de economia mista e empresas públicas (personalidade jurídica privada). Esta definição legal é extensiva aos Estados-membros e municípios. Todavia, como bem refere Celso Antônio, o modelo concebido pelo Dec.-Lei nº 200/67, "revela-se inapto para descortinar todas as modalidades pelas quais se desempenham atividades administrativas públicas".[297]

---

[297] BANDEIRA DE MELLO, 1993, p. 74.

Efetivamente, o modelo definidor de Administração direta e Administração indireta é insuficiente, embora seja importante. Na Administração direta não se incluem somente os serviços integrados na estrutura administrativa da Presidência da República e dos Ministérios, mas também todo o conjunto de órgãos que integram a estrutura dos Poderes no âmbito da União, como por exemplo: o Supremo Tribunal Federal, o Superior Tribunal de Justiça e os demais Tribunais Superiores e órgãos da composição judiciária federal; o Congresso Nacional, a Câmara dos Deputados e o Senado Federal; o Ministério Público; e o Tribunal de Contas da União.

Na definição de Administração indireta, são colocadas pessoas de direito público (autarquias) junto com pessoas de direito privado (empresas públicas e sociedades de economia mista), causando uma dissintonia entre a conceituação legal e a doutrinária.

Por isso, buscando uma compatibilização jurídica desses aspectos definidores, tendo em conta a necessária abrangência organizacional, Hely Lopes Meirelles conceitua: "Administração direta é o conjunto dos órgãos integrados na estrutura administrativa da União e a Administração indireta é o conjunto de entes (personalizados) que, vinculados a um Ministério, prestam serviços públicos ou de interesse público".[298]

Assim, Administração direta envolve prestação de serviços públicos imediatos realizados pelos órgãos próprios dos Poderes da União, dos Estados e dos Municípios, enquanto Administração Indireta é a efetuada mediatamente pelas entidades autônomas a eles vinculados.[299]

Como complemento a essas determinações constitucionais e legais, os incisos I a V do art. 71 da Constituição submetem à competência de fiscalização do controle externo exercido pelo Tribunal de Contas, além da Administração direta e indireta, também todas as unidades administrativas dos Poderes Legislativo, Executivo e Judiciário, as fundações e sociedades instituídas e mantidas pelo Poder Público, bem como as empresas supranacionais de cujo capital social a União participe, de forma direta ou indireta, nos termos do tratado constitutivo.

Portanto, em síntese, o sistema de fiscalização contábil, financeiro e orçamentário alcança todos os órgãos da Administração Pública, sejam da Administração direta ou indireta, envolvendo todas as unidades administrativas dos Poderes Legislativo, Executivo e Judiciário, autarquias, sociedades de economia mista, empresas públicas, fundações

---

[298] MEIRELLES, 2001, p. 694.

[299] Idem, p. 694-695.

e sociedades instituídas e mantidas pelo Poder Público, incluindo as empresas supranacionais, submetendo-se à obrigatoriedade de prestação de contas qualquer pessoa física ou jurídica, pública ou privada, que utilize, arrecade, guarde, gerencie ou administre dinheiros, bens e valores públicos.

6.2 Princípios constitucionais dirigidos ao sistema de fiscalização contábil, financeira e orçamentária

O Estado Democrático de Direito, como fator de legitimidade, depende de um efetivo controle sobre a sua atividade financeira, no sentido de que a ação estatal se desenvolva em favor do interesse coletivo e não de seus governantes. Por isso, sendo estabelecido um sistema de fiscalização contábil, financeiro e orçamentário que se opera de maneira abrangente sobre toda a Administração Pública, alcançando todos os órgãos da Administração direta ou indireta, dos Poderes Legislativo, Executivo e Judiciário, a Constituição determinou que esse controle sobre as contas públicas fosse efetuado de acordo com os princípios da legalidade, legitimidade e economicidade.

6.2.1 Controle da legalidade

O controle exercido pelo sistema de fiscalização contábil, financeiro e orçamentário deve pautar a sua ação buscando verificar se os atos praticados pelos gestores públicos o foram com atendimento do princípio da legalidade.

A legalidade, como princípio constitucional dirigido à Administração, é bússola orientadora dos órgãos de controle que têm a missão de efetuar a fiscalização contábil, financeira e orçamentária, por ser o princípio que dá eficácia a toda atividade administrativa e, consequentemente, à atividade financeira do Estado. Administração legítima só é aquela que se reveste de legalidade e probidade administrativas,[300] fatores essenciais para o estabelecimento da regularidade da atividade financeira por ela desenvolvida.

Nesse contexto, pelo princípio da legalidade, é obrigação da Administração Pública submeter-se completamente às leis, o que significa submissão a todo o ordenamento jurídico nacional, no sentido de executar os planos de governo, expressos orçamentariamente, com

---

[300] MEIRELLES, 2001, p. 83.

os órgãos de controle, no exercício da fiscalização contábil, financeira e orçamentária, devendo verificar e avaliar juridicamente a regularidade dos atos praticados pelos administradores, a fim de que estes não sejam resultados de uma ação de interesse pessoal do governante, mas sim do interesse público, por ser este o consectário da soberania popular que, em última análise, está expressa na lei.

Assim, o controle de legalidade efetuado no sistema de fiscalização contábil, financeiro e orçamentário possui uma acepção ampla, na medida em que envolve não só um mero exame de adequação do ato à lei, mas se estende também a uma análise de conformidade aos demais princípios constitucionais, com vista à preservação da segurança jurídica como fator de segurança dos direitos fundamentais, que são corolários do princípio maior da legalidade.[301]

Em decorrência dessa amplitude de análise jurídica que advém da aplicação do princípio da legalidade, a fiscalização contábil, financeira e orçamentária também deve ser efetuada mediante um exame de constitucionalidade das leis e dos atos administrativos, no sentido de preservar a ordem jurídica determinada constitucionalmente.

No sistema de controle de constitucionalidade das leis adotado na Constituição brasileira, na esteira do que vem sendo manifestado uniformemente pelos doutrinadores, este poderá ser exercido de forma abstrata ou concretamente, de maneira concentrada ou difusa, sendo da competência exclusiva do Judiciário o poder de decretar a inconstitucionalidade das leis e, via de consequência, determinar ao Legislativo a sua retirada do mundo jurídico (art. 102, I, "a"; art. 103 e §§; e art. 129, IV, da CF).

Contudo, como bem salienta Cármen Lúcia Antunes Rocha, o controle de constitucionalidade também pode ser exercido de forma extrajudicial "por órgãos criados dentro de qualquer destes poderes, mas com a competência específica e exclusiva para o exercício do controle",[302] mesmo que possua jurisdição, mas não integre a estrutura

---

[301] TORRES, 2000, p. 377. Em conclusão ao seu comentário ao princípio da legalidade, o autor refere que "a segurança Jurídica e os princípios dela emanados, portanto, compõem o quadro das garantias normativas dos direitos fundamentais".

[302] ROCHA, Cármen Lúcia Antunes. *Constituição e constitucionalidade*. Belo Horizonte: Lê, 1991. p. 142. No exame do tema, em nota ao pé de página (*), a autora esclarece que: "Deve-se explicitar, neste passo, a preferência pela palavra 'judicial' quando se cuida de caracterizar a forma de controle exercida pelo poder judiciário, da fórmula tradicionalmente utilizada e referida pela 'jurisdicional'. Ocorre que a natureza do controle, como acima explanado, é jurisdicional, no sentido próprio desta palavra, de dizer a Constituição no processo de verificação do cumprimento da norma fundamental ao ser cotejada com outra de valor jurídico inferior no sistema normativo. Entretanto, a forma do controle ser exercido, quando se toma como critério de definição o poder, órgão ou agente encarregado desta

CAPÍTULO 6
O SISTEMA DE FISCALIZAÇÃO DAS CONTAS PÚBLICAS | 293

do Judiciário, como é o caso do Tribunal de Contas que, na qualidade de órgão executor do controle externo, tem jurisdição administrativa para proceder à fiscalização contábil, financeira e orçamentária, em cuja situação exerce a competência de apreciar a constitucionalidade das leis e regulamentos, conforme reconhece o Supremo Tribunal Federal, em decisão sumulada: "Súmula 347 – O Tribunal de Contas, no exercício de suas atribuições, pode apreciar a constitucionalidade das leis e dos atos do poder público".

Logicamente que apreciar a constitucionalidade não significa poderes para decretar a inconstitucionalidade das leis e dos atos do poder público. Contudo, como qualquer decisão decorrente de avaliação jurídica deve, necessariamente, repercutir num efeito prático, pois se assim não fosse, tratar-se-ia de uma decisão inócua, pode-se afirmar que a apreciação de constitucionalidade realizada pelo Tribunal de Contas, embora não possa produzir a retirada do mundo jurídico das leis e atos analisados, opera o efeito de negar executoriedade aos textos examinados, obstando a continuidade de sua utilização, no sentido de evitar os decorrentes prejuízos de natureza jurídica, econômica e financeira.

Portanto, as ações de controle promovidas na execução da fiscalização contábil, financeira e orçamentária devem estar orientadas por um rígido controle de legalidade, no sentido de manter não só a integridade e a validade das leis de orçamento e das contas públicas, mas também para que todo e qualquer ato praticado na atuação das organizações estatais, no cumprimento de programas, serviços, atividades e funções públicas, seja de forma a atender, escorreitamente, os componentes legais do sistema jurídico nacional (Constituição, leis, regulamentos e atos administrativos).

6.2.2 Controle da legitimidade

Aplica-se também aos procedimentos de controle realizado na fiscalização contábil, financeira e orçamentária, por expressa disposição contida no art. 70 da Constituição, o princípio da legitimidade. Portanto, por essa determinação constitucional, vislumbra-se a exigência de um

---

função, é judicial, se for realizado pelo Poder judiciário. Ainda que o órgão que exerça o controle da constitucionalidade tenha competência constitucional, se não estiver ele inscrito na estrutura e organização do poder judiciário, inclui-se na forma extrajudicial, embora a natureza de sua atividade jurisdicional".

controle mais substancial, com um exame mais aprofundado, além do controle de aspecto puramente formal.[303]

De uma maneira geral, legitimidade deriva de legalidade. Legitimidade seria então estar conforme a lei e ao Direito. Contudo, deixa de encerrar apenas uma conformação de natureza legislativa, indo mais além, na medida em que se estrutura em fundamentos de moralidade, identificando-se com os valores, princípios e fins que regem a ação administrativa, na consecução dos objetivos estatais — o interesse público.

Desse modo, legitimidade tem, aproximadamente, o sentido de justiça, de racionalidade no exercício da atividade financeira. O aspecto da legitimidade, por conseguinte, engloba os princípios constitucionais orçamentários e financeiros, derivados da ideia de segurança jurídica ou de justiça, que são princípios informativos do controle determinado constitucionalmente.[304] Assim, o controle efetuado sob a conformação da legitimidade do ato fiscalizado, significa proceder à investigação dos elementos ideológicos e teleológicos do ato praticado pelo administrador, possibilitando a identificação de eventuais desvios de finalidade ou de poder, de fraude à lei ou de ações contrárias aos princípios do direito.[305]

Portanto, a ação de controle praticada no exercício da fiscalização contábil financeira e orçamentária deverá estar voltada para uma análise de legalidade e legitimidade, buscando verificar a regularidade do ato do administrador quanto a sua adequação às normas legais e, num exame mais de substância, se não há desvios de qualquer natureza que maculem a sua legitimidade e o deixem consentâneo com o interesse coletivo.

---

[303] FREITAS, 303, p. 87. Conforme o ilustre professor, "O exame da legitimidade dos atos administrativos deve ir ao fundo da finalidade apresentada e da motivação oferecida, de modo a não compactuar, de modo algum, com a ilegitimidade das mesmas".

[304] TORRES, Ricardo Lobo. A legitimidade democrática e o Tribunal de Contas. *Revista de Direito Administrativo*, Rio de Janeiro, n. 194, p. 39, out./dez. 1993. O autor refere ainda que "a análise do exato cumprimento do princípio da capacidade contributiva, que manda cobrar impostos de acordo com a situação de riqueza de cada um, do princípio da redistribuição de rendas, que proclama a necessidade da justiça redistributiva, do princípio do equilíbrio financeiro, que postula a adequação entre receita e despesa para a superação das crises provocadas pelo endividamento público, por exemplo, participam do controle de legitimidade".

[305] RECH, Ruy Remy. Controle de legitimidade da despesa pública. *Revista do Tribunal de Contas do Rio Grande do Sul*, Porto Alegre, v. 6, n. 9, p. 105-107, dez. 1988.

6.2.3 Controle da economicidade

O princípio da economicidade advém de um princípio tipicamente técnico-econômico, envolvendo os custos relativos aos objetivos que se pretende alcançar. Genericamente significa realizar algo ao menor custo possível. No âmbito privado, normalmente, a economicidade está compreendida na relação custo-lucro. Na esfera pública, o sentido de economicidade altera-se profundamente, na medida em que o seu entendimento está na relação custo-benefício. Esta relação de custo-benefício é tema excessivamente técnico para ser aqui tratado, sendo mais direcionado para estudos de análise econômica, tendo em conta uma contabilidade de custos, com vistas à apuração dos resultados obtidos pela ação administrativa, por isso, deixando de aprofundar o tema nesse sentido.

Todavia, a esses aspectos técnicos da economicidade, devem-se juntar os de natureza jurídica. Na forma constitucional determinada — a fiscalização deve ser exercida com ênfase na legalidade, legitimidade e economicidade — há o estabelecimento de um sistema de controle que busca a eficiência da Administração. Significa dizer que a Administração tem o dever de ser eficiente na realização do interesse público, com o dinheiro arrecadado do povo sendo utilizado para o alcance do maior benefício pelo menor custo e para uma maior quantidade de cidadãos.

Por isto, o controle da economicidade tornou-se relevante no direito constitucional moderno, direcionando-se para um "controle da eficiência na gestão financeira e na execução orçamentária, consubstanciada na minimização de custos e gastos públicos e na maximização da receita e da arrecadação. Transcende o mero controle da economia de gastos, entendida como aperto ou diminuição de despesa, pois abrange também a receita, na qual aparece como efetividade na realização das entradas orçamentárias".[306]

Nesse contexto constitucional, toda a ação administrativa deve pautar os seus atos pelo princípio da economicidade, cujos procedimentos deixam de se ater à discricionariedade administrativa, posto que vinculados a uma exigência constitucional, quanto a uma melhor aplicação dos dinheiros públicos. Trata-se de princípio autônomo, expresso no art. 70 da Constituição, mas com uma estreita relação com o princípio da proporcionalidade[307] — o gasto efetuado deve guardar

---

[306] TORRES. *A legitimidade democrática e o Tribunal de Contas*, p. 36-37.

[307] FREITAS, 1999, p. 86. O autor, ao vincular o princípio da economicidade ao da proporcionalidade, refere que "nosso País insiste em praticar, em todas as searas, desperdícios ignominiosos de recursos escassos. Não raro, prioridades não são cumpridas. Outras tantas

uma proporcionalidade de custo compatível com o serviço, material ou obra, tendo em conta o benefício decorrente (adequação e sensatez no ato praticado) — que os órgãos de controle devem dedicar especial atenção, no sentido de evitar o desperdício ou o indevido procedimento gerador do superfaturamento. Por sinal, buscando cumprir com essas funções dirigidas ao controle externo, o Tribunal de Contas do Estado do RS tem procurado estabelecer uma fiscalização com rigor no exame da economicidade, determinando glosa de valores por superfaturamento na aquisição de materiais (aquisição de produtos, materiais ou equipamentos com preços muito acima dos de mercado), desperdício de recursos em compras, obras ou serviços ou superfaturamento de serviços realizados.[308]

Portanto, toda a ação de controle exercida em decorrência do sistema de fiscalização contábil, financeira e orçamentária tem de estar orientada para um controle de economicidade, no sentido de fazer com que a Administração utilize os dinheiros públicos de forma racional, buscando uma otimização que produza o melhor benefício ao menor custo, com atendimento dos princípios da legalidade e da legitimidade, tendo em conta o fator de eficiência.

---

vezes, pontes restam inconclusas, enquanto se principiam outras questionáveis. Traçados de estradas são feitos em desacordo com técnicas básicas de engenharia. Mais adiante, escolas são abandonadas e, ao lado, inauguram-se novas. Hospitais são sucateados, mas se iniciam outros, que acabam por não serem concluídos. Materiais são desperdiçados acintosamente. Obras apresentam projetos básicos que discrepam completamente dos custos finais, em face de erros elementares. Por tudo isso, torna-se conveniente frisar que tal princípio constitucional está a vedar, expressamente, todo e qualquer desperdício dos recursos públicos ou escolhas que não possam ser catalogadas como verdadeiramente comprometidas com a busca da otimização ou do melhor para o interesse público".

[308] É o que demonstram, exemplificativamente, as decisões adotadas nos seguintes processos: 1389-02.00/97-3 – Prestação de Contas do exercício de 1996. Executivo Municipal de Teutônia; 2057-02.00/97-5 – Prestação de Contas do exercício de 1996. Executivo Municipal de Pelotas; 3614-02.00/97-9 – Prestação de Contas do exercício de 1996. Executivo Municipal de Humaitá.

CAPÍTULO 7

DAS COMPETÊNCIAS E DA JURISDIÇÃO DO TRIBUNAL DE CONTAS

7.1 Competências e jurisdição

Conforme o explicitado no capítulo anterior, para o controle da atividade financeira do Estado, a Constituição brasileira, no seu art. 70, estabeleceu o sistema de fiscalização contábil, financeira e orçamentária, com estrutura na dualidade de controle — o controle externo a cargo do Legislativo e o controle interno de cada Poder — operando-se nos aspectos contábeis, financeiros, orçamentários, operacionais e patrimoniais, tendo em conta os princípios da legalidade, legitimidade e economicidade, sobre as entidades da Administração direta e indireta, incluídas as fundações e sociedades instituídas e mantidas pelo Poder Público, no âmbito dos Poderes Legislativo, Executivo e Judiciário. Como o controle interno já foi objeto de exame em capítulo próprio, procede-se agora a análise sobre as funções do controle externo, especialmente as competências e jurisdição do executor do controle externo, o Tribunal de Contas.

7.1.1 Competências

Embora o controle externo esteja a cargo do Poder Legislativo, este não o exerce diretamente, tendo em vista que a Constituição prevê um organismo para executar esta função estatal em auxílio àquele Poder. Procede bem a Constituição nesse aspecto. Tratando-se o Legislativo de um Poder de natureza eminentemente política, com funções dependentes dessa sua natureza, na medida em que deve possuir a sensibilidade de apreender as aspirações dos vários segmentos sociais que representa para poder legislar em atendimento desse interesse coletivo, não está o mesmo aparelhado para o exercício de uma atividade eminentemente técnica, como é o caso da atividade exercida pelo controle externo.

O controle externo, como função fiscalizadora, acompanha e vigia a atividade financeira desenvolvida pelos diversos órgãos do Estado e lhes examina os atos praticados, averiguando a sua regularidade, no sentido de assegurar que sejam realizados de acordo com os princípios da legalidade, legitimidade e economicidade. Por ser esta uma função totalmente diferenciada da função política de legislar, a Constituição destinou o exercício do controle externo para um órgão de natureza essencialmente técnica, dotando-o de meios e garantias, com autonomia, competência e jurisdição, a fim de que possa bem exercer esta função constitucional. Este órgão é o Tribunal de Contas.

Com este objetivo, o art. 71 da Constituição — "o controle externo, a cargo do Congresso Nacional, será exercido com o auxílio do Tribunal de Contas da União, ao qual compete" — determinou que o Tribunal de Contas executaria o controle externo em auxílio ao Congresso Nacional. Portanto, trata-se o Tribunal de Contas de um órgão autônomo e independente que auxilia o Poder Legislativo, mas sem se constituir em seu órgão auxiliar e, por via de consequência, sem possuir qualquer subordinação de natureza hierárquica com aquele Poder.[309] Quem auxilia não é auxiliar. Quem auxilia presta auxílio sem ensejar vínculo de subordinação. Quem é auxiliar apresenta necessariamente a condição de subordinado, com submissão hierárquica. Assim, como a Constituição assegura ao Tribunal de Contas as mesmas garantias de independência do Poder Judiciário (art. 73 e parágrafos), evidentemente que não se pode considerá-lo um órgão subordinado ao Legislativo, mas sim um órgão autônomo que possui a função de atuar em auxílio ao Poder Legislativo.

É justamente por esse fator de autonomia e independência do Tribunal de Contas que a Constituição lhe concede competências expressas, no sentido de que possa desempenhar, sem qualquer embaraço ou intromissão, o pleno exercício do controle externo.[310] Essas

---

[309] MEDAUAR, 1993, p. 140.

[310] O STF, SS nº 1308-RJ, Tribunal Pleno, Rel. Min. Celso de Mello, *DJU* de 19.10.1998, manifestou que: "Nesse contexto, o regime de controle externo, institucionalizado pelo ordenamento constitucional, propicia, em função da própria competência fiscalizadora outorgada aos Tribunais de Contas, o exercício, por esses órgãos estatais, de todos os

competências podem ser caracterizadas como próprias, exclusivas e indelegáveis.

Próprias porque são peculiares aos procedimentos de controle. Trata-se de competências que envolvem atividades autênticas de controle, com a finalidade de vigiar, acompanhar e julgar a regularidade dos atos de atividade financeira controlados.

Exclusivas porque são competências constitucionais destinadas tão somente para o Tribunal de Contas e não podem ser exercidas por nenhum outro órgão ou Poder, mesmo o Poder Legislativo. Embora o controle externo esteja a cargo do Legislativo, a Constituição estabeleceu o Tribunal de Contas como órgão executor desse controle, dando-lhe exclusividade de atuação para o exercício dessa função.

Indelegáveis porque são competências que envolvem atividade de controle da atividade financeira do Estado, sendo por isso de exercício privativo do Poder Público, cuja execução também é privativa do Tribunal de Contas, não podendo ser delegadas a qualquer dos Poderes ou a outra organização, pública ou privada. São competências que só podem e devem ser exercidas diretamente pelo Tribunal de Contas, sem possibilidade de delegação a terceiros.

As competências com essas características são originárias da Constituição e estão especificadas nos seus artigos 71 e 72, com destinação ao Tribunal de Contas da União. Contudo, por força do estatuído no seu art. 75, que remete o regramento do sistema de fiscalização, no qual se incluem as competências do órgão de controle externo, à organização, composição e fiscalização dos Tribunais de Contas dos Estados e Municípios, as competências determinadas para o Tribunal de Contas da União também deverão, obrigatoriamente, ser asseguradas pelas legislações estaduais e municipais.[311]

O exame das competências do Tribunal de Contas, pela sua importância, ocorrerá em capítulo especificamente destinado para esse fim – o capítulo 8 – em que será procedida uma análise individualizada de cada competência constitucional, tendo em conta o seu objetivo, natureza e alcance.

---

poderes — explícitos ou implícitos — que se revelem inerentes e necessários à plena consecução dos fins que lhes foram cometidos".

[311] ADI nº 1994-5 – Espirito Santo – STF Rel. Min. Eros Grau, Sessão Plenária de 24.05.2006. O Supremo Tribunal Federal, forte em precedentes da Corte, reafirmou a sua posição de que os Tribunais de Contas Estaduais têm de guardar "observância necessária do modelo federal".

7.1.2 Jurisdição

Esta questão relativa à jurisdição do Tribunal de Contas está analisada no tópico que trata da natureza jurídica das decisões do Tribunal de Contas. Conforme o ali abordado, a maioria da doutrina brasileira inadmite uma jurisdição para o Tribunal de Contas, sob o argumento que no Brasil é adotado o sistema de jurisdição una, pertencendo ao Judiciário o monopólio da tutela jurisdicional, na forma expressa pelo art. 5º, XXV, da Constituição.

Efetivamente, não se pode dizer que as funções do Tribunal de Contas sejam de natureza jurisdicional, com o mesmo caráter judicial de definitividade, expressando coisa julgada, na medida em que as suas decisões são passíveis de revisão pelo Poder Judiciário. Portanto, mesmo quando a Corte de Contas procede no julgamento das contas dos responsáveis por bens e valores públicos, exercendo uma competência constitucional própria, exclusiva e indelegável, ainda assim, não há como se negar a natureza administrativa de suas funções.

Contudo, sendo o Tribunal de Contas um órgão integrante da estrutura do Estado, com função de fiscalização sobre a atividade financeira do Estado e, nessa circunstância, procedendo ao julgamento das contas daqueles que as devem prestar, não se pode negar que o mesmo exerce uma jurisdição administrativa determinada constitucionalmente. De outro lado, não sendo de natureza judicial as funções do Tribunal de Contas, também não podem ser consideradas meramente administrativas. São de caráter administrativo, mas com a qualificação do poder jurisdicional administrativo, que derivam de competência constitucional expressamente estabelecida, com a delimitação do poder de conhecer e julgar as contas prestadas pelos administradores públicos. Todavia, tratando-se de jurisdição administrativa, não possuem o caráter de definitividade, por isto, sujeitando-se ao reexame do Judiciário.

São com estas características que o art. 73 da Constituição estabelece uma jurisdição administrativa para o Tribunal de Contas, mediante a seguinte determinação: "O Tribunal de Contas da União, integrado por nove Ministros, tem sede no Distrito Federal, quadro próprio de pessoal e jurisdição em todo o território nacional...". Considerando que, de uma maneira em geral, costuma-se dizer que jurisdição é o poder de julgar, enquanto competência é a medida da jurisdição, significando que a competência é uma parcela de jurisdição atribuída pela lei ou Constituição para o magistrado ou Tribunal colegiado,[312] torna-se im-

---

[312] SILVA, Ovídio A. Baptista da. *Curso de processo civil.* 3. ed. rev. e atual. Porto Alegre: Sergio Antonio Faris, 1996. p. 40. (Processo de Conhecimento, v. 1), O insigne professor

portante conhecer-se a forma de ser exercida esta função jurisdicional administrativa destinada ao Tribunal de Contas.

Explicitando o alcance subjetivo da norma constitucional, tendo em conta a sua aplicabilidade a órgãos e pessoas, a Lei nº 8.443, de 16 de julho de 1992 — Lei Orgânica do TCU, nos seus artigos 4º e 5º, fixa que o Tribunal de Contas da União tem jurisdição própria e privativa, em todo o território nacional, sobre as pessoas e matérias sujeitas à sua competência, abrangendo:

I – qualquer pessoa física, órgão ou entidade a que se refere o inciso I do art. 1º da lei (unidades dos poderes da União e das entidades da Administração indireta, incluídas as fundações e sociedades instituídas e mantidas pelo poder público federal), que utilize, arrecade, guarde, gerencie ou administre dinheiros, bens e valores públicos ou pelos quais a União responda, ou que, em nome desta, assuma obrigações de natureza pecuniária;

II – aqueles que derem causa a perda, extravio ou outra irregularidade de que resulte dano ao erário;

III – os dirigentes ou liquidantes das empresas encampadas ou sob intervenção ou que de qualquer modo venham a integrar, provisória ou permanentemente, o patrimônio da União ou de outra entidade pública federal;

IV – os responsáveis pelas contas nacionais das empresas supranacionais de cujo capital social a União participe, de forma direta ou indireta, nos termos do tratado constitutivo;

V – os responsáveis por entidades dotadas de personalidade jurídica de direito privado que recebam contribuições parafiscais e prestem serviço de interesse público ou social;

VI – todos aqueles que lhe devam prestar contas ou cujos atos estejam sujeitos à sua fiscalização por expressa disposição de lei;

VII – os responsáveis pela aplicação de quaisquer recursos repassados pela União, mediante convênio, acordo, ajuste ou outros instrumentos congêneres, a Estado, ao Distrito Federal ou a Município;

VIII – os sucessores dos administradores e responsáveis a que se refere este artigo, até o limite do valor do patrimônio

---

refere jurisdição como uma função de Estado, mas como uma atividade destinada exclusivamente ao Judiciário, fazendo a correlação entre jurisdição e competência.

transferido, nos termos do inciso XLV do art. 5º da
Constituição Federal;

IX – os representantes da União ou do Poder Público na Assembleia Geral das empresas estatais e sociedades anônimas de cujo capital a União ou o Poder Público participem, solidariamente, com os membros dos Conselhos Fiscal e de Administração, pela prática de atos de gestão ruinosa ou liberalidade à custa das respectivas sociedades.

Portanto, a jurisdição atribuída ao Tribunal de Contas da União possui alcance em todo o território nacional, mas ficando adstrita ao gerenciamento de bens e dinheiros públicos federais. No âmbito dos Estados e Municípios, na forma do regido pelo art. 75 da Constituição Federal, as Constituições Estaduais e Leis Orgânicas municipais, à similitude da regulamentação federal, devem estabelecer, e efetivamente assim o fazem, jurisdição no território do estado ou do município, sobre os órgãos e pessoas que utilizem, arrecadem, guardem, gerenciem ou administrem dinheiros, bens e valores públicos estaduais ou municipais.

A esse exemplo, no Estado do Rio Grande do Sul, a simetria do regramento efetuado para a União, e sendo da competência do Tribunal de Contas do Estado o exercício do controle externo na órbita estadual e municipal, a Constituição estadual procede à adaptação das normas federais ao Estado (art. 71), com a Lei Estadual nº 11.424, de 06.01.2000 (Lei Orgânica do TCE/RS), art. 34, estabelecendo que a jurisdição abrangerá todos os responsáveis, pessoas físicas ou jurídicas, públicas ou privadas, que utilizem, arrecadem, guardem, gerenciem ou administrem dinheiro, bens e valores públicos pelos quais respondam o Estado ou quaisquer dos Municípios que o compõem, ou que assumam obrigações em nome do Estado ou Município.

7.2 Independência das instâncias judiciais e administrativas e a cumulação das cominações legais

Ao tratar no presente capítulo das competências e da jurisdição do Tribunal de Contas, tendo em vista que o agente público fiscalizado pode ser submetido a dois julgamentos, o jurisdicional administrativo do Tribunal de Contas e o judicial efetuado pelo Poder Judiciário, no juízo penal, torna-se importante verificar a questão relativa à antiga discussão sobre a independência das instâncias e a cumulação das cominações.

CAPÍTULO 7
DAS COMPETÊNCIAS E DA JURISDIÇÃO DO TRIBUNAL DE CONTAS | 303

Essa questão da interdependência ou independência das instâncias administrativa e judicial tem merecido mais atenção dos juristas e do próprio Judiciário quando envolve ilícito administrativo, praticado por servidor público, com repercussão no juízo criminal. Nesse aspecto, a influência de uma instância sobre a outra tem características totalmente distintas daquelas que envolvem as decisões do Tribunal de Contas e as proferidas no juízo criminal.

Possivelmente os problemas que decorrem da independência das instâncias se devem ao regramento que era contido no art. 1.525 do anterior Código Civil e praticamente repetido no art. 935 do atual Código Civil (Lei nº 10.406, de 10 de janeiro de 2002), que dispõe: "A responsabilidade civil é independente da criminal; não se podendo questionar mais sobre a existência do fato, ou quem seja o seu autor, quando estas questões se acharem decididas no juízo criminal".

Não se pode dar uma literalidade de entendimento à norma, ampliando o alcance do seu regramento, a ponto de tornar a competência constitucional de julgamento do Tribunal de Contas inválida e submissa à decisão judicial criminal. A função de controle da atividade financeira, com poderes de julgamento, é função de Estado constitucionalmente dirigida ao Tribunal de Contas e que não pode ser usurpada ou reduzida por aplicação interpretativa da norma civil. Seria procedimento de inversão da hierarquia das leis, com a lei ordinária, de natureza civil, se sobrepondo à norma constitucional, de natureza pública.

Por sinal, esta questão relativa ao julgamento das contas e ao julgamento dos crimes já foi muito bem esclarecida por Pontes de Miranda, quando tratou da matéria em seus comentários à Constituição de 1946, que, à época, gerava grande polêmica:

> A separação entre julgamento das contas e o julgamento dos crimes é de ordem constitucional. À lei ordinária não é dado permitir aos juízes comuns julgar as contas, nem ao Tribunal de Contas julgar os crimes.
>
> As questões decididas pelo Tribunal de Contas, no julgamento das contas dos responsáveis pelos dinheiros ou bens públicos, não são simples "questões prévias"; são "questões prejudiciais", constituem o "prius" lógico-jurídico de um crime, ou, pelo menos, de circunstância material desse. É elemento indispensável à repressão do crime de peculato, por parte do juiz comum, o julgamento das contas dos responsáveis, e esse julgamento "somente" pode ser feito pelo Tribunal de Contas. Quando o juiz comum despreza o julgamento do Tribunal de Contas, infringindo-o, ou modificando-o, ou tendo-o por desnecessário, usurpa funções do Tribunal de Contas, em proveito dos acusados, ou contra eles. Tem-se trazido à baila o art. 935 do Código Civil, que diz: "Não se

poderá questionar mais sobre a existência do fato, ou sobre quem seja o seu autor, quando estas questões se acharem decididas no Juízo criminal". Trata-se de regra de direito civil, que de nenhum modo poderia ter repercussão no direito administrativo, "a fortiori" quando exista regra de direito constitucional "separando as competências". O juiz comum nunca terá a oportunidade de invocar o art. 935: primeiro, porque esse artigo pertence ao Código Civil, que nada tem com a matéria, e é preciso, de uma vez por todas, corrigirmo-nos do vício de invocar o Código Civil como o direito comum, lastro e substrato do direito privado e do direito público; segundo, porque, em virtude da Constituição, o juiz comum não julga contas dos responsáveis por dinheiros ou bens públicos — só as julga o Tribunal de Contas. De modo que a existência do fato é estabelecida pelo juiz de direito administrativo, antes de se pronunciar o juiz de direto penal, donde resulta que nunca poderia haver caso em que a existência do fato fosse decidida no crime antes de o ser pelo juiz do julgamento das contas. Nem a lei ordinária, nem a interpretação pode inverter o que decorre de regras de competência, insertas na própria Constituição.[313]

Assim, absolutamente diversas são as competências constitucionais para o julgamento de contas e as referentes ao julgamento dos delitos no âmbito penal. Como as competências constitucionais do Tribunal de Contas são próprias exclusivas e indelegáveis, possuem as mesmas caráter prioritário no exame das contas dos responsáveis por bens e valores públicos, com fator de independência do juízo criminal, pouco importando, no caso, que o juízo penal determine o arquivamento do processo, absolva ou condene o responsável.[314] Portanto, como decorrência lógica da especificação constitucional das competências aos poderes e órgãos constitucionais há o princípio da independência de instâncias e jurisdições que Hely Lopes Meirelles explicita na seguinte forma: "aprovadas as contas, o prefeito está quitado das despesas efetivadas e liberado de responsabilidade administrativa ou político-administrativa a elas relativa, mas não fica exonerado de responsabilização civil ou criminal por atos funcionais praticados

---

[313] MIRANDA. *Comentários à Constituição de 1946*, p. 343-344.

[314] Ac. Un. da 4ª CC do TJPR, de 09.02.1983, na Ap. nº 876/82, Rel. Des. Ronald Accioly, *PJ* 5/178; o STF, *RDA* 75/171, também decidiu: "Existe substancial diferença entre a pena criminal e a pena administrativa, podendo esta perdurar quando anulada aquela".

CAPÍTULO 7
DAS COMPETÊNCIAS E DA JURISDIÇÃO DO TRIBUNAL DE CONTAS | 305

naquele exercício financeiro, porque tais julgamentos são da exclusiva competência do Poder Judiciário".[315]

Do mesmo modo, quando na esfera do Tribunal de Contas há o julgamento de um ato ou um fato que caracteriza ilícito civil ou administrativo, como o alcance, por exemplo, para fins de ressarcimento, na esfera criminal o juízo penal terá de apurar o mesmo fato e autoria sob o ponto de vista da responsabilidade penal, a fim de configurar o delito. Ressalve-se, contudo, o caráter de prejudicialidade da decisão do Tribunal de Contas, pois que nessa se apura o alcance ou desvio, que são requisitos do delito de peculato, circunstância que deve orientar o entendimento das outras jurisdições.[316]

Nessa circunstância, quando o Tribunal de Contas realiza julgamento sobre as contas dos responsáveis por bens e valores públicos, impugnando valores e determinando a sua devolução, com decisão pela irregularidade das contas, há ilícito administrativo que também pode ensejar penalização de natureza criminal. O caso sugere uma providência por parte da Corte de Contas, qual seja, adotar a medida prevista no art. 40 do Código Penal: "Quando, em autos ou papéis de que conhecerem, os juízes ou tribunais verificarem a existência de crime de ação pública, remeterão ao Ministério Público as cópias e os documentos necessários ao oferecimento da denúncia".

Esta é uma providência de harmonização entre as jurisdições constitucionais. Como bem ensina Cretella Jr., "as jurisdições civil, administrativa e penal são manifestações da soberania do Estado. Não devem opor-se. Ao contrário, devem ser harmônicas, servindo como referencial necessário a sentença penal".[317]

O Tribunal de Contas do Estado do RS, em consonância a essa harmonização de jurisdições, tem decidido que, quando o julgamento for pela irregularidade das contas, há obrigatoriedade de encaminhamento de cópia do processo ao Ministério Público. São muitas as denúncias efetuadas pelo Ministério Público ao juízo criminal do Poder Judiciário, com posterior decisão condenatória dos acusados, demonstrando a possibilidade de haver a cumulação das decisões

---

[315] MEIRELLES, Hely Lopes. *Direito Municipal brasileiro*. 6. ed. São Paulo: Malheiros, 1993. p. 501.

[316] RAMOS, op. cit., p. 110. A Súmula nº 18 do STF, genericamente, sem exame dos aspectos de competência do Tribunal de Contas, orienta: "Pela falta residual, não compreendida na absolvição do Juízo Criminal, é admissível a punição administrativa do servidor público".

[317] CRETELLA JÚNIOR, José. *Prática do processo administrativo*. 2. ed. rev. São Paulo: Revista dos Tribunais, 1998. p. 143.

administrativas e penais ou mesmo a permanência de uma, embora a desconstituição da outra.[318]

---

[318] Proc. Crime nº 696802396-Triunfo, 4ª Câmara Criminal, TJ-RS, Rel. Des. Vladimir Giacomuzzi, data de julgamento: 04.11.1999. "Ementa: Prefeito Municipal. Crime de Peculato. Crime de nomeação ilegal. Pratica o crime de peculato, previsto no art. 1, inc. 1, DL 201/67, por ele devendo ser responsabilizado na forma continuada, o *Prefeito* municipal que atesta horas-extras não trabalhadas, determinando o pagamento de vantagens indevidas em favor de motorista que serve a seu gabinete de trabalho. Constitui crime previsto no art. 1º, inc. XIII, do DL 201/67, nomear, o *Prefeito* municipal, para cargos comissionados inexistentes, ou excedentes aqueles criados por lei, dezessete servidores, fato comprovado em inspeção regular realizada pelo *Tribunal de Contas do Estado*"; Proc. Crime nº 695800524-Mostardas, 4ª Câmara Criminal, TJ-RS, Rel. Des. Paulo Moacir Aguiar Vieira, data de julgamento: 15.10.1996. "Ementa: *Prefeito* municipal. Recebimento da denúncia. É parte legitima o Procurador de Justiça para oferecer denúncia contra *Prefeito* municipal pela prática de fatos caracterizados, em tese, como criminosos. A circunstância de estarem estes fatos sendo examinados pelo *Tribunal de Contas* não impede a sua apuração no âmbito criminal. Também irrelevante, para tanto, a eventual aprovação das contas pela Câmara de Vereadores"; do mesmo modo se constata das decisões proferidas nos Processos Crimes nº 696801935-TJ/RS, nº 70002298156-TJ/RS e nº 70003893567-TJ/RS.

CAPÍTULO 8

COMPETÊNCIAS CONSTITUCIONAIS E LEGAIS ESPECÍFICAS DO TRIBUNAL DE CONTAS

8.1 Competências em gênero e espécie

Conforme já referimos em tópicos anteriores, o sistema de fiscalização está assentado na dualidade de controle — o controle externo e o controle interno — com o controle externo estando a cargo do Poder Legislativo, mas sendo auxiliado pelo Tribunal de Contas que, como órgão executor do controle externo, possui competências constitucionais próprias, exclusivas e indelegáveis. Assim, pode-se dizer que o controle externo é um controle político e de legalidade, legitimidade e economicidade, com referência a uma fiscalização contábil, financeira e orçamentária. O controle político sendo exercido pelo Parlamento e o controle técnico-juridico de legalidade, legitimidade e economicidade pelo Tribunal de Contas.

Para o exercício desse controle externo no aspecto técnico-jurídico, são destinadas para o seu órgão executor o Tribunal de Contas, várias competências que podem ser classificadas, conforme assim procede Hely Lopes Meirelles,[319] em funções técnicas opinativas, verificadoras, assessoradoras e jurisdicionais administrativas. *Opinativas* são as atribuições técnicas de emissão de Parecer Prévio sobre as contas do Chefe do Poder Executivo; *verificadoras* são as atividades de auditoria

---

[319] MEIRELLES, 2001, p. 663.

HELIO SAUL MILESKI
O CONTROLE DA GESTÃO PÚBLICA

que buscam constatar e avaliar os atos dos administradores públicos; *assessoradoras* são, por exemplo, os trabalhos desenvolvidos em resposta às consultas formuladas pelos administradores; e *jurisdicionais administrativas* as que envolvem a função de julgamento das contas dos responsáveis por bens e valores públicos. A par dessas competências, também possui o Tribunal de Contas outras atribuições que são complementares ao sistema de fiscalização, como o de prestar informações e as relativas à função de ouvidoria.[320]

8.2 Emissão de parecer prévio

A primeira das competências específicas do Tribunal de Contas é a de emitir parecer prévio sobre as contas do Chefe do Poder Executivo das três esferas de governo, assim como sobre as contas que devem ser prestadas pelos gestores fiscais.

Conforme reiteradamente vem sendo aqui salientado, no sistema de fiscalização contábil, financeiro e orçamentário determinado constitucionalmente, o controle externo fica a cargo do Poder Legislativo, mas é exercido com o auxílio do Tribunal de Contas, o qual, como órgão executor do controle externo, quando no exercício das suas competências, possui um controle de natureza essencialmente técnico-jurídico, enquanto ao Legislativo é reservado o exercício do controle político. Assim, embora sejam competências de controle distintas, não são excludentes, na medida em que uma não exclui a outra, e mesmo sendo exercidas de forma exclusiva, possuem unidade de objetivo, visto buscarem a realização da fiscalização da atividade financeira do Estado.

A competência que melhor demonstra esta unidade de controle, mas com perfeita delimitação da função fiscalizadora, é o julgamento das Contas do Chefe do Poder Executivo. Nesse caso, a função de controle do Tribunal de Contas é de emitir parecer prévio sobre as contas prestadas, uma atividade opinativa e de assessoramento, que fornece os elementos técnicos necessários à formação de um juízo político por parte do Poder Legislativo, tendo em conta ser sua a competência de julgamento.

Esta competência para emitir parecer prévio sobre as contas do Chefe do Poder Executivo das três esferas federadas — Presidente da

---

[320] GUALAZZI, op. cit., p. 199. O autor classifica as competências do Tribunal de Contas como: Funções consultivas, verificadoras, inspetivas, fiscalizatórias, informativas, coercitivas, reformatórias, suspensivas e declaratórias; DI PIETRO, op. cit., p. 501, refere que as competências do Tribunal de Contas possuem função de: consulta, informação, julgamento, sancionatória, corretiva e ouvidor.

República, Governadores de Estados e Prefeitos Municipais — é de origem constitucional e legal. Quando o parecer é relativo às contas do exercício financeiro a competência é constitucional, quando diz respeito à gestão fiscal é decorrente de lei complementar.

8.2.1 Sobre as contas do Presidente da República e dos Governadores dos Estados

O Presidente da República possui o dever — atribuição compulsória — de prestar, anualmente, ao Congresso Nacional, dentro de sessenta dias após a abertura da sessão legislativa, as contas referentes ao exercício anterior (art. 84, XXIV, CF). Em caso de descumprimento desse dever constitucional, a Câmara dos Deputados, em competência privativa, deverá proceder à tomada de contas do Presidente da Republica, a fim de que haja o seu julgamento (art. 51, II, CF). De qualquer modo, sejam as contas prestadas ou tomadas, é da competência exclusiva do Congresso Nacional julgar anualmente as contas do Presidente da República e apreciar os relatórios sobre a execução dos planos de governo (art. 49, IX, CF).

Contudo, para que haja julgamento por parte do Congresso Nacional, tão pronto este receba as contas do Presidente da República, deve de imediato providenciar na satisfação de uma exigência constitucional inafastável, encaminhar as contas para exame e parecer prévio do Tribunal de Contas, consoante dispõe o art. 71, I, da Constituição Federal: compete ao Tribunal de Contas da União "apreciar as contas prestadas anualmente pelo Presidente da República, mediante parecer prévio que deverá ser elaborado em sessenta dias a contar de seu recebimento". Nessa circunstância, por expressa exigência constitucional, a emissão de parecer prévio do Tribunal de Contas é procedimento obrigatório, não podendo ser suprimido, substituído ou assumido pelo Poder Legislativo, para o que, inclusive, há prazo fixado para a sua realização. Este entendimento está apoiado em manifestação do Supremo Tribunal Federal, na qual o Relator, Min. Octávio Gallotti, mercê da sua experiência no sistema de fiscalização, posto que atuou no Tribunal de Contas da União, definiu com precisão a delimitação das competências fiscalizadoras entre Tribunal de Contas e Poder Legislativo.[321]

---

[321] STF, Representação nº 1.002-3/SP, Pleno, Rel. Min. Octavio Gallotti, lex 109, p. 2.229-2.230; GUIMARÃES, Fernando Augusto Mello. Julgamento das contas anuais pelo Tribunal de Contas: aspectos controvertidos. *Revista do Tribunal de Contas do Estado do Paraná*, Paraná, n. 117, p. 82-83, jan./mar. 1996, efetua transcrição da decisão do STF.

Reconheço, a este último (o Tribunal de Contas), como não poderia deixar de fazê-lo, uma faixa própria de atuação que não pode ser concentrada na do Poder Legislativo.

O Tribunal de Contas da União, padrão obrigatório das Cortes estaduais correspondentes, composto de Ministros investidos nas mesmas garantias da magistratura e dotado de prerrogativa de autogoverno, conferida aos Tribunais do Poder Judiciário, tem sua esfera própria de atuação direta, estabelecida na Constituição.

A despeito da ambiguidade de expressão "auxílio do Tribunal de Contas", utilizada pela Constituição, ao estabelecer o modo do exercício do controle externo, pelo Poder Legislativo, é patente, no sistema, a autonomia do Tribunal, que não guarda vínculo algum de subordinação para com o Congresso, nem deve ser entendido como mera assessoria deste.

A par da fiscalização do Tribunal de Contas, voltada primordialmente para a legitimidade dos atos de gestão, é inerente, a nosso regime constitucional, o controle político, a cargo do Parlamento. A distinção entre essas atividades é traçada superiormente pelo saudoso jurista Luiz Zaidman, com apoio na doutrina italiana:

"85. A atenção ao escopo do poder de controle contribui, outrossim, para o entendimento de que não se gerou duplicidade de atribuições, nem forma anômala de delegação ao deferir-se, na lei maior, a fiscalização financeira e orçamentária ao Poder Legislativo como o auxílio de Tribunal de Contas. Este exerce controle de legitimidade, aquele controle político"...

Portanto, para o julgamento das contas apresentadas pelo Presidente da República, a Constituição estabelece um foro de competência privilegiado, determinando que o julgamento se proceda no âmbito do Poder Legislativo, como atribuição exclusiva do Congresso Nacional, cabendo ao Tribunal de Contas tão somente a emissão de parecer prévio sobre estas contas.

Não raro aparecem críticas sobre o sistema constitucional adotado, com a alegação de que as contas de Chefe de Estado não poderiam ficar submetidas a um julgamento de natureza política.[322] Que estas contas deveriam ter análise e decisão somente de cunho técnico, sendo o órgão capacitado para tanto o Tribunal de Contas. Embora relevantes as razões de conteúdo técnico, não se pode dizer que a estrutura de julgamento adotada para as contas do Presidente da República — com envolvimento de aspectos técnicos e políticos — seja desarrazoada e

---

[322] PASCOAL, Valdecir Fernandes. *A intervenção do Estado no município*: o papel do Tribunal de Contas. Recife: Nossa Livraria, 2000. p. 137. O autor cita Aecio Mennucci e Odete Medauar para inadmitir que, "em matéria de aplicação de recursos da coletividade, prevaleça o julgamento político em detrimento do julgamento técnico".

discrepante com o Estado Democrático de Direito. Considerando que o Estado brasileiro é regido fundamentalmente por princípios democráticos, em que "todo o poder emana do povo, que o exerce por meio de representantes eleitos ou diretamente", nos termos da Constituição (art. 1º, parágrafo único, CF), significa dizer que os governantes são eleitos, mediante processo político e democrático, para executarem um plano de governo, exercendo uma atividade financeira em favor do interesse coletivo, conforme as necessidades do povo.

A fiscalização dessa atividade financeira e do cumprimento do plano de governo deve ter também uma avaliação de duplo aspecto, técnico e político. Avaliação técnica da atividade financeira, com verificação de atendimento dos princípios da legalidade, legitimidade e economicidade, é o que é efetuado pelo Tribunal de Contas, com a emissão de parecer prévio sobre as contas apresentadas. A verificação do cumprimento do plano de governo para o qual foi eleito o Presidente da República dá-se mediante avaliação e julgamento político do Parlamento, na medida em que é no Poder Legislativo que se encontram os representantes do povo, com poderes para procederem este tipo de avaliação política. Nesse aspecto, como bem coloca Ives Gandra da Silva Martins, dar-se autonomia de julgamento ao Tribunal de Contas implicaria em "redução do poder político de transigência e composição do Legislativo, até mesmo em matéria de moralidade administrativa, faculdade de que os legisladores, em todo o mundo, não desejam abrir mão".[323]

Assim, a emissão de parecer prévio pelo Tribunal de Contas envolve uma função opinativa e de assessoramento ao Poder Legislativo. Nessa circunstância, o parecer prévio não vai além de uma apreciação técnico-opinativa sobre o desempenho governamental na execução do seu plano de governo, competindo ao Parlamento proferir o julgamento político sobre a gestão analisada, conforme também já manifestou o Supremo Tribunal Federal, em cujo julgado o Relator, Min. Celso de Mello, expressou: "Torna-se evidente, portanto, que, em se tratando das contas anuais do Chefe do Poder Executivo — e destas somente — as funções do Tribunal de Contas assumem o caráter de mero pronunciamento opinativo".[324]

---

[323] GUIMARÃES, 1996, p. 89.

[324] COSTA JUNIOR, Eduardo Carone. As funções jurisdicional e opinativa do Tribunal de Contas: distinção e relevância para compreensão da natureza jurídica do parecer prévio sobre as contas anuais dos prefeitos. *Revista do Tribunal de Contas do Estado de Minas Gerais*, Belo Horizonte, v. 39, n. 2, p. 24-61, abr./jun. 2001, menciona o caráter técnico-opinativo do parecer prévio e cita a decisão do STF proferida na ADIn nº 849-8, Rel. Min. Celso de Mello, Sessão de 21.10.1993, publicada no *DJ* em 08.04.1994; CITADINI, op. cit., p. 42,

312 HELIO SAUL MILESKI
O CONTROLE DA GESTÃO PÚBLICA

Para o exame das contas do Presidente da República, com vista à emissão do parecer prévio sobre as mesmas, o Regimento Interno do Tribunal de Contas da União, aprovado pela Resolução Administrativa nº 155, de 04.12.2002, com alterações pela Resolução TCU nº 246, de 30.11.2011, em seus artigos 221 a 229, exige que os pareceres prévios sejam conclusivos no sentido de exprimirem se as contas prestadas pelo Presidente da República, representam adequadamente as respectivas posições financeira, orçamentária, contábil e patrimonial, em 31 de dezembro, bem como sobre a observância dos princípios constitucionais e legais que regem a Administração Pública federal, acompanhada de Relatório que contenha informações sobre (§2º do art. 228):

I – registros sobre a observância às normas constitucionais, legais e regulamentares na execução dos orçamentos da União e nas demais operações realizadas com recursos públicos federais, em especial quanto ao que estabelece a lei orçamentária anual. A observância às normas constitucionais, legais e regulamentares na execução dos orçamentos públicos federais;

II – o cumprimento dos programas previstos na lei orçamentária anual quanto à legitimidade, eficiência e economicidade, bem como o atingimento de metas e a consonância destes com o plano plurianual e com a lei de diretrizes orçamentárias.

III – o reflexo da administração financeira e orçamentária federal no desenvolvimento econômico e social do País.

Portanto, sobre as contas governamentais, o Tribunal de Contas procede a um exame técnico-jurídico sobre os atos administrativos praticados pelos agentes públicos que estejam refletidos nos fatos de natureza econômica e financeira registrados, controlados e analisados pela contabilidade governamental. Considerando que o objeto da contabilidade é o patrimônio e que, no caso das contas governamentais, este assume uma conotação muito mais ampla e complexa, com as demonstrações contábeis propiciando um conhecimento sobre o enriquecimento ou o empobrecimento do *Patrimônio Público*, revelando se há cumprimento de um planejamento global, cujo principal objetivo deve ser o atingimento do bem-estar social, significa que o parecer e o relatório efetuados pelo Tribunal de Contas reproduzem

---

salienta o caráter opinativo do parecer prévio; MELLO, José Luiz de Anhaia. Estudos sobre o dispositivo constitucional de matéria relativa à emissão de parecer prévio sobre as contas anuais do governador. Processo TC A-022504/026/92, voto em destaque. *Revista do Tribunal de Contas de São Paulo*, São Paulo, n. 68, jul./dez. 1992, em voto proferido no Processo nº A-022504/026/92, reconhece que, "na emissão do parecer prévio sobre as contas anuais, exerce o Tribunal de Contas uma função meramente *opinativa*".

CAPÍTULO 8
COMPETÊNCIAS CONSTITUCIONAIS E LEGAIS ESPECÍFICAS DO TRIBUNAL DE CONTAS | 313

com fidelidade, inclusive contendo ressalvas e recomendações, a situação nacional, encaminhando ao Parlamento informações gerenciais imprescindíveis para o julgamento político que deve proceder na sua esfera de competência.[325]

Em resumo, no julgamento das contas do Presidente da República, o parecer prévio elaborado pelo Tribunal de Contas, juntamente com o Relatório realizado, é procedimento constitucionalmente obrigatório, possuindo caráter técnico-opinativo de assessoramento ao Poder Legislativo, devendo conter uma análise aprofundada sobre os reflexos de natureza contábil, financeira, orçamentária, operacional e patrimonial dos atos e fatos jurídicos registrados nas peças contábeis de encerramento do exercício, em face do cumprimento do programa de trabalho consubstanciado orçamentariamente, concluindo pela aprovação ou desaprovação das contas apresentadas, com as recomendações e ressalvas que resultam do exame técnico procedido, visando encaminhar as informações necessárias para o julgamento político do Congresso Nacional.

Dessa forma, tendo o parecer prévio função meramente opinativa e de assessoramento ao Poder Legislativo, as recomendações realizadas em seu relatório não têm o condão de serem impostas coercitivamente à Administração. São indicações de medidas corretivas efetuadas em decorrência de falhas ou desvios encontrados no exame técnico realizado, sem caracterizarem determinação de cumprimento administrativo. Isto ocorre porque embora o Presidente da República seja o condutor político dos planos de governo, não executa pessoalmente os orçamentos públicos, aplicando as dotações orçamentárias destinadas aos diversos programas de governo. Como condutor da política de governo, sua responsabilidade é política, por isso tendo julgamento político perante o Congresso Nacional. A responsabilidade de execução orçamentária, com manuseio de bens e dinheiros públicos, pertence aos seus auxiliares e subordinados, delimitada às dotações destinadas a cada Ministério

---

[325] A esse exemplo, o Tribunal de Contas da União: relatório e pareceres prévios sobre as contas do governo da República: exercício de 2009. Rel. Min. Raimundo Carreiro. Brasília: TCU, sessão de 09 de junho de 2010, realiza uma aprofundada análise sobre as contas governamentais, com várias recomendações sobre diversos aspectos da Administração Pública Federal e emite parecer de que "o Balanço Geral da União representa adequadamente a posição financeira, orçamentária e patrimonial em 31 de dezembro de 2009, bem como o resultado das operações, de acordo com os princípios fundamentais de contabilidade aplicados à Administração Pública Federal, estando assim as Contas do Poder Executivo, atinentes ao exercício financeiro de 2009, de responsabilidade do Excelentíssimo Senhor Presidente da República, Luiz Inácio Lula da Silva, em condições de serem aprovadas, com ressalvas, pelo Congresso Nacional".

ou órgão de governo, cujo julgamento de contas é de natureza técnico-jurídica e ocorre perante o Tribunal de Contas.

Saliente-se ainda que, embora o parecer prévio seja meramente opinativo e de assessoramento ao Poder Legislativo, pela importância que possui na condição de elemento técnico informativo, representando, nessa condição, fator orientador ao julgamento a ser proferido pelo Poder Legislativo, deve o Tribunal de Contas, constatando a existência de ilegalidades ou falhas ensejadoras de parecer desfavorável à aprovação das contas, assegurar o direito de defesa ao Senhor Presidente da República, para, somente após, emitir o parecer prévio sobre as contas. Do mesmo modo deve proceder o Poder Legislativo no julgamento que lhe cabe realizar no âmbito de sua competência, pois é inadmissível que, juridicamente, num Estado Democrático de Direito, efetue-se um julgamento penalizador sem que fique assegurado o direito de defesa ao interessado.

Este mesmo sistema deve ser adotado no âmbito dos Estados para o julgamento das contas dos Governadores, em razão da obrigatoriedade de atendimento ao modelo federal estipulado no art. 75 da Constituição, que, em simetria às contas do Presidente da República, para a prestação de contas dos Governadores de Estado, as Constituições e legislações locais também devem fixar competência de foro privilegiado de julgamento ao Poder Legislativo, obedecendo a uma dupla e distinta avaliação de controle — técnica e política. Ao Tribunal de Contas do Estado cabe a emissão de parecer prévio sobre as contas, o qual possui caráter técnico-opinativo, enquanto à Assembleia Legislativa Estadual fica reservada a competência de julgamento, numa avaliação de natureza política.

A esse exemplo, no Estado do Rio Grande do Sul, simetricamente ao modelo de fiscalização federal, a Constituição estadual de 1989, no seu art. 82, XII, determinou que o Governador do Estado deve prestar à Assembleia Legislativa, até 15 de abril de cada ano, as contas referentes ao exercício anterior e apresentar-lhe o relatório de atividades do Poder Executivo, em sessão pública. Tendo em vista que o art. 71 da Constituição Estadual estabelece como competências do Tribunal de Contas do Estado as fixadas nos artigos 71 e 96, da Constituição Federal, adaptadas ao Estado, significa dizer que este, nas contas do Governador, tem a competência técnica-opinativa de emissão de parecer prévio, ficando à Assembleia Legislativa a competência de proceder à apreciação dos relatórios do Governador, sobre a execução dos planos de governo, bem como, nos aspectos políticos, de julgar estas contas.

O Tribunal de Contas do Estado deverá, no prazo de 60 dias, contado da data em que receber da Assembleia Legislativa as contas

CAPÍTULO 8
COMPETÊNCIAS CONSTITUCIONAIS E LEGAIS ESPECÍFICAS DO TRIBUNAL DE CONTAS | 315

do Governador, emitir parecer prévio que será precedido de relatório contendo análise e todos os elementos necessários à apreciação final, pela Assembleia Legislativa, da gestão contábil, financeira, orçamentária, operacional e patrimonial, e seus reflexos no desenvolvimento econômico e social do Estado, podendo conter recomendações quanto às medidas necessárias para a defesa do interesse público (arts. 35 e 36 da Lei nº 11.424, de 06.01.2000 – LOTCE – e arts. 66 a 70 do Regimento Interno do Tribunal de Contas do Estado, Resolução nº 1028, de 04.03.2015). Caso o Governador deixe de prestar as suas contas, a Assembleia Legislativa elegerá Comissão para tomá-las, determinando providências para punição dos que forem encontrados em culpa (art. 53, II, CE).

À similitude do Presidente da República, o Governador do Estado é o condutor da política de governo, sem proceder pessoalmente atos de execução orçamentária, nem os registros contábeis da atividade financeira estadual, assim como não elabora os Balanços e não realiza o preparo da sua prestação de contas. Há um organismo especialmente determinado para esta tarefa, a Secretaria da Fazenda. Se alguém descura destas responsabilidades, violando preceito constitucional, deve ser responsabilizado. Este é o sentido da norma constitucional estadual. Também por isto o Tribunal de Contas do Estado, no relatório e parecer prévio que elabora, sempre ressalta que estes não condicionam o julgamento das contas dos demais administradores do setor público estadual (art. 69 do Regimento Interno do TCE/RS), na medida em que são estes os que, na realidade, efetivamente, manuseiam os bens e dinheiros públicos, executando os orçamentos anuais, por isto, ficando sob o julgamento técnico-jurídico do Tribunal de Contas.

Também nas contas do Governador, tanto o Tribunal de Contas quanto o Poder Legislativo, quando constatarem irregularidades que podem levar à rejeição das contas, deve ser assegurado o direito de defesa para a autoridade governamental apresentar as razões de seu procedimento. Nesse sentido, o Tribunal de Contas do Estado Rio Grande do Sul, no art. 66, §4º, do seu Regimento Interno, regula que, quando forem constatados apontes que indiquem a prática de atos ou a ocorrência de fatos passíveis de serem considerados como irregularidades, impropriedades ou inconsistências, o Administrador será cientificado do seu inteiro teor a fim de que, no prazo de 30 dias, se assim o desejar, apresente os esclarecimentos que entender pertinentes.

8.2.2 Sobre as contas dos Prefeitos Municipais

Embora o art. 75 da Constituição Federal, à semelhança do que procede para os Estados, também remeta as normas constantes dos seus artigos 70 a 74 à organização, composição e fiscalização dos Tribunais de Contas e Conselhos de Contas dos Municípios, na parte destinada aos municípios, a Constituição regulamenta a fiscalização do município com uma normatização que, em certos aspectos, é peculiar à órbita municipal e diferenciada da União e dos Estados.

Esta normatização consta do capítulo destinado aos municípios, com o art. 31 estabelecendo a seguinte determinação:

> Art. 31 – A fiscalização do Município será exercida pelo Poder Legislativo Municipal, mediante controle externo, e pelos sistemas de controle interno do Poder Executivo Municipal, na forma da lei.
>
> §1º – O controle externo da Câmara Municipal será exercido com o auxílio dos Tribunais de Contas dos Estados ou do Município ou dos Conselhos ou Tribunais de Contas dos Municípios, onde houver.
>
> §2º – O parecer prévio, emitido pelo órgão competente sobre as contas que o Prefeito deve anualmente prestar, só deixará de prevalecer por decisão de dois terços dos membros da Câmara Municipal.
>
> §3º – As contas dos Municípios ficarão, durante sessenta dias, anualmente, à disposição de qualquer contribuinte, para exame e apreciação, o qual poderá questionar-lhes a legitimidade, nos termos da lei.

Esse regramento constitucional do art. 31 tem de ser compreendido de forma conexa aos fixados nos arts. 70 e 71 da Constituição. Portanto, à similitude da fiscalização determinada para a União, Distrito Federal e Estados federados, a fiscalização do município também deve ser realizada nos aspectos contábeis, financeiros, orçamentários, operacionais e patrimoniais, quanto à legalidade, legitimidade, economicidade, aplicações das subvenções e renúncia de receitas, com a fiscalização ficando assentada na dualidade de controle. Todavia, no âmbito municipal, o controle externo é exercido pela Câmara Municipal com o auxílio do Tribunal de Contas dos Estados ou do Município ou dos Conselhos ou Tribunais de Contas dos Municípios. O controle interno é exercido pelo Poder Executivo, na forma da lei. Aqui os dois primeiros aspectos diferenciais.

No município, o controle interno é da competência do Poder Executivo, sendo exercido na forma da lei e com atuação sobre o Poder Legislativo. O órgão executor do controle externo que auxilia a Câmara Municipal na fiscalização do município pode ser: a) o Tribunal de Contas do Município, como é o caso das cidades de São Paulo e Rio de Janeiro; b) nos demais municípios é exercido com o auxílio do Tribunal de Contas do Estado ou de um órgão estadual criado para esse fim, o Tribunal de Contas dos Municípios.

O terceiro aspecto diferencial diz respeito ao julgamento das contas do Chefe do Poder Executivo Municipal. Embora, em face da obrigatoriedade de atendimento ao modelo federal estipulado no art. 75 da Constituição, que, em simetria às contas do Presidente da República, para a prestação de contas dos Prefeitos Municipais, as Constituições e legislações locais também devem fixar competência de foro privilegiado de julgamento ao Poder Legislativo, obedecendo a uma dupla e distinta avaliação de controle — técnica e política. Ao Tribunal de Contas do Estado ou do Município ou dos Conselhos ou dos Tribunais de Contas dos Municípios cabe a emissão de parecer prévio sobre as contas, o qual possui caráter técnico-opinativo, enquanto à Câmara Municipal fica reservada a competência de julgamento, numa avaliação de natureza política, contudo, com o §2º do art. 31 dando uma valoração jurídica distinta para o parecer prévio emitido pelo Tribunal de Contas.

Nas contas do Prefeito Municipal, à similitude do que se verifica no julgamento das contas do Presidente da República, o parecer prévio elaborado pelo Tribunal de Contas, juntamente com o Relatório realizado, é procedimento constitucionalmente obrigatório, devendo conter uma análise aprofundada sobre os reflexos de natureza contábil, financeira, orçamentária, operacional e patrimonial dos atos e fatos jurídicos registrados nas peças contábeis de encerramento do exercício, em face do cumprimento do programa de trabalho consubstanciado orçamentariamente, concluindo pela aprovação ou desaprovação das contas apresentadas, com as recomendações e ressalvas que resultam do exame técnico procedido, visando encaminhar as informações necessárias para o julgamento político da Câmara Municipal.

Contudo, enquanto no âmbito federal e estadual o parecer prévio do Tribunal de Contas possui um caráter puramente técnico-opinativo, no âmbito municipal ele se altera para um conteúdo de efeito decisório e quase que vinculativo para o Poder Legislativo.[326] Para os municípios, ao contrário do fixado para o Presidente da República e Governadores, a Constituição determina que o parecer prévio emitido pelo Tribunal de Contas *só deixará de prevalecer por decisão de dois terços dos membros da Câmara Municipal,* o que significa dizer que o parecer prévio do Tribunal de Contas nasce com força de decisão e que só deixará de prevalecer por um julgamento qualificado, mediante decisão de 2/3 dos membros da Câmara Municipal. Por este motivo, nas contas do Prefeito Municipal,

---

[326] FERRAZ, Luciano de Araújo. Due Process of Law e parecer prévio das cortes de contas. *Boletim de Direito Adminitrativo,* v. 17, n. 4, p. 258-267, abr. 2001.

o parecer prévio do Tribunal de Contas é quase vinculativo. Primeiro que o parecer assume a condição de julgamento, nascendo com força de decisão. Segundo que é de difícil afastamento a sua prevalência em virtude da exigência de votação especialíssima — 2/3 dos membros da Câmara Municipal e não 2/3 dos presentes à sessão de julgamento. Trata-se de uma medida constitucional consentânea à moralidade pública, tendo em conta a realidade administrativa dos municípios brasileiros. A maioria, a quase totalidade dos municípios brasileiros, é de médio, pequeno e pequeníssimo porte, cuja administração é conduzida de maneira unipessoal pelo Prefeito, sendo este o responsável direto pela execução orçamentária municipal, inclusive no que diz respeito à ordenação, liberação e pagamento de despesas. Em tal circunstância, a toda evidência, deve o Prefeito Municipal ficar adstrito a um sistema de controle em que a avaliação técnico-jurídica possua uma valoração decisória compatível com o seu grau de responsabilidade, independentemente da avaliação de cunho político.

Dessa forma, o Prefeito Municipal é mais que o condutor político do município, ele também é o administrador, o gestor dos bens e dinheiros públicos, assumindo uma dupla função — política e administrativa. Justamente por isto, o Poder Judiciário, em decisões reiteradas, sob o argumento de que sendo responsável por uma dupla função, o Prefeito Municipal também se submete a um duplo julgamento. Um político, perante o Parlamento, precedido de parecer prévio e outro técnico, a cargo do Tribunal de Contas.[327]

Do mesmo modo tem sido o posicionamento dos Tribunais de Contas que exercem o controle externo dos municípios, como, por exemplo, o Tribunal de Contas do Estado do Rio Grande do Sul. Quando este constata, nos atos de execução orçamentária que o Prefeito Municipal realiza ou determina, a existência de contrariedade à lei ou a prática de ato com desvio de finalidade, causando prejuízos ao erário municipal, podem esses atos ser motivo de responsabilização promovida por aquela Corte de Contas,[328] até porque se trata de expressa

---

[327] STJ, ROMS nº 11060/ GO, Min. Rel. Laurita Vaz, *DJ* de 16.02.2002; STF, RE nº 96.644-7/PB.

[328] Conforme Parecer Coletivo nº 7/86, da Auditoria, aprovado pelo Tribunal Pleno em sessão de 08.10.1986, no Processo nº 3428-02.00/86-9, também citado no Parecer Coletivo nº 3/91, da Auditoria, aprovado pelo Tribunal Pleno em sessão de 23.10.1991, no Processo nº 8402-02.00/90-1, o Tribunal de Contas do RS entendeu que o Prefeito Municipal possui uma dupla face: "...de agente político e de administrador. Em tudo quanto pertença à esfera legítima de discrição política, em todos os atos que constituam exercício de legítima opção política, não pode se imiscuir o Tribunal de Contas, como não pode igualmente na área estadual em tudo quanto constitua esfera legítima de atuação política. (...) Mas, enquanto administrador, está o Prefeito sujeito, de igual modo como todos os demais administradores públicos, ao controle de legalidade e legitimidade dos seus atos, controle

CAPÍTULO 8
COMPETÊNCIAS CONSTITUCIONAIS E LEGAIS ESPECÍFICAS DO TRIBUNAL DE CONTAS | 319

determinação contida em sua atual Lei Orgânica (art. 49, §2º, da Lei nº 11.424, de 06.01.2000). Por esta razão, nos processos de prestação de contas que possibilitem decisão com aplicação de penalidade, multa ou glosa de valores, tem de ser assegurado o mais amplo direito de defesa à autoridade administrativa, inclusive no que tange à interposição de medida recursal, embora haja posicionamento doutrinário em contrário a essa possibilidade do Tribunal de Contas decidir sobre atos de gestão financeira e orçamentária do Prefeito Municipal.[329]

No entanto, embora as contas prestadas pelos Prefeitos Municipais venham tendo o procedimento acima referido ressalta-se que, presentemente, está ocorrendo uma evolução na prática e consequências do julgamento das contas desses administradores públicos.

Visando adequar a apreciação das contas municipais à decisão do Superior Tribunal de Justiça (RMS nº 11.060/GO), conforme acima mencionado no item 8.2.1, os Tribunais de Contas estaduais e municipais estão adaptando os seus regimentos internos, como no caso do Tribunal de Contas do Estado do RS (Resolução nº 1.028/2015, arts. 71 ao 77), referindo que a prestação de contas dos Prefeitos Municipais englobam as contas de governo e de gestão, com o Tribunal devendo emitir parecer prévio sobre as contas de governo e proceder julgamento às contas de gestão, quando poderá determinar a fixação de multa e débito àquelas autoridades administrativas. Dessa situação examinada, retira-se o entendimento a seguir:

---

do Poder Judiciário em tudo quanto possa significar ofensa a direitos individuais, controle da generalidade dos cidadãos e do mesmo Poder Judiciário em tudo quanto possa gerar dano ao Erário (por via de ação popular e de ação criminal movida pelo Ministério Público) e controle da Câmara Municipal e do Tribunal de Contas em todos os atos de administração financeira, vale dizer, de gestão patrimonial ou de execução financeira ou orçamentária, ou que de qualquer modo possam gerar efeitos de índole patrimonial ou financeira".

[329] CASTRO, José Nilo de. *Julgamento das contas municipais.* Belo Horizonte: Del Rey, 1995. p. 32-33; Contudo, deve ser salientado que esta é uma questão que está em debate no Supremo Tribunal Federal: em dois Recursos Extraordinários, um decorrente de Tribunal de Justiça do Rio Grande do Sul e outro do Tribunal de Justiça da Bahia, em ambos houve decisão com posicionamento pela tese de que os Tribunais de Contas são órgãos auxiliares nas Câmaras Municipais, sem poder mandamental ou coercitivo nos municípios. Interpostos Recursos Extraordinários contra os Acórdãos proferidos pelo TJRS e pelo TJBA, o STF reconheceu a existência de repercussão geral da questão constitucional suscitada, uma vez que esta trata de questão relevante do ponto de vista político-jurídico que ultrapassa o interesse subjetivo da causa. Os Recursos Extraordinários estão pendentes de decisão. Repercussão Geral em Recurso Extraordinário nº 576.920-8 – Rio Grande do Sul – STF – Tribunal Pleno, Rel. Min. Ricardo Lewandowski, Sessão de 20.03.2008; Repercussão Geral em Recurso Extraordinário nº 597.362-0 – Bahia – STF – Tribunal Pleno, Rel. Min. Eros Grau, Sessão de 09.04.2009.

Contas de Governo, prestadas anualmente (art. 84, XXIV, CF; e art. 31, §2º, CF), estão relacionadas aos resultados gerais do exercício financeiro, ou seja, o dever constitucional de prestar contas está relacionado com a avaliação do desempenho da administração. Razão pela qual, por expressarem os resultados da atuação governamental nos exercícios financeiros, à gestão política efetivada pelo Chefe do Poder Executivo, reclama, por disposição constitucional (art. 71, I c/c o art. 31, §2º, da CF), julgamento político a ser realizado tão somente pela Câmara Municipal.

Já as *Contas de Gestão*, conhecidas como contas dos ordenadores de despesa, diferenciam-se das contas de governo, visto que não se submetem ao julgamento político, pois o julgamento das mesmas obedece a parâmetros de ordem técnico-jurídica de subsunção de fatos e pessoas à objetividade das normas constitucionais e legais, nos termos do que dispõe o artigo 71, inciso II, da Constituição Federal.

Nesse sentido, pode-se concluir que a atuação típica do Prefeito Municipal é a de Chefe de Governo, responsável pela consolidação e apresentação das contas públicas perante a respectiva Câmara Municipal, sendo defeso considerá-lo, invariavelmente, como ordenador de toda e qualquer despesa no decorrer do exercício financeiro. Assim sendo, o Prefeito Municipal só pode ser considerado como ordenador de despesa se este titularizar a competência, específica e individualizada, de administrar a aplicação dos recursos públicos em sua municipalidade.

Sobre essa questão do julgamento das contas do Prefeito Municipal, o Supremo Tribunal Federal, em recentes decisões prolatadas, mas ainda sem acórdão publicado, o que significa não haver decisão em definitivo, em sessão Plenária de 10.08.2016, encerrou o julgamento conjunto dos Recursos Extraordinários (REs) nº 848.826 e nº 729.744, ambos com repercussão geral reconhecida, que discutiam qual o órgão competente – se a Câmara de Vereadores ou o Tribunal de Contas – para julgar as contas de prefeitos, e se a desaprovação das contas pelo Tribunal de Contas gera inelegibilidade do prefeito (nos termos da Lei da Ficha Limpa), em caso de omissão do Poder Legislativo municipal.[330]

O julgamento conjunto foi concluído, mas as teses de repercussão geral somente serão definidas em outra sessão. No RE nº 848.826 prevaleceu a divergência aberta pelo presidente do STF, ministro Ricardo Lewandowski, que será o responsável pelo acórdão. Segundo

---

[330] Notícias STF. Disponível em: <http://www.stf.jus.br/portal/cms/verNoticiaDetalhe. asp?idConteudo=322706>. Acesso em: 09 ago. 2017.

CAPÍTULO 8
COMPETÊNCIAS CONSTITUCIONAIS E LEGAIS ESPECÍFICAS DO TRIBUNAL DE CONTAS | 321

ele, por força da Constituição, são os vereadores quem detêm o direito de julgar as contas do chefe do Executivo municipal, na medida em representam os cidadãos. A divergência foi seguida pelos ministros Gilmar Mendes, Edson Fachin, Cármen Lúcia, Marco Aurélio e Celso de Mello. Ficaram vencidos o relator, ministro Luís Roberto Barroso, e mais quatro ministros que o acompanhavam: Teori Zavascki, Rosa Weber, Luiz Fux e Dias Toffoli.

No julgamento do RE nº 729.744, de relatoria do ministro Gilmar Mendes, o Plenário decidiu, também por maioria de votos, vencidos os ministros Luiz Fux e Dias Toffoli, que, em caso de omissão da Câmara Municipal, o parecer emitido pelo Tribunal de Contas não gera a inelegibilidade prevista no artigo 1º, inciso I, alínea "g", da Lei Complementar nº 64/1990. Este dispositivo, que teve sua redação dada pela Lei da Ficha Limpa, aponta como inelegíveis aqueles que "tiverem suas contas relativas ao exercício de cargos ou funções públicas rejeitadas por irregularidade insanável que configure ato doloso de improbidade administrativa, e por decisão irrecorrível do órgão competente, para as eleições que se realizarem nos oito anos seguintes, contados a partir da data da decisão, aplicando-se o disposto no inciso II do artigo 71 da Constituição Federal".

De acordo com o relator do recurso, ministro Gilmar Mendes, quando se trata de contas do chefe do Poder Executivo, a Constituição confere à Casa Legislativa, além do desempenho de suas funções institucionais legislativas, a função de controle e fiscalização de suas contas, em razão de sua condição de órgão de Poder, a qual se desenvolve por meio de um processo político-administrativo, cuja instrução se inicia na apreciação técnica do Tribunal de Contas. No âmbito municipal, o controle externo das contas do prefeito também constitui uma das prerrogativas institucionais da Câmara de Vereadores, que o exercerá com o auxílio dos Tribunais de Contas do estado ou do município, onde houver. "Entendo, portanto, que a competência para o julgamento das contas anuais dos prefeitos eleitos pelo povo é do Poder Legislativo (nos termos do artigo 71, inciso I, da Constituição Federal), que é órgão constituído por representantes democraticamente eleitos para averiguar, além da sua adequação orçamentária, sua destinação em prol dos interesses da população ali representada. Seu parecer, nesse caso, é opinativo, não sendo apto a produzir consequências como a inelegibilidade prevista no artigo 1º, I, 'g', da Lei complementar 64/1990", afirmou o relator, ressaltando que este entendimento é adotado pelo Tribunal Superior Eleitoral (TSE).

Como complemento a esse sistema de controle que está em debate, a Constituição também estabelece a obrigatoriedade de ser procedido controle social nas contas do Prefeito Municipal (art. 31, §3º), na medida em que determina, compulsoriamente, que as contas municipais tenham de ficar, pelo período de sessenta dias, anualmente, à disposição de qualquer contribuinte, para exame e apreciação, o qual poderá questionar-lhes a legitimidade, nos termos da lei. Contudo, tratando-se de uma norma de eficácia contida, visto depender de regulamentação legal para produzir efeitos, para que seja possibilitado o exercício do controle social constitucionalmente previsto é necessária a edição de lei regulamentadora da forma de ser questionada a legitimidade das contas.

8.2.3 Sobre as contas de Gestão Fiscal

A competência para emitir parecer prévio sobre as contas de gestão fiscal é uma atribuição de natureza legal, regulamentada pelas normas contidas na Lei Complementar nº 101/2000, tendo em conta a avaliação que deve ser procedida pelos órgãos de controle, no sentido de prevenir riscos e corrigir os desvios capazes de afetarem as contas públicas.

Como a Lei Complementar nº 101/2000 realiza uma regulamentação inovadora sobre a conduta gerencial nas finanças públicas, introduzindo novos conceitos e procedimentos fiscais que, via de consequência, produzem modificações na rotina administrativo-financeira do Estado, para cumprimento obrigatório dos Administradores Públicos, definindo como gestores fiscais os Chefes de Poder Executivo, os Presidentes dos órgãos de Poderes Legislativo e Judiciário, os Chefes de Ministérios Públicos e os Presidentes dos Tribunais de Contas, também estabelece a obrigatoriedade de prestação de contas da gestão fiscal dessas autoridades públicas, na forma determinada pelos seus artigos 56 a 58.

Em decorrência desse tipo de fiscalização, o responsável pela gestão fiscal fica obrigado a prestar contas do gerenciamento fiscal efetuado, com a Lei de Responsabilidade Fiscal estipulando como instrumento próprio para esse ato (art. 56) o processo que denomina de prestação de contas, devendo o mesmo evidenciar o desempenho da arrecadação em relação à previsão, destacando as providências adotadas no âmbito da fiscalização das receitas e combate à sonegação, as ações de recuperação de créditos nas instâncias administrativa e judicial, bem como as demais medidas para incremento das receitas tributárias (art. 58), que, somados aos elementos obtidos pelo sistema de fiscalização, serão apreciados, mediante parecer prévio conclusivo sobre o cumprimento ou não da Lei de Responsabilidade Fiscal, pelo Tribunal de Contas, no prazo de sessenta dias a contar do recebimento, se outro não estiver estabelecido nas constituições estaduais ou nas leis orgânicas municipais (arts. 56 e 57). No caso de municípios que não sejam capitais e que tenham menos de duzentos mil habitantes o prazo será de cento e oitenta dias (§1º, do art. 57). Como o artigo 56 menciona que nas contas prestadas pelos Chefes de Poder Executivo serão incluídas, além de suas próprias, as dos Presidentes dos órgãos dos Poderes Legislativo e Judiciário e do Chefe do Ministério Público, com o respectivo Tribunal de Contas emitindo, separadamente, parecer prévio sobre as mesmas, terminou por gerar uma grande controvérsia sobre este tipo de competência.[331]

Embora reconheça que se trata de tema interpretativo tormentoso, cuja matéria, sob o argumento de que a forma de julgamento adotada pela Lei de Responsabilidade Fiscal retira competência constitucional destinada ao Tribunal de Contas (julgamento das contas dos Poderes Legislativo e Judiciário e do Ministério Público), esta *sub judice*, dissinto dessa corrente interpretativa por entender como constitucionalmente regular o processo de julgamento das contas da gestão fiscal estabelecido na Lei Complementar nº 101/2000.

Primeiro que a Lei de Responsabilidade Fiscal envolve uma iniciativa regulamentar absolutamente inovadora, inspirada em recentes conceituações fiscais mundiais, no sentido de consolidar um novo regime fiscal no País, com estabelecimento de princípios norteadores para uma gestão fiscal responsável, de uma forma inimaginável por ocasião da Assembleia Nacional Constituinte que elaborou a Constituição promulgada em 1988.

A inspiração legislativa brasileira foi influenciada pelas únicas e recentes três experiências conhecidas à época: União Europeia – Tratado de Maastrich; Estados Unidos – *Budget Enforcement Act* (1990); e Nova Zelândia – *Fiscal Responsability Act* (1994).

Preocupação, em nível internacional, com a gestão e a transparência fiscal é ainda mais recente. Com a justificativa de que "num ambiente de globalização, a transparência fiscal reveste-se de considerável importância para alcançar a estabilidade macroeconômica e o crescimento de alta qualidade", o Fundo Monetário Internacional (FMI) adotou a declaração sobre *Partnership for Sustainable Global Growth* (Parceria para o Crescimento Sustentável da Economia Mundial) em setembro de 1996

---

[331] A ATRICOM promoveu ADIn junto ao STF – ADIN nº 2324-l, interposta em 14.07.2000, Rel. Min. Ilmar Galvão, estando no aguardo de julgamento. Com a aposentadoria do Min. Ilmar Galvão, assumiu o Relato do processo o Min. Carlos Ayres de Brito. Levado a julgamento em 05.05.2010, o Pleno decidiu retirá-lo de mesa por sugestão do Relator. Continua pendente de julgamento.

e, novamente, na reunião realizada na Região Administrativa Especial de Hong Kong em setembro de 1997.

Assim, não poderiam os aspectos de gestão fiscal responsável regulados na Lei Complementar nº 101/2000 participarem da Constituição de 1988 porque refletem uma situação atual e totalmente diferenciada das circunstâncias daquela época, quando não se pensava na estruturação de um novo regime fiscal, com o grau de abrangência, transparência, limites, fiscalização e penalização como o colocado na Lei de Responsabilidade Fiscal e Lei de Sanções Fiscais (Lei nº 10.028, de 19.10.2000).

Desta forma, o sistema de fiscalização adotado pela Constituição de 1988 é dirigido para o controle contábil, financeiro, operacional e patrimonial, tendo em conta os aspectos de legalidade, legitimidade e economicidade dos atos praticados pelos administradores (art. 70), com envolvimento genérico de aspectos fiscais, contudo, sem alcançar, especificamente, as situações de gestão fiscal, na conformidade do normado pela Lei Complementar nº 101/2000 e, por isso, não se lhe aplicando as regras de julgamento fixadas para as contas de que trata a Constituição, posto a gestão fiscal ter controle de execução, competências e procedimentos de julgamento próprios, de acordo com o determinado na sobredita legislação complementar.

Segundo que, mesmo possuindo esta peculiaridade de julgamento diferenciada, a norma reguladora do julgamento das contas da gestão fiscal não violenta o sistema de fiscalização estruturado constitucionalmente, na medida em que está conformado simetricamente à sistemática constitucional adotada.

No sistema de fiscalização constitucional, para qualquer pessoa física ou jurídica, pública ou privada, que utilize, arrecade, guarde, gerencie ou administre dinheiros, bens e valores públicos, é estabelecida a obrigatoriedade, o dever de prestar contas (parágrafo único do art. 70, CF), cujo processamento e julgamento será efetuado conforme as normas previstas na própria Constituição ou na legislação infraconstitucional.

Assim, as contas de todos aqueles que administram dinheiros, bens e valores públicos, com vistas ao atendimento dos objetivos de fiscalização acima referidos, deverão constituir processo para exame e julgamento na seguinte forma:

a) Os Chefes de Poder Executivo (Presidente da República, Governadores e Prefeitos Municipais) sujeitam-se ao processo chamado "Prestação de Contas", cujo rito procedimental se dá nos termos da legislação infraconstitucional (no âmbito federal a Lei nº 8.443, de 16.07.1992 (Lei Orgânica do

CAPÍTULO 8
COMPETÊNCIAS CONSTITUCIONAIS E LEGAIS ESPECÍFICAS DO TRIBUNAL DE CONTAS | 325

TCU) e seu Regimento Interno (Resolução Administrativa nº 155, de 04.12.2002, alterada pela Resolução-TCU nº 246, de 30.11.2011)); no âmbito dos Estados e Municípios, por exemplo, no Rio Grande do Sul, a Lei nº 11.424, de 06.01.2000 (Lei Orgânica do TCE/RS) e Resolução nº 1028 de 04.03.2015, (Regimento Interno), com a sua decisão fracionando-se em parecer prévio emitido pelo Tribunal de Contas (art. 71, I, CF) e julgamento perante o Poder Legislativo (art. 31, §§1º e 2º, e art. 49, IX, da CF).

b) as contas dos administradores e demais responsáveis por dinheiros, bens e valores públicos ficam submetidas a julgamento perante os Tribunais de Contas (art. 71, II, CF), mediante processo que foi denominado "Tomada de Contas", instituído e regulamento pelo Decreto-Lei nº 200/67, arts. 80 a 93 ainda vigentes, que, na atualidade, chama-se "Contas de Gestão", que foram incorporados à legislação local no âmbito dos Estados (no Rio Grande do Sul, por exemplo, na Lei Orgânica do TCE/RS).

Como se pode ver, a sobredita normatização objetiva fazer que quem quer que utilize dinheiros, bens e valores públicos tenha de justificar o seu bom e regular emprego na conformidade das leis e regulamentos, com atendimento do interesse público, mediante julgamento pelos meios estabelecidos legalmente.

Por sua vez, a Lei Complementar nº 101/2000, tendo um sentido diverso, busca viabilizar o alcance de um desenvolvimento sustentável, contendo normas que objetivam estabelecer uma gestão fiscal com responsabilidade, a qual deve estar dirigida por uma ação planejada e transparente, no sentido de prevenir riscos e corrigir desvios capazes de afetar o equilíbrio das contas públicas, orientando e regulamentando o sistema de controle para uma ação de acompanhamento (arts. 48, 51, 52 e 54 a 59 da LRF).

O acompanhamento das Administrações Públicas será realizado bimestral, quadrimestral ou semestralmente através de relatórios e demonstrativos parciais conforme prevê os dispositivos da Lei de Responsabilidade Fiscal. Ao final de cada exercício haverá a consolidação desses relatórios parciais, resultando na prestação de contas anual da gestão fiscal. Não são apurados nesses relatórios e prestação de contas responsabilidades quanto à execução da receita e da despesa, mas sim verificações comparativas entre os dados ali registrados e os limites e condições estabelecidos na Lei de Responsabilidade Fiscal, com o fim de ser efetuada a emissão de Parecer prévio conclusivo sobre a gestão fiscal, no qual o Tribunal de Contas manifesta se há ou não atendimento das regras fixadas na Lei Complementar nº 101/2000.

Assim, esta é uma atribuição de controle que possui um âmbito de incidência e de objetivos — acompanhamentos para uma gestão fiscal regular e responsável — que não se confundem com aquelas constitucionalmente expostas no art. 71, I e II, da Constituição Federal.

Nesse sentido, conforme está posto na Lei Complementar nº 101/2000, o exercício da fiscalização pelo Tribunal de Contas e emissão do Parecer Prévio conclusivo não enseja uma decisão propriamente dita, na medida em que se trata de uma lei de acompanhamento em que o órgão de fiscalização acompanha a ação administrativa quanto à prática de atos de gestão fiscal, verificando o alcance das metas fixadas pela Administração Pública e dizendo da sua conformidade ou não com as determinações legais, contudo, sem proceder julgamento dos atos de gestão fiscal e, consequentemente, sem aplicar sanções em decorrência do exame realizado.

As penalizações por descumprimento da Lei de Responsabilidade Fiscal, quando de natureza criminal, são aplicadas pelo Judiciário, em processo próprio movido pelo Ministério Público. Quando de natureza administrativa — suspensão de repasses voluntários ou aplicação de multa — também em processo próprio, pelos órgãos competentes em cada caso (na suspensão de repasses voluntários, a competência é dos órgãos estaduais ou federais que são responsáveis pelo repasse; na aplicação da multa, a competência pertence ao Tribunal de Contas).

Portanto, o parecer prévio da gestão fiscal, por sua especialíssima abrangência, e tendo em conta a sua natureza e conteúdo, não se confunde com o Parecer Prévio emitido sobre as contas do Chefe do Poder Executivo, nem prejudica o julgamento das contas dos demais responsáveis por bens e valores públicos.[332] Ao contrário, trata-se de uma avaliação que irá integrar a globalidade das contas anuais, servindo de elemento instrutivo na análise tanto da prestação de contas anual do Chefe do Poder Executivo quanto das tomadas de contas dos demais responsáveis por dinheiros, bens e valores públicos.[333]

---

[332] A Advocacia-Geral da União, em memoriais oferecidos ao julgamento das ADINs nºs 2238, 2241, 2250, 2256 e 2261, manifestou: "cuida-se de medida que amplia a transparência e a responsabilidade fiscal e não elimina, em grau algum, a atribuição dos Tribunais de Contas para julgá-las, nos termos do inciso II do art. 71 da Constituição Federal". *Revista Jurídica Virtual*, n. 17, out. 2000. Disponível em: <http://www.planalto.gov.br>.

[333] O Tribunal de Contas do Rio Grande do Sul, para regulamentar a fiscalização da Lei de Responsabilidade Fiscal, editou a Resolução nº 553/2000, em cujo art. 4º, determinou: "Art.4º – Após a emissão do Parecer de Gestão Fiscal, o mesmo integrará as contas anuais de que tratam os artigos 75, 80 e 89 do Regimento Interno deste Tribunal de Contas, a teor,

COMPETÊNCIAS CONSTITUCIONAIS E LEGAIS ESPECÍFICAS DO TRIBUNAL DE CONTAS

Em tais circunstâncias jurídicas e legais, não se pode dizer que há inconstitucionalidade no art. 56 da LRF, pelo fato de o mesmo atribuir como competência do Tribunal de Contas a emissão de Parecer Prévio sobre as prestações de contas de gestão fiscal dos Chefes do Poder Executivo, Legislativo e Judiciário e do Ministério Público.

Em síntese, o parecer prévio conclusivo emitido pelo Tribunal de Contas sobre a prestação de contas de gestão fiscal é uma competência legal, constitucionalmente regular, peculiarmente técnico-opinativo e, em decorrência de um controle de acompanhamento da gestão fiscal, possui a finalidade de prevenir riscos e corrigir desvios capazes de afetar o equilíbrio das contas públicas, cuja função precípua é evitar acontecimentos que produzam riscos e desvios de tal natureza, tendo em vista o seu caráter protetivo ao equilíbrio fiscal que, em face da importante repercussão que produz em todo o processo orçamentário, influenciando a globalidade das contas do exercício, deve integrar as contas anuais dos Administradores Públicos, para o julgamento cabível, na esfera de competência própria (mais informações no capítulo destinado ao exame da Lei de Responsabilidade Fiscal).

No que tange às contas de gestão fiscal dos Tribunais de Contas, não sendo estes organismos de controle imunes à fiscalização, o parecer prévio conclusivo será proferido, no prazo de sessenta dias a contar do seu recebimento, pela comissão mista permanente de Senadores e Deputados, formada nos termos do §1º do art. 166 da Constituição Federal, ou equivalente das Casas Legislativas estaduais e municipais, quando as contas envolverem os Tribunais de Contas estaduais e municipais (§2º do art. 56 da LRF).

Os Tribunais de Contas devem emitir o seu parecer prévio conclusivo sobre as contas de gestão fiscal, apresentadas pelos dirigentes máximos dos três Poderes e do Ministério Público, no prazo de sessenta dias do recebimento, se outro não estiver estabelecido nas constituições estaduais ou leis orgânicas municipais.

Tratando-se de um controle de acompanhamento, cujo objetivo é o de prevenir riscos e corrigir desvios capazes de afetar as contas públicas, obviamente que o pronunciamento do órgão de controle — parecer prévio conclusivo do Tribunal de Contas — tem de ocorrer em tempo hábil, no sentido de ser preservado o caráter protetivo fiscal da Lei Complementar nº 101/2000, mediante a adoção de providências saneadoras dos desvios encontrados, evitando, assim, repercussões

---

inclusive, do disposto no inciso XII do artigo 3º da Resolução nº 414, de 05 de agosto de 1992". A Resolução nº 882/2010, de 05.05.2010, que entrou em vigência em 1º de janeiro de 2011, não produziu alteração no citado art. 4º da Resolução nº 553/2000.

negativas no orçamento do exercício seguinte. Por isto, o prazo de sessenta dias para emissão do parecer prévio é razoável e consentâneo à finalidade da lei. Sendo assim, embora compreensível do ponto de vista federativo, refoge aos objetivos da Lei de Responsabilidade Fiscal, a permissão para adoção de prazos mais dilatados para a emissão do Parecer prévio sobre as contas de gestão fiscal, porque prazos mais longos, por exemplo, um ano, tiram a oportunidade da prevenção e da correção, inviabilizando o seu objetivo básico que é o alcance, a preservação e a manutenção do equilíbrio fiscal.

De qualquer forma, a Lei de Responsabilidade Fiscal contém esse regramento permissivo de ser adotado outro prazo que não o de sessenta dias (art. 57, *caput*). Do mesmo modo, para os municípios que não sejam capitais e que tenham menos de duzentos mil habitantes, o §1º do art. 57 da LRF determina que o prazo para a emissão do parecer prévio será de cento e oitenta dias.

Como o aspecto protetivo da gestão fiscal é fator essencial ao interesse público, os Tribunais de Contas têm o dever de cumprirem os prazos determinados legalmente, uma vez que o próprio órgão de controle não deve ser fator de inviabilização das disposições legais, embaraçando o estabelecimento ou a preservação do equilíbrio das contas públicas, pela falta de emissão do parecer prévio conclusivo. Por este motivo, o §2º do art. 57 especifica que os Tribunais de Contas não entrarão em recesso enquanto existirem contas de Poder, ou órgão referido no art. 20 — Ministério Público — pendentes de parecer prévio.

8.3 Julgamento das Contas dos demais responsáveis por dinheiros, bens e valores públicos

A segunda competência destinada ao Tribunal de Contas é a fixada no art. 71, inciso II, da Constituição Federal, a qual lhe é estabelecida a atribuição de julgamento das contas dos administradores e demais responsáveis por dinheiros, bens e valores públicos da Administração direta e indireta, incluídas as fundações e sociedades instituídas e mantidas pelo Poder Público, e as contas daqueles que derem causa a perda, extravio ou outra irregularidade de que resulte prejuízo ao erário.

Nesta competência de julgamento, diferentemente do papel que representa no julgamento das Contas do Chefe do Poder Executivo, o Tribunal de Contas desempenha uma atividade controladora de muito maior relevância jurídica. Enquanto nas contas do Chefe do Poder Executivo apenas emite parecer prévio, de caráter técnico-opinativo, no julgamento das contas dos demais responsáveis por dinheiros, bens e valores públicos, exerce uma competência tipicamente deliberativa, com poderes sancionadores. A decisão do Tribunal de Contas, no julgamento de contas que realiza, é terminativa no âmbito administrativo, na medida em que se trata de uma atividade de jurisdição administrativa, cuja revisão judicial fica adstrita aos aspectos de ilegalidade manifesta ou de erro formal.

Desse modo, pode-se afirmar que a competência constitucional de julgar contas corresponde ao exercício de uma jurisdição administrativa determinada constitucionalmente (ver tópico que trata da natureza jurídica das funções do Tribunal de Contas). Contudo, também não pode ser considerada meramente administrativa. Trata-se de uma competência de caráter administrativo, mas com a qualificação do poder jurisdicional administrativo, que deriva de competência constitucional expressamente estabelecida, com a delimitação do poder de conhecer e julgar as contas prestadas pelos administradores públicos.

São com estas características que o art. 73 da Constituição estabelece uma jurisdição administrativa para o Tribunal de Contas, mediante a seguinte determinação: "O Tribunal de Contas da União, integrado por nove Ministros, tem sede no Distrito Federal, quadro próprio de pessoal e jurisdição em todo o território nacional...". De igual forma e explicitando a norma constitucional, a Lei Orgânica do TCU — Lei nº 8.443, de 16.07.1992 — no seu art. 4º estabeleceu que "o Tribunal de Contas da União tem jurisdição própria e privativa, em todo o território nacional, sobre as pessoas e matérias sujeitas à sua competência".

Tendo em conta esta jurisdição administrativa fixada constitucional e legalmente, a Lei Orgânica do TCU regrou que as contas dos administradores e demais responsáveis por dinheiros, bens e valores públicos serão anualmente submetidas a julgamento do Tribunal de Contas, sob a forma de tomada ou prestação de contas (art. 7º), e que as pessoas sujeitas à tomada de contas só por decisão do Tribunal de Contas podem ser liberadas dessa responsabilidade (art. 6º), deixando claro o caráter terminativo da decisão no âmbito administrativo.

Por força do disposto no art. 75 da Constituição Federal, aplica-se a mesma sistemática normativa para os Tribunais de Contas dos Estados e dos Municípios, razão pela qual os Tribunais de Contas brasileiros vêm adotando a mesma linha regradora traçada pela legislação federal, estabelecendo a sua jurisdição administrativa, com competência de julgamento das contas dos Administradores e demais responsáveis por dinheiros, bens e valores públicos.

8.3.1 Natureza jurídica do julgamento

Esta função de julgamento de contas prevista constitucionalmente (art. 71, II) é o grande fator de discussão doutrinária, envolvendo a natureza jurídica das funções do Tribunal de Contas, quanto à definição de existir ou não função jurisdicional na competência de julgamento estabelecida na Constituição.

Conforme análise já realizada no tópico relativo à natureza jurídica das funções do Tribunal de Contas, definiu-se que o Tribunal de Contas é um órgão integrante da estrutura do Estado, com função de fiscalização sobre a atividade financeira do Estado e, nessa circunstância, procedendo ao julgamento das contas daqueles que as devem prestar, por isto, não se podendo negar que o mesmo exerce uma jurisdição administrativa, na medida em que possui o poder de dizer o direito, consoante as regras do ordenamento jurídico vigente, no sentido de fazer com que a Administração tenha uma atuação financeira dirigida ao interesse público, com atendimento dos princípios constitucionais da legalidade, legitimidade e economicidade, a fim de ser assegurado o bom e o regular emprego dos dinheiros públicos. Esta é a função que a Constituição destinou ao Tribunal de Contas, determinando como atribuição o exercício de uma jurisdição administrativa, com o poder de julgar as contas dos administradores e demais responsáveis pelos dinheiros, bens e valores públicos.

Dentro desse contexto normativo constitucional, por envolver exercício do poder do Estado, a jurisdição administrativa praticada pelo Tribunal de Contas, consoante os seus objetivos de interesse público, exige que as suas decisões sejam cumpridas pelos administradores jurisdicionados, sob pena de negação do próprio sistema de controle. Provavelmente esta seja a razão da expressão *judicialiforme* utilizada por Pontes de Miranda. A função fiscalizadora, embora não seja de natureza jurisdicional judicial e esteja sujeita à revisão judicial, possui uma forma judicial, em face da obrigatoriedade do seu cumprimento. Nesse aspecto, o Poder Judiciário, especialmente os Tribunais Superiores, tem proferido reiteradas decisões firmando a competência de julgamento do Tribunal de Contas e reconhecendo como "sendo suas decisões de cumprimento obrigatório"[334] no âmbito administrativo.

---

[334] STJ – ROMS nº 12.483 – DF – 5º T. – Rel. Min. Jorge Scartezzini – publicado no *DJU* de 29.10.2001, p. 00221; STJ – ROMS nº 9995 – MA – 6º T. – Rel. Min. Fernando Gonçalves – publicado no *DJU* de 04.02.2002; STJ – HC nº 16.765 – CE – 5º T. – Rel. Min. Gilson Dipp – publicado no *DJU* de 03.06.2002; STF – RE nº 190985 – SC – Tribunal Pleno – Rel. Min. Néri da Silveira – publicado no *DJU* de 24.08.2001.

Assim, considerando que a função julgadora do Tribunal de Contas deriva de competências constitucionais específicas, envolvendo decisão de cumprimento obrigatório, por isto, vinculando a autoridade administrativa à revisão judicial dessas decisões, na forma prevista pelo inciso XXXV do art. 5º da Constituição Federal, só pode ocorrer por ilegalidade manifesta ou erro formal, com estabelecimento de sua nulidade, mas sem possibilitar o rejulgamento das contas pelo Judiciário, por ser esta uma competência constitucional exclusiva destinada ao Tribunal de Contas (art. 71, II, CF). Esta postura de entendimento vem, de longa data, sendo adotada pelo Poder Judiciário. O Supremo Tribunal Federal, em decisão de 1958, já manifestava que "os julgamentos do Tribunal de Contas, no uso da atribuição conferida pelo art. 77 da Constituição, só poderão ser cassados por mandado de segurança, quando resultem de ilegalidade manifesta ou de abuso de Poder".[335] Em julgados posteriores o STF manteve a orientação de que, em julgamento de tomada de contas, "ao apurar o alcance dos responsáveis pelos dinheiros públicos, o Tribunal de Contas pratica ato insusceptível de revisão na via judicial a não ser quanto ao seu aspecto formal ou tisna de ilegalidade manifesta".[336]

Por essa circunstância jurídica, torna-se óbvio que o julgamento realizado pelo Tribunal de Contas não possui natureza jurisdicional judicial. Contudo, também não pode ser considerado meramente administrativo. Possui o caráter administrativo, mas com a qualificação do poder jurisdicional administrativo, que deriva de competência constitucional expressamente estabelecida, com a delimitação do poder de conhecer e julgar as contas prestadas pelos administradores e demais responsáveis por dinheiros, bens e valores públicos.

Assim, a competência de julgamento destinada constitucionalmente ao Tribunal de Contas, por resultar de jurisdição administrativa própria e privativa, possui a característica de definitividade no âmbito administrativo, vinculando a autoridade administrativa, mas, por força do disposto no art. 5º, XXXV, da Constituição, sujeitando-se ao controle judicial, todavia, com esta possibilidade de revisão judicial ficando adstrita aos aspectos de ilegalidade manifesta ou de erro formal, circunstância em que o judiciário pode decretar a nulidade da decisão e devolver a matéria para novo julgamento das contas, porém, sem a

---

[335] STF – MS nº 5.490 – DF – Tribunal Pleno – Rel. Min. Villas Bôas – Aud. Plub. de 24.09.1958.

[336] STF – MS nº 6.960 – Tribunal Pleno – Rel. Min. Ribeiro da Costa, Sessão de 31.07.1959; STF – MS nº 7.280 – Estado da Guanabara – Tribunal Pleno – Rel. Min. Henrique D'Avila, Sessão de 20.06.1960; STF – RE nº 190.985 – ADIN – SC – Tribunal Pleno – Rel. Min. Néri da Silveira – DJU de 24.08.2001.

possibilidade de rejulgar essas contas em substituição ao órgão julgador, o Tribunal de Contas. Do fato resultaria assunção de competência que não é destinada ao judiciário.

8.3.2 Definição de responsáveis

Sendo a competência de julgamento destinada constitucionalmente ao Tribunal de contas (art. 71, II, CF), fator imprescindível de decisão sobre a regularidade do gerenciamento efetuado com dinheiros, bens e valores públicos, torna-se necessário definir o que seja a figura do administrador e demais responsáveis, por serem estes o centro da responsabilidade do comando administrativo, especialmente no que pertine aos atos de execução orçamentária.

Esta espécie de responsabilidade pública, com submissão a julgamento perante a Corte de Contas, foi implantada sob a égide da Constituição de 1967, ocasião em que foi editado o Decreto-Lei nº 200/67 determinando a inscrição como *responsável* de todo o *ordenador de despesa*, "o qual só poderá ser exonerado de sua responsabilidade depois de julgadas regulares suas contas pelo Tribunal de Contas" (art. 80). Foi procedida também a conceituação legal de ordenador de despesa (§1º do art. 80), que é o agente público com autoridade administrativa para gerir os dinheiros e bens públicos, de cujos atos resultem emissão de empenho, autorização de pagamento, suprimento ou dispêndio de recursos financeiros, ficando, por isso, com a obrigação de prestar contas, cuja tomada de contas deve ser submetida a julgamento do Tribunal de Contas.

Da conceituação legal efetuada resultam duas categorias de Ordenador de Despesa: o originário e o derivado.

a) Ordenador de Despesa originário ou principal é a autoridade administrativa que possui poderes e competência, com origem na lei e regulamentos, para ordenar as despesas orçamentárias alocadas para o Poder, órgão ou entidade que dirige. Como se trata da autoridade principal, cujas competências e atribuições se originam da lei, o seu poder ordenatório é originário, cujo exercício cabe tão somente a ele.

b) Ordenador de Despesa derivado ou secundário é aquele com competências e atribuições derivadas do Ordenador originário, por isso, podendo ser chamado também de secundário. Ordenador de Despesa derivado assume esta circunstância mediante o exercício de função delegada ou por ter exorbitado das ordens recebidas, na forma prevista pelo §2º do art. 80 e 84 do Decreto-Lei nº 200/67.

Com a promulgação da Constituição de 1988, o sistema de fiscalização foi ampliado para o aspecto contábil, financeiro, orçamentário, operacional e patrimonial, alcançando as entidades da Administração direta e indireta, com exame quanto à legalidade, à legitimidade e à economicidade, e no que respeita ao julgamento dos administradores e demais responsáveis por dinheiros, bens e valores públicos foi mantida a sistemática de controle instituída pela Constituição de 1967, mas também com ampliação do seu grau de abrangência.

Continuam vigendo os dispositivos regulamentares do Decreto-Lei nº 200/67, mas adaptando-se a sua leitura às normas da Constituição de 1988. Assim, pela nova regra constitucional, amplia-se também o universo de responsabilidades do Administrador Público que se sujeita ao julgamento do Tribunal de Contas. Não é mais somente aquele administrador que ordena despesas, de cujos atos resultem emissão de empenho, autorização de pagamento, suprimento ou dispêndio público que fica sujeito ao processo de tomada de contas. Agora, toda a autoridade ou responsável que utilize, arrecade, guarde, gerencie ou administre dinheiros, bens e valores públicos, submete-se ao processo de tomada de contas. Portanto, o exame das contas dos agentes públicos não abrange mais somente os atos de realização de despesa, quanto à regularidade de aplicação dos recursos públicos, mas todos os atos de gerenciamento público, envolvendo a arrecadação da receita, a realização da despesa e a administração dos dinheiros, bens e valores públicos (art. 71, II, CF).

Dessa forma, a expressão constitucional *administradores e demais responsáveis por dinheiros, bens e valores públicos*, envolve responsabilidade mais ampla que a ordenação de despesas, na medida em que abrange não só a realização de despesas, mas também a arrecadação da receita e todos os demais atos ou funções que possam ser caracterizados como fatores de utilização, arrecadação, guarda, gerência ou administração de dinheiro, bens e valores públicos, submetendo-se também à obrigação constitucional de prestar contas, por meio do processo de tomada de contas, cuja competência de julgamento pertence ao Tribunal de Contas.

Assim, se pode dizer que administradores e demais responsáveis por dinheiros, bens e valores públicos é gênero do qual ordenador de despesa é espécie. Contudo, a designação Ordenador de Despesa tornou-se hábito administrativo, sendo utilizada como sinônimo de autoridade responsável, tendo em vista que ambas as atividades estão sujeitas ao mesmo tipo de processo — tomada de contas — envolvendo o mesmo exercício financeiro, com julgamento perante o mesmo órgão controlador — Tribunal de Contas — e quase sempre, excepcionalmente não, com ambas as funções sendo exercidas pela mesma autoridade administrativa. Por isso, em face de uma função subsumir-se na outra, no exame das suas responsabilidades, via processo de tomada de contas, o *nomem juris* não tem sido motivo de controvérsias (ver comentários do item 3.1.5 do capítulo destinado à Lei de Responsabilidade Fiscal).

8.3.3 Delegação de poderes dos responsáveis

Tendo em conta que a responsabilidade dos agentes públicos — políticos ou administrativos — consoante à natureza dos atos praticados, decorre das competências que estão repartidas e limitadas nas leis e regulamentos editados no âmbito de cada esfera de governo, pode-se dizer que é a lei a estabelecedora das responsabilidades do agente público no exercício da atividade estatal, em que se incluem os administradores e demais responsáveis por dinheiros, bens e valores públicos.

Em decorrência desse exercício da função pública, os administradores ficam com a obrigatoriedade de prestar contas dos seus atos, conforme a exigência posta no parágrafo único do art. 70 da Constituição Federal, submetendo-se ao sistema de controle constitucional e julgamento das contas por parte do Tribunal de Contas. Contudo, não raro, em face do tipo de atividade desenvolvida, o administrador público, embora permaneça com a direção política institucional, delega a subordinado seus poderes para proceder à condução administrativa do órgão, especialmente dos atos de execução orçamentária.

Inexiste impedimento legal para a delegação de poderes dessa natureza. Ao contrário, o Decreto-Lei nº 200/67, arts. 11 e 12, não só autoriza a delegação de poderes como procede na sua regulamentação, estipulando que a delegação de competência deve ser utilizada como instrumento de descentralização administrativa, com o objetivo de assegurar maior rapidez e objetividade às decisões, situando-as na proximidade dos fatos, pessoas ou problemas a resolver, com o ato de delegação indicando com precisão a autoridade delegante, a autoridade delegada e as atribuições do objeto de delegação.

Dessa forma, por evidente, sendo a função administrativa por natureza delegável, inexiste impeditivo jurídico para que o administrador de poderes originários — ordenador de despesa originário — delegue para um responsável derivado as funções de administração contábil, financeira, orçamentária, operacional e patrimonial da entidade ou órgão pelo qual responda. Logicamente que esta delegação, por força de disposição legal, deve obedecer à forma escrita — obrigatoriedade de ato formal — na qual esteja expressa a indicação dos agentes públicos delegante e delegado, com discriminação das competências transferidas. Por se tratar de ato administrativo de efeitos internos e externos, a delegação de poderes deverá ter publicidade, mediante publicação no *Diário Oficial*, para validamente produzir efeitos e permitir que a autoridade delegada possa regularmente exercer as atividades que lhe foram transferidas.

Assim, quando há regular delegação de competência administrativa, especialmente das atribuições concernentes à execução orçamentária, envolvendo a arrecadação da receita e a execução da despesa, o agente público delegado passa a responder pessoalmente pelos atos e fatos que ocorrerem em sua gestão, por este motivo, sendo sua a responsabilidade pelo gerenciamento realizado, torna-se o administrador secundário a autoridade responsável nos processos de julgamento a ser efetuado pelo Tribunal de Contas,[337] com a autoridade delegante ficando isenta de responsabilidade (§2º do art. 80 do Dec.-Lei nº 200/67).

Contudo, caso o Administrador originário — autoridade delegante — efetue delegação com reserva de poderes; ou procedendo à delegação de competência regular, venha a ter participação comprovada na prática de atos prejudiciais ao erário e ao interesse público; ou ainda tiver ciência de irregularidades praticadas pelo Administrador secundário — autoridade delegada — deixando de adotar providências de proteção ao interesse público; ele assumirá a responsabilidade solidária, respondendo em conjunto com o responsável delegado (art. 84 do Dec.-Lei nº 200/67).

8.3.4 Objeto e alcance do julgamento

Todo aquele que utilizar, arrecadar, guardar, gerenciar ou administrar dinheiros, bens e valores públicos possui a obrigação constitucional de prestar contas (art. 70, parágrafo único, CF), cabendo ao Tribunal de Contas, a exceção das contas dos Chefes de Poder Executivo, a competência para julgar as contas dos administradores e demais responsáveis por dinheiros, bens e valores públicos.

Dessa forma, considerando que o sistema de fiscalização previsto constitucionalmente envolve todo e qualquer ato pertinente à atividade financeira do Estado, por meio do qual é buscado o conhecimento sobre o comportamento gestor dos administradores públicos — procedimento de auditoria — no sentido de ser emitido um juízo de valor sobre o comportamento encontrado — julgamento das contas prestadas — pode-se dizer que o objetivo do julgamento realizado é o de verificar a

---

[337] Súmula nº 510 do STF.

regularidade das contas tomadas — Contas de Gestão — dos administradores e demais responsáveis por dinheiros, bens e valores públicos, visando, por essa competência do sistema de controle, preservar uma correta e adequada utilização e administração dos bens e dinheiros públicos, determinando, no caso de constatação de malversação dos recursos públicos, a recomposição dos prejuízos causados ao erário.

Portanto, o julgamento realizado pelo Tribunal de Contas, em jurisdição administrativa própria e privativa, baseado em levantamentos contábeis, certificados de auditoria do controle interno e pronunciamento das autoridades administrativas, sem prejuízo das inspeções realizadas pelo próprio Tribunal de Contas, é procedimento de controle final que avalia a regularidade da gestão contábil, financeira, orçamentária, operacional e patrimonial, no sentido de dizer se os bens e recursos financeiros foram convenientemente utilizados pelos administradores públicos, com direcionamento para o atendimento das necessidades coletivas.

Considerando que o objetivo do julgamento efetuado pelo Tribunal de Contas decorre de um sistema de fiscalização abrangente, logicamente que esta competência de julgar deve alcançar todos os administradores e demais responsáveis dos Poderes e organismos que compõem a Administração direta e indireta, incluídas as fundações e sociedades instituídas e mantidas pelo Poder Público, assim como as contas daqueles que derem causa a perda, extravio ou outra irregularidade de que resulte prejuízo ao erário, conforme expressamente determina o art. 71, II, da Constituição.

Assim, por ostentarem a condição de administradores originários — ordenadores de despesa originários — no âmbito da União, dos Estados e dos Municípios — submetem-se a julgamento perante o Tribunal de Contas os Presidentes dos Poderes Legislativo e Judiciário, os Ministros e Secretários de Estado, bem como os dirigentes de autarquias, sociedades de economia mista, empresas públicas, fundações e sociedades instituídas e mantidas pelo Poder Público, em razão de possuírem competências e atribuições fixadas em lei, regulamentos ou estatutos societários, para administrarem estas organizações estatais, aplicando os recursos financeiros postos à sua disposição.[338]

Caso o administrador originário proceda à delegação da sua competência administrativa, ele fica isento de responsabilidade, com exclusão da obrigatoriedade de prestação de contas e julgamento perante o Tribunal de Contas, uma vez que o agente delegante, por

---

[338] Mandado de Segurança nº 26.117-0 Distrito Federal – STF – Rel. Min. Eros Grau. Sessão do Tribunal de Pleno de 20.05.2009.

assumir a condição de administrador secundário, passa a ser o responsável pelos atos de gestão e, consequentemente, do dever de prestar contas, submetendo-se a julgamento perante a Corte de Contas. Nessa circunstância, somente quando ocorrer a responsabilidade solidária do administrador originário poderá haver a reinclusão do mesmo no julgamento das contas.

Consoante à norma constitucional (art. 71, II), o julgamento do Tribunal de Contas também alcança as contas daqueles que derem causa a perda, extravio ou outra irregularidade de que resulte prejuízo ao erário, o que vem reafirmar as normas do §1º do art. 80 e art. 84 do Decreto-Lei nº 200/67, que regulam para o agente subordinado que deixar de prestar contas, praticar desfalque, desvio de bens ou outra irregularidade causadora de prejuízo para a Fazenda Pública, exorbitando das ordens recebidas, que este passa a ser o responsável direto pelo ato praticado, motivando a instauração de processo de tomada de contas especial, onde figurará como administrador secundário, com isenção de responsabilidade do administrador principal, evidentemente se este último adotar as providências legais de proteção ao erário, sob pena de corresponsabilidade.[339]

8.3.5 Repercussões jurídicas do julgamento

Como de todo julgamento resulta uma decisão, a qual envolve um juízo de valor sobre os atos e fatos posto à avaliação, esta decisão deve possuir efeitos práticos em decorrência dos objetivos do sistema de fiscalização. Estes efeitos práticos são, na realidade, as repercussões jurídicas do julgamento.

Sendo as contas julgadas regulares, a consequência jurídica é a baixa da responsabilidade dos administradores no registro dos órgãos de contabilidade e de controle, na forma prevista pelo *caput* do art. 80 do Decreto-Lei nº 200/67. Quando forem julgadas irregulares as contas, são aplicáveis ao responsável as sanções previstas em lei, com estabelecimento, entre outras cominações, de glosa de despesas e multa proporcional ao dano causado ao erário.

O Tribunal de Contas da União, no julgamento das contas dos administradores e demais responsáveis por dinheiros, bens e valores

---

[339] Mandado de Segurança nº 25.880/DF – Distrito Federal – STF – Rel. Min. Eros Grau. Sessão do Tribunal Pleno de 07.02.2007. O STF manifestou que "a competência do Tribunal de Contas da União abrange todos quantos derem causa a perda, extravio ou outra irregularidade de que resulte dano ao erário".

públicos, decide se estas são regulares, regulares com ressalvas ou irregulares.

Serão julgadas regulares as contas que expressarem, de forma clara e objetiva, a exatidão dos demonstrativos contábeis, a legalidade, a legitimidade e a economicidade dos atos de gestão do responsável (art. 16, I, da Lei nº 8.443/92), possibilitando a baixa da responsabilidade dos administradores no registro dos órgãos de contabilidade (art. 80, *caput*, do Decreto-Lei nº 200/67).

Regulares com ressalvas serão julgadas as contas que evidenciarem impropriedade ou qualquer outra falta de natureza formal de que não resulte dano ao erário (art. 16, II, da Lei nº 8.443/92). Quando as contas apresentarem falhas, cuja importância não é de molde a macular a globalidade das contas, mas é merecedora de advertência ou até mesmo de uma multa (art. 58 da Lei nº 8.443/92), as contas são julgadas regulares, havendo a baixa na responsabilidade dos responsáveis, mas com as ressalvas e penalidades pertinentes às falhas apontadas.

Serão julgadas irregulares as contas quando for comprovada a omissão no dever de prestar contas; a prática de ato de gestão ilegal, ilegítimo, antieconômico, ou infração à norma legal ou regulamentar de natureza contábil, financeira, orçamentária, operacional ou patrimonial; dano ao erário decorrente de ato de gestão ilegítimo ou antieconômico; e desfalque ou desvio de dinheiros, bens e valores públicos (art. 16, III, da Lei nº 8.443/92). Também poderá haver julgamento irregular de contas em caso de reincidência no descumprimento de determinação realizada pelo Tribunal (art. 16, §1º) e em todos os julgamentos de irregularidade de contas, quando houver, será fixada a responsabilidade solidária do agente público que praticou o ato irregular e do terceiro que, como contratante ou parte interessada na prática do mesmo ato, de qualquer modo haja concorrido para o cometimento do dano apurado (§2º do art. 16).

Quando houver julgamento de irregularidade de contas, nas circunstâncias previstas legalmente, o Tribunal de Contas condenará o responsável ao pagamento do valor impugnado atualizado monetariamente, acrescido dos juros de mora devidos, podendo, ainda, aplicar-lhe multa proporcional ao dano causado ao erário ou por infração às normas de administração financeira e orçamentária, cujo instrumento de decisão é considerado título executivo para fundamentar a respectiva ação de execução.

Outras duas consequências jurídicas importantes que decorrem do julgamento irregular das contas são:

a) imediata remessa de cópias da documentação pertinente ao Ministério Público da União, para ajuizamento das ações civis

COMPETÊNCIAS CONSTITUCIONAIS E LEGAIS ESPECÍFICAS DO TRIBUNAL DE CONTAS

e penais cabíveis, especialmente no que pertine ao regramento constante da Lei nº 8.429, de 02.06.1992, a chamada Lei de Improbidade Administrativa;

b) ficam inelegíveis, nos termos do art. 1º, letra "g", da Lei Complementar nº 64, de 18 de maio de 1990, "os que tiverem suas contas relativas ao exercício de cargos ou funções públicas rejeitadas por irregularidade insanável e por decisão irrecorrível do órgão competente, salvo se a questão houver sido ou estiver sendo submetida à apreciação do Poder Judiciário, para as eleições que se realizarem nos 5 (cinco) anos seguintes, contados a partir da data da decisão". Esta repercussão jurídica do julgamento realizado pelo Tribunal de Contas é de extrema importância porque atinge os direitos de cidadania do agente público, na medida em que causa a suspensão de parte dos direitos políticos do cidadão, por torná-lo inelegível por um período de 5 anos, conforme previsão contida no parágrafo 4º do art. 37 da Constituição Federal.

De igual forma, com leves variações em decorrência das peculiaridades locais, à simetria do sistema federal, o julgamento das contas dos administradores e demais responsáveis por dinheiros, bens e valores públicos realizado pelos Tribunais de Contas Estaduais e Municipais segue a mesma linha de procedimento do Tribunal de Contas da União, inclusive no que tange ao estabelecimento de responsabilidades, objeto e alcance da decisão e suas repercussões jurídicas.

8.4 Apreciação de legalidade para fins de registro

Outra competência exclusiva e indelegável do Tribunal de Contas é a de "apreciar, para fins de registro, a legalidade dos atos de admissão de pessoal, a qualquer título, na Administração direta e indireta, incluídas as fundações instituídas e mantidas pelo Poder Público, excetuadas as nomeações para cargo de provimento em comissão, bem como a das concessões de aposentadorias, reformas e pensões, ressalvadas as melhorias posteriores que não alterem o fundamento legal do ato concessório" (art. 71, III, CF).

A apreciação de legalidade dos atos de admissão é atribuição inovadora da Constituição de 1988. Por sua vez, o exame de legalidade dos atos inativatórios dos agentes públicos é competência que vem sendo exercida a largo tempo pela Corte de Contas. Inicialmente, tratava-se de uma atividade de natureza legal que, pela Constituição de 1946, assumiu *status* constitucional, com o seu art. 77, III, dando ao Tribunal de Contas a competência para julgar da legalidade das aposentadorias, reformas e pensões, sem qualquer espécie de restrição.

A Constituição de 1967 procedeu a alterações nessa competência de julgamento, com estabelecimento de restrição a essa atribuição, ao regrar que o julgamento se daria sobre as concessões *iniciais* de aposentadorias, reformas e pensões, acrescentando no pertinente às melhorias posteriores que estas "independiam de decisão do Tribunal", cuja expressão, pela Emenda Constitucional nº 1/1969 — art. 73, §8º — foi substituída pela redação "independendo de sua decisão as melhorias posteriores".

Com a Emenda Constitucional nº 7/1977 à Constituição de 1967, houve nova alteração no texto da regulamentação constitucional, com o termo *julgar*, consagrado nas Constituições de 1946 e 1967, sendo substituído pela expressão *apreciar*, assim como houve o restabelecimento do texto "independendo de sua apreciação as melhorias posteriores".

Não fosse suficiente este inegável enfraquecimento da competência atribuída ao Tribunal de Contas — passou de *julgar* para *apreciar* — a Emenda Constitucional nº 7/1977 ainda autorizou o Presidente da República a ordenar o registro do ato de aposentadoria, reforma ou pensão, quando este já tivesse sido negado pelo Tribunal de Contas. Essa outorga de competência ao Presidente da República, cuja medida privilegia a manutenção de um ato considerado ilegal pelo Tribunal de Contas, é característica dos regimes autoritários, como era o vigente à época no país, em que o Chefe do Poder Executivo sempre assume poderes além dos que seriam permitidos democraticamente.

Restabelecida a democracia no país e promulgada a Constituição de 1988, restabelece-se também a competência do Tribunal de Contas para verificar a legalidade das inativações e pensões, sem os excepcionais poderes concedidos ao Presidente da República, mas mantendo-se na forma de apreciação, sem retornar à de julgamento. Como complemento inovador, a atribuição é também ampliada para uma apreciação de legalidade dos atos de admissão de pessoal, a qualquer título, em todo o âmbito da Administração Pública, à exceção dos cargos comissionados.

Assim, por entender importante, a Assembleia Nacional Constituinte resolveu elaborar um texto constitucional que possibilitasse uma fiscalização abrangente, alcançando todos os atos praticados pelo Administrador Público, envolvendo um acompanhamento de legalidade de toda a vida funcional do servidor público, desde o seu ingresso até a sua aposentadoria.

CAPÍTULO 8
COMPETÊNCIAS CONSTITUCIONAIS E LEGAIS ESPECÍFICAS DO TRIBUNAL DE CONTAS | 341

Embora haja manifestações de que se trata de uma competência inconveniente e desaconselhável,[340] entendemos que a apreciação de legalidade dos atos de admissão, inatividade e pensões possui a conveniência de interesse público que justifica a sua prática. Primeiro que esses atos envolvem dispêndios públicos e, isso só, já seria motivo suficiente para justificar a sua submissão ao controle de legalidade. Segundo que, ao contrário do que ilustres figuras afirmam, esta não é uma atividade de fiscalização de recursos de pequeno porte. A fiscalização procedida, mesmo que na individualidade aparente pouco, na totalidade envolve parcela elevada do orçamento público. Tanto isso é verdadeiro que a Constituição teve de estabelecer norma limitadora para os gastos com pessoal (art. 169), em razão do alto comprometimento das finanças públicas (alguns Estados e Municípios chegaram a comprometerem 80% do seu orçamento em gastos com pessoal ativo e inativo. A Lei Complementar nº 101/2000 fixou como limite para a União: 50%; para os Estados e Municípios: 60%; da receita corrente líquida).

Portanto, tendo em conta que o volume total dos gastos com pessoal ativo e inativo possui um elevado comprometimento orçamentário, cujos custos são suportados integralmente pelos recursos financeiros públicos, a função de apreciar a legalidade dos atos de admissão, aposentadorias e pensões expedidas pelo Poder Público é fator de relevância tanto no aspecto econômico e financeiro quanto de moralidade e legalidade, na medida em que visa a manutenção, nos termos da lei, da probidade e moralidade na gestão de dinheiros públicos, no sentido de evitar o favoritismo de pessoas a custas dos cofres públicos.

8.4.1 Dos atos de admissão de pessoal

Consoante os termos do art. 71, III, da Constituição, a função de "apreciar, para fins de registro, a legalidade dos atos de admissão de pessoal, a qualquer título, na Administração direta e indireta, incluídas as fundações instituídas e mantidas pelo Poder Público, excetuadas as

---

[340] FREIRE, Victor do Amaral. O Tribunal de Contas e sua jurisdição. *Revista do Tribunal de Contas do Rio de Janeiro*, p. 50-51, jun. 1982. O autor efetua contundentes críticas a essa atribuição do Tribunal de Contas, de onde se extrai o seguinte comentário: "...a fiscalização dos atos de inatividade, ou deles decorrentes pela forma constitucional em vigor, se revela totalmente inconveniente e desaconselhável, porque importa desviar a atividade prioritária do Tribunal, que é de se preocupar com a movimentação de valores financeiros de alto nível, por parte dos administradores, para dar atenção a uma fiscalização de recursos de pequeno porte, de custo operacional elevado, que absorve tempo exagerado para exercê-la".

nomeações para cargo de provimento em comissão...", pela sua clareza, demonstra que o exame de legalidade a ser efetuado pelo Tribunal de Contas deve ocorrer sobre todo e qualquer ato de admissão, excetuado somente o de cargo em comissão, realizado no âmbito dos órgãos e entidades da Administração direta, indireta e fundacional, de qualquer dos Poderes da União, dos Estados, do Distrito Federal e dos Municípios.

Assim, para o exame de legalidade dos atos de admissão, o Tribunal de Contas, como técnica de controle, não pode utilizar o sistema de amostragem, uma vez que este procedimento de fiscalização não abrange todo o universo dos atos praticados pelo Poder Público. É exigência da norma constitucional que o exame de legalidade seja procedido em todos os atos de admissão, não apenas em alguns.

O objetivo do exame de legalidade dos atos de admissão é estabelecer mecanismos de proteção à normalidade e à moralidade do ingresso no serviço público, tendo em conta a determinação constitucional que exige o cumprimento de algumas regras para este tipo de procedimento administrativo (concurso público — art. 37, I e II, e §2º — e atendimento ao limite de despesa com pessoal — art. 169 — CF).

Por este motivo, a expressão constitucional utilizada — *admissão* — na qualidade de gênero, está corretamente empregada porque abrange tanto os cargos como os empregos públicos, na medida em que estes, para investidura, dependem de aprovação prévia em concurso público.

Portanto, para proceder ao exame de legalidade determinado constitucionalmente, é invariável que o Tribunal de Contas tenha de sindicar a regularidade dos concursos públicos, por ser esta uma exigência para o ingresso no serviço público, assim como se está sendo atendido o limite de gastos com pessoal.

Dessa forma, quando do exame de legalidade dos atos de admissão, o Tribunal de Contas verificar que o concurso público deixou de obedecer às normas legais e regulamentares para a sua realização, deverá negar validade ao concurso realizado e determinar à Administração para que esta proceda na sua anulação, negando registro ao ato de admissão daí decorrente.

Por isto, o exame de legalidade é procedimento de fiscalização que exige uma pronta ação do órgão de controle, não devendo se pautar por uma excessiva demora porque a delonga resulta em perda do objetivo do controle.

Havendo um longo tempo para o exame de legalidade, além de o fato gerar insegurança administrativa pela falta de um complemento que dá plena executoriedade ao ato admissional, surge a questão relativa à existência de prazo para a Administração Pública anular os seus próprios atos, quando impregnados de ilegitimidade ou ilegalidade.

CAPÍTULO 8
COMPETÊNCIAS CONSTITUCIONAIS E LEGAIS ESPECÍFICAS DO TRIBUNAL DE CONTAS | 343

Esta é uma temática que, ao longo do tempo, na doutrina e jurisprudência, tem propiciado inúmeras discussões e posicionamentos, envolvendo, inclusive, debates sobre o Estado de Direito. Contudo, de uma forma geral, a posição doutrinária de que devem ser mantidos os atos inválidos praticados pela Administração Pública, quando operantes por um tempo razoável e produzindo efeitos perante terceiros de boa-fé,[341] foi endossada por uma farta jurisprudência judicial[342] que admitiu a convalidação de atos administrativos praticados com eiva de ilegalidade ou ilegitimidade, após o decurso de um período de tempo razoável.

Na atualidade, no âmbito federal, assim como em muitos Estados da federação, o tema se encontra superado em face de ter sido editada lei fixando, como prazo decadencial, o período de cinco anos para a Administração Pública anular os atos praticados com ilegalidade ou ilegitimidade. A Lei Federal nº 9.784, de 29 de janeiro de 1999,[343] no seu art. 54, normatiza a matéria da seguinte forma:

art. 54. O direito da Administração de anular os atos administrativos de que decorram efeitos favoráveis para os destinatários decai em cinco anos, contados da data em que foram praticados, salvo comprovada má-fé.

§1º. No caso de efeitos patrimoniais contínuos, o prazo de decadência contar-se-á da percepção do primeiro pagamento.

§2º. Considera-se exercício de anular qualquer medida de autoridade administrativa que importe impugnação à validade do ato.

Dessa forma, tratando-se de prazo decadencial, significa dizer que o mesmo é relativo à caducidade do direito, não sendo permissível

---

[341] SILVA, Almiro do Couto e. Princípios da legalidade da Administração Pública e da segurança jurídica no estado de direito contemporâneo. *Revista de Direito Publico*, n. 84, p. 46-63, out./dez. 1987; REALE, Miguel. *Revogação e anulamento do ato administrativo*: contribuição ao estudo das figuras que integram o instituto da revisão dos atos administrativos pela própria administração. 2. ed. rev. e atual. Rio de Janeiro: Forense, 1980. p. 69-73.

[342] STF – *RTJ* n. 37/248, 45/589, 49231, 83/921; *RDA* n. 114/288, 134/217; TRF – *RTFR* 26/110; TJSP – *RJTJSP* 38/318.

[343] A elaboração do anteprojeto de lei esteve a cargo de uma Comissão de ilustres juristas, composta pelos professores: Caio Tácito – Presidente; Adilson Abreu Dallari; Almiro do Couto e Silva; Cármen Lúcia Antunes Rocha; Diogo de Figueiredo Moreira Neto; Inocêncio Mártires Coelho; José Carlos Barbosa Moreira; J.J. Calmon de Passos; Maria Sylvia Zanella Di Pietro; Odete Medauar e Paulo Modesto. Este fato demonstra que, sendo resultado de um trabalho realizado por esse grupo de juristas, a lei representa mais do que uma regulamentação legal, mas também a posição do mundo científico unida à vontade da representação popular no Congresso Nacional.

aplicar-se-lhe as regras relativas à interrupção, impedimento ou suspensão da prescrição. O prazo flui independentemente de qualquer circunstância, fazendo decair o direito que a Administração tem para anular ato ilegal ou ilegítimo. Assim, o exame de legalidade realizado pelo Tribunal de Contas deve ocorrer, no máximo, dentro desse período, sob pena de não poder haver negativa de validade ao ato ilegal, por decurso do tempo.[344]

8.4.2 Dos atos de aposentadorias, reformas e pensões

O segundo aspecto de apreciação de legalidade constante do art. 71, III, da Constituição, é relativo às aposentadorias, reformas e pensões concedidas pelo Poder Público. Aposentadoria e reforma têm o mesmo objeto e natureza jurídica, isto é, trata-se do mesmo benefício, o que se altera é tão somente a sua denominação, tendo em conta a espécie de servidor público. Tratando-se de servidor civil, o ato de inativação denomina-se *aposentadoria*. Sendo servidor militar, de acordo com a linguagem de caserna, o benefício tem a denominação de *reforma*. Assim, a essência é a mesma, ambos são benefícios inativatórios concedidos pelo Estado, em decorrência de doença, invalidez ou tempo de serviço que lhe assegure a aposentadoria ou a reforma.

Sendo o exame de legalidade realizado pelo Tribunal de Contas, fator de fiscalização que objetiva manter os atos de inativação expedidos pelo administrador dentro dos princípios da legalidade, legitimidade e moralidade administrativa, evitando o mau uso dos dinheiros públicos, por que as aposentadorias e reformas, na qualidade de benefícios de natureza previdenciária, são submetidas a um controle de legalidade do Tribunal de Contas? Porque esses encargos são totalmente suportados pelo erário.

As aposentadorias e reformas concedidas aos servidores públicos civis e militares, até a Emenda Constitucional nº 20/1998, não se constituíam em benefícios que resultavam de contribuições previdenciárias efetuadas, mas sim em uma garantia constitucional que se revela como uma espécie de pensão concedida ao servidor inativado por invalidez ou após longos anos de serviço prestado à sociedade, sem exigência de qualquer contribuição para a conquista do benefício.

---

[344] Mandado de Segurança nº 26.406-3 Distrito Federal – STF – Rel. Min. Joaquim Barbosa. Sessão Plenária de 01.07.2008. Conforme precedentes da Corte, houve a decisão de que "não pode o Tribunal de Contas da União, sob fundamento ou pretexto algum, anular ascensão funcional de servidor operada e aprovada a mais de 5 (cinco) anos, sobretudo em procedimento que lhe não assegura o contraditório e a ampla defesa".

CAPÍTULO 8 | 345
COMPETÊNCIAS CONSTITUCIONAIS E LEGAIS ESPECÍFICAS DO TRIBUNAL DE CONTAS

Essa espécie de amparo social concedido ao servidor público se iniciou na Constituição Republicana de 1891, cujo art. 75 permitia, tão somente, a aposentadoria "aos funcionários públicos em caso de invalidez no serviço da nação". Na Constituição de 1934, art. 170, §§3º ao 7º, a garantia constitucional ampliou-se para um benefício de aposentadoria por tempo de serviço (trinta anos de serviço) e aposentadoria compulsória aos 68 anos de idade, cujo benefício foi tendo aperfeiçoamento constitucional, até chegar às formas de proteção que conhecemos hoje.

Dessa forma, as aposentadorias do servidor público, por não serem decorrentes de um sistema de seguridade social propriamente dito, tendo em vista a inexigibilidade de contribuição social, em determinado momento da vida nacional, chegou a ser denominada de *aposentadoria-prêmio*, em virtude da Lei nº 1.713/1939 mencionar que concedia aposentadoria aos funcionários públicos que contassem 35 anos de efetivo exercício, desde que fossem "julgados merecedores desse prêmio, pelos bons e leais serviços prestados à Administração Pública".

Assim, por tratar-se de uma garantia de caráter permanente e assistencial, de obrigação do Estado, mantida e suportada direta e unicamente pelo Governo, com financiamento tirado das rendas gerais do Estado, houve a necessidade de ser estabelecida uma fiscalização desses atos praticados pelos administradores, consolidando-se em controle a cargo do Tribunal de Contas, com a função de apreciar a legalidade dos atos de aposentadorias e reformas expedidos pelo Poder Público.

Com o advento da Emenda Constitucional nº 20, de 15 de dezembro de 1988, alterou-se profundamente o sistema de previdência público, passando de assistencial para contributivo, tendo de observar critérios que preservem o equilíbrio financeiro e atuarial, mas mantendo o direito à percepção de proventos integrais e a paridade entre ativos e inativos, razão que é suficiente para autorizar a manutenção do controle de legalidade exercido pelo Tribunal de Contas, no sentido de ser preservada a boa aplicação dos recursos públicos e os princípios da legalidade, legitimidade e moralidade administrativa.

De igual modo, todas as pensões militares e pensões especiais que são inteiramente pagas pelo Tesouro Público também estão submetidas à apreciação de legalidade do Tribunal de Contas, em virtude da expressa determinação constitucional contida no inciso III do art. 71.

O objetivo do controle visa manter a legalidade, a probidade e a moralidade da aplicação dos dinheiros públicos, sem permitir favorecimento de pessoas a custa do erário, portanto, não podendo ser estendido para uma fiscalização dos sistemas de previdência, cuja competência de fiscalização pertence a outros organismos.

Como bem salienta o ex-Ministro do Tribunal de Contas da União, J. Baptista Ramos, em sua análise ao modelo federal, o Tribunal de Contas somente aprecia as pensões que estão a cargo do Tesouro Nacional, as demais pensões não se incluem nessa atribuição, por serem "decorrentes do Plano de Assistência ao Funcionário e sua família, são processadas e pagas diretamente pelo IPASE, atualmente Instituto Nacional de Previdência Social (INPS), e resultam de contribuições obrigatórias efetivadas pelos funcionários da União".[345]

Na esteira do modelo federal, conforme a determinação contida no art. 75 da Constituição, os Tribunais de Contas dos Estados e Municípios devem proceder na mesma forma de apreciação de legalidade dos atos de inativações e pensões.

8.4.3 Atos de admissão, inativação e pensão são atos administrativos simples ou complexos?

A admissão, a aposentadoria, a reforma e a pensão são atos administrativos através dos quais a Administração, no exercício de uma competência vinculada à lei, reconhece o direito de alguém para exercer um cargo ou um emprego público, face aprovação em concurso público; ou ainda para usufruir uma inatividade remunerada mediante aposentadoria ou reforma, em decorrência de tempo serviço ou por incapacidade presumida (aposentadoria compulsória) ou comprovada (invalidez) para o exercício de suas funções; bem como para obter, por relevantes serviços prestados, independente de contribuição, uma pensão integralmente paga pelo Estado.

Tratando-se de atos administrativos que reconhecem direitos individuais, com repercussões financeiras para o Poder Público, torna-se de extrema relevância conhecer-se a espécie de ato administrativo em que se encontram classificados tais atos — simples ou complexo — no sentido de serem obtidas as condições de existência, validade e eficácia dos atos de admissão e dos concessores de aposentadorias, reformas e pensões, antes da apreciação de legalidade efetuada pelo Tribunal de Contas, a fim de ser estabelecido o momento de sua plena executoriedade e a consequente consolidação do direito, com incorporação do mesmo ao patrimônio individual.

Doutrinariamente, os atos administrativos podem se classificar como simples ou complexos. Simples são os atos que se formam pela

---

[345] RAMOS, Batista J. *Tribunal de Contas*: princípio da legalidade e legalidade da despesa. Rio de Janeiro: Forense, 1980. p. 189.

manifestação de vontade de um único órgão, seja ele unipessoal ou colegiado. Ato complexo é o decorrente da conjugação de vontade de mais de um órgão administrativo.[346]

Por isto, poderia se dizer que os atos de aposentadorias, reformas e pensões são atos administrativos que, por nascerem da vontade de um único organismo, podem ser classificados como simples porque a apreciação de legalidade realizada pelo Tribunal de Contas não é fator para a sua constituição. Esta foi a posição adotada em julgamento efetuado pelo STF, sustentada pela brilhante análise de Francisco Campos, na citação efetuada pelo Ministro Relator Victor Nunes Leal,[347] "a eficácia de certos atos administrativos, em razão do interesse público, fica suspensa, até que outro órgão o aprove, mas este 'nada acrescenta ao ato: declara-lhe, apenas, a conformidade com a lei', e dessa declaração 'decorre, para o ato em foco, uma força nova, a saber, a aptidão a gerar efeitos'. Tal é a natureza da função de controle, que não integra, nem completa o ato, já anteriormente acabado e perfeito, diversamente da função de aprovação, pela qual 'a autoridade, a quem é cometida a aprovação do ato, colabora com a sua vontade no acabamento ou aperfeiçoamento do mesmo'. A função de controle, portanto, não sendo integrativa do ato, constitui 'apenas condição de sua executoriedade'". Em face desse argumento, aquele ilustre Relator complementou: "No primeiro caso, o ato é da competência da autoridade administrativa que o pratica; depois de consumado, é submetido à chancela do Tribunal, para que possa ter execução definitiva. A aprovação do Tribunal não integra o ato mesmo; em relação a ele, é um plus, de natureza declaratória quanto à sua legitimidade em face da lei. Não é a validade, mas a executoriedade, em caráter definitivo, do ato que fica a depender do julgamento de controle do Tribunal de Contas".

De igual forma foi o entendimento expressado por Themístocles Cavalcanti, quando este refere "que a exigência de registro não torna o ato complexo porque o registro é ato de controle de legalidade",[348] cujo posicionamento também é endossado pelo Ministro Marco Aurélio em novo julgamento realizado pelo STF.[349]

Embora pareça indubitavelmente acertada essa posição jurídica — a função de controle, mediante a apreciação de legalidade, não integra

---

[346] MEIRELLES, 2001, p. 163; BANDEIRA DE MELLO, 1993. p. 201.

[347] STF, RMS nº 3881-ES, Tribunal Pleno, Sessão de 06.09.1961, Rel. Min. Victor Nunes Leal, *RTJ* 20/69.

[348] STF, RMS nº 15.164-BA, Rel. Min. Themistocles Cavalcanti, *RTJ* 45, p. 759.

[349] STF, CA nº 40-DF, Rel. Min. Marco Aurélio, *RTJ* n. 149, p. 323-330.

nem colabora na formação do ato de aposentadoria e, por isso, não o torna complexo — a questão não é pacífica, na medida em que existem outras tantas decisões do STF considerando o ato de aposentadoria um ato complexo, que depende do preenchimento de uma série de requisitos, inclusive do controle de legalidade efetuado pelo Tribunal de Contas. Estas posturas decisórias foram orientadas pela decisão que teve como Relator o eminente Ministro Nelson Hungria, que manifestou: sendo a aposentadoria um "ato complexo, de que participou, sucessivamente, o Poder Executivo e o Tribunal de Contas, não pode ser anulado pela administração, sem a concordância do Tribunal".[350]

De qualquer forma, em qualquer das circunstâncias, independente da classificação que seja dada ao ato — simples ou complexo — o importante é a definição dos efeitos que são produzidos pela apreciação de legalidade realizada pelo Tribunal de Contas, tendo em conta o reconhecimento efetuado pelo Supremo Tribunal Federal.

Os atos de admissão, inativação e pensões, como atos administrativos que são, produzem efeitos jurídicos de imediato, uma vez que gozam de presunção de legitimidade. Contudo, a sua executoriedade, em caráter definitivo, conforme a determinação constitucional, ficam a depender do controle de legalidade a ser efetuado pelo Tribunal de Contas,[351] por ser este condição inescusável para dar àqueles aptidão à geração de efeitos definitivos.

Assim, em decorrência da apreciação de legalidade que deve ser efetuada pelo Tribunal de Contas, enquanto não houver a sua declaração de regularidade legal para o registro, os atos em apreciação não possuem definitividade, por isto, não produzem direito adquirido para o beneficiário do ato, uma vez que estes podem se tornar nulos por constatação de ilegalidade, com perda da eficácia até então gerada.

---

[350] STF, RMS nº 3.881 – SP, Rel. Min. Nelson Hungria, Sessão de 22.11.1957; AI nº 259817 AgR/BA, Rel. Min. Sepúlveda Pertence, *DJ* de 29.09.2000; RE nº 195861/ES, Rel. Min. Marco Aurélio, *DJ* de 17.10.1997; MS nº 19.873/DF, Rel. Min. Amaral Santos, *DJ* de 05.11.1971; MS nº 8886/ES, Rel. Min. Candido Motta, *DJ* de 09.04.1964; Mais recentemente, o STF confirmou esta orientação ao julgar o MS nº 25.072-1 Distrito federal, STF, Rel. Min. Marco Aurélio, Sessão Plenária de 07.02.2007, quando reafirmou: "o ato de aposentadoria consubstancia ato administrativo complexo, aperfeiçoando-se somente com o registro perante o Tribunal de Contas".

[351] STF, RMS nº 8.886-ES, Tribunal Pleno, Sessão de 06.12.1963, Rel. Min. Cândido Mota Filho, *RDA*, 77/197. A decisão manifesta "que o julgamento favorável da aposentadoria, pelo Tribunal de Contas, tem efeito 'ex-tunc'. O ato de aposentadoria, mesmo antes de ser julgado pelo Tribunal de Contas, produz efeitos condicionados àquele julgamento; o principal deles é a vacância do cargo que pode ser imediatamente provido com outro titular".

De outro lado, chancelado o ato pelo Tribunal de Contas, esta declaração de legitimidade perante a lei, torna-o com execução definitiva, incorporando-se ao patrimônio individual do servidor. Nessa situação, conforme sólida jurisprudência do STF, sumulada,[352] a aprovação converte-se em ato de quem o outorga, por isto, sendo o ato do Tribunal de Contas, passa a ser sua a competência para tornar sem efeito o ato aprovado e não mais da autoridade administrativa. Ato anulatório expedido pela autoridade administrativa, relativo ao ato aprovado pelo Tribunal de Contas, não possui efeito executório, nem mesmo condicionalmente, até que haja novo pronunciamento de legalidade sobre o ato anulado. Na decisão embasadora da Súmula nº 6 do STF, como bem salienta o Ministro Victor Nunes Leal em seu voto, "Não se nega, com isso, que a administração possa, por motivo de ilegalidade, anular os próprios atos. 'O que ela não pode é anular os atos do Tribunal de Contas'. O contra-senso seria imperdoável, se o fiscalizado pudesse converter-se em fiscal do seu próprio fiscal. É, pois, em tal caso, inoperante, para qualquer efeito, o ato de anulação, antes de confirmado pelo Tribunal de Contas".[353]

No que se refere a essa circunstância do controle de legalidade efetuado pelo Tribunal de Contas, o Supremo Tribunal Federal, reafirmando o seu reconhecimento à competência constitucional exercida pelo Tribunal de Contas, examinando questão relativa a aposentação apreciada pelo órgão de controle que, após diligência promovida para retirada de vantagem concedida legalmente, determinou o seu registro, teve esta providência contestada judicialmente pelo interessado que, auferindo sucesso em mandado de segurança, fez a autoridade administrativa expedir novo ato e submetê-lo à apreciação de legalidade do Tribunal de Contas, para que este procedesse ao registro. Não obstante, a Corte de Contas negou-lhe registro, cuja decisão não mereceu reparos do STF, mediante o argumento de que nada se altera substancialmente, porque embora "o novo ato administrativo haja traduzido cumprimento de mandado de segurança impetrado contra ato em sentido contrário da autoridade administrativa: esgotou-se a eficácia da sentença com a

---

[352] STF. A jurisprudência está convertida na Súmula nº 6, com a seguinte redação: "A revogação ou anulação, pelo Poder Executivo, de aposentadoria ou qualquer ato aprovado pelo Tribunal de Contas, não produz efeitos antes de aprovada por aquele Tribunal, ressalvada a competência revisora do Judiciário".

[353] STF, RMS nº 8.657 – ES, Tribunal Pleno, Sessão de 06.09.1961, Rel. Min. Victor Nunes Leal; MS nº 22.658-7 – RJ, Tribunal Pleno, Sessão 10.09.1997, Rel. Min. Sepúlveda Pertence, *DJ* de 27.03.1998.

prática do ato reclamado, da competência da autoridade coatora, sem que daí decorra que o deva registrar o Tribunal de Contas".[354]

Em conclusão, embora não seja pacífica a orientação judicial quanto à classificação dos atos de admissão e aposentadorias — simples ou complexos — o fato não tem representado dificuldades para o estabelecimento dos efeitos jurídicos que decorrem do exame de legalidade realizado pelo Tribunal de Contas, qual seja o de dar executoriedade plena ao ato examinado.

8.4.4 Natureza jurídica da apreciação de legalidade

Desde a Constituição de 1946, quando o texto constitucional empregava o verbo *julgar* para o controle de legalidade dos atos de aposentadorias, reformas e pensões, é discutida a natureza jurídica dessa função do Tribunal de Contas.

Embora, como afirma Pontes de Miranda, houvesse uma corrente doutrinária defensora da atividade judicante do Tribunal de Contas,[355] é certo que a maioria da doutrina endossava posicionamento em sentido contrário, pois, conforme manifestação do Prof. Lafayette Pondé, em citação de João Lyra Filho, devia se entender que no julgamento da legalidade dos atos de aposentadorias, reformas e pensões "o Tribunal estará exercendo uma função de verificação da legalidade do ato; em consequência do seu pronunciamento favorável, o decreto adquire eficácia", para, após, concluir: "o verbo julgar, que aqui foi invocado, não corresponde a uma função jurisdicional. Parece-me pacífico que, no direito brasileiro, a matéria é apenas de controle administrativo".[356]

Com a superveniência da Emenda Constitucional nº 7/1977 à Constituição de 1967, houve a substituição do termo *julgar* pelo vocábulo *apreciar*, passando esta atribuição do Tribunal de Contas a ter uma melhor redação no que concerne à sua natureza jurídica, qual seja, administrativa,[357] pois, como já apregoava Seabra Fagundes, no exame de legalidade das aposentadorias, reformas e pensões, o Tribunal de Contas, "quando se manifesta em tais casos, não exerce função judicante. É o que se depreende do conteúdo essencial dos seus pronunciamentos

---

[354] STF, MS nº 22.658-7 – RJ, Tribunal Pleno, Sessão de 10.09.1997, Rel. Min. Sepúlveda Pertence, *DJ* de 27.03.1998.

[355] MIRANDA. *Comentários à Constituição de 1967, com a Emenda nº 1, de 1969*, p. 261; RAMOS, op. cit., p. 182.

[356] LYRA FILHO, João. *Controle das finanças públicas*. Rio de Janeiro: Editora Livro, 1966. p. 35.

[357] MEDAUAR. *Controle da Administração Pública*, p. 135; FERRAZ, op. cit., p. 157.

nesse campo. A atribuição, que então desempenha, é materialmente administrativa. Apreciando ato concessivo de aposentadoria, reforma ou pensão, o que faz a Corte de Contas é cooperar na ultimação dele".[358] Com a Constituição de 1988 (art. 71, III), foi mantida a competência de apreciação de legalidade, incluindo os atos admissionais no serviço público, das aposentadorias, reformas e pensões, mantendo, nitidamente, a sua natureza administrativa, como uma atribuição do órgão controlador — o Tribunal de Contas — no sentido de haver controle de legalidade sobre esse tipo de ato expedido pela Administração.

Assim, a norma constitucional confere ao Tribunal de Contas uma atividade típica do poder de controle, na medida em que lhe outorga, mediante o exame de legalidade, a prerrogativa de conceder ou não o registro dos atos de admissão, aposentação, reformas e pensões. Esta verificação de legalidade, mesmo com sua importância e relevância, inclusive funcionando como condição indispensável à plena executoriedade dos atos examinados, situação que autoriza a desconstituição dos mesmos por ilegalidade e ilegitimidade, é pura atividade de controle e, nessa circunstância, a toda evidência, possui natureza administrativa, sujeitando-se à revisão do Judiciário.

8.4.5 Os interessados nos processos de apreciação de legalidade (partes)

Considerando que o exame de legalidade realizado pelo Tribunal de Contas é fator de fiscalização que objetiva manter os atos de admissões, aposentadorias, reformas e pensões expedidos pelo administrador dentro dos princípios da legalidade, legitimidade e moralidade administrativa, no sentido de evitar o mau uso dos dinheiros públicos, de maneira a não permitir o favorecimento de pessoas à custa do erário, de imediato, pode-se afirmar que os interessados nos processos de apreciação de legalidade são os administradores públicos, sem a participação dos servidores beneficiados pelos atos expedidos.

Portanto, tratando-se de procedimento de controle da Administração Pública, incluso nas competências constitucionais fixadas pelo sistema de fiscalização contábil, financeira e orçamentária (art. 71, III, CF), o ato que fica sob fiscalização é o ato realizado pelo administrador público. Sendo assim, o interessado, o responsável no processo de apreciação de legalidade dos atos de admissão, aposentadorias,

---

[358] FAGUNDES, Miguel Seabra. *O controle dos atos administrativos pelo Poder Judiciário*. 5. ed. Rio de Janeiro: Forense, 1979. p. 139.

reformas e pensões é o administrador que expede o ato e não o servidor beneficiado por esse ato. O servidor não participa do processo como diretamente interessado, o seu nome é mencionado apenas como elemento informativo, indicando para quem o ato foi expedido, fato que não pode servir para confundi-lo com o interessado responsável no processo de fiscalização.

Os servidores, apenas como servidores, não são jurisdicionados do Tribunal de Contas, por isto não estão sujeitos ao processo de fiscalização previsto constitucionalmente. As questões funcionais, no que tange a direitos e obrigações, não são dirimidas pela Corte de Contas. Trata-se de direitos individuais, cuja competência de avaliação é do administrador e, em caso de conflito de interesses, a resolução do problema pertence ao judiciário.[359] Ao órgão de controle cabe tão somente a verificação da legalidade dos procedimentos adotados pelo administrador, em proteção do interesse público, consoante o sistema de fiscalização previsto constitucionalmente.

Justamente por esse fator, o Tribunal de Contas da União regulamentou o art. 39 da sua Lei Orgânica, estabelecendo que, para o exercício da competência prevista no inciso III do art. 71 da Constituição, é interessado perante o órgão de controle "a autoridade administrativa responsável por ato de admissão de pessoal ou de concessão de aposentadoria, reforma ou pensão" (art. 260, do Regimento Interno do TCU – Resolução Administrativa nº 155, de 04.12.2002), e que o Tribunal "não conhecerá de requerimento que lhe seja diretamente dirigido por interessado na obtenção dos benefícios de que trata este Capítulo, devendo a solicitação ser arquivada após comunicação ao requerente" (art. 293 do Regimento Interno do TCU).

---

[359] STF, RMS nº 14.615-RJ, Rel. Min. Hermes Lima, *RTJ* n. 34/624. Neste julgamento o Supremo Tribunal Federal decidiu que "não cabia ao Tribunal de Contas conceder vantagem que não constava do ato de aposentadoria levado a registro"; RMS nº 14.424-RJ, Rel. Min. Gonçalves de Oliveira, *RTJ* n. 37/451-2. Neste caso, a decisão negou provimento a recurso de serventuário da justiça que pretendia a prevalência de decisão do Tribunal de Contas, mais favorável do que o ato de aposentadoria, com o eminente Relator assinalando em seu voto: "Nesse ponto, não se acha, nem explícita nem implícita, a função de alterar o ato de aposentadoria. Esse é da função do Poder que nomeia — ou do Poder Executivo, em se tratando de funcionários públicos da administração centralizada, ou dos Tribunais, em se tratando de funcionários de sua Secretaria"; MS nº 20.038, Rel. Min. Moreira Alves, *RTJ* n. 80/394. Aqui o julgamento ocorreu de acordo com o seguinte fundamento, apresentado pelo Relator: "Portanto, no caso presente, o Tribunal de Contas da União, no exercício da atribuição que lhe compete por força do disposto no §8º do art. 72 da Emenda Constitucional n. 1/1969, só tem uma alternativa: ou julga, válida a aposentadoria, nos termos em que foi concedida, ou a julga nula, por ilegal. O que não pode é determinar o registro da aposentadoria em termos diversos dos em que foi ela requerida e deferida, o que implicaria aposentadoria compulsória fora dos casos em que a lei permite".

CAPÍTULO 8

COMPETÊNCIAS CONSTITUCIONAIS E LEGAIS ESPECÍFICAS DO TRIBUNAL DE CONTAS

Contudo, como da apreciação de legalidade dos atos de admissão, aposentadorias, reformas e pensões pode resultar na desconstituição dos mesmos, por constatação de ilegalidade e ilegitimidade, repercutindo sobre o interesse do beneficiário do ato — o servidor — este deve ser considerado como terceiro interessado,[360] no sentido de lhe ser assegurada medida recursal contra a decisão denegatória proferida, circunstância que lhe propicia momento para exercer o seu direito constitucional de ampla defesa e, via de consequência, condições de revisibilidade da decisão que desatendeu os seus interesses. Deve ser salientado, nesse aspecto, que o Supremo Tribunal Federal possui pacífica jurisprudência sobre o tema, inclusive sumulada — Súmula Vinculante nº 3, de 30.05.2007 — que o Tribunal de Contas, na apreciação de legalidade dos atos de admissão, inativações e pensões, deve assegurar o direito ao contraditório e à ampla defesa aos funcionários beneficiários desses atos, quando estes possam resultar em anulação ou revogação.[361]

De qualquer modo, na prática, tem sido entendido, quando se tratar de apreciação de legalidade de atos admissionais, inativatórios e de pensões, que o sistema de fiscalização exercido pelo Tribunal de Contas se opera sobre o ato administrativo, tendo como responsável a autoridade administrativa emissora do ato, embora os seus efeitos venham a recair sobre o servidor beneficiado. Por não ser o praticante do ato administrativo, o servidor não participa do processo, na medida em que não possui responsabilidade pela sua emissão. Somente haverá possibilidade dessa participação do servidor, após decisão do Tribunal de Contas que venha a lhe causar repercussão prejudicial, na condição de terceiro prejudicado, circunstância em que poderá intentar medida

---

[360] O Tribunal de Contas do Rio Grande do Sul, no julgamento do Processo nº 4319-02.00/92-1, tendo como Relator o Conselheiro Helio Saul Mileski, acolheu o Parecer nº 134/1993, do Auditor Wremyr Scliar, no qual, definindo a figura de terceiro interessado, consta o seguinte comentário: "No âmbito administrativo da Corte de Contas tem interesse como terceiro, por óbvio, tantos quantos estiverem envolvidos com o ato administrativo julgado, *verbi gratia*, no caso sob exame, a autoridade emissora do ato inativatório e o próprio inativado, isso porque, na sua competência constitucional de apreciação de legalidade de ato de inativação, não há, rigorosamente, julgamento, mas apreciação, pela qual se defere o registro do ato no órgão originário. Somente em via recursal, o procedimento se transmuda em contencioso, com o contraditório instaurado, em homenagem ao princípio constitucional da ampla defesa".

[361] Mandado de Segurança nº 26.393 – Distrito Federal – STF, Rel Min. Cármen Lucia, Sessão do Tribunal Pleno de 29.10.2009. Consoante precedentes da Corte, decide: "2. Direito ao contraditório e à ampla defesa a ser garantido aos beneficiários de atos administrativos inerentes a sua condição funcional para a validade de decisões do Tribunal de Contas da União que importem em sua anulação ou revogação".

recursal, com efeito suspensivo, para exercer o seu direito do contraditório e da ampla defesa.[362]

8.4.6 Repercussões jurídicas da apreciação de legalidade

Embora sejam de natureza administrativa as decisões proferidas pelo Tribunal de Contas nos processos de apreciação de legalidade dos atos de admissão, aposentadorias, reformas e pensões, elas encerram uma função de controle com caráter declaratório sobre a legitimidade desses atos perante a lei, cuja aprovação para o registro resulta em executoriedade definitiva. No caso de constatação de ilegalidade, a decisão denegatória de registro, obviamente, em sentido contrário, irá resultar em desconstituição do ato considerado ilegal.

Assim, os processos de apreciação de legalidade, conforme o exame de mérito realizado, objetiva determinar, ou não, o registro do ato avaliado, decorrendo, em cada caso, repercussões jurídicas distintas.

Contudo, antes de ser dada uma decisão sobre a apreciação de legalidade efetuada, o Tribunal de Contas, entendendo haver a necessidade de serem realizadas medidas corretivas no ato sob apreciação, pode converter o julgamento em diligência ao órgão de origem, no sentido de que o administrador adote as medidas necessárias ao exato cumprimento da lei e, assim, seja evitada uma medida tão drástica como a negativa de registro.

É por essa razão que a Lei Orgânica do Tribunal de Contas da União (Lei nº 8.443, de 16.07.1992) regulamentou na parte destinada aos atos sujeitos a registro (admissões, aposentadorias, reformas e pensões), que "o Relator presidirá a instrução do processo, determinando, mediante despacho singular, por sua ação própria e direta, ou por provocação do órgão de instrução ou do Ministério Público junto ao Tribunal, a adoção das providências consideradas necessárias ao saneamento dos autos, fixando prazo, na forma estabelecida no Regimento Interno, para o atendimento das diligências, após o que submeterá o feito ao Plenário ou à Câmara respectiva para decisão de mérito" (art. 40).

---

[362] Recurso em Mandado de Segurança nº 18.777 – RS (2004/0111642-2) – STJ – 2009 – Rel. Min. Maria Thereza de Assis Moura. Decidiu o STJ: "1. Não há falar, *in casu*, em ofensa aos princípios do contraditório e da ampla defesa no julgamento da legalidade de atos de admissão/promoção por parte do Tribunal de Contas Estadual. Os impetrantes, na qualidade de interessados, interpuseram recurso de embargos para o Órgão Pleno da Corte de Contas, contra decisão proferida pela Câmara competente, que lhes era desfavorável, bem como opuseram os respectivos embargos declaratórios, circunstância que evidencia o exercício do contraditório e da ampla defesa. 2. Recurso Ordinário improvido".

CAPÍTULO 8
COMPETÊNCIAS CONSTITUCIONAIS E LEGAIS ESPECÍFICAS DO TRIBUNAL DE CONTAS | 355

Todavia, esta conversão da apreciação de legalidade em diligência à origem não possui efeito decisório, por isso, não obrigando a administração ao seu cumprimento. Como a própria expressão indica, há uma interrupção no julgamento, por meio da qual é buscada uma melhor instrução do processo, visando o alcance de uma decisão consentânea com a lei e o interesse público. Portanto, o seu caráter é de saneamento dos autos, não implicando, por consequência, em obrigatoriedade de cumprimento, nem em penalização do administrador que deixa de cumprir diligência realizada pela Corte de Contas.

Sobre esta questão, o Supremo Tribunal Federal tem mantido sólida posição acerca do tema, tendo definido que a diligência promovida pelo Tribunal de Contas possui o caráter de *recomendação*,[363] conforme está explicitado na ementa do acórdão lançado no julgamento do Mandado de Segurança nº 21.683-2: "Ao concluir, recentemente, o julgamento do mandado de segurança nº 21.462, o Plenário desta Corte firmou o entendimento de que as recomendações do Tribunal de Contas à autoridade administrativa, feitas em conversão de julgamento de legalidade de aposentadoria em diligência, não obrigam esta a rever o ato administrativo de concessão de aposentadoria para ajustá-lo a tais recomendações, razão por que, se a autoridade administrativa os rever para fazer este ajuste, não está ela atuando como mera executora material das recomendações do Tribunal de Contas, mas sim, é a autoridade que responde pela prática do ato administrativo do ajuste".[364]

Retornando o processo da diligência promovida, o que deve ocorrer dentro do prazo determinado, sob pena do atraso significar óbice à ação do controle, o julgamento deve ser retomado perante o Tribunal Pleno ou a Câmara. Quando o ato apreciado for considerado legal, será determinado o seu registro, circunstância que resulta no aperfeiçoamento do ato, dando-lhe o efeito jurídico de executoriedade definitiva, vinculando a autoridade administrativa.

No entanto, verificada a existência de tisna de ilegalidade, obviamente que o vício constatado macula a validade jurídica do ato, situação em que o julgamento a ser proferido pelo Tribunal de Contas, invariavelmente, deve ser pela negativa de registro ao ato.

Evidentemente que esta decisão denegatória de registro, mais do que uma manifestação de natureza puramente cartorial — não efetuar o registro — tem de possuir um efeito jurídico prático, sob pena

---

[363] STF, MS nº 25519-4-PR, Rel. Min. Octavio Gallotti, *DJ* de 29.08.1997; MS nº 21.466-0-DF, Rel. Min. Celso de Mello, *DJ* de 06.05.94; MS nº 21.462-7-DF, Rel. Min. Octávio Gallotti, *DJ.* de 29.04.1994; MS nº 21.322-1-DF, Rel. Min. Paulo Brossard, *DJ* de 23.04.1993.

[364] STF, MS nº 21.683-2-RJ, Rel. Min. Moreira Alves, *DJ* de 16.12.1994.

de retratar uma ação de controle inócua, sem produção do resultado inibidor que deve ter um organismo controlador.

Conforme já foi salientado neste capítulo, o julgamento de apreciação de legalidade dos atos de admissão, aposentadorias, reformas e pensões, como condição de executoriedade desses atos, tem efeito *ex tunc*, atingindo-os em seu nascedouro. Assim, julgada a ilegalidade do ato, extingue-se a sua executoriedade, devendo ser promovida a sua anulação.

Nos casos de apreciação de legalidade de atos admissionais, com negativa de registro, três são as circunstâncias merecedoras de atenção:

1ª – tratando-se de admissão com eiva de inconstitucionalidade – efetuada sem aprovação prévia em concurso público ou após o seu prazo de validade; sem autorização legal quando se tratar de contratação por excepcional interesse público ou permanência além do prazo fixado em lei – o Tribunal de Contas ao declarar o ato como ilegal e nulo (art. 37, §2, CF), deverá assinar prazo para que a autoridade administrativa promova a desconstituição da admissão (art. 71, IX, CF) e, caso não atendido, sustar a execução do ato impugnado (art. 71, X, CF), buscando estabelecer a responsabilidade do administrador, com vistas à punição referida no §2º do art. 37 da Constituição;

2ª – quando a situação envolver impugnação de admissão por ilegalidade ocorrida em concurso público, o Tribunal de Contas deve proceder com a devida cautela para, no dizer de Seabra Fagundes, "não se constituir em elemento perturbador da segurança e da estabilidade nas relações entre Estado e indivíduo".[365] Contudo, essas cautelas que devem ser tidas para a determinação de desfazimento de um ato, não podem significar uma abdicação da função fiscalizadora, nem devem servir para isentar de responsabilidade o administrador que age de forma contrária à lei. Assim, ficando de forma clara e insofismável que o concurso público é um ato ilegítimo, porque realizado em conflito com textos legais e regulamentares, deve o Tribunal posicionar-se pela nulidade do concurso, negando registro ao ato de admissão dele decorrente.

Declarada a negativa de validade do concurso e da consequente negativa de registro do ato admissional, seguem-se

---

[365] FAGUNDES, Seabra. Parecer revogação de licença para construção: direito à indenização. *Revista de Direto Publico*, n. 16, p. 102.

os procedimentos determinados constitucionalmente: primeiro deve ser assinado prazo para o cumprimento da decisão. Nesse caso, embora a decisão do Tribunal de Contas vincule a autoridade administrativa, tratando-se de nomeação de servidor público decorrente de concurso público, conforme farta jurisprudência dos Tribunais Superiores,[366] para o cumprimento do decidido pelo Tribunal de Contas, o administrador deverá promover inquérito administrativo para a anulação do concurso, na qual fique assegurado o direito de defesa dos servidores atingidos pela medida. Não sendo atendido, o Tribunal deve sustar os atos impugnados, comunicando o fato ao Poder Legislativo;

3ª – quando a negativa de registro envolver empregado público, em razão do mesmo ser admitido através de contrato — contrato de trabalho — de imediato, surge questionamento sobre a possibilidade do Tribunal de Contas determinar a sustação desse tipo de contrato. Antes da Constituição de 1988, discutia-se a quem competia determinar o rompimento do contrato de natureza trabalhista, na medida em que a competência para sustar os contratos em geral pertencia unicamente ao Poder Legislativo.

Com o advento da nova ordem constitucional — Constituição de 1988 — foi estabelecido um regramento específico, dissipando qualquer dúvida que pudesse existir sobre o tema. O inciso III do art. 71 da Constituição Federal estabelece como competência exclusiva e indelegável do Tribunal de Contas a atribuição controladora de apreciar, para fins de registro, a legalidade dos atos de admissão de pessoal, a qualquer título, não permitindo a presunção de que algum tipo de admissão, como a contratação de empregados, possa ficar fora do controle a ser exercido.

Assim, não há que se confundir a competência fixada no inciso III do art. 71 com a contida nos parágrafos 1º e 2º do mesmo artigo da Constituição. O inciso III é uma regra especial destinada ao exame dos atos de admissão, que deve ser procedido de conformidade com as normas do art. 37 (concurso público), tendo em conta o regime jurídico trabalhista, permitido após a nova redação dada ao art. 39 pela Emenda Constitucional nº 19, de 04.06.1998, que retirou a obrigatoriedade de

---

[366] STF: RE nº 108182-1-SP, Rel. Min. Oscar Corrêa, *DJ* de 24.10.1986; RE nº 100555, Rel. Min. Rafael Mayer, *RTJ* 116/668. STJ: RMS nº 199-MA-89129830, Rel. Min. Geraldo Sobral, *DJ* de 22.05.1990; RMS nº 520-MA-9069106, Rel. Min. Pedro Acioli, *DJ* de 11.03.1991. TRF: AC nº 101535-RJ, Rel. Min. José Cândido, *DJ* de 17.03.1988.

regime jurídico único na Administração Pública, assim como o previsto no §1º do art. 173 (regime celetista para as organizações paraestatais), não podendo ser confundida com as normas contidas nos parágrafos 1º e 2º do art. 71 da Constituição, porque visam à proteção de outras situações jurídicas de ordem contratual.

A primeira tem o sentido de resguardar a legalidade e a moralidade do ingresso de pessoal no serviço público, destinando a competência de atuação sobre esses fatos ao Tribunal de Contas, o qual, mediante a negativa de registro, pode declarar a nulidade do contrato de trabalho, nos termos da previsão do §2º do art. 37 da Constituição. A segunda reporta-se aos contratos em geral, visando a correta aplicação dos dinheiros públicos, tendo em conta os princípios da legalidade, legitimidade e economicidade, estabelecendo uma competência escalonada — Tribunal de Contas e Poder Legislativo — quanto ao poder de sustação desses contratos, circunstância em que a competência de sustação pertence ao Poder Legislativo, com o Tribunal de Contas podendo sustar esses atos somente nos casos de omissão do Legislativo.

Dessa forma, torna-se incontestável a competência do Tribunal de Contas para proceder à apreciação de legalidade dos atos de admissão de natureza trabalhista e, no exercício dessa função, decidir pela negativa de registro dos atos ilegais, determinando a sua consequente desconstituição.

Contudo, essa declaração de nulidade do ato que envolve contrato de natureza trabalhista atinge tão somente o direito de permanência do servidor no serviço público — resilição do contrato — razão pela qual lhe fica assegurado o direito à percepção das verbas rescisórias, mas do fato, inquestionavelmente, resultando na promoção de punição da autoridade responsável, conforme disposição expressa contida no §2º do art. 37 da CF. No entanto, embora assim deva ser procedido, descabe devolução dos valores pagos a título de salário, durante a vigência do contrato de trabalho anulado. Houvesse a devolução desses valores, ocorreria o enriquecimento sem causa por parte do Poder Público que, usufruindo dos serviços do servidor, ainda teria a restituição das quantias pagas a esse título.[367]

---

[367] O Judiciário tem se manifestado a respeito do assunto, posicionando-se no sentido de que a devolução de salários importaria em enriquecimento sem causa do Poder Público, conforme demonstram as seguintes decisões do STF: Agravo de Instrumento nº 125.262-6 (AgRg) – Rio de Janeiro. Min. Relator Moreira Alves. Primeira Turma, Sessão de 14.06.1982. *DJ* 21.10.1988; Recurso Extraordinário nº 100.960-5 – Bahia. Min. Relator Soares Munhoz. Primeira Turma, Sessão de 08.11.1983. *DJ* 25.11.1983. O Tribunal de Contas do RS, na esteira das decisões judiciais, também possui jurisprudência pacífica pela não devolução de salários quando o ato admissional tem negado o seu registro e,

CAPÍTULO 8
COMPETÊNCIAS CONSTITUCIONAIS E LEGAIS ESPECÍFICAS DO TRIBUNAL DE CONTAS | 359

Quanto aos atos inativatórios e de pensões, conforme já foi reiteradamente dito, a decisão do Tribunal de Contas pela negativa de registro aos atos de aposentadorias, reformas e pensões, por constatar o vício de ilegalidade que desautoriza a validade jurídica do ato, ocasiona a perda de sua eficácia, tornando o ato inexequível, motivo que vincula, obrigatoriamente, o administrador a proceder à desconstituição do ato, com o servidor devendo retornar à atividade funcional e ser cessado o pagamento dos benefícios impugnados. Nesse caso, do mesmo modo que os atos admissionais, deve o Tribunal de Contas assinar prazo para que o administrador adote as medidas necessárias ao exato cumprimento da lei (art. 71, IX, CF) e, não sendo atendido, sustar a execução do ato impugnado, comunicando a decisão ao Poder Legislativo (art. 71, X, CF).

Por fim, como repercussão jurídica decorrente da apreciação de legalidade dos atos de admissão, aposentadorias, reformas e pensões, é de ser ressaltada a necessidade de agilização da Corte de Contas no exercício dessa função constitucional, tendo em vista que o decurso do tempo pode inviabilizar a impugnação de ato por ilegalidade. Conforme o exame realizado no tópico destinado às admissões (8.4.1), depois de determinado período, fica vedada a possibilidade de decretação de nulidade de ato expedido com ilegalidade, pois, no âmbito federal, assim como em muitos Estados da federação, foi editada lei fixando, como prazo decadencial, o período de cinco anos para a Administração Pública anular os atos praticados com ilegalidade ou ilegitimidade (Lei Federal nº 9.784, de 29 de janeiro de 1999, art. 54).[368]

Dessa forma, vencido o prazo decadencial fixado pela lei, por ser relativo à caducidade do direito, resta decaído o direito que a Administração tem para anular ato ilegal ou ilegítimo. Assim, o exame de legalidade realizado pelo Tribunal de Contas deve ocorrer, no máximo, dentro desse período, sob pena de não poder haver negativa de validade ao ato ilegal, por decurso do tempo.

---

consequentemente, resulta na demissão do servidor (Processos nºs 6441-02.00/95-2, 9324-02.00/01-2 e 3037-02.00/02-2).

[368] Mandado de Segurança nº 25.525 – Distrito Federal – STF – Rel. Min. Marco Aurélio, Sessão do Tribunal Pleno de 17.02.2.010; REsp 1200981/PR (2010/0130375-0) – STJ – Primeira Turma – Rel. Min. Arnaldo Esteves Lima, Sessão de 05.10.2010; AgRg no Ag nº 1268225/SC (2010/0009307-8) – STJ – Quinta Turma – Rel. Min. Napoleão Nunes Maia, Sessão de 07.10.2010; e REsp nº 1148460/PR (2009/0030518-0) – STJ – Segunda Turma – Rel. Min. Castro Meira, Sessão de 19.10.2010.

8.5 Realização de auditorias e inspeções

Por determinação do art. 71, IV, da Constituição Federal é da competência do Tribunal de Contas realizar, por iniciativa própria, da Câmara dos Deputados, do Senado Federal, de Comissão Técnica ou de Inquérito, inspeções e auditorias de natureza contábil, financeira, orçamentária, operacional e patrimonial, nas unidades administrativas dos Poderes Legislativo, Executivo e Judiciário, incluindo-se as entidades da Administração indireta, as fundações e as sociedades instituídas e mantidas pelo Poder Público. Por força do estatuído no art. 75 da Constituição, esta competência de realizar inspeções e auditorias também é aplicável aos Tribunais de Contas dos Estados e Municípios.

A auditoria é uma técnica oriunda do setor privado que, tendo como referência o exame documental e a escrituração contábil, busca verificar os resultados de movimentos físicos de operações financeiras ou atos gerenciais, assim como a regularidade dos atos e registros concernentes ao manuseio de dinheiros e patrimônio empregados em determinada atividade econômica. Esta atividade técnica foi, na Antiguidade, inicialmente utilizada pelos sumérios e babilônios, sendo difundida no Brasil a partir das primeiras expedições marítimas e, posteriormente, com a instalação de empresas estrangeiras que estavam habituadas ao controle de suas operações, os dirigentes de empresas nacionais mudaram os seus hábitos e passaram a adotar a técnica da auditoria para o controle gerencial e operacional.[369]

Na órbita pública, é relativamente recente a utilização do procedimento técnico chamado auditoria. Rompendo com o sistema de controle prévio adotado pela Constituição de 1946, cuja concepção de controle estava regulada pelo antigo Código de Contabilidade da União (Decreto Legislativo nº 4.536, de 28.01.1922), a Constituição de 1967, na esteira das novas normas gerais de direito financeiro estatuídas para elaboração e controle dos orçamentos e balanços da União, Estados, dos Municípios e do Distrito Federal, editadas pela Lei Federal nº 4.320, de 17.03.1964, implementou o sistema de Fiscalização Financeira e Orçamentária, assentado na dualidade de controle — controle externo e controle interno — cuja sistemática de atuação passou a independer do tempo — prévio, concomitante ou *a posteriori* — com execução via procedimento de auditoria e julgamento das contas dos administradores públicos, com o Decreto-Lei nº 200/67 (art. 75), juntamente com o Decreto-Lei nº 199/1967 (art. 36), procedendo na regulamentação da auditoria financeira e orçamentária a ser exercida pelo Tribunal de Contas.

---

[369] CRUZ, Flávio da. *Auditoria governamental.* São Paulo: Atlas, 1997. p. 21-24.

CAPÍTULO 8
COMPETÊNCIAS CONSTITUCIONAIS E LEGAIS ESPECÍFICAS DO TRIBUNAL DE CONTAS | 361

Essa regulamentação fixou que, para o exercício da auditoria financeira e orçamentária, o Tribunal de Contas deverá tomar conhecimento, pela sua publicação no *Diário Oficial*, da Lei orçamentária anual, dos orçamentos plurianuais de investimentos, da abertura dos créditos adicionais e correspondentes atos complementares; receberá ainda uma via dos atos relativos à programação financeira de desembolso, dos balancetes de receita e despesa, dos relatórios dos órgãos administrativos encarregados do controle financeiro e orçamentário interno e do rol dos responsáveis.

Na atualidade, os procedimentos de auditoria foram, em muito, aprimorados, com os Tribunais de Contas Brasileiros exercendo essa atividade mediante *manuais de auditoria*, que propiciam uma ação técnica mais apropriada de avaliação dos atos do Poder Público. Quanto mais atualizados, integrados e sistematizados forem os instrumentos disponíveis de aferição, invariavelmente melhores serão os resultados da fiscalização realizada.

Nesse contexto, para uma melhor compreensão dessa técnica de fiscalização, impõe-se delinear o conceito de auditoria. O conceito de auditoria tem tido uma evolução célere, na medida em que deve acompanhar as novas técnicas administrativas, tendo em conta a legislação editada para a execução das funções do Estado. Assim, pode-se dizer que não há um conceito abrangente de auditoria, com aceitação generalizada, alcançando o público e o privado.

Por isto, com orientação voltada para o controle das finanças públicas, torna-se imprescindível realçar as tentativas de harmonização do conceito em nível internacional, realizadas pelas instituições superiores de controle, como a INTOSAI,[370] que colocou em seu glossário, também adotado pelo Tribunal de Contas da União (Portaria nº 63/1996 – glossário) e pelo Manual Nacional de Auditoria Governamental,[371] a seguinte conceituação: "Auditoria é o exame das operações, atividades e sistemas de determinada entidade, com vistas a verificar se são executados ou

---

[370] INTOSAI é a sigla de sua denominação em inglês — *International Oranization of Supreme Audit Institutions* — da Organização Internacional das Instituições Superiores de Controle das Finanças Públicas, com sede junto ao Tribunal de Contas da Áustria. Trata-se de uma entidade internacional, reconhecida pela Nações Unidas, que congrega Instituições Superiores de Controle (Tribunais de Contas e Controladorias), com a finalidade de promover o intercâmbio de experiências sobre vários aspectos atinentes ao controle das finanças públicas, mediante congressos internacionais, seminários, grupos regionais de estudos, comissões permanentes e outras atividades.

[371] PARANÁ. Tribunal de Contas do Estado. SZÉLICA, Aldemir Amaury; ARCO VERDE, Alcides Jung (Coord.). *Manual Nacional de Auditoria Governamental*. Paraná: Tribunal de Contas do Estado do Paraná, 1999. v. 1, p. 5.

funcionam em conformidade com determinados objetivos, orçamentos, regras e normas".

Definido o que seja auditoria, impõe-se verificar a distinção entre inspeção e auditoria, na medida em que o inciso III do art. 71 da Constituição estabelece como competência do Tribunal de Contas realizar *inspeções e auditorias* de natureza contábil, financeira, orçamentária, operacional e patrimonial. Auditoria é gênero que comporta todo o tipo de exame e verificação — documental ou fático — de operações, atividades e sistemas das entidades do Poder Público. Inspeção é verificação efetuada no local do órgão auditado — *in loco* — para exame da atuação gestora na forma como está se processando. Assim, inspeção é espécie do gênero auditoria. Toda a inspeção é um procedimento de auditoria, mas nem toda auditoria é efetuada por inspeção.

Consoante à determinação constitucional, com vista ao atingimento dos objetivos da fiscalização, mediante o sistema de auditorias, mercê do cumprimento de princípios constitucionais — legalidade, legitimidade e economicidade — nos fatores contábil, financeiro, orçamentário, operacional e patrimonial, três aspectos são imprescindíveis de abordagem em auditoria: a) a auditoria financeira e orçamentária que utiliza a técnica com enfoque, principalmente, na análise das transações financeiras ou patrimoniais, registros, sistemas contábeis e orçamentários; b) a auditoria de legalidade que objetiva a constatação se todos os atos, fatos e operações administrativo-financeiras estão de acordo com o plano de governo, com as leis, regulamentos e demais normas jurídicas; c) a auditoria operacional que, sob o enfoque da eficiência, eficácia e economicidade da ação governamental, busca verificar o grau de eficiência da Administração pelos resultados apurados, examinando como são administrados e gastos os dinheiros públicos no atendimento dos objetivos do Estado.

Embora a auditoria seja um método, um meio de fiscalização[372] de extrema relevância, ele não se esgota em si mesmo. A auditoria é levantamento de dados, com verificação dos aspectos de legalidade e apuração dos resultados da gestão administrativa, no sentido de instrumentalizar adequadamente outras funções do Tribunal de Contas, como o julgamento de contas e a apreciação de legalidade de atos admissionais, inativações e pensões.

---

[372] FERRAZ, op. cit., p. 160-161. O autor entende que as inspeções e auditorias devem ser encaradas como processos-meio, colocadas à disposição do Tribunal de Contas para o exercício de atribuições corretivas, introdutórias, de reexame, educativas e de conhecimento.

CAPÍTULO 8
COMPETÊNCIAS CONSTITUCIONAIS E LEGAIS ESPECÍFICAS DO TRIBUNAL DE CONTAS | 363

É justamente por esse fator que o Tribunal de Contas da União, quando regulamenta a matéria em seu Regimento Interno (Resolução Administrativa nº 155, de 04.12.2002, alterada pela Resolução TCU nº 246, de 30.11.2011, arts. 239 e 240), define auditoria como o instrumento de fiscalização utilizado pelo Tribunal (art. 239), para:

I – examinar a legalidade e a legitimidade dos atos de gestão dos responsáveis sujeitos a sua jurisdição, quanto ao aspecto contábil, financeiro orçamentário e patrimonial;

II – avaliar o desempenho dos órgãos e entidades jurisdicionadas, assim como dos sistemas, programas projetos e atividades governamentais, quanto aos aspectos da economicidade, eficiência e eficácia dos atos praticados;

III – subsidiar a apreciação dos atos sujeitos a registro.

Por sua vez, no art. 240 daquele Regimento Interno, inspeção é o instrumento de fiscalização utilizado pelo Tribunal para suprir omissões e lacunas de informações, esclarecer dúvidas ou apurar denúncias e representações quanto à legalidade, legitimidade e economicidade de fatos da Administração e dos atos administrativos praticados por qualquer responsável sujeito à sua jurisdição.

Saliente-se, ainda, que nenhum processo, documento ou informação pode ser sonegado ao Tribunal de Contas em suas inspeções e auditorias, sob qualquer pretexto (art. 245 do RI do TCU), porque, houvesse a sonegação de importantes documentos comprobatórios de ilicitudes praticadas, o método como técnica seria falho, deixando de produzir os resultados esperados pelo sistema de fiscalização. Por isso, mesmo tratando-se de um princípio de controle, é necessária e importante essa previsão regimental do Tribunal de Contas da União que, de resto, tem sido adotada pelos Tribunais de Contas estaduais e municipais, como no caso do Rio Grande do Sul que deu *status* constitucional à regulamentação, colocando nos dispositivos dos parágrafos 2º e 3º do art. 71 da Constituição Estadual, a seguinte normatização: "O Tribunal de Contas terá amplo poder de investigação, cabendo-lhe requisitar e examinar, diretamente ou através de seu corpo técnico, a qualquer tempo, todos os elementos necessários ao exercício das suas atribuições" e "não poderá ser negada qualquer informação, a pretexto de sigilo, ao Tribunal de Contas".

Portanto, tratando-se de fiscalização da administração financeira do Estado, envolvendo dinheiros, bens e valores públicos, como princípio de controle expresso em determinação legal, é imprescindível a exigência do acesso a todos os processos, documentos e elementos necessários ao exercício das atribuições de controle externo do Tribunal de Contas, na medida em que este se constitui em fator de eficácia da fiscalização financeira e orçamentária sistematizada constitucionalmente.

Relevante também é o fato de a Constituição estabelecer que, somente por iniciativa própria ou do Poder Legislativo, o Tribunal de Contas procederá na realização de inspeções e auditorias. Este é um fator de autonomia e independência do órgão fiscalizador que não pode, nem deve, submeter-se aos entes fiscalizados, com envolvimento do seu programa de trabalho. Fosse permitida tal intromissão, haveria uma inversão na atuação dos organismos, com o absurdo do fiscalizado passando a conduzir os trabalhos do fiscal. No entanto, nesse aspecto, a permissão constitucional dada ao Legislativo não é conflitante, na medida em que o Legislativo, como Poder, é o detentor do controle externo e possui a competência para julgar as contas do Chefe do Poder Executivo. Assim, lógica a possibilidade do Legislativo poder solicitar ao Tribunal de Contas a realização de inspeções e auditorias para melhor cumprir as suas funções julgadoras, sem que isto venha a significar fissura na autonomia do órgão executor do controle externo.

Fora desse contexto, nenhum outro órgão ou Poder — Executivo, Judiciário ou Ministério Público — de forma administrativa ou judicial, pode determinar, requerer ou requisitar inspeções e auditorias ao Tribunal de Contas, comandando o trabalho de fiscalização do órgão executor do controle externo. O que pode ser requerido ou requisitado, no exercício da competência judicial, são processos, documentos ou cópias de trabalhos já executados pelo Tribunal de Contas, o que não pode ser confundido com determinar como, quando e onde deverão ser realizadas as inspeções e auditorias.

Contudo, o Tribunal de Contas, como organismo de fiscalização estatal que age em nome do Estado para o atendimento das finalidades públicas, não raro, de acordo com a suas possibilidades materiais, deve atender, como efetivamente tem procurado atender, às solicitações de inspeções e auditorias (exemplificativamente é o que ocorre no Tribunal de Contas do Rio Grande do Sul), especialmente do Ministério Público e Judiciário, para esclarecer situações que envolvam ilicitudes praticadas pelos administradores públicos, no sentido de levantar os elementos necessários a uma definição dos problemas, a fim de que a sociedade tenha uma pronta resposta sobre as questões sérias que envolvam o gerenciamento de dinheiros, bens e valores públicos.

CAPÍTULO 9

COMPETÊNCIAS COMPLEMENTARES

9.1 Outras atribuições e deveres destinados ao Tribunal de Contas

Para o exercício das funções de controle constantes do sistema de fiscalização contábil, financeiro e orçamentário, ao Tribunal de Contas são destinadas competências específicas como a de realizar inspeções e auditorias, apreciar a legalidade dos atos de admissão, aposentadorias, reformas e pensões e de julgamento de contas. Contudo, para o exercício dessas competências específicas, as quais estão analisadas no capítulo 8, também devem ser exercidas outras atribuições, com a finalidade de complementar as competências específicas e dar maior viabilização ao controle que deve ser executado. Essas atribuições e deveres complementares consubstanciam-se em: *representação, ouvidoria, informação, fiscalização dos recursos repassados pela União aos entes federados, função consultiva, função pedagógica, realização de audiências públicas, participação de "amicus curiae", modulação dos efeitos da decisão e medidas acautelatórias.*

9.1.1 Representação

Consoante o disposto no inciso XI do art. 71 da Constituição o Tribunal de Contas deve "representar ao Poder competente sobre irregularidades ou abusos apurados" no exercício do controle da administração contábil, financeira, orçamentária, operacional e patrimonial, tendo em conta os princípios da legalidade, legitimidade e economicidade.

Este dever de representação do Tribunal de Contas objetiva alertar ao Poder competente — seja o Executivo, o Legislativo ou o Judiciário — sobre os procedimentos irregulares ou abusos constatados no âmbito de suas administrações, com a finalidade de serem tomadas medidas corretivas imediatas para o cessamento dessas irregularidades ou abusos, com adoção de providências para o afastamento ou apuração de responsabilidade dos culpados.

Nesse caso, não se trata de assinar prazo para o administrador adotar medidas de restabelecimento da legalidade. Mas sim, de representação ao Poder para que este saneie as irregularidades ou abusos apurados na órbita de sua competência.

9.1.2 Ouvidoria

A condição de ouvidoria dada ao Tribunal de Contas é uma inovação da Constituição de 1988, que estimula a participação popular no processo de fiscalização contábil, financeira e orçamentária, consoante a norma inscrita no §2º do art. 74, nos seguintes termos: "qualquer cidadão, partido político, associação ou sindicato é parte legítima para, na forma da lei, denunciar irregularidades ou ilegalidades perante o Tribunal de Contas".

Com esta possibilidade de receber denúncias, o Tribunal de Contas assume uma função equiparada à do *Ombudsman* dos países nórdicos, que tem a missão de controlar a administração do Estado, civil e militar, a fim de cuidar que quem exerça a função pública a desempenhe com o máximo de responsabilidade e eficácia.[373] Assim, esta competência para apurar denúncias retrata uma forma de ouvidoria do Estado, entretanto, com uma diferença fundamental no que se refere ao poder de controle e sanção ostentada pelo órgão ouvidor, o Tribunal de Contas.

Caio Tácito, ao examinar a transposição do sistema *Ombudsman* para o Brasil, encara com ceticismo esta possibilidade, sob o argumento de que o sistema é mais suasório do que coercitivo, por não ter competência anulatória, nem disciplinar ou criminal.[374] Do mesmo modo, Odete Medauar entende que no Brasil, diferentemente dos

---

[373] SILVA, 2005, p. 570.

[374] TÁCITO, Caio. O controle da administração e a nova Constituição do Brasil. *Revista de Direito Administrativo*, n. 90, p. 23-29, out./dez. 1967.

países nórdicos, os tradicionais meios de controle da Administração demonstram insuficiência para aplicação do instituto.[375]

Contudo, face às peculiaridades que envolvem essa nova atribuição, não encaramos com o mesmo ceticismo esta prerrogativa concedida constitucionalmente para o Tribunal de Contas. Primeiro que favorece a participação popular no sistema de fiscalização, estimulando e regrando a formulação de denúncias, com ampliação da abrangência controladora. Segundo que o Tribunal de Contas, no exercício do controle externo, possui competências anulatórias e sancionadoras claramente expressas no texto constitucional. Portanto, no exercício dessa competência complementar, o Tribunal de Contas tem condições de, tão logo recebida a denúncia, averiguar os fatos e tomar as medidas cabíveis, tanto no que se refere à anulação ou sustação de atos, quanto no que se refere a penalizações pecuniárias ou administrativas.

A experiência na aplicação desse dispositivo constitucional tem demonstrado a sua validade como instrumento de controle, funcionando na defesa do interesse público. Os Cidadãos e as organizações, de um modo geral, têm efetuado um grande número de denúncias ao órgão de controle e o Tribunal de Contas, por sua vez, tem procurado agir com celeridade na apuração dos fatos, tomando as medidas necessárias para a sustação dos atos irregulares e a responsabilização daqueles apurados em culpa. Por esse motivo, entendemos esta nova função como um dos mais relevantes avanços no aperfeiçoamento do sistema de controle das contas públicas.

9.1.3 Informação

Prestar informações ao Poder Legislativo é um dever constitucional do Tribunal de Contas, de cumprimento inescusável, que está normatizado sob duas ordens: uma é quando são solicitadas as informações e outra é de encaminhamento regular.

Conforme determinação contida no art. 71, VII, da Constituição, o Tribunal de Contas tem o dever de prestar as informações solicitadas pelo Congresso Nacional, por qualquer de suas Casas, ou por qualquer das respectivas Comissões, sobre a fiscalização contábil, financeira, orçamentária, operacional e patrimonial e sobre resultados de auditorias e inspeções realizadas.

Sendo o Poder Legislativo o detentor do controle externo, com a competência de julgar as contas do Chefe do Poder Executivo, cabe

---

[375] MEDAUAR, 1993, p. 157-158.

a ele solicitar as informações que entender como importantes ao órgão executor do controle externo, o Tribunal de Contas, e este tem o dever de as prestar, não podendo se escusar do seu cumprimento.

Este dever compulsório de prestar as informações solicitadas tem dado margem a algumas controvérsias, quando as informações envolvem processos ainda não julgados ou que contenham matéria protegida por sigilo. Alguns manifestam que processos não julgados não possuem informações precisas, não decididas, por isto não devem ser fornecidas. Quando o Tribunal de Contas coleta dados protegidos por sigilo, a exemplo do sigilo bancário, ele se torna detentor do sigilo não podendo divulgá-lo.

Contudo, sendo o Poder Legislativo o detentor do controle externo, não me parece possível que possa ser recusada alguma informação por ele solicitada. O que deve é o Tribunal de Contas comunicar que se trata de matéria não decidida ou que contém matéria protegida por sigilo, por isto as informações são fornecidas sob reserva, ficando o legislativo como detentor do sigilo, assumindo a responsabilidade decorrente.

Como este dever de prestar informações, por força do estatuído no art. 75 da Constituição, tem aplicação nos Tribunais de Contas dos Estados e Municípios, para o Tribunal de Contas do Estado do Rio Grande do Sul, a Constituição estadual adotou uma providência normativa interessante, na medida em que determina que estas informações serão prestadas em caráter reservado, consoante a seguinte redação: "a Mesa ou as Comissões da Assembleia Legislativa poderão requisitar, em caráter reservado, informações sobre inspeções realizadas pelo Tribunal de Contas, ainda que as conclusões não tenham sido julgadas ou aprovadas" (art. 71, §4º, CE do RS).

A outra obrigação de prestar informações consta do §4º do art. 71, em que é determinado que o Tribunal de Contas encaminhará ao Congresso Nacional, trimestral e anualmente, relatório de suas atividades. Este encaminhamento, trimestral e anual, de relatório de atividades constitui-se também de um dever compulsório da Corte de Contas, no sentido de informar como está procedendo na execução do controle externo, tendo em conta a fiscalização que deve realizar. É quase uma prestação de contas das suas atividades, mas o seu caráter é informativo.

9.1.4 Fiscalização de recursos repassados pela União a entes federados

Menciona o inciso VI do art. 71 da Constituição que ao Tribunal de Contas da União compete fiscalizar a aplicação de quaisquer recursos repassados pela União mediante convênio, acordo, ajuste ou outros instrumentos congêneres, a Estado, ao Distrito Federal ou ao Município. Esse dispositivo constitucional possui regramento dispensável, na medida em que recursos repassados pela União a Estados, Distrito Federal e Municípios, estão albergados no contexto do regramento do art. 70 e parágrafo único, sujeitando-se à fiscalização do Tribunal de Contas da União, com o julgamento da prestação de contas dando-se na forma dos incisos I e II do art. 71, não havendo, por isso, necessidade de norma específica para estabelecimento da competência fiscalizadora.

No entanto, esta competência de fiscalização fica adstrita às autoridades administrativas federais que estão no comando dos organismos federais e efetuam o repasse de recursos financeiros, sem alcançar os administradores dos Estados, Distrito Federal e Municípios. A verba federal, quando repassada ao Estado, Distrito Federal ou Município, integra o patrimônio daquela unidade federativa e, via de consequência, insere-se na competência dos Tribunais de Contas locais.

Provavelmente por esse fato tenha sido editada a Lei nº 9.604, de 05.02.1998, regulamentando a prestação de contas da aplicação dos recursos financeiros oriundos do Fundo Nacional de Assistência Social, em cujo art. 1º são delegadas atribuições de fiscalização do Tribunal de Contas da União para os Tribunais de Contas Estaduais e Municipais, mas sem afastar a possibilidade da prestação de contas dos recursos se darem perante o Tribunal de Contas da União, criando uma posição hierárquica do TCU frente aos Tribunais de Contas Estaduais e Municipais.

Evidentemente que tal situação reguladora não poderia subsistir. O Supremo Tribunal Federal, julgando ação direta de inconstitucionalidade interposta pela ATRICON, Associação dos Membros dos Tribunais de Contas do Brasil, deferiu pedido de medida liminar para suspender a eficácia do art. 1º da Lei nº 9.604/98, por inconstitucionalidade do sistema de prestação de contas adotado por esse dispositivo legal, com o eminente Relator, Min. Moreira Alves, assentando em seu voto: "até porque não há hierarquia entre eles, mas distribuição de competências em conformidade com a referida esfera no plano federativo".[376]

Contudo, embora tenha procedido a essa concessão de medida liminar, o STF reconheceu a competência constitucional do Tribunal de Contas da União para fiscalizar os recursos repassados aos Estados, Distrito Federal e Municípios, razão pela qual a prestação de contas dos responsáveis pela aplicação desses valores deve se dar perante o TCU.

---

[376] STF, ADIN nº 1.934 – 7 – DF, Rel. Min. Moreira Alves, DJ de 22.10.1999.

Para resolução desses problemas de competências, o Tribunal de Contas da União e os Tribunais de Contas dos Estados, Distrito Federal e Municípios têm celebrado convênios delimitando os termos de competência fiscalizadora, no sentido de melhor viabilizarem o controle desse tipo de recurso público.

9.1.5 Função consultiva

A função consultiva, mesmo sem previsão em nível constitucional, tem sido uma das mais relevantes atribuições complementares do Tribunal de Contas, por ser fator que propicia o esclarecimento dos administradores públicos sobre as normas e procedimentos relativos a fiscalização contábil, financeira, orçamentária, operacional e patrimonial. Tanto que o Supremo Tribunal Federal, em julgamento de ação direta de inconstitucionalidade, reconheceu esta competência complementar do TCU, dizendo da validade das suas decisões proferidas em consultas, face o disposto na Lei nº 8.443/92.[377]

A Lei Orgânica do Tribunal de Contas da União (Lei nº 8.443, de 16.07.1992), estabelece como atribuição da Corte decidir sobre consulta que lhe seja formulada por autoridade competente a respeito de dúvida suscitada na aplicação de dispositivos legais e regulamentares concernentes a matéria de sua competência, na forma regulada no Regimento Interno (art. 264, Resolução nº 155, de 04.12.2002). Esta providência legal e regimental tem sido adotada no âmbito dos Tribunais de Contas estaduais, do Distrito Federal e dos Municípios,[378] porque efetivamente trata-se de uma atividade relevante, no sentido de evitar que sejam cometidas irregularidades ou ilegalidades, por dúvidas de aplicabilidade de procedimentos técnicos ou de dispositivos legais.[379]

Assim, considerando que o objetivo fiscalizador é de manter uma sindicância permanente sobre a utilização e administração dos bens e

---

[377] STF, ADIN nº 1.691-7 – DF, Tribunal Pleno, Rel. Min. Moreira Alves, *DJ* de 28.11.1997.

[378] O Tribunal de Contas do Rio Grande do Sul regulamentou o instituto da consulta no art. 138 e parágrafos do seu Regimento Interno (Resolução nº 544/2000, atualizada até a Resolução nº 901/2010) — "consulta é o procedimento através do qual são suscitadas dúvidas na aplicação de dispositivos legais e regulamentares, concernentes à matéria de competência do Tribunal de Contas" , e em decorrência da intensa atividade consultiva criou um setor específico para esse fim, a Consultoria Técnica.

[379] CITADINI, op. cit., p. 54. O autor refere que, no caso da consulta, "a ação do Tribunal tem o sentido claro de preservar, na legislação nascente a visão global das normas de finanças e contabilidade, bem como sua vinculação com a fiscalização", manifestando nas notas 74 e 75 que isto ocorre em grande intensidade, por exemplo, no Tribunal de Contas da Comunidade Econômica Europeia, no Japão e na Itália.

dinheiros públicos, a fim de evitar a sua malversação e possibilitar o estabelecimento de um clima de confiança que crie uma estabilidade comportamental na gerência e administração das finanças estatais, no sentido dos bens e recursos financeiros serem convenientemente utilizados pelos administradores públicos para o atendimento das necessidades coletivas, cabe ao Tribunal de Contas, como órgão executor do controle externo, esclarecer as dúvidas das autoridades administrativas, no sentido de evitar o cometimento de falhas que possam ocasionar prejuízos de natureza financeira ou a finalidade pública dos serviços.

Trata-se de uma função complementar no sistema de controle que, em muitas circunstâncias, assume o caráter de essencialidade, em face da precariedade técnico-administrativa de muitas unidades federadas. Se esta atividade consultiva é importante no âmbito federal, em que existe uma reconhecida qualificação administrativa dos órgãos e Poderes, ela se torna muito mais relevante na órbita dos demais entes federados, na qual, ao contrário do Governo Federal — o que vale dizer: em grande parte dos Estados e na maioria absoluta dos municípios — há carência de qualificação profissional e administrativa para a realização das funções públicas, fato que realça a necessidade dos esclarecimentos técnicos prestados pelo Tribunal de Contas.

Todavia, na função consultiva, conforme a tradição brasileira de controle, a resposta à consulta tem caráter normativo e constitui prejulgamento da tese, mas não do fato ou caso concreto, conforme demonstram as regulamentações efetuadas pelos Tribunais de Contas que, a esse exemplo, menciona-se a do art. 1º, §2º, da Lei Orgânica do Tribunal de Contas da União e do §2º do art. 108 do Regimento Interno do Tribunal de Contas do Rio Grande do Sul.

9.1.6 Função pedagógica

Desde a promulgação da Emenda Constitucional nº 19, de 04.06.1998, que existe a obrigatoriedade da União, dos Estados e do Distrito Federal manterem escolas de governo para a formação e o aperfeiçoamento dos servidores públicos. Como modo de suprir as eventuais dificuldades para o cumprimento dessa exigência constitucional é facultada a celebração de convênios ou contratos entre os entes federados (§2º do art. 39 da CF/1988, com a redação dada pela Emenda Constitucional nº 19/1998), no sentido de que, em regime de colaboração, possa haver a formação e o aperfeiçoamento dos servidores, uns dos outros, entre os organismos federados. Os municípios, por razões fáticas e realísticas de não possuírem, em sua quase totalidade, condições de manterem escolas desse nível, deixam de participar dessa obrigação constitucional. Contudo, não estão impedidos de celebrarem convênios e contratos com os seus Estados, para a utilização das respectivas escolas.

Como bem ressalta Jessé Torres Pereira Junior, "trata-se de 'escolas de governo', o que significa que os servidores nelas deverão encontrar conteúdos que lhes ampliem o horizonte sistêmico de atuação (visão de conjunto do universo em que exercem ou exercerão funções, com suas interfaces definidas e exploradas), bem assim a compreensão do sentido político-administrativo do cargo e de suas funções (no âmbito do Poder em que inseridos e nas relações com os demais Poderes e com a Sociedade), de modo a torná-los aptos para encaminhar ou decidir, com adequação e presteza, legitimidade e economicidade, as questões atinentes às respectivas competências".[380]

No entanto, esta admirável inovação constitucional de estipular como dever do Estado, a obrigação de investir no corpo funcional, criando escolas de formação e aperfeiçoamento, no sentido de haver mais do que formação, mas também a atualização e o aprimoramento profissional do servidor público, a fim de que este preste melhores serviços à sociedade, conforme a função que desempenha no órgão ou entidade estatal, lamentavelmente, tem tido pouca ou nenhuma resposta por parte dos Estados.

Como consequência lógica, não havendo escolas de governo no âmbito do Estado, os municípios como os mais necessitados de investimentos dessa natureza — são os mais carentes em qualificação funcional — ficam sem a possibilidade de usufruírem dessas escolas especializadas, tendo de buscarem outros meios para a formação e o aperfeiçoamento de seus servidores.

Os Tribunais de Contas brasileiros, como órgãos de controle, têm o privilégio de contar com um corpo de servidores altamente qualificado e preparado para o exercício da função, com formação universitária eclética (direito, contabilidade, economia, administração, engenharia, etc.) e atualização permanente em sua formação profissional e na sua atividade de controle, inclusive com cursos de especialização, mestrado e doutorado.

Evidentemente que um grupo de profissionais de tal qualificação reunidos em um único lugar é, além de raro, motivo para um aproveitamento mais abrangente de suas qualidades, a fim de que haja uma produção de serviços que resultem em maior satisfação à sociedade. A utilização desse corpo funcional qualificado na formação e

---

[380] PEREIRA JUNIOR, Jessé Torres. *Da reforma administrativa constitucional*. Rio de Janeiro: Renovar, 1999. p. 208.

CAPÍTULO 9
COMPETÊNCIAS COMPLEMENTARES | 373

aprimoramento de outros quadros funcionais dos Estados e Municípios é fator compatível com sua responsabilidade funcional e da própria filosofia do sistema de controle — funcionário melhor preparado reduz a margem de erros e falhas e produz melhor serviço ao cidadão. Dessa forma, os Tribunais de Contas, conscientes dessa sua responsabilidade de função controladora e social, estabelecendo como filosofia de controle que é melhor ensinar e aprimorar do que penalizar — para a sociedade é mais importante ter serviços públicos honestos, adequados e eficientes do que administradores penalizados — passaram a desenvolver uma função pedagógica, realizando encontros técnicos, seminários, programas de orientação e cursos específicos em cada área de conhecimento, promovendo a formação e o aprimoramento dos servidores públicos, especialmente os dos municípios.

Modernamente, esta é a mais nova e inovadora função que está sendo exercida pelos Tribunais de Contas. Trata-se de uma função revolucionária, modificadora de hábitos administrativos, que enseja a instalação de novos procedimentos e direciona uma ação administrativa consentânea com os interesses do cidadão. O exemplo mais candente dessa nova perspectiva envolve o entendimento e a aplicação da Lei de Responsabilidade Fiscal. Não fosse a atuação dos Tribunais de Contas brasileiros, produzindo artigos, livros, manuais, cursos e seminários, mas, sobretudo, com uma ação de controle rígida na exigência de cumprimento dos dispositivos legais, certamente, haveria muito mais dificuldades do que houve para a implantação da Lei Complementar nº 101/2000.[381]

Portanto, diante das reformas por que passa a Administração Pública nacional, com uma clara tendência à modernização do aparelho estatal para melhor servir à sociedade, e da perceptível descentralização das decisões da esfera federal para a municipal, entenderam os Tribunais de Contas que era importante terem uma participação mais

---

[381] A exemplo dos demais Tribunais de Contas brasileiros, o Tribunal de Contas do Estado do Rio Grande do Sul elaborou um Manual sobre a Lei de Responsabilidade Fiscal contendo interpretação dos diversos dispositivos legais, modelos de relatórios e de demonstrativos financeiros, orçamentários e patrimoniais, assim como Resoluções normatizadoras da ação fiscalizadora, que foi distribuído a todos os órgãos estaduais e municipais. Foi realizado um programa de informática chamado SIAPC (Sistema Informatizado de Auditorias e Prestações de Contas), como instrumental técnico que facilita e agiliza a prestação de informações para o acompanhamento da lei de responsabilidade fiscal. O Programa foi distribuído, gratuitamente, para todos os órgãos jurisdicionados. O Tribunal de Contas do Rio Grande do Sul possui um setor – a Escola Superior de Gestão e Controle Francisco Juruena – para desenvolver as atividades de formação, treinamento e capacitação para todo o corpo funcional e para os servidores dos órgãos jurisdicionados do Estado e Municípios.

efetiva nessas mudanças. Essa participação concretizou-se na função pedagógica, mediante a realização de eventos que possibilitassem ganhos técnicos, jurídicos e administrativos aos servidores públicos que estão distantes das fontes de conhecimento, necessitando, por isso, com maior frequência, acompanhar e integrar-se a essas mudanças.

Em decorrência dessa função pedagógica exercida pelo órgão executor do controle externo, o Tribunal de Contas tornou-se elemento indispensável para a implantação de novas políticas públicas. Não fosse a atuação dos Tribunais de Contas, orientando e promovendo a qualificação e o aprimoramento técnico dos servidores públicos, especialmente da órbita municipal, juntamente com uma fiscalização severa, com exigência para o cumprimento das disposições constitucionais e legais, certamente haveria inúmeras dificuldades para a implantação do Fundef e aplicação do percentual mínimo destinado à educação (a União no mínimo 18% e os Estados 25% da receita resultante de impostos), assim como para o implemento da Reforma Administrativa, da Reforma Previdenciária e para a aplicação das novas disposições da Lei de Responsabilidade Fiscal e para adoção dos novos dispositivos constitucionais (Emenda Constitucional nº 29/2000) que visam assegurar os recursos mínimos para o financiamento das ações e serviços públicos de saúde.

Portanto, mais do que um órgão de controle, o Tribunal de Contas transformou-se em instrumento necessário e indispensável para a implantação de novas políticas públicas, exercendo uma atividade exigida pela própria sociedade e de absoluto interesse público.

9.1.7 Realização de Audiências Públicas

Em face do novo tipo de Estado moderno, plural transparente e participativo, estão se descortinando cada vez mais espaços para a Audiência Pública. Desnecessário citar, um a um, os vários dispositivos consagradores da Audiência Pública em todos os organismos da Administração, no âmbito dos três Poderes do Estado. Basta ter presente que, em alguns casos, ela assume, junto com os direitos de defesa e dos direitos à prestação, o *status* de direito fundamental à participação, conferindo às pessoas a direito de ativa colaboração em certas deliberações de interesse público.

O fato é que esse instrumento representa avanço inestimável, que aproxima da sociedade civil as instâncias de controle e decisão. Conquanto a lógica e a modelagem, seja do processo judicial, seja do processo administrativo, tenha se delineado mais como troca de argumentos jurídicos, a Audiência Pública propicia, de maneira arejada, que a inesgotável riqueza dos fatos possa iluminar e até surpreender com novos ângulos normativos para atuação e decisão dos organismos de controle externo.

Mais que mera troca de argumentos escritos e jurídicos, a audiência pública permite que, frente a frente, ocorra um melhor exame das consequências como consequências, isto é, em conexão com as ações e com a realidade sob a qual incidem. Já que o escrutínio dos efeitos das deliberações (administrativas, judiciais ou "quase-judiciais"[382]), quer queiram, quer não, será realizado, então melhor que seja às claras, de forma aberta, garantindo a palavra aos que os sofrerão e, por isso, podem esclarecê-los com muito mais detalhes.

Ademais, somente quando os interesses e as consequências (diretas e indiretas) são reconhecidos e há sincero esforço de levá-los em consideração, é que algo que se avizinha de uma decisão sustentável começa a ganhar existência.[383]

Contudo, a realização de Audiências Públicas pelos Tribunais de Contas ainda se encontram tímidas, sendo pouco utilizadas. Mas, certamente, deverão se consolidar como um instrumento indispensável para o controle externo se aproximar da sociedade e da Administração Pública, visando decisões de melhor atendimento ao interesse publico.

9.1.8 Participação de *amicus curiae*

As ferramentas processuais propiciadoras de intervenção de terceiros têm crescido, mais e mais, em diversificação. Até a Lei nº 9.868, de 10.11.1999, que disciplinou a Ação Direta de Inconstitucionalidade, apesar do disposto no *caput* do seu art. 7º, há inovação no seu §2º, quando este dispositivo, ao franquear, ao Relator, à vista da relevância da matéria, bem como da representatividade dos postulantes, à intervenção de órgãos ou entidades que possam contribuir para o melhor julgamento da arguição de inconstitucionalidade. Apesar da antiga orientação, expressa do Regimento Interno do STF, que vedava a intervenção de terceiros na ADIn, o legislador, curvando-se aos modernos desafios, houve por bem pluralizar o processo objetivo de controle abstrato de constitucionalidade, garantindo, por meio do *amicus curiae*, que as decisões, como convém em temas de maior relevância, se amparassem em uma cognição mais ampla.

---

[382] MS nº 23.550 – STF.

[383] FREITAS, Juarez. *Sustentabilidade:* direito ao futuro. Belo Horizonte: Fórum, 2012.

Essa iniciativa, entretanto, não se restringiu à ADIn. Antes da Lei nº 9.868/99, a Lei nº 9.784, de 29.01.1999, em seu art. 9º, foi precursora ao tomar a iniciativa de incluir o processo administrativo no esforço de difusão dos mecanismos de pluralização processual. Hoje, podem integrar o processo não só as partes com direta vinculação aos direitos controvertidos, mas, igualmente, como prescrevem, respectivamente, os incisos III e IV, do art. 9º da Lei nº 9.784/99, "as organizações e associações representativas, no tocante a direitos e interesses coletivos" e "as pessoas ou as associações legalmente constituídas quanto a direitos ou interesses difusos".

Quer dizer: o atual processo administrativo, em confluência com o judicial, já coloca à disposição das instâncias de controle, interno e externo, mecanismos plurais e coletivos, cujo manejo oferece valiosos benefícios para o adequado julgamento das variáveis e, acima de tudo, das repercussões jurídicas das matérias submetidas ao exame das autoridades.

É bom lembrar que, nos dias atuais, o fenômeno jurídico, especialmente quando tem, em seu epicentro, o Poder Público, costuma irradiar efeitos para além dos isolados indivíduos, universalizando os seus efeitos ao longo de um vasto conjunto de pessoas e instituições. Na moderna sociedade em rede, também o direito e os seus efeitos apresentam características multimodais e intersubjetivas que precisam, no caso concreto, ser levadas em conta.

Nesse aspecto, no âmbito dos órgãos de controle externo, o Tribunal de Contas da União tornou-se precursor na regulamentação da matéria, ao normatizar no art. 146 do seu Regimento Interno (Resolução TCU nº 155, de 04.12.2002, alterada pela Resolução TCU nº 246, de 30.11.2011), ao permitir a habilitação de interessado em processo em tramitação no TCU, com o mesmo devendo demonstrar em seu pedido, de forma clara e objetiva, razão legítima para intervir no processo.

9.1.9 Modulação dos efeitos da decisão

O tema dos atos administrativos constitutivos de direitos foi, por muito tempo, dominado apenas pelo princípio da legalidade, cuja rigorosa e soberana prevalência impunha, de modo invariável, a supressão, sempre com efeitos *ex tunc*, de todos os atos administrativos ilegais. Todavia, esse posicionamento doutrinário e jurisprudencial começou, pouco a pouco, a ceder espaço a uma nova concepção, segundo a qual nem todos os atos administrativos inválidos poderiam ser suscetíveis de retratação. É que o imperioso dever de preservar a segurança das relações jurídicas e, por fim, o justo respeito à boa-fé e à confiança que os administrados depositaram na Administração impedem, não raro, o puro e simples desfazimento dos efeitos favoráveis produzidos pelos atos do Poder Público.

Em torno desse problema da supressão dos atos administrativos inválidos, já convalidados pela aura de legitimidade e pelos princípios da boa-fé, da confiança e da estabilidade das relações jurídicas, foi, então, formando-se, paulatinamente, um consenso universal. Atualmente, é possível constatar, quando se trata desse assunto, que a jurisprudência não diverge da doutrina e que, em perfeita sintonia, também a doutrina nacional não dissente da estrangeira. O que se observa é que todos os pontos de vista parecem conduzir, hoje, para um seguro paradeiro: ou a plena convalidação e irretratabilidade ou a anulação, com efeitos *ex nunc*, dos atos administrativos dos quais decorram, sedimentados por um elo de confiança, efeitos favoráveis aos beneficiários de boa-fé.

Miguel Reale, chamando a atenção para o fato de que a teoria das nulidades no Direito Público não se confunde com a do Direito Privado, afirma que o "tempo transcorrido pode gerar situações de fato equiparáveis a situações jurídicas, não obstante a nulidade que, originariamente, as comprometia".[384]

Diz mais:

> Assim sendo, se a decretação de nulidade é feita tardiamente, quando a *inércia* da Administração já permitiu se constituíssem situações de fato revestidas de *forte aparência de legalidade*, seria deveras absurdo que, a pretexto da eminência do Estado, se concedesse às autoridades um poder-dever indefinido de autotutela.[385]

Diferentemente não ocorre com a jurisprudência, em que salienta-se, mais uma vez, a persistente defesa da boa-fé e da estabilidade das relações jurídicas. Junto com a Administração, também a competência jurisdicional recuou diante das situações de fato ou de direito consolidadas pelos efeitos impessoais da aparência de legalidade. Na Apelação em Mandado de Segurança nº 90.04.06891-0/RS, o Exmo. Desembargador Federal Gilson Dipp decidiu que "a Administração Pública pode, de modo implícito, pelo silêncio ou pela inação, durante prolongado lapso temporal, ratificar ato administrativo. O Poder Público atentaria contra a boa-fé dos destinatários da administração se,

---

[384] *Revogação e anulamento do ato administrativo*. Rio de Janeiro: Forense, 1968. p. 81.

[385] ob. cit., p. 72.

com base em supostas irregularidades, por ele tanto tempo toleradas, pretendesse a supressão do ato".[386]

O Dr. Gilson Dipp, atualmente Ministro do STJ, ainda encontrou ensejo para reforçar tal entendimento no Recurso Ordinário nº 90.04.15207-5/RS, em cuja ementa, de forma concisa e bastante didática, deixou expresso que "de acordo com a moderna doutrina do Direito Administrativo, os atos administrativos constitutivos de direitos, considerados ilegais, não podem ser suprimidos de forma ilimitada, mas o seu anulamento está condicionado a uma consideração pela qual se estabeleça uma comparação entre o interesse público e a proteção da confiança e da boa-fé dos administrados".[387]

E ainda agora, em precedente de 2012, tendo por objeto a postulada anulação das licenças ambientais para a construção da Usina Baixo Iguaçu, cujo reservatório, supostamente, afetaria o Parque Nacional do Iguaçu, o ilustre Desembargador Federal Thompson Flores Lenz, na AC nº 5000970-08.2011.404.7007/PR, examinando questão ambiental com repercussões muito mais relevantes, não hesitou em reconhecer a necessidade de prevalência, em casos como o presente, da boa-fé:

> 7. Embora se reconheça o poder-dever da Administração em anular seus próprios atos quando eivados de ilegalidade, porquanto da inteira submissão da atuação administrativa ao princípio da legalidade, o certo é que essa prerrogativa precisa ser compatibilizada com outro princípio próprio do Estado Democrático de Direito, qual seja, o da segurança jurídica. 8. Há que se ter em mente o princípio da confiança como elemento do princípio da segurança jurídica e a presença de um componente de ética jurídica, que se expressa no princípio da boa-fé, que devem estar presentes também nas relações jurídicas de direito público. 9. A respeito do tema, anotou o ilustre Min. Gilmar Mendes ao proferir voto no MS nº 24268/MG, verbis: "Registre-se que o tema é pedra angular do Estado de Direito sob a forma de proteção à confiança. É o que destaca Karl Larenz, que tem na consecução da paz jurídica um elemento nuclear do Estado de Direito material e também vê como aspecto do princípio da segurança o da confiança: "o ordenamento jurídico protege a confiança suscitada pelo comportamento do outro e não tem mais remédio que protegê-la, porque poder confiar (...) é condição fundamental para uma pacífica vida coletiva e uma conduta de cooperação entre os homens e, portanto, da paz jurídica." (Derecho Justo - Fundamentos de Ética Jurídica. Madri. Civitas, 1985, p. 91). O autor tedesco prossegue afirmando que o princípio da confiança

---

[386] Vide a *Revista do Tribunal Regional Federal da 4ª Região*. Porto Alegre: Livraria do Advogado, 1991. v. 6, p. 269.

[387] Vide a *Revista do Tribunal Regional Federal da 4ª Região*. Porto Alegre: Livraria do Advogado, 1991. v. 6, p. 342.

tem um componente de ética jurídica, que se expressa no princípio da boa fé. Diz: "Dito princípio consagra que uma confiança despertada de um modo imputável deve ser mantida quando efetivamente se creu nela. A suscitação da confiança é imputável, quando o que a suscita sabia ou tinha que saber que o outro ia confiar. Nesta medida é idêntico ao princípio da confiança. (...) Segundo a opinião atual, [este princípio da boa-fé] se aplica nas relações jurídicas de direito público." (Derecho Justo - Fundamentos de Ética Jurídica. Madri. Civitas, 1985, p. 95 e 96).

Sendo assim, ante essa forte e sólida justificação da aparência de legitimidade, da boa-fé, da confiança e da estabilidade das relações jurídicas – uma apologia que não conhece fronteiras, capaz de unificar diferentes tradições e de promover uma saudável aliança entre doutrina e jurisprudência –, parece claro que também o Controle Externo deve modular os efeitos de suas decisões quando se confrontar com situações jurídicas em que os destinatários dos atos administrativos se encontram de boa-fé ou são credores de confiança jurídica em relação ao Poder Público.

E, efetivamente, assim vem ocorrendo. Os Tribunais de Contas, no âmbito de sua competência no sistema de fiscalização, quando se depara diante da existência de atos inválidos, em razão da aparência de legitimidade, da boa-fé, da confiança e da estabilidade das relações jurídicas, tem modulado suas decisões para lhes conferir efeitos *ex nunc*.

9.1.10 Medidas liminares acautelatórias

No âmbito do direito privado – Direito Civil/Processual Civil – objetivamente colocando, a medida liminar tem um caráter acautelatório, protecionista do direito da parte para resguardá-lo até o proferimento da sentença, a fim de que este direito esteja plenamente exequível nesse momento decisório, além do que a medida liminar somente pode ser concedida sem que tenha havido oitiva da parte contrária, com exceção da reintegração ou manutenção liminar contra as pessoas de direito público, que necessariamente deve haver prévia audiência de seus representantes judiciais. Para ser deferida medida liminar pelo Juiz é necessária a observância de dois requisitos: o *fumus boni iuris*, que significa que há indícios de que a parte tem direito ao objeto da liminar, e o *periculum in mora*, que é o receio de dano irreparável ou de difícil reparação a tal direito discutido.

Por sua vez, no exercício do controle externo da Administração, o Tribunal de Contas somente procede a expedição de medida liminar acautelatória em defesa do erário, em caráter de urgência, tendo em conta o interesse público a ser preservado.

Diante da constatação de ilegalidade manifesta, que pode causar sérios prejuízos ao erário e ao interesse público, com possibilidade de se reiterar no decurso do tempo, aumentando a lesão praticada, com risco de ineficácia da decisão de mérito a ser proferida, deve o Tribunal de Contas expedir medida liminar acautelatória suspendendo a execução do ato ou procedimento questionado, até a decisão de mérito (a esse exemplo são as medidas liminares acautelatórias suspendendo a realização de procedimento licitatório, no sentido de ser procedida análise dos fatos questionados).

A medida liminar acautelatória assumiu grande relevância nas ações de controle realizadas pelo Tribunal de Contas, auxiliando no exame de matérias relevantes, sem a possibilidade de estas se perpetuarem no tempo, tanto que as Cortes de Contas já providenciaram na sua regulamentação em seus Regimentos Internos: o TCU regulou a matéria no art. 273 do seu Regimento Interno; no âmbito estadual, como no caso do Tribunal de Contas do Rio Grande do Sul, o tema foi normatizado no art. 12, XI, da Resolução nº 1.028/20115 – Regimento Interno.

CAPÍTULO 10

DAS SANÇÕES

10.1 Sanções aplicáveis pelo Tribunal de Contas

Consoante todo o instrumental jurídico posto a disposição do Tribunal de Contas, no sentido de que este bem realize o controle das contas públicas, mediante uma fiscalização contábil, financeira, orçamentária, operacional e patrimonial, um dos mais importantes diz respeito ao poder de sanção. Não houvesse sanção, o sistema de controle restaria esvaziado, em face da falta de um elemento que impusesse ao administrador as determinações do Tribunal de Contas. Somente por meio de sanção penalizadora o órgão de controle se impõe na exigência do cumprimento das disposições legais que regem a Administração Pública. Não havendo sanção, na prática, qualquer decisão do órgão de controle resultaria em mera recomendação.

Diante dessa importância da sanção para o sistema de controle, a Constituição e as leis previram várias formas de o administrador ser penalizado pelo Tribunal de Contas. São essas sanções o objeto de estudo do presente capítulo.

10.1.1 Aplicação de multa

Em decorrência do controle efetuado pelo sistema de fiscalização contábil, financeira, orçamentária, operacional e patrimonial, mediante o exercício das competências que lhe são fixadas constitucionalmente, o Tribunal de Contas pode aplicar três espécies de multa: a) multa proporcional ao dano causado ao erário; b) multa por infração administrativa contra as leis de finanças públicas; e c) multa por infração às normas de administração financeira e orçamentária.

a) Multa proporcional ao dano causado ao erário – a penalidade está prevista no art. 71, VIII, da Constituição que determina competência para o Tribunal de Contas aplicar aos responsáveis, em caso de ilegalidade de despesa ou irregularidade de contas, "as sanções previstas em lei, que estabelecerá, entre outras cominações, multa proporcional ao dano causado ao erário".

Do dispositivo constitucional ressaltam duas peculiaridades fundamentais para a aplicação desse tipo de penalidade. Primeiro que a norma é de eficácia contida, em face da exigência de lei para a sua aplicabilidade. Assim, torna-se impreterível que seja editada norma legal regulamentadora da aplicação da multa. Sem lei, impossível a sua aplicabilidade. Segundo que, para a aplicação da multa, também deve estar caracterizado dano ao erário, na medida em que a multa é proporcional a esse dano, cuja proporcionalidade tem de estar determinada em lei. Não havendo dano, inexiste possibilidade de aplicação da multa. Também não há que se confundir dano à Administração com dano ao erário. Dano à Administração é qualquer espécie de lesão, independentemente da sua natureza. Dano ao erário é de natureza financeira ou patrimonial.

Para o Tribunal de Contas da União, a Lei nº 8.443, de 16.07.1992 (Lei Orgânica do TCU), no seu art. 57, estabelece a possibilidade de aplicação de multa de até cem por cento do valor atualizado do dano causado ao erário. No âmbito dos Estados e Municípios tem de haver lei local regulamentando a penalidade, para ser possível a sua aplicação.

b) Multa por infração administrativa contra as leis de finanças públicas – a Lei nº 10.028, de 19.10.2000, que produziu alterações no Código Penal, na Lei nº 1.079, de 10.04.1950 e no Decreto-Lei nº 201, de 27.02.1967, no sentido de estabelecer severas penalidades de natureza criminal e administrativa para os gestores fiscais que violassem as normas de direito financeiro contidas na Lei Complementar nº 101/2000 (Lei de Responsabilidade Fiscal) fixou no seu art. 5º que constitui infração administrativa contra as leis de finanças públicas: deixar de divulgar ou enviar ao Poder Legislativo e ao Tribunal de Contas o relatório de gestão fiscal, nos prazos e condições estabelecidos em lei; propor lei de diretrizes orçamentárias anual que não contenha as metas fiscais na forma da lei; deixar de expedir ato determinando limitação de empenho e movimentação financeira, nos casos e condições estabelecidos em lei; e deixar de ordenar ou de promover, na forma e nos prazos da lei, a execução de medida para a redução do montante da despesa total com pessoal que houver excedido a repartição por Poder do limite máximo. Para a prática de qualquer desses atos que são considerados infração às leis de finanças públicas, como penalidade, é prevista uma multa de trinta por cento dos vencimentos anuais do agente que lhe der causa, com o pagamento da multa sendo de sua responsabilidade pessoal (§1º do art. 5º da Lei Complementar nº 101/2000), cuja infração será processada e julgada pelo Tribunal de Contas a que competir à fiscalização contábil, financeira e orçamentária da pessoa jurídica de direito público envolvida (§2º do art. 5º).

c) Multa por infração às normas de administração financeira e orçamentária – esta multa, nos termos da autorização contida no art. 71, VIII, da Constituição, tem de estar prevista em lei e possui o objetivo de penalizar o administrador pela prática de ato que, embora não seja causador de dano ao erário, posto se tratar de falha ou irregularidade de natureza formal, revela procedimento violador das normas de administração financeira e orçamentária, causando prejuízos à regularidade da administração financeira ou ao exercício do controle externo determinado constitucionalmente. Assim, visando à proteção da regularidade da administração financeira, a penalidade busca evitar a continuidade de falhas ou irregularidades que venham em seu prejuízo.

Para o Tribunal de Contas da União, a penalidade está prevista em sua Lei Orgânica (Lei nº 8.443/92), com o art. 58 estabelecendo valor atualizável por Portaria da Presidência do Tribunal que, na atualidade, pode ser de até R$36.814,50 (Portaria-TCU nº 092, de 30.03.2010). Para os Tribunais de Contas estaduais e municipais aplicarem o mesmo tipo de multa, também é necessária a previsão em lei local, o que ocorre em todos os Tribunais de Contas nacionais.[388]

---

[388] A Lei Orgânica do Tribunal de Contas do Estado do Rio Grande do Sul (Lei nº 11.424, de 06.01.2000), estabelece no seu art. 67 que "as infrações às leis e regulamentos relativos à administração contábil, financeira, orçamentária, operacional e patrimonial, sujeitarão seus autores à multa de valor não superior a 1.500 (um mil e quinhentas) Unidades Fiscais de Referência, independente das sanções disciplinares aplicáveis".

10.1.2 Glosa de despesa e fixação de débito

A fiscalização contábil, financeira, orçamentária, operacional e patrimonial, por meio do controle externo executado pelo Tribunal de Contas, tem por objetivo assegurar a regularidade e a legalidade da aplicação dos dinheiros, bens e valores públicos, verificando se não há desvio de finalidade no cumprimento do plano de governo estabelecido orçamentariamente, no sentido de evitar a malversação e o uso indevido dos recursos públicos.

Todavia, quando o Tribunal de Contas, via procedimento de auditoria ou julgamento de contas, vier a constatar prática de ato que resulte em utilização indevida de bens e equipamentos ou ilegalidade de despesas, com prejuízo ao erário, a Constituição (art. 71, VIII), na forma legal determinada, autoriza a Corte de Contas a proceder na glosa da despesa, mediante impugnação dos valores apurados, com fixação do débito ao responsável, a fim de que este promova a devolução dos valores glosados, em recomposição do prejuízo causado ao erário.

Esta providência constitucional autorizativa segue princípio básico de direito, de que todo aquele que causa dano a alguém deve reparar o prejuízo. Quando este dano se dá no âmbito público, envolvendo responsabilidade administrativa por gerenciamento de dinheiros, bens e valores públicos, com muito mais razão deve ocorrer à recomposição do dano causado, porque este atinge a toda coletividade. Assim, sendo o Tribunal de Contas o sindicante das contas públicas, com a competência de apurar eventuais danos ao erário, cabe a ele glosar os valores impugnados e fixar o débito dos responsáveis, fazendo que se proceda à devolução dos valores debitados aos cofres públicos.

É o que a norma do art. 19 da Lei nº 8.443/92 (Lei Orgânica) regula para o Tribunal de Contas da União: "Quando julgar as contas irregulares, havendo débito, o Tribunal condenará o responsável ao pagamento da dívida atualizada monetariamente, acrescida dos juros de mora devidos, podendo, ainda, aplicar-lhe a multa prevista no art. 57 desta Lei, sendo o instrumento da decisão considerado título executivo para fundamentar a respectiva ação de execução".

Providência legal de mesma natureza é adotada pelos Tribunais de Contas dos Estados, do Distrito Federal e dos Municípios,[389] no

---

[389] A Lei Orgânica do Tribunal de Contas do RS adotou redação assemelhada à fixada para o TCU: "Das decisões das Câmaras e do Tribunal Pleno que imputarem débito e/ou multa, as quais terão eficácia de título executivo, serão intimadas as pessoas de que trata o artigo 34 desta lei para, no prazo de 30 (trinta) dias, recolherem a importância correspondente, corrigida monetariamente e, no caso, de débito, acrescida de juros de mora" (art. 68 da Lei nº 11.424/2000).

sentido de preservarem o erário dos eventuais danos que possam ser causados pelos responsáveis por dinheiros, bens e valores públicos.

10.1.3 Fixação de prazo para adoção de providências e sustação de ato impugnado

Consoante a obrigatoriedade estabelecida no inciso IX do art. 71 da Constituição, cuja norma é de caráter geral, por isso, abrangente de todo o procedimento de controle efetuado pelo Tribunal de Contas, deve ser assinado prazo para que o órgão ou entidade adote as providências necessárias ao exato cumprimento da lei, sempre que verificada ilegalidade.

Assim, nos procedimentos de auditoria, de emissão de parecer prévio, de julgamento de contas ou de apreciação de legalidade, quando for constatada ilegalidade que enseje modificação ou sustação de ato, mesmo que resulte em decisão com fixação de débito e aplicação de multa, o Tribunal de Contas terá de assinar prazo para que sejam adotadas as providências determinadas pela decisão, no sentido de ser restabelecida a legalidade rompida.

Caso não sejam adotadas as providências determinadas pelo Tribunal de Contas para o exato cumprimento da lei, tratando-se de ato passível de sustação — por exemplo: admissões, aposentadorias, reformas e pensões — o Tribunal deve sustar a execução do ato impugnado, comunicando esta decisão ao Poder Legislativo (art. 71, X, CF). Tratando-se de não atendimento de decisão com fixação de débito e aplicação de multa, por esta decisão ter eficácia de título executivo (art. 71, §3º, CF) o Tribunal deverá comunicar o órgão competente (Procuradoria do Estado ou Município) para ser efetuada a execução do débito ou da multa.

10.1.4 Sustação de contrato

Quando a sustação de ato envolver contrato, a sustação será adotada diretamente pelo Congresso Nacional, que solicitará, de imediato, ao Poder Executivo as medidas cabíveis (art. 71, §1º, CF). Caso o Congresso Nacional ou o Poder Executivo, no prazo de noventa dias, não efetivarem as medidas de sustação, caberá ao Tribunal de Contas decidir a respeito da sustação do contrato (art. 71, §2º, CF). O mesmo procedimento, por força do art. 75 da Constituição, deve ser adotado no âmbito da fiscalização realizada pelos Tribunais de Contas dos Estados, do Distrito Federal e dos Municípios.

A forma constitucional adotada para a sustação dos atos negociais jurídicos bilaterais em que seja parte o Poder Público — contrato — tem sido alvo de muitas discussões desde que, na Constituição de 1967, modificou-se a maneira de averiguar-se a regularidade legal desse tipo de instrumento jurídico.

Sob a égide da Constituição de 1946 (art. 76, III, §§1º e 2º), todos os contratos submetiam-se a julgamento e registro prévio do Tribunal de Contas. O registro prévio tinha a condição de validade e executabilidade do contrato, com o Tribunal de Contas possuindo, na oportunidade de sua avaliação e julgamento, competência para proceder na sua anulação e na consequente sustação de sua execução.

Com a Constituição de 1967, alterou-se profundamente o sistema de controle das contas públicas, com adoção de medidas inovadoras para a fiscalização da atividade financeira do Estado. Com abandono do sistema de registro prévio e implantação do sistema de auditorias financeiras e orçamentárias, a verificação de legalidade dos contratos assumiu novos contornos e a possibilidade de sua sustação inverteu-se, passou para o Legislativo. Fosse constatada a ilegalidade do contrato, o Tribunal de Contas deveria assinar prazo razoável para serem adotadas as providências necessárias ao exato cumprimento da lei e, no caso de não ser atendido, solicitar ao Congresso Nacional a sustação de execução do contrato impugnado. O Congresso Nacional, no prazo de trinta dias, tinha de deliberar sobre a solicitação de sustação. Não havendo deliberação no prazo determinado, a impugnação do Tribunal de Contas era considerada insubsistente.

Portanto, se o registro prévio apresentava inconvenientes para a sua manutenção, a nova sistemática também deixava a desejar. O que era para ser um exame eminentemente técnico-juridico — exame de legalidade — passava para um exame de critério político. Pior ainda é o fato de, não houvesse o pronunciamento político no prazo determinado, a avaliação jurídica com impugnação por ilegalidade, absurdamente, tornava-se insubsistente.

Todavia, considerando que o regime político vigente à época desenvolvia-se em período de exceção democrática, com o Poder Político concentrado no Poder Executivo, é de entender-se que, obviamente, fossem estabelecidos limites à competência do Tribunal de Contas para sustar contrato.

Restabelecida a democracia plena no país, foi promulgada a Constituição de 1988, com manutenção da técnica de controle da administração financeira voltada para o procedimento de auditorias, mas com aprimoramento dos seus aspectos reguladores. No caso dos contratos foi mantido o poder de sustação no Poder Legislativo, mas com retirada da insubsistência de impugnação por decurso de prazo.

Assim, sob a justificativa de que o controle externo pertence ao Poder Legislativo, no qual se inclui a competência de julgamento das contas do Chefe do Poder Executivo, os contratos que formalizam os negócios jurídicos da Administração, no que tange a sua sustação por ilegalidade, também devem permanecer na órbita de competência do Legislativo. Contudo, como aprimoramento do sistema, o prazo do Poder Legislativo foi alargado para noventa dias e, caso transcorra esse prazo sem adoção de medidas, a matéria retorna à competência do Tribunal de Contas, ao qual competirá decidir a respeito da sustação do contrato.

10.1.5 Providências de natureza criminal

Quando o Tribunal de Contas realiza julgamento sobre as contas dos responsáveis por bens e valores públicos, impugnando despesas e determinando a sua devolução, com decisão pela irregularidade das contas, há ilícito administrativo que também pode ensejar penalização de natureza criminal. Todavia, como o Tribunal de Contas não tem competência para proceder exame de matéria criminal, nem o poder de dar início ao processo penal, ao tomar conhecimento de atos ou fatos que indiquem a existência de crime, não pode ficar simplesmente inerte. Como órgão de controle da atividade financeira do Estado, tem o dever de adotar providências que levem à apuração dos fatos delituosos.

A providência a ser adotada pelo Tribunal de Contas deve ser consentânea à legislação penal. Por isso, quando o Tribunal de Contas, em procedimentos de auditoria, de processos de julgamentos, de apreciação de legalidade ou de documentos que examine, verificar a existência de crime ou fortes indícios de crime, conforme o determinado pelo art. 40 do Código Penal, deve remeter ao Ministério Público as cópias e os documentos necessários ao oferecimento da denúncia, no sentido de ser apurada a responsabilidade criminal, independentemente da responsabilidade administrativa.

Para o Tribunal de Contas da União, consoante o disposto no art. 18, §2º, da Lei nº 8.443, de 16.07.1992, é determinado, em caso de julgamento pela irregularidade das contas dos responsáveis, a imediata remessa de cópia da documentação pertinente ao Ministério Público da União, para ajuizamento das ações civis e penais cabíveis. De uma maneira geral, esta é uma medida normativa adotada por todos os Tribunais de Contas brasileiros, como é o caso do Tribunal de Contas do Rio Grande do Sul, que prevê esta providência no inciso XIV do art. 5º do seu Regimento Interno.

10.1.6 Suspensão de direitos políticos

A suspensão de direitos políticos dos administradores e demais responsáveis por dinheiros, bens e valores públicos não é propriamente uma penalidade aplicável pelo Tribunal de Contas, mas sim uma consequência jurídica que decorre do julgamento irregular de contas.

A Lei Complementar nº 64, de 18.05.1990, considera inelegíveis, para qualquer cargo, "os que tiverem suas contas relativas ao exercício de cargos ou funções públicas rejeitadas por irregularidade insanável e por decisão irrecorrível do órgão competente, salvo se a questão houver sido ou estiver sendo submetida à apreciação do Poder Judiciário, para as eleições que se realizarem nos 5 (cinco) anos seguintes, contados a partir da data da decisão" (art. 1º, I, "g").

Assim, havendo inelegibilidade por julgamento irregular de contas, o órgão competente para considerar o cidadão inelegível, em análise de arguição de inelegibilidade, é o Tribunal Superior Eleitoral, quando se tratar de candidato a Presidente ou Vice-Presidente da República; Tribunais Regionais Eleitorais, quando se tratar de candidato a Senador, Governador e Vice-Governador de Estado e do Distrito Federal, Deputado Federal, Deputado Estadual e Deputado Distrital; e Juízes Eleitorais, quando se tratar de candidato a Prefeito, Vice-Prefeito e Vereador (art. 2º, parágrafo único, I, II e III, da Lei Complementar nº 64/1990).

Dessa forma, embora não seja da competência do Tribunal de Contas estabelecer os casos de inelegibilidade, deve o órgão de controle, até em proteção da validade e da exequibilidade das suas decisões, adotar medidas que visem buscar a satisfação das consequências jurídicas que elas produzem. Nesse caso, sempre que houver decisão definitiva pela irregularidade das contas, o Tribunal deverá, imediatamente, comunicar o fato ao Ministério Público Eleitoral, encaminhando as cópias de documentos que se fizerem necessárias, no sentido de que este promova a arguição de inelegibilidade perante o Juízo Eleitoral competente, a fim de que este decida pela inelegibilidade alegada.

Portanto, mesmo não se tratando de uma penalidade aplicada pelo Tribunal de Contas, a suspensão parcial de direitos políticos, que considera inelegível, por cinco anos, para qualquer cargo, o administrador ou responsável que teve contas julgadas irregulares pelo Tribunal, revela uma importante e séria consequência que resulta da ação fiscalizadora do Tribunal de Contas, envolvendo o sagrado direito político do cidadão de eleger e ser eleito para o exercício de cargo público.

Por importante, deve ser salientado que a Lei Complementar nº 135, de 04.06.2010, a chamada *Lei da Ficha Limpa*, alterou a Lei Complementar nº 64/90, com a finalidade de estabelecer, de acordo com o §9º do art. 14 da Constituição Federal, casos de inelegibilidade, prazos de cassação e determinar outras providências, para incluir hipóteses de inelegibilidades que visam a proteger a probidade administrativa e a moralidade no exercício do mandato, mas sem alterar a parte destinada ao Tribunal de Contas.

CAPÍTULO 11

DO PROCESSO DE FISCALIZAÇÃO

11.1 A instrumentalidade do processo

De uma maneira geral, o processo sempre foi entendido como um meio para compor conflitos, mediante a aplicação da lei ao caso concreto. Contudo, como bem ressalva Egon Bockmann Moreira, essa noção de processo evoluiu para um conceito de instrumentalidade do processo, que possui uma visão mais ampla dessa circunstância jurídica e sua finalidade: "o processo é um instrumento autônomo 'a serviço da paz social', do qual se vale o Estado, 'para, eliminando os conflitos, devolver à sociedade a paz desejada'".[390]

Mesmo que esta conceituação de processo seja dirigida para o processo judicial, pela generalidade do conceito, este também pode ser aplicável ao processo administrativo e, por consequência, ao processo de fiscalização.

O controle da atividade financeira do Estado é efetuado pelo sistema de fiscalização contábil, financeira, orçamentária, operacional e patrimonial, com a função de acompanhar e vigiar toda a ação desenvolvida pelos diversos órgãos do Estado, examinando os atos praticados pelos administradores, gestores e responsáveis por dinheiros, bens e valores públicos, no sentido de manter a sua regularidade e assegurar que sejam realizados de acordo com os princípios da legalidade, legitimidade e economicidade.

---

[390] MOREIRA, Egon Bockmann. *Processo administrativo*: princípios constitucionais e a Lei 9.784/99. São Paulo: Malheiros, 2000. p. 32.

Ao Tribunal de Contas, como órgão executor do controle externo, são destinadas competências constitucionais para ser efetuada esta fiscalização de regularidade e legalidade, entre as quais se inclui, inclusive, a de proceder julgamento sobre as contas que devem ser prestadas pelos responsáveis por dinheiros, bens e valores públicos.

Como consequência desse sistema de fiscalização, envolvendo apreciação de legalidade e julgamento de contas, tornou-se necessária a criação de um instrumento legal que viabilizasse a sua concretização. Este instrumento legal é o processo, que deve ser organizado por um conjunto de atos, no sentido de possibilitar a verificação de regularidade da ação administrativa, para a constatação da boa ou má gerência dos recursos financeiros e administração dos bens públicos.

Assim, processo é o instrumento da jurisdição e competência do Tribunal de Contas, com a finalidade de viabilizar uma adequada realização de controle contábil, financeiro, orçamentário, operacional e patrimonial da Administração Pública, possibilitando exame, com tomada de decisão, sobre a correta aplicabilidade dos recursos públicos.

11.2 Processo. Processo Administrativo. Processo de Fiscalização

Para se ter uma melhor compreensão sobre este instrumento legal — o processo — de realização do controle que é efetuado pelo Tribunal de Contas, torna-se necessário proceder-se um exame, mesmo que objetivo, da teoria processual e do processo administrativo, no sentido de obter-se uma visão mais clara do processo de fiscalização e suas finalidades.

11.2.1 Teoria do processo

Em sentido amplo, como bem refere Calmon de Passos, o processo é "uma série ou conjunto de atos necessários tanto para o exercício do direito público subjetivo, conferido 'ut cives', de promover a atividade jurisdicional do Estado, quanto para a entrega da providência jurisdicional pertinente", contudo, em sentido mais restrito, significa "o conjunto de atos necessários à obtenção de uma providência jurisdicional num determinado caso em concreto".[391]

---

[391] PASSOS, José Joaquim Calmon de. *Comentários ao Código de Processo Civil Lei n. 5.869, de 11 de janeiro de 1973.* 2. ed. rev. e atual. Rio de Janeiro: Forense, 1977. p. 7 arts. 270 a 331, v. 3.

CAPÍTULO 11
DO PROCESSO DE FISCALIZAÇÃO | 393

Embora em linguagem distinta, mas de conteúdo idêntico, Cretella Junior adota o mesmo tipo de orientação científica e conceitua "como processo, em sentido lato, o conjunto sistemático e ordenado de atos dos órgãos públicos que objetivam a concretização das relações jurídicas já reguladas pelo direito material".[392]

Assim, objetivamente, pode-se dizer que o processo é um instrumento da jurisdição que, mediante um conjunto ordenado de atos, busca restaurar a paz social em cada caso concreto.

11.2.2 Processo e procedimento

Colocada a noção jurídica de processo em sentido genérico, há que se verificar a sua relação com procedimento. De imediato, saliente-se a existência de diferenciação entre processo e procedimento. Processo envolve uma relação jurídica, enquanto procedimento é o rito utilizado na condução do processo.

Segundo José Frederico Marques, "não se confunde 'processo' com 'procedimento'. Este é marcha dos atos do juízo, coordenados sob formas e ritos, para que se atinjam os fins compositivos do processo. Já processo tem um significado diverso, porquanto consubstancia uma relação de direito 'que se estabelece entre seus sujeitos durante a substanciação do litígio'".[393]

Na linha desse entendimento, Cretella Junior especifica com precisão a distinção entre processo e procedimento: "Para nós, 'processo' é o todo; 'procedimento' são as partes que integram esse todo. Dentro de uma operação maior e global, contenciosa ou não, penal, civil ou administrativa, que se desenvolve entre dois momentos distintos — 'o processo' —, cabem outras operações parciais ou menores — 'os procedimentos' — que, em bloco, formando uma unidade, concorrem para completar a operação mais complexa, mencionada".[394]

Todavia, não raro, tendo em vista que a definição de processo e procedimento está sempre atrelada ao processo judicial, o processo normalmente é compreendido como o meio de ser efetuada a prestação jurisdicional do Estado, envolvendo um juízo competente, por isso,

---

[392] CRETELLA JUNIOR, José. *Prática do processo administrativo*. 2. ed. São Paulo: Revista dos Tribunais, 1998. p. 26.

[393] MARQUES apud MOREIRA, op. cit., p. 34.

[394] CRETELLA JUNIOR, op. cit., p. 20.

uma parcela da doutrina nacional passou a defender a adoção do termo *procedimento* para a função administrativa.[395]

Buscando resolução para o problema, Egon Bockmann Moreira produz um excelente estudo, no qual, partindo da premissa de que o fenômeno processo existe em inúmeras áreas do conhecimento humano,[396] e, juridicamente, no caso da função administrativa, também deve ser designativo de relação jurídica entre pessoas, uma das quais no exercício do Poder Estatal, consubstanciada em uma ordem lógica de atos, dirigidos a uma finalidade específica, conclui que: "no âmbito do direito processual a relação jurídica emergente da sucessão lógica de atos, em que um dos sujeitos exercita legítimo poder jurídico, praticada em homenagem a determinadas normas que estabelecem tal 'iter' e dirigida ao alcance de específico ato final, é denominada 'processo'".[397] Para tanto, cita o pensamento de Lucia Valle Figueiredo, Marçal Justen Filho e Romeu Bacellar Filho.[398]

Portanto, sendo o termo *processo* designativo de relação jurídica entre pessoas, inexiste impeditivo na ciência do direito para que o mesmo seja utilizado como designação de relação jurídica oriunda da atividade administrativa. Como irrepreensivelmente manifesta Romeu Bacellar Filho, "vai além das linhas tradicionais enunciadas pela doutrina a respeito do procedimento e do processo. Com efeito, nem o procedimento é sinônimo de função administrativa, nem o processo, de função jurisdicional".[399] Assim, também na função administrativa, é juridicamente correto utilizar-se a designação de *processo* para a relação jurídica entre pessoas que visa obter uma decisão de controvérsia no âmbito administrativo, com *procedimento* sendo as diversas etapas realizadas, o rito processual, para a concretização do processo.

Ademais, a própria Constituição Federal nos incisos LV e LXXII, "b", do art. 5º, no inciso XXI do art. 37 e no §1º, II, do art. 41, adotou a expressão *processo administrativo*, reconhecendo, indubitavelmente, a existência de uma típica processualidade administrativa.[400] Mais

---

[395] Na parte da doutrina pátria mais significativa dos que defendem a adoção do termo "procedimento" estão: MEIRELLES, 2001, p. 644; SUNDFELD, Carlos Ari. A importância do procedimento administrativo. *Revista de Direito Publico*, São Paulo, n. 84, p. 64-74, 1987.

[396] MOREIRA, 2000, p. 37.

[397] Idem, p. 36.

[398] Idem, p. 38-53.

[399] Citação realizada por MOREIRA, 2000, p. 53.

[400] ZYMLER, Benjamin. *Processo administrativo no Tribunal de Contas da União*: prêmio Serzedello Corrêa 1996: monografias vencedoras. Brasília: Instituto Serzedello Corrêa, 1997. p. 154.

recentemente, foi editada a Lei Federal nº 9.784, de 29.01.1999, regulando, especificamente, o processo administrativo no âmbito da Administração Pública Federal.

11.2.3 Conceituação de processo administrativo

Os elementos definidores do processo até aqui especificados, embora escassos, possibilitam uma visão geral, no sentido de ser delineada uma definição de processo administrativo.

De uma maneira genérica, pode-se dizer que há dois tipos de processo: o processo judicial e o processo administrativo. O processo administrativo, como tipo, é gênero que se reparte em diversas espécies, como é o caso do processo disciplinar e o processo tributário e fiscal.[401] Nessa circunstância, o *processo de fiscalização* realizado pelo Tribunal de Contas é também uma espécie do gênero processo administrativo, porque se efetiva na função administrativa de fiscalizar a atividade financeira do Estado.

São muitas as definições de processo administrativo formuladas tanto pelos doutrinadores estrangeiros como pelos doutrinadores pátrios. No entanto, em nível nacional, as conceituações são normalmente direcionadas para o processo administrativo disciplinar. Como bem adverte Hely Lopes Meirelles, entre nós, o processo administrativo não tem sido merecedor de estudos teóricos mais aprofundados, no sentido, inclusive, de ser formulada uma *teoria geral do processo administrativo.*[402]

Por isso, mesmo não sendo este o objetivo aqui traçado, numa tentativa de obter a definição mais abrangente possível, na linha do pensamento de Enrique Hernándes Corujo e nas referências jurídicas manifestadas por Cretella Junior,[403] ensaio na seguinte direção: Processo administrativo é o conjunto de atos regulados em norma específica, que se destina alcançar uma finalidade de tipo jurídico, relacionada com toda a ação administrativa desenvolvida pelo Estado.

Sendo o processo administrativo gênero que engloba várias espécies, o seu rito, que é conjunto de atos desenvolvidos para a sua concretização, deve estar perfeitamente regulado em norma específica, conforme o objetivo a ser alcançado. Um ato administrativo, um processo disciplinar, um processo tributário ou de fiscalização, cada um deve ter o seu rito, de acordo com a sua peculiaridade de objetivo

---

[401] MEIRELLES, 2001, p. 645.

[402] Idem, p. 645-646.

[403] CRETELLA JUNIOR, op. cit., p. 28-33.

e deve estar regulado em norma específica. O processo elaborado nessa circunstância destina-se a alcançar uma finalidade jurídica, por exemplo: o processo que prepara a edição do ato administrativo tem a finalidade jurídica de regular, declarar, reconhecer ou estabelecer um direito funcional ou do administrado. Esta finalidade jurídica do processo deve estar diretamente relacionada com toda e qualquer ação administrativa do Estado, portanto, sem envolver a função legislativa ou a judiciária.

11.2.4 Processo administrativo e processo de fiscalização

O processo administrativo é designação genérica que envolve todas as espécies destinadas ao alcance de uma finalidade jurídica no âmbito da Administração. Como a ação de controle desenvolvida pelo Tribunal de Contas não se enquadra na função legislativa nem na judiciária, como conjunto de atos que possui a finalidade jurídica de verificar a regularidade da atividade financeira, com vista à constatação da boa ou má gerência dos recursos financeiros e patrimoniais, o processo de fiscalização deve ser entendido como uma espécie do processo administrativo.

Dessa forma, o processo de fiscalização efetuado pelo Tribunal de Contas, como uma espécie do processo administrativo, deve estar regulado em norma específica, conforme a finalidade jurídica de cada caso — auditoria, apreciação de legalidade, julgamento de contas, etc. — com observância das normas de processo e garantias processuais das partes, sem deixar de atender aos princípios constitucionais aplicáveis ao processo administrativo.

Saliente-se o aspecto inovador existente no âmbito da Administração Pública, decorrente da nova formatação do Estado contemporâneo, com as concepções pluralistas, participativas e transparentes, envolvendo o instrumento que a Administração adota para alcançar uma decisão sobre determinada situação, qual seja: *o processo administrativo*.

Por esse modo de agir, adotar uma série de procedimentos para alcançar uma decisão sobre determinado fato, em decorrência, inclusive, da nova visão que se deve ter da expressão *interesse público* e da nova compreensão que resulta da reavaliação da presunção de legitimade, também se altera a relação entre Administração e administrado. A supremacia de poder da Administração sobre o administrado adquire uma nova conformação, agora a relação não é mais entre Administração e súdito, mais sim entre Administração e cidadão, com regência pelas normas de direito, com atendimento dos princípios da transparência e do controle social.[404] Como adverte Miguel Sánchez Morón, quando a Administração toma uma decisão formalizada de qualquer tipo, seja editando um regulamento, um plano de ação pública, ou a celebração de um contrato ou convênio, necessita seguir uma série de trâmites legais para essa tomada de decisão: "La concatenación de todos estos trámites con vistas a la adopción de la decisión, se llegue o no a adoptar esta es lo que denominamos 'procedimiento administrativo'. (...) Por eso, puede decirse que el procedimiento es la 'forma de alaboración de las decisiones administrativas' o, si se prefiere, de ejercicio de las atividad administrativa formalizada".[405]

De modo assemelhado se posiciona Celso Antônio Bandeira de Mello, quando refere que os resultados pretendidos pela Administração são alcançados por meio de um conjunto de atos encadeados em sucessão itinerária até desembocarem no ato final. "É uma sucessão itinerária e encadeada de atos administrativos tendendo todos a um resultado final e conclusivo".[406]

Seguindo nessa linha de entendimento, conforme bem ajusta Miguel Sánchez Morón, o procedimento administrativo deve cumprir três finalidades básicas, no sentido de formar um fluxo ordenado para decidir, contribuindo para racionalizar o exercício da função administrativa. A primeira finalidade é a *de racionalizar, com facilitação da rotina burocrática*, embora muitas vezes possa ser fonte de "papeleo y de muchas ineficiencias", deve-se buscar a simplificação dos procedimentos para agilizar e dotar de maior eficácia a Administração em suas relações com os cidadãos; a segunda finalidade é a do procedimento administrativo constituir-se em *uma garantia para os interessados*, que adquiriu relevância com a Lei de Procedimento Administrativo austríaca de 21 de julho de 1925, inspirada por A. Merkl, que adicionou ao processo administrativo o princípio do contraditório, do direito de defesa e de boa parte das garantias próprias do processo judicial; a terceira finalidade constitui um meio de abertura da Administração à sociedade, envolvendo a *participação dos cidadãos* no exercício das

---

[404] MILESKI, Helio Saul. *Codificação no Direito Público*: entre a estabilidade do dogma e o dinamismo da fiscalização. Porto Alegre: Universidade Federal do Rio Grande do Sul, 2009. (Palestra realizada na jornada de estudos em homenagem ao Professor Paolo Grossi, nos dias 4 e 5 de junho de 2009).

[405] SANCHES MORÓN, Miguel. *Derecho Administrativo*: parte general. Madrid: Tecnos, 2005. p. 473-474.

[406] BANDEIRA DE MELLO, 2005, p. 412.

funções administrativas, possibilitando uma maior transparência da Administração.[407]

Como complemento desse critério de avaliação, do qual deflui o entendimento de que a relação entre processo e Estado de direito envolve toda a concepção do processo administrativo, acrescenta-se a posição adotada por Odete Medauar, no sentido de que Estado de Direito "vincula-se ao processo administrativo, pois este submete a atuação administrativa a parâmetros e confere, aos administrados, posições jurídicas que devem ser respeitadas na relação processual".[408]

O processo administrativo, portanto, conforme já salientado, como tipo, é gênero que se reparte em diversas espécies, sendo *o processo de fiscalização* realizado pelo Tribunal de Contas, uma espécie do gênero processo administrativo, na medida em que a ação de controle desenvolvida pelo Tribunal de Contas não se enquadra na função legislativa nem na judiciária, mas o seu conjunto de atos, para o alcance da finalidade jurídica de verificar a regularidade da atividade financeira, com vista à constatação da boa ou má gerência dos recursos financeiros e patrimoniais, retrata o processo de fiscalização que deve ser entendido como uma espécie do processo administrativo.

Não existe legislação de âmbito nacional, como ocorre para o processo administrativo, regulando a processualidade de fiscalização no Tribunal de Contas. Em decorrência do sistema federativo, cada Tribunal de Contas (da União, dos Estados, do Distrito Federal e dos Municípios) possui a sua própria Lei Orgânica e Regimentos Internos, os quais constam as normas relativas ao processo de fiscalização.

11.2.5 A importância da codificação do processo de fiscalização

Para verificar-se a importância de codificação do processo de fiscalização, necessário, preliminarmente, a relembrança dos aspectos influenciadores do novo tipo de Estado e de Administração Pública, juntamente com o tipo de fiscalização que daí decorre, para, posteriormente, ver-se da possibilidade de um regramento nacional.

Os fatores evolutivos da sociedade, em todos os seus aspectos, propiciaram uma profunda modificação na estrutura do Estado

---

[407] SANCHES. *Derecho Administrativo*: parte general, p. 474-475.

[408] MEDAUAR, Odete. *A processualidade no Direito Administrativo*. São Paulo: Revista dos Tribunais, 1993. p. 86.

contemporâneo, influenciando a realização de uma reforma no âmbito da Administração Pública.

A partir da década de 80 do século XX, em quase trinta anos, praticamente mudou tudo no mundo. Na Espanha, em Portugal e no Brasil passamos de um regime ditatorial para um regime democrático. O sistema democrático tornou-se plural e participativo, com as ações do Poder público devendo ser adotadas com absoluta transparência. A Espanha e Portugal, como outros países europeus, passaram a integrar a União Europeia, com a peseta e o escudo sendo substituídos pelo euro. O Brasil, diante do mundo globalizado e de uma economia globalizada, também teve muitas mudanças com referência a sua situação no mundo.

Sendo assim, entramos no que se convencionou chamar de a Era do Conhecimento, cujo estágio mundial é um Estado de transformação decorrente de uma série de inovações sociais, institucionais, tecnológicas, organizacionais, econômicas e políticas, a partir das quais a informação e o conhecimento passaram a desempenhar um novo e estratégico papel, constituindo-se em elementos de ruptura, segundo alguns, ou de forte diferenciação, segundo outros.[409] Fatores esses que ocasionaram três tipos de revolução, que Leo Kissler denominou de: *revolução econômica (capitalismo social), revolução tecnológica (revolução digital)* e *processo de globalização (sistema mundial competitivo).*[410]

Dentro desse novo contexto do Estado contemporâneo, passou a ser preponderante uma reforma administrativa, uma reforma do aparelho do Estado, no sentido de fazer com que a sua organização, que conta com servidores públicos, recursos financeiros, máquinas, equipamentos e instalações, possa executar as decisões tomadas pelo governo, visando à melhoria da eficiência e do atendimento das necessidades do cidadão, qual seja: haja prestação de serviços públicos à sociedade com eficiência e presteza.

A par desses fatores revolucionários, houve outros acontecimentos relevantes e influenciadores da Reforma Administrativa que deveria se produzir. O Brasil, no final da década de 90 do século passado, enfrentou uma crise fiscal sem precedentes, juntamente com um grau de endividamento público que inviabilizava a ação do Estado. Por isto, no ano de 1999, realizou-se um *Programa de Estabilidade Fiscal,* que representou um passo decisivo na consolidação do processo de

---

[409] LASTRES, Helena Maria Martins; ALBAGLI, Sarita. Chaves para o terceiro milênio na era do conhecimento. In: LASTRES, Helena Maria Martins; ALBAGLI, Sarita (Org.). *Informação e globalização na era do conhecimento.* Rio de Janeiro: Campus, 1999. p. 8.

[410] KISSLER, Leo. *Ética e participação:* problemas éticos associados à gestão participativa nas empresas. Florianópolis: Editora UFSC, 2004. p. 19.

redefinição do modelo econômico brasileiro. Foi, na essência, a mudança do regime fiscal do País, tarefa indispensável para que a estabilidade monetária pudesse ser solidamente enraizada e possibilitasse a liberação do potencial de crescimento com mudança estrutural da economia brasileira, com reflexos em toda a Administração Pública e no sistema de fiscalização (Reforma da Previdência, Reforma Administrativa, Reforma Fiscal, etc.).

De acordo com a estrutura da Reforma do Aparelho do Estado (A Presidência da Republica do Brasil, em novembro de 1995, elaborou um *Plano Diretor da Reforma do Aparelho do Estado*, produzindo um diagnóstico da Administração Pública brasileira e estabelecendo os meios para realização da reforma do Aparelho do Estado), uma das principais medidas legislativas realizada foi a edição da *Lei de Responsabilidade Fiscal*, em 4 de maio de 2000. Esta lei definiu princípios básicos de responsabilidade fiscal, emanados da noção de prudência na gestão de recursos públicos, produzindo um acréscimo de obrigações e diretrizes de comportamento ao Administrador Público. Via de consequência aumentaram também em grau, número e qualificação as competências de fiscalização do Tribunal de Contas.

Não fora suficiente esta gama de circunstâncias históricas evolutivas, e considerando-se também que o Estado brasileiro é federativo, constituído de um território de nível continental, com diferenças de toda a natureza: geografia, clima, cultura e características socioeconômicas, aumentam ainda mais as dificuldades para a edição de normas de fiscalização de âmbito nacional para os organismos de controle — Tribunais de Contas.

Contudo, mesmo com todas essas dificuldades para materializar um projeto codificador para o processo de fiscalização do Tribunal de Contas, entendemos que é perfeitamente possível a concretização desse objetivo que, invariavelmente, irá produzir benefícios práticos efetivos como: criação de um sistema nacional de fiscalização, com harmonização de ações, procedimentos e decisões em todo o território nacional.

Por sinal, como fator demonstrativo dessa importância de realização de um Sistema de Fiscalização Nacional, por iniciativa da Associação dos Membros dos Tribunais de Contas do Brasil (ATRICON), foi formado um "Grupo de Trabalho sobre a Lei Processual dos Tribunais de Contas", tendo como Presidente o Ministro Benjamin Zymler, do TCU e como Relator este Conselheiro, que contou com o assessoramento de dois extraordinários juristas: o Prof. Dr. Diogo de Figueiredo Moreira Neto e o Prof. Dr. Juarez Freitas, com a finalidade de ser elaborado um projeto de lei reguladora do processo de fiscalização dos Tribunais de Contas. Projeto que consolidasse um conjunto de normas em busca de um sistema harmônico e coeso, com bases principiológicas, que pudessem ter aplicabilidade de acordo com a realidade de cada Estado e de cada Município.

Conforme salientavam os eminentes professores Diogo de Figueiredo Moreira Neto e Juarez Freitas, viabilizar e harmonizar a aplicação de um sistema nacional de fiscalização dentro de um universo federativo tão complexo e composto de tantas diferenças não era tarefa fácil, mas que não se poderia realizar essa implantação a *manu militare*, dever-se-ia buscar compreender as preocupações, necessidades e virtudes de cada organismo em âmbito estadual e municipal, no sentido de se poder compatibilizar os problemas com as exigências jurídicas indispensáveis.

Vencendo tais preocupações, os ilustres professores elaboraram um *Projeto de Lei Nacional do Processo de Fiscalização dos Tribunais de Contas* de caráter principiológico, com normatização dos aspectos que valorizam uma moderna postura de controle, no sentido de harmonizar, nacionalmente, as ações fiscalizadoras dos Tribunais de Contas brasileiros, buscando firmar a sua posição como órgão de vanguarda no controle econômico-financeiro dos recursos públicos utilizados pelo Estado e, tendo em conta os interesses e necessidades do cidadão, permitir uma avaliação de sua adequada aplicação aos princípios constitucionais da legalidade, legitimidade e economicidade, possibilitando o funcionamento de um verdadeiro sistema nacional de controle das contas públicas.

Este projeto, como instrumento de princípios procedimentais, fixou diretrizes e normas básicas para a existência de um processo de fiscalização nacional e democratizado, deixando as minúcias e peculiaridades locais para as respectivas Leis Orgânicas e Regimentos Internos de cada Tribunal de Contas.

No que pertine ao seu conteúdo, o Projeto de Lei Nacional do Processo de Fiscalização dos Tribunais de Contas, constituiu-se de: a) estabelecimento de princípios, diretrizes e tipos do processo de fiscalização; b) admissão e disciplina de Medidas Cautelares; c) defesa contra atos atentatórios à dignidade da fiscalização; d) modulação dos efeitos das decisões dos Tribunais de Contas; e) previsão de auditorias no campo da gestão ambiental e na atividade regulatória; f) prestação de contas ao Parlamento; g) realização de audiências públicas e a adoção do *amicus curiae*; i) garantia do direito fundamental à duração razoável dos processos de fiscalização; j) disciplinamento de medidas recursais; k) respeito às peculiaridades federativas e às respectivas Leis Orgânicas; l) admissão de termo de ajustamento para correção de falhas; m) introdução da figura do ouvidor – controle social; n) período de transição (*vacatio legis*).

Como o poder de iniciativa de projetos de lei desta natureza pertence ao Tribunal de Contas da União, o *Projeto de Lei Nacional dos Processos de Fiscalização dos Tribunais de Contas* encontra-se naquele organismo para tomada de decisão sobre o seu encaminhamento ao Congresso Nacional.

11.2.6 As garantias processuais das partes

O processo é, em si mesmo, um método de debate, com participação de elementos humanos, os quais agem segundo certas formalidades preestabelecidas legalmente,[411] no sentido de ser obtida uma decisão que defina, legal e juridicamente, a situação geradora do debate. Assim, o processo administrativo é pressuposto do Estado Democrático de Direito, no qual o Administrador, o servidor ou o particular participa, de forma direta e imediata, da formação da vontade estatal.[412]

Nessa circunstância, o processo administrativo não deve ser apenas vislumbrado como rito ou procedimento. "Através do processo administrativo não se pretende mera proteção a prazos, publicações, vistas, protocolos e demais perfis burocráticos da atividade estatal. O processo é instrumento de participação, proteção e garantia dos direitos individuais. Caso prestigiado, o cidadão terá convicção de que o ato administrativo é legítimo e perfeito".[413]

De igual forma deve ser entendido o processo de fiscalização realizado pelo Tribunal de Contas, qual seja, como um instrumento de garantia do Estado Democrático de Direito, com absoluto atendimento das garantias processuais das partes, até porque esta é uma determinação constitucional. Por força do disposto no art. 73 da Constituição, o Tribunal de Contas exerce, no que couber, as atribuições destinadas aos Tribunais Judiciais que estão previstas no art. 96 da mesma Constituição, em que consta a competência para elaborar o seu Regimento Interno, dispondo sobre a competência e funcionamento de seus órgãos jurisdicionais e administrativos, com observância das normas de processo e "das garantias processuais das partes".

---

[411] COUTURE, Eduardo J. *Introdução ao estudo do processo civil*. Tradução Mozart Victor Russomano. 3. ed. Rio de Janeiro: Forense, 2001. p. 43.

[412] MOREIRA, 2000, p. 58.

[413] *Idem*, p. 58.

Conforme José Afonso da Silva, "os direitos são bens e vantagens conferidas pela norma, enquanto garantias são os meios destinados a fazer valer esses direitos, são instrumentos pelos quais se asseguram o exercício e gozo daqueles bens e vantagens".[414]

São garantias processuais das partes, entre outras, a igualdade de tratamento, a regularidade do procedimento, o contraditório e a ampla defesa, o devido processo legal, etc. Portanto, as normas reguladoras do processo de fiscalização contábil, financeiro e orçamentário, têm de estabelecer regramentos que assegurem a proteção de tais direitos.

11.2.7 Garantias ao devido processo legal

O devido processo legal é um dos pilares de sustentação do princípio democrático, por isso, sendo fator de garantia para os direitos individuais. No Estado democrático de direito, o devido processo legal serve de arcabouço jurídico para reconhecimento e implementação dos direitos reclamados por quem quer que seja.

Por esta razão, o devido processo legal — *due process of law* — é princípio do processo administrativo, tanto no aspecto processual como substantivo, sendo regra geral a aplicação do art. 5º, LIV, da Constituição, para todos os comportamentos administrativos, em que se inclui, logicamente, o processo de fiscalização realizado pelo Tribunal de Contas. Como refere Egon Bockmann Moreira, "a existência do processo administrativo é, quando menos, garantia de transparência e fundamentação dos atos praticados por entes públicos. O devido processo legal assegura aos particulares a segurança e certeza do prestígio à Constituição Federal".[415]

Dessa forma, o devido processo legal é exigência constitucional, de aplicação inescusável, com atingimento de todo tipo de atuação administrativa, inclusive o da fiscalização contábil, financeira, orçamentária, operacional e patrimonial exercida pelo Tribunal de Contas.

11.3 Relação processual de fiscalização

Sendo o processo de fiscalização espécie do processo administrativo, para se compreender como ocorre a sua relação processual, torna-se necessário primeiro verificar a relação processual administrativa.

---

[414] SILVA, 2005, p. 412.

[415] MOREIRA, 2000, p. 225.

11.3.1 Sujeitos do processo administrativo

Como magistralmente sintetiza Cretella Junior, no processo civil os sujeitos da relação jurídica são autor e réu, perseguindo, em geral, interesses em contrário. O processo administrativo, nesse aspecto, fica mais próximo do processo penal, pois em ambas as circunstâncias é o aparelho estatal dirigido ao acusado. Tanto no processo penal como no processo administrativo a relação não se dá entre dois particulares, mas entre o Estado e o administrado, particular ou funcionário público, acusado ou indiciado.[416]

Por isso, na esteira do pensamento de Hernandez Corujo, conclui-se que, "no processo administrativo, comparece de um lado, a Administração, não como Poder, que corresponde ao Estado, mas como gestora do interesse público, para 'de ofício' ou 'a pedido da parte', solicitar algo do administrado, particular ou funcionário, impor-lhe algumas medidas ou resolver-lhes as solicitações, reclamações ou recursos, ou prestar um serviço público".[417]

Em síntese, os sujeitos do processo administrativo não são particulares, mas sim a Administração e alguém interessado no seu pronunciamento, tendo em conta o alcance de uma finalidade jurídica decorrente da ação administrativa praticada pelo Estado.

11.3.2 Relação processual administrativa

Todo o processo estabelece uma relação jurídica entre os sujeitos participantes, que é a relação jurídico-processual, constituindo entre os sujeitos interessados vínculos juridicamente relevantes e juridicamente regulados.[418] Dessa forma, iniciado o processo administrativo pela Administração, de imediato surge entre os sujeitos da relação processual uma série de direitos e obrigações, que vai até a decisão finalizadora do processo.

Esses direitos e obrigações, que decorrem da relação processual, dizem respeito à comunicação que deve ser mantida entre a Administração e os interessados, na forma e no tempo determinado legalmente, envolvendo o direito de encaminhar documentos, de ser ouvido, de tomar conhecimento de decisões e de recorrer.

---

[416] CRETELLA JUNIOR, op. cit., p. 34.

[417] Idem, p. 34.

[418] Idem, p. 35.

11.3.3 Processo de fiscalização: sujeitos e relação processual

Do mesmo modo que o processo administrativo, no processo de fiscalização não há partes na forma conceituada pelo processo civil, mas sim a figura do fiscal (o Tribunal de Contas) e do fiscalizado. Por esse motivo, o processo de fiscalização tem como sujeitos o Estado, em cujo nome atua o Tribunal de Contas, e os administradores e demais responsáveis por dinheiros, bens e valores públicos, que é iniciado em razão da fiscalização contábil, financeira, orçamentária, operacional e patrimonial da Administração Pública, com a finalidade jurídica de ser verificado se há boa ou má administração dos recursos públicos.

Assim, no processo de fiscalização contábil, financeira e orçamentária, a relação jurídica processual que se estabelece entre o Tribunal de Contas e os administradores e demais responsáveis dos diversos organismos públicos também propicia o surgimento imediato de direitos e obrigações para ambas às partes, envolvendo o cumprimento dos requisitos formais, de fornecimento de informações exatas, de requerer ou juntar documentos, de solicitar ou prestar esclarecimentos, etc.

11.4 Princípios constitucionais e legais aplicáveis ao processo de fiscalização

Como todo processo administrativo, o processo de fiscalização, como instrumento de realização da fiscalização contábil, financeira e orçamentária da Administração Pública, também tem o dever de cumprir a vários princípios constitucionais, no sentido de assegurar o devido processo legal determinado constitucionalmente.

11.4.1 Princípio da legalidade

O princípio da legalidade, como corolário do Estado democrático de direito, obriga a Administração Pública, em todos os seus Poderes e órgãos, a sujeitar-se aos mandamentos da lei e da Constituição (art. 37, *caput*), sob pena de praticar ato inválido e passível de responsabilização.

Assim, como princípio geral aplicável a toda a Administração Pública, ao processo de fiscalização realizado pelo Tribunal de Contas também é compulsória a observância do princípio da legalidade, até porque esta é uma exigência específica dirigida à fiscalização contábil, financeira, orçamentária, operacional e patrimonial (art. 70, *caput*, CF).

11.4.2 Princípio da moralidade

Como princípio dirigido a toda Administração Pública (art. 37, *caput*, CF), o princípio da moralidade é de ser observado no processo administrativo e, por extensão, no processo de fiscalização, significando dizer que o processo de fiscalização deve ter conformação não só com a lei, mas também com a moral administrativa e o interesse público.[419]

Por isto, bem posiciona o professor Márcio Cammarosano ao dizer que: "a moralidade administrativa tem conteúdo jurídico porque compreende valores juridicizados, e tem sentido a expressão moralidade porque os valores juridicizados foram recolhidos de outra ordem normativa do comportamento humano: a ordem moral. Os aspectos jurídico e morais se fundem, resultando na moralidade jurídica, que é moralidade administrativa quando reportada à Administração Pública".[420]

Segundo a definição apresentada pela Lei nº 9.784/99, no âmbito do processo administrativo federal, princípio da moralidade é "atuação segundo padrões éticos de probidade, decoro e boa-fé" (art. 2º, parágrafo único, IV). Dessa forma, como fator da relação processual, no processo de fiscalização deve ser guardado um comportamento ético, envolvendo a probidade, o decoro e a boa-fé, considerados como elementos exigíveis na conduta processual.

11.4.3 Princípio da isonomia

Isonomia significa igualdade diante da lei e dos regulamentos, via de consequência, em face de exigência constitucional de sua aplicabilidade a todos os cidadãos, como fator de direito e garantia fundamental (art. 5º, CF), não se pode negar a sua adoção para o processo administrativo e ao processo de fiscalização.

O princípio da isonomia exige tratamento igualitário em relação aos particulares envolvidos na relação processual e entre a própria Administração e os particulares.[421] Nessas condições, no processo de fiscalização o tratamento de igualdade perante a lei, os regulamentos e a forma processual, entre o Tribunal de Contas e os administradores e demais responsáveis por dinheiros, bens e valores públicos, deve ocorrer por obediência ao princípio da isonomia.

---

[419] MEIRELLES, 2001, p. 85, nota 46.

[420] CAMMAROSANO, Márcio. *O princípio constitucional da moralidade e o exercício da função administrativa*. Belo Horizonte: Fórum, 2006. p. 113.

[421] MOREIRA, 2000, p. 261.

11.4.4 Princípio da publicidade

O princípio da publicidade dirigido à Administração Pública (art. 37, *caput*, CF), é requisito de eficácia e moralidade para os atos que são por ela praticados. Como princípio de observância obrigatória, também deve ser exigido em todos os atos da relação processual administrativa, no sentido de ser promovida a divulgação oficial para conhecimento público dos atos processuais, especialmente os de início do processo, de intimação dos interessados e de decisão tomada.

Portanto, o princípio da publicidade deve ser compreendido como o dever de tornar público o processo administrativo,[422] circunstância esta também aplicável ao processo de fiscalização, como fator de transparência do controle externo exercido pelo Tribunal de Contas.

11.4.5 Princípio da eficiência

A obrigação da Administração Pública ser eficiente é princípio inserto no próprio texto constitucional (art. 37, *caput*, CF), que exige uma ação administrativa com um comportamento competente, ágil e com rendimento adequado às necessidades públicas da população.

No processo administrativo, como de resto no processo de fiscalização, o princípio da eficiência pode ser compreendido nos fatores processuais de celeridade, simplicidade, finalidade, economia e efetividade.[423]

11.4.6 Princípio do contraditório e da ampla defesa

O princípio do contraditório e da ampla defesa revela manifestações que decorrem do princípio do devido processo legal[424] e, por ser relativo ao Estado Democrático de Direito, tem observância obrigatória expressa em norma constitucional (art. 5º, LV, CF), dirigida ao processo administrativo.

Enquanto o princípio do contraditório traduz participação na integralidade do processo administrativo, sendo garantia de cientificação de tudo que nele ocorra, como direito dos integrantes da relação

---

[422] Idem, p. 261.

[423] MOREIRA, 2000, p. 261.

[424] BACELLAR FILHO, Romeu Felipe. *Princípios constitucionais do processo administrativo disciplinar*. São Paulo: Max Limonad, 1998. p. 199.

processual,[425] a ampla defesa, como fundamento lógico do contraditório, "configura direito subjetivo público, no sentido de que é outorgado em abstrato a todos os cidadãos e seu exercício funda-se imediatamente no texto constitucional".[426]

Nessa circunstância constitucional, indubitável a aplicabilidade do princípio do contraditório e da ampla defesa ao processo de fiscalização.

11.4.7 Princípio da oficialidade

O princípio da oficialidade corresponde ao dever que a Administração possui na condução do processo, no pertinente a adoção das providências necessárias ao trâmite contínuo do processo, para ser obtida uma solução final.[427]

Dessa forma, pelo princípio da oficialidade, independentemente de provocação ou requerimento, a Administração tem o dever de providenciar na condução do processo, não sendo lícita a sua paralisação por inércia, porque a solução do processo é questão de interesse público.

Assim, tratando-se de princípio também aplicável ao processo de fiscalização, o Tribunal de Contas, quando instaurar o processo de fiscalização correspondente à ação de controle que exerce, deve adotar todas as medidas necessárias ao seu prosseguimento, até que seja alcançada uma decisão a respeito do fato ou ato sindicado, porque a avaliação de regularidade da atividade financeira do Estado tem de produzir um resultado, sendo este um fator de interesse público.

11.4.8 Princípio da livre investigação das provas: verdade formal e verdade material

O princípio da livre investigação das provas tem a ver com o que Celso Antônio Bandeira de Mello chama de "ampla instrução probatória, o qual significa, como muitas vezes observam os autores, não apenas o direito de oferecer e produzir provas, mas também o de, muitas vezes, fiscalizar a produção das provas da Administração, isto

---

[425] MOREIRA, 2000, p. 225.

[426] Idem, p. 240.

[427] ZYMLER, op. cit., p. 166.

é, o de estar presente, se necessário, a fim de verificar se efetivamente se efetuaram com correção ou adequação técnicas devidas".[428]

Dessa forma, o princípio da livre investigação das provas envolve tanto a verdade formal como a verdade material. Demonstrada ser a prova possível, idônea e necessária à solução da controvérsia, sua concretização é imperiosa.[429] Por esse contexto, "a prova deve ser realizada nos limites dos autos e sempre com a cooperação dos particulares envolvidos. O administrado tem garantidas a manifestação e influência na condução da atividade instrutória".[430]

Sendo o processo de fiscalização um processo de investigação por excelência, o princípio da livre investigação das provas lhe é aplicável em toda amplitude. Cabe ao Tribunal de Contas, como órgão fiscalizador, produzir todas as provas — formais e materiais — para formação de um convencimento sobre a situação administrativo-financeira do órgão controlado, mas tem o dever de colocá-las à apreciação do administrador, para o contrasteamento determinado pelo princípio.

11.4.9 Princípio da motivação das decisões

Como todo o processo administrativo visa alcançar uma finalidade jurídica, evidentemente que a decisão que for tomada nesse sentido tem de apresentar os fundamentos da postura jurídica adotada. Na visão jurídica de Bandeira de Mello, o princípio da motivação "impõe à Administração Pública o dever de expor as razões de direito e de fato pelas quais tomou a providência adotada. Cumpre-lhe fundamentar o ato que haja praticado, justificando as razões que lhe serviram de apoio para expedi-lo".[431] Esta exigência de motivação para as decisões administrativas alcança o próprio Judiciário, com expressa determinação constitucional (art. 93, X, CF).

A motivação da decisão tomada pela Administração tem de ser explícita, clara e congruente (art. 50, §1º, Lei nº 9.784/99), com o fim de expressar as razões técnicas, lógicas, jurídicas e legais que serviram para formar o convencimento de quem decidiu, conclusivamente, sobre o fato analisado. Assim, da mesma forma, deve ser aplicado o princípio da motivação aos processos de fiscalização realizados pelo Tribunal de Contas. Tratando-se de processo que visa produzir uma avaliação sobre

---

[428] MOREIRA, 2000, p. 251. nota 292.

[429] Idem, p. 252.

[430] Idem, p. 252.

[431] BANDEIRA DE MELLO, 1993, p. 28.

o comportamento do administrador no gerenciamento dos dinheiros, bens e valores públicos, a decisão pelo bom ou mau gerenciamento tem de apresentar os fundamentos de sua procedência técnica e jurídica.

11.4.10 Princípio do duplo grau de jurisdição

O direito brasileiro adota o princípio do duplo grau de jurisdição. Para tanto, a organização judiciária subdivide-se em duas instâncias. A instância inicial constitui-se no juízo em que se instaura o processo, no qual é conhecida e julgada a causa. Este é o chamado Juiz de primeira instância, com a sentença correspondendo à decisão de primeira instância (juízo *a quo*). A Segunda instância corresponde àquela em que o Tribunal toma conhecimento da causa em grau de recurso, sendo, nessa circunstância, chamado de juízo *ad quem*, em prosseguimento à instância *a quo*.[432]

Este princípio também possui aplicabilidade no processo administrativo, em que a decisão de primeiro grau — inicial — deve submeter-se a novo exame em grau de recurso perante a mesma autoridade ou órgão julgador — reconsideração — e perante a autoridade ou órgão superior. A Lei nº 9.784/99, reguladora do processo administrativo no âmbito federal, assegura o duplo grau de jurisdição mediante a possibilidade de interposição de recurso dirigido à autoridade que proferiu a decisão, a qual, não reconsiderando, deverá encaminhar à consideração da autoridade superior (art. 56, §1º), limitando o trâmite do recurso por, no máximo, três instâncias administrativas, salvo disposição legal diversa (art. 57).

Assim, logicamente, o duplo grau de jurisdição é um princípio que deve ter aplicabilidade no processo de fiscalização. À primeira decisão tomada pelo Tribunal de Contas, em nível de Conselheiro (Juízo singular) ou Câmara, que pode ser chamada de primeiro grau, tem de ser assegurado o direito de recurso ao órgão superior — Tribunal Pleno — que pode ser chamado de segundo grau. Este é um procedimento adotado regulamente no âmbito dos Tribunais de Contas brasileiros, com regramento específico em suas leis orgânicas.

---

[432] ACQUAVIVA, Marcus Claúdio. *Dicionário jurídico brasileiro Acquaviva*. 7. ed. rev. atual. e ampl. São Paulo: Jurídica Brasileira, 1995. p. 580-581.

CAPÍTULO 12

ESPÉCIES DE PROCESSOS DE FISCALIZAÇÃO

12.1 Classificação do processo de fiscalização

O processo de fiscalização, consoante a sua finalidade jurídica, pode ser classificado em quatro espécies básicas, tendo em conta as competências constitucionais dirigidas ao Tribunal de Contas para o exercício do sistema de fiscalização contábil, financeira, orçamentária, operacional e patrimonial, que são: o processo de julgamento de contas; o processo de apreciação de legalidade; o processo de apuração de responsabilidade do gestor público; e o processo de informação técnico-jurídica.

12.1.1 Processo de julgamento de contas

O controle externo exercido pelo Tribunal de Contas, como função fiscalizadora, acompanha e vigia a atividade financeira desenvolvida pelos diversos órgãos do Estado e lhes examina os atos praticados, averiguando a sua regularidade, no sentido de assegurar que sejam realizados de acordo com os princípios da legalidade, legitimidade e economicidade. Para a verificação dessa regularidade da ação administrativa, com avaliação sobre a boa ou má administração dos recursos financeiros, são praticados vários atos de fiscalização, culminando com o julgamento das contas dos administradores e demais responsáveis por bens e valores públicos.

Sendo o julgamento das contas o apogeu da fiscalização realizada durante um determinado período, houve a necessidade de serem criados instrumentos legais que possibilitassem esse julgamento, com meios e garantias suficientes para assegurarem a instauração, o trâmite e o julgamento dentro dos princípios que regem o Estado Democrático de Direito.

Por esse motivo, sendo considerados vários aspectos de relevância para o julgamento — como o cargo e o seu grau de responsabilidade, assim como o tipo de gerenciamento — constitucional e legalmente foram estabelecidos processos com ritos próprios a cada circunstância e fixação do órgão competente para proceder ao julgamento. Esses processos são a *prestação de contas* e a *tomada de contas*, agora denominados de contas de governo e contas de gestão.

Contas de governo é o processo destinado ao julgamento das contas apresentadas pelos Chefes de Poder Executivo — Presidente da República, Governadores de Estado e Prefeitos Municipais — ou Chefes de Poder, do Ministério Público e Tribunal de Contas, quando se tratar de gestão fiscal. Contas de gestão é o processo criado por lei para ser procedido o julgamento dos administradores e demais responsáveis por dinheiros, bens e valores públicos.

12.1.2 Processo de apreciação de legalidade

A apreciação de legalidade, embora não se caracterize como um julgamento propriamente dito, encerra um juízo de valor quanto à legalidade dos atos em exame — admissões, aposentadorias, reformas e pensões — sendo, por isso, elemento essencial para a validade do ato examinado, uma vez que se constitui em condição de sua executoriedade plena.

Assim, tratando-se de ato de controle que pode ensejar a decretação de nulidade ou permitir a eficácia definitiva do ato apreciado, houve a necessidade de instituição legal do processo para esse fim, com o sentido de serem asseguradas todas as garantias para o exercício da função fiscalizadora, uma vez que esta visa à manutenção da legalidade, probidade e moralidade na aplicação dos dinheiros públicos, sem permitir favorecimento de pessoas a custa do erário, mas com o estabelecimento de regras para o atendimento dos princípios constitucionais que protegem os direitos dos administradores e servidores sujeitos da relação processual.

12.1.3 Processo de apuração de atos de responsabilidade do gestor público

Esta espécie de processo de fiscalização visa apurar fatos e atos que possam ser da responsabilidade do gestor público, servindo, posteriormente, como elemento instrutivo para o julgamento das contas. É o caso do processo de auditoria ou inspeção e de denúncia. O processo de auditoria e inspeção visa apurar como está se desenrolando a administração nos seus aspectos contábeis, financeiros, orçamentários, operacionais e patrimoniais, possuindo um rito diferenciado para o alcance desse fim.

Por sua vez, o processo de denúncia busca apurar fato específico, de acordo com a situação denunciada, por isto, tem um procedimento (rito) distinto dos demais processos de fiscalização, posto que a apuração a ser realizada deve ocorrer de acordo com o exigível para tal fim, no qual se inclui, inclusive, a realização de auditoria, mas sempre com procedimentos céleres como pede a denúncia.

12.1.4 Processo de informação técnico-jurídica

Como uma das principais atividades complementares à função fiscalizadora do Tribunal de Contas é responder às consultas formuladas pelos seus jurisdicionados, dando o seu entendimento sobre os aspectos técnicos e jurídicos constantes dos temas apresentados, foi criado um processo para a elaboração da resposta dessas informações, com delimitação das autoridades competentes para realizarem essas consultas, até para que não haja conturbação administrativa interna nos órgãos jurisdicionados, com quebra da hierarquia funcional.

Assim, o processo de consulta possui um rito próprio, diferente dos demais processos de fiscalização, buscando o atendimento mais ágil possível da resposta solicitada, a fim de que não ocorra procedimento em contrário às normas de administração financeira e orçamentária, de acordo o entendimento do órgão fiscalizador.

12.2 Tipos de processo de fiscalização

Conforme já foi salientado, a cada espécie de processo de fiscalização corresponde um tipo de processo para o atingimento de cada finalidade fiscalizadora. Esses processos, com o procedimento correspondente a cada um deles, serão o objeto de exame deste tópico.

12.2.1 Processo de prestação de contas

Em tese, são três os tipos de processos de prestação de contas:

a) a prestação de contas realizada pelo subordinado hierárquico ao ordenador de despesas que, depois de aprovada, vem a integrar a tomada de contas deste último (é o caso, por exemplo, da comprovação de adiantamento), ou o processo do beneficiário de auxílio ou convênio que também presta contas à autoridade concessora do benefício, com posterior integração à tomada de contas dessa autoridade.

b) a prestação de contas de gestão fiscal realizada pelos Chefes de Poder (Executivo, Legislativo e Judiciário), do Ministério Público e do Tribunal de Contas que, nos termos da Lei de Responsabilidade Fiscal (Lei Complementar nº 101/2000), art. 56, é denominado de processo de prestação de contas, visando evidenciar o desempenho da arrecadação à previsão, destacando as providências adotadas no âmbito da fiscalização das receitas e combate à sonegação, as ações de recuperação de créditos nas instâncias administrativas e judicial, bem como as demais medidas para incremento das receitas tributárias (art. 58).

c) o processo de prestação de contas anual do Chefe do Poder Executivo – contas de governo – cuja regulação parte do texto constitucional. É dever constitucional do Presidente da República prestar, anualmente, ao Congresso Nacional, dentro de sessenta dias após a abertura da sessão legislativa, as contas referentes ao exercício anterior (art. 84, XXIV, CF), competindo ao Tribunal de Contas apreciar essas contas, mediante parecer prévio que deverá ser elaborado em sessenta dias a contar do seu recebimento (art. 71, I, CF), com o seu julgamento ficando na órbita de competência do Congresso Nacional.

Conforme o regulado pela Lei Orgânica do Tribunal de Contas da União, no sentido de ser possibilitado um adequado exame sobre as contas do Presidente, as contas consistirão nos balanços gerais da União e no relatório do órgão central do sistema de controle interno do Poder Executivo sobre a execução dos orçamentos de que trata o §5º do art. 165 da Constituição Federal (art. 36, parágrafo único, Lei nº 8.443/92). Estes são os elementos constitutivos do processo de prestação de contas – contas de governo.

Como fator de esclarecimento técnico sobre os dados constantes dos balanços gerais, o Tribunal de Contas da União regulamentou, em seu Regimento Interno, os elementos mínimos que deve conter no relatório do órgão central do controle interno (parágrafo único do art. 221, da Resolução Administrativa nº 155/2002, alterada pela Resolução TCU nº 246, de 30.11.2011).

Em razão da própria denominação utilizada constitucionalmente, o processo de exame e julgamento das contas do Presidente da República passou a denominar-se de *prestação de contas* – contas de governo. Por simetria constitucional, este mesmo sistema de forma processual, inclusive quanto à denominação do processo, é adotado pelos Estados e Municípios e pelos respectivos Tribunais de Contas.[433]

12.2.2 Processo de Contas de Gestão

A tomada de contas é um processo totalmente distinto do processo de prestação de contas, a começar pelo órgão competente para proceder ao julgamento do processo. Nesse caso, a competência de julgamento pertence ao Tribunal de Contas, consoante a determinação efetuada pelo art. 71, II, da Constituição Federal.

Altera-se também o processo na sua forma de instauração, constituição e composição de elementos, com obediência a um rito próprio, cujos procedimentos são regulamentados para o alcance de uma decisão perante a Corte de Contas.

O processo de contas de gestão tem de ser realizado pelos organismos encarregados da contabilidade analítica, submetido à análise e certificação do órgão de auditoria interna e, após, encaminhado para pronunciamento do Ministro de Estado, órgãos da Presidência da República, Chefes de Poder, ou de autoridades a quem estes delegarem competências. O prazo para esses procedimentos de instauração da tomada de contas e encaminhamento ao Tribunal de Contas é de, no máximo, 180 dias a contar da data do encerramento do exercício financeiro (arts. 81 e 82, *caput*, Dec.-Lei nº 200/67). Como o exercício financeiro encerra em 31 de dezembro, o processo de tomada de contas tem de dar entrada no Tribunal de Contas até 30 de junho, do exercício seguinte.

No entanto, se no decorrer do exercício financeiro determinada conta não for prestada, ou for verificada a existência de desfalque, desvio de bens ou outra irregularidade de que resulte prejuízo para

---

[433] O modelo federal é adotado no Estado do Rio Grande do Sul, consoante a previsão dos arts. 82, XII, 71 e 53, III, da Constituição Estadual, complementados pelo disposto nos arts. 35 a 37 da Lei nº 11.424/2000 (Lei Orgânica do Tribunal de Contas do Rio Grande do Sul). Para o âmbito municipal, as leis orgânicas locais possuem assemelhada normatização, sendo complementadas pelo regulado nos arts. 49 a 52 do TCE/RS, por ser da competência do Tribunal de Contas Estadual a fiscalização dos municípios.

HELIO SAUL MILESKI
O CONTROLE DA GESTÃO PÚBLICA

a Fazenda Pública, sob pena de corresponsabilidade, as autoridades administrativas deverão instaurar a tomada de contas, procedendo às devidas comunicações ao Tribunal de Contas (art. 84, Dec.-Lei nº 200/67).

Processo de tomada de contas de exercício ou gestão – as exigências contidas no Dec.-Lei nº 200/67 para a sua instauração, no âmbito da União, estão consolidadas na Lei Orgânica e no Regimento Interno do TCU, com importantes acréscimos documentais: I – relatório de gestão; II – relatório do tomador de contas, quando couber; III – relatório e certificado de auditoria, com o parecer do dirigente do controle interno, que consignará qualquer irregularidade ou ilegalidade constatada, indicando as medidas adotadas para corrigir as falhas encontradas; IV – o Ministro de Estado supervisor da área ou da autoridade de nível hierárquico equivalente emitirá, sobre as contas e o parecer de controle interno, expresso e indelegável pronunciamento, o qual atestará haver tomado conhecimento das conclusões nele contidas; V – conter as demonstrações financeiras exigidas em lei, bem como outros demonstrativos especificados em instrução normativa, que evidenciem a boa e regular aplicação dos recursos públicos e, ainda, a observância a outros dispositivos legais e regulamentares aplicáveis (arts. 6º, 7º, 9º e 52 da Lei nº 8.443/92 e arts. 191 e 194 e seu parágrafo único da Resolução nº 155/2002, alterada pela Resolução TCU nº 246, de 30.11.2011).

Processo de tomada de contas especial – a formação do processo de tomada de contas especial, em face de verificação de desfalque, desvio de bens ou outra irregularidade de que resulte prejuízo para o erário, pode ser por determinação da autoridade administrativa ou do Tribunal de Contas, devendo conter os mesmos elementos exigíveis para a tomada de contas de exercício, acrescidos de cópia de relatório de sindicância ou de inquérito, quando for o caso, sem prejuízo de outras peças que permitam ajuizamento acerca da responsabilidade ou não pelo prejuízo verificado (art. 8º, §§1º ao 3º, da Lei nº 8.443/92 e arts. 197 a 200 da Resolução nº 155/2002, alterada pela Resolução TCU nº 246, de 30.11.2011).

Esta regulamentação para a instauração do processo de tomada de contas, por força do disposto no art. 75 da Constituição Federal e das normas de direito financeiro do Dec.-Lei nº 200/1963 que são aplicáveis a todos os entes federados, de uma maneira geral, ressalvadas pequenas peculiaridades locais, tem adoção no âmbito dos Tribunais de Contas dos Estados, do Distrito Federal e dos Municípios.[434]

---

[434] O Tribunal de Contas do Rio Grande do Sul, à similitude do modelo federal, regulamentou o processo de tomada de contas — de exercício ou gestão e especial — nos artigos 43 a 46

12.2.3 Prestação de Contas e Tomada de Contas

Em virtude do dever de prestar contas, genérico e indistinto, aplicável a toda pessoa física ou jurídica, pública ou privada, que utilize, arrecade, gerencie, ou administre dinheiros, bens e valores públicos, constante do art. 70, parágrafo único, da Constituição Federal, gerou-se muita confusão de interpretação no âmbito dos Tribunais de Contas, envolvendo esta obrigação constitucional e os meios — processos — destinados à realização da função fiscalizadora que envolve a averiguação de regularidade do manuseio dos recursos públicos.

Assim, prestar contas pela utilização, arrecadação, gerenciamento ou administração de dinheiros, bens e valores públicos é um dever constitucional que deve ser exigido pelos organismos de controle da Administração — controle externo e controle interno — consoante as funções de fiscalização fixadas constitucionalmente, mediante os processos e procedimentos normados em leis e regulamentos.

Consoante os objetivos da fiscalização, a autoridade administrativa envolvida e o seu grau de responsabilidade e o tipo de recurso público gerido, é criado um processo, com um rito específico (procedimento), para o alcance de uma finalidade jurídica, por isso, tendo em conta as peculiaridades de cada circunstância, para o cumprimento da obrigação constitucional — prestar contas — há dois meios distintos, que podem ser definidos da seguinte forma:

Prestação de Contas – é a forma pela qual, por exigência legal ou contratual, alguém dá conta de seus atos. Assim, constitui processo organizado pelo próprio agente público, entidade ou pessoa, acompanhado dos documentos comprobatórios das operações de receita e despesa, ou outros determinados pela regulamentação legal, para avaliação ou julgamento da autoridade ou órgão competente, de acordo com a circunstância de cada caso: a) encaminhado à avaliação da autoridade responsável principal pela gestão orçamentária, integrando-se, posteriormente, à tomada de contas dessa autoridade; b) constitui-se também no processo de prestação de contas da gestão fiscal dos Chefes de Poder, do Ministério Público e do Tribunal de Contas, para emissão de parecer prévio conclusivo do Tribunal de Contas ou de Comissão mista permanente do Poder Legislativo; c) Prestação de Contas anual do Chefe do Poder Executivo – contas de governo – que se submete a parecer prévio do Tribunal de Contas e julgamento perante o Legislativo.

---

da sua Lei Orgânica (Lei nº 11.424/2000) e arts. 78 a 90 do Regimento Interno (Resolução nº 1.028/2015).

HELIO SAUL MILESKI
O CONTROLE DA GESTÃO PÚBLICA

Tomada de Contas – contas de gestão – trata-se de procedimento em que as contas não são prestadas, mas sim tomadas por órgão destinado para esse fim, no sentido de serem submetidas a julgamento perante o Tribunal de Contas. Dessa forma, é processo organizado em levantamento realizado por serviço de contabilidade analítica, ou por órgão do sistema de controle interno, baseado nos registros dos atos e fatos que envolvem a arrecadação da receita e a movimentação de créditos, recursos financeiros e outros bens públicos, dos administradores e demais responsáveis por dinheiros, bens e valores públicos, em determinado exercício ou período de gestão, para tramitação e julgamento no Tribunal de Contas.

12.2.4 Processo de apreciação de legalidade de ato de admissão, inativação e pensão

Este tipo de processo de fiscalização é procedimento administrativo que deriva do poder de controle do Tribunal de Contas, tendo por objetivo realizar o controle de legalidade, com a finalidade de ser concedido ou não o registro aos atos de admissão, aposentadorias, reformas e pensões, nos termos do determinado constitucionalmente (art. 71, III, CF).

O Tribunal de Contas da União, no que tange aos atos sujeitos à apreciação e registro, regulamenta, na Resolução nº 206, de 24.10.2007, com as alterações realizadas pela Resolução nº 237, de 20.10.2010, e na Instrução Normativa nº 55, de 24.10.2007, alterada pela Instrução Normativa nº 64, 20.10.2010, que no exame dos atos sujeitos a registro serão utilizadas, além das informações contidas no Sistema de Apreciação e Registro dos Atos de Admissão e Concessões (Sisac), aquelas cadastradas no Sistema Integrado de Administração de Recursos Humanos (Siape), em sistema similar e outros sistemas utilizados pela unidade jurisdicionada e em outros sistemas de informação na área de pessoal disponíveis na Administração Pública.

O Sisac possui a função de cadastrar e registrar as informações referentes aos atos de admissão de pessoal e de concessão de aposentadoria, reforma e pensão, com o sentido de proceder crítica aos atos de admissões e de concessões encaminhados ao Tribunal, a partir de parâmetros previamente definidos no sistema, com base na legislação pertinente e na jurisprudência. Os atos rejeitados pela crítica serão objeto de diligências, realizadas por meio do Sisac, ao órgão de Controle Interno, a fim de serem adotadas providências para saneamento dos atos ou obtenção de justificativas sobre a falha e as ilegalidades detectadas.

Retornando da diligência, os atos serão objeto de nova crítica informatizada e, após, incluídos no sistema por tipo e por órgão.

Os atos submetidos ao exame informatizado, depois de separados, serão autuados pela unidade técnica competente de acordo com o grupo e o tipo, que consignará em relatório simplificado o resultado do exame informatizado, podendo propor a realização de auditoria ou inspeção para verificar a regularidade dos respectivos atos concessórios.

Nos atos que não tenham sido constatadas ilegalidades, bem com aqueles em que estas tenham sido sanadas durante o exame ou por meio de diligências, serão submetidos ao Relator, com proposta de mérito pela legalidade e registro do ato, ouvindo-se o Ministério Público. No caso de ser verificada ilegalidade não saneada durante a análise do processo, a unidade técnica proporá ao Relator a ilegalidade do ato e a negativa de registro.

Os atos também poderão ser objeto de exame individualizado, quando apresentarem indícios de ilegalidade; forem objeto de denúncia ou representação; cuja demora na instrução possa acarretar grave prejuízo ao erário; ou esta forma de exame seja considerada necessária pela unidade técnica, pelo Ministério Público junto ao Tribunal, pelo Relator ou pelo Tribunal.

A instrução dos processos de exame de atos sujeitos a registro será sempre presidida pelo Ministro-Relator que determinará, mediante despacho singular, por sua ação própria e direta, ou por provocação do órgão de instrução ou do Ministério Público junto ao Tribunal, a adoção das providências consideradas necessárias ao saneamento dos autos, fixando prazo, na forma estabelecida no Regimento Interno, para o atendimento das diligências, submetendo o processo, após, à apreciação do Plenário ou à Câmara respectiva para decisão de mérito (art. 40 da Lei nº 8.443, de 16.07.1992 – Lei Orgânica do TCU).

No âmbito estadual e municipal, por força das peculiaridades locais, cujo sistema de controle interno estruturado nem sempre existe, o exame de legalidade dos atos de admissões, aposentadorias, reformas e pensões, à similitude do modelo federal, são analisados por procedimentos de fiscalização, mas com atendimento das necessidades próprias a cada região, mediante processo adequado à circunstância.

Nesse aspecto, o Tribunal de Contas do Rio Grande do Sul adota, como norma de procedimento para o exame de legalidade, duas formas de processo: a) os atos de aposentadorias, reformas, transferências para a reserva e pensões, são autuados a partir dos processos administrativos do órgão de origem, que devem ser encaminhados ao Tribunal de Contas, no prazo de 30 dias, contados da publicação do ato no *Diário Oficial*; b) os atos e documentos relativos a admissões

420 | HELIO SAUL MILESKI
O CONTROLE DA GESTÃO PÚBLICA

de pessoal, no âmbito da Administração direta e indireta do Estado e Municípios, devem ser mantidos à disposição do Tribunal de Contas, para que, mediante processo de auditoria, seja efetuada verificação no local, a fim de serem examinados os elementos pertinentes e colhidas as informações necessárias para o encaminhamento a registro (arts. 95 a 99 da Resolução n° 1.028/2015 – Regimento Interno do TCE/RS).[435]

12.2.5 Processo de auditoria e inspeções

O processo de auditoria e inspeções é basicamente procedimento de coleta de dados de natureza contábil, financeira, orçamentária, operacional e patrimonial, quanto aos aspectos técnicos de legalidade, legitimidade e economicidade da gestão dos administradores e demais responsáveis pelos órgãos ou entidades fiscalizadas, no sentido de ser verificada a regularidade de manuseio dos dinheiros, bens e valores públicos; suprir omissões e lacunas de informações, esclarecer dúvidas ou apurar denúncias; avaliar o desempenho operacional, as atividades e sistemas desses órgãos e entidades, aferindo os resultados alcançados pelos programas e projetos governamentais a seu cargo; conhecer a organização e o funcionamento dos órgãos e entidades jurisdicionadas; para subsidiar a instrução e o julgamento de processos de tomadas e prestações de contas, bem como para viabilizar a apreciação dos atos de admissão de pessoal, aposentadorias, reformas e pensões.

Os processos de auditorias e inspeções são instaurados de acordo com um plano específico, um plano operativo, aprovado pelo Plenário do Tribunal de Contas, cujos procedimentos, definidos em Resolução, devem obedecer às exigências técnicas cabíveis aos objetivos de cada auditoria ou inspeção.[436]

Embora o processo de auditoria e inspeção, como coleta de dados, vise assegurar a eficácia do controle e instruir o julgamento das contas, quando constatar ato ou fato que possa causar dano ao erário ou irregularidade grave, no próprio processo de auditoria e inspeção,

---

[435] O exame de legalidade dos atos sujeitos a registro no TCE/RS, estão regulados nas Resoluções n°s 687, de 10.11.2004; 688, de 10.11.2004; 787, de 10.09.2007; 788, de 10.09.2007, juntamente com a Instrução Normativa n° 16, de 10.09.2007, em complementação ao disposto nos arts. 117 a 124 do Regimento Interno (Res. n° 544/2000).

[436] A Lei Orgânica do Tribunal de Contas da União (Lei n° 8.443/92), normatiza os processos de auditorias e inspeções nos arts. 41 a 47, com regulamentação efetuada nos arts. 238 a 243 do Regimento Interno. O modelo federal, por força do estatuído no art. 75 da CF, com atendimento das peculiaridades locais, é adotado no âmbito dos Tribunais de Contas dos Estados, do Distrito Federal e dos Municípios.

o Tribunal de Contas pode adotar medidas para a sustação do ato e penalização do responsável, em preservação do interesse público.

12.2.6 Processo de denúncia

O processo de denúncia visa comprovar a existência de irregularidade ou ilegalidade denunciada por qualquer cidadão, partido político, associação ou sindicato, em atendimento ao previsto no art. 74, §2º, da Constituição Federal.

O Tribunal de Contas da União estabelece que a denúncia deve ser pertinente à matéria de sua competência e referir-se a administrador ou responsável sujeito à sua jurisdição, ser redigida em linguagem clara e objetiva, conter o nome legível do denunciante, sua qualificação e endereço, e estar acompanhada de indício concernente à irregularidade ou ilegalidade denunciada.

A denúncia será apurada por meios regulares do sistema de controle, inclusive por procedimento de auditoria e inspeções, sendo-lhe, no resguardo dos direitos e garantias individuais, dado tratamento sigiloso até a decisão definitiva sobre a matéria. Ao decidir, o Tribunal de Contas poderá manter ou não o sigilo quanto ao objeto e a autoria da denúncia e o denunciante não se sujeitará a qualquer sanção administrativa, cível ou penal em decorrência da denúncia, salvo em caso de comprovada má-fé (arts. 53 a 55, da Lei nº 8.443.92 e arts. 234 a 236 do Regimento Interno do TCU – Resolução nº 155/2002, alterada pela Resolução TCU nº 246, de 30.11.2011).

Os Tribunais de Contas dos Estados, do Distrito Federal e dos Municípios, na esteira do modelo federal, de uma maneira geral, regulamentam o processo de denúncia com assemelhadas exigências e cautelas.[437]

12.2.7 Processo de consulta

O processo de consulta, como procedimento que concretiza a função consultiva do Tribunal de Contas, buscando esclarecer as dúvidas de natureza técnico-jurídicas das autoridades administrativas, quanto às providências que devem ser adotadas no exercício da atividade financeira, é instaurado com o documento que encaminha a

---

[437] O Tribunal de Contas do RS regulamenta o processo de denúncia nos arts. 60 e 61 da sua Lei Orgânica (Lei nº 11.424/2000) e arts. 105 a 107 do seu Regimento Interno (Resolução nº 1.028/2015).

dúvida suscitada na aplicação de dispositivos legais e regulamentares concernentes à matéria de sua competência.

No âmbito do Tribunal de Contas da União (a matéria está regulada no art. 1º, XVII, da Lei nº 8.443/92 e arts. 264 e 265 do Regimento Interno – Resolução nº 155/2002, alterada pela alterada pela Resolução TCU nº 246, de 30.11.2011), são competentes para formular consultas as seguintes autoridades: I – Presidentes da República, do Senado Federal, da Câmara dos Deputados e do Supremo Tribunal Federal; II – Procurador-Geral da República; III – Advogado-Geral da União; IV – Presidente do Congresso Nacional ou de suas Casas; V – Presidentes de Tribunais Superiores; VI – Ministros de Estado ou autoridades do Poder Executivo Federal de nível hierárquico equivalente; VII – Comandante das Forças Armadas; quando as consultas envolverem dúvida na aplicação de dispositivos legais e regulamentares concernentes à matéria de sua competência. Os documentos formuladores da consulta devem conter a indicação precisa do seu objeto, com redação articulada e instruída, sempre que possível, com parecer de assistência técnica ou jurídica da autoridade consulente, no sentido de haver uma perfeita compreensão sobre o tema consultado.

Como a resposta à consulta não corresponde à decisão de nível jurisdicional do Tribunal de Contas, envolvendo julgamento ou exame de legalidade para fins de registro, mas sim o posicionamento técnico-jurídico do órgão fiscalizador sobre determinada matéria, a resposta oferecida pelo Tribunal de Contas tem caráter normativo e constitui prejulgamento da tese, mas não do fato ou caso concreto.

No caso da consulta, igualmente ao que ocorre nos demais processos e funções fiscalizadoras, o modelo federal tem sido seguido pelos Tribunais de Contas dos Estados, do Distrito Federal e dos Municípios, produzindo uma regulamentação assemelhada à federal, com alteração do rol de autoridades para um rol compatível às autoridades estaduais e municipais.[438]

---

[438] A Lei Orgânica (art. 33, XIV, da Lei nº 11.424/2000) e Regimento Interno (art. 108 a 110 da Resolução nº 1.028/2015) do Tribunal de Contas do RS, regulamentam a consulta, fixando o seguinte rol de autoridades habilitadas a sua formulação: I – Chefes de Poderes do Estado; II – Secretário de Estado ou autoridade de nível hierárquico equivalente; III – Procurador-Geral do Estado; IV – Procurador-Geral de Justiça; V – Prefeitos e Presidentes de Câmaras de Vereadores; VI – Secretário Municipal de Educação, ou, a inexistência deste, a autoridade responsável pela área de educação municipal; VII – Diretores-Presidentes de autarquia, sociedades de economia mista, empresas públicas e fundações instituídas ou mantidas pelo Estado ou Município; VIII – Responsáveis por Fundos e/ou Conselhos, nas questões afetas às respectivas áreas de atuação.

CAPÍTULO 13

DA INSTRUÇÃO, JULGAMENTO
E RECURSOS

13.1 Instrução processual

Instaurado o processo de fiscalização nos tipos, formas e condições referidos no capítulo 12, ele se submete a uma instrução processual com a finalidade de serem estabelecidos, saneados, clareados e realizados todos os atos necessários a uma tomada de decisão, qual seja, o julgamento do Tribunal de Contas.

No Tribunal de Contas da União, na forma determinada pelo art. 11 da Lei nº 8.443/92, que também é adotada pelos Tribunais de Contas dos Estados, do Distrito Federal e dos Municípios,[439] o Ministro-Relator preside a etapa instrutória, ordenando o andamento dos processos, proferindo os despachos e demais decisões interlocutórias para ouvir os órgãos técnicos e jurídicos do Tribunal, promover diligências, intimar os responsáveis para apresentação de defesa ou esclarecimentos, ou outras providências consideradas necessárias ao saneamento dos autos, e, no encerramento da instrução, encaminhar o processo para parecer do representante do Ministério Público.

Encerrada a etapa instrutória, por despacho do Relator, o processo é incluído em pauta de julgamento, para decisão do Plenário ou de Câmara. Na quase totalidade dos Tribunais de Contas brasileiros,

---

[439] No Tribunal de Contas do RS, Resolução nº 1.028/2015, quem preside a instrução é o Conselheiro-Relator, no sentido de ordenar o andamento dos processos que lhe forem distribuídos mediante sorteio eletrônico.

na sessão de julgamento é permitida a realização de sustentação oral, por parte de procurador (advogado) devidamente habilitado pela autoridade responsável.[440] No âmbito do Tribunal de Contas da União a sustentação oral está regulada no art. 168 do seu Regimento Interno.

13.2 Julgamento: decisões

Na sessão de julgamento — de Câmara ou Plenário — para que seja proferida a decisão sobre os fatos e atos analisados no processo, consoante a instrução realizada, o Ministro-Relator fica de posse de todos os elementos fáticos, técnicos, legais e jurídicos para a formação de seu convencimento. Por esse motivo, como proposta de decisão ao colegiado, o Relator apresenta o seu voto, contendo os seguintes elementos: I – o relatório do Ministro-Relator, de que constarão as conclusões da instrução (do relatório da equipe de auditoria ou do técnico responsável pela análise do processo, bem como do parecer das chefias imediatas, da Unidade técnica), e do Ministério Público junto ao Tribunal; II – fundamentação com que o Ministro-Relator analisará as questões de fato e de direito; e III – dispositivo com que o Ministro-Relator decidirá sobre o mérito do processo (art. 1º, §3º, da Lei nº 8.443/92).

Aprovado o voto do Relator — que pode ser por maioria — este passa a constituir-se na decisão do Tribunal de Contas, obrigando a Administração Pública. Contudo, a decisão tomada pelo Colegiado submete-se ao chamado período de trânsito em julgado, que é o prazo fixado legalmente para a interposição de recurso. Assim, enquanto não transcorrer o prazo de trânsito em julgado ou não houver decisão definitiva em nível recursal, a decisão não se torna definitiva, no âmbito administrativo.

Este mesmo tipo de procedimento, à similitude dos julgamentos realizados pelo Judiciário, é adotado nas sessões de julgamento dos processos de fiscalização dos Tribunais de Contas dos Estados, do Distrito Federal e dos Municípios, com pequenas variações decorrentes das peculiaridades locais.

---

[440] É o caso do Tribunal de Contas do RS, que regulamenta a realização de sustentação oral no seu Regimento Interno (Resolução nº 1.028/2015).

13.3 Recursos

O recurso é a materialização do princípio do duplo grau de jurisdição. O recurso propicia um reexame da decisão adotada, mediante um novo julgamento, modificativo ou revogatório do anterior. Nesse aspecto, como refere Barbosa Moreira "as lides ajuizadas devem submeter-se a exames sucessivos, como garantia de boa solução. A justificação política do princípio tem invocado a maior probabilidade de acerto decorrente da sujeição dos pronunciamentos judiciais ao crivo da revisão".[441]

Assim, diante da falibilidade do julgamento humano, o princípio do duplo grau de jurisdição foi a solução encontrada para afastar a insegurança advinda das decisões de uma única instância, fato que resultou na criação dos recursos processuais. Tratando-se de princípio aplicável ao processo de fiscalização, obviamente que às decisões tomadas pelo Tribunal de Contas também cabe medida recursal.

13.3.1 Agravo

Sendo do Relator a competência para ordenar o andamento dos processos, as chamadas decisões interlocutórias por ele tomadas, em face de poderem servir de negação aos direitos e garantias processuais das partes, têm de sujeitar-se a recurso próprio que garanta a manutenção desses direitos e garantias.

Para tanto, o Tribunal de Contas da União, por meio da Resolução/TCU nº 36/95 (hoje regulado pelo art. 289 do Regimento Interno do TCU, Resolução nº 155/2002, alterada pela Resolução TCU nº 246, de 30.11.2011), foi criado o *agravo*, sem efeito suspensivo, com a finalidade de promover reexame do despacho do Ministro-Relator que indefere liminarmente o exercício de uma faculdade processual, tais como a apresentação de alegações de defesa e razões de justificativa adicionais, pedido de habilitação em processo, juntada de documentos ou requerimento de informações e certidões. A decisão do agravo ocorre mediante juízo de reconsideração do Relator. Mantida a decisão, o recurso deve ser levado ao conhecimento do Colegiado competente, no sentido deste solucionar o agravo interposto.[442]

---

[441] MOREIRA, José Carlos Barbosa. *Comentários ao Código de Processo Civil*. 2. ed. rev. e atual. Rio de Janeiro: Forense, 1976. p. 221-222. arts. 476 a 565, v. 5.

[442] ZYMLER, op. cit., p. 211.

O agravo é uma medida recursal também prevista nos Tribunais de Contas dos Estados, do Distrito Federal e dos Municípios, para atacar os despachos interlocutórios dos Conselheiros-Relatores.[443]

13.3.2 Embargos de Declaração

Tal como ocorre nos processos judiciais, as decisões prolatadas nos processos de fiscalização também devem conter um pronunciamento claro e preciso, com solução de todos os problemas enfrentados, até para que a decisão possa ser bem cumprida. Contudo, assim não ocorrendo, é evidentemente inconcebível que fiquem sem possibilidade de remédio processual a obscuridade, a dúvida ou a contradição.

Dessa forma, na esteira do regulado para o processo civil, no Tribunal de Contas da União (art. 287 do Regimento Interno – Resolução nº 155/2002, alterada pela Resolução TCU nº 246, de 30.11.2011) está prevista a interposição de embargos de declaração, no prazo de dez dias, pelo responsável ou interessado, ou pelo Ministério Público, com efeito suspensivo, para corrigir obscuridade, omissão ou contradição do Acórdão ou da Decisão recorrida.[444]

Obscuridade é falta de clareza que retira a certeza jurídica da questão decidida. Há omissão quando na decisão não são apreciadas questões suscitadas pelo interessado ou examináveis de ofício. Existe contradição quando a decisão inclui proposições entre si inconciliáveis,[445] como ocorre no caso do Tribunal não conhecer do recurso e, logo após, apreciar o mérito.

Portanto, pelos embargos declaratórios não se reexamina o mérito da questão, mas tão somente se aclara a obscuridade, supre-se a omissão ou desfaz-se a contradição, sem produzir um rejulgamento do mérito.

13.3.3 Recurso de reconsideração e pedido de reexame

O Tribunal de Contas da União, consoante o art. 33 da sua Lei Orgânica, com a regulamentação do art. 285 do seu Regimento Interno, prevê o cabimento de recurso de reconsideração para as decisões

---

[443] No Tribunal de Contas do RS, o agravo é medida recursal prevista no art. 128 do seu Regimento Interno (Resolução nº 1.028/2015), com a denominação de *agravo regimental*.

[444] Os embargos de declaração são uma possibilidade recursal prevista em todos os Tribunais de Contas brasileiros — Estados, Distrito Federal e Municípios. No Tribunal de Contas do RS este remédio jurídico esta regulado no art. 129 da Resolução nº 1.028/2015 alterando-se tão somente o prazo que, no caso, é de 5 dias.

[445] MOREIRA, 1976, p. 517-520.

proferidas em processo de tomada ou prestação de contas e de pedido de reexame para as decisões proferidas em processo concernente a ato sujeito registro e nos de fiscalização de ato e contrato — são os processos de fiscalização de todos os atos de que resulte receita ou despesa, entre os quais se inclui os de inspeção e auditorias, juntamente com os procedimentos licitatórios e os contratos decorrentes — com efeito suspensivo. Ambos os recursos podem ser formulados de uma vez só e por escrito, pelo responsável ou interessado, ou pelo Ministério Público, no prazo de 15 dias, com apreciação por quem houver proferido a decisão recorrida. A instrução do processo é presidida pelo Ministro-Relator, que ouvirá os órgãos técnicos e o Ministério Público, no encerramento da instrução.

Só excepcionalmente, o responsável, o interessado ou o Ministério Público junto ao Tribunal poderá interpor recurso ao Plenário, e isto somente se for comprovada divergência entre a decisão recorrida e a que houver sido prolatada pela outra Câmara ou pelo Plenário, em caso análogo (art. 234 do Regimento Interno do TCU).

Nos demais Tribunais de Contas brasileiros — Estados, Distrito Federal e Municípios — embora assegurem a possibilidade de interposição de recurso, nem sempre seguem a mesma sistemática do Tribunal de Contas da União. A esse exemplo, menciona-se o Tribunal de Contas do Rio Grande do Sul que fixa o direito de interposição de recurso de embargos e de recurso de reconsideração. Os embargos podem ser interpostos pelo interessado, por terceiro prejudicado ou pelo Ministério Público junto ao Tribunal, no prazo de 30 dias, com efeito suspensivo, de uma só vez e devidamente fundamentado, contra decisão ou parecer de uma das Câmaras para o Tribunal Pleno (art. 130 da Resolução nº 1.028/2015). O Recurso de reconsideração, do mesmo modo, pode ser interposto pelo interessado, pelo terceiro prejudicado, ou pelo Ministério Público junto ao Tribunal, no prazo de 30 dias, com efeito suspensivo, de uma só vez e devidamente fundamentado, dos pareceres e decisões originários do Tribunal Pleno, não sendo cabível reconsideração para decisões proferidas em embargos e em consultas (art. 131 da Resolução nº 1.028/2015).

Para solucionar os problemas de divergência entre decisões das Câmaras ou das Câmaras e o Tribunal Pleno, o Tribunal de Contas da União regulamentou sobre o processo de uniformização de jurisprudência (art. 91 do Regimento Interno do TCU). De igual forma têm procedido os demais Tribunais de Contas brasileiros; a esse exemplo, o Tribunal de Contas do Rio Grande do Sul criou o processo de uniformização de jurisprudência, competindo a suscitação do incidente ao Conselheiro Relator, ao Auditor Substituto de Conselheiro, ao representante do

Ministério Público ou de quem detiver o legítimo interesse em dirimir o conflito (arts. 118 a 123 da Resolução nº 1.028/2015), pertencendo ao Tribunal Pleno a competência de julgamento do incidente suscitado.

13.4 Revisão

No processo civil chama-se de rescisória a ação por meio da qual se pede a desconstituição de sentença transitada em julgado, com eventual rejulgamento da matéria nela julgada.[446] Por largo período perdurou a controvérsia doutrinária a respeito da ação rescisória ser ou não assimilada à figura do recurso. Contudo, como bem lembra Barbosa Moreira, hoje seria anacronismo injustificável prolongar a controvérsia, na medida em que resta indubitável que cada remédio jurídico pode ser adotado de uma ou outra forma: "a opção, de política legislativa, prende-se fundamentalmente a razões de conveniência, não sendo desprezível, ademais, a influência exercida, dentro de cada sistema jurídico, pelo peso dos resíduos históricos".[447]

No direito brasileiro a opção legislativa foi por estabelecer uma ação própria, chamada de rescisória, para proceder à desconstituição de uma decisão com trânsito em julgado. Assim, somente é possível o ingresso de uma ação rescisória contra decisão que não esteja pendente de recurso, seja definitiva, e preencha as condições específicas determinadas pela lei.

Com estas mesmas características, a rescisória foi incorporada pela estrutura legal regedora dos processos de fiscalização que tramitam perante o Tribunal de Contas, cujas exigências para a sua interposição guardam conformidade com as peculiaridades do sistema de controle das contas públicas. A Lei Orgânica do Tribunal de Contas da União, embora regule uma rescisória, colocou esta medida processual como recurso de revisão (art. 35 da Lei nº 8.443/92), na forma assim estabelecida:

> art. 35. De decisão definitiva caberá recurso de revisão ao Plenário, sem efeito suspensivo, interposto por escrito, uma só vez, pelo responsável, seus sucessores, ou pelo Ministério Público junto ao Tribunal, dentro do prazo de cinco anos, contados na forma prevista no inciso III do art. 30 desta lei, e fundar-se-á:
>
> I – em erro de cálculo nas contas;
>
> II – em falsidade ou insuficiência de documentos em que se tenha fundamentado a decisão recorrida;

---

[446] MOREIRA, 1976, p. 105.

[447] Idem, p. 106.

III – na superveniência de documentos novos com eficácia sobre a prova produzida.

Os Tribunais de Contas dos Estados, do Distrito Federal e dos Municípios, na linha do modelo federal, também estabeleceram a possibilidade de interposição de pedido de revisão, com alguns dados diferenciadores. No Tribunal de Contas do Rio Grande do Sul, por exemplo, a revisão é tratada como processo autônomo, à similitude da ação rescisória, e o rol de exigências para a sua interposição inclui outras possibilidades legais.[448]

13.5 Execução das decisões do Tribunal de Contas

A questão relativa à execução das decisões do Tribunal de Contas é tema atualíssimo e relevante, que envolve a própria credibilidade do sistema de controle. Se a decisão condenatória deixa de ser executada, atinge diretamente o interesse do cidadão de ver penalizado o mau administrador, assim como de visualizar a recomposição do prejuízo causado ao erário. Por isso, impõe-se que seja assegurada eficácia às decisões do Tribunal de Contas, como fator representativo do interesse público que deve ser preservado.

Transitada em julgado a decisão do Tribunal de Contas, esta se torna definitiva e passível de execução. A execução, como salienta Jorge Ulisses, pode ocorrer sob duas formas: voluntária ou forçada. "Voluntária, quando o próprio agente, ou alguém em seu nome, satisfaz em seu nome, espontaneamente a obrigação decorrente; forçada, quando o agente, por força de decisão judicial, tem bens e direitos no valor correspondente à condenação, retirados do seu patrimônio para satisfazer a obrigação estabelecida no acórdão".[449]

Assim, é voluntária a execução quando o Tribunal de Contas intima o responsável sobre a decisão tomada e este, espontaneamente,

---

[448] O pedido de revisão está regulado para o Tribunal de Contas do RS na Lei nº 11.424/2000, art. 66, e na Resolução nº 1.028/2015, arts. 132 a 134, para ser interposto no prazo de 5 anos, na seguinte forma: "A decisão do Tribunal transitada em julgado poderá ser objeto de pedido de revisão uma só vez por idêntico fundamento pela parte interessada, por seus sucessores, por terceiro prejudicado, pelo representante do Estado ou pelo Ministério Público junto ao Tribunal de Contas, nos seguintes casos: I – violação de expressa disposição de lei; II – erro de cálculo; III – falsidade de documento em que se tenha baseado a decisão; IV – ciência de documento novo cuja existência o autor ignorava ou de que não pode fazer uso, suscetível por si só de alterar a decisão anterior".

[449] FERNANDES, Jorge Ulisses Jacoby. Tomada de contas especial: processo e procedimento nos Tribunais de Contas e na Administração Pública. Brasília: Brasília Jurídica, 1996. p. 386.

dá cumprimento à decisão comunicada. Não havendo cumprimento da decisão e esta transita em julgado, tratando-se de imputação de débito ou multa, por força do §3º do art. 71 da Constituição Federal, passa a ter eficácia de título executivo, possibilitando sua execução judicial.

Contudo, como a execução judicial das decisões do Tribunal de Contas compete às Procuradorias das unidades federadas ou das entidades da Administração indireta, têm surgido problemas para a sua concretização. Nesse aspecto, o Ministro Benjamin Zymler alerta: "Como padrão de comportamento das procuradorias ou dos Departamentos Jurídicos dessas entidades, observa-se, mesmo após a remessa dos elementos necessários à impetração da ação executiva dos acórdãos do Tribunal de Contas pelo Ministério Público junto ao TCU, a continuidade, ou mesmo o ajuizamento, de eventuais ações de conhecimento, sem que sejam tomadas quaisquer providências a respeito da execução das decisões da Corte de Contas".

Justamente por esse fato, os Tribunais de Contas, de uma maneira geral, têm pleiteado uma autorização constitucional, via Emenda na Constituição, para constituírem procuradorias com competência para promoverem ações de execução das decisões do Tribunal.

No entanto, enquanto não é concedida esta autorização constitucional, deve a Corte de Contas usar dos meios legais de que dispõe para viabilizar a execução das suas decisões. É o caso de ser encaminhada a matéria à análise do Ministério Público da União ou dos Estados, no sentido de ser promovida ação de improbidade administrativa pelo descuro praticado com as decisões do Tribunal de Contas, uma vez que este resulta em prejuízo ao erário. A par dessa medida, pode o fato também ser incluído nas contas do responsável pelo órgão ou entidade, como fator para rejeição das suas contas.

REFERÊNCIAS

ACQUAVIVA, Marcus Cláudio. *Dicionário jurídico brasileiro Acquaviva*. 7. ed. rev. atual. e ampl. São Paulo: Jurídica Brasileira, 1995.

AFFONSO, Sebastião Baptista. Eficácia das decisões dos Tribunais de Contas. *Revista do TCU*, Brasília, v. 27, n. 68, abr./jun. 1996.

AFFONSO, Sebastião Baptista. Tribunais de Contas o contexto do Poder Judiciário. *Revista do Tribunal de Contas*, Brasília, v. 23, p. 57-67, 1997.

ALVES, Benedito Antônio. *Lei de responsabilidade fiscal comentada e anotada*. São Paulo: Juarez de Oliveira, 2000.

ANDRIOLO, José Leonardo. 4º lugar: Rui Barbosa e a defesa da probidade e do controle na gestão pública. In: BRASIL. Tribunal de Contas da União. *Rui Barbosa*: uma visão do controle do dinheiro público. Brasília: Tribunal de Contas da União, 2000. (Prêmio Rui Barbosa 1999. Monografias vencedoras).

ANGÉLICO, João. *Contabilidade pública*. 7. ed. São Paulo: Atlas, 1989.

ATALIBA, Geraldo. Ministério Público partícipe do Tribunal de Contas e controle substancial ou de mérito. *Revista de Direito Público*, v. 25, n. 99, p. 167-187, jul./set. 1991.

AUBENAS, Florence; BENASAYAG, Miguel. *A fabricação da informação*. Tradução de Luiz Roanet. São Paulo: Loyola, 2003.

AZAMBUJA, Darcy. *Teoria geral do Estado*. 4. ed. Rio de Janeiro: Globo, 1963.

BACELLAR FILHO, Romeu Felipe. *Princípios constitucionais do processo administrativo disciplinar*. São Paulo: Max Limonad, 1998.

BALEEIRO, Aliomar. *Uma introdução à ciência das finanças*. 14. ed. rev. e atual. por Flávio Bauer Novelli. Rio de Janeiro: Forense, 1992.

BALEEIRO, Aliomar. *Uma introdução à ciência das finanças*. Rio de Janeiro: Forense, 1955. v. 1

BANDEIRA DE MELLO, Celso Antônio. *Curso de Direito Administrativo*. 4. ed. São Paulo: Malheiros, 1993.

BANDEIRA DE MELLO, Celso Antônio. *Curso de Direito Administrativo*. 19. ed. rev. e atual. até a Emenda Constitucional 47, de 5.7.2005. São Paulo: Malheiros, 2005.

BARBI, Celso Agrícola. *Comentários ao Código de Processo Civil*: Lei n. 5869, de 11 de janeiro de 1973. Rio de Janeiro: Forense, 1975. v. 1. arts. 1º a 55, t. I; arts. 56 a 153, t. II.

BOBBIO, Norberto. *Teoria do ordenamento jurídico*. Tradução Maria Celeste Cordeiro Leite dos Santos. 9. ed. Brasília: Editora UnB, 1997.

BOBBIO, Norberto; MATTEUCCI, Nicola; PASQUINO, Gianfranco. *Dicionário de política*. Tradução Carmem C. Varriale et al. 12. ed. Brasília: Editora UnB, 1999.

BOLZAN, Romildo; MILESKI, Helio Saul. Aspectos políticos da função do Tribunal de Contas. *Revista do Tribunal de Contas do Estado do Rio Grande do Sul*, Porto Alegre, v. 6, n. 9, dez. 1988.

BONAVIDES, Paulo. *Do Estado liberal ao Estado social*. 5. ed. rev. e ampl. Belo Horizonte: Del Rey, 1993.

BONAVIDES, Paulo. *Curso de Direito Constitucional*. 16. ed. atual. São Paulo: Malheiros, 2005.

BRASIL. *Plano diretor da reforma do aparelho do Estado*. Brasília: Presidência da Republica, 1995.

BULOS, Uadi Lammego. *Constituição Federal anotada*. 3. ed. rev. e atual. São Paulo: Saraiva, 2001.

BUZAID, Alfredo. O Tribunal de Contas no Brasil. *Revista da Faculdade de Direito da Universidade de São Paulo*, n. 62, fasc. II, p. 37-62, 1967.

CAETANO, Marcelo. *Manual de ciência política e Direito Constitucional*. Lisboa: Coimbra Ed., 1963.

CAETANO, Marcelo. *Princípios fundamentais do Direito Administrativo*. Rio de Janeiro: Forense, 1989.

CAMMAROSANO, Márcio. *O princípio constitucional da moralidade e o exercício da função administrativa*. Belo Horizonte: Fórum, 2006.

CASSESE, Sabino, *La crisi dello Stato*, Roma: Bari, 2002

CASSONE, Vittorio. *Direito tributário*: fundamentos constitucionais, análise dos impostos, incentivos à exportação, doutrina, prática e jurisprudência. 9. ed. São Paulo: Atlas, 1996.

CASTRO, José Nilo de. *Julgamento das contas municipais*. Belo Horizonte: Del Rey, 1995.

CAVALCANTI, Temistocles Brandão. O Tribunal de Contas e sua competência constitucional. *Revista de Direito Administrativo*, Rio de Janeiro, v. 3, p. 13-22, jan. 1946.

CAVALCANTI, Themístocles Brandão. O Tribunal de Contas: órgão constitucional, funções próprias e funções delegadas. *Revista de Direito Administrativo*, n. 109, p. 8, jul./set. 1972.

CINTRA, Antônio Carlos de Araujo. *Teoria geral do processo*. 9. ed. rev. e atual. São Paulo: Malheiros, 1993.

CITADINI, Antonio Roque. *O controle externo da Administração Pública*. São Paulo: Max Limonad, 1995.

CLEMENTE F. de. El método en la aplicación del derecho civil. *Revista de Derecho Privado*, ano 6, n. 37, out. 1916.

CLÈVE, Clèmerson Merlin. *Atividade legislativa do Poder Executivo no Estado contemporâneo e na Constituição de 1988*. São Paulo: Revista dos Tribunais, 1993.

CONTI, José Maurício. *Direito Financeiro na Constituição de 1988*. São Paulo: Oliveira Mendes, 1988.

CONTI, José Maurício. *Princípios da capacidade contributiva e da progressividade*. São Paulo: Dialética, 1997.

CONTRERAS ALFARO, Luis H. *Corrupción y principio de oportunidad penal*. Salamanca: Ratio Legis, 2005.

REFERÊNCIAS | 433

CÓRDOBA, Amador Elena. Fortalecimiento de la posición del ciudadano. In: CÓRDOBA, Amador Elena et al. *Estudios para la reforma de la administración pública*. Madrid: Intituto Nacional de Administração Pública, 2005.

CORREIA, Arícia Fernandes; FLAMMARION, Eliana Pulcinelli; VALLE, Vanice Regina Lírio do. *Despesa de pessoal*: a chave da gestão fiscal responsável: teoria e prática. Rio de Janeiro: Forense, 2001.

COSTA JUNIOR, Eduardo Carone. As funções jurisdicional e opinativa do Tribunal de Contas: distinção e relevância para compreensão da natureza jurídica do parecer prévio sobre as contas anuais dos prefeitos. *Revista do Tribunal de Contas do Estado de Minas Gerais*, Belo Horizonte, v. 39, n. 2, abr./jun. 2001.

COSTA, Carlos Casemiro. Funções jurisdicionais e administrativas dos Tribunais de Contas. *Revista de Direito Administrativo*, n. 53, p. 29-56, jul./set. 1958.

COSTA, Sylo da Silva. O quarto poder. *Revista do Tribunal de Contas do Estado de Minas Gerais*, Belo Horizonte, v. 25, n. 4, out./dez. 1997.

COUTURE, Eduardo J. *Introdução ao estudo do processo civil*. Tradução Mozart Victor Russomano. 3. ed. Rio de Janeiro: Forense, 2001.

CRETELLA JÚNIOR, José. Natureza das decisões dos Tribunais de Contas. *Revista de Informação Legislativa*, Brasília, ano 24, n. 94, abr./jun. 1987.

CRETELLA JÚNIOR, José. *Comentários à Constituição de 1988*. 2. ed. Rio de Janeiro:Forense, 1992, v. 4.

CRETELLA JÚNIOR, José. *Prática do processo administrativo*. 2. ed. rev. São Paulo: Revista dos Tribunais, 1998.

CRUZ, Flávio da. *Auditoria governamental*. São Paulo: Atlas, 1997.

DALLARI, Dalmo de Abreu. *Constituição e constituinte*. São Paulo: Saraiva, 1982.

DALLARI, Dalmo de Abreu. *Elementos de teoria geral do Estado*. 21. ed. atual. São Paulo: Saraiva, 2000.

DEODATO, Alberto. *Manual de ciência das finanças*. 8. ed. São Paulo: Saraiva, 1963.

DI PIETRO, Maria Sylvia Zanella. Coisa julgada: aplicabilidade às decisões do Tribunal de Contas da União. *Revista do Tribunal de Contas da União*, Brasília, v. 27, n. 70, out./dez. 1996.

DI PIETRO, Maria Sylvia Zanella. *Direito administrativo*. 10. ed. São Paulo: Atlas, 1998.

DI PIETRO, Maria Sylvia Zanella. *Parcerias na Administração Pública*: concessão, permissão, franquia, terceirização e outras formas. 3. ed. São Paulo: Atlas, 1999.

BONAVIDES, Paulo. *Curso de Direito Constitucional*. 16. ed. atual. São Paulo: Malheiros, 2005.

DINIZ, Márcio Augusto de Vasconcelos. *Constituição e hermenêutica constitucional*. Belo Horizonte: Mandamentos, 1998.

DINIZ, Maria Helena. *Compêndio de introdução à ciência do Direito*. 4. ed. atual. São Paulo: Saraiva, 1992.

DROMI, Roberto. *Modernización del control público*. Madrid: Hispania Libros, 2005.

ESTEVES, Maria do Rosário. *Normas gerais de Direito Tributário*. São Paulo: M. Limonad, 1997.

FAGUNDES, Miguel Seabra. *O controle dos atos administrativos pelo Poder Judiciário*. 5. ed. Rio de Janeiro: Forense, 1979.

FEDER, João. *O Estado e a sobrevida da corrupção*. Curitiba: Tribunal de Contas do Estado do Paraná, 1994.

FELDMANN, Fábio; BERNARDO, Maristela. Desenvolvimento sustentável no Brasil: as pedras no caminho do possível. *Planejamento e Políticas Públicas*, Brasília, v. 1, n. 1, jun. 1994.

FERNANDES, Flávio Sátiro. O Tribunal de Contas e a fiscalização municipal. *Revista do Tribunal de Contas de São Paulo*, São Paulo, n. 65, jan./jun. 1991.

FERNANDES, Jorge Ulisses Jacoby. *Responsabilidade fiscal*: questões práticas na função do ordenador de despesas, na terceirização de mão-de-obra, na função do controle administrativo. 2. ed. rev. atual. e ampl. Brasília: Brasília Jurídica, 2002.

FERNANDES, Jorge Ulisses Jacoby. *Tomada de contas especial*: processo e procedimento nos Tribunais de Contas e na Administração Pública. Brasília: Brasília Jurídica, 1996.

FERRAZ, Luciano de Araújo. *Controle da Administração Pública*: elementos para compreensão dos Tribunais de Contas. Belo Horizonte: Mandamentos, 1999.

FERRAZ, Luciano de Araújo. Due Process of Law e parecer prévio das cortes de contas. *Boletim de Direito Adminitrativo*, v. 17, n. 4, p. 259-267, abr. 2001.

FERRAZ, Sergio. O controle da Administração Pública na Constituição de 1988. *Revista de Direito Administrativo*, Rio de Janeiro, n. 188, p. 64-73, abr./jun. 1992.

FERREIRA, Luiz Pinto. *Curso de Direito Constitucional*. 3. ed. ampl. e atual. São Paulo: Saraiva, 1974. v. 1.

FIGUEIREDO, Carlos Maurício Cabral *et al*. *Comentários à lei de responsabilidade fiscal*. 2. ed. atual. Recife: Nossa Livraria, 2001.

FIGUEIREDO, Lucia Valle. *Anais do 15º Congresso dos Tribunais de Contas do Brasil*, v. 1, 1989.

FRANCO SOBRINHO, Manoel de Oliveira. *Comentários à reforma administrativa federal*: exegese do Decreto-Lei n. 200, de 25 de fevereiro de 1967, com as modificações introduzidas pela legislação posterior. 2. ed. atual. São Paulo: Saraiva, 1983.

FRANCO SOBRINHO, Manoel de Oliveira. *O princípio constitucional da moralidade administrativa*. Curitiba: Genesis, 1993.

FRANCO SOBRINHO, Manoel de Oliveira. *Da competência constitucional administrativa*. Curitiba: Genesis, 1995.

FREIRE, Victor do Amaral. O Tribunal de Contas e sua jurisdição. *Revista do Tribunal de Contas do Rio de Janeiro*, p. 50-51, jun. 1982.

FREITAS, Juarez. *O controle dos atos administrativos e os princípios fundamentais*. 2. ed. atual. e ampl. São Paulo: Malheiros, 1999.

FREITAS, Juarez. O controle social do orçamento público. *Interesse Público*, v. 3, n. 11, jul./set. 2001.

FREITAS, Juarez. *A interpretação sistemática do direito*. 3. ed. rev. e ampl. com preceitos de interpretação constitucional. São Paulo: Malheiros, 2002

FREITAS, Juarez. *O controle dos atos administrativos e os princípios fundamentais*. 3. ed. rev. e ampl. São Paulo: Malheiros, 2004.

REFERÊNCIAS | 435

GARRIDO FALLA, Fernando; OLMEDA PALOMAR, Alberto; GONZALEZ LOSADA, Herminio. *Tratado de Derecho Administrativo*: parte general. 14. ed. Madrid: Tecnos, 2005. v. 1.

GETTELL, Raymond Garfield. *História das idéias políticas*. Tradução e nota final de Eduardo Salgueiro. Rio de Janeiro: Alba, 1941. Coleção Ciências Sociais.

GIACOMONI, James. *Orçamento público*. 9. ed. rev. e atual. São Paulo: Atlas, 2000.

GOMES, Maurício Augusto. Ministério Público e Tribunais de Contas na Constituição. *Revista Informativo Legislativa*, Brasília, ano 30, n. 117, p. 227-230, jan./mar. 1993.

GROTTI, Dinorá Adelaide Mussetti. A participação popular e a consensualidade na Administração Pública. *Revista de Direito Constitucional e Internacional*, São Paulo, v. 10, n. 39, abr./jun. 2002.

GUALAZZI, Eduardo Lobo Botelho. *Regime jurídico dos Tribunais de Contas*. São Paulo: Revista dos Tribunais, 1992.

GUIMARÃES, Edgar. *Controle das licitações públicas*. São Paulo: Dialética, 2002.

GUIMARÃES, Fernando Augusto Mello. Julgamento das contas anuais pelo Tribunal de Contas: aspectos controvertidos. *Revista do Tribunal de Contas do Estado do Paraná*, Paraná, n. 117, jan./mar. 1996.

GUSMÃO, Paulo Dourado de. *Introdução ao estudo do Direito*. 25. ed. rev. e atual. Rio de Janeiro: Forense, 1999.

HABERMAS, Jürgen. *A inclusão do outro*: estudos de teoria política. Tradução George Sperber, Paulo Astor Soethe, Milton Camargo Mota. 3. ed. São Paulo: Loyola, 2007.

HARADA, Kiyoshi. *Direito financeiro e tributário*. 7. ed. São Paulo: Atlas, 2001.

HESSE, Konrad. *Elementos de Direito Constitucional da República Federal da Alemanha*. Tradução Luíz Afonso Heck. Porto Alegre: Sergio Antonio Fabris, 1998.

JIMÉNEZ RIUS, Pilar. *El control de los fondos públicos*. Navarra: Thomson Civitas, 2007.

KISSLER, Leo. *Ética e participação*: problemas éticos associados à gestão participativa nas empresas. Florianópolis: Editora UFSC, 2004.

LASTRES, Helena Maria Martins; ALBAGLI, Sarita. Chaves para o terceiro milênio na era do conhecimento. In: LASTRES, Helena Maria Martins; ALBAGLI, Sarita (Org.). *Informação e globalização na era do conhecimento*. Rio de Janeiro: Campus, 1999.

LEAL, Vitor Nunes. Valor das decisões do Tribunal de Contas. *Revista de Direito Administrativo*, v. 12, abr./jun. 1948.

LOPES, Alfredo Cecílio. *Ensaio sobre o Tribunal de Contas*. Dissertação (Dissertação para Concurso à Livre Docência de Direito Administrativo e Ciência da Administração) – Faculdade de Direito da Universidade de São Paulo, São Paulo, 1947.

LYRA FILHO, João. *O controle legislativo da administração financeira*. Rio de Janeiro: Record, 1963.

LYRA FILHO, João. *Controle das finanças públicas*. Rio de Janeiro: Editora Livro, 1966.

MACHADO JUNIOR, José Teixeira. *Teoria e prática de orçamento municipal*. Rio de Janeiro: Fundação Getulio Vargas, 1962.

MACHADO JUNIOR, José Teixeira. *A Lei 4.320 comentada*. 24. ed. rev. e atual. Rio de Janeiro: IBAM, 1991.

MACHADO NETO, Antônio Luis. *Compêndio de introdução à ciência do Direito*. 2. ed. São Paulo: Saraiva, 1973.

MAGALHÃES, Eliezer Forte Filho. *Auditoria contábil e financeira em entidades governamentais*. Fortaleza: Gráfica VT, 1996.

MALUF, Sahid. *Direito Constitucional*. 16. ed. rev. e atual. pelo Prof. Miguel Alfredo Malufe Neto. São Paulo: Sugestões Literárias, 1984.

MARQUES, José Frederico. *Instituições de Direito Processual Civil*. 3. ed. Rio de Janeiro: Forense, 1966. v. 1.

MATIAS-PEREIRA, José. *Finanças públicas*: a política orçamentária no Brasil. São Paulo: Atlas, 1999.

MEDAUAR, Odete. *Da retroatividade do ato administrativo*. São Paulo: Max Limonad, 1986.

MEDAUAR, Odete. Controle da Administração Pública pelo Tribunal de Contas. *Revista Informação Legislativa*, ano 27, n. 108, out./dez. 1990.

MEDAUAR, Odete. *Controle da Administração Pública*. São Paulo: Revista dos Tribunais, 1993.

MEDAUAR, Odete. *A processualidade no Direito Administrativo*. São Paulo: Revista dos Tribunais, 1993.

MEDAUAR, Odete. *O Direito Administrativo em evolução*. 2. ed. São Paulo: Revista dos Tribunais, 2003.

MEIRELLES, Hely Lopes. *Direito Municipal brasileiro*. 6. ed. São Paulo: 1993.

MEIRELLES, Hely Lopes. *Mandado de Segurança*. São Paulo: Malheiros, 1995.

MEIRELLES, Hely Lopes. *Direito Administrativo brasileiro*. 26. ed. Atualizada por Eurico de Andrade Azevedo, Délcio Balestero Aleixo e José Emmanuel Burle Filho. São Paulo: Malheiros, 2001.

MEIRELLES, Hely Lopes. *Direito Administrativo brasileiro*. 30. ed. Atualizada por Eurico de Andrade Azevedo, Délcio Balestero Aleixo e José Emmanuel Burle Filho. São Paulo: Malheiros, 2005.

MELLO, José Luiz de Anhaia. *O Tribunal de Contas*: pesquisa e atuação. São Paulo: Tribunal de Contas do Estado de São Paulo, 1984.

MELLO, José Luiz de Anhaia. Estudos sobre o dispositivo constitucional de matéria relativa à emissão de parecer prévio sobre as contas anuais do governador. Processo TC A-022504/026/92, voto em destaque. *Revista do Tribunal de Contas de São Paulo*, São Paulo, n. 68, jul./dez. 1992.

MILESKI, Helio Saul. Novas regras para a gestão e a transparência fiscal: lei de responsabilidade fiscal. *Interesse Público*, São Paulo, v. 2, n. 7, p. 44-55, jul./set. 2000.

MILESKI, Helio Saul. Algumas questões jurídicas controvertidas da Lei Complementar n. 101, de 05.05.2000: controle da despesa total com pessoal, fiscalização e julgamento da prestação de contas da gestão fiscal. *Interesse Público*, São Paulo, v. 3, n. 9, p. 13-33, jan./mar. 2001.

REFERÊNCIAS | 437

MILESKI, Helio Saul. Limite constitucional para a despesa com pessoal ativo e inativo: uma visão conforme a nova realidade jurídica. In: FIGUEIREDO, Carlos Maurício; NÓBREGA Marcos (Org.). *Administração Pública*: Direito Administrativo, Financeiro e Gestão Pública – prática, inovações e polêmicas. São Paulo: Revista dos Tribunais, 2002.

MILESKI, Helio Saul. O ordenador de despesa e a lei de responsabilidade fiscal: conceituação e repercussões legais. *Interesse Público*, Porto Alegre, v. 4, n. 15, p. 67-82, jul./set. 2002.

MILESKI, Helio Saul. Transparência do poder público e sua fiscalização. *Interesse Público*, Porto Alegre, v. 4, n. especial, p. 24-36, jan./dez.2002.

MILESKI, Helio Saul. *Codificação no Direito Público*: entre a estabilidade do dogma e o dinamismo da fiscalização. Porto Alegre: Universidade Federal do Rio Grande do Sul, 2009. Palestra realizada na jornada de estudos em homenagem ao Professor Paolo Grossi, nos dias 4 e 5 de junho de 2009.

MILESKI, Helio Saul, A transparência da Administração Pública pós-moderna e o novo regime de responsabilidade fiscal. *Interesse Público*, Belo Horizonte, ano 12, n. 62, jul./ ago. 2010.

MILESKI, Helio Saul. *O Estado contemporâneo e a corrupção*. Belo Horizonte: Fórum, 2015.

MIRANDA, Pontes de. *Comentários à Constituição de 1946*. 2. ed. rev. e aum. São Paulo: M. Limonad, 1953. arts. 15 a 97, v. 2.

MIRANDA, Pontes de. *Comentários à Constituição de 1967, com a emenda n. 1, de 1969*. 2. ed. rev. São Paulo: Revista dos Tribunais, 1970. arts. 32-117, t. III.

MOREIRA NETO, Diogo de Figueiredo. *Mutações do direito público*. Rio de Janeiro: Renovar, 2006.

MOREIRA NETO, Diogo de Figueiredo. *Quatro paradigmas do Direito Administrativo pós-moderno*: legitimidade, finalidade, eficiência, resultado. Belo Horizonte: Fórum, 2008.

MOREIRA, Egon Bockmann. *Processo administrativo*: princípios constitucionais e a Lei 9.784/99. São Paulo: Malheiros, 2000.

MOREIRA, José Carlos Barbosa. *Comentários ao Código de Processo Civil*. 2. ed. rev. e atual. Rio de Janeiro: Forense, 1976. arts. 476 a 565, v. 5.

MOTTA, Carlos Pinto Coelho; SANTANA, Jair Eduardo; FERRAZ Luciano. *Lei de Responsabilidade Fiscal*: abordagens pontuais: doutrina e legislação. Belo Horizonte: Del Rey, 2000.

NERY JUNIOR, Nelson. *Código de Processo Civil comentado e legislação processual civil extravagante em vigor*: atualizado até 15.03.2002. 6. ed. rev. São Paulo: Revista dos Tribunais, 2002.

NÓBREGA, Marcos. *Lei de responsabilidade fiscal e leis orçamentárias*. São Paulo: Juarez de Oliveira, 2002.

NOGUEIRA, Ruy Barbosa. *Curso de Direito Tributário*. 14. ed. atual. São Paulo: Saraiva, 1995.

NORONHA, Edgard Magalhães. *Direito Penal*. 8. ed. São Paulo: Saraiva, 1976. v. 4.

O'DONNELL, Guillermo. Accountability horizontal: la institucionalización legal de la desconfianza política. *Revista Española de Ciencia Política*, Madrid, n. 11, oct. 2004.

OLIVEIRA JÚNIOR, Dário da Silva. *Análise jurídica dos princípios tributários da legalidade, anterioridade e capacidade contributiva*. Rio de Janeiro: Lumen Juris, 2000.

OLIVEIRA, Regis Fernandes de. *Responsabilidade fiscal*. São Paulo: Revista dos Tribunais, 2001.

OLIVEIRA, Regis Fernandes de. *Curso de Direito Financeiro*. São Paulo: Revista dos Tribunais, 2007.

PARANÁ, Tribunal de Contas do Estado. SZÉLICA, Aldemir Amaury; ARCO VERDE, Alcides Jung. (Coord.) *Manual nacional de auditoria governamental*. Paraná: Tribunal de Contas do Estado do Paraná, 1999. v. 1.

PARDINI, Frederico. *Tribunal de Contas*: órgão de destaque constitucional. 1997. 279 f. Tese (Doutorado em Direito) – Faculdade de Direito, Universidade Federal de Minas Gerais, Belo Horizonte, 1997.

PASCOAL, Valdecir Fernandes. *A intervenção do Estado no município*: o papel do Tribunal de Contas. Recife: Nossa Livraria, 2000.

PASQUALINI, Alexandre. *Hermenêutica e sistema jurídico*: uma introdução à interpretação sistemática do direito. Porto Alegre: Livraria do Advogado, 1999.

PASSOS, José Joaquim Calmon de. *Comentários ao Código de Processo Civil Lei n. 5.869, de 11 de janeiro de 1973*. 2. ed. rev. e atual. Rio de Janeiro: Forense, 1977. arts. 270 a 331, v. 3.

PAZZAGLINI FILHO, Marino. *Crimes de responsabilidade fiscal*: atos de improbidade administrativa por violação da LRF. São Paulo: Atlas, 2001.

PEREIRA JUNIOR, Jessé Torres. *Da reforma administrativa constitucional*. Rio de Janeiro: Renovar, 1999.

PEREIRA, José Matias. *Finanças públicas*: a política orçamentária no Brasil. São Paulo: Atlas, 1999.

PETREI, Humberto, *Presupuesto y Control*: pautas de reforma para a América Latina. Washington: Banco Interamericano de Desarrollo, 1998.

PINHEIRO, Ewald Sizenando. *O contrôle financeiro pelo Tribunal de Contas*. Rio de Janeiro: Dasp, 1958. Ensáios de Administração, n. 18.

PRATS CATALÁ, Joan. De la burocracia al management, del management a la gobernanza: las transformaciones de las administraciones públicas de nuestro tiempo. In: SAINZ MORENO, Fernando. *Estudios para la reforma de la administración pública*. Madrid: Instituto Nacional de Administração Pública, 2005.

RAMOS, Batista J. *Tribunal de Contas*: princípio da legalidade e legalidade da despesa. Rio de Janeiro: Forense, 1980.

REALE, Miguel. *Revogação e anulamento do ato administrativo*: contribuição ao estudo das figuras que integram o instituto da revisão dos atos administrativos pela própria administração. 2. ed. rev. e atual. Rio de Janeiro: Forense, 1980.

RECH, Ruy Remy. Controle de legitimidade da despesa pública. *Revista do Tribunal de Contas do Rio Grande do Sul*, Porto Alegre, v. 6, n. 9, p.105-107, dez. 1988.

ROCHA, Carmen Lúcia Antunes. *Constituição e constitucionalidade*. Belo Horizonte: Lê, 1991.

SANCHES MORÓN, Miguel. *Derecho Administrativo*: parte general. Madrid: Tecnos, 2005.

SANCHES MORÓN, Miguel. *La participación del ciudadano en la administración pública*. Madrid: Centro de Estudios Constitucionales, 1980.

REFERÊNCIAS | 439

SILVA, Almiro do Couto e. Princípios da legalidade da Administração Pública e da segurança jurídica no estado de direito contemporâneo. *Revista de Direito Publico*, n. 84, p. 46-63, out./dez. 1987.

SILVA, José Afonso da. *Orçamento programa no Brasil*. São Paulo: Revista dos Tribunais, 1973.

SILVA, José Afonso da. *Curso de Direito Constitucional positivo*. 6. ed. rev. e ampl. São Paulo: Revista dos Tribunais, 1990.

SILVA, José Afonso da. *Curso de Direito Constitucional positivo*. 15. ed. São Paulo: Malheiros, 1998.

SILVA José Afonso da. *Curso de Direito Constitucional positivo*. 24. ed. rev. e atual. nos termos da reforma constitucional até a Emenda Constitucional n. 45, de 8.12.2004, publicada em 31.12.2004. São Paulo: Malheiros, 2005.

SILVA, Ovídio A. Baptista da. *Curso de processo civil*. 3. ed. rev. e atual. Porto Alegre: Sergio Antonio Faris, 1996. Processo de Conhecimento, v. 1.

SILVA, Paulo Napoleão Nogueira da. *Curso de Direito Constitucional*. 2. ed. rev. e atual. São Paulo: Revista dos Tribunais, 1999.

SOUZA, Osvaldo Rodrigues de. Provimento dos auditores do Tribunal de Contas: atribuições. *Revista do Tribunal de Contas do Estado de Minas Gerais*, Belo Horizonte, v. 14, n. 1, jan./mar. 1995.

SPECK, Bruno Wilhelm. *Inovação e rotina no Tribunal de Contas da União*: o papel da instituição superior de controle financeiro no sistema político administrativo do Brasil. São Paulo: Fundação Konrad Adenauer, 2000. Série Pesquisas.

SUDFELD, Carlos Ari. A importância do procedimento administrativo. *Revista de Direito Publico*, São Paulo, n. 84, p. 64-74, 1987.

SUDFELD, Carlos Ari. *Direito Administrativo ordenador*. São Paulo: Malheiros, 1997.

SUDFELD, Carlos Ari. *Fundamentos de Direito Público*. São Paulo: Malheiros, 1998.

TÁCITO, Caio. Revisão administrativa de atos julgados pelos Tribunais de Contas. *Revista de Direito Administrativo*, São Paulo, v. 53, jul./set. 1958.

TÁCITO, Caio. O controle da administração e a nova Constituição do Brasil. *Revista de Direito Administrativo*, n. 90, p. 23-29, out./dez. 1967.

TÁCITO, Caio. A moralidade administrativa e a nova lei do Tribunal de Contas da União. *Revista de Direito Administrativo*, Rio de Janeiro, v. 190, out./dez. 1992.

TORRES, Ricardo Lobo. A legitimidade democrática e o Tribunal de Contas. *Revista de Direito Administrativo*, Rio de Janeiro, n. 194, p. 31-45, out./dez. 1993.

TORRES, Ricardo Lobo. *Tratado de Direito Constitucional, Financeiro e Tributário*. Atualizado até a publicação da Emenda Constitucional n. 27, de 21.03.2000, e da Lei de Responsabilidade Fiscal: Lei Complementar n. 101, de 04. 05. 2000, v. 5. 2. ed. rev. e atual. Rio de Janeiro: Renovar, 2000.

VALERIO, Walter Paldes. *Programa de Direito Financeiro e finanças*. 6. ed. Porto Alegre: Sulina, 1996.

VALLÈS, Josep M. *Ciencia política*: una introducción. 4. ed. Barcelona: Ariel, 2004.

ZANCANER, Weida. *Da convalidação e da invalidação dos atos administrativos*. São Paulo: Revista dos Tribunais, 1990.

ZYMLER, Benjamin. *Processo administrativo no Tribunal de Contas da União*: prêmio Serzedello Corrêa 1996: monografias vencedoras. Brasília: Instituto Serzedello Corrêa, 1997.

ANEXOS

EMENTÁRIO DE JURISPRUDÊNCIA
JUDICIAL E ADMINISTRATIVA
RELATIVA A FISCALIZAÇÃO
CONTÁBIL, FINANCEIRA E
ORÇAMENTÁRIA

ANEXO A

SUPREMO TRIBUNAL FEDERAL (STF)

Jurisprudências
TRIBUNAL DE CONTAS – PROVIMENTO DOS CARGOS DE CONSELHEIROS – NOMEACAO DE SEUS MEMBROS EM ESTADO RECÉM-CRIADO. Natureza do ato administrativo. Ação popular desconstitutiva do ato. A nomeação dos membros do TCE recém-criado não é ato discricionário, mas vinculado a determinados critérios, estabelecidos pelo art. 235, III, das disposições gerais e também, naquilo que couber, pelo art. 73, par. 1º, da CF. Necessidade de um mínimo de pertinência entre as qualidades intelectuais dos nomeados e o ofício a desempenhar. A não observância dos requisitos que vinculam a nomeação, enseja a qualquer do povo sujeitá-la a correção judicial, com a finalidade de desconstituir o ato lesivo a moralidade administrativa (STF – Tribunal Pleno – Recurso Extraordinário – Publicação: *DJ* 25.11.1994).

CASSAÇÃO DE APOSENTADORIA – INVIABILIDADE EM SEDE MANDAMENTAL – INIMPUTABILIDADE DO IMPETRANTE – EXISTÊNCIA DE PERÍCIA IDÔNEA – IRREGULARIDADES FORMAIS – DESNECESSIDADE DE A CASSACAO SER AUTORIZADA PELO TCU. O processo mandamental não se revela meio juridicamente adequado à reapreciação de matéria de fato e nem constitui instrumento idôneo a reavaliação dos elementos probatórios. A noção de direito líquido e certo se ajusta ao conceito de situação que deriva de fato certo, vale dizer, de fato passível de comprovação documental imediata e inequívoca. Incumbe ao impetrante argüir a nulidade do processo administrativo-disciplinar. A conotação jurídico-disciplinar de que se acha impregnada a casacão de aposentadoria torna inaplicável, a

Sumula nº 6 do STF, que só tem pertinência nas hipóteses de revogação ou anulação do ato de aposentadoria (STF – Tribunal Pleno – Mandado de Segurança – Publicação: *DJ* 16.12.1994).

ELEITORAL – INELEGIBILIDADE – CONTAS DO ADMINISTRADOR PÚBLICO – REJEIÇÃO. Inclusão em lista para remessa ao órgão da Justiça Eleitoral do nome do administrador público que teve suas contas rejeitadas pelo TCU, além de lhe ser aplicada a pena de multa. Inocorrência de dupla punição, dado que a inclusão do nome do administrador publico na lista não configura punição. Inelegibilidade não constitui pena. Possibilidade, portanto, de aplicação da lei de inelegibilidade, A Justiça Eleitoral compete formular juízo de valor a respeito das irregularidades apontadas pelo TC (STF – Tribunal Pleno – Mandado de Segurança – Publicação: *DJ* 10.05.1996).

PRESTAÇÃO DE CONTAS – ADMINISTRAÇÃO INDIRETA. Prestação de Contas referente à aplicação de valores recebidos de entidades da administração indireta, destinados a Programa Assistencial de Servidores de Ministério, em período em que o impetrante era Presidente da Associação dos Servidores do Ministério. O dever não é da entidade, mas da pessoa física responsável por bens e valores públicos, seja ele agente público ou não. Hipótese de competência do Tribunal de Contas da União para julgar a matéria em causa, a teor do art. 71, II, da Constituição. Não cabe rediscutir fatos e provas, em mandado de segurança (STF – Tribunal Pleno – Mandado de Segurança – Publicação: *DJ* 08.11.1996).

EFEITO SUSPENSIVO A RECURSO DE REVISÃO INTERPOSTO PERANTE O TCU. Pela disciplina desse recurso de revisão, faz ele às vezes, no plano administrativo, da ação rescisória no terreno jurisdicional, com relação à qual a jurisprudência desta Corte tem entendido inadmissível a outorga cautelar de eficácia suspensiva ao ajuizamento dela, para obstar os efeitos decorrentes da coisa. Mandado de segurança indeferido (STF – Tribunal Pleno – Mandado de Segurança – Publicação: *DJ* 07.03.1997).

DECISÃO DO TRIBUNAL DE CONTAS – SUSPENSÃO DOS EFEITOS. O mandado de segurança não é meio hábil a suspender-se decisão do Tribunal de Contas da União, mesmo ante a notícia de pretender o Impetrante ajuizar a ação desconstitutiva do ato impugnado (STF – Tribunal Pleno – Mandado de Segurança – Publicação: *DJ* data 07.11.1997).

ANEXO A
SUPREMO TRIBUNAL FEDERAL (STF) | 445

TRIBUNAL DE CONTAS – REGISTRO DE APOSENTADORIA – Mandado de Segurança posterior, para compelir a autoridade administrativa a alterar o ato concessivo já registrado, não impõe ao Tribunal de Contas deferir o registro da alteração: aplicação da Súm. 6/STF, não elidida pela circunstância do ato administrativo subseqüente ao registro ter derivado do deferimento de mandado de segurança para ordenar a sua prática à autoridade competente retificar a aposentadoria que concedera, mas não para desconstituir a decisão anterior do Tribunal de Contas (STF – Tribunal Pleno – Ação Direta de Inconstitucionalidade – Publicação: *DJ* 27.03.1998).

TRIBUNAL DE CONTAS DOS ESTADOS – COMPETÊNCIA – OBSERVÂNCIA COMPULSÓRIA DO MODELO FEDERAL. Inconstitucionalidade de subtração ao Tribunal de Contas da competência do julgamento das contas da Mesa da Assembléia Legislativa. O art. 75, da CF, ao incluir as normas federais relativas à "fiscalização" nas que se aplicariam aos TCEs, entre essas compreendeu as atinentes às competências institucionais do TCU, nas quais é clara a distinção entre a do art. 71, I – de apreciar e emitir parecer prévio sobre as contas do Chefe do Poder Executivo, a serem julgadas pelo Legislativo — e a do art. 71, II – de julgar as contas dos demais administradores e responsáveis, entre eles, os dos órgãos do Poder Legislativo e do Poder Judiciário (STF – Tribunal Pleno – Ação Direta de Inconstitucionalidade – Publicação: *DJ* 23.04.1999).

PREFEITO MUNICIPAL – CONTAS REJEITADAS PELA CÂMARA DE VEREADORES – OFENSA AO PRINCÍPIO DO DIREITO DE DEFESA. O Parecer do Tribunal de Contas pela rejeição das contas poderá deixar de prevalecer, quando do julgamento das contas ex-chefe do Executivo Municipal realizado pela Câmara de Vereadores, por decisão de dois terços de seus membros da Câmara, desde que assegurada à autoridade a possibilidade de opor-se ao pronunciamento técnico (STF – Primeira Turma – Recurso Extraordinário – Publicação: *DJ* 16.03.2001).

COMPETÊNCIA – AÇÃO ORDINÁRIA DE REPARAÇÃO DE DANOS – PREFEITO – PRESTAÇÃO DE CONTAS X RESPONSABILIDADE CIVIL. Em se tratando de ação ordinária de reparação de danos, a competência para julgá-la é do Juízo. Descabe confundir a tomada de contas do Prefeito, a cargo do Tribunal de Contas competente e da Câmara Municipal, com ação ordinária visando a responsabilizá-lo por danos causados (STF – Primeira Turma – Recurso Extraordinário – Publicação: *DJ* 04.05.2001).

PROGRESSÃO FUNCIONAL DE CARREIRA DE NÍVEL MÉDIO PARA DE NÍVEL SUPERIOR – PROVIMENTO DERIVADO – NECESSIDADE DE CONCURSO PÚBLICO. Jurisprudência STF. Impossibilidade de provimento de cargo público efetivo mediante ascensão ou progressão. Formas de provimento derivado banidas pela Carta de 1988 do ordenamento jurídico. A investidura de servidor efetivo em outro cargo depende de concurso público (CF, artigo 37, II) ressalvadas as hipóteses de promoção na mesma carreira e de cargos em comissão. Impossibilidade de argüição de princípio isonômico, pois direito algum nasce de ato inconstitucional (STF – Tribunal Pleno – Mandado de Segurança – Publicação: *DJ* data 29.11.2001).

MINISTÉRIO PÚBLICO JUNTO AO TRIBUNAL DE CONTAS DO ESTADO – EC Nº 23/98 – INCONSTITUCIONALIDADE. O Ministério Público que atua junto aos TCs não dispõe de fisionomia institucional própria. As expressões contidas no ato legislativo estadual que estendem ao MP junto ao TCEs as prerrogativas do Ministério Público comum, sobretudo as relativas "à autonomia administrativa e financeira, à escolha, nomeação e destituição de seu titular e à iniciativa de sua lei de organização" são inconstitucionais, incompatíveis com a regra do artigo 130 da Constituição Federal (STF – Tribunal Pleno – Ação Direta de Inconstitucionalidade – Publicação: *DJ* data 05.04.2002).

TRIBUNAL DE CONTAS DO ESTADO – COMPETÊNCIA PARA EXECUTAR AS PRÓPRIAS DECISÕES – NORMA PERMISSIVA CONTIDA NA CARTA ESTADUAL. INCONSTITUCIONALIDADE. As decisões dos TCEs que impõem condenação patrimonial aos responsáveis por irregularidades no uso de bens públicos têm eficácia de título executivo (CF, artigo 71, §3º). Contudo, não podem ser executadas por iniciativa do próprio TC, diretamente ou por meio do MP que atua perante ele. Norma inserida na Constituição Estadual, que permite ao TC local executar suas próprias decisões. Competência não contemplada no modelo federal. Impossibilidade (STF – Tribunal Pleno – Mandado de Segurança – Publicação: *DJ* data 21.06.2002).

TRIBUNAL DE CONTAS DO DISTRITO FEDERAL – AÇÃO DIRETA DE INCONSTITUCIONALIDADE DE DISPOSITIVOS DA LEI ORGÂNICA DO D.F – VIOLAÇÃO AOS ARTIGOS 73, §2º, 75 E 130 DA CONSTITUIÇÃO FEDERAL. É pacífica a jurisprudência do STF, no

ANEXO A
SUPREMO TRIBUNAL FEDERAL (STF) | 447

sentido de que, nos Tribunais de Contas, compostos por sete membros, três devem ser nomeados pelo Governador (um dentre membros do Ministério Público, um dentre Auditores, e um de livre escolha) e quatro pela Assembléia (no caso, Câmara Legislativa) (STF – Tribunal Pleno – Ação Direta de Inconstitucionalidade – Publicação: *DJ* data 28.06.2002).

TRIBUNAL DE CONTAS – FISCALIZAÇÃO CONTÁBIL, FINANCEIRA E ORÇAMENTÁRIA – ISENÇÕES FISCAIS. Inclusão, na Constituição baiana, art. 80, das isenções fiscais, com o objetivo da fiscalização por parte do TCE e bem assim a outorga ao TCE da competência para julgar recursos de decisão denegatória de pensão. Inconstitucionalidade, dispositivos ofensivos à norma dos arts. 70 e 71, III, C.F., aplicáveis aos TCEs, "ex-vi" do disposto no art. 75, C.F. II. – Ação julgada prejudicada, em parte, e procedente quanto à expressão "isenções fiscais", art. 89, da Constituição baiana, e quanto à alínea "b", do inc. I, do art. 95 da mesma Carta (STF – Tribunal Pleno – Ação Direta de Inconstitucionalidade – Publicação: *DJ* data 06.09.2002).

APOSENTADORIA – NEGATIVA DE REGISTRO. Ato do TCU, que, considerando ilegal a aposentadoria do paciente, recusou o respectivo registro. Sustentação de que não cumpre ao Órgão coator rever mérito de decisão de Órgão judicante, que passa a ter força de lei. Desrespeito à coisa julgada. Mandado de segurança indeferido (STF – Tribunal Pleno – Mandado de Segurança – Publicação: *DJ* 14.09.2001).

TCU – APOSENTADORIA – REGISTRO – VANTAGEM DEFERIDA POR SENTENÇA TRANSITADA EM JULGADO – DISSONÂNCIA COM A JURISPRUDÊNCIA DO STF – SUSPENSÃO DO PAGAMENTO – IMPOSSIBILIDADE. Vantagem pecuniária incluída nos proventos de aposentadoria de servidor público federal, por força de decisão judicial transitada em julgado. Impossibilidade do TCU impor à autoridade administrativa sujeita à sua fiscalização a suspensão do respectivo pagamento. Ato que se afasta da competência reservada à Corte de Contas (CF, artigo 71, III). Ainda que contrário à pacífica jurisprudência desta Corte, o reconhecimento de direito coberto pelo manto da "res judicata" somente pode ser desconstituído pela via da ação rescisória (STF – Tribunal Pleno – Mandado de Segurança – Publicação: *DJ* data 20.09.2002).

ATO DO TCU – NULA ADMISSÃO – LEGITIMIDADE PASSIVA DO TCU – CONCURSO PÚBLICO – DESINCOMPATIBILIZAÇÃO – POSSE E EXERCÍCIO APÓS O PRAZO LEGAL – RESPONSABILIDADE DA

ADMINISTRAÇÃO – INEXISTÊNCIA DE CULPA DO SERVIDOR. O TCU é parte legítima para figurar no pólo passivo do MS, quando a decisão impugnada revestir-se de caráter impositivo. Ofensa aos princípios da ampla defesa e do contraditório: inexistência. Acúmulo de cargos. Óbice à posse de candidato aprovado em concurso público, afastado pela superveniente aposentadoria proporcional do interessado (EC 20/98, artigo 11). Não é nula a posse efetivada após decorrido o prazo legal, se o candidato, cumpriu as exigências legais e não contribuiu para a mora da Administração. Presunção sem base probante não autoriza a conclusão de que houve má-fé na postergação do ato administrativo. Não é decadencial o prazo de trinta dias, haja vista que a própria lei admite hipóteses de suspensão do trintídio para a posse e exercício. Casos excepcionados pelo TCU em que esse termo não tem sido cumprido (STF – Tribunal Pleno – Mandado de Segurança – Publicação: *DJ* data 20.09.2002).

AÇÃO DIRETA DE INCONSTITUCIONALIDADE – CONTAS DO MUNICÍPIO – JULGAMENTO SEM PARECER PRÉVIO DO TCE. Dispositivo Constitucional do Estado de Santa Catarina, que permite que as contas do município sejam julgadas sem parecer prévio do Tribunal de Contas, caso este não emita parecer até o último dia do exercício financeiro. Violação ao art. 31 e seus parágrafos da Constituição Federal. Inobservância do sistema de controle de contas previsto na Constituição Federal (STF – Tribunal Pleno – Ação Direta de Inconstitucionalidade – Publicação: *DJ* data 28.02.2003).

PRINCÍPIO DA EFETIVIDADE MÁXIMA E TRANSIÇÃO. Na solução dos problemas de transição de um para outro modelo constitucional, deve prevalecer, sempre que possível, a interpretação que viabilize a implementação mais rápida do novo ordenamento. Tribunal de Contas dos Estados: implementação do modelo de composição heterogênea da Constituição de 1988 (STF – Tribunal Pleno – Ação Direta de Inconstitucionalidade – Publicação: *DJ* data 02.05.2003).

COMPOSIÇÃO DO TRIBUNAL DE CONTAS ESTADUAL – FORMA DE ESCOLHA DE SEUS MEMBROS – AÇÃO DIRETA DE INCONSTITUCIONALIDADE DOS INCISOS I E II DO §2º DO ART. 48 DA CONSTITUIÇÃO DO ESTADO DE RONDÔNIA Os Conselheiros do Tribunal de Contas do Estado serão escolhidos: I – dois pelo Governador do Estado, com aprovação da Assembléia Legislativa, sendo um, alternadamente, dentre auditores e membros do Ministério Público junto ao Tribunal, indicados em lista tríplice pelo Tribunal, segundo os critérios de antigüidade e merecimento (STF – Tribunal Pleno – Ação Direta de Inconstitucionalidade – Publicação: *DJ* data 02.05.2003).

LEI COMPLEMENTAR 101/2000 – OPERAÇÕES DE CRÉDITO ENTRE ENTES FEDERADOS POR MEIO DE FUNDOS – CONSOLIDAÇÃO DAS CONTAS DA UNIÃO, DOS ESTADOS, DOS MUNICÍPIOS E DO DISTRITO FEDERAL. O art. 35 da LRF ao disciplinar as operações de crédito efetuadas por fundos, está de acordo com o disposto no art. 165, parágrafo 9º, inciso II da Constituição Federal. Não implica ofensa ao princípio federativo, a sanção imposta aos entes federados que não fornecerem dados para a consolidação referida no art. 51 da LRF, posto que as operações de crédito são englobadas pela mencionada regra constitucional e que o texto impugnado faz referência apenas às transferências voluntárias. Medida Cautelar Indeferida (STF – Tribunal Pleno – Medida Cautelar em Ação Direta de Inconstitucionalidade – Publicação: *DJ* data 01.08.2003).

ADMINISTRATIVO. MANDADO DE SEGURANÇA. SERVIDOR PÚBLICO. ECT – EMPRESA BRASILEIRA DE CORREIOS E TELÉGRAFOS. ASCENSÃO FUNCIONAL SEM CONCURSO PÚBLICO, TRIBUNAL DE CONTAS DA UNIÃO. ANULAÇÃO. DECURSO DE TEMPO. IMPOSSIBILIDADE. Na linha dos precedentes firmados pela Corte, em particular no MS 25.560, Rel. Min. Cezar Peluso, *DJE* de 22.02.2008, "Não pode o Tribunal de Contas da União, sob fundamento ou pretexto algum, anular ascensão funcional de servidor operada e aprovada há mais de 5 (cinco) anos, sobretudo em procedimento que não lhe assegura o contraditório e a ampla defesa" (STF – Tribunal Pleno – Mandado de Segurança 26.406-3/DF, Sessão de 1º.07.2008).

MANDADO DE SEGURANÇA. TRIBUNAL DE CONTAS DA UNIÃO. JULGAMENTO DE RECURSO DE RECONSIDERAÇÃO. INTIMAÇÃO PESSOAL DA DATA DA SESSÃO. DESNECESSIDADE. 1. Não se faz necessária a notificação prévia e pessoal da data em que será realizada a sessão de julgamento de recurso de reconsideração pelo Tribunal de Contas da União. Ausência de ofensa aos princípios da ampla defesa e do devido processo legal quando a pauta de julgamento é publicada no Diário Oficial da União. 2. O pedido de sustentação oral pode ser feito, conforme autoriza o art. 168 do Regimento Interno do Tribunal de Contas da União, até quatro horas antes da sessão. Para tanto, é necessário que os interessados no julgamento acompanhem o andamento do processo e as publicações feitas no Diário Oficial da União (STF – Tribunal Pleno – Ag.Reg. no Mandado de Segurança 26.732-1/DF, Rel. Min. Cármen Lúcia, Sessão de 25.06.2008).

AÇÃO DIRETA DE INCONSTITUCIONALIDADE. MINISTÉRIO PÚBLICO JUNTO AO TRIBUNAL DE CONTAS ESTADUAL. INCONSTITUCIONALIDADE DO EXERCÍCIO DE SUAS FUNÇÕES POR MEMBROS DO MINISTÉRIO PÚBLICO ESTADUAL. SIMIETRIA OBRIGATÓRIA COM O MODELO NACIONAL. 1. A Lei Complementar mato-grossense nº 11/1991 foi revogada pela Lei Complementar nº 269, que estabeleceu a organização do Tribunal de Contas daquele Estado. Prejuízo, deste ponto, da ação. 2. O Ministério Público Especial, cujas atividades funcionais sejam restritas ao âmbito dos Tribunais de Contas, não se confunde nem integra o Ministério Público Comum. 3. É obrigatória a adoção, pelo Estados, do modelo federal de organização do Tribunal de Contas da União e do Ministério Público que perante ele atua. Aplicação do princípio da simetria. 4. Ação direta de inconstitucionalidade julgada parcialmente procedente para declarar a inconstitucionalidade da expressão "exercício privativo das funções do Ministério Público junto ao Tribunal de Contas", constante do art. 106, inciso VIII, da Constituição do Mato-Grosso e do art. 16, §1º, inciso III da Lei Complementar nº 27/1993 daquele mesmo Estado (STF – Tribunal Pleno – Ação Direta de Inconstitucionalidade 3.307-7/Mato Grosso, Rel. Min. Cármen Lúcia, Sessão de 02.02.2009).

MANDADO DE SEGURANÇA. CONSTITUCIONAL. COMPETÊNCIA. TRIBUNAL DE CONTAS DA UNIÃO. ART. 71, III, DA CONSTOTUIÇÃO DO BRASIL. FISCALIZAÇÃO DE EMPRESAS PÚBLICAS E SOCIEDADES DE ECONOMIA MISTA. POSSIBILIDADE. IRRELEVÂNCIA DO FATO DE TEREM OU NÃO SIDO CRIADAS POR LEI. ART. 37, XIX, DA CONSTITUIÇÃO DO BRASIL. ASCENÇÃO FUNCIONAL ANULADA PELO TCU APÓS DEZ ANOS. ATO COMPLEXO.INEXISTÊNCIA. DECADÊNCIA ADMINISTRATIVA. ART. 54 DA LEI Nº 9.784/99. OFENSA AO PRINCÍPIO DA SEGURANÇA JURÍDICA E DA BOA-FÉ. SEGURANÇA CONCEDIDA. 1. As empresas públicas e as sociedades de economia mista, entidades integrantes da Administração Indireta, estão sujeitas a fiscalização do Tribunal de Contas, não obstante a aplicação do regime celetistas a seus funcionários. Precedente (MS nº 25.092, Relator o Ministro Carlos Veloso, DJ de 17.03.06). 2. A circunstância de a sociedade de economia mista não ter sido criada por lei não afasta a competência do Tribunal de Contas. São sociedades de economia mista, inclusive para os efeitos do art. 37, XIX, da CB/88, aquelas — anônimas ou não — sob o controle da União, dos Estados, do Distrito Federal e do Municípios, independentemente de terem sido criadas por lei. Precedente (MS nº 24.249, de que fui Relator, *DJ* de 03.06.05). 3. Não consubstancia ato jurídico complexo, a anulação, pelo TCU, de atos relativos à administração de pessoal após dez anos da aprovação das contas da sociedade de economia mista pela mesma Corte de Contas. 4. A Administração decai do direito de anular atos administrativos de que decorram efeitos favoráveis aos destinatários após cinco anos, contados da data em que foram praticados (art. 54 da Lei 9.784/99). Precedente (MS nº 26.353, Relator o Ministro Marco Aurélio, *DJ* de 06.03.08). 5. A anulação tardia de ato administrativo, após a consolidação de situação de fato e de direito, ofende o princípio da segurança jurídica. Precedentes (RE nº 85.179, Rel. o Ministro Bilac Pinto, RTJ 83/921 (1978) e MS nº 22.357, Relator o Ministro Gilmar Mendes, *DJ* de 05.11.04). STF – TRIBUNAL PLENO – Mandado de Segurança 26.117-0/DF, Relator o Ministro Eros Grau, Sessão de 20.05.2009.

AÇÃO DIRETA DE INCONSTITUCIONALIDADE – ASSOCIAÇÃO DOS MEMBROS DOS TRIBUNAIS DE CONTAS DO BRASIL (ATRICON) – ENTIDADE DE CLASSE DE ÂMBITO NACIONAL – LEGITIMIDADE ATIVA "AD CAUSAM" – AUTONOMIA DE ESTADO-MEMBRO – A CONSTITUIÇÃO DO ESTADO-MEMBRO COMO EXPRESSÃO DE UMA ORDEM NORMATIVA AUTÔNOMA – LIMITAÇÕES AO PODER CONSTITUINTE DECORRENTE – IMPOSIÇÃO, AOS CONSELHEIROS DO TRIBUNAL DE CONTAS, DE DIVERSAS CONDUTAS, SOB PENA DE CONFIGURAÇÃO DE CRIME DE RESPONSABILIDADE, SUJEITO A JULGAMENTO PELA ASSEMBLÉIA LEGISLATIVA. PRESCRIÇÃO NORMATIVA EMANADA DO LEGISLADOR CONSTITUINTE ESTADUAL – FALTA DE COMPETÊNCIA DO ESTADO-MEMBRO PARA LEGISLAR SOBRE CRIMES DE RESPONSABILIDADE – COMPETÊNCIA LEGISLATIVA QUE PERTENCE — EXCLUSIVAMENTE — À UNIÃO FEDERAL – PROMULGAÇÃO, PELA ASSEMBLÉIA LEGISLATIVA DO ESTADO DO RIO DE JANEIRO, DA EC Nº 40/2009 – ALEGADA TRANSGRESSÃO AO ESTATUTO JURÍDICO-INSTITUCIONAL DO TRIBUNAL DE CONTAS ESTADUAL E ÀS PRERROGATIVAS CONSTITUCIONAIS DOS CONSELHEIROS QUE O INTEGRAM – MEDIDA CAUTELAR REFERENDADA PELO SUPREMO TRIBUNAL FEDERAL. ATRICON – ENTIDADE DE CLASSE DE ÂMBITO NACIONAL – PERTINÊNCIA TEMÁTICA – LEGITIMIDADE ATIVA "AD CAUSAM". A ATRICON qualifica-se como entidade de classe de nível nacional investida de legitimidade ativa "ad causam" para a instauração, perante o Supremo Tribunal Federal, de processo de controle abstrato de constitucionalidade, desde que existente nexo de afinidade entre os seus objetivos institucionais e o conteúdo material dos textos normativos impugnados. STF – TRIBUNAL PLENO – Referendo em Med. Caut. em Ação Direta de Inconstitucionalidade nº 4.190 – Rio de Janeiro – Relator o Ministro Celso de Mello, Sessão de 10.03.2010.

AÇÃO DIRETA DE INCONSTITUCIONALIDADE. ART. 37, III, DA CONSTITUIÇÃO DO ESTDO DO PARÁ, ACRESCIDO PELA EMENDA CONSTITUCIONAL Nº 40, 19.12.2007. INDICAÇÃO DOS CONSELHEIROS DO TRIBUNAL DE CONTAS DO ESTADO E DOS MUNICÍPIOS. DISPOSITIVO QUE AUTORIZA A LIVRE ESCOLHA PELO GOVERNADOR NA HIPÓTESE DE INEXISTÊNCIA DE AUDITORES OU MEMBROS DO MINISTÉRIO PÚBLICO ESPECIAL APTOS À NOMEAÇÃO. OFENSA AOS ARTIGOS 73, §2º, E 75, *CAPUT*, DA CONSTITUIÇÃO FEDERAL. LIMINAR CONCEDIDA. I – O modelo federal de composição, organização e fiscalização dos Tribunais de Contas, fixados pela Constituição, é de observância compulsória pelos Estados, nos termos do *"caput"* do art. 75, da Carta da República. Precedentes. II – Estabelecido no art. 73, §2º, da Carta Maior o modelo federal de proporção na escolha dos indicados às vagas para o Tribunal de Contas da União, ao Governador do Estado, em harmonia com o disposto no art. 75, compete indicar três Conselheiros e à Assembléia Legislativa os outros quatro, uma vez que o parágrafo único do mencionado artigo fixa em sete o número de Conselheiros das Cortes de Contas Estaduais. III – Em observância à simetria prescrita no *"caput"* do art. 75 da Carta Maior, entre os três indicados pelo Chefe do Poder Executivo Estadual, dois, necessariamente e de forma alternada, devem integrar a carreira de Auditor do Tribunal de Contas ou ser membro do Ministério Público junto ao Tribunal. Súmula 653 do Supremo Tribunal Federal. IV – Medida Cautelar deferida. STF – Tribunal Pleno – Medida Cautelar na Ação Direta de Inconstitucionalidade nº 4.416/Pará – Relator o Ministro Ricardo Lewandowski, Sessão de 06.10.2010.

ANEXO B

TRIBUNAL DE CONTAS DA UNIÃO (TCU)

Súmulas
SÚMULA Nº 051
IRREGULARIDADE DE CARÁTER FORMAL – MULTA. Quando, no exame e julgamento das contas de responsáveis por bens, valores e dinheiros públicos, for apurada irregularidade de caráter formal ou que não configure débito que caracterize desvio, alcance ou desfalque, cabe, a juízo do Tribunal de Contas, além de outras medidas previstas em lei, a aplicação de multa cominada pela autoridade administrativa competente (TCU – Sessões Ordinárias de 29.11.73 e 04.12.73 – *DOU* de 28.12.73).

SÚMULA Nº 091
ATRASO NA REMESSA DOS ORÇAMENTOS E BALANÇOS DAS ENTIDADES DA ADMINISTRAÇÃO INDIRETA – SANÇÕES OU PENALIDADES. A falta de remessa, em tempo hábil e para os devidos fins, aos órgãos competentes de Controle Interno, dos Orçamentos e Balanços das Entidades da Administração Indireta e outras organizações, sob a fiscalização do Estado, sujeita os seus Administradores ou responsáveis pela omissão às sanções ou penalidades cabíveis, na forma da lei (TCU – Sessão Ordinária de 25.11.76 – *DOU* de 16.12.76).

SÚMULA Nº 123
MANDADO DE SEGURANÇA – AUTORIDADE ADMINISTRATIVA – TRIBUNAL DE CONTAS DA UNIÃO. A decisão proferida em mandado de segurança, impetrado contra autoridade administrativa estranha

ao Tribunal de Contas da União, a este não obriga, mormente se não favorecida a mencionada autoridade pela prerrogativa de foro (TCU – Sessão Ordinária de 25.11.76 – *DOU* de 16.12.76).

SÚMULA Nº 147
APOSENTADORIA – LICENÇA ESPECIAL – GRATIFICAÇÃO DE ATIVIDADE OU DE PRODUTIVIDADE – POSSIBILIDADE. Quando o funcionário, ao requerer aposentadoria, estava em gozo de licença especial, na forma da Lei, sem perceber como seria lícito a gratificação de atividade ou de produtividade, inerente ao cargo efetivo que exercia, cabe, também, a atribuição da vantagem prevista no art. 184 da Lei nº 1.711, de 28.10.52 (TCU – Sessão Ordinária de 11.12.79 – *DOU* de 14.01.80).

SÚMULA Nº 157
PROJETO DE ENGENHARIA – PROCEDIMENTO LICITATÓRIO – CRITÉRIO SELETIVO DE MELHOR QUALIDADE OU DE MELHOR TÉCNICA. A elaboração de projeto de engenharia e arquitetura está sujeita, em princípio, ao concurso ou ao procedimento licitatório adequado e obediente a critério seletivo de melhor qualidade ou de melhor técnica, que é o escopo do julgamento, independentemente da consideração de preço, que há de vir balizado no Edital (TCU – Sessão Ordinária de 11.12.79 – *DOU* de 14.01.80).

SÚMULA Nº 176
TRIBUNAL DE CONTAS – CONTROLE DE ASSOCIAÇÕES E FUNDAÇÕES CUSTEADAS POR ENTIDADES JURISDICIONADAS. Torna-se indispensável o controle, pelo Tribunal de Contas, da participação, de entidades que lhe sejam jurisdicionadas, no custeio de associação ou fundação de complementação previdenciária, mediante o processamento e o exame englobado das contas das mencionadas entidades e dos Balanços e Demonstrações de Resultados das instituições de previdência suplementar (TCU – Sessão Ordinária de 26.10.82 – *DOU* de 09.11.82).

SÚMULA Nº 177
DEFINIÇÃO DO OBJETO LICITADO – REGRA INDISPENSÁVEL. A definição precisa e suficiente do objeto licitado constitui regra indispensável da competição, até mesmo como pressuposto do postulado de igualdade entre os licitantes, do qual é subsidiário o princípio da publicidade, que envolve o conhecimento, pelos concorrentes potenciais das condições básicas da licitação, constituindo, na hipótese particular

da licitação para compra, a quantidade demandada uma das especificações mínimas e essenciais à definição do objeto do pregão (TCU – Sessão Ordinária de 26.10.82 – *DOU* de 09.11.82).

SÚMULA Nº 191
LIMITES DE VIGÊNCIA DOS CONTRATOS ADMINISTRATIVOS – QUESITO INDIPENSÁVEL. Torna-se, em princípio, indispensável a fixação dos limites de vigência dos contratos administrativos, de forma que o tempo não comprometa as condições originais da avença, não havendo, entretanto, obstáculo jurídico à devolução de prazo, quando a Administração mesma concorre, em virtude da própria natureza do avençado, para interrupção da sua execução pelo contratante (TCU – Sessão Ordinária de 26.10.82 – *DOU* de 09.11.82).

SÚMULA Nº 192
EXECUÇÃO DE ACÓRDÃO – PARCELAMENTO DE DÉBITO. Quer na fase de instrução, quer na de execução de Acórdão de condenação, admite-se, também, quando houver requerimento do interessado, o parcelamento, a juízo do Tribunal de Contas, de débito imputado a pessoa sem vínculo empregatício com o serviço, importando o inadimplemento de qualquer das cotas no vencimento automático e na cobrança executiva do saldo devedor, acrescido dos juros de mora e da correção monetária (TCU – Sessão Ordinária de 26.10.82 – *DOU* de 09.11.82).

SÚMULA Nº 205
CONTRATOS ADMINISTRATIVOS – MULTA OU INDENIZAÇÃO. É inadmissível, em princípio, a inclusão, nos contratos administrativos, de cláusula que preveja, para o Poder Público, multa ou indenização, em caso de rescisão. Fundamento Legal (TCU – Sessão Ordinária de 26.10.82 – *DOU* de 09.11.82).

SÚMULA Nº 206
HONORÁRIOS EM ATRASO – INCIDÊNCIA DA CORREÇÃO MONETÁRIA. IMPOSSIBILIDADE. Embora seja legítima a percepção cumulativa, de honorários de Presidente ou membro da Diretoria, com os de Presidente ou membro do Conselho de Administração, de entidade sob a jurisdição do Tribunal de Contas, descabe, no tocante a parcelas de honorários em atraso, a incidência da correção monetária, eis que não constituem débitos de natureza trabalhista (TCU – Sessão Ordinária de 26.10.82 – *DOU* de 09.11.82).

SÚMULA Nº 222

AS DECISÕES RELATIVAS A LICITAÇÃO DEVEM SER ACATADAS PELOS PODERES DA UNIÃO, DOS ESTADOS, DISTRITO FEDERAL E DOS MUNICÍPIOS. As Decisões do Tribunal de Contas da União, relativas à aplicação de normas gerais de licitação, sobre as quais cabe privativamente à União legislar, devem ser acatadas pelos administradores dos Poderes da União, dos Estados, do Distrito Federal e dos Municípios (TCU – Sessão Extraordinária de Caráter Reservado de 08.12.94 – *DOU* de 03.01.1995).

SÚMULA Nº 226

MULTAS APLICADAS ENTRE ÓRGÃO PÚBLICOS. É indevida a despesa decorrente de multas moratórias aplicadas entre órgãos integrantes da Administração Pública e entidades a ela vinculadas, pertencentes à União, aos Estados, ao Distrito Federal ou aos Municípios, inclusive empresas concessionárias de serviços públicos, quando inexistir norma legal autorizativa (TCU – Sessão Extraordinária de Caráter Reservado de 08.12.94 – *DOU* de 03.01.1995).

SÚMULA Nº 227

RESPONSABILIDADE SOLIDÁRIA. O recolhimento parcial do débito por um dos devedores solidários não o exonera da responsabilidade pela quantia restante, vez que a solidariedade imputada impede seja dada quitação, a qualquer dos responsáveis solidários, enquanto o débito não for recolhido em sua totalidade (TCU – Sessão Extraordinária de Caráter Reservado de 08.12.94 – *DOU* de 03.01.1995).

SÚMULA Nº 230

PREFEITO NOVO – PRESTAÇÃO DE CONTAS DE RECURSOS FEDERAIS. Compete ao prefeito sucessor apresentar as contas referentes aos recursos federais recebidos por seu antecessor, quando este não o tiver feito ou, na impossibilidade de fazê-lo, adotar as medidas legais visando ao resguardo do patrimônio público com a instauração da competente Tomada de Contas Especial, sob pena de co-responsabilidade (TCU – Sessão Extraordinária de Caráter Reservado de 08.12.94 – *DOU* de 03.01.1995).

SÚMULA Nº 231

CONCURSO PÚBLICO – ADMINISTRAÇÃO INDIRETA. A exigência de concurso público para admissão de pessoal se estende a toda a Administração Indireta, nela compreendidas as Autarquias, as Fundações instituídas e mantidas pelo Poder Público, as Sociedades de

Economia Mista, as Empresas Públicas e, ainda, as demais entidades controladas direta ou indiretamente pela União, mesmo que visem a objetivos estritamente econômicos, em regime de competitividade com a iniciativa privada (TCU – Sessão Extraordinária de Caráter Reservado de 08.12.94 – *DOU* de 03.01.1995).

SÚMULA Nº 235
SERVIDORES -PAGAMENTO INDEVIDO – RESTITUIÇÃO. Os servidores ativos e inativos, e os pensionistas, estão obrigados, por força de lei, a restituir ao Erário, em valores atualizados, as importâncias que lhes forem pagas indevidamente, mesmo que reconhecida a boa-fé, ressalvados apenas os casos previstos na Súmula nº 106 da Jurisprudência deste Tribunal (TCU – Sessão Extraordinária de Caráter Reservado de 08.12.94 – *DOU* de 03.01.1995).

SÚMULA Nº 245
SERVIDOR PUBLICO – APOSENTADORIA ESTATUTÁRIA – IMPOSSIBILIDADE DE COMPUTO DE TEMPO FICTO DE ATIVIDADES INSALUBRES, PENOSAS E PERIGOSAS. "Não pode ser aplicada, para efeito de aposentadoria estatutária, na Administração Pública Federal, a contagem ficta do tempo de atividades consideradas insalubres, penosas ou perigosas, com o acréscimo previsto para as aposentadorias previdenciárias segundo legislação própria, nem a contagem ponderada, para efeito de aposentadoria ordinária, do tempo relativo a atividades que permitiriam aposentadoria especial com tempo reduzido" (TCU – Sessão Extraordinária de Caráter Reservado de 11.02.1998 – *DOU* de 25.02.1998).

SÚMULA 246
ADMISSÃO DE PESSOAL – SERVIDOR PÚBLICO – ACUMULAÇÃO ILÍCITA – ADMINISTRAÇÃO DIRETA E INDIRETA – POSSE – EMPREGO E CARGO PÚBLICO – TEMPO DE EFETIVO EXERCÍCIO – VANTAGENS PECUNIÁRIAS. O fato do servidor licenciar-se, sem vencimentos, do cargo público ou emprego que exerça em órgão ou entidade da administração direta ou indireta não o habilita a tomar posse em outro cargo ou emprego público, sem incidir no exercício cumulativo vedado pelo artigo 37 da Constituição Federal, pois que o instituto da acumulação de cargos se dirige à titularidade de cargos, empregos e funções públicas, e não apenas à percepção de vantagens pecuniárias (TCU – Tribunal Pleno – *DOU* de 05.04.2002).

SÚMULA Nº 255/2010

Nas contratações em que o objeto só possa ser fornecido por produtor, empresa ou representante comercial exclusivo, é dever do agente público responsável pela contratação a adoção das providências necessárias para confirmar a veracidade da documentação comprobatória da condição de exclusividade.

SÚMULA Nº 256/2010

Não se exige a observância do contraditório e da ampla defesa na apreciação da legalidade de ato de concessão inicial de aposentadoria, reforma e pensão e de ato de alteração posterior concessivo de melhoria que altere os fundamentos legais do ato inicial já registrado pelo TCU.

SÚMULA Nº 259/2010

Nas contratações de obras e serviços de engenharia, a definição do critério de aceitabilidade dos preços unitários e global, com fixação de preços máximos para ambos, é obrigação e não faculdade do gestor.

SÚMULA Nº 263/2011

Para a comprovação da capacidade técnico-operacional das licitantes, e desde que limitada, simultaneamente, às parcelas de maior relevância e valor significativo do objeto a ser contratado, é legal a exigência de comprovação da execução de quantitativos mínimos em obras ou serviços com características semelhantes, devendo essa exigência guardar proporção com a dimensão e a complexidade do objeto a ser executado.

Jurisprudências

LICITAÇÃO – PARTICIPAÇÃO DE COOPERATIVA. Representação formulada por cooperativa. Possíveis Irregularidades praticadas pelo BECEN-SP. Licitação. Edital com restrição à participação de cooperativas e consórcios. Conhecimento. Procedência parcial (TCU – Tribunal Pleno – Sessão de 22.01.2003 – *DOU* de 05.02.2003).

TERCEIRIZAÇÃO DE SERVIÇOS DE TELEMARKETING. Possíveis Irregularidades no âmbito da CEF – Gerência em Recife PE. Tomada de preços. Contratação de empresa especializada em prestação de serviços de telemarketing. Inspeção e audiência realizadas. Constatação de que trata-se de terceirização de serviços relacionados como uma das atividades a serem desempenhadas por servidores da CEF. Conhecimento. Recomendação. Ciência ao interessado (TCU – Tribunal Pleno – Sessão de 05.02.2003 – *DOU* de 25.02.2003).

CONSELHOS DE ADMINISTRAÇÃO E FISCAL – ATRIBUIÇÃO DE RESPONSABILIDADE AOS MEMBROS POR ATOS ISOLADOS DE GESTÃO. Tomada de Contas Especial. Companhia Docas do Estado da Bahia-Codeba. Obras de construção do novo Porto de Juazeiro BA. Utilização de dois tipos de licitação para julgamento das propostas. Exigência de comprovação de aptidão técnica incompatível com o objeto. Ausência de definição clara do objeto. Superfaturamento. Pagamento sem contraprestação de serviços. Audiência dos responsáveis. Alegações de defesa de alguns responsáveis acolhidas. Contas irregulares dos demais dirigentes. Multa. Determinação (TCU – Segunda Câmara – Sessão de 13.03.2003 – *DOU* de 25.03.2003).

DISPENSA DE LICITAÇÃO – SITUAÇÃO DE EMERGÊNCIA. Representação formulada por unidade técnica do TCU. Possíveis irregularidades. Dispensa indevida de licitação. Descaraterização de situação de emergência. Falha no planejamento tempestivo (TCU – Segunda Câmara – Sessão de 13.03.2003 – *DOU* de 25.03.2003).

CONTAGEM EM DOBRO DE LICENÇA-PRÊMIO PARA FINS DE APOSENTADORIA DE MAGISTRADO. Consulta formulada pelo Tribunal de Justiça do Distrito Federal e dos Territórios. Contagem em dobro de licença-prêmio para fins de aposentadoria de magistrado. Concessão da vantagem prevista no art. 184 da Lei nº 1.711 ou art. 250 da Lei nº 8112/90 a magistrados (TCU – Tribunal Pleno – Sessão de 05.02.2003 – *DOU* de 25.02.2003).

CONCESSÃO DE APOSENTADORIA ESTATUTÁRIA – CARGO EM COMISSÃO. Concessão de aposentadoria estatutária a ocupante de cargo em comissão sem vínculo efetivo com a Administração Publica. Ilegalidade. Aplicação da Súmula 106 do TCU (TCU – Primeira Câmara – Sessão de 04.02.2003 – *DOU* de 13.02.2003).

GESTÃO PÚBLICA – LIMITE TRANSITÓRIO – ART. 71 LC 101/2000 – AFERIÇÃO PELO TCU. Acompanhamento. Relatórios de gestão fiscal dos poderes e órgãos da administração federal. 2º quadrimestre de 2002. LRF. Cumprimento das exigências de divulgação e encaminhamento previstos na legislação. Acolhimento das razões de justificativas de órgãos do Poder Judiciário acerca do limite transitório para os dispêndios com pessoal (TCU – Tribunal Pleno – Sessão de 19.02.2003 – *DOU* de 28.02.2003).

ANEXO C

TRIBUNAL DE CONTAS DO ESTADO DO RIO GRANDE DO SUL (TCE/RS)

Súmulas
SÚMULA Nº 02
CONTRATAÇÃO DE LEASING SEM A PRÉVIA E PERTINENTE LICITAÇÃO. Ilegítima a contratação de "leasing" sem prévia licitação, excetuadas as hipóteses legais de dispensa desse procedimento (TCE/RS – Tribunal Pleno – Processo: 0122-02.00/84-0 – Sessão de 02 de maio de 1984).

SÚMULA Nº 06
COMPETÊNCIA PARA A EXPEDIÇÃO DO ATO DE APOSENTADORIA E SEU LEGAL ENQUADRAMENTO. Não cabe ao órgão expedidor do laudo médico proceder ao enquadramento jurídico-legal da causa inativatória, função esta reservada tão-somente à autoridade administrativa competente para a emissão do ato de inativação (TCE/RS – Tribunal Pleno – Processo: 0119-02.00/84-9 – Sessão de 07 de outubro de 1984).

SÚMULA Nº 09
APLICAÇÃO DE VALORES QUE O PODER PÚBLICO MANTÉM OCIOSOS EM ESTABELECIMENTOS BANCÁRIOS. Admite-se como lícito, no âmbito do Estado ou de Município cuja legislação não disponha em contrário, o procedimento do administrador que aplica eventualmente, em instituições oficiais de crédito, até o momento em que deva dar-se a sua destinação legal e orçamentária, recursos públicos que se encontrem ociosos em estabelecimentos bancários (TCE/RS – Tribunal Pleno – Processo: 0129-02.00/84-4 – Sessão de 10 de julho de 1985).

SÚMULA Nº 10
REFERENTE ÀS CONTAS DO ORDENADOR DE DESPESAS QUE NÃO ENSEJA QUITAÇÃO. Poderá dar-se baixa na responsabilidade, com arquivamento do processo, nos casos em que as contas do ordenador de despesas não ensejam quitação, dada a existência, no processo, de falhas que não tenham constituído infração à administração financeira e orçamentária, nem dano ao erário (TCE/RS – Tribunal Pleno – Processo: 0130-02.00/84-2 – Sessão de 14 de agosto de 1985).

SÚMULA Nº 12
PROVENTOS. REVISÃO. UNIFORMIZAÇÃO DE JURISPRUDÊNCIA. ASSEMBLÉIA LEGISLATIVA. Constitui direito dos servidores públicos inativos, nascido com a vigência da Constituição Federal de 05 de outubro de 1988, o de terem revisados administrativamente os seus proventos, para os efeitos previstos no artigo 40, parágrafo 4º da Carta Federal, efeitos estes que se concretizam, no tempo, desde a data da promulgação da Constituição (TCE/RS – Tribunal Pleno – Processo: 0513-02.00/92-2 – Sessão de 13 de outubro de 1993).

SÚMULA Nº 13
PROCESSO Nº 6677-0200/97-7- CÔMPUTO DE TEMPO DE TRAMITAÇÃO DE PROCESSO PARA FINS DE APOSENTADORIA. Computar-se-á, para fins exclusivos de aposentadoria, o período transcorrido desde a publicação do ato de inativação do servidor até a decisão denegatória originária, de registro de aposentadoria, de competência das Câmaras do Tribunal de Contas, desde que comprovado o efetivo recolhimento da contribuição previdenciária respectiva, nos termos da Emenda Constitucional nº 20/98. Fica expressamente vedado o cômputo de tal tempo para fins de concessão de vantagens ao servidor, de qualquer natureza, bem como para os casos de aposentadorias especiais, seja qual for a espécie de tempo de serviço qualificado computável ao servidor (TCE/RS – Tribunal Pleno – Sessão de 25 de abril de 2001. Publicada no Bol. 297/01 – *DOE* de 14.05.2001 – Retificada pelo Bol. 315/01 – *DOE* de 21.05.2001).

Consultas
MANUTENÇÃO E DESENVOLVIMENTO DO ENSINO-MDE – PRECATÓRIO DECORRENTE DE RECLAMATÓRIA TRABALHISTA. Impossibilidade de custeio das despesas que o Município foi condenado a pagar, relativas a exercícios anteriores, à conta dos recursos da MDE, Princípio orçamentário da anualidade. Informação CT/TCE nº 277/1999

(TCE/RS – Tribunal Pleno – Processo nº 10236-02.00/99-3 – Sessão de 12.04.00).

EDUCAÇÃO INFANTIL – IMPOSSIBILIDADE DE UTILIZAÇÃO DOS RECURSOS POR MEIO DE ÓRGÃO DA ADMINISTRAÇÃO INDIRETA. Repasse obrigatório à Secretaria Municipal de Educação. Precatórios. Impossibilidade de custeio das despesas que o Município foi condenado a pagar, relativas a exercícios anteriores, à conta dos recursos relativos à manutenção e desenvolvimento do ensino – MDE, incluídos os atinentes ao FUNDEF. Informação CT/TCE nº 026/2000 (TCE/RS – Tribunal Pleno – Processo nº 2199-02.00/00-0 – Sessão de 07.06.00).

PODER LEGISLATIVO – REGIME JURÍDICO ESTATUTÁRIO – SERVIDOR PÚBLICO. Impossibilidade do Poder Legislativo Municipal conceder ao servidor vantagem outra diferente daquelas previstas no Diploma Estatutário local ou em outras de mesma hierarquia de iniciativa do Executivo. Criação de cargos e empregos públicos. Fixação e alteração da remuneração por lei de iniciativa da Câmara Municipal. Precedentes. Modificações introduzidas pela EC nº 19/98. Arts. 48, *caput* e 51, inciso IV, ambos da CF. Informação CT/TCE nº 045/2000 (TCE/RS – Tribunal Pleno – Processo nº 4509-0200/00-4 – Sessão de 05.07.00).

CONTRATO ADMINISTRATIVO – EQUILÍBRIO ECONÔMICO-FINANCEIRO. Constituição Federal, art. 37, XXI e Lei Federal nº 8.666/93 e alterações. Informação CT/TCE nº 274/99. Sinonímia entre transações, transigências e acordos judiciais. Necessidade de lei autorizativa prevendo casos, limites, condições, requisitos e critérios objetivos. Reexame necessário. Inaplicabilidade. Precedentes. Informação CT/TCE nº 057/2000 (TCE/RS – Tribunal Pleno – Processo nº 4901-0200/00-5 – Sessão de 12.07.00).

FUNDEF – DESCABIMENTO DE REPASSE DE RECURSOS. Repasse de recursos a CPM para a realização de despesas em escolas da rede municipal de ensino fundamental. Competência do Poder Público. Precedentes. Informação CT/TCE nº 077/2000 (TCE/RS – Tribunal Pleno – Processo nº 4130-0200/00-2 – Sessão de 30.08.00).

LRF – SOCIEDADE DE ECONOMIA MISTA. Não inserida no conceito de empresa estatal dependente, limita-se apenas ao atendimento das disposições específicas da Lei Complementar nº 101/2000. Não está obrigada à elaboração do plano plurianual, da lei de diretrizes orçamentárias e da lei orçamentária anual, devendo constar nas respectivas leis a serem editadas pelos Municípios, cuja iniciativa pertence aos correspondentes Poderes Executivos. Informação CT/TCE nº 007/2001 (TCE/RS – Tribunal Pleno – Processo nº 8836-0200/00-5 – Sessão de 16.05.01).

FUNDEF – UTILIZAÇÃO DE RECURSOS. Despesas com remuneração. Professores em efetivo exercício do magistério e demais profissionais e servidores. Programas suplementares de assistência médico-odontológica e psicológica. Impossibilidade de custeio, inclusive com os demais recursos da MDE. Fonoaudiologia. Atividade vinculada à educação especial. Salário educação. Precedentes. Informação CT/TCE nº 008/2001 (TCE/RS – Tribunal Pleno – Processo nº 8802-0200/00-9 – Sessão de 21.03.01).

CONSELHEIROS DA AGERGS – AGENTES PÚBLICOS. Processo criminal em razão de manifestação durante o exercício de suas funções. Defesa em processo judicial. Pagamento de honorários de advogado. Autarquias. Precedentes. Informação CT/TCE nº 011/2001 (TCE/RS – Tribunal Pleno – Processo nº 9348-0200/00-9 – Sessão de 11.04.01).

LEI DE RESPONSABILIDADE FISCAL – RENÚNCIA DE RECEITA – DÍVIDA ATIVA TRIBUTÁRIA. Art. 14. Requisitos necessários. Transação judicial. Legislação aplicável à espécie. CTN. Necessidade de lei autorizadora prevendo casos, limites, condições, requisitos e critérios objetivos. Precedentes. Considerações. Informação CT/TCE nº 036/2001 (TCE/RS – Tribunal Pleno – Processo nº 1204-0200/01-2 – Sessão de 10.04.01).

LEI COMPLEMENTAR FEDERAL Nº 64/90 – MATÉRIA ELEITORAL. Lei Complementar Federal nº 101/2000, art. 21, parágrafo único. Despesas com pessoal. Não caracteriza burla ao preceito legal a vacância de cargo e o seu provimento, ambas as situações verificadas dentro do período vedado pelo citado dispositivo da LRF. Informação CT/TCE nº 039/2001 (TCE/RS – Tribunal Pleno – Processo nº 8889-0200/00-2 – Sessão de 13.06.01).

LEI DE RESPONSABILIDADE FISCAL – RENÚNCIA DE RECEITA – CÓDIGO TRIBUTÁRIO NACIONAL. Art. 14. Requisitos necessários. Modalidade de extinção do crédito tributário. Pagamento. Desconto de IPTU pelo pagamento antes do vencimento. Necessidade de lei autorizadora. Informação CT/TCE nº 042/2001 (TCE/RS – Tribunal Pleno – Processo nº 1253-0200/01-9 – Sessão de 28.11.01).

LEI COMPLEMENTAR FEDERAL Nº 101/2000 – RESTOS A PAGAR. Art. 42. Transformação de dívidas de curto prazo em dívida consolidada ou fundada, relativas a obras, serviços, compras e locações. Impossibilidade. Informação CT/TCE nº 047/2001, a qual integra o Processo nº 177-02.00/01-8. Conexão das matérias. Informação CT/TCE nº 048/2001 (TCE/RS – Tribunal Pleno – Processo nº 1245-0200/01-2 – Sessão de 07.11.01).

LEI COMPLEMENTAR FEDERAL Nº 101/2000 – DESPESAS DE EXERCÍCIOS ANTERIORES. Art. 42. Restos a Pagar. Observância do princípio da continuidade do serviço público. Precedentes. Informação CT/TCE nº 058/2001 (TCE/RS – Tribunal Pleno – Processo nº 1330-0200/01-5 – Sessão de 17.10.01).

MANUTENÇÃO E DESENVOLVIMENTO DO ENSINO – INCLUINDO FUNDEF E SALÁRIO-EDUCAÇÃO. Impossibilidade de utilização de seus recursos para a instituição de parque ecológico para os alunos da rede de ensino do Município. Meio ambiente. Direito de toda a população. Desapropriação de área. Legislação aplicável. Informação CT/TCE nº 071/2001 (TCE/RS – Tribunal Pleno – Processo nº 2568-0200/01-6 – Sessão de 28.11.01).

VEREADORES. SUBSÍDIOS – EMENDA CONSTITUCIONAL Nº 25/2000. Observância dos limites estabelecidos na Constituição Federal. Impossibilidade de alteração do ato de fixação diante do princípio da anterioridade. Lei de Responsabilidade Fiscal. Interpretação do art. 71 e sua relação com aumento de subsídios dos vereadores de uma legislatura para outra. Despesa total com pessoal da Câmara Municipal. Repasse de recursos financeiros às Câmaras Municipais. Precedentes. Informação CT/TCE nº 080/2001 (TCE/RS – Tribunal Pleno – Processo nº 10325-0200/00-8 – Sessão de 17.10.01).

PREFEITO MUNICIPAL – AGENTE POLÍTICO – PROCESSOS JUDICIAIS. Processos judiciais promovidos contra atos praticados no exercício da função pública. Defesa em processos judiciais. Contratação de advogado, Assessor Jurídico do Município. Pagamento de honorários de advogado. Defesa do Prefeito Municipal pela Assessoria Jurídica local. Precedentes. Jurisprudência. Informação CT/TCE nº 140/2001 (TCE/RS – Tribunal Pleno – Processo nº 2462-0200/01-1 – Sessão de 31.10.01).

CESTAS BÁSICAS – BENEFÍCIO SIMILAR AO VALE-REFEIÇÃO. Lei que o instituir deverá evidenciar sua natureza indenizatória ou remuneratória. Para efeitos da Lei Complementar Federal nº 101/2000, art. 18, eventual caráter indenizatório o desqualificaria como despesa com pessoal. Quanto ao §1º do art. 29-A da Constituição Federal, acrescentado pela Emenda Constitucional nº 25/2000, em qualquer das duas condições, desde que ordinariamente concedido, a despesa com o benefício integraria o conceito de folha de pagamento. Informação CT/ TCE nº 149/2001 (TCE/RS – Tribunal Pleno – Processo nº 2572-0200/01-1 – Sessão de 13.12.02).

LRF – PRECATÓRIOS. Art. 19, §1º, inciso IV. Despesas decorrentes de decisão judicial e de competência de período anterior ao da apuração, não são consideradas como despesas com pessoal. Precedentes. Informação CT/TCE nº 160/2001 (TCE/RS – Tribunal Pleno – Processo nº 2615-0200/01-7 – Sessão de 27.02.02).

PROGRAMA DE AGENTES COMUNITÁRIOS DE SAÚDE. Programa de Saúde Familiar. Integram as ações e serviços públicos de saúde. Vinculação ao SUS. Legislação aplicável. Formas legais de admissão de pessoal. Informação CT/TCE nº 167/2001 (TCE/RS – Tribunal Pleno – Processo nº 4681-0200/01-3 – Sessão de 27.11.02).

CONVERSÃO DE LICENÇA-PRÊMIO EM PECÚNIA. Caráter remuneratório. Lei de Responsabilidade Fiscal-LRF. Inclusão no montante relativo à despesa total com pessoal. Informação CT/TCE nº 169/2001 (TCE/RS – Tribunal Pleno – Processo nº 5629-0200/01-1 – Sessão de 14.11.01).

IPTU – INSTITUIÇÃO E REGULAMENTAÇÃO – COMPETÊNCIA MUNICIPAL. Observância das regras legais locais. Capacidade contributiva e vedação de confisco. CTN. Formas de exoneração do crédito tributário. Processo legislativo. Informação CT/TCE nº 175/2001 (TCE/ RS – Tribunal Pleno – Processo nº 9210-0200/01-1 – Sessão de 13.03.02).

SERVIDORES CELETISTAS CONCURSADOS – TRANSPOSIÇÃO PARA O REGIME JURÍDICO. Possibilidade de transposição para o regime jurídico estatutário apenas para aqueles admitidos, mediante a realização de concurso público, antes do advento da Emenda Constitucional nº 19/98, e que estão em atividade. Necessidade de edição de lei local estabelecendo os parâmetros. Precedentes. Considerações.

Informação CT/TCE nº 198/2001 (TCE/RS – Tribunal Pleno – Processo nº 3523-0200/01-2 – Sessão de 17.07.02).

TRANSPORTE ESCOLAR. Gratuidade no seu oferecimento, em relação ao ensino fundamental, para os alunos carentes. Créditos lançados como taxa, com base na legislação municipal. Impropriedade. Possibilidade de cancelamento. Legislação aplicável. Precedentes. Informação CT/TCE nº 201/2001 (TCE/RS – Tribunal Pleno – Processo nº 8693-0200/01-0 – Sessão de 03.04.02).

RESERVA DE CONTINGÊNCIA – PORTARIA INTERMINISTERIAL Nº 163/2001. Possibilidade de sua utilização, através de redução, para a abertura de crédito adicional não apenas nas situações previstas no inciso III do art. 5º da Lei de Responsabilidade Fiscal, desde que mediante autorização legislativa específica. Informação CT/TCE nº 003/2002 (TCE/RS – Tribunal Pleno – Processo nº 11150-0200/01-9 – Sessão de 19.02.00).

LEI DE RESPONSABILIDADE FISCAL – ASSISTÊNCIA À SAÚDE. Despesas prestadas ou custeadas com recursos públicos. Não se caracterizam como despesas com pessoal. Ratificação do teor, no particular, da Informação CT/TCE nº 43/2001 Consultoria Técnica. Informação CT/TCE nº 019/2002 (TCE/RS – Tribunal Pleno – Processo nº 445-0200/02-0 – Sessão de 08.05.02).

SERVIÇOS ADMINISTRATIVOS PRESTADOS PELO EXECUTIVO AO LEGISLATIVO. Na esfera municipal. Possibilidade que contempla o objetivo de economicidade nos dispêndios públicos. Inaplicabilidade da regra inscrita no art. 62 da Lei de Responsabilidade Fiscal. Informação CT/TCE nº 048/2002 (TCE/RS – Tribunal Pleno – Processo nº 2925-0200/02-1 – Sessão de 26.06.02).

FUNDEF – ACUMULAÇÃO DAS SOBRAS PARA A EXECUÇÃO DE OBRAS. Não aplicação, nos exercícios de 1998 a 2001, do total dos recursos atinentes aos seus 40%. Procedimento indevido. Vinculação dos valores à destinação legal original. Precedentes. Informação CT/TCE nº 057/2002 (TCE/RS – Tribunal Pleno – Processo nº 4545-0200/02-7 – Sessão de 21.08.02).

FUNDEF – CONCESSÃO DE ABONO. Não aplicação, em 2001, do total dos 60% dos recursos destinados ao pagamento da remuneração dos professores que exerciam atividades docentes. Concessão de abono, mediante lei, à conta de tais recursos. Princípio constitucional orçamentário da anualidade. Legislação aplicável. Crédito adicional. Precedentes. Informação CT/TCE nº 058/2002 (TCE/RS – Tribunal Pleno – Processo nº 5302-0200/02-2 – Sessão de 02.04.03).

CONTRATAÇÃO – DE EMPRESA ESPECIALIZADA EM PESQUISA DE OPINIÃO PÚBLICA. Formas de participação do usuário na avaliação externa periódica da qualidade dos serviços públicos e no fornecimento de subsídios para prioridades de programas e investimentos. Art. 37, §3º e incisos, da Constituição Federal. Lei nº 10.257/2001 – Estatuto da Cidade. Informação CT/TCE nº 062/2002 (TCE/RS – Tribunal Pleno – Processo nº 4547-0200/02-2 – Sessão de 12.02.03).

CONSÓRCIOS INTERMUNICIPAIS DE SAÚDE. Sociedades Civis, entidades de direito privado. Dada a sua natureza jurídica, não estão ao alcance da Lei de Responsabilidade Fiscal, considerando-se as hipóteses alinhadas no art. 1º, §3º, alínea "b", as quais estabelecem o seu âmbito de incidência. Informação CT/TCE nº 065/2002 (TCE/RS – Tribunal Pleno – Processo nº 4385-0200/02-8 – Sessão de 16.10.02).

CÓDIGO DE TRÂNSITO BRASILEIRO – CTB. Sistema de Informação, Educação e Monitoramento Fotoeletrônico do Trânsito Poder de polícia indelegável. Precedentes. Informação CT/TCE nº 068/2002 (TCE/RS – Tribunal Pleno – Processo nº 8050-0200/02-3 – Sessão de 02.04.03).

LEI DE RESPONSABILIDADE FISCAL – ART. 22, INCISO IV. Possibilidade de admissão de servidor em decorrência de exoneração, demissão ou término de contrato emergencial. Reposição nas áreas de educação e saúde. Obrigatoriedade de prestação de serviços à população. Informação CT/TCE nº 080/2002 (TCE/RS – Tribunal Pleno – Processo nº 9473-0200/02-5 – Sessão de 05.02.03).

IPTU – IMUNIDADE. Constituição Federal, art. 150, inciso VI, alíneas "b" e "c". Código Tributário Nacional. Mitra Diocesana de Santa Cruz do Sul. Entidade religiosa, educacional e de assistência social. Jurisprudência. Entendimentos doutrinários. Considerações. Informação CT/TCE nº 083/2002 (TCE/RS – Tribunal Pleno – Processo nº 10412-0200/02-2 – Sessão de 09.04.03).

FUNDEF – CONCESSÃO DE CRÉDITO EDUCATIVO. Professores. Ensino Fundamental. Concessão de crédito educativo, mediante financiamento. Legalidade da instituição de crédito educativo para capacitação de professores com recursos do FUNDEF. Possibilidade.

Informação CT/TCE nº 008/2003 (TCE/RS – Tribunal Pleno – Processo nº 4053-0200/00-6 – Sessão de 09.08.00).

LIMITE DE EXPANSÃO DOS GASTOS COM PESSOAL – LEI DE RESPONSABILIDADE FISCAL. Impossibilidade de utilização de limitador diferente do apurado no exercício imediatamente anterior. Limite de dispêndios com serviços de terceiros nos termos do art. 72 da LRF. Impossibilidade de utilização de outro parâmetro que não o previsto na Lei. Informação CT/TCE nº 012/2003 (TCE/RS – Tribunal Pleno – Processo nº 11120-0200/02-1 – Sessão de 21.05.03).

AGENTES COMUNITÁRIOS DE SAÚDE E AGENTES DE COMBATE ÀS ENDEMIAS. Emenda Constitucional nº 51. Lei nº 11.350/2006. Processo Seletivo. Admissão através de Consórcio Publico. Terceirização e Contratos Temporários. Despesas com ACS e ACE (TCE/RS – Tribunal Pleno – Processo nº 3707-02.00/06-7, Sessão 20.12.2006).

Jurisprudências
ATOS ADMINISTRATIVOS DERIVADOS – TRANSFERÊNCIA DO MUNICÍPIO-MÃE. a) excluir do exame da legalidade para fins de registro os atos pertinentes às transferências do Município-mãe, os enquadramentos e reenquadramentos de servidores, cujo exame do procedimento deve ocorrer através do sistema de auditoria: b) excluir do exame da legalidade para fins de registro as admissões sem prévio concurso público, nos moldes da legislação trabalhista, no período compreendido entre 05 de outubro de 1983 e 05 de outubro de 1988 – proteção do artigo 5º, inciso XXXVI, CF/88 (TCE/RS – Tribunal Pleno – Processo: 5430-02.00/98-5 – Sessão de 31.03.99).

TRANSPOSIÇÃO – REENQUADRAMENTO. Excluir dos expedientes relativos ao exame dos atos de admissão, matérias concernentes a transposição de regime jurídico e a reenquadramentos de servidores, por não se tratar de atos de admissão sujeitos ao processo previsto no artigo 71, inciso III, da Constituição Federal, cujo exame deve ocorrer através do sistema de auditoria realizado por esta Corte de Contas, nos termos regimentais, ressalvados os casos já examinados (TCE/RS – Tribunal Pleno – Processo: 2500-02.00/95-1 – Sessão de 12.01.00).

REGISTRO DE ATO IMPUGNADO – SUPERADA FALHA IMPEDITIVA. Afastada a irregularidade que impossibilitou o registro dos atos de admissão, por justiça e assegurando a segurança jurídica das relações, para não prejudicar servidores, decide pelo registro dos atos (TCE/RS – Tribunal Pleno – Processo nº 3355-02.00/96-3 – Sessão de 21.01.99).

EXTENSÃO DOS EFEITOS DE DECISÃO PROFERIDA NA FASE RECURSAL. Em respeito ao Princípio da Igualdade e por economia processual o reconhecimento da regularidade do concurso público, pelo afastamento das falhas impeditivas do registro das admissões, produz seus efeitos à todos os servidores admitidos em decorrência do mesmo certame, não sendo o saneamento restrito às partes recorrentes (TCE/RS – Tribunal Pleno – Processo nº 6739-02.00/98-1 – Sessão de 21.03.01).

NOMEAÇÃO DE SERVIDOR PRETERIDO NA ORDEM CLASSIFICATÓRIA. Inobservada a ordem classificatória foi determinada à nomeação dos candidatos preteridos. Parecer nº 139/94, fundamentado em jurisprudência do STF que reconhece "quando há preterição, declara o direito do preterido ser nomeado" (TCE/RS – Tribunal Pleno – Processo nº 5768-02.00/98 – Sessão de 12.12.01).

CONCURSO PÚBLICO – NOMEAÇÃO FORA DO PRAZO DE VALIDADE – CONVOCAÇÃO NO PRAZO. Ato de nomeação de 16.02.1996 – prazo de validade do concurso esgotado em 10.02.1996, data da posse no cargo 26.02.2006. A Constituição Federal, no artigo 37, inciso IV, estabelece que a convocação do servidor deve ocorrer no prazo de validade do competitório, no caso a convocação é de 15.01.1996. Pode ser aceito que os demais atos; perícia médica, posse, exercício, ocorram posteriormente. Admissão que não trouxe prejuízo para nenhum candidato. Registro do ato admissional (TCE/RS – Tribunal Pleno – Processo nº 0314-02.00/01-5 – Sessão de 24.07.02).

INCORPORAÇÃO DE VANTAGENS – EMENDA CONSTITUCIONAL Nº 20/98. Cômputo de tempo de serviço prestado após 16.12.98, para fins de concessão vantagens. Possibilidade de incorporação (TCE/RS – Tribunal Pleno – Processo nº 5186-02.00/02-1 – Sessão de 11.06.03).

LICENÇA PRÊMIO – EMENDA CONSTITUCIONAL Nº 20/98. Conversão de licença-prêmio após 16.12.98. Possibilidade para fins de obtenção de vantagens funcionais. Vedação nos termos da referida Emenda para fins de aposentadoria. Respeito ao direito adquirido. Orientação atual do STF (TCE/RS – Tribunal Pleno – Processo nº 2774-02.00/94-3 – Sessão de 12.04.2000).

ANEXO C
471

APOSENTADORIA ESPECIAL DE PROFESSOR – PARÂMETROS. Efetivo exercício de funções de Magistério. Interpretação restritiva. Parecer TCE/RS nº 442/94 (TCE/RS – Tribunal Pleno – Processo nº 4077-02.00/94-9 – Sessão de 14.06.95).

APOSENTADORIA COMPULSÓRIA – PERMANÊNCIA NO SERVIÇO PÚBLICO. Impossibilidade do cômputo de tempo de serviço *a posteriori* do implemento da data limite, para quaisquer efeitos. Violação da Constituição Federal. Orientação uniforme do Tribunal de Contas da União e do Superior Tribunal de Justiça (TCE/RS – Segunda Câmara – Parecer nº 43/2000 – Processo nº 9751-02.00/99-3 – Sessão de 28.09.2000).

ALUNO APRENDIZ – REGRAS APLICÁVEIS. Contagem de tempo de serviço como "aluno-aprendiz". Aluno-aprendiz não se confunde com menor aprendiz. Período de aluno-aprendiz impossibilidade de cômputo para aposentadoria. Pareceres TCE/RS nºs 73/85, 81/86, 6/89, 35/94, 60/94 e 145/95 (TCE/RS – Tribunal Pleno – Parecer nº 71/1998 – Processo nº 530-02.00/96-0 – Sessão de 15.09.1999).

TEMPO DE SERVIÇO – EMPREGADO MENOR DE 14 ANOS – MENOR APRENDIZ. Distinção entre menor aprendiz e aluno aprendiz. Conceito legal. Contrato de aprendizagem. Consolidação das Leis do Trabalho (TCE/RS – Segunda Câmara – Parecer nº 443/1994 – Processo nº 1648-02.00/92-7 – Sessão de 06.03.1997).

MANDATO ELETIVO – CÔMPUTO DO TEMPO. Acúmulo de cargos e empregos públicos. Conselho Tutelar. Mandato Eletivo. Regra local determinante da opção de vencimentos. Cargos políticos. Acúmulo com cargos titulados no Município e no Estado. Precedentes. Vereador. Concurso Público – Opção pela remuneração. Não cumulatividade (Tribunal Pleno – Parecer TCE/RS nº 414/94 – 26.10.1994) – (TCE/RS – Tribunal Pleno – Parecer nº 122/1994 – Processo nº 5496-02.00/93-1 – Sessão de 01.06.1995).

APOSENTADORIA – CARGO EM COMISSÃO/EMPREGO PÚBLICO. Complementação de proventos após a Emenda Constitucional nº 20/98 (TCE/RS – Segunda Câmara – Processo nº 9455-02.00/99-0 – Sessão de 05.10.2000) (TCE/RS Primeira Câmara – Processo nº 488-18.36/99-3).

APOSENTADORIA POR INVALIDEZ – DOENÇA NÃO ELENCADA. Perícia médica oficial. Especificação em lei. Somente a perícia junto à origem poderá satisfazer os requisitos e afirmar, em definitivo no âmbito técnico, estar a doença do servidor catalogada dentre aquelas elencadas na lei municipal (TCE/RS – Segunda Câmara – Processo nº 4932-02.00/92-5 – Sessão de 22.10.1994).

ADICIONAL DE INSALUBRIDADE. Ausência de laudo técnico impede a incorporação. O pagamento deste direito pressupõe a preexistência de previsão legal. Parecer TCE/RS nº 412/94 (TCE/RS – Tribunal Pleno – Processo nº 659-02.00/94-0 – Sessão de 21.12.1994).

AVERBAÇÃO DE TEMPO DE SERVIÇO PRIVADO. Necessidade de certidão de tempo de serviço/contribuição expedida pelo INSS (TCE/RS – Segunda Câmara – Processo nº 3753-02.00/91-0 – Sessão de 20.10.1994).

CERTIDÃO DO INSS. Certidão de Tempo de Serviço Privado. Cópia Autenticada. Presunção de Veracidade. Validade. Possibilidade de Utilização. Cumprimento da legislação previdenciária vigente. Comunicação ao INSS comprovada nos autos. Microfilmagem. Pareceres TCE/RS nºs 23/1999 e 32/2001 (TCE/RS – Segunda Câmara – Processo nº 5687-02.00/94-7 – Sessão de 09.09.1999).

PRESCRIÇÃO QÜINQÜENAL – CONVALIDAÇÃO DE ATOS. Os atos de aposentadoria e de revisão de proventos de servidor público só atingem a perfeição no mundo jurídico após o seu registro pelo Tribunal de Contas (TCE/RS – Segunda Câmara – Processo nº 5390-02.00/99-6 – Sessão de 25.04.2001).

AVERBAÇÃO DE TEMPO DE SERVIÇO POSTERIOR A APOSENTADORIA. Aceitável a averbação posterior de tempo de serviço ou contribuição, desde que devidamente comprovado que o servidor encontrava-se impedido de exercer seu direito por motivos alheios a sua vontade (TCE/RS – Tribunal Pleno – Processo nº 4114-02.00/02-6 – Sessão de 24.07.2002).

TEMPO RURAL – CONTAGEM RECÍPROCA. Possibilidade do cômputo do tempo anterior a filiação obrigatória à previdência social, quando regularmente certificado. Independente de ressalvas quanto à contagem recíproca (TCE/RS – Tribunal Pleno – Processo nº 30632-15.00/98-7 – Sessão de 04.06.2003).

TEMPO FICTO – LEI 2455/54. Aposentadoria com base nas regras da EC/20/98. Em aposentadorias com base nas novas regras trazidas pela EC nº 20/98, observa-se, também o Parecer PGE nº 12620 e MS Coletivo n° 70000639732 – Pleno do TJRS (TCE/RS – Tribunal Pleno – Processo n° 13611-1835/96-5 – Sessão de 16.12.2002).

APOSENTADORIA ESPECIAL DE POLICIAL CIVIL – APÓS A EC/20/98. Interpretação do art. 40, §4°, da CF, com redação dada que lhe conferiu o art. da Emenda. Reconhecida a eficácia restrita da Lei Complementar n° 51/85, após a publicação da emenda constitucional n° 20/98 (TCE/RS – Tribunal Pleno – Processo n° 13556-12.04/99-2 – Sessão de 10.01.2002).

REVISÃO DE PROVENTOS – INTEGRALIZAÇÃO DE PROVENTOS. Aposentadoria com proventos proporcionais, acometido de moléstia especificada em lei, passa a perceber provento integral. Análise das Leis Estaduais sob n°s 7.616/82, 9.124/90, 10.098/94, e da Instrução Normativa SEAP n° 5/99, face Emenda Constitucional n° 20/98. Jurisprudência. Doutrina. Conclusões. Parecer TCE/RS n° 37/99. Possibilidade (TCE/RS – Segunda Câmara – Processo n° 1162-14.41/97-5 – Sessão de 01.06.00).

RETIFICAÇÃO DE ATO JÁ REGISTRADO – PARÂMETROS. Retificação de ato já registrado por esta Corte de Contas. Ato inicial de aposentadoria retificado e registrado. Erro na retificação registrada. Incidência da Súmula n° 473 do STF. Eficácia do ato depende do registro do mesmo pela Corte de Contas. Incidência da Súmula n° 6 do STF. Harmonização necessária. Parecer TCE/RS n° 28/2001 (TCE/RS – Segunda Câmara – Processo n° 21.278-14.00/00-5 – Sessão de 21.06.00).

PENSÃO – INTEGRALIDADE. Valor da pensão corresponde aos proventos e/ou totalidade da remuneração do servidor falecido em atividade. Inalterabilidade do texto constitucional federal de 1988, face ao advento da Emenda n° 20/98. Interpretação histórica e sistemática — princípio da unidade — da Constituição. Parecer TCE/RS n° 42/2000 (TCE/RS – Tribunal Pleno – Processo n° 1135-02.00/00-4 – Sessão de 30.08.00).

GESTÃO FISCAL. Exclusão dos valores referentes ao Imposto de Renda Retido na Fonte da Despesa de Pessoal e da Receita Corrente Líquida. Parecer Coletivo TCE/RS n° 2/2002 (TCE/RS – Tribunal Pleno – Processo n° 676-02.00/02-4 – Sessão de 08.05.2002).

CONTRIBUIÇÃO PREVIDENCIÁRIAS VEREADORES. Contribuições não descontadas ou não repassadas. Parecer TCE/RS n° 21/99 (TCE/

RS – Tribunal Pleno – Processos nºs 7417-02.00/97-7; 8464-02.00/98-8; 2951-02.00/99-9; 5422-02.00/99-7 e 5841-02.00/99-0 – Sessão de 29.09.99).

LIMITE DE FOLHA DE PAGAMENTO – EMENDA COSNTITUCIONAL nº 25/2000. Receitas e Despesas a serem consideradas (informação CT/TCE nº 17/02) (TCE/RS – Tribunal Pleno – Processo nº 10.087-02.00/01-8 – Sessão de 27.03.02).

LEI DE RESPONSABILIDADE FISCAL – DESPESAS DE PESSOAL. Definições. Precedentes. Considerações (informação CT/TCE nº 43/01) (TCE/RS – Tribunal Pleno – Processo nº 9642-02.00/00-7 – Sessão de 10.07.01).

VERBA DE REPRESENTAÇÃO – PRESIDENTE DA CÂMARA DE VEREADORES. Natureza. Critérios para fixação de seu valor. Submissão ao princípio da anterioridade. Análise de dispositivos da CF (arts. 29, VI, e 37, X) e do Estado (art. 11). Parecer TCE/RS nº 71/01 (TCE/RS – Tribunal Pleno – Processo nº 6640-02.00/01-8 – Sessão de 05.12.01).

AGENTES POLÍTICOS – SUBSÍDIOS – PRINCÍPIO DA ANTERIORIDADE. Remuneração de Prefeito, Vice-Prefeito, Vereadores e Secretários Municipais deve ser fixada por lei, observado o princípio da anterioridade. A lacuna decorrente da inexistência de norma reguladora que cumpra estes requisitos deve ser suprida pela adoção de regulação normativa pretérita, desde que hígida para tais fins. Pareceres TCE/RS nºs 20/99 e 31/01 (TCE/RS – Tribunal Pleno – Processo nº 2435-02.00/01-4 – Sessão de 30.05.01).

TERCEIRIZAÇÃO DE SERVIÇOS PÚBLICOS. Inteligência de normas constitucionais e legais sobre a matéria. Doutrina e Jurisprudência. Conceituação. Estudos e análises no âmbito desse Tribunal de Contas. Legislação pertinente à matéria. Legalidade de terceirização dos serviços, mediante realização de contrato, condicionada ao procedimento licitatório, autorização legal e fiscalização dos serviços. Exigibilidade de emissão, pagamento e compensação de cheque, com identificação do beneficiário. Parecer Coletivo TCE/RS nº 3/97 (TCE/RS – Tribunal Pleno – Processo nº 2197-02.00/97-0 – Sessão de 06.07.97).

LEI DE RESPONSABILIDADE FISCAL – REVISÃO GERAL DE REMUNERAÇÃO. Cento e oitenta dias antes do final de mandato. Implicações com a legislação eleitoral deverão ser solucionadas de acordo com orientação da Justiça Eleitoral. A revisão geral anual de remuneração fundamentada no inciso X do art. 37 da Constituição Federal, desde que prevista em lei editada anteriormente ao prazo fixado pela LRF, não se inclui no disposto no parágrafo único de seu art. 21 (TCE/RS – Tribunal Pleno – Processo nº 5145-02.00/87-8 – Sessão de 18.11.99 e Processo nº 6676-02.00/00-0 – Sessão de 07.03.01).

HONORÁRIO DE ASSESSOR JURÍDICO – CONTRATAÇÃO. PAGAMENTO. Honorários de Advogado. Ato praticado no exercício de função pública. Precedentes. Licitude da contratação, pelo ente de direito público interno. Requisitos para a regularidade da despesa pública. Suportabilidade dos encargos financeiros decorrentes dos serviços de advogado na defesa dos agentes políticos. Parecer Coletivo TCE/RS nº 08/89 e Pareceres TCE/RS nºs 95/93 e 259/94 (TCE/RS – Tribunal Pleno – Processo nº 3868-02.00/92 – Sessão de 15.09.93).

VERBA DE REPRESENTAÇÃO – PREFEITO E VICE-PREFEITO MUNICIPAL. Natureza jurídica. Difere do subsídio. Integra a remuneração. Está atrelada ao princípio da anterioridade, ao regime de imutabilidade da remuneração principal e ao teto remuneratório. O servidor público eleito Prefeito ou Vice-Prefeito, que optar pela remuneração do seu cargo, emprego ou função, tem assegurado o direito ao percebimento da verba de representação. O Vice-Prefeito, por titular um cargo público eletivo, possui remuneração compatível ao mesmo (TCE/RS – Tribunal Pleno – Processo nº 6347-02.00/94-2 – Sessão de 19.07.95).

VERBA DE REPRESENTAÇÃO-VICE-PREFEITO-LICENÇA P/ CONCORRER A CARGO ELETIVO. Remuneração de Vice-Prefeito. Percepção durante período de afastamento para concorrer a cargo eletivo. Ilegalidade (TCE/RS – Tribunal Pleno – Processo nº 4981-02.00/00-0 – Sessão de 16.08.2000).

AGENTE POLÍTICO – REMUNERAÇÃO. DÉCIMO TERCEIRO. Direito à percepção de férias remuneradas e décima-terceira remuneração. Direito que independe de prévia legislação. Fonte constitucional. Parecer Coletivo TCE/RS nº 1/96 (TCE/RS – Tribunal Pleno – Processo nº 0261-02.00/94-8 – Sessão de 16.10.96).

AGENTE POLÍTICO – INDENIZAÇÃO DE FÉRIAS – PAGAMENTO RETROATIVO DÉCIMO-TERCEIRO. Incabível o ressarcimento de férias vencidas, Percepção retroativa de décima-terceira remuneração condicionada à edição de lei autorizadora. Parecer Coletivo TCE/RS nº 2/97 (TCE/RS – Tribunal Pleno – Processo nº 0100-02.00/97-0 – Sessão de 02.07.97).

PREFEITO – VICE-PREFEITO – SECRETÁRIOS – PROCURADOR MUNICIPAL. Décima terceira remuneração. Férias mais um terço. Considerações. Informação CT/TCE nº 188/01 (TCE/RS – Tribunal Pleno – Processo nº 6.639-02.00/01-0 – Sessão de 22.05.02).

SUBSÍDIO DE SECRETÁRIO – ANTERIORIDADE – NÃO VINCULADO. Inaplicabilidade do princípio da anterioridade para a fixação da remuneração dos Secretários Municipais. Informações CT/ TCE nºs 87/00 e 111/01 (TCE/RS – Tribunal Pleno – Processo nº 4505-02.00/00-3 – Sessão de 19.02.01).

AGENTES POLÍTICOS. 13ª REMUNERAÇÃO E 1/3 DE FÉRIAS. VOTO MÉDIO. A concessão de férias independe de lei local, por ser direito estabelecido constitucionalmente. Havendo previsão em lei local, respeitado o princípio da anterioridade, será possível o pagamento de gratificação natalina e um terço de férias ao Prefeito, Vice-Prefeito e Vereadores. Os Secretários Municipais, ainda que agentes políticos, por não serem ocupantes de cargo eletivo, mas de confiança do Chefe do Executivo, de livre nomeação e exoneração, regem-se pela legislação atinente aos demais cargos em comissão. Os referidos benefícios somente serão devidos ao Vice-Prefeito se efetivamente estiverem no exercício das atividades correspondentes à sua função. Os Vereadores deverão gozar suas férias durante o período de recesso do Legislativo (TCE/RS – Tribunal Pleno – Processo nº 6281-02.00/07-4 – Sessão de 10.09.2008).

LICITAÇÃO. PREGÃO PRESENCIAL PARA CONTRATAÇÃO DE INSTITUIÇÃO FINANCEIRA PÚBLICA E OU PRIVADA, PARA PAGAMENTO DE SERVIDORES MUNICIPAIS. Depósito bancário efetuado para o pagamento dos servidores não deve ser considerado disponibilidade de caixa, uma vez que os objetivos dos depósitos são absolutamente distintos, tendo em vista que possuem natureza jurídica diferenciada. Decisão judicial favorável à possibilidade de licitação para a prestação dos serviços bancários para o pagamento de fornecedores e servidores. ARQUIVAMENTO (TCE/RS – Tribunal Pleno – Processo nº 000547-0200/07-4, Sessão de 08.04.2009).

RECURSO DE EMBARGOS. INATIVAÇÃO. CÔMPUTO DE TEMPO FICTO. O direito ao acréscimo do tempo ficto de 17% foi adquirido durante a vigência da EC nº 20/98, pois naquela época preenchia os pressupostos para sua aquisição, ou seja, possuía lapso temporal no exercício da função de magistrado anterior a 16.12.1998, data da entrada em vigor da EC nº 20 (TCE/RS – Tribunal Pleno – Processo nº 6832-02.00/09-3 – Sessão de 27.10.2010).

Esta obra foi composta em fonte Palatino Linotype, corpo
10 e impressa em papel Offset 75g (miolo) e Supremo
250g (capa) pela Laser Plus em Belo Horizonte/MG.